El Evangelio según Juan

VOLUMEN PRIMERO

Edición revisada

El Evangelio según Juan

VOLUMEN PRIMERO

Edición revisada

Leon Morris

EDITORIAL CLIE
Ferrocarril, 8
08232 VILADECAVALLS (Barcelona)
E-mail: libros@clie.es
http://www.clie.es

El EVANGELIO SEGÚN JUAN, VOL. 1
Edición en dos volúmenes
Leon Morris

Publicado originalmente en inglés con el título *The Gospel According To John, Revised ed.*

Copyright © 1995 by Wm. B. Eerdmans Publishing Co. All rights reserved.

© 2005 por Editorial Clie para esta edición en castellano.

Todos los derechos reservados.

Director de la colección: Dr. Matt Williams

Traducción:
Dorcas González Bataller

Equipo editorial (revisión y corrección):
Nelson Araujo Ozuna
Anabel Fernández Ortiz
Dorcas González Bataller

Diseño de cubiertas: Ismael López Medel

ISBN: 978-84-8267-433-9

Clasifíquese:
222 COMENTARIOS DEL NT: Epístolas de Juan
C.T.C. 01-02-0222-1

Referencia: 22.46.00

COLECCIÓN TEOLÓGICA CONTEMPORÁNEA:
libros publicados

Estudios bíblicos

Michael J. Wilkins & J.P. Moreland (editores), *Jesús bajo sospecha*, Colección Teológica Contemporánea vol. 4, 2003.

F.F. Bruce, *Comentario de la Epístola a los Gálatas*, Colección Teológica Contemporánea vol. 7, 2004.

Peter H. Davids, *La Primera Epístola de Pedro*, Colección Teológica Contemporánea vol. 10, 2004.

Estudios teológicos

Richard Bauckham, *Dios Crucificado: Monoteísmo y Cristología en el Nuevo Testamento*, Colección Teológica Contemporánea vol. 6, 2003.

G.E. Ladd, *Teología del Nuevo Testamento*, Colección Teológica Contemporánea vol. 2, 2003.

Leon Morris, *Jesús es el Cristo: Estudios sobre la Teología Joánica*, Colección Teológica Contemporánea vol. 5, 2003.

N.T. Wright, *El verdadero pensamiento de Pablo*, Colección Teológica Contemporánea vol. 1, 2002.

Clark H. Pinnock, *Revelación bíblica: el fundamento de la teología cristiana*, Colección Teológica Contemporánea vol. 8, 2004.

Estudios ministeriales

Michael Green & Alister McGrath, *¿Cómo llegar a ellos? Defendamos y comuniquemos la fe cristiana a los no creyentes*, Colección Teológica Contemporánea vol. 3, 2003.

Wayne. A. Grudem, ed., *¿Son vigentes los dones milagrosos? Cuatro puntos de vista*, Colección Teológica Contemporánea vol. 9, 2004.

Presentación de la Colección Teológica Contemporánea

Cualquier estudiante de la Biblia sabe que hoy en día la literatura cristiana evangélica en lengua castellana aún tiene muchos huecos que cubrir. En consecuencia, los creyentes españoles muchas veces no cuentan con las herramientas necesarias para tratar el texto bíblico, para conocer el contexto teológico de la Biblia, y para reflexionar sobre cómo aplicar todo lo anterior en el transcurrir de la vida cristiana.

Esta convicción fue el principio de un sueño: la "Colección Teológica Contemporánea." Necesitamos más y mejores libros para formar a nuestros estudiantes y pastores para su ministerio. Y no solo en el campo bíblico y teológico, sino también en el práctico –si es que se puede distinguir entre lo teológico y lo práctico–, pues nuestra experiencia nos dice que por práctica que sea una teología, no aportará ningún beneficio a la Iglesia si no es una teología correcta.

Sería magnífico contar con el tiempo y los expertos necesarios para escribir libros sobre las áreas que aún faltan por cubrir. Pero como éste no es un proyecto viable por el momento, hemos decidido traducir una serie de libros escritos originalmente en inglés.

Queremos destacar que además de trabajar en la traducción de estos libros, en muchos de ellos hemos añadido preguntas de estudio al final de cada capítulo para ayudar a que tanto alumnos como profesores de seminarios bíblicos, como el público en general, descubran cuáles son las enseñanzas básicas, puedan estudiar de manera más profunda, y puedan reflexionar de forma actual y relevante sobre las aplicaciones de los temas tratados. También hemos añadido en la mayoría de los libros una bibliografía en castellano, para facilitar la tarea de un estudio más profundo del tema en cuestión.

En esta "Colección Teológica Contemporánea," el lector encontrará una variedad de autores y tradiciones evangélicos de reconocida trayectoria. Algunos de ellos ya son conocidos en el mundo de habla hispana (como F.F. Bruce, G.E. Ladd y L.L. Morris). Otros no tanto, ya que aún no han sido traducidos a nuestra lengua (como N.T. Wright y R. Bauckham); no obstante, son mundialmente conocidos por su experiencia y conocimiento.

Todos los autores elegidos son de una seriedad rigurosa y tratan los diferentes temas de una forma profunda y comprometida. Así, todos los libros son el reflejo de los objetivos que esta colección se ha propuesto:

1. Traducir y publicar buena literatura evangélica para pastores, profesores y estudiantes de la Biblia.
2. Publicar libros especializados en las áreas donde hay una mayor escasez.

La "Colección Teológica Contemporánea" es una serie de estudios bíblicos y teológicos dirigida a pastores, líderes de iglesia, profesores y estudiantes de seminarios e institutos bíblicos, y creyentes en general, interesados en el estudio serio de la Biblia. La colección se dividirá en tres áreas:

>Estudios bíblicos
>Estudios teológicos
>Estudios ministeriales

Esperamos que estos libros sean una aportación muy positiva para el mundo de habla hispana, tal como lo han sido para el mundo anglófono y que, como consecuencia, los cristianos –bien formados en Biblia y en Teología– impactemos al mundo con el fin de que Dios, y solo Dios, reciba toda la gloria.

Queremos expresar nuestro agradecimiento a los que han hecho que esta colección sea una realidad, a través de sus donativos y oraciones. "Tu Padre... te recompensará".

Dr. MATTHEW C. WILLIAMS
Editor de la Colección Teológica Contemporánea
Profesor en IBSTE (Barcelona) y Talbot School of Theology
(Los Angeles, CA., EEUU)

Lista de títulos

A continuación presentamos los títulos de los libros que publicaremos, DM, en los próximos tres años, y la temática de las publicaciones donde queda pendiente asignar un libro de texto. Es posible que haya algún cambio, según las obras que publiquen otras editoriales, y según también las necesidades de los pastores y de los estudiantes de la Biblia. Pero el lector puede estar seguro de que vamos a continuar en esta línea, interesándonos por libros evangélicos serios y de peso.

Estudios bíblicos

Nuevo Testamento

D.A. Carson, Douglas J. Moo, Leon Morris, *Una Introducción al Nuevo Testamento* [*An Introduction to the New Testament*, rev. ed., Grand Rapids, Zondervan, 2005]. Se trata de un libro de texto imprescindible para los estudiantes de la Biblia, que recoge el trasfondo, la historia, la canonicidad, la autoría, la estructura literaria y la fecha de todos los libros del Nuevo Testamento. También incluye un bosquejo de todos los documentos neotestamentarios, junto con su contribución teológica al Canon de las Escrituras. Gracias a ello, el lector podrá entender e interpretar los libros del Nuevo Testamento a partir de una acertada contextualización histórica.

Jesús

Michael J. Wilkins & J.P. Moreland (editores), *Jesús bajo sospecha*, Terrassa: CLIE, Colección Teológica Contemporánea, vol. 4, 2003. Una defensa de la historicidad de Jesús, realizada por una serie de expertos evangélicos en respuesta a "El Seminario de Jesús," un grupo que declara que el Nuevo Testamento no es fiable y que Jesús fue tan solo un ser humano normal.

Robert H. Stein, *Jesús, el Mesías: Un Estudio de la Vida de Cristo*, Downers Grove, IL; Leicester, England: InterVarsity Press, 1996 [*Jesus the Messiah: A Survey of the Life of Christ*]. Hoy en día hay muchos escritores que están adaptando el personaje y la historia de Jesús a las demandas de la era en la que vivimos. Este libro establece un diálogo con esos escritores, presentado al Jesús bíblico. Además, nos ofrece un estudio tanto de las enseñanzas como de los acontecimientos importantes de la vida de Jesús. Stein enseña Nuevo Testamento en Bethel Theological Seminary, St. Paul, Minnesota, EE.UU. Es autor de varios libros sobre Jesús, y ha tratado el tema de las parábolas y el problema sinóptico, entre otros.

Juan

Leon Morris, *Comentario del Evangelio de Juan [Commentary on John]*, 2nd edition, New International Commentary on the New Testament. Grand Rapids, MI: Wm. B. Eerdmans Publishers, 1995. Los comentarios de esta serie, *New International Commentary on the New Testament*, están considerados en el mundo anglófono como unos de los comentarios más serios y recomendables. Analizan el texto de forma detallada, deteniéndose a considerar temas contextuales y exegéticos, y el sentido general del texto.

Romanos

Douglas J. Moo, *Comentario de Romanos [Commentary on Romans]*, New International Commentary on the New Testament. Grand Rapids, MI: Wm. B. Eerdmans Publishers, 1996. Moo es profesor de Nuevo Testamento en Wheaton College. Los comentarios de esta serie, *New International Commentary on the New Testament*, están considerados en el mundo anglófono como unos de los comentarios más serios y recomendables. Analizan el texto de forma detallada, deteniéndose a considerar temas contextuales y exegéticos, y el sentido general del texto.

Gálatas

F.F. Bruce, *Comentario de la Epístola a los Gálatas*, Terrassa: CLIE, Colección Teológica Contemporánea, vol. 7, 2003.

Filipenses

Gordon Fee, *Comentario de Filipenses [Commentary on Philippians]*, New International Commentary on the New Testament. Grand Rapids, MI: Wm. B. Eerdmans Publishers, 1995. Los comentarios de esta serie, *New International Commentary on the New Testament*, están considerados en el mundo anglófono como unos de los comentarios más serios y recomendables. Analizan el texto de forma detallada, deteniéndose a considerar temas contextuales y exegéticos, y el sentido general del texto.

Pastorales

Leon Morris, *1 & 2 Tesalonicenses [1 & 2 Thessalonians]*, rev. ed., New International Commentary on the New Testament. Grand Rapids, MI: Wm. B. Eerdmans Publishers, 1991. Los comentarios de esta serie, *New International Commentary on the New Testament*, están considerados en el mundo anglófono como unos de los comentarios más serios y recomendables. Analizan el texto de forma detallada, deteniéndose a considerar temas contextuales y exegéticos, y el sentido general del texto.

Primera de Pedro

Peter H. Davids, *La Primera Epístola de Pedro [The First Epistle of Peter]*, New International Commentary on the New Testament. Grand Rapids, MI: Wm. B. Eerdmans Publishers, 1990. Los comentarios de esta serie, *New International Commentary on the New Testament*, están considerados en el mundo anglófono como unos de los comentarios más serios y recomendables. Analizan el texto de forma detallada, deteniéndose a considerar temas contextuales y exegéticos, y el sentido general del texto. Davids enseña Nuevo Testamento en Regent College, Vancouver, Canadá.

Apocalipsis

Robert H. Mounce, *El Libro del Apocalipsis [The Book of Revelation]*, rev.ed., New International Commentary on the New Testament. Grand Rapids, MI: Wm. B. Eerdmans Publishers, 1998. Los comentarios de esta serie, *New International Commentary on the New Testament*, están considerados en el mundo anglófono como unos de los comentarios más serios y recomendables. Analizan el texto de forma detallada, deteniéndose a considerar temas contextuales y exegéticos, y el sentido general del texto. Mounce es presidente emérito de Whitworth College, Spokane, Washington, EE.UU., y en la actualidad es pastor de Christ Community Church en Walnut Creek, California.

Estudios teológicos

Cristología

Richard Bauckham, *Dios Crucificado: Monoteísmo y Cristología en el Nuevo Testamento*, Terrassa: CLIE, Colección Teológica

Contemporánea, vol. 6, 2003. Bauckham, profesor de Nuevo Testamento en St. Mary's College de la Universidad de St. Andrews, Escocia, conocido por sus estudios sobre el contexto de los Hechos, por su exégesis del Apocalipsis, de 2ª de Pedro y de Santiago, explica en esta obra la información contextual necesaria para comprender la cosmovisión monoteísta judía, demostrando que la idea de Jesús como Dios era perfectamente reconciliable con tal visión.

Teología del Nuevo Testamento

G.E. Ladd, *Teología del Nuevo Testamento*, Terrassa: CLIE, Colección Teológica Contemporánea, vol. 2, 2003. Ladd era profesor de Nuevo Testamento y Teología en Fuller Theological Seminary (EE.UU.); es conocido en el mundo de habla hispana por sus libros *Creo en la resurrección de Jesús*, *Crítica del Nuevo Testamento*, *Evangelio del Reino* y *Apocalipsis de Juan: Un comentario*. Presenta en esta obra una teología completa y erudita de todo el Nuevo Testamento.

Teología Joánica

Leon Morris, *Jesús es el Cristo: Estudios sobre la Teología Joánica*, Terrassa: CLIE, Colección Teológica Contemporánea, vol. 5, 2003. Morris es muy conocido por los muchos comentarios que ha escrito, pero sobre todo por el comentario de Juan de la serie *New International Commentary of the New Testament*. Morris también es el autor de *Creo en la Revelación*, *Las cartas a los Tesalonicenses*, *El Apocalipsis*, *¿Por qué murió Jesús?*, y *El salario del pecado*.

Teología Paulina

N.T. Wright, *El verdadero pensamiento de Pablo*, Terrassa: CLIE, Colección Teológica Contemporánea, vol. 1, 2002. Una respuesta a aquellos que dicen que Pablo comenzó una religión diferente a la de Jesús. Se trata de una excelente introducción a la teología paulina y a la "nueva perspectiva" del estudio paulino, que propone que Pablo luchó contra el exclusivismo judío y no tanto contra el legalismo.

Teología Sistemática

Millard Erickson, *Teología sistemática [Christian Theology]*, 2nd edition, Grand Rapids: Baker, 1998. Durante quince años esta teología sistemática de Millard Erickson ha sido utilizada en muchos lugares como una introducción muy completa. Ahora se ha revisado este clásico teniendo en cuenta los cambios teológicos, al igual que los muchos cambios intelectuales, políticos, económicos y sociales.

Teología Sistemática: Revelación/Inspiración

Clark H. Pinnock, *Revelación bíblica: el fundamento de la teología cristiana,* Prefacio de J.I. Packer, Terrassa: CLIE, Colección Teológica Contemporánea, vol. 8, 2004. Aunque conocemos los cambios teológicos de Pinnock en estos últimos años, este libro, de una etapa anterior, es una defensa evangélica de la infalibilidad y veracidad de las Escrituras.

Estudios ministeriales

Apologética/Evangelización

Michael Green & Alister McGrath, *¿Cómo llegar a ellos? Defendamos y comuniquemos la fe cristiana a los no creyentes,* Terrassa: CLIE, Colección Teológica Contemporánea, vol. 3, 2003. Esta obra explora la evangelización y la apologética en el mundo postmoderno en el que nos ha tocado vivir, escrito por expertos en evangelización y Teología.

Discipulado

Gregory J. Ogden, *Discipulado que transforma: el modelo de Jesús* [*Transforming Discipleship: Making Disciples a Few at a Time*, Downers Grove, IL: InterVarsity Press, 2003]. Si en nuestra iglesia no hay crecimiento, quizá no sea porque no nos preocupamos de las personas nuevas, sino porque no estamos discipulando a nuestros miembros de forma eficaz. Muchas veces nuestras iglesias no tienen un plan coherente de discipulado, y los líderes creen que les faltan los recursos para animar a sus miembros a ser verdaderos seguidores de Cristo. Greg Ogden habla de la necesidad del discipulado en las iglesias locales y recupera el modelo de Jesús: lograr un cambio de vida invirtiendo en la madurez de grupos pequeños para poder llegar a todos. La forma en la que Ogden trata este tema es bíblica, práctica e increíblemente eficaz; ya se ha usado con mucho éxito en cientos de iglesias.

Dones/Pneumatología

Wayne. A. Grudem, ed., *¿Son vigentes los dones milagrosos? Cuatro puntos de vista*, Terrassa: CLIE, Colección Teológica Contemporánea, vol. 9, 2004. Este libro pertenece a una serie que se dedica a exponer las diferentes posiciones que hay sobre diversos temas. Esta obra nos ofrece los argumentos de la perspectiva cesacionista, abierta pero cautelosa, la de la Tercera Ola, y la del movimiento carismático; cada una de ellas acompañadas de los comentarios y la crítica de las perspectivas opuestas.

Hermenéutica/Interpretación

J. Scott Duvall & J. Daniel Hays, *Entendiendo la Palabra de Dios* [*Grasping God's Word*, rev. ed., Grand Rapids: Zondervan, 2005]. ¿Cómo leer la Biblia? ¿Cómo interpretarla? ¿Cómo aplicarla? Este libro salva las distancias entre los acercamientos que son demasiado simples y los que son demasiado técnicos. Empieza recogiendo los principios generales de interpretación, y luego aplica esos principios a los diferentes géneros y contextos para que el lector pueda entender el texto bíblico y aplicarlo a su situación.

Soteriología

J. Matthew Pinson, ed., *Cuatro puntos de vista sobre la Seguridad de la Salvación [Four Views on Eternal Security]*, Grand Rapids: Zondervan, 2002. ¿Puede alguien perder la salvación? ¿Cómo presentan las Escrituras la compleja interacción entre la Gracia y el Libre albedrío? Este libro pertenece a una serie que se dedica a exponer las diferentes posiciones que hay sobre diversos temas. En él encontraremos los argumentos de la perspectiva del calvinismo clásico, la del calvinismo moderado, la del arminianismo reformado, y la del arminianismo wesleyano; todas ellas acompañadas de los comentarios y la crítica de las posiciones opuestas.

Mujeres en la Iglesia

Bonnidell Clouse & Robert G. Clouse, eds., *Mujeres en el ministerio. Cuatro puntos de vista [Women in Ministry: Four Views]*, Downers Grove: IVP, 1989. Este libro pertenece a una serie que se dedica a exponer las diferentes posiciones que hay sobre diversos temas. Esta obra nos ofrece los argumentos de la perspectiva tradicionalista, la que aboga en pro del liderazgo masculino, en pro del ministerio plural, y la de la aproximación igualitaria; todas ellas acompañadas de los comentarios y la crítica de las perspectivas opuestas.

Vida cristiana

Dallas Willard, *Renueva tu Corazón: Sé como Cristo [Renovation of the Heart: Putting on the Character of Christ]*, Colorado Springs: NavPress, 2002. No "nacemos de nuevo" para seguir siendo como antes. Pero: ¿Cuántas veces, al mirar a nuestro alrededor, nos decepcionamos al ver la poca madurez espiritual de muchos creyentes? Tenemos una buena noticia: es posible crecer espiritualmente, deshacerse de hábitos pecaminosos, y parecerse cada vez más a Cristo. Este *bestseller* nos cuenta cómo transformar nuestro corazón, para que cada elemento de nuestro ser esté en armonía con el reino de Dios.

Índice

PRIMER VOLUMEN

Lista de libros publicados 5
Presentación de la Colección Teológica Contemporánea 7

Prefacio a la primera edición 23
Prefacio a la edición revisada 25
Principales abreviaturas 27

INTRODUCCIÓN 37
   I. Autoría 38
  II. Fecha 62
 III. Propósito 69
 IV. Historia y Teología 74
   V. La relación entre cuarto evangelio y los Sinópticos 84
 VI. Desplazamientos textuales 88
VII. Fuentes 92
VIII. Lugar de composición 97
 IX. Trasfondo 99

Texto, Exposición y Notas
   I. El prólogo (1:1-18) 105
      A. El Verbo y Dios (1:1-2) 107
      B. El Verbo y la Creación (1:3-5) 114
      C. El Verbo y Juan el Bautista (1:6-8) 122
      D. El Verbo Encarnado (1:9-14) 127
      E. La Incomparable Excelencia del Verbo (1:15:-18) 143
  II. El principio del ministerio de Jesús (1:19-51) 165
      A. El testimonio de Juan (1:19-34) 165
         1. Juan y los fariseos (1:19-28) 165
         2. Juan y Jesús (1:29-34) 179
      B. Los primeros discípulos (1:35-51) 190
         1. Andrés y Pedro (1:35-42) 190
         2. Felipe y Natanael (1:43-51) 197
 III. Las señales y los discursos públicos de Cristo (2:1-12:50)... 212
      A. La primera señal: Las bodas de Caná (2:1-11) 212
         Interludio (2:12) 224
      B. Purificación del Templo (2:13-17) 226

C. Destrucción y reconstrucción del Templo (2:18-22) 235
D. Jesús y la multitud (2:23-25) 244
E. El primer discurso: El nuevo nacimiento (3:1-36) 248
  1. El nuevo nacimiento (3:1-15) 248
  2. Reflexión (3:16-21) 269
  3. Jesús y Juan el Bautista (3:22-36) 277
    a. Pregunta sobre la purificación (3:22-26) 277
    b. La respuesta de Juan el Bautista (3:27-30) 281
    c. Reflexión (3:31-36) 284
F. El segundo discurso: El Agua de Vida (4:1-42) 293
  1. Jesús parte para Galilea (4:1-3) 293
  2. Agua viva (4:4-14) 295
  3. La mujer y sus maridos (4:15-19) 306
  4. Verdadera Adoración (4:20-26) 310
  5. El testimonio de la mujer (4:27-30) 317
  6. La comida de Cristo (4:31-38) 319
  7. Creyentes samaritanos (4:39-42) 326
  Interludio en Galilea (4:43-45) 329
G. La segunda señal: la curación del Hijo de un oficial del Rey (4:46-54) 332
H. La tercera señal: la curación de un paralítico (5:1-18) 343
  1. La curación (5:1-9a) 343
  2. Discusión acerca del Día de Reposo (5:9b-18) 350
I. El tercer discurso: el Hijo divino (5:19-47) 357
  1. El Padre y el Hijo (5:19-24) 357
  2. El Hijo y el Juicio (5:25-29) 363
  3. Testigos del Hijo (5:30-47) 368
J. La cuarta señal: la alimentación de la multitud (6:1-15) . 385
K. La quinta señal: Jesús anda sobre el agua (6:16-21) 395
L. El cuarto discurso: El Pan de Vida (6:22-66) 399
  1. La multitud busca a Jesús (6:22-25) 404
  2. Alimento que permanece (6:26-27) 406
  3. Las obras de Dios (6:28-29) 408
  4. El Pan de Vida (6:30-40) 410
  5. Cristo y el Pan (6:41-51) 418
  6. Comer la carne y beber la sangre (6:52-59) 426
  7. Palabras que son Espíritu y Vida (6:60-66) 432
M. La confesión de Pedro (6:67-71) 438
N. El quinto discurso: El Espíritu que da vida (7:1-52) 443
  1. Jesús y sus hermanos (7:1-9) 444
  2. La reacción de las multitudes (7:10-13) 452
  3. Juicio justo (7:14-24) 455
  4. ¿Es éste el Cristo? (7:25-31) 463

5. Intento de arresto (7:32) 468
6. El retorno de Jesús al Padre (7:33-36) 469
7. Una profecía del Espíritu (7:37-39) 473
8. División (7:40-44) 482

Bibliografía en castellano 491

SEGUNDO VOLUMEN

Lista de libros publicados 5
Presentación de la Colección Teológica Contemporánea 7

Prefacio a la primera edición 23
Prefacio a la edición revisada 25
Principales abreviaturas 27

O. El sexto discurso: la Luz del mundo (8:12-59) 37
   1. El testimonio del Padre (8:12-20) 37
   2. Morir en pecado (8:21-24) 47
   3. El Padre y el Hijo (8:25-30) 51
   4. Esclavos del pecado (8:31-47) 57
   5. La Gloria que el Padre da al Hijo (8:48-59) 71
P. La sexta señal: Curación del ciego de nacimiento (9:1-41) 81
   1. La curación (9:1-7) 83
   2. El efecto en los vecinos (9:8-12) 88
   3. El hombre y los fariseos (9:13-34) 90
      a. Discusiones preliminares (9:13-17) 90
      b. Interrogan a los padres del hombre que ha sido sanado (9:18-23) 93
      c. Cuestionan al hombre, y lo excomulgan (9:24-34) ... 97
   4. Fe en el Hijo de Dios (9:35-38) 101
   5. La condenación de los fariseos (9:39-41) 104
Q. El séptimo discurso: El Buen Pastor (10:1-42) 107
   1. La parábola (10:1-6) 109
   2. La aplicación a la persona de Cristo (10:7-18) 113
   3. La reacción de los judíos (10:19-21) 124
   4. El rechazo final de los judíos (10:22-42) 125
      a. La unidad del Padre y el Hijo (10:22-30) 125
      b. Se rebate la acusación de blasfemia (10:31-39) 134
      c. Al otro lado del Jordán (10:40-42) 141
R. La séptima señal: La resurrección de Lázaro (11:1-57) ... 143
   1. La muerte de Lázaro (11:1-16) 147
   2. El encuentro de Jesús y Marta (11:17-27) 157

  3. El encuentro de Jesús y María (11:28-32) 165
  4. Lázaro es resucitado (11:33-44) 167
  5. La reacción de fe (11:45) 176
  6. La reacción de los incrédulos (11:46-57) 177
 S. El cierre del ministerio público de Jesús (12:1-50) 186
  1. La unción en Betania (12:1-8) 186
  2. La entrada triunfal (12:9-19) 196
  3. Los griegos (12:20-36a) 206
  4. La profecía da testimonio de Jesús (12:36b-43) 219
  5. La última invitación a la fe (12:44-50) 224
IV. Los discursos de despedida (13:1-17:26) 229
 A. Dos acciones importantes (13:1-30) 230
  1. Jesús lava los pies a sus discípulos (13:1-11) 230
  2. Servicio y humildad (13:12-20) 239
  3. Una profecía de la traición a Jesús (13:21-30) 244
 B. Las preguntas de los discípulos (13:31-14:31) 250
  1. Un mandamiento nuevo (13:31-35) 250
  2. Jesús profetiza la negación de Pedro (13:36-38) 255
  3. Cristo, el Camino (14:1-7) 258
  4. El Padre y el Hijo (14:8-14) 265
  5. La venida del Espíritu (14:15-17) 271
  6. La manifestación de Cristo a los discípulos (14:18-24) . 274
  7. "Yo voy al Padre" (14:25-31) 279
 C. La Vid Verdadera (15:1-16) 291
 D. Persecución (15:17-25) 302
  1. Sufriendo por causa de Cristo (15:17-21) 302
  2. Cristo revela el pecado de las personas (15:22-25) ... 305
 E. La obra del Espíritu Santo (15:26-16:15) 308
  1. El testimonio del Espíritu Santo (15:26-27) 308
  2. Advertencia sobre la persecución futura (16:1-4) 318
  3. La obra del Espíritu (16:5-15) 321
 F. Solución de algunos problemas (16:16-33) 328
  1. La confusión de los discípulos (16:16-18) 329
  2. La alegría de los discípulos (16:19-24) 331
  3. La fe de los discípulos (16:25-30) 336
  4. La paz de los discípulos (16:31-33) 340
 G. La oración intercesora (17:1-26) 343
  1. Pidiendo la glorificación del Hijo (17:1-5) 344
  2. Pidiendo por los discípulos (17:6-19) 349
  3. Pidiendo por los que han de creer (17:20-26) 359
V. La crucifixión (18:1-19:42) 367
 A. El arresto (18:1-12) 367
 B. El juicio judío y las negaciones (18:13-27) 375

1. Jesús comparece ante Anás (18:13-14) 377
2. La primera negación de Pedro (18:15-18) 379
3. El interrogatorio ante Anás (18:19-24) 382
4. Las dos últimas negaciones de Pedro (18:25-27) 387
C. El juicio romano (18:28-19:16) 389
 1. Jesús ante Pilato (18:28-32) 390
 2. Pilato interroga a Jesús (18:33-40) 395
 3. ¡He aquí el Hombre! (19:1-6a) 419
 4. La decisión final de Pilato (19:6b-16) 424
D. Muerte de Jesús (19:17-42) 434
 1. Jesús crucificado (19:17-22) 434
 2. La repartición de la ropa de Jesús (19:23-25a) 439
 3. Jesús provee para María (19:25b-27) 441
 4. La muerte de Jesús (19:28-30) 444
 5. La herida en el costado de Jesús (19:31-37) 447
 6. Sepultura de Jesús (19:38-42) 455
VI. La Resurrección (20:1-29) 459
 A. El sepulcro vacío (20-1-10) 459
 B. Las apariciones (20:11-29) 467
  1. Aparición a María (20:11-18) 467
  2. Aparición a los diez (20:19-23) 475
  3. Aparición a Tomás (20:24-29) 482
VII. El propósito del Evangelio (20:30-31) 486
VIII. Epílogo (21:1-25) 490
 A. La pesca milagrosa (21:1-14) 492
 B. Restauración de Pedro (21:15-19) 501
 C. El papel del discípulo amado (21:20-23) 510
 D. Autenticación (21:24-25) 512

Apéndice: La mujer sorprendida en adulterio (7:53-8:11) ... 515

Bibliografía 525

Prefacio a la primera edición

Hace más de diez años que el ilustre N. B. Stonehouse me animó a escribir esta obra. No puedo decir que haya trabajado de forma continua en este comentario desde entonces. He tenido que cumplir con muchos otros compromisos y me he mudado en dos ocasiones, una de Australia a Inglaterra y, luego, de nuevo a Australia, circunstancias que han sido un impedimento para la concentración y la producción literaria. Además, mi cargo como director de un departamento universitario y teológico me ha mantenido muy ocupado. No obstante, a lo largo de todos estos años esta obra ha sido una de mis prioridades, y me he dedicado a ella siempre que las circunstancias me lo han permitido. Ahora que va a publicarse, soy consciente de que mi trabajo está lejos de la perfección. Pero también es cierto que he podido contar con la ayuda de muchas personas de gran valor.

En las notas a pie de página indico las principales fuentes de las que me he beneficiado. He aprendido mucho del fantástico comentario de Westcott. Y nunca olvidaré que lo que despertó en mí el interés y entusiasmo por el estudio del pensamiento joánico fueron los dos volúmenes del arzobispo Bernard, publicados en la serie *International Critical Commentary*. Las obras más recientes que me han inspirado y servido son los comentarios de Sir Edwin Hoskyns y de C. K. Barrett. El interés de un grupo de amigos y de algunos de mis estudiantes también han sido para mí de estímulo y de mucha ayuda. A todos, aunque aquí no caben sus nombres, mi más sincera gratitud.

Quiero expresar mi agradecimiento también al profesor Stonehouse por su ayuda y gentileza. Me honra que me encargara la realización de esta obra, y aprecio muchísimo la comprensión que mostró cuando tuve que posponer su publicación. Tuve la oportunidad de consultar algunos aspectos con él, y este comentario sería aún mejor si hubiera tenido la oportunidad de consultarle más a menudo. Fue un erudito cristiano excelente y quiero reconocer por escrito lo mucho que le debo.

Deseo acabar con unas palabras de reconocimiento hacia el sucesor de Stonehouse, el conocido F. F. Bruce, por la comprensión que ha mostrado cuando me demoraba, por las valiosas sugerencias y mejoras que ha aportado a esta obra, y por el apoyo y el ánimo que me ha otorgado.

Leon Morris

Prefacio a la edición revisada

La demanda de que se publicara una segunda edición de este comentario me ha dado la oportunidad de revisarlo a la luz de las obras más recientes. Así, he realizado algunas modificaciones y he añadido nuevos aspectos. Y siempre es bueno considerar los argumentos que uno usó en el pasado. Aunque he realizado algunos pequeños cambios esta segunda edición tiene, esencialmente, el mismo posicionamiento que la primera. Me he beneficiado mucho de las obras sobre el Evangelio de Juan que se han publicado en los más de veinte años que han pasado desde que este comentario salió a la luz. Mi deseo es que parte de ese beneficio llegue a los lectores de su segunda edición.

LEON MORRIS

Principales abreviaturas

AA	Matthew Black, *An Aramaic Approach to the Gospels and Acts* (Oxford, 1946)
Abbott	Edwin A. Abbott, *Johannine Grammar* (London, 1906)
ABR	*The Australian Biblical Review*
Amplified	*The Amplified New Testament* (Grand Rapids, 1958)
ANF	Ante-Nicene Fathers (American repr. of the Edinburgh edn.; Grand Rapids, n.d.)
AO	C. F. Burney, *The Aramaic Origin of the Fourth Gospel* (Oxford, 1922)
ARV	*The American Revised Version* (or, *The American Standard Version*)
AS	G. Abbott-Smith, *A Manual Greek Lexicon of the New Testament* (Edinburgh, 1954)
Augustine	*Homilies on the Gospel of John, Homilies on the First Epistle of John, and Soliloquies,* The Nicene and Post-Nicene Fathers (American repr. of the Edinburgh edn.; Grand Rapids, 1956), first series, vol. VII
BA	*The Biblical Archaeologist*
BAGD	Walter Bauer, *A Greek-English Lexicon of the New Testament,* trans. and rev. W. F. Arndt and F. W. Gingrich, 2nd edn. rev. F. W. Gingrich and F. W. Danker (Chicago and London, 1979)
Bailey	R. F. Bailey, *Saint John's Gospel* (London, 1957)
Barclay	William Barclay, *The Gospel of John,* 2 vols. (Edinburgh, 1956)
Barrett	C. K. Barrett, *The Gospel according to St. John,* 2nd edn. (Philadelphia, 1978)

BDF	F. Blass and A. Debrunner, *A Greek Grammar of the New Testament*, trans. R. W. Funk (Chicago and Cambridge, 1961)
Beasley-Murray	George R. Beasley-Murray, *John*, Word Biblical Commentary (Waco, 1987)
Berkeley	*The Holy Bible, The Berkeley Version* (Grand Rapids, 1959)
Bernard	J. H. Bernard, *A Critical and Exegetical Commentary on the Gospel according to St. John* (Edinburgh, 1928)
BJRL	*The Bulletin of the John Rylands Library*
BNT	W. D. Davies and D. Daube, eds., *The Background of the New Testament and Its Eschatology* (Cambridge, 1956)
Brown	Raymond E. Brown, *The Gospel according to John* (New York, I [i-xii], 1966; II [xiii-xxi], 1970)
Bruce	F. F. Bruce, *The Gospel of John* (Grand Rapids, 1983)
BS	A. Deissmann, *Bible Studies* (Edinburgh, 1901)
BT	*The Bible Translator*
Bultmann	Rudolf Bultmann, *The Gospel of John* (Philadelphia, 1971)
Calvin	John Calvin, *The Gospel according to St. John*, trans. T. H. L. Parker (Grand Rapids, I, 1959; II, 1961)
Carson, *Friends*	D. A. Carson, *Jesus and His Friends* (Leicester, 1986)
Carson, *John*	D. A. Carson, *The Gospel According to John* (Grand Rapids, 1991)
Cassirer	Heinz W. Cassirer, *God's New Covenant: A New Testament Translation*
CBQ	*The Catholic Biblical Quarterly*
Chrysostom	*Homilies on the Gospel of St. John and Hebrews*, Nicene and Post-Nicene Fathers (American repr. of the Edinburgh edn.; Grand Rapids, 1956), first series vol. XIV
CQR	*The Church Quarterly Review*
Danby	H. Danby, *The Mishnah* (Oxford, 1933)
Dods	Marcus Dods, *The Gospel of St. John*, The Expositor's Greek Testament (London, 1897)
DSS	Millar Burrows, *The Dead Sea Scrolls* (London, 1956)

EB	*Encyclopaedia Biblica,* ed. T. K. Cheyne and J. S. Black (London, 1956)
ERE	*Encyclopaedia of Religion and Ethics,* ed. J. Hastings, 12 vols. (Edinburgh, 1908-21)
ExT	*The Expository Times*
FF	Ferrar Fenton, *The Holy Bible in Modern English* (London, 1922)
FG	Hugo Odeberg, *The Fourth Gospel* (Uppsala, 1929)
FGRCI	W. F. Howard, *The Fourth Gospel in Recent Criticism and Research,* rev. C. K. Barrett (London, 1955)
Field	F. Field, *Notes on the Translation of the New Testament* (Cambridge, 1899)
Filson	F. V. Filson, *Saint John,* The Layman's Bible Commentaries (London, 1963)
Findlay	J. Alexander Findlay, *The Fourth Gospel* (London, 1956)
GNB	*Good News Bible, Today's English Version*
GNT	*The Greek New Testament Being the Text Translated in the New English Bible 1961,* ed. R. V. G. Tasker (Oxford and Cambridge, 1964)
Godet	F. L. Godet, *Commentary on the Gospel of John,* 2 vols. (Grand Rapids, n.d.)
Goodspeed	Edgar J. Goodspeed, *The New Testament: An American Translation (Chicago, 1923)*
Grammatical	N. Turner, *Grammatical Insights into the New Testament Insights* (Edinburgh, 1965)
GThJ	*Grace Theological Journal*
GT	*A Greek-English Lexicon of the New Testament,* being Grimm's Wilke's Clavis Novi Testamenti, trans. and rev. J. H. Thayer (Edinburgh, 1888)
Guthrie	D. Guthrie, *Exploring God's Word: Bible Guide to John's Gospel (London, 1986)*
Haenchen	Ernst Haenchen, *John,* Hermeneia, 2 vols. (Philadelphia, 1984)
Hamilton	William Hamilton, *John,* The Modern Reader's Guide to the Gospels (London, 1966)
Harner	Philip B. Harner, *The "I Am" of the Fourth Gospel* (Philadelphia, 1970)

HDB	*A Dictionary of the Bible,* ed. James Hastings, 5 vols. (Edinburgh, 1898)
HDCG	*A Dictionary of Christ and the Gospels,* ed. James Hastings, 2 vols. (Edinburgh, 1906)
Hendriksen	William Hendriksen, *Exposition of the Gospel according to John,* 2 vols. (Grand Rapids, 1953)
Hengel	Martin Hengel, *The Johannine Question* (London and Philadelphia, 1989)
HHT	John Lightfoot, *Horae Hebraicae et Talmudicae* (London, 1823)
Hoskyns	Sir Edwyn Hoskyns, *The Fourth Gospel,* ed. F. N. Davey (London, 1947)
HTFG	C. H. Dodd, *Historical Tradition in the Fourth Gospel* (Cambridge, 1963)
HTR	*The Harvard Theological Review*
Hunter	A. M. Hunter, *The Gospel according to John,* The Cambridge Bible Commentary (Cambridge, 1965)
IB	*The Interpreter's Bible,* vol. 8, *The Gospel according to St. John,* Introduction and Exegesis by W. F. Howard, Exposition by A. J. Gossip (New York, 1952)
IBNTG	C. F. D. Moule, *An Idiom Book of New Testament Greek* (Cambridge, 1953)
IDB	*The Interpreter's Dictionary of the Bible,* 4 vols. (Nashville, 1962); supp. vol. (1976)
IFG	C. H. Dodd, *The Interpretation of the Fourth Gospel* (Cambridge, 1953)
ISBE	*The International Standard Bible Encyclopedia,* rev. edn., 4 vols. (Grand Rapids, 1979-88)
JB	*The Jerusalem Bible*
JBL	*The Journal of Biblical Literature*
Johnston	G. Johnston, *The Spirit-Paraclete in the Gospel of John* (Cambridge, 1970)
JThS	*The Journal of Theological Studies*
KJV	*The King James Version*
Kleist-Lilly	James A. Kleist and Joseph L. Lilly, *The New Testament* (Milwaukee, 1956)
Knox	Ronald Knox, *The Holy Bible: A Translation from the Latin Vulgate* (London, 1955)

Principales abreviaturas

Kysar	Robert Kysar, *The Fourth Evangelist and His Gospel* (Minneapolis, 1975)
LAE	A. Deissmann, *Light from the Ancient East* (London, 1927)
Lagrange	M. J. Lagrange, *Évangile selon Saint Jean* (Paris, 1936)
Law	J. Duncan M. Derrett, *Law in the New Testament* (London, 1970)
LB	*The Living Bible, Paraphrased* (Wheaton, 1971)
Lenski	R. C. H. Lenski, *The Interpretation of St. John's Gospel* (Columbus, 1956)
Lightfoot	R. H. Lightfoot, *St. John's Gospel* (Oxford, 1956)
Lindars	Barnabas Lindars, *The Gospel of John,* New Century Bible (London, 1972)
Loyd	Philip Loyd, *The Life according to S. John* (London and Oxford, 1936)
LS	*A Greek-English Lexicon,* compiled by H. G. Liddell and R. Scott, new edn. H. S. Jones and R. McKenzie, 2 vols. (Oxford, 1940)
LT	A. Edersheim, *The Life and Times of Jesus the Messiah,* 2 vols. (London, 1890)
Luther	*Luther's Works* (St. Louis, n.d.)
Lüthi	Walter Lüthi, *St John's Gospel* (Edinburgh and London, 1960)
M, I	J. H. Moulton, *A Grammar of New Testament Greek, I, Prolegomena* (Edinburgh, 1906)
M, II	*Ibíd.,* II, *Accidence and Word Formation,* ed. W. F. Howard (Edinburgh, 1919)
M, III	*Ibíd.,* III, *Syntax* by Nigel Turner (Edinburgh, 1963)
M, IV	*Ibíd.,* IV, *Style* by Nigel Turner (Edinburgh, 1976)
McClymont	J. A. McClymont, *St. John,* The Century Bible (Edinburgh, 1901)
MacGregor	G. H. C. MacGregor, *The Gospel of John,* Moffatt New Testament Commentary (London, 1928)
Moloney	F. J. Moloney, *The Johannine Son of Man* (Rome, 1976)
Mantey	G. A. Turner and J. R. Mantey, *The Gospel according to John,* The Evangelical Commentary (Grand Rapids, n.d.)

Metzger	Bruce M. Metzger, *A Textual Commentary on the Greek New Testament* (London and New York, 1971)
Michaels	J. Ramsey Michaels, *John, A Good News Commentary* (San Francisco, 1984)
MiM	W. Milligan and W. F. Moulton, *Commentary on the Gospel of St. John* (Edinburgh, 1898)
ML	Millar Burrows, *More Light on the Dead Sea Scrolls* (London, 1958)
MM	J. H. Moulton and G. Milligan, *The Vocabulary of the Greek Testament* (London, 1914-29)
MNTC	The Moffatt New Testament Commentary
Moffatt	James Moffatt, *The New Testament: A New Translation* (London, n.d.)
Moods	E. de W. Burton, *Syntax of the Moods and Tenses in New Testament Greek*
Morgan	G. Campbell Morgan, *The Gospel according to John* (London and Edinburgh, 1951)
MS(S)	Manuscript(s)
MT	The Massoretic Text
Murray	J. O. F. Murray, *Jesus according to S. John* (London, 1936)
NBD	*The New Bible Dictionary,* ed. J. D. Douglas et al. (London, 1961)
NEB	*The New English Bible* (Oxford and Cambridge, 1970)
Newbigin	Lesslie Newbigin, *The Light Has Come* (Grand Rapids, 1982)
NewDocs.	G. H. R. Horsley, *New Documents Illustrating Early Christianity,* 5 vols. (Macquarrie University, 1981-89)
NICNT	The New International Commentary on the New Testament
NIDNTT	C. Brown, ed., *The New International Dictionary of New Testament Theology,* 3 vols. (Exeter, 1975-78)
NIV	New International Version
NovT	*Novum Testamentum*
NPNF	The Nicene and Post-Nicene Fathers (American repr.; Grand Rapids, 1956)
NRSV	New Revised Standard Version

NTS	*New Testament Studies*
NTT	E. Stauffer, *New Testament Theology* (London, 1955)
ODCC	F. L. Cross, ed., *The Oxford Dictionary of the Christian Church* (London, 1958)
Phillips	J. B. Phillips, *The Gospels in Modern English* (London, 1957)
Pilcher	C. Venn Pilcher, *The Gospel according to St. John* (Sydney, n.d.)
Plummer	A. Plummer, *The Gospel according to S. John,* Cambridge Greek Testament (Cambridge, 1882)
de la Potterie	I. de la Potterie, *The Hour of Jesus* (Middlegreen, 1989)
Priority	J. A. T. Robinson, *The Priority of John* (London, 1985)
REB	*The Revised English Bible*
Reynolds	H. R. Reynolds, *The Gospel of St. John,* The Pulpit Commentary, 2 vols. (London, 1888)
Richardson	Alan Richardson, *The Gospel according to Saint John,* The Torch Bible Commentaries (London, 1959)
Rieu	E. V. Rieu, *The Four Gospels* (Penguin Books, 1952)
Robertson	A. T. Robertson, *A Grammar of the Greek New Testament in the Light of Historical Research* (London, n.d.)
RSV	*The Revised Standard Version*
RThR	*The Reformed Theological Review*
Ryle	John Charles Ryle, *Expository Thoughts on the Gospels, St. John,* 3 vols. (London, 1957)
SBk	H. L. Strack und P. Billerbeck, *Kommentar zum Neuen Testament aus Talmud und Midrasch,* 4 vols. (München, 1922-28)
Schnackenburg	Rudolf Schnackenburg, *The Gospel according to St John,* Herder's Theological Commentary on the New Testament, 3 vols. (New York, I, 1968; II and III, 1982)
Schonfield	H. J. Schonfield, *The Authentic New Testament* (London, 1956)
SDSS	T. H. Gaster, *The Scriptures of the Dead Sea Sect* (London, 1957)

SE, I	*Studia Evangelica*, I, ed. K. Aland et al. (Berlin, 1959)
SE, II	*Ibíd.*, II, ed. F. L. Cross (Berlin, 1964)
SE, III	*Ibíd.*, III, ed. F. L. Cross (Berlin, 1964)
SFG	Leon Morris, *Studies in the Fourth Gospel* (Grand Rapids, 1969)
SJT	*The Scottish Journal of Theology*
SNT	K. Stendahl, ed., *The Scrolls and the New Testament* (London, 1958)
Strachan	R. H. Strachan, *The Fourth Gospel* (London, 1955)
Tasker	R. V. G. Tasker, *The Gospel according to St. John*, Tyndale New Testament Commentaries (London and Grand Rapids, 1960)
TDNT	*Theological Dictionary of the New Testament,* being a translation by G. W. Bromiley of *Theologisches Wörterbuch zum Neuen Testament* (Grand Rapids, 1964-76)
Temple	William Temple, *Readings in St. John's Gospel* (London, 1947)
Tenney	Merrill C. Tenney, *John, The Gospel of Belief* (Grand Rapids, 1948)
Tenney, EBC	Merrill C. Tenney, "The Gospel of John," in Frank E. Gaebelein, ed., *The Expositor's Bible Commentary,* IX (Grand Rapids, 1981)
Torrey	C. C. Torrey, *The Four Gospels: A New Translation* (London, n.d.)
Turner	G. A. Turner and J. R. Mantey, *The Gospel according to John,* The Evangelical Commentary (Grand Rapids, n.d.)
TWBB	A. Richardson, ed., *A Theological Word Book of the Bible* (London, 1950)
Twentieth Century	*The Twentieth Century New Testament* (London and New York, 1904)
v.l.	*varia lectio* (variant reading)
Westcott	Brooke Foss Westcott, *The Gospel according to St. John* (Grand Rapids, 1954)
Weymouth	R. F. Weymouth, *The New Testament in Modern Speech* (London, 1907)

Williams, C. B.	Charles B. Williams, *The New Testament: A Translation in the Language of the People* (Chicago, 1950)
Williams, C. K	Charles Kingsley Williams, *The New Testament: A New Translation in Plain English* (London, 1952)
Wright	C. J. Wright, *Jesus the Revelation of God* (London, 1950)
WThJ	*The Westminster Theological Journal*
Wuest	Kenneth S. Wuest, *The New Testament: An Expanded Translation* (London, 1961)
ZATW	*Zeitschrift für die Alttestamentliche Wissenschaft*
ZNTW	*Zeitschrift für die Neutestamentliche Wissenschaft*

Introducción

El Evangelio de Juan es como una piscina en la que un niño puede nadar y un elefante puede chapotear. Es, a la vez, sencillo y profundo. Está dirigido a aquel que da sus primeros pasos en la fe, y para el cristiano maduro. Su atractivo comienza como el amor a primera vista, pero además su vasta relevancia nos seguirá atrayendo mientras vivamos.

Es un evangelio sencillo. El creyente más humilde puede leerlo, comprenderlo y beneficiarse de su contenido. Sir Edwyn Hoskyns explicó esta gran verdad al decir: «Los críticos han comparado este evangelio a Filón y a los filósofos alejandrinos; pero, cuando los pobres y la gente sencilla estaban en el lecho de la muerte, ¿pedían que se les leyera algo de los volúmenes de Filón o de los otros filósofos?»[1] Los pobres y la gente sencilla han encontrado en el Evangelio de Juan una fuente que tenía mucho que ver tanto con la vida como con la muerte.

Pero aún queda mucho que decir. Hoskyns también escribe del comentarista que se esmera en el estudio concienzudo de este evangelio, diciendo lo siguiente: «por mucho que estudie este libro, siempre le resultará extraño, intrigante, desconocido»[2]. Detrás de la sencillez, se esconden recodos inescrutables. Lo que en un primer momento parece obvio, acaba planteando un sinfín de problemas. La mayoría de los estudiosos estaría de acuerdo con Hoskyns en que después de estudiar este evangelio con esmero, uno no llega nunca a dominarlo, a conocerlo bien, sino que sigue resultando «extraño, intrigante, desconocido».

Esta introducción podría ser muy extensa y complicada. Pero como este libro es un comentario, no pretendo abarcarlo todo en la introducción. Así que en estas primeras páginas nos dedicaremos, simplemente, a mencionar algunos de los problemas más importantes. Para aquellos

---

[1] Hoskyns, p. 20.
[2] Ibíd.

que quieran profundizar en estas cuestiones, se han escrito infinidad de libros sobre diferentes aspectos de este Evangelio de Juan[3]. Pero un comentario no sería algo completo si antes no nos detuviéramos también a considerar algunos de esos aspectos[4].

1. AUTORÍA[5]

Algunos expertos arguyen que determinar la autoría de este evangelio no tiene mayor importancia. Aseguran que no tenemos la información necesaria para llegar a una conclusión convincente, por lo que es mejor no pronunciarse ya que, de hecho, no es necesario preocuparse de quién lo escribió: lo que importa es lo que escribió. Por un lado, tienen razón. Ciertamente lo más importante es lo que el autor intentaba transmitir y también es más urgente que los eruditos dediquen sus esfuerzos a profundizar en ello, en vez de perder el tiempo debatiendo sobre la autoría del Evangelio. De hecho, el Evangelio es, en sí, anónimo. Incluso los eruditos más conservadores se cuidarán de tomar una perspectiva concreta en cuanto a la autoría del Evangelio de Juan. Sin embargo, todo esto no quiere decir, ni mucho menos, que no sea un tema importante. De hecho, nuestra concepción del contenido variará enormemente si creemos que fue escrito por un testigo ocular, como lo era el apóstol Juan, o si creemos que fue escrito por un cristiano del siglo II que nunca vio a Jesús[6]. Por tanto, aunque no podemos determinar la autoría de este evangelio con la total seguridad de estar en lo cierto sí debemos, por nuestro propio beneficio, considerar las diferentes posibilidades.

---

[3] He examinado algunos de los problemas más importantes en mi libro *Studies in the Fourth Gospel* (Grand Rapids, 1969). Recomiendo consultarlo para ver algunos de los aspectos que no trato de manera tan profunda en esta introducción.

[4] Ver Robert Kysar, *The Fourth Evangelist and His Gospel* (Minneapolis, 1975), donde encontrará un debate sobre los problemas que aparecen en este evangelio.

[5] Más en *SFG*, cap. 4.

[6] Esto no significa que la autoridad del Evangelio dependa de la autoría. B.S. Childs no está en lo cierto cuando dice: «La defensa tradicional establecía que el Evangelio tenía autoridad teológica, y lo hacía probando que el autor era un testigo ocular» (*The New Testament as Canon* [Londres, 1984], p. 129). La autoridad de un libro es independiente de quién sea el autor. El hecho de que fue escrito por un testigo ocular es una conclusión sacada del mismo Evangelio, y no una presuposición teológica que debe respaldarse sea como sea.

La mayoría de los eruditos europeos hace tiempo que dejaron de creer en la autoría de Juan, a excepción de los británicos que, juntamente con los norteamericanos, se muestran más tradicionales. Siempre habían creído que, o bien Juan escribió el Evangelio, o bien tuvo que ver con su composición: por ejemplo, podría tratarse del testigo ocular que proporcionó la información a la persona que lo escribió. En la actualidad ha habido un cambio de opinión dado que la mayoría de eruditos británicos y norteamericanos, a excepción de los evangélicos conservadores, no apoya la autoría del apóstol Juan. Muchos sostienen aún que Juan puede ser el testigo que hay detrás de la narración, pero, en general, se acercan más a la opinión europea[7].

Si tantos expertos en el tema son de esa opinión, debemos considerar lo que dicen. No obstante, debemos también tener en cuenta que la mayoría de estas opiniones se basan más en el contagio de las opiniones ya existentes que en el hallazgo de nuevas pruebas. Por ejemplo, Westcott, que sostenía que Juan era, incuestionablemente, el autor, conocía las tres razones que llevaban a A.M. Hunter a sostener todo lo contrario: el autor de este evangelio usó los Sinópticos, la diferencia de estilo entre éste y los otros tres evangelios, y el hecho de que es muy poco probable que Juan se llamase a sí mismo "el discípulo a quien Jesús amaba". Hunter concluye: «Por esta y otras razones, la mayoría de eruditos de este país ya no afirman rotundamente que el apóstol Juan sea el autor del Cuarto Evangelio»[8]. Westcott conocía estos (y otros) argumentos[9]. Pero sostenía que había otros argumentos de más peso que le hacían concluir, por las evidencias, que Juan era el autor de este evangelio. Nadie ha conseguido refutar sus argumentos. De hecho, apenas lo han intentado, sino que, como los eruditos hoy en día tratan y evalúan las evidencias de forma diferente, han ignorado las tesis de Westcott. Puede que las evaluaciones de estos eruditos no sean erróneas, pero lo que sí es cierto es que las evidencias son exactamente las mismas; es decir, que no estamos ante un caso en que el descubrimiento de nuevas y aclaradoras evidencias haya desbancado a las antiguas.

---

[7] Con esto no queremos negar que haya diferencias. Por eso J.S. King puede decir: «la mayoría de los eruditos británicos ha usado el Cuarto Evangelio para trabajar en la búsqueda del Jesús histórico, mientras que los eruditos norteamericanos, siguiendo los pasos de E.F. Scott, lo han usado para la búsqueda de la comunidad joánica» (*ExT*, 94 [1982-83], p. 363).

[8] *Introducing the New Testament* (Londres, 1945), p. 50.

[9] Ver un examen completo de las evidencias en la introducción a su Comentario.

R.H. Lightfoot nos recuerda que «la opinión tradicional aún recibe un amplio apoyo, y no se ha demostrado nunca que sea una opción imposible»[10].

La razón básica para sostener la autoría de Juan radica en que, aparentemente, eso es lo que el mismo evangelio enseña. En el último capítulo, después de la referencia ya mencionada ("el discípulo a quien Jesús amaba"), podemos leer: «Este es el discípulo que da testimonio de estas cosas y el que escribió esto» (21:24). A continuación añade: «sabemos que su testimonio es verdadero», lo que apunta a que se trata de un comentario hecho por otros. Sin embargo, debe ser una recomendación bien antigua. Además, ¡en todos los evangelios aparece algo parecido! Así que lo más probable es que esta frase sobre la autoría sea contemporánea a la publicación del Evangelio[11]. El mismo evangelio parece indicar que el autor fue el apóstol Juan[12].

También es cierto que el nombre del discípulo no aparece, pero, de nuevo, el mismo evangelio parece indicar que fue el apóstol Juan. El título que se le da al discípulo mencionado denota una relación íntima con Jesús. En la última cena, vemos que uno de sus discípulos, al cual Jesús amaba, «estaba recostado al lado de Jesús» (literalmente, "sobre el pecho de Jesús") y, cuando Jesús predijo que le iban a traicionar, el que reaccionó a la pregunta de Pedro es el mismo al que Juan hace referencias: «Él, inclinándose de nuevo sobre el pecho de Jesús, le dijo: '¿Señor, ¿quién es?'» (13:23, 25). Este sentido de proximidad a Jesús está subrayado por el capítulo de la crucifixión: ya en la cruz, Jesús le pide a este discípulo que cuide de su madre y de sus hermanos (19:26-27). Como es el único de los hombres que seguían a Jesús que estuvo

---

[10] Lightfoot, p. 2.

[11] R.A. Culpepper, aunque no acepta que el autor es Juan el Apóstol, reconoce que según el evangelio mismo Juan sí que es el autor: «Cuando el narrador hace mención al autor implícito en los últimos versículos del Evangelio, podemos ver que 'discípulo amado' coincide con la figura que se proyecta de ese autor implícito»; «el autor implícito es el 'discípulo amado'» (*Anatomy of the Fourth Gospel* [Philadelphia, 1983], p. 47).

[12] También se dice que, dado que el cap. 21 es un añadido, se está haciendo referencia solo al autor de ese capítulo. Si es verdad que el último capítulo fue añadido posteriormente (y debemos recordar que aunque algunos eruditos piensan así, otros creen que pensar así es un error), lo que afirma T. Zahn sigue siendo válido: «si era necesario asegurar a los lectores que el capítulo XXI era obra del 'discípulo amado' de Jesús, más importante era dejar claro quién había escrito los capítulos del I al XX» (*Introduction to the New Testament*, III [Edimburgo, 1909], p. 237). Si se trata de un autor distinto, tiene sentido que exijamos que haya algún indicio de ello.

al pie de la cruz, puede que también fuera el único testigo que vio que le salió sangre y agua del costado (19:34-35). La mañana de la resurrección fue con Pedro hasta el sepulcro, y como corría más que él, llegó el primero; sin embargo, no entró en él (20:2-5)[13]. Cuando Pedro llegó, entró en el sepulcro, y Juan le siguió, "vio, y creyó" (20:8). Él es también el que reconoció a Jesús en el lago después de la pesca milagrosa (21:7), y el discípulo del que Jesús habló ya casi al final del relato, cuando le dijo a Pedro: «Si yo quiero que él se quede hasta que yo venga, ¿a ti qué?» (21:20-22). También es posible que fuera el discípulo que junto con Andrés, siguió a Jesús después de oír a Juan el Bautista (1:35-40), y que fuera "el otro discípulo" que "era conocido del sumo sacerdote" y que hizo entrar a Pedro en el patio del sumo sacerdote (18:15-16). Pero en ninguno de estos dos casos tenemos claras evidencias.

Según la lista de nombres que aparece en 21:2 (Pedro, Tomás, Natanael, los hijos de Zebedeo, y otros dos) parece ser que el discípulo amado era uno de los hijos de Zebedeo o uno de los otros dos. Si fuese este último caso, seguía siendo de todos modos uno de los doce, ya que estuvo presente en la última cena y parece ser que en aquella ocasión solo estuvieron presentes los doce (Mt. 26:20; Mr. 14:17, 20; Lc. 22:14, 30). Esto anularía las sugerencias que también se han hecho, de que estos dos otros eran Lázaro[14] y Juan Marcos[15]. Otro dato importante es que parece ser que entre el discípulo amado y Pedro también había una estrecha relación (13:24; 20:2; 21:7). Gracias a los otros evangelios sabemos que Pedro, Juan y Jacobo formaban un trío (elegidos por Jesús como discípulos especialmente cercanos). Después de considerar que Jacobo murió temprano (Hch. 12:2), el que nos queda es Juan[16].

---

[13] El verbo 'amar' que se usa en 20:2 es φιλέω, y en los otros pasajes, ἀγαπάω.

[14] Idea que defiende Filson (p. 21-25), por ejemplo; ver también su contribución en *Current Issues in New Testament Interpretation*, ed. W. Klassen y G.F. Snyder (Londres, 1962), p. 119-23. Vernard Eller también dice que se refiere a Lázaro (*The Beloved Disciple* [Grand Rapids, 1987], p. 53-73). J.N. Sanders distingue entre el discípulo que Jesús ἠγάπα, Lázaro, y el que Jesús ἐφίλει, o sea, Juan el Anciano, que es la misma persona que Juan Marcos. Según él, el primero es el testigo ocular y el segundo, el responsable de la "publicación" (F.L. Cross, ed., *Studies in the Fourth Gospel* [Londres, 1957], p. 72-82).

[15] Ver, por ejemplo, Lewis Johnson, *ExT*, LXXVII (1965-66), pp. 157-58, y los comentarios de la identificación que hace Donald Rogers, *ExT*, LXXVII (1965-66), p. 214. Lo mismo hace J. Ernest Davey, *The Jesus of St. John* (Londres, 1958), pp. 23-29.

[16] Algunos eruditos van en esta misma línea: creen que ese 'testigo' que hay detrás del Evangelio es alguien de las muchas personas mencionadas en el Nuevo Testamento,

Esta suposición está respaldada por el curioso hecho de que a Juan nunca se le menciona por el nombre en todo el Evangelio. No es lógico que el autor, en el caso que no hubiese sido Juan, sino un cristiano de la iglesia primitiva, no mencione a un apóstol tan importante como Juan[17]. Otro detalle es que en este evangelio no se habla de "Juan, el Bautista" usando este apelativo como hacen los otros evangelios, sino que para designarle se usa simplemente el nombre de "Juan". El autor, un cristiano de la iglesia primitiva bien informado, debía de conocer la existencia de los dos: entonces, ¿por qué no hablaba de Juan el Bautista para no dar pie a confusión? Sin embargo, si el apóstol Juan es el autor, para él habría sido bastante normal llamar a su tocayo "Juan", a secas. Además, este argumento es muy válido si consideramos lo detallista que es el autor del Evangelio a la hora de distinguir a las personas. Por ejemplo, cuando se dice que Judas hizo una pregunta durante la última cena se especifica que no fue Judas Iscariote (14:22). A Tomás se le identifica al añadirle el equivalente griego Dídimo (11:16; 20:24; 21:2), cosa que no hacen los Sinópticos. Judas Iscariote es el hijo de un tal Simón que solo se menciona en este evangelio (6:71; 13:2,26). Y podríamos seguir. En vista del cuidado que tiene a la hora de identificar a los personajes que aparecen, alguna razón tendría el autor para llamar a Juan el Bautista, Juan, a secas.

Sin embargo, estoy de acuerdo con el argumento de que no puede ser que el apóstol Juan se llamase a sí mismo «el discípulo a quien Jesús

---

y que ese alguien es el 'discípulo amado'; sin embargo, creen que aunque éste aporta el testimonio, fue otra persona la que redactó el Evangelio. Así, MacGregor está de acuerdo con la sugerencia de Swete, según el cual el 'discípulo amado' es el joven rico ("Jesús, mirándole, le amó", Mr. 10:21) y el escritor, Juan el Anciano (p. LXIII-LXIV). Es verdad que Jesús amaba al joven rico, pero no hay ninguna evidencia de que éste llegara a ser un discípulo. Otros creen que el apóstol Juan es el 'discípulo amado' y el testigo, pero que el escritor fue alguno de sus discípulos, quizá Juan el Anciano. Robert Eisler presenta una idea ingeniosa, diciendo que Lázaro es el 'discípulo amado' y que Juan, el hijo del sumo sacerdote Anás (mencionado en Hechos 4:6) es el evangelista, que contó con la ayuda de su amanuense el herético Marción *(The Enigma of the Fouth Gospel* [Londres, 1928]). Margaret Pamment arguye que el 'discípulo amado' "representa al cristianismo gentil" (*ExT*, 94 [1982-83], pp. 363-67), pero esta idea no hace justicia al hecho de que el Evangelio constante y claramente le da importancia en tanto que individuo, por lo que no puede ser un simbolismo.

[17] MacGregor menciona y aprueba la curiosa hipótesis de «la deliberada cancelación que hace el redactor de todas las referencias al nombre de Juan, apoya su teoría de que Juan es el 'discípulo amado'» (363-67). Es cierto que no hay evidencias que lo prueben, así que esta sugerencia solo sirve para mostrar que, aunque no se pueda probar, "sería posible y lógico" identificar al 'discípulo amado' con Juan.

amaba». No parece una forma normal de describirse a uno mismo[18]. Lo que ocurre es que tampoco es una forma normal de describir a otra persona. ¿Por qué iba el escritor a hacer diferencias entre los discípulos, y destacar a uno de entre ellos, diciendo que era 'el discípulo a quien Jesús amaba'? Es posible, pero reconozcamos que no es nada natural. Y esto nos lleva a concluir que el argumento que estamos considerando no tiene tanto peso como creíamos al principio. Tengamos en cuenta que Pablo usa un estilo parecido para hablar de sí mismo. En Gálatas 2:20 escribe «... el Hijo del Hombre, el cual me amó y se entregó a sí mismo por mí». De hecho, cualquier cristiano puede hablar del amor de Dios en términos personales, y no por ello querer decir que Dios ama a algunos más que a otros. Por tanto, aunque reconocemos que los argumentos en contra tienen algo de peso, también afirmamos que no tienen el suficiente peso para refutar los argumentos que nosotros proponemos[19].

Nuestros argumentos están respaldados, además, por una serie de consideraciones que apuntan a que el autor del Evangelio conocía Palestina muy bien. Por ejemplo, conocía la conexión de Elías con la expectativa mesiánica judía (1:21), la baja posición social y cultural de la mujer (4:27), la importancia de adherirse a las escuelas religiosas (7:15), la hostilidad entre judíos y samaritanos (4:9), y el desprecio de

---

[18] Sin embargo, no deberíamos subestimar la vieja teoría de W. Sanday, que nos recordaba que Jesús se refería a sí mismo como "el Hijo del Hombre", y que los discípulos debían haber adoptado «un método similar de referencia oblicua y llena de alusiones». Sanday cree que "el 'discípulo amado' tenía una razón especial para no dejar su huella personal. Era consciente del gran privilegio que le iba a hacer sobresalir entre todos los hijos de los hombres. No podía resistir la tentación de hablar de ese privilegio. El impulso de un afecto que responde al afecto recibido le empujaba a proclamarlo. Pero, por otro lado, la consciencia de que lo estaba haciendo, y una reacción de modestia, le llevó a suprimir su individualidad. El hijo de Zebedeo (en el caso de que fuera él) quiso pasar desapercibido como 'el discípulo a quien Jesús amaba' (*The Criticism of the Fourth Gospel* [Oxford, 1905], p. 79-80).

[19] Cf. A.M. Hunter: «después de haber escuchado todas las conjeturas, la teoría más probable es la que relaciona al 'discípulo amado' con el apóstol Juan» (*Interpreting the New Testament 1900-1950*) [Londres, 1951], p. 86). Más recientemente Stephen S. Smalley ha escrito: «Hasta el momento no he encontrado ninguna razón convincente que niegue la posibilidad de que el 'discípulo amado' fuese Juan el hijo de Zebedeo, uno de los doce, y que su testimonio inicial diese lugar a la creación del Cuarto Evangelio» (*ExT*, 97 [1985-86], p. 103; Smalley no cree que Juan sea el autor de este evangelio, pero sí el testimonio que hay detrás de éste). J.A.T. Robinson puede decir que «al menos, si aceptamos la hipótesis de que el hombre detrás del Evangelio de Juan es el hijo de Zebedeo, como ha afirmado unánimamente la tradición, se resuelven muchas cuestiones y todo tiene más sentido» (*The Priority of John* [Londres, 1985], p. 122).

los fariseos hacia la gente sencilla (7:49). También sabía de la importancia del Sabat y que, según la ley, uno no podía cargar su lecho (5:10) aunque sí se podía circuncidar a un niño (7:22-23). También ofrece detalles muy exactos sobre la topografía, y menciona lugares como Caná, lugar que no había aparecido en ninguno de los escritos anteriores[20]. De nuevo, podríamos seguir citando muchos otros ejemplos.

El estilo es, sin duda alguna, judío. Tan evidente es que, C.F. Burney[21] y C.C Torrey,[22] llegaron a decir que el Evangelio fue escrito en arameo, y lo que nos ha llegado es una traducción del original. Pocos son los eruditos que aceptan esta tesis, pero están de acuerdo con que el Evangelio plasma el pensamiento arameo y que, a menudo, interpola expresiones arameas[23].

Esta opinión ha sido reforzada por el hallazgo de los Manuscritos del Mar Muerto. La comparación de estos con el Cuarto Evangelio, y el descubrimiento de que hay muchos paralelos tanto en cuanto a ideas como en cuanto a expresiones, parece corroborar que el Evangelio de Juan es, esencialmente, un documento palestino. Así dice A.M. Hunter: «Resumiendo todo este asunto, podemos decir que los Manuscritos del Mar Muerto han acabado por corroborar el origen judío de este evangelio»[24]. Esto no quiere decir, sin embargo, que la posición de Juan es

---

[20] Ver R.D. Potter, *SE*, I, p. 329-37.

[21] *The Aramaic Origin of the Fourth Gospel* (Oxford, 1922).

[22] *Our Translated Gospels* (Londres, s.f.). Su prefacio empieza con esta clara declaración: «Todo el material de los cuatro evangelios es palestino y, originalmente, estaban escritos en arameo, la lengua principal de aquella zona, a excepción de los dos primeros capítulos de Lucas, que se escribieron en hebreo». Yo añadiría que cree que Juan 21 no formaba parte del original, sino que el traductor al griego fue el que lo escribió.

[23] E.C. Colwell es una excepción. Examina las teorías de Burney y Torrey y concluye: «(I) El método que Burney y otros expertos en arameo emplean no es serio porque (1) no hacen uso de un control adecuado; (2) son incoherentes y poco exactos; (3) se apoyan en una lista de expresiones arameas que no tiene ningún peso. (II) Los resultados que obtienen no son nada convincentes: (1) no eligen las mismas expresiones arameas cuando trabajan de forma independiente; (2) se acusan los unos a los otros de no realizar buenas traducciones, por lo que rechazan el trabajo realizado por sus colegas; (3) este estudio ha demostrado que la mayor parte (un 90%) de las expresiones arameas a las que hacen referencia tienen paralelos en griego; (4) el resto es un mínimo inevitable de semitismos en un evangelio que heredó las tradiciones cristianas anteriores. Así que no hay nada que justifique la teoría de que el autor del Cuarto Evangelio pensara en arameo y escribiera en arameo». (*The Greek of the Fourth Gospel* [Chicago, 1931], p. 130-131).

[24] *ExT*, LXXI (1959-60), p. 166. Más adelante dice: «La tendencia de los estudios recientes ha sido establecer unos fuertes lazos entre el evangelista y el mundo palestino, más fuertes de como muchos de nosotros los concebimos». (Ibíd., p. 222).

la misma que la de los manuscritos. Existen entre ellos diferencias fundamentales, la mayoría de las cuales nacen del hecho de que para Juan el Mesías ya había venido. Esa es la verdad esencial del Evangelio. Interpreta todas las cosas a través de Cristo, mientras que para los manuscritos la venida del Mesías (o varios Mesías) aún está por llegar. No obstante, los paralelos conceptuales y lingüísticos nos permiten decir que Juan tenía un trasfondo palestino. Esta afirmación está respaldada por los paralelos que encontramos con los escritos de los rabíes[25].

Deberíamos ver también que hay detalles que, según muchos expertos, apuntan a que el escritor fue un testigo ocular de lo narrado[26]. Es cierto que no todos los expertos están de acuerdo con esta afirmación, pero es difícil describir con qué puntos no están de acuerdo. Es decir, lo que a uno le parece una evidencia indiscutible de que aquello se trata de una observación de primera mano, a otro le parece una interpolación introducida para dar a la narración un aire de verosimilitud. Lo que sí podemos decir es que los que están en contra no puede aducir este último argumento para todos los casos en los que los otros expertos encuentran evidencias de un testimonio. Las evidencias serían, por ejemplo, cosas

---

[25] Ver, por ejemplo, el gran número de pasajes que cita SBk. Curiosamente W.G. Kümmel asegura que «en ningún momento en el Evangelio de Juan aparece ningún tipo de familiaridad con los puntos de vista de los rabíes» (*Introduction to the New Testament* [Londres, 1965], p. 155). Es mejor considerar el veredicto de Israel Abrahams que esta demoledora declaración. Abrahams habla de «el gran conocimiento de las tradiciones hebreas que aparece en el Cuarto Evangelio» (*Studies in Pharisaism and the Gospels*, primera serie [Cambridge, 1917], p. 135). S. Neill nos informa que Abrahams dice que «para nosotros los judíos, el Cuarto Evangelio es el más judío de los cuatro» (*The Interpretation of the New Testament* [Londres, 1964], p. 315). Neill continúa diciendo que «si un erudito judío hace un comentario de este tipo, los cristianos no podemos acusarle de no saber lo que está diciendo». De nuevo, Odeberg, «ya en un nivel de lectura rápida, detecta pasajes, frases y palabras que revelan una terminología idéntica a la rabínica» (*FG*, p. 5). Queda claro que Juan tiene puntos en común tanto con el judaísmo oficial que representaban los fariseos como con el judaísmo no ortodoxo que encontramos en los manuscritos de Qumrán.

[26] Por ejemplo, W.C. van Unnik dice: «Hay en este evangelio muchos elementos que denotan una reminiscencia de la persona detrás del relato (1:39s.; 4:6; 13:21s.; sobre todo en los capítulos 18 al 21» *The New Testament: Its History and Message* [Londres, 1964], p. 61). Barclay también afirma que «muchos de estos elementos son aparentemente elementos tan poco importantes que solo pueden explicarse si se trata del testimonio de un hombre que estaba presente en los sucesos relatados» (I, p. xx). B.P.W. Stather Hunt incluso apunta a que «ningún otro evangelio contiene evidencias tan claras de que su autor era testigo ocular de las escenas que describe» (*Some Johannine Problems* [Londres, 1958], p. 7).

como la hora en la que el suceso tuvo lugar (1:39; 4:6, etc.), o quizá la mención de alguna de las fiestas o celebraciones (2:13, 23, etc.). También aparecen de forma muy natural los nombres de los lugares en los que los sucesos tenían lugar (por ejemplo Caná en el cap. 2). Muchos autores han visto la presencia de un testigo en la forma en la que se describe a los discípulos (1:35-51), o en el episodio del lavamiento de los pies (13:1:20). Además, el autor menciona a personas que no aparecen en otros escritos, como Nicodemo, Lázaro, y otros. La única razón por la que introduciría a Nicodemo en la narración es porque sabría de primera mano que alguien llamado así había ido a hablar con Jesús. ¿Y por qué nos puede decir que el siervo del sumo sacerdote se llamaba Malco (18:10)? ¿O que el hombre que acusó a Pedro de ser un seguidor de Jesús era pariente de Malco (10:26)? ¡También sabía que Anás era el suegro de Caifás! (18:13) Por tanto, el hecho de que el autor del Evangelio introduzca información tan detallada es una buena razón para pensar que el autor conocía estos hechos de primera mano y escribió lo que sabía y había visto con sus propios ojos.

También es verdad que hay menciones explícitas de que el autor es un testigo ocular. La primera está en 1:14: «... y vimos su gloria como del unigénito del Padre ...». Algunos eruditos creen que esa primera persona del plural se refiere a "nosotros los cristianos", "los creyentes en general". Pero creo que no es una manera natural de interpretar esas palabras. Además, el verbo "ver" se usa aquí de forma literal[27], refiriéndose a lo que el autor y sus amigos han visto con sus propios ojos, de forma física. La segunda mención de un testigo ocular podría estar en 19:35: «Y el que lo ha visto ha dado testimonio, y su testimonio es verdadero; y él sabe que dice la verdad, para que vosotros también creáis». Sin embargo, no queda claro si es el autor mismo el que está dando testimonio, o si se está refiriendo a otra persona. Lo que sí es cierto es que aquí sí podemos ver la presencia de un testigo ocular, sea o no el autor (ver la nota al pie del comentario de ese pasaje).[28]

Llegado este punto, deberíamos considerar las controversias a las que se hace referencia en el Evangelio. No se trata de cuestiones como

---

[27] El verbo θεάομαι, según AS «parece usarse en el NT en un sentido literal y físico de 'una visión deliberada y cuidadosa que interpreta (...) su objeto'».

[28] Sanday menciona todas esas «fuertes y cuantiosas marcas de la presencia del testigo ocular. Hablan de una relación de primera mano entre el autor y los sucesos que relata. Si el Evangelio no es la obra de un testigo ocular, el autor ha hecho un esfuerzo extraordinario para dar la impresión de que sí lo fue» (*Criticism*, p. 70).

las que los cristianos debatían en el siglo II (como el episcopado, las emanaciones gnósticas, la fecha de la Pascua, etc.), ni de las típicas querellas que había entre los cristianos y los judíos cuando ya había una clara separación entre ellos. Es importante destacar que la discusión que encontramos en el Evangelio es el tipo de discusión que había en la Palestina del primer siglo: como por ejemplo, sobre el uso y el abuso del Sabat (cap. 5), sobre el Mesías y su identidad y sobre si rescataría a los judíos del dominio romano (6:15; 11:47-50), y sobre el verdadero y el falso judaísmo[29]. P. Borgen ha realizado un estudio profundo del capítulo 6, y declara que tanto en el contenido como en el método, este evangelio es, claramente, un escrito palestino[30]. Desde otro ángulo, E. Brown ha escrito sobre el concepto de *Logos* en el Evangelio y ha demostrado que no se trata de una idea o concepto filosófico helenista introducido en una obra judía, sino que tanto la forma como el contenido que Juan le otorga a dicho concepto muestran que es de origen palestino[31].

El autor de este evangelio conocía muy bien el contexto apostólico. Recupera y usa palabras y conversaciones que habían tenido lugar entre los doce (4:33; 16:17; 20:25; 21:3, 7). También parece saber lo que estos pensaban en diferentes ocasiones (2:11, 17, 22; 4:27; 6:19, 60-61) y los lugares que frecuentaban (11:54; 18:2). A veces menciona errores que cometieron, y que más tarde corrigieron (2:21-22; 11:13; 12:16). Lo más lógico es que el autor fuese uno de los doce.

Hasta aquí, parece que las evidencias de que Juan es el autor de este evangelio son, sin duda alguna, muy importantes. Los que no están de acuerdo con la autoría de Juan suelen reconocer que sí que hay pruebas de que estamos ante un autor judío-palestino y también, quizá, que tenía

---

[29] F.L. Cribbs dice algo parecido en cuanto a «los temas que le preocupan a Juan», que son «típicos de la Iglesia de antes del 70 dC. (por ejemplo, la unidad de la Iglesia, el amor fraternal, el estatus mesiánico de Jesús, la actitud de la Iglesia hacia Israel, el misterio de la incredulidad de Israel, la persecución judía), mientras que no hay huella alguna en Juan de los temas que preocupaban a las iglesias de finales del siglo I (por ejemplo, la aparición de falsos profetas dentro de la Iglesia, la pérdida del entusiasmo inicial, la apostasía, el anticristo, la organización y la disciplina en la Iglesia, la persecución romana)». (*JBL*, LXXXIX [1970], p. 54).

[30] *Bread from Heaven* (Leiden, 1965). El libro se ha subtitulado "An Exegetical Study of the Concept on Manna in the Gospel of John and the Writings of Philo". Para él, tanto Filón como Juan interpretan las tradiciones judías a partir de ideas no judías.

[31] Brown, I, p. 519-24. Concluye: «Resumiendo, parece que la descripción que se hace en el Prólogo del 'Verbo' se acerca más al pensamiento judío y bíblico que a cualquier idea puramente helenista» (p. 524). Ver también W.F. Howard, *FGRCI*, p. 11.

un conocimiento fuera de lo normal de lo que ocurría en los días de Jesús. Pero rechazarían mucho de lo dicho hasta el momento, diciendo que lo único que se ha hecho es forzar el texto para defender algo que no está nada claro. Por ejemplo, cuando se dice que el autor sabía lo que los apóstoles habían dicho en cierta ocasión, responden que el autor no lo sabía, sino que simplemente escribió lo que creía que debían de haber dicho, diciendo que eso era exactamente lo que habían dicho. En mi opinión, creo que es muy difícil hacer algo así sin delatarse. La cuestión es que el autor de este evangelio cita conversaciones de los apóstoles en varias ocasiones, y lo que escribe no suena a falso o inventado.

Otro elemento usado en contra de la perspectiva tradicional es que, curiosamente, toda la acción tiene lugar en Judea, mientras que lo normal hubiese sido que Juan, el hijo de Zebedeo, tuviera más interés por Galilea. Es un comentario difícil de rebatir, pero diremos que hay que tener en cuenta el interés teológico del autor. Vemos que sabía sobre el ministerio de Jesús en Galilea, ya que cuenta algún suceso (como la boda de Caná) que no aparece en ningún otro lugar. Pero es cierto que el lugar central es Jerusalén, donde el Mesías ha de ser aceptado o rechazado.

Algunos expertos no fechan el Evangelio en la época del apóstol Juan, diciendo que refleja algunas ideas gnósticas que aún no existían en una época tan temprana. La presencia de estas ideas se usa también para argüir que el autor no pudo ser un apóstol, ya que no tendría sentido que Jesús eligiera a un judío gnóstico. Todo depende de lo que queramos decir con "ideas gnósticas". En mi opinión, lo que aparece en Juan no son más que ideas *pregnósticas*. Según tengo entendido, nada ha conseguido probar que el Evangelio de Juan presente un gnosticismo ya desarrollado, formado. E.F. Scott dice que «los parecidos con el gnosticismo en el Cuarto Evangelio son más bien aparentes que reales... Juan saca conclusiones que, superficialmente, se parecen a las de los gnósticos, pero cuando las exponemos a un análisis más detallado y profundo, vemos que son radicalmente diferentes"[32]. Por tanto, esta

---

[32] *The Fourth Gospel* (Edimburgo, 1906), p. 100. Dice que este evangelio fue escrito en el "período de tregua" antes del conflicto con el gnosticismo (p. 103). S.S. Smaley afirma: «El Cuarto Evangelio no solo presenta una preocupación especial por la base histórica de la salvación, sino que también tiene aquello de lo que el gnosticismo adolecía: una teología de la salvación que implica la liberación de la carga del pecado a través de la cruz» (*John: Evangelist and Interpreter* [Exeter, 1978], p. 53.

objeción que busca anular la teoría de que el Evangelio fue escrito en una época temprana por el apóstol, no es válida[33].

También es importante notar las omisiones de este evangelio. Las dos más sorprendentes son la de la transfiguración, y la de la escena agónica en Getsemaní. Algunos eruditos llegan a decir que estas omisiones, que coinciden con sucesos en los que Juan, junto con Pedro y Jacobo, había participado de forma privilegiada, son pruebas suficientes de que Juan no es el autor de este evangelio. Ciertamente, es un argumento de mucho peso. Pero quizá las dos omisiones se deban a que el autor está intentando poner el énfasis en otras cuestiones. Quizá le resultó difícil colocar la transfiguración (que concentra toda la manifestación de la gloria de Jesús en una sola y magnífica narración) en un evangelio cuyo tema principal es la manifestación continua de la gloria de Jesús en el camino del servicio entregado, cuyo auge está en la entrega en la cruz. ¿Dónde podría haber introducido la transfiguración? Aunque es más difícil explicar la omisión del episodio en Getsemaní[34]. Sin embargo, muchos creen que este evangelio sí recoge ese sentimiento en 12:27: «Ahora mi alma se ha angustiado; y ¿qué diré: "Padre, sálvame de esta hora"?». Puede que el autor creyera que con esta frase ya había bastante. Si tenemos en cuenta la forma en la que el autor concebía la vida de servicio de Jesús como algo continuado, puede que no quisiera concentrar esa idea en un solo pasaje[35]. Al tratar el tema de las omisiones, hemos de reconocer que, de hecho, ésta es una de las características principales de este evangelio. No podemos

---

[33] Algunos expertos destacan la función de Qumrán en este aspecto. Así escribe A. Feuillet: «Como bien dice el Padre Mollat, en el corazón del judaísmo había toda una escuela de pensamiento, que ahora conocemos gracias a los Manuscritos del Mar Muerto, que dan mucha importancia al conocimiento y usan mucho vocabulario que nos hace pensar en el mundo heleno. Ésta sería la única influencia griega, en caso de que ésta existiera, que podemos encontrar en Juan. Con una investigación más detallada podremos aclarar estos puntos tan delicados» (A. Robert y A. Feuillet, *Introduction to the New Testament* [New York, 1965], p. 884). Pero quizá le estén atribuyendo una función demasiado amplia a los Manuscritos. Si este evangelio fue escrito para una audiencia que vivía en medio de la cultura griega, no es extraño que conociera el pensamiento griego. No obstante, Feuillet hace bien en recordarnos que deberíamos prestar más atención a lo que los Manuscritos puedan decirnos y no aceptar sin más la explicación que aboga por la influencia helenista en Juan.

[34] Strachan cree que este evangelio fue escrito, en parte, teniendo en mente a gente como los estoicos. «Getsemaní, para los estoicos, representaría una crisis moral». Mientras mantiene lo esencial (12:27), Juan omite lo que repelería a ese tipo de lectores (Strachan, p. 58). Aunque no se pueda probar, es una teoría digna de consideración.

[35] Ver con más detalle en *SFG*, p. 184-85.

explicar, por ejemplo, por qué no dice nada sobre la institución de la Santa Cena, si es el evangelio que más espacio dedica a lo sucedido en el aposento alto[36]. Ciertamente, también debía de saber sobre el momento en que el Señor habló de ese importante tema. Y, sin embargo, lo omite. Por lo tanto, no nos debe sorprender que omita otros elementos que a nosotros nos parecen importantes.

Otro argumento que se suele usar para negar la autoría de Juan es la diferencia de estilo entre el Cuarto Evangelio y los Sinópticos. Por ejemplo, W.G. Kümmel dice acertadamente: «el lenguaje gnóstico de los discursos de Jesús en el Evangelio de Juan evidencia que este documento no fue escrito por un testigo ocular»[37]. Pero no creo que ni él ni nadie haya llegado a demostrar que el lenguaje de dichos discursos sea gnóstico. Así que vemos que el estilo es en lo único que Kümmel se basa para negar que el autor sea un apóstol o cualquier otra persona de la época.

Decir algo así es pecar de simplista. No hay razón para pensar que todos los que pertenecían al círculo apostólico veían las cosas del mismo modo, o que pensaban exactamente igual, o que utilizaban el mismo estilo de escritura. Sería más convincente si dijera que, en el caso de que Jesús fuera tal como lo describen los Sinópticos, entonces no pudo ser como el Jesús que describe el Evangelio de Juan[38]. Ello demostraría que el autor nunca conoció a Jesús y, por tanto, no era uno de sus discípulos. Pero esto sería cierto en el caso de que los Sinópticos hubieran recogido todos y cada uno de los aspectos de la vida y persona de Jesús. Sin embargo, sabemos que las personas mostramos diferentes aspectos de nuestro carácter y quehacer según las personas con las que interactuamos. Afirmar que el Jesús del Evangelio de Juan es incompatible con el de los Sinópticos es ir demasiado lejos[39].

---

[36] Suele decirse, y a veces de forma muy dogmática, que la omisión se debe a un deseo de mantener la información sobre este "santo misterio" fuera del alcance de los que no eran discípulos. Por tanto, J. Jeremias escribe: «Todas las dificultades desaparecen cuando uno se da cuenta de que el autor del Cuarto Evangelio omitió de forma consciente el relato de la última Cena porque no quería desvelar la fórmula secreta a los paganos» (*The Eucharistic Words of Jesus* [Oxford, 1955], p. 73). Pero esto nos confronta inmediatamente con otro problema: si la "fórmula sagrada" debía esconderse de los de fuera, ¿por qué Mateo, Marcos y Lucas sí la incluyen en sus evangelios?

[37] *Introduction*, p. 174.

[38] Como sostiene D. Moody Smith Jr.: «Si Jesús habló tal como lo hace en las diversas versiones sinópticas, es imposible creer que también habló como lo hace el Cristo joánico» (*Interpretation*, XXI [1967], p. 475).

[39] Cf. R.H. Lightfoot: «la Iglesia nunca ha sido consciente de ningún tipo de incompatibilidad fundamental entre el retrato del Señor en este evangelio y el retrato que aparece en los otros tres evangelios» (p. 1).

El fundador del movimiento cristiano era un hombre excepcional, fuera de lo común. A través de los años, el cristianismo ha atraído a gente que se ha identificado con el Jesús de los Sinópticos, pero también ha atraído a gente que ha encontrado el Cuarto Evangelio más relevante y, de hecho, a aquellos que se han visto atraídos por el Cristo que inspiró las epístolas paulinas, o por el Sumo Sacerdote de la epístola a los Hebreos, o por el Cordero triunfante del Apocalipsis. Tenemos que reconocer que Jesús es, para la Historia, una gran figura. Por tanto, no es imposible que sea esa figura la que está detrás de las dos descripciones que encontramos en los Evangelios: que el Evangelio de Juan destaque unas características, y los Sinópticos, otras. Quizá, si no conseguimos aunar las dos descripciones sea porque no somos lo suficientemente grandes como para comprender a Cristo en su totalidad.

Esta es la explicación de W.F. Albright: «Por extraño que parezca, parece que muchos expertos del Nuevo Testamento y teólogos parten de que la mente de Jesús era tan limitada que cualquier diferencia entre Juan y los Sinópticos tiene que deberse a las diferencias entre los teólogos de aquella iglesia primitiva. Todos los grandes pensadores son interpretados de forma diferente por sus amigos y oyentes, quienes escogerán las enseñanzas que más se ajustan a sus necesidades. Podemos encontrar miles de ejemplos, desde Sócrates hasta nuestros días. Debemos acercarnos a ese gran maestro, a Jesús, teniendo esto en cuenta»[40]. Aún en la misma línea, C.L. Mitton añade: «No podemos decir que el retrato joánico de Jesús es el correcto y el de los Sinópticos, el erróneo, o viceversa. Lo que ocurre, en realidad, es que cada documento se centra más en un aspecto al que los demás documentos no le dan tanta importancia. Por tanto, el Cuarto Evangelio tiene una contribución que aportar no solo a aquellos que quieran entender el significado eterno de Jesucristo, sino también a aquellos que quieran tener una clara comprensión de la personalidad histórica de Jesús de Nazaret»[41]. Todos debemos aplicarnos esta verdad interpretativa. Para algunos, la indudable diferencia es decisiva. Para otros, simplemente indica la enorme estatura de Jesús.

Recientemente ha habido otro grupo de eruditos – Riesenfeld y otros – que ha hecho un apunte importante[42]. Nos recuerdan que todos los

---

[40] *BNT*, p. 171, n. 1.
[41] *ExT*, LXXI (1959-60), p. 340.
[42] Ver más adelante en el apartado IV: Historia y Teología.

maestros de la Antigüedad tenían lo que llamamos enseñanza pública, sentencias sorprendentes que sus discípulos aprendían y repetían, y una enseñanza más informal. Así, detrás de los Sinópticos estaría la enseñanza pública de Jesús, mientras que el Cuarto Evangelio reflejaría más bien la enseñanza informal, tanto la que Jesús dirigía a sus amigos, como los encuentros o discusiones informales con sus enemigos. Esta teoría podría ser verdad o no. Yo simplemente apunto a que, según este eminente erudito y los que piensan como él, no nos hallamos ante un problema insuperable. Para ellos, el Jesús de los Sinópticos y el Jesús del Evangelio de Juan es compatible.

Si nos fijamos en las evidencias externas nos hemos de enfrentar a que en los escritos de la época nunca se nombra a Juan, el hijo de Zebedeo, como el autor del Evangelio (aunque tampoco aparece ningún otro nombre). La primera persona que le nombra como autor es, al parecer, Teófilo de Antioquía (aprox. 180 dC). Ireneo también recoge que el Cuarto Evangelio fue escrito por el apóstol Juan, y parece que usa como fuente a Policarpo, quien conocía a Juan personalmente[43]. Ésta es una información bastante tardía. Los que niegan la autoría de Juan insisten en que es imposible retroceder más allá de la fecha mencionada y que, por ello, existe una gran distancia que nos hace ver que lo que la tradición pruebe tiene poco valor.

Pero tampoco debemos pasar por alto que antes de ese período había muy poca literatura cristiana. Wescott dirá que la literatura teológica cristiana – entiéndase, escritos intencionalmente teológicos – no empieza hasta Ireneo, Clemente de Alejandría y Tertuliano, quienes creen que el apóstol Juan es el autor del Evangelio[44]. Tampoco deberíamos

---

[43] *Adv. Haer.* 2.22.5; 3.1; 3.3.4, Eusebio cita una carta de Ireneo para Florino en la que cuenta lo que había aprendido de Policarpo, que había conocido a Juan. Entre otras cosas, Ireneo dice: «Recuerdo los sucesos de aquel día con más claridad que lo ocurrido hace tan solo unos días (...) Puedo hablar, incluso, del lugar en el que el bendito Policarpo se sentaba y debatía, de cómo iba y venía, de su carácter, de su aspecto físico, de sus discursos, de su narración sobre su relación con Juan y con otros que habían visto al Señor, y cómo recordaba sus palabras (...)» (*HE* 5.20.5-6). No debemos infravalorar la importancia de esta cita. Cf. R.H. Malden: «Un hecho histórico que aparece en una carta contemporánea, o casi contemporánea, debe ser aceptado sin reparos, porque el autor no está intentando escribir historia (...) Cuando encontramos hechos históricos mencionados en cartas, es una prueba de que se trataban de asuntos conocidos en el círculo en el que el escritor y el receptor se movían» (citado por H.P.V. Nunn, *The Authorship of the Fourth Gospel* [Eton, 1952], p. 37-38.

[44] Westcott, p. lix. C.H. Dodd cree que la idea de que el 'discípulo amado' sea el autor es posible, aunque no probable. Pero sobre Ireneo dice: «Las evidencias que presenta son formidables, aunque no sean concluyentes. Cualquiera que use la idea de

pasar por alto que esto supone que tenemos testimonios de Asia Menor, Egipto y Roma. Y dado que no contamos con una valoración más antigua, lo que podría haber ocurrido es que este evangelio fuera muy bien recibido por los herejes, lo que pudo frenar la aceptación de los ortodoxos. Es muy probable que un evangelio tan diferente de los otros tres dejara perplejo a más de uno. Es normal que al principio tuvieran dudas, y que estas dudas incrementaran al descubrir que los herejes también aceptaban dicho escrito.

Bien sabido es que los gnósticos usaban el Evangelio de Juan; de hecho, era su evangelio favorito. El primer comentario de Juan fue escrito por el gnóstico Heraclio[45]. La literatura chenoboskiana muestra lo mucho que los gnósticos usaban y apreciaban el Evangelio de Juan. Y la crítica joánica no ha sabido ver la importancia de este descubrimiento. Lo que estos documentos demuestran es que en la primera mitad del siglo II el Evangelio de Juan se consideraba un texto con autoridad en aquellos círculos. Nos referimos ahora a que aceptaban la autoridad del texto en sí, y no a que creyeran que el apóstol Juan era el autor[46]. Este Cuarto Evangelio también fue muy importante para el autor del "Evangelio de la Verdad" (probablemente Valentino). K. Grobel fecha este escrito "alrededor del año 150, o bien antes"[47]. G. Quispel dice que es "anterior al 150, alrededor del año 140"[48] y

que la ausencia de buenas evidencias de lo contrario muestran que es razonable aceptar el testimonio de Ireneo, cuenta con un fuerte argumento» (*HTFG*, p. 12). H.P.V. Nunn nos recuerda que algunos de los que recomendaban este evangelio en aquellos primeros tiempos sabían lo que era la persecución. Puede que Ireneo presenciara la persecución en Lyon y siguiera al mártir Potino. Tertuliano abandonó una carrera brillante para convertirse al cristianismo, y tuvo que soportar la persecución de Severo. El padre de Orígenes fue asesinado en esa persecución, y él casi corrió la misma suerte. Nunn sigue diciendo: «No es normal que hombres que habían recibido una educación excelente recibieran los documentos en los que se basaba su fe sin examinarlos y escudriñarlos. Es imposible que compusieran un evangelio falso y que éste encontrara aceptación, cuando habían visto asesinar a hombres y mujeres por creer en las declaraciones que aparecían en ese evangelio» (*Authorship*, p. 101).

[45] Sanday saca a la luz la importancia de Heraclio: «Reconocer un escrito es una cosa; reconocer que es sagrado, otra; comentarlo como si fuera una autoridad sagrada cuyo contenido puede interpretarse de forma alegórica también es diferente; y todas estas afirmaciones existen desde el 170 aprox.» (*The Criticism*, p. 240).

[46] Los documentos chenoboskianos solo muestran que tenían el Evangelio en alta estima. Pero Ireneo añade que Tolomeo y sus seguidores sostenían que este evangelio había sido escrito por «Juan, el discípulo del Señor» (*Adv. Haer*.1.8.5; ANF, I, p. 328).

[47] K. Grobel, *The Gospel of Truth* (Londres, 1960), p. 28.

[48] H.C. Puech, G. Quispel, y W.C. van Unnik, *The Jung Codex: Three Studies* (Londres, 1955), p. 54.

W.C. Unnik lo ubica "entre el 140 y el 145"[49]. Quispel resume muy bien cuál es la importancia de este documento para el tema que aquí estamos debatiendo: «el 'Evangelio de la Verdad' toma prestado bastante material del Evangelio de Juan, *considerándolo un texto antiguo y que tenía una buena reputación*»[50]. Hay otros escritos gnósticos que también hablan del Evangelio de Juan como un texto antiguo y cuya autoridad estaba aceptada: el evangelio de Felipe, el apócrifo de Juan, y el evangelio de Tomás. Por tanto, no queda duda alguna de que el Cuarto Evangelio estaba considerado ya en una época muy temprana como un texto reconocido por su autoridad religiosa y, eso, en círculos alejados de la ortodoxia. Esto no prueba que Juan fuera el autor, pero demuestra que se creía que el autor era alguien con autoridad religiosa.

Todo esto se une a un buen número de evidencias de que en la primera mitad del siglo II el Evangelio de Juan era muy conocido y aceptado como texto con autoridad. No podemos tachar esta afirmación de aberración herética, ya que Valentín escribió su *Gospel of Truth* [Evangelio de la verdad] más o menos en tiempos de su exclusión de la iglesia de Roma, donde estaba tan bien visto que se le estaba considerando para la posición de obispo. Ciertamente debió de adquirir una buena comprensión de este evangelio en la época en la que fue un miembro reconocido de la iglesia de Roma. A su vez, una vez él y sus seguidores fueron acusados de herejes, el hecho de que usaran mucho el Evangelio de Juan tuvo como consecuencia que los ortodoxos sospecharan de dicho libro.

Obviamente, esta evidencia no hace mucho que se conoce. Pero ahora que ha salido a la luz, debemos saber ver la importancia que tiene en relación con este aspecto del estudio joánico. Estos escritos gnósticos constituyen una buena base para probar que en aquella época (principios del siglo II) se creía y aceptaba que Juan era el autor del Evangelio. Y la importancia de estas declaraciones aumenta cuando vemos que algunos discuten las evidencias de Ignacio y de Justino, el Mártir[51].

---

[49] Ibíd., p. 104.

[50] Ibíd., p. 49 (la cursiva es mía).

[51] Barrett examina los pasajes sobre los que se ha dicho que Ignacio depende de Juan, y concluye: «No hay nada de estos u otros pasajes que pruebe que Ignacio hubiera leído a Juan» (p. 111). Después de tratar a Justino el Mártir de forma similar, afirma lo siguiente: «Estos pasajes no prueban que Justino leyera a Juan; sin embargo, sí que dan pie a crear la hipótesis de que puede ser que lo leyera» (p. 94). Estas evaluaciones, sobre todo la última, no han pasado desapercibidas. Así, Bernard se pronuncia diciendo que «con toda probabilidad Ignacio había leído el famoso libro (...) Usa varias frases

El hecho de que, aunque se le asociaba con los movimientos heréticos, el Evangelio de Juan llegó a ser aceptado de forma universal como evangelio canónico es muy significativo. ¿Por qué se incluyó en el canon? No fue por la presión de la Iglesia; los que defienden que el autor no es Juan siempre señalan que este escrito apenas se menciona en los documentos cristianos más antiguos y que, claramente, su uso no estaba muy extendido. Podemos entender que se incluyera en el canon si el autor era verdaderamente el apóstol: ¿Cómo iba la Iglesia a rechazar un escrito que procedía de un apóstol? Así que, a no ser que existiera esta firme creencia, es difícil entender cómo y por qué este libro llegó a formar parte del canon si sabemos que los ortodoxos apenas lo usaban, mientras que entre los heréticos gozaba de una gran popularidad.

Cierto es que llegó un momento en el que algunos cristianos se dieron cuenta de que este evangelio, lejos de amparar a los gnósticos, era una de las refutaciones más eficaces para usar en su contra. Así que empezaron a usarlo mucho más. Sin embargo, a causa de las dudas de muchos[52], sabemos que se le seguía sometiendo a un escrutinio meticuloso. Y esto es lo que hace que el hecho de que nunca se adjudicara como autor a nadie más que a Juan sea tan significativo. Algunos miembros de la iglesia primitiva hubieran estado dispuestos a apoyar el rechazo del Evangelio de Juan, y una de las formas fáciles de hacerlo hubiera sido desacreditar al autor tachándolo de hereje. Incluso aunque no le hubieran tachado de hereje, podrían haber intentado demostrar que el autor era un cristiano desconocido y nada importante (en vez de un apóstol). Así que este dato, que nunca se haya dado otro nombre como autor del Cuarto Evangelio, es muy importante y de mucho peso.

Tenemos que recalcar también que, según las evidencias, es muy probable que Marción sostuviera que el apóstol Juan era el autor del Evangelio. Tertuliano dice que Marción buscaba «destruir el carácter de aquellos evangelios publicados como genuinos bajo el nombre de

---

joánicas de una forma que no tendría sentido decir que no eran más que meras reflexiones de la enseñanza cristiana del momento» (p. LXXI). Creo que, en vista de tales incertidumbres, es bueno tener evidencias sólidas que apoyan que este evangelio fue escrito en una época tan temprana.

[52] Aunque en este punto, no debemos exagerar. Cf. T.E. Pollard: «No hay ninguna evidencia de que el Cuarto Evangelio estuviera bajo sospecha fuera de Roma, aunque debemos reconocer que es posible que algunos escritores como Justino el Mártir, contemporáneo y crítico de Valentín, no quisieran arriesgarse a usarlo de forma abierta» (*ABR*, VII [1959], p. 45).

los apóstoles», subrayando el hecho de que Pablo amonestó incluso a los apóstoles (Gá. 2:13-14)[53]. Es difícil entender el argumento de Marción a no ser que de verdad pensara que Juan escribió este evangelio. Según parece, lo que decía no era que Juan no lo hubiera escrito, ¡sino que Juan lo escribió, pero no escribió la verdad![54] Como se cree que Marción llegó a Roma alrededor del año 140, se trata de un testimonio bastante temprano[55].

Otra característica de las evidencias externas para defender la autoría de Juan es que en la iglesia primitiva se solía asociar a otros con Juan, como si hubiesen colaborado en la composición del Evangelio. Por ejemplo, Clemente de Alejandría dice que Juan «compuso un evangelio espiritual apremiado por sus discípulos y movido por el Espíritu Santo»[56]. El Canon de Muratori dice que «fue revelado a Andrés, uno de los apóstoles, que Juan era el que iba a narrar todas las cosas tal como todos las recordaban»[57]. Este tipo de comentario ha llevado a muchos estudiosos contemporáneos a pensar que existía una "escuela" joánica. Por ejemplo, O. Cullmann sostiene que «el autor tenía discípulos que redactaron y revisaron el Evangelio» y, además, «durante la composición, e incluso antes de la composición de su libro podía contar con un grupo de gente que pensaba como él, e incluso podía contar con algunas contribuciones escritas»[58]. Raymond E. Brown establece que la vida de la comunidad joánica pasó por cuatro fases: «la fase anterior a la composición del Evangelio», «la vida de la comunidad mientras se escribía el Evangelio», «la vida de las comunidades joánicas divididas mientras se escribían las epístolas paulinas», y «la disolución de

---

[53] *Contra Marcionem* 4.3 (ANF, III, p. 348).

[54] Lagrange cree que la evidencia de Marción apunta a una opinión bastante extendida que acepta que Juan fue el autor del Evangelio (p. XLVII-XLVIII).

[55] Algunos comentaristas citan a Celso diciendo que daba testimonio de Juan. En la obra *Contra Celsum* de Orígenes queda claro que este opositor del cristianismo se refirió al Cuarto Evangelio (por ejemplo, 1.70). Como se ubica la actividad de Celso en el tercer cuarto del siglo II, se le considera una evidencia lo suficientemente antigua de que los cristianos creían que era un libro inspirado. Pero obviamente, Celso no usa el mismo nombre, "Juan", así que este argumento no es definitivo para demostrar la autoría de Juan.

[56] En Eusebio, *HE* 6.14.7.

[57] En H. Bettenson, *Documents of the Christian Church* (Londres, 1944), p. 40.

[58] *The Johannine Circle* (Londres, 1976), p. 5. Se habla de tres etapas: «1. El autor, de personalidad fuerte, usó tanto la tradición heredada del cristianismo primitivo, como otras tradiciones especiales (...) 2. Es el responsable de la línea central de la obra. 3. Un redactor o grupo de redactores bajo la influencia del autor, y que formaban parte de su círculo, revisaron o completaron la obra después de la muerte del autor» (p. 9-10).

los dos grupos joánicos posterior a las epístolas»[59]. Pero esta es una interpretación muy libre de las evidencias[60]. Martin Hengel está de acuerdo en que había una escuela joánica, pero sostiene que estaba dirigida por una "figura sobresaliente" que produjo un evangelio que «no puede ser la obra de un colectivo enfrentado»[61].

Otros sostienen una opinión parecida: aunque Juan no escribió el Evangelio, es el "testimonio" que hay detrás de la narración, la persona que provee la información para la elaboración del Evangelio. Sin embargo, ello no supone que necesariamente dictara el libro, y algunos de los que sostienen este punto de vista creen que el testimonio de Juan se transmitió durante bastante tiempo de forma oral hasta que una de las "escuelas" joánicas (cuyos miembros probablemente ya no habían conocido a Jesús) decidieron poner por escrito aquella tradición. Dicen que esto explicaría por qué se insiste en relacionar el nombre de Juan con el Evangelio y, al mismo tiempo, tendría que ver con las evidencias que han llevado a muchos expertos a concluir que Juan no es el autor del Evangelio. Es bastante acertado decir que actualmente esta es la conclusión que más satisface a la mayoría de los eruditos[62].

Algunos escritores hablan de un segundo Juan, al que suelen llamar "Juan el Anciano", el cual, según su opinión, es el autor del Evangelio[63].

[59] *The Community of the Beloved Disciple* (Londres, 1979), p. 22-24. G. Johnston comenta la posición de Brown: «Una teoría que multiplica las hipótesis de este modo debería ser rechazada y dar paso a una explicación más sencilla y razonable. Las evidencias, según nuestra opinión, solo garantizan que el libro se dejó inacabado y que fue completado por autores anónimos» (Johnstone, p. 14; rechaza la idea de la existencia de una "escuela" joánica, p. 75).

[60] Ver R. Kysar en *Interpretation* 31 (1977), p. 355-66, donde aparece un resumen de los estudios sobre la "comunidad" o la "escuela" joánica.

[61] Hengel, p. 81; cree que fueron unos alumnos quienes editaron el libro y lo hicieron circular (p. 84).

[62] J.A.T. Robinson comenta lo siguiente: «En cuanto al tema de la autoría, concluiré haciendo una comparación. Como ya hemos visto, Brown identifica al 'discípulo amado' con Juan, hijo de Zebedeo, pero no lo identifica con el evangelista. Cullmann, sin embargo, defiende que el 'discípulo amado' es el evangelista, pero niega que el 'discípulo amado' sea Juan. Cree que se trataba de un discípulo anónimo de Judea, un antiguo seguidor de Juan el Bautista, que aunque no era uno de los doce, sí fue un testigo ocular del ministerio de Jesús (...) Creo que ambos expertos están en lo cierto por las afirmaciones que hacen, pero que las reservas a las que apuntan están equivocadas» (*Redating the New Testament* [Londres, 1976], p. 130).

[63] Ralph P. Martin sostiene este punto de vista: «Juan el Presbítero expone en un tratado polémico y evangelístico la verdadera enseñanza del apóstol Juan mientras el primero confronta una nueva situación en la Dispersión, a la luz del viejo debate palestino en el cual el apóstol se había enzarzado" (*New Testament Foundations, Volume 1: The Four Gospels* [Grand Rapids and Exeter, 1975], p. 281).

Pero con el paso del tiempo los nombres se confundieron y la gente pasó a pensar que el apóstol Juan era el autor. El problema está en que, teniendo en cuenta lo mucho que se supone que se conocía a "Juan el Anciano" en algunos círculos, hay muy pocas evidencias de la existencia de tal personaje[64]. Se reducen a la interpretación de Eusebio de una frase de Papías, y a un cuento de viajes aún más tardío en el que se mencionan dos tumbas en Éfeso donde supuestamente Juan está enterrado. La frase de Papías no se refiere claramente a dos Juanes, por lo que ni tan siquiera es una evidencia convincente[65].

Algunos eruditos se han quedado impresionados por las evidencias que hay de que 'el discípulo amado' era el apóstol Juan, pero también por las muchas objeciones que existen a la hora de aceptar a Juan como el autor del Evangelio. Por tanto F.M. Braun cree que el *kerygma* de Juan se cristalizó en pequeñas unidades y cuando, después de un largo período, Juan decidió juntarlas y elaborar un evangelio, lo hizo con la ayuda de un grupo de secretarios[66]. Schnackenburg plantea algo parecido, pero cree que la hipótesis sobre los "secretarios" no es correcta. Según él, «el evangelista sería tanto el portavoz que transmitió la tradición y la enseñanza del apóstol Juan, como un teólogo y maestro de los lectores a los que se dirigía»[67]. Es decir, se decanta más bien por la opinión de que el autor del Evangelio es "el evangelista", y no tanto el apóstol Juan.

Los grandes defectos de este tipo de puntos de vista están en lo que llamaríamos "la desaparición del héroe". Los que defienden estas po-

---

[64] C.S. Petrie hace una exposición detallada de las evidencias en su artículo «The Authorship of 'The Gospel according to Matthew': A Reconsideration of the External Evidence» (*NTS*, 14 [1967-68], p. 15-32. Describe a "Juan el Anciano" como «una figura mítica que durante mucho tiempo ha dado problemas a los estudiantes del Cuarto Evangelio»; «Solo hay que ver la forma en la que Eusebio lo menciona y por qué; y después de sorprendernos de ver toda la confusión que suscita, dejarlo en el olvido» (p. 20). J.A.T. Robinson dice lo siguiente: «Hablar de 'Juan el Anciano' como autor del Evangelio no es más que una invención de la erudición moderna. De hecho, aún existen muchas dudas sobre si realmente existió o no (no se la menciona en ninguna otra obra literaria antigua)» (*The Priority of John* [Londres, 1985], p. 103).

[65] A veces, este punto de vista está apoyado por la creencia de que el apóstol Juan fue mártir muy pronto. Pero las evidencias que se usan para probar esto son muy cuestionables. Ver *SFG*, p. 280-92. Y es curioso que los que defienden esta teoría no suelen tener en cuenta que, aunque fuera cierto, no dice *cuándo* fue asesinado. Como mucho, dice que Jacobo y Juan fueron asesinados por los judíos. Pero no dice nada sobre la fecha o el lugar, o si los asesinaron a la vez. Aunque esa es, obviamente, la cuestión importante.

[66] *Jean le Theologien* (Paris, 1959), p. 396-97.

[67] Schnackenburg, I, p. 102.

siciones afirman que la tradición que aparece en este evangelio deriva en última instancia del apóstol. Él es el fundador de la "escuela" (aunque no necesariamente en un sentido formal). Son sus enseñanzas las que se recogen en el Evangelio. Él es la figura destacable y que recibe todo el honor.

Entonces, ¿por qué llegar al punto de ignorarlo por completo? ¿Por qué no incluir su nombre ni siquiera una sola vez?

Esta es una de las principales dificultades con las que nos encontramos a la hora de analizar este tipo de teorías, y es una dificultad que no se suele tratar. Así que, a no ser que alguien descubra una explicación razonable para este fenómeno, diremos que esta teoría no nos convence. ¿Por qué iban los cristianos joánicos – cristianos que debían toda su creencia cristiana a Juan – elaborar un evangelio que hablara de Pedro, de Andrés y de otros, pero que no mencionara a su héroe? Un proceder así no tiene ninguna credibilidad. Por definición, el "círculo joánico" le debe su existencia a Juan. Es sorprendente que los que defienden que fueron los alumnos de la escuela "joánica", los que elaboraron el Evangelio no reparen en cuestionarse por qué el autor del Evangelio, o los varios autores, no mencionan al fundador de la "escuela", siendo que están narrando los acontecimientos que propiciaron la creación de dicha escuela. ¿Qué tipo de escuela o alumnos haría una cosa así?

También hay que destacar que ese autor o autores, no solo se olvidaron de mencionar a su héroe, sino que tampoco dejaron demasiadas pistas para que los lectores lo relacionaran con el 'discípulo amado'. A este tipo de autor se le ha descrito como una "monstruosidad psicológica"[68]. Se trata, como mínimo, de un proceder bien extraño. Y parece ser que los que defienden esta teoría tampoco han encontrado ninguna explicación satisfactoria de este proceder[69].

---

[68] A.H.N. Green-Armytage, *John Who Saw* (Londres, 1952), p. 132.

[69] Por ejemplo, B.H. Streeter explicó que Juan, el anciano, no tuvo necesariamente mucho contacto con el apóstol (cree que sacó la mayoría de la información de Marcos o Lucas): «La única relación entre él y el apóstol es como la de Ireneo con Policarpo. Para que la actitud hacia el 'discípulo amado' que aparece en el Evangelio sea explicable, psicológicamente hablando, tendría que haber una relación con el apóstol breve y, según la información posterior, positiva, que incluyera algunas palabras inolvidables de Cristo pronunciadas por el apóstol» (*The Four Gospels* [Londres, 1930], p. 433). Pero esta analogía no es acertada. Ireneo tenía a Policarpo en muy buena consideración, y no se lo calla. Menciona su nombre y recoge tanto sus hechos como sus palabras. Sin embargo, Streeter quiere hacernos creer que el anciano Juan borró del mapa a su héroe, lo que es psicológicamente imposible.

Mencionemos algunas evidencias arqueológicas. En las catacumbas, la resurrección de Lázaro ya aparece en algunos murales muy antiguos. H.P.V. Nunn habla de un mural en la Capella Graeca en la catacumba de Priscila, que, según él, es de principios del siglo II. También aparece una representación de la Eucaristía, y encima de la mesa hay unas cestas que nos recuerdan al milagro de los panes y los peces, por lo que parece que Juan 6 estaba en la mente del artista. Nunn también recalca que se parece mucho a la cripta de Acilii Glabriones, «una de las familias más aristocráticas de Roma, de la que algunos de los miembros eran cristianos en el siglo I». Concluye: «Con esto tenemos evidencias arqueológicas serias de que bastante antes de la mitad del siglo II algunas de las enseñanzas más características del Cuarto Evangelio ya eran bien conocidas en Roma, de tal forma que los miembros más nobles de la iglesia romana usaban representaciones de esas enseñanzas para expresar cuál era su esperanza y decorar sus tumbas»[70]. Estas son evidencias importantes, sobre todo porque nadie discute que el Evangelio se escribiera en Roma. Aunque concedamos un margen de tiempo para que el Evangelio llegara a la ciudad y fuese aceptado como un escrito inspirado, no se puede decir que sea un escrito tardío.

Otra evidencia arqueológica es la inscripción de Abercio, que fue obispo de Hierápolis en Frigia. Él mismo compuso la inscripción que había de acompañar su tumba, que decía así: «Mi nombre es Abercio, discípulo del Santo[71] Pastor, que alimenta a sus rebaños de ovejas de las colinas y los llanos, y que todo lo ve. Porque me enseñó las letras fieles de vida...»[72]. Aquí se nos presenta una doble dificultad: saber si se está indicando que conocía el Cuarto Evangelio, y fechar la inscripción. La referencia al pastor hace pensar en Juan 10 mientras que las "letras de vida" nos recuerdan a "las palabras de vida eterna" (Juan 6:68). Parece que Abercio conocía y valoraba nuestro evangelio. Si Nunn está en lo cierto, y Abercio murió alrededor del 150, estamos ante un testimonio importante, ya que se trata de una fecha temprana. Sin embargo, otros dicen que murió más tarde, posiblemente hacia el año 200[73], lo que haría que nuestra evidencia perdiera parte de importancia.

---

[70] *The Son of Zebedee* (Londres, 1927), p. 86.

[71] O "Puro"; el original es ἁγνοῦ.

[72] Citado en H.P.V. (indicado equivocadamente como H.V.P.), Nunn, *Christian Inscriptions* (Eton, 1951), p. 30.

[73] Por ejemplo, *ODCC*, "Abercius".

Stather Hunt cree que la evidencia más clara es la dificultad que hay en encontrar otro autor. Según él, está claro que detrás del Evangelio hay un testigo ocular, que se ve sobre todo «en la intensidad con la que está escrito el Evangelio». También recalca que «no parece que haya otra persona – al menos que sepamos – de suficiente calibre para haber sido el autor excepto el hijo de Zebedeo»[74]. Este argumento no convence a todo el mundo, pero de todos modos es un argumento relevante.

Una perspectiva bastante aceptada actualmente es la que ve en el Evangelio de Juan diferentes capas que se corresponden con sucesivas revisiones a las que se sometió el texto original. Obviamente, encontramos algunos problemas, pero debemos tener en cuenta que este evangelio «no se parece en absoluto a las obras compuestas por un comité ni a una agrupación de textos torpe y aleatoria (...) Hoy en día tenemos el mismo texto que hace dos mil años, un testimonio coherente, profundo y desafiante»[75]. Sea cual sea la historia literaria de este documento, posee una unidad extraordinaria y nos ofrece un retrato de Jesús del cual no podemos prescindir.

Sabemos que las evidencias no nos sirven para poder decir sin duda alguna: «Esta es la solución». Hasta el momento, ninguna de las teorías desarrolladas está libre de dificultades o problemas. Es una cuestión de elegir aquella que presente el menor número de dudas. En la actualidad, muchos estudiosos critican la defensa de la autoría del apóstol Juan. Pero cuando analizamos sus teorías no encontramos alternativas convincentes. La mayoría de las veces sus reconstrucciones están fuera del sentido común[76]. En todo caso, podemos objetar todas esas teorías al menos en algún punto. Así que lo que debemos hacer es aceptar la solución que mejor explique los hechos y la que menos incoherencias tenga. Por eso, acepto la teoría de que Juan es el autor del Evangelio. Estoy de acuerdo con que esta teoría no explica todos los datos o evidencias, pero tampoco lo hace ninguna otra teoría de las que yo conozco. Y esta es, al parecer, la que mejor explica los hechos[77].

[74] *Some Johannine Problems*, p. 8.
[75] L.T. Johnson, *The Writings of the New Testament* (Philadelphia, 1986), p. 470.
[76] R.A. Edwards dice que una de las razones por las que acepta que Juan es el autor es porque «las teorías alternativas son demasiado complicadas como para ser posibles en aquel mundo real en el que la gente se relacionaba y hablaba» (*The Gospel according to St. John* [Londres, 1954], p.IX).
[77] Michaels cree que el apóstol Juan es el autor, pero ello «no significa necesariamente que escribiera el Evangelio de una vez». Dice que «se trata de un complejo proceso de creación centrado en las reflexiones históricas y teológicas de un hombre en el contexto de una comunidad de fe concreta y en relación con las preocupaciones de dicha comunidad» (Michaels, p. XXII).

Quizá deberíamos dejar constancia de que Kysar critica contundentemente a aquellos que defienden la autoría del apóstol Juan. De expertos como Werner de Boor, Jean Colson, y de un servidor, dice lo siguiente: «En ambos casos – el hecho de que no tienen en cuenta el criticismo narrativo, ni el formal, ni su perspectiva histórica – representan más la crítica del siglo pasado que la actual y no tienen nada que ver con las perspectivas más extendidas del estudio del Cuarto Evangelio de esta última década»[78]. Es curioso que a uno le ubiquen en el siglo pasado, pero aparte de dudar de la exactitud de esta opinión, me pregunto si los eruditos de dicho siglo siempre estaban equivocados. De hecho, si se tuviera que demostrar que estoy equivocado preferiría que lo hicieran los mismos hechos, y no la acusación de que no tengo en cuenta el criticismo formal ni el narrativo. A Kysar no se le ha ocurrido pensar que las contundentes afirmaciones de algunos de los críticos narrativos no son tan convincentes como a él le parecen. Y me pregunto cómo reaccionaría ante el hecho de que Werner, Colson, y yo mismo, contamos con el apoyo de expertos como I.Howard Marshall y J.A.T. Robinson, que también creen que las evidencias hacen pensar que Juan, el hijo de Zebedeo, es el autor de nuestro evangelio[79]. ¿Era Robinson del siglo XIX? ¿No tuvo en cuenta la labor de los críticos narrativos y formales? Si este erudito eminente, nada conservador, creyó que había evidencias suficientes que respaldaban la autoría de Juan bar-Zebedeo, concluimos que su posición debería tomarse más en serio, y no caer en el retrato que Kysar hace.

II. FECHA

Conservadores y radicales suelen sostener que el Cuarto Evangelio es bastante tardío si lo comparamos con los otros evangelios. Esta opinión ya se remonta a los escritores patrísticos, quienes recogen que éste era el último de los evangelios. Se cree que se escribió en la última década del siglo I, aunque algunos autores apuntan a los primeros años del siglo II[80]. No podría ser de finales del siglo II porque en Egipto se ha encon-

---

[78] Kysar, p. 92.

[79] Referente a Marshall, ver *The Illustrated Bible Dictionary*, ed. J.D. Douglas et al. (Leicester, 1980), II, p. 804, y referente a Robinson, ver *The Priority of John*, p. 122.

[80] Se suele simplificar demasiado esta posición. Por ejemplo, M.S. Enslin escribió: «todos los críticos, independientemente de lo que opinen sobre el autor, creen que el

trado un fragmento de papiro que ha sido fechado en la primera mitad del siglo II. Si tenemos en cuenta que hubiera hecho falta algún tiempo para que el Evangelio llegara a Egipto, concluimos que no podemos fecharlo más tarde de principios del siglo II. Pero para muchos estudiosos no hay evidencias de que se le pueda adjudicar una fecha anterior. De hecho, es lógico que no haya ningún tipo de consenso sobre la fecha de elaboración, ya que contamos con muy pocas evidencias[81].

Uno de los argumentos que usan los que aseguran que este evangelio se escribió más tarde es que la forma en la que Juan se refiere a "los judíos" apunta a un período en el que se habían convertido en enemigos de la Iglesia. Y, como muchos dicen, eso no es natural ni durante los días de Jesús, ni en los años que siguieron. Para que pudiese desarrollarse una cierta oposición, y que los seguidores de Jesús y "los judíos" se convirtiesen en grupos enfrentados hacía falta tiempo. Pero vemos que este argumento no es válido. Después de la crucifixión de Jesús los judíos empezaron a mostrar una oposición hacia los predicadores cristianos, lo que hace que este tipo de lenguaje sí sea natural. No hizo falta un largo período de tiempo para que esto tuviera lugar. De hecho, lo encontramos en Pablo (1ª Tesalonicenses 2:14-15).

Muchas veces se dice que Juan usó algunos de los Sinópticos; muchos críticos sostienen que utilizó Marcos, algunos dicen que también utilizó Lucas, y muy pocos afirman que, además, usó el Evangelio de Mateo. Si es cierto que consultó los otros evangelios, Juan sería de finales de siglo, aunque las evidencias son mínimas[82]. Después del estudio que P. Gardner-Smith hizo sobre los argumentos presentados, no parece que el caso esté claro; puede que la mayoría de los expertos sostengan que Juan no usó los Sinópticos. No podemos construir sobre una hipótesis que no está universalmente aceptada y que cada vez está siendo más rechazada.

Evangelio no puede ser anterior al año 100» (*Christian Beginnings* [New York y Londres, 1938], p. 448). Pero esto no era verdad cuando se escribió, en 1938, ni lo es ahora.

[81] Cf. C.C. Torrey: «En la reunión anual de la *Society of Biblical Literature and Exegesis* en Nueva York, en diciembre de 1934, reté a mis colegas expertos en Nuevo Testamento a que encontraran un solo pasaje de cualquiera de los Evangelios, y que dieran claras evidencias de que era posterior al año 50 dC. o de fuera de Palestina. Nadie aceptó el reto, porque no existe tal pasaje» (*Our Translated Gospels*, p. x). Al menos este incidente muestra que no hay tantas evidencias que respalden una fecha tardía.

[82] Ver el apartado V. de esta introducción «La relación entre el Cuarto Evangelio y los Sinópticos».

Algunos autores sugieren que el mismo evangelio muestra que es un texto tardío, porque presenta una combinación de ideas religiosas que provienen de diferentes fuentes, y una enseñanza más elaborada, como si hubiese tenido tiempo de evolucionar. En cuanto al tema de las fuentes, los manuscritos de Qumrán demuestran que no podemos tomar en serio esta posición. En los manuscritos vemos que muchas de las ideas que creíamos helenistas ya circulaban en Palestina antes de los días de Cristo. Así que no hay nada en el Evangelio de Juan que nos lleve a pensar que es posterior a estos manuscritos. En cuanto a la enseñanza, los autores que exponen este punto de vista lo hacen de una forma muy concluyente, pero diremos que de hecho no hay ninguna evidencia aparente de evolución. Además, como suele pasar, la opinión de un crítico se convierte en la refutación de otro crítico.

En este evangelio no hay ninguna referencia a la destrucción de Jerusalén. Se dice que esto indica que fue escrito o antes de que ese suceso tuviera lugar, o mucho más tarde, cuando la gente ya no hablaba de ello ni le daba importancia. Pocos son los que piensan que fue escrito antes; la otra opción es a finales del siglo I. Pero no queda anulada la posibilidad de que se escribiera antes del 70 dC. J.A.T. Robinson recalca que a excepción – probablemente – de Hebreos y Apocalipsis «el Evangelio de Juan sería la obra en la que esperaríamos encontrar alusiones (por indirectas, sutiles o simbólicas que fueran) al destino catastrófico de Jerusalén, si es que ya había tenido lugar, si ya se había cumplido la profecía. Porque el tema central del Evangelio es el rechazo del judaísmo metropolitano de aquel que viene a los suyos (1:11) como el Cristo y Rey y Pastor de Israel»[83]. Robinson también nos recuerda que Caifás profetizó que, si dejaban a Jesús libre, los romanos destruirían el templo y la nación (11:47-48). No le dejaron libre, pero los romanos les atacaron de todos modos. ¿No habría dicho algo Juan si lo que Caifás profetizaba ya hubiera pasado?

Muchos autores sostienen que otro elemento que hace pensar que Juan es un texto tardío es la teología que presenta: para tener una teología tan desarrollada, tenía que haber pasado algún tiempo. Pero no es un argumento muy válido, ya que en la teología de Juan no hay nada que apunte a que sea posterior a la teología de la epístola a los Romanos, escrita en los años 50. Así que el argumento de la teología

---

[83] *Redating the New Testament*, p. 276.

tampoco sirve para aquellos que están empeñados en demostrar que nuestro evangelio es un texto tardío[84].

Sin embargo, debemos mostrar cierto respeto ante un argumento parecido al anterior, una postura que tiene que ver con la evolución, pero no la evolución de la teología, sino de la tradición. R.H. Fuller lo resume de la siguiente manera: «Dado que el evangelista se encuentra al final del proceso de la tradición, palestina, helenista, y judía bautista y heterodoxa, es imposible aceptar la tradicional (...) opinión de que este evangelio fue escrito por Juan bar Zebedeo»[85]. Este argumento tiene más peso que el anterior, pero tampoco cuenta con muchas evidencias que lo respalden. Algunas fuentes dejan claro que Palestina a principios del siglo I era un lugar donde convivían muchas ideas diferentes. Desde los días de Antíoco Epífanes existía un debate intenso con el helenismo y, según Fuller, todas las otras cosmovisiones eran de origen palestino. Es difícil determinar por qué se cree que la conjunción de estas ideas es necesariamente posterior a Juan, el hijo de Zebedeo.

A menudo vemos en Juan el uso de expresiones muy particulares. Así, encontramos referencias a excomuniones (9:22; 12:42; 16:2) y algunos dicen que a los cristianos no se les excluyó de las sinagogas hasta la década de los 80. Sin embargo, esta afirmación está muy lejos de la realidad. Lo que sabemos sobre la excomunión lo basamos sobre los hechos, y no sobre conjeturas: y los hechos no nos permiten estar de acuerdo con que no tuvo lugar hasta la década de los 80. No contamos con mucha información, pero la poca que tenemos hace que este argumento no sirva para decir que Juan es un documento tardío. Ver más información en el comentario de 9:22.

Vemos, pues, que podemos refutar todos los argumentos que normalmente se presentan, por lo que también podemos concluir que no se ha podido demostrar que Juan sea un texto tardío. Además, en estos últimos años un grupo de críticos ha analizado y presentado algunas consideraciones que apuntan a que el Evangelio es un texto bastante temprano.

---

[84] Cf. R.M. Grant, «La única base sobre la que esta cuestión [si Juan es anterior o posterior a los Sinópticos] puede ser debatida está en una teoría general sobre el pensamiento cristiano primitivo, y la mayor parte del apoyo a esta teoría proviene del mismo evangelio. Como se trata de un argumento circular, haremos bien en rechazarlo» (*A Historical Introduction to the New Testament* [Londres, 1963], p. 55).

[85] *A Critical Introduction to the New Testament* (Londres, 1966), p. 176.

Una de ellas es el desconocimiento de Juan de los Evangelios Sinópticos. Como ya hemos visto, algunos de los eruditos que defienden que estamos ante un texto tardío sugieren que una de las evidencias a favor de su postura es el hecho de que Juan depende de los Evangelios Sinópticos. Pero a medida que se va haciendo más evidente que Juan no usó ninguno de estos evangelios, se hace más evidente también que es bastante posible que Juan sea un texto temprano. Cuanto más tarde lo situemos, más difícil es explicar por qué no usó los Sinópticos.

Algunas expresiones del Evangelio corresponden también a un período bien temprano. Al hablar de los seguidores inmediatos de Jesús, usa la palabra "discípulos", y no "apóstoles"; además, dice "sus discípulos" en vez de "*los* discípulos". En los días de su ministerio hacía falta alguna expresión para diferenciar entre los discípulos de Jesús y los otros maestros. Pero una vez el cristianismo ya había empezado a desarrollarse, en los círculos cristianos no había duda alguna de quiénes eran aquellos discípulos a los que se llamaba "*los* discípulos", lo que se convirtió en una expresión estándar. Así que es muy interesante ver que Juan usaba con más asiduidad la fórmula antigua.

En el Canon de Muratori dice que "los compañeros de Juan, los otros discípulos" le animaron a escribir el Evangelio, y que Andrés recibió una revelación de que así tenía que ser, lo que llevó a Juan a escribir el Evangelio. La fiabilidad de esta tradición no está del todo clara, pero el hecho es que apunta a una fecha bastante temprana, ya que Andrés y los otros discípulos aún vivían. Además, aunque Juan viviera muchos años, no hay nada que indique que era muy mayor cuando escribió el Evangelio.

G.A. Turner y J.R. Mantey también creen que el uso que Juan hace de la expresión "los judíos" es bastante temprano. Nos recuerdan que el judaísmo era mucho más poderoso antes de la destrucción de Jerusalén en el 70 dC que después, por lo que el cristianismo solía estar a la defensiva (cf. 1 Ts. 2:15-16). Sin embargo, un siglo más tarde, cuando Justino el Mártir escribió a Trifón el judío, la situación se había invertido. El Cuarto Evangelio refleja la primera situación, y no la segunda. Estas consideraciones hacen que «sea posible decir que el Evangelio es contemporáneo a las epístolas paulinas»[86].

En la misma línea, vemos que en Juan 5:2 pone: «hay un estanque, llamado en hebreo Betesda», y no "había". Ciertamente, es posible que

---

[86] Turner, p. 18.

Juan usara el tiempo presente aunque se estuviera refiriendo al pasado; sin embargo, también podríamos preguntarnos por qué ese verbo está en presente, si el resto de verbos del pasaje está en pasado. La interpretación más natural es que está hablando de un estanque que aún existía en el momento en el que escribía. Lo que significa que la ciudad aún no había sido destruida.

También encontramos que en 2:20 se dice que el templo había sido edificado en cuarenta y seis años. La edificación del templo no se acabó hasta el 64 dC., y un período de 46 años se aproxima a la época en la que Jesús dijo esas palabras. ¿Cómo puede ser que un escritor tan tardío acertase con las fechas de una manera tan exacta? Y ¿por qué? Deberíamos notar también que Robinson apunta a que la corrección del dicho de que el 'discípulo amado' no moriría (21:23) habría aparecido después de la muerte de Pedro, que fue en el 65 o antes. Robinson cree que la gente no debió esperar muchos años para corregir el error[87].

Constantemente se dice que los manuscritos de Qumrán tienen muchos puntos en común con el Cuarto Evangelio, más que con cualquier otro libro del Nuevo Testamento. Ahora bien, pensemos que el monasterio de Qumrán fue completamente destruido antes del 70 dC., lo que quiere decir que cualquier contacto debió ser anterior a esa fecha. Este dato no prueba que Juan sea un texto temprano, pero sí da pie a pensar que es más coherente contemplarlo como un texto temprano, no tardío.

Para algunos autores, la preocupación de Juan por los seguidores de Juan el Bautista es un elemento a favor de que se trata de un texto temprano, porque parece ser que más adelante este tema ya no preocupaba a la Iglesia[88]. En la actualidad, consideraciones de este tipo han convencido a un número de eruditos de que nuestro evangelio es más antiguo de lo que normalmente se ha creído. Por ejemplo, W.F. Albright dice: «Ahora, todos los argumentos que intentaban probar que la literatura joánica era bastante tardía se han disipado»[89]. Este experto apunta a finales de los 70 o principios de los 80. Otros creen que es

---

[87] *Redating the New Testament*, pp. 280-82.

[88] Cf. R.M. Grant, «Este elemento a favor o posible evidencia, por insuficiente que parezca, confirma nuestra idea de que el evangelista se está enfrentando al problema real que constituían aquellos que reverenciaban a Juan el Bautista por encima de Jesús. Este elemento de su evangelio sugiere que fue escrito en una época temprana» (*A Historical Introduction*, p. 153).

[89] *New Horizons in Biblical Research* (Londres, 1966), p. 46.

incluso anterior. C.C Tarelli dice: «Abogar por una fecha anterior al 70 dC. es quizá demasiado atrevido, pero lo que está claro es que el contexto palestino que los estudiosos han encontrado en el Evangelio es ciertamente el contexto palestino de antes de esa fecha»[90]. Para B.P.W. Stather Hunt es «natural fechar el Evangelio de Juan justo antes del año 70 dC.»[91]. En uno de los estudios más profundos que se ha hecho sobre la fechación de este libro, F. Lamar Cribbs afirma que hay muchos elementos que apuntan a la clara antigüedad de este evangelio, y defiende que «podría tratarse de una interpretación de la vida de Jesús hecha por un culto judeocristiano de Judea a finales de los 50 o a principios de los 60»[92]. El estudio que hace de las evidencias es muy completo y exhaustivo, y tan convincente, que no entiendo cómo puede rechazarse.

Hemos visto que no es fácil fechar nuestro evangelio; sin embargo, lo que queda claro es que, aunque no se pueda probar cien por cien que es un texto temprano, la cantidad de evidencias a favor de esta posición va en aumento. Personalmente, lo que más me sorprende y convence es el hecho de que el contexto del Evangelio coincide con el contexto palestino de antes del año 70 dC. (Tarelli), y la aparición de locuciones como "sus discípulos" y "hay en Jerusalén". Creo que los argumentos de Robinson y Cribbs son muy convincentes[93].

Antes de acabar con este tema tenemos que decir que en los últimos años muchos estudiosos han defendido lo siguiente: que la tradición, o al menos parte de ella, que forma parte del Evangelio es muy temprana, y que su composición es tardía. En el apartado de la autoría hemos considerado el pensamiento que hay detrás de esta opinión. Creen que había una "escuela" joánica, que probablemente se remonta al apóstol Juan. Esta escuela transmitió sus tradiciones, y al menos algunas de ellas contenían relatos muy tempranos, compuestos quizá por testigos oculares. Así que, sea como sea, los orígenes de este evangelio son bien tempranos. No obstante, se dice que la tradición se

---

[90] *JThS*, XLVII (1947), p. 209.
[91] *Some Johannine Problems*, p. 113.
[92] Ver *JBL*, LXXXIX (1970), p. 38-55; la cita aparece en la p. 55.
[93] A.M. Hunter está bastante cerca también. Según él, «puede que se escribiera alrededor de los 80; pero también pudo haberse escrito una década antes» (*Interpreting the New Testament*, p. 222). C.L. Mitton aprueba esta opinión (*ExT*, LXXI [1959-60]). R.M. Grant cree que fue escrito «aproximadamente en el período de la guerra entre los romanos y los judíos que tuvo lugar entre el 66 y el 70 (no mucho después)» (*A Historical Introduction*, p. 160).

transmitió durante mucho tiempo de forma oral, y que no fue hasta el cambio de siglo que se puso por escrito[94]. Esta posición es un intento de sacar lo mejor de ambos posicionamientos: respalda la idea de que algunos materiales son muy cercanos a los momentos en los que los sucesos tuvieron lugar y, a la vez, tiene en cuenta las evidencias que apuntan a que la composición fue más tardía. En mi opinión, una interpretación así no es tan probable como la hipótesis de que fue escrito antes del año 70 dC. Pero, obviamente, no podemos desecharla.

III. PROPÓSITO

Muchos se han pronunciado sobre el propósito que tenía el autor cuando escribió este evangelio, por lo que hay una larga lista de propuestas. Una opinión muy extendida es que escribió para complementar los Evangelios Sinópticos[95]. Según esta teoría, el autor consultó esos evangelios y no quedó satisfecho con algunos de los aspectos que contenían. Como él también conocía lo sucedido, decidió ponerlo por escrito para que estuviera al alcance de todos los cristianos. Pero ahora contamos con los hechos que han convencido a la mayoría de que Juan no usó los Sinópticos, por lo que su evangelio es completamente independiente. En mi opinión, ninguna de las teorías que explican que Juan conocía los Sinópticos se tiene en pie. Y en caso de que los conociese, queda muy claro que no escribió para complementar lo que estos ya cubrían[96]. Podemos usar la misma objeción para rechazar la teoría contraria, es decir, que Juan fue escrito para desbancar y suplantar

---

[94] Cf. J.A.T. Robinson: «Lo que cuenta es el estatus y el origen de la tradición joánica. ¿Apareció de la nada alrededor del año 100dC.? ¿O existe una verdadera continuidad, no solo entre la memoria de un hombre de edad avanzada, sino entre la vida de una comunidad, y los primeros momentos del cristianismo? En mi opinión, lo que distingue de forma fundamental el producto final del Cuarto Evangelio es que sí hay continuidad entre los primeros momentos de la fe cristiana y su composición» (*SE*, I, p. 350). Robinson cree que el Evangelio fue escrito antes del año 70 dC.

[95] Ya lo había dicho Clemente de Alejandría, que pensaba que Juan ya se contentaba con el relato de "los hechos físicos" (τὰ σωματικά) que los Sinópticos recogían, pero quiso escribir "un evangelio espiritual" (πνευματικὸν εὐαγγέλιον) (Eusebio, *HE* 6.14.7).

[96] A. Wikenhauser dice, además, que «si la intención de Juan hubiese sido complementar los Evangelios Sinópticos, habría mostrado formas en que debía armonizarse su relato con el de los otros evangelistas" (*New Testament Introduction* [New York, 1958], p. 301). Y es evidente que es muy difícil intentar armonizar el relato de los Sinópticos con el del Cuarto Evangelio.

a los Evangelios Sinópticos[97]. Si no se habían escrito aún en el momento en el que Juan escribió su evangelio, obviamente no podía estar intentando suplantarlos.

Otros creen que el propósito de Juan era polemizar. Dicen que estaba intentando combatir el gnosticismo[98]. Pero el gnosticismo como movimiento no apareció hasta el siglo II[99]. Es verdad que algunos expertos han encontrado elementos pregnósticos en algunos escritos muy tempranos, sobre todo en los manuscritos de Qumrán. Pero a pesar del hecho de que algunos conceptos que más adelante se convirtieron en conceptos importantes para los gnósticos aparecieran en el primer siglo, es innegable que el gnosticismo en su sentido pleno es un fenómeno del siglo II. Así que si hay un escrito que apareció para combatirlo, también debe de ser del siglo II. Por lo que, si sostenemos que el Evangelio de Juan es del siglo primero, no podremos decir que el propósito del autor era combatir el gnosticismo.

Sin embargo, es bastante probable que uno de los objetivos de Juan fuera combatir las falsas enseñanzas de tipo doceta. Los docetas sostenían que Cristo no se había encarnado, es decir, tenía apariencia humana, pero no lo era[100]. Está claro que la herejía doceta no apareció en el siglo I[101]; sin embargo, algunos elementos que más adelante pasaron a formar parte de esta herejía parecen ser bastante tempranos. Es decir, mientras Juan no tuviera ante él una herejía doceta totalmente formada y reconocida, no hay duda alguna de que se tuviera que enfrentar a falsas enseñanzas de estas características. Esto puede verse claramente en 1ª Juan, pero también puede percibirse en el Evangelio. Por ello encontramos dichos como "el Verbo se hizo carne" (1:14) y un énfasis en la muerte física de Jesús. Durante todo el Evangelio, Juan quiere enfatizar la genuina humanidad de Jesús y, a la vez, explicar el

[97] D. Guthrie cita a H. Windisch, quien está respaldado en este punto de vista en concreto por W. Bauer (*New Testament Introduction: The Gospels and Acts* [Londres, 1965], p. 249 y nota al pie 1).

[98] Esta opinión se remonta a Ireneo, que creía que el Evangelio de Juan había sido escrito para combatir a Cerinto (*Adv. Haer.* 3.11.1.).

[99] Ver los comentarios de R.M. Grant y J. Munck en las notas al pie 191 y 192.

[100] La palabra griega δοκεῖν, "aparentar o parecer", es la que da el nombre a la herejía.

[101] J.N.D. Kelly afirma que la primera persona que nombra a los docetas (δοκηταί) es Sarapión de Antioquía (*fl.*200). «Pero el docetismo no era una simple herejía aislada; era una actitud que afectó a muchas herejías, sobre todo al marcionismo y al gnosticismo" (*Early Christian Doctrines* [Londres, 1958], p. 141). Parece ser que la actitud es anterior a la aparición del docetismo totalmente desarrollado y establecido.

hecho de que verdaderamente había sido enviado por Dios[102]. Pero todo esto no quiere decir que el propósito principal de este evangelio fuera combatir el docetismo incipiente. La oposición que hay hacia las falsas enseñanzas es casi inherente al Evangelio[103]. Pero la razón de ser de este libro es otra.

Otros mantienen que Juan escribió en contra de los judíos incrédulos. Uno de los elementos en los que se basan es el uso que en el Evangelio se hace del término "los judíos". Nuestro evangelista usa esta expresión con mucha más frecuencia que los otros evangelistas, y está claro que no muestra ninguna simpatía por esos "judíos"[104]. No obstante, este es tan solo un aspecto del Evangelio y no es, ni mucho menos, el más destacable. No puede decirse que haya suficientes evidencias como para decir que éste es el principal objetivo del Evangelio.

Otros creen que Juan escribió para diferenciarse de los seguidores de Juan el Bautista[105]. Deja muy claro que el lugar de Juan el Bautista era secundario, y puede que al escribir tuviera en mente a algunos seguidores

---

[102] Lindars, p. 61-63.

[103] Curiosamente, un grupo de académicos, como E.L. Titus, creen que este evangelio enseña el docetismo: «con el descenso del Espíritu – el punto clave de la Encarnación – la humanidad de Jesús dejó de operar, excepto las funciones que tienen que ver con el organismo: caminaba, hablaba, etc., pero las cualidades mentales y espirituales ya no eran las de un hombre. Desde aquel momento, el elemento humano de Jesús solo estaba en las mentes de los judíos» (*The Message of the Fourth Gospel* [New York, 1957], p. 33). Si esto no es docetismo, al menos es apolinarismo. Pero, sea como sea, Titus hace que nuestro autor se convierta en un hereje. Otro autor que ve a Juan como a un hereje es Käsemann, que afirma sin ningún tipo de reservas: «Desde un punto de vista histórico, la Iglesia cometió un error al reconocer el Evangelio como ortodoxo» (*The Testament of Jesus* [Londres, 1968], p. 76. Dice también que «la aceptación de este evangelio en el canon de la Iglesia tuvo lugar debido al error humano y a la providencia de Dios» (Ibíd., p. 75). He examinado personalmente la posición de Käsemann en "The Jesus of Saint John", de Robert A. Guelich, ed., *Unity and Diversity in the New Testament Theology* (Grand Rapids, 1978), p. 37-53). Raymond E. Brown cree que las declaraciones de Juan están más cerca del monofisismo que del docetismo, pero que rechaza ambas herejías (*Interpretation*, XXI [1967], p. 399, nota al pie 27).

[104] C.F.D. Moule señala que este evangelio "contiene una dura crítica a los judíos". Cree que aquí "puede haber buenas tradiciones de las controversias que había en tiempos de Jesús, preservadas y reajustadas para estar actualizadas a las propias circunstancias del evangelista" (*The Birth of the New Testament* [Londres, 1962], p. 94 y 95).

[105] W. Baldensperger suele citarse como el principal ejemplo de eruditos que sostienen esta opinión. Pero no creo que haya ningún escritor en la actualidad que crea que éste es el propósito central del evangelista, aunque sí que los hay que piensan que era uno de los tantos propósitos (por ejemplo, Strachan, p. 109-12).

del profeta[106]. Pero, nuevamente, éste es simplemente un pequeño matiz, y está lejos de representar el propósito central de nuestro evangelio.

Otros son de la opinión de que el interés principal de Juan era ir en contra de los maestros cristianos que daban demasiada importancia a los sacramentos[107] o, a la inversa, que no les daban la importancia necesaria[108]. Todo dependerá de la opinión que tengamos sobre cuál era el lugar de los sacramentos en el pensamiento de Juan. Ciertamente, en todo el Evangelio no menciona ni el bautismo cristiano, ni la Cena del Señor. Y podríamos llegar a decir que tampoco hace ninguna referencia, ni tan siquiera oblicua o implícita, a estos sacramentos. Sin embargo, algunos estudiosos afirman que sobre todo en los capítulos 3 y 6 podemos ver cierto interés por estos dos sacramentos. Dado que a partir de las mismas evidencias se sacan dos conclusiones totalmente opuestas, los argumentos presentados no descansan sobre bases muy claras Por tanto, no caeremos en el error de decir que éste es el propósito o tema central del Evangelio.

En otra línea, otros piensan que el propósito principal de Juan era presentar al mundo un tipo de cristianismo "helenizado"[109]. Quería

---

[106] Sobre los seguidores de Juan y su movimiento, ver C.H.H. Scobie, *John the Baptist* (Londres, 1964), cap. XII.

[107] Así, al tratar Juan 6, Odeberg menciona a J. Kreyenbühl, «quien sostiene que este pasaje habla de la Eucaristía, pero no para promoverla, sino para rechazar dicho sacramento, por haberse convertido en un rito, en algo instituido por la Iglesia. El objetivo del evangelista es, según Kreyenbühl, contrastar el sacramento de la Iglesia (...) con su propia comprensión espiritual: la verdadera carne y sangre del Hijo del Hombre (=el evangelista) son sus enseñanzas, su religión, su vida en Dios y de Dios, cuyo único objetivo es la Vida eterna» (*FG*, p. 237). Cf. también E.C. Colwell y E.L. Titus: «Diremos que el Cuarto Evangelio representa una reacción en contra de la creciente supresión de la experiencia religiosa espontánea, mediante la sustitución de un rito sacramental *ex opere operato*» (*The Gospel of the Spirit* [New York, 1953], p. 52).

[108] Cf. O. Cullmann: «Los expertos llevan tiempo observando que el autor presenta en varios pasajes un profundo interés por los sacramentos. Además, queremos demostrar que según el mismo evangelio, uno de sus principales intereses es exponer la conexión que hay entre la adoración cristiana contemporánea y la vida histórica de Jesús» (*Early Christian Worship* [Londres, 1953], p. 37). K. y S. Lake creen que este evangelio fue escrito «por un cristiano helenista para respaldar la teología sacramental, cuyo centro es el Jesús divino» (*An Introduction to the New Testament* [Londres, 1938], p. 51; ver también p. 61-62).

[109] Cf. E.F. Scott: «Para que la religión pudiera extenderse de forma natural en el mundo gentil, al que, desde los tiempos de Pablo, había atraído de forma particular, había que descubrir cómo expresarla para que el mundo de influencia helena pudiera entenderlo (...) El autor del Cuarto Evangelio, que no se contentó simplemente con introducir ideas o conceptos helenos aislados, intentó reelaborar todo el mensaje cristiano haciendo uso de la filosofía del momento» (*The Fourth Gospel*, p. 6).

plasmar el cristianismo de una forma respetable e intelectual para que llegara al máximo número de gente posible[110]. Una de las cosas en las que se basan es el uso de términos como *Logos*, y sugieren que Juan era un helenista interesado en transmitir el cristianismo a otros helenistas. Esta posición ha tenido bastantes seguidores, pero aún así, no acaba de coincidir con todos los hechos y datos disponibles, porque cada vez está más claro que este evangelio, se interprete como se interprete, es un producto de mentalidad judía, y no de mentalidad helenista[111]. Algunos escritores han dicho que originalmente fue escrito en arameo. Pero la mayoría de los eruditos creen que esta afirmación es demasiado extrema, aunque reconocen que hay muchos elementos lingüísticos, conceptos y pensamientos arameos en nuestro evangelio. No podemos estar de acuerdo, pues, con la opinión de que el Evangelio es el *manifiesto* de un cristianismo helenista.

Para acabar, cabe destacar que Juan expresó explícitamente el motivo que le llevó a escribir el Evangelio: «Éstas se han escrito para que creáis que Jesús es el Cristo, el Hijo de Dios; y para que al creer, tengáis vida en su nombre» (20:31). No podemos ignorar esta declaración. Juan expresa claramente que su objetivo es presentar a Jesús como el Cristo, el Hijo de Dios. Y lo hace, no para dar a sus lectores una nueva e interesante información, sino para que den un paso de fe, que crean, y comiencen una nueva vida en Cristo[112]. Y no solo nos lo

---

[110] Parece ser que C.H. Dodd va en esta línea: «Podemos pensar que esta obra está dirigida a un amplio público formado principalmente por gente devota a quien le gustaba razonar (...) de la sociedad variada y cosmopolita de las grandes ciudades helenistas como Éfeso en época del Imperio Romano» (*IFG*, p. 9).

[111] H.G.G. Herklots comenta algo muy importante cuando al final de su estudio sobre Juan escribe: «El mundo griego quería a un Jesús hecho a su medida, es decir, tan solo un ser espiritual, pero no a alguien que había tomado forma humana. Hasta que no le levantaron de la Tierra, en la angustia extrema de la crucifixión, no comenzó el proceso en el que la Historia encuentra su significado y consumación: hacer que todos los hombres se acerquen a Él» (*A Fresh Approach to the New Testament* [Londres, 1950], p. 121). Este evangelio usa términos inteligibles en el mundo heleno, pero con el objetivo de implantar ideas y conceptos no helenos.

[112] Existe aquí un problema textual: no está claro si se debe interpretar que el verbo πιστεύω es presente o subjuntivo aoristo. Parece ser que lo más probable es que sea un presente. Algunos autores creen que el sentido es el siguiente: «para que continuéis creyendo», y de ahí deducen que Juan se estaba dirigiendo principalmente a cristianos para reforzar su fe. Así, F.V. Filson comenta, citando este texto, que no hay duda alguna sobre cuál es el propósito de Juan. Aunque más adelante añade: «Su principal objetivo no era ganar nuevos conversos o convencer a sus oponentes, sino presentar el papel de Jesucristo de forma que quedara clara su función como Hijo de Dios, como el agente

dice de una forma explícita, sino que además, si hacemos un estudio del Evangelio, veremos que es verdad, que ciertamente hace lo que expresa en 20:31[113]. Una y otra vez presenta evidencias de que Jesús verdaderamente es el Cristo. Cierto es que no hace un uso tan extenso del término en sí como nosotros hubiéramos esperado. Pero la idea está presente de forma constante. Además, Juan deja claro que el mensaje de Jesús es un desafío. La gente se divide, tiene que tomar partido: o se compromete con Cristo, por medio de la fe, para ganar así la vida, o rechazan el entregarse a Jesús y se quedan en la oscuridad y la perdición. Parece que no hay ninguna razón para rechazar o ignorar la declaración que el mismo Juan hace. En 20:31 resume el propósito del Evangelio, y al leerlo, vemos que cumplió su objetivo[114].

IV. HISTORIA Y TEOLOGÍA[115]

No hay duda alguna de que el autor del Cuarto Evangelio tiene un serio propósito teológico. Como hemos visto en el apartado anterior, nos dice claramente que su propósito es demostrar que Jesús es el Cristo, el Hijo de Dios, y así persuadir a la gente para que crea en él y que pase de muerte a vida. La cuestión no es si Juan quiere transmitir una cierta teología. La cuestión es ver si ha subordinado completamente el relato

---

del Padre en la Creación en el sostenimiento del mundo, y como Salvador y Señor del mundo, para que la Iglesia no cayera en el error de menospreciar al Jesús histórico» (*A New Testament History* [Londres, 1965], p. 374, 376-77). Pero recordemos que esta interpretación nace de una lectura bastante libre del tiempo verbal.

[113] C.H. Dodd dice que, aparte de las consideraciones gramaticales, en el Evangelio se evidencia que su autor «tiene en mente, sobre todo, no tanto a cristianos que necesitan una teología más profunda, sino a no cristianos que están interesados en la vida eterna y en cómo obtenerla, y que quizá seguirán el camino cristiano si se les explica de una forma inteligible y relacionándolo de una forma relevante con su experiencia e intereses religiosos previos» (*IFG*, p. 9).

[114] Cf. C.F.D. Moule: «Este evangelio, a diferencia de los otros, da respuesta a la pregunta: ¿Qué tengo que hacer para ser salvo?». Los otros simplemente hablan del discipulado; pero el Cuarto Evangelio no solo habla de seguir e imitar, sino de creer e incorporarse al seguimiento» (*The Birth of the New Testament*, p. 94). Continúa diciendo: «Lo que muchas veces se pasa por alto es que además contesta a la pregunta: ¿Qué tengo que hacer YO...? se trata de un mensaje muy personal (...) San Juan ve a Jesús como la fuente de vida, conectarse con aquel que es, para toda persona, la vida eterna». En varias ocasiones Moule apunta al elemento personal o individualista de este evangelio.

[115] Ver *SFG*, cap. 2.

histórico para poder cumplir su objetivo, o si los hechos históricos le importan tanto como la Teología[116].

Desde el principio debemos comprender que la interpretación no supone necesariamente la distorsión de los hechos. ¡De hecho, la ausencia de una interpretación puede, en ocasiones, distorsionar los hechos! Así, podemos decir "Nicholas Ridley fue ejecutado" y estar en lo cierto. Pero si solo decimos eso, el lector se puede llevar una impresión equivocada. Una frase como «El obispo Nicholas Ridley fue quemado en la hoguera» transmite mucho más significado, igual que si decimos «El obispo Nicholas Ridley murió como mártir». Esta última declaración está cargada de mucha más información que las dos primeras. El problema es que suscita discusión. Esa es la pena que hay que pagar cuando se quieren explicar los sucesos y, a la vez, interpretarlos. Y eso es exactamente lo que ocurre en el Evangelio de Juan. Sin duda alguna, se trata de un texto interpretativo, que interpreta los sucesos que recoge. También lo hace al omitir mucho material que no aparece en los otros evangelios, e incluir cosas que aquellos ni siquiera mencionan. Si uno no está de acuerdo con el retrato que Juan presenta de Jesús, se puede entrar en un eterno debate (como muchos eruditos radicales han hecho). Pero si Juan tiene razón, si el Verbo realmente se hizo carne y habitó entre nosotros, entonces este documento interpretativo es uno de los materiales más importantes para aquellos que quieren entender los sucesos que ocurrieron en torno a Jesús.

Muchos autores aseguran que no debemos tomar en serio la historia narrada en este evangelio. Algunos apuntan que es evidente que el único interés de Juan era la Teología, así que no prestan ninguna atención a la información histórica que Juan ofrece, a menos que sea una información que también aparezca en otras fuentes. Y como muy pocas secciones de este evangelio aparecen en otras fuentes, consideran este evangelio meramente como una obra teológica[117].

---

[116] Cf. Marsh: «Parece ser que Juan creía que la Teología no era algo que pudiera usarse para interpretar los acontecimientos, sino que era algo que debía extraerse de los acontecimientos. Su narración de los hechos es así porque su teología es así; pero su teología es así, porque los hechos ocurrieron tal como narra» (p. 580-81).

[117] Cf. Titus: «Para la mente moderna, que no está acostumbrada a la manera de hacer de la Antigüedad, es normal ver el material como información histórica. Esta opinión ha viciado incluso el trabajo de los mejores comentaristas modernos»; «Si en algún momento su relato ofrece alguna información, es más bien de forma accidental, y no de forma intencionada»; «la cuestión sobre la fiabilidad histórica del medio de comunicación utilizado no tiene ninguna importancia» (*The Message of the Fourth Gospel*, p. 13, 14, 21).

Pero es cada vez más difícil seguir sosteniendo este posicionamiento. Muchos autores de la actualidad han demostrado que no hay ninguna buena razón para pensar que el Evangelio de Juan no sea histórico. C.H. Dodd ha realizado un análisis sistemático que le ha llevado a decir que detrás de este evangelio hay una tradición o materiales históricos muy antiguos, diferentes e independientes de los que se usaron para escribir los Sinópticos (*Historical Tradition and the Fourth Gospel*). Después de un estudio pausado del análisis de Dodd es imposible seguir creyendo que a Juan no le interese la Historia.

Así que diremos que Juan sí quiere transmitir información histórica. Una y otra vez introduce en su narración información topográfica, por ejemplo, o referencias temporales. Si solo escribía con un propósito teológico, no tiene importancia que tal incidente ocurriera en tal y tal lugar, o que dé detalles de que Jesús conoció a tal y tal persona en tal y tal momento. Algunos exégetas han interpretado que todos esos detalles tienen significados teológicos concretos, pero no se ha probado que ese fuera el propósito de Juan. Más bien parece ser que el autor introdujo todos esos detalles porque quería que su relato fuera fiable y exacto, históricamente hablando.

Además, muchos de los datos y hechos que Juan aporta han podido ser corroborados. El descubrimiento de los manuscritos del Mar Muerto ha servido, entre otras cosas, para convencer a un buen número de eruditos de que este evangelio contiene información fiable[118]. Hay muchos otros puntos en común entre los manuscritos y este evangelio. Sobre la hipótesis de que Juan es un teólogo tardío, sin embargo, no hay ninguna evidencia que nos haga pensar que los manuscritos corroboran esta hipótesis. Según ésta, Juan habría escrito su evangelio a una distancia considerable – tanto geográfica como temporal – del lugar donde circulaban los manuscritos. Y si su propósito era, simplemente, escribir teología, no se hubiera preocupado de hacer la investigación arqueológica necesaria para descubrir la enseñanza de la comunidad de Qumrán. Así que, el hecho de que Juan coincida en muchos puntos con los manuscritos es una evidencia de que nos ofrece una información fiable, y que puso un cuidado especial en la recopilación de los datos históricos.

---

[118] Un buen ejemplo es lo que W.H. Brownlee escribe sobre lo que los manuscritos enseñan de la enseñanza de Juan el Bautista: «Por lo que a Juan el Bautista se refiere, el resultado más sorprendente de todos es la validación del Cuarto Evangelio como una fuente auténtica» (*SNT*, p. 52).

En otra de mis obras he examinado la enseñanza del evangelista sobre Juan el Bautista[1 19]. He intentado demostrar que, mientras el propósito de Juan es hablar del profeta está bastante claro (siempre lo retrata solo como un "testigo" de Jesucristo), no distorsiona los hechos en torno a este controvertido personaje. Un estudio reciente pone de manifiesto que la información que nuestro evangelio recoge sobre Juan el Bautista es extraordinariamente fiable. Entonces, si Juan puede escribir de forma fiable sobre el profeta, aunque solo muestra una de sus características, ignorando el resto de aspectos de su ministerio, ¿por qué no aceptamos que pueda hacer lo mismo al escribir sobre otras personas?

No debemos dejarnos llevar por las presuposiciones que ya tenemos. No sirve que digamos: «Juan es un teólogo; por lo tanto, no hace falta que prestemos atención a los apuntes históricos», o «Todo lo que Juan escribe es histórico; escribió de una manera totalmente objetiva». Personalmente, por un lado no veo por qué Juan no podía escribir con el único propósito de transmitir verdades teológicas, como muchos autores afirman que hizo. Después de todo, las parábolas son un buen vehículo para la enseñanza teológica en los Evangelios Sinópticos y nadie dice que tengamos que tomar todos los detalles de las parábolas de forma literal. Por otro lado, tampoco veo por qué se debe mantener que Juan tiene que ser objetivo en todo momento. Creo que si hubiera querido, podría haber escrito un documento teológico elaborando una serie de anécdotas históricas. Entonces, podríamos ignorar las anécdotas y centrarnos en el significado teológico.

Pero esto nos llevaría a la siguiente pregunta: «¿Algo que nunca ocurrió puede tener significado teológico?». Muchos estudiosos deberían tomarse esta pregunta más en serio. Hay que darse cuenta de la diferencia que hay entre las parábolas y los sucesos reales que también se utilizan para transmitir alguna enseñanza. Con las parábolas, estamos diciendo: «La verdad de Dios es como...». Y aparte de eso, los detalles de la Historia no tienen mayor significado. La Historia es simplemente una ilustración. Y todo el mundo debe entenderlo así. No importa si ocurrió o no. Pero si decimos: «La verdad de Dios puede verse en este suceso, o la Gracia de Dios se manifiesta en...», entonces nos encontramos ante una situación muy diferente. En este caso, si lo descrito no ocurrió, no podemos decir que la verdad de Dios se ha revelado,

---

[119] Ver *SFG*, p. 110-12.

o que su Gracia se ha mostrado. Nuestro relato tiene que ser edificante. Puede que transmita bien nuestras ideas. Pero hemos de dejar claro que lo que se está trasmitiendo son nuestras ideas, y no algo sobre Dios. Y aquí la cuestión es ver si Juan nos está contando lo que él cree sobre Dios, o si nos está contando lo que Dios ha hecho. Nunca debemos olvidar la gran diferencia entre las expresiones "La verdad de Dios es como..." y "La verdad de Dios se ve en...".

La cuestión no es, pues, si el estilo narrativo de las parábolas es posible, teológicamente hablando. La cuestión es la siguiente: "¿Cómo escribe Juan?". Parece ser que muchos críticos se han contentado con afirmar de forma dogmática su punto de vista, pero sin ofrecer ningún tipo de evidencia que respalde su opinión. Decir que Juan escribió Teología, y no Historia, puede contrarrestarse afirmando, dogmáticamente también, que Juan escribió Historia, y no Teología. Es fácil hacer declaraciones de este tipo. Pero lo que hace falta es presentar evidencias. Y la evidencia más clara es que en aquellos pasajes en que tenemos maneras de analizar la fiabilidad histórica de Juan, el evangelista pasa el examen. La inferencia lógica es que también es fiable en los pasajes restantes.

Tengamos en cuenta que algunos creen que el propósito principal de Juan era contestar a los falsos maestros de tipo doceta. Éstos sostenían que la encarnación no era posible; Jesús solo parecía estar entre la gente. En contra de esta enseñanza, Juan insiste en que Jesús es realmente humano. Insiste en la "carne" del Hijo del Hombre y deja muy claro que el docetismo es incompatible con el cristianismo. Pero si Juan fuese el tipo de crítico que escribe para atacar a un grupo, hubiera perdido ante los docetas. Una encarnación así sí les hubiera servido, siempre que pudieran asegurarse de que los hechos de Jesús que Juan cuenta no son históricamente fiables, que las diferentes historias no son más que vehículos para transmitir una enseñanza concreta. Siempre me ha sorprendido que los críticos afirmen de forma tan directa las dos cosas: que Juan escribió para responder a los docetas, y que los hechos que narra no son históricamente fiables. Pero, si su información no era fiable, ¿de qué le iba a servir en su ataque contra los docetas?[1][20]

---

[120] Cf. B.W. Bacon: «En una época tan preocupada por la transmisión fiable de los hechos históricos – en este caso de la vida de Jesús, y de la verdadera secuencia de los sucesos (Lucas 1:1-4) – es imposible que un autor tan empeñado en proclamar la realidad concreta de la tradición histórica de la Iglesia no recogiera lo acontecido de

Otra consideración a tener en cuenta es la gran diferencia de estilo entre Juan y los Sinópticos. De hecho, la siguiente afirmación es bastante lógica y debemos respetarla: «Si Jesús era como se describe en Mateo, Marcos y Lucas, es imposible que también fuera como Juan nos dice. Son dos descripciones incompatibles». Ciertamente, hay muchas diferencias entre el retrato que hacen los Sinópticos y el retrato joánico. Para explicar esta gran diferencia se suele decir que en el Cuarto Evangelio tenemos el resultado de una larga meditación del discípulo amado, y que el producto final es su opinión sobre lo que Dios ha hecho en Cristo, y no tanto un relato objetivo, detallado y ordenado de lo ocurrido.

Respeto más este último argumento que cualquier otro. Sin embargo, tampoco creo que sea tan acertado, como muchos estudiosos dicen. Es verdad que es posible explicarlo y ofrecer algunas evidencias que lo apoyen, y H. Riesenfeld nos comenta la importancia de considerar la forma en que los rabíes judíos realizaban un programa de instrucción de eruditos[1][21]. Hoy en día, en cualquier proceso de aprendizaje, tomar apuntes es un elemento esencial. Pero éste no era el caso en el primer siglo. Entonces, cuando un hombre tenía que consultar un libro o un documento era porque no tenía ningún tipo de conocimiento sobre aquella información. El verdadero erudito era una persona que sabía de memoria todo lo que había aprendido. Si alguien no sabía algo de memoria, no podía decirse que fuera un experto en aquella materia. El proceso normal de instrucción era de la siguiente manera: el maestro seleccionaba los fragmentos que debían memorizarse, y el estudiante los memorizaba. Había un sistema de instrucción establecido y un cuerpo textual consensuado que debía aprenderse de forma oral. Además, esta enseñanza oral no podía ser alterada en el proceso de transmisión.

---

la forma más exacta posible. No podía permitirse ponerse al nivel del mito doceta y adentrarse en una lucha irracional de defensa y de desprecio de un 'Cristo en la carne'» (*The Making of the New Testament* [Londres, n.d.], p. 222). Bacon cree que el Evangelio de Juan es una obra tardía y que «ya no era posible escribir una historia totalmente exacta» (p. 223) Pero esta es otra cuestión. Si el Evangelio de Juan fuese un documento temprano, o si tuvo acceso a una tradición fiable, escribir historia de forma fiable y exacta sí hubiese sido posible y, según el mismo Bacon, eso es exactamente lo que Juan habría hecho.

[121] Ver "The Gospel Tradition and its Beginnings", en *SE*, I, p. 43-65. Este punto de vista lo explica de forma más detallada B. Gerhardsson en *Memory and Manuscript* (Uppsala, 1961). Punto de vista que ha sido fuertemente criticado por C.F. Evans entre otros: *Theology*, LXI (1958), p. 355-62, que J.J. Vincent resume en *SE*, III, p. 105-18. Yo mismo he escrito extensamente sobre este tema en *SFG*, p. 131-37.

Pero sería ingenuo sostener que en la práctica de esta transmisión no hubiera alteración de la enseñanza. Es inevitable que en la transmisión de generación a generación esta enseñanza sufriera algunas modificaciones. Pero lo importante es destacar que lo establecido era que nadie tenía derecho a cambiar la tradición.

Quizá podemos explicar este punto de forma más detallada fijándonos, igual que Riesenfeld, en el método de enseñanza que utilizaba la iglesia primitiva. Riesenfeld recoge que lo que normalmente se ha dicho es que «la iglesia primitiva solía predicar de forma libre, y sin ningún patrón establecido, proceso en el que se crearon nuevos dichos y relatos. Y tanto los evangelistas como sus predecesores utilizaron este extenso material, a partir del cual hicieron una selección que usarían para componer sus documentos»[122]. Riesenfeld continúa diciendo: «Pero esta visión romántica no tiene nada que ver con la realidad. De hecho, lo más probable es que el material en los días de Jesús fuese muy limitado y también que la transmisión de éste se hiciera de una forma más rígida y muy fijada y establecida».

Ciertamente, creo que esta última afirmación es muy acertada. En el sistema judío, como dice Riesenfeld, «el alumno ideal era aquel que no perdía ni un ápice de la tradición. No se puede negar que en el proceso se daba alguna variación por razones psicológicas; reconocerlo nos permite estudiar el desarrollo de la tradición desde otro ángulo. Porque, por buenas que fueran las capacidades receptoras de aquellos alumnos, incluso una mente tan preparada para la memorización no presta la misma fiabilidad que una grabadora[123].

Debemos tener cuidado en no interpretar y juzgar los métodos de enseñanza y memorización que se practicaban en los días de Jesús y de los apóstoles, según los métodos a los que estamos acostumbrados actualmente. Vivían en una cultura totalmente diferente y su comprensión del proceso de aprendizaje nada tiene que ver con el nuestro. Sin duda alguna, la memorización jugaba un papel muy importante en la transmisión y continuidad de la enseñanza cristiana original. Hablando de una forma muy general, podemos decir que según Riesenfels, los Evangelios Sinópticos recogen la enseñanza pública de Jesús, es decir, la enseñanza que sus discípulos tuvieron que aprender de memoria. Obviamente, esto no significa que no hubiese variaciones. Las diferen-

---

[122] *SE*, I, p. 61.
[123] *SE*, I, p. 55.

cias entre los Sinópticos dejan ver que sí se dieron estas variaciones. Pero no significa tampoco que no pueda reconocerse como un todo homogéneo. Esta es la enseñanza que se transmitió de forma oral, y además desde el principio también se enseñó que debía irse transmitiendo de forma oral, de generación en generación. Riesenfeld lo ve de la siguiente manera: «En los Evangelios se nos enseña muy claramente que Jesús era un maestro, sobre todo en la relación que tenía con sus discípulos. Y esto incluía mucho más que predicar en presencia de sus discípulos. Les dio una instrucción, la cual nos recuerda al método de los rabíes judíos. Esto implica que Jesús hizo que sus discípulos aprendieran (sobre todo los doce), pero, además, que lo que aprendieran lo supieran de memoria»[124]. Para Riesenfeld, una evidencia clara de lo que venimos diciendo es la forma en que se formulan las enseñanzas de Jesús en los Evangelios Sinópticos, la preservación de algunos términos arameos, etc.

Pero cualquier maestro va más allá del debate público y la enseñanza formal. En privado, también realiza una enseñanza de carácter más informal. Riesenfeld cree que éste es el origen del Evangelio de Juan: «vemos que la base está en los discursos y las 'meditaciones' de Jesús en el círculo de sus discípulos, que seguramente tenía lugar, además de una instrucción más formal. Esta opinión no es incompatible con la idea de que esta tradición experimentara una larga y compleja evolución»[125].

No es necesario estar de acuerdo con todo lo que Riesenfeld dice para reconocer que en este punto presenta una idea interesante y, además, bastante creíble. Lo que me interesa destacar es que Riesenfeld nos ha mostrado que dos representaciones de la enseñanza de Jesús tan divergentes como la de los Evangelios Sinópticos y la de Juan pueden venir del mismo Maestro. Así que es muy posible que su explicación sea acertada. Aunque también sería posible encontrar otra explicación igual de válida. Pero según el argumento de Riesenfeld lo que no parece lógico es sostener que la enseñanza de Jesús que aparece en los Sinópticos es incompatible con lo recogido en el Cuarto Evangelio.

Por tanto, parece ser que no podemos pensar que Juan sea un escritor a quien no le importaba la Historia. Es cierto que fue un teólogo, pero un teólogo que conocía muy bien la importancia de ser fiel a los hechos

---

[124] *SE*, I, p. 59.
[125] *SE*, I, p. 63.

históricos. No hay razón alguna para pensar que se inventó historias y discursos que transmitían verdades teológicas que nada tenían que ver con lo que verdaderamente había ocurrido.

Y esto es lo que muchos críticos creen. Algunos autores creen, no obstante, que en la Antigüedad este proceso no siempre se daba de la misma forma. A.W. Mosley ha escrito un artículo muy interesante, "Historical Reporting in the Ancient World"[126], en el que expone que deberíamos deshacernos de muchas de las presuposiciones que tenemos sobre las técnicas de composición del mundo antiguo. Llama nuestra atención sobre el hecho de que varios historiadores de la Antigüedad explicaron la forma en la que entendían su labor. Y siempre hablan del respeto que tenían por la forma en la que los acontecimientos habían tenido lugar. Es verdad que en ocasiones componían discursos de su propia cosecha y los ponían en boca de los personajes históricos. Pero lo hacían solo como último recurso. Y cuando se inventaban los discursos, intentaban plasmar lo que probablemente aquel personaje habría dicho. En otras palabras, los historiadores no se veían a sí mismos con plena libertad creadora. Además, tal como dice Mosley, y es un apunte muy importante para nuestro estudio, aunque compusieron en alguna ocasión algún discurso, lo que no hacían era inventar sucesos. Aunque esto tampoco quiere decir que no podamos encontrar relatos ficticios en la Antigüedad. Pero estos no eran obra de autores honestos y esmerados, sino obra de aquellos que no hacen una declaración explícita de que estaban intentando plasmar los hechos ocurridos de forma exacta. Muchos expertos en Nuevo Testamento han infravalorado el gran interés histórico de los griegos, los romanos y los hebreos, y del esmero que ponían esas culturas antiguas en realizar un trabajo digno y bien hecho.

Lo que podemos concluir del artículo de Mosley es que no hay duda alguna de que Juan sea un escritor cuidadoso y honesto. Si dice que un suceso en cuestión tuvo lugar, no debemos pensar que se trata tan solo de una invención para apoyar su teología. Debemos partir de la idea de que Juan respeta la verdad. Decir lo contrario es olvidarse de los principios de los historiadores, ya no solo como los entendemos en la actualidad, sino como los entendían en el primer siglo.

Hoskyns nos hace ver que el significado teológico de Juan va de la mano de la aceptación de la historia que recoge. «Su intención

---

[126] *NTS*, 12 (1965-66), pp. 10-26.

consciente es hacer que sus lectores vuelvan a mirar la vida del Jesús en la carne y su muerte en la carne para poder comprender que sería culpable de llevarnos al engaño y de engañarse a sí mismo si para beneficio de su objetivo hubiera inventado o distorsionado la imagen visible de Jesús»[127]. Éste es un apunte muy importante: inventar o distorsionar la Historia es contraproducente, es decir, perjudica su propósito teológico porque lo convertiría en dudoso, hasta inverosímil.

Otro punto de vista que ha atraído a muchos es el de J.L. Martyn, que establece que este evangelio presenta diferentes niveles. Por un lado, el autor escribe sobre acontecimientos ocurridos en Palestina en tiempos de Jesús y por otro, lo que escribe hace referencia a lo que está ocurriendo en la comunidad a la que el autor pertenece. Así, Martyn afirma que "en el relato de doble nivel de Juan 9, el ciego de nacimiento no solo representa a un judío de Jerusalén sanado por Jesús de Nazaret, sino también a los judíos que, como Juan sabe, son miembros de la iglesia separada porque han creído en el Mesías gracias a la maravillosa Bendición»[128]. A medida que este análisis avanza, vemos que se centra más en lo que pasa en la comunidad local que en lo que había ocurrido en Jerusalén años antes. Esta teoría ha tenido muchos seguidores, aunque no logremos comprender por qué. Martyn no ha presentado ningún tipo de evidencia que respalde su interpretación del texto, y para que una teoría sea tenida en cuenta de forma seria tiene que ir respaldada por un mínimo de evidencias. Lo único que Martyn ha hecho ha sido suponer que si el autor hubiese elaborado su evangelio en dos niveles, podríamos extraer conclusiones muy interesantes. Pero eso no es lo mismo que decir que esa era la intención del autor, o lo que el autor quería transmitir. Child escribe que «ofrecer una reconstrucción histórica de la comunidad joánica del capítulo 9 no puede igualarse a una exégesis del texto bíblico (...) El texto del capítulo 9 no da ningún indicio de que deben interpretarse dos niveles distintos»[129]. Como esta teoría sustituye la exégesis por la imaginación, concluiremos que tiene poca importancia para nuestro estudio de la teología del Cuarto Evangelio.

S.S. Smalley está interesado en la forma en la que este evangelio expresa el *kerygma* apostólico primitivo. Cree que en Juan encontramos "todos los elementos clásicos del esquema del discurso apostólico"[130].

---

[127] Hoskyns, p. 117.
[128] *History and Theology in the Fourth Gospel* (Nashville, 1979), p. 62.
[129] *The New Testament as Canon*, p. 133.
[130] *Tyndale Bulletin*, 17 (1966), p. 45.

En el discurso o predicación apostólica ve seis puntos que también aparecen en Juan por un lado, y en Marcos y Hechos por otro[131]. No deberíamos pensar que Juan está proclamando un evangelio diferente al que proclamaba la iglesia primitiva. Se expresa a su manera, pero su evangelio presenta el mismo mensaje esencial de salvación que los otros autores del Nuevo Testamento.

Así que parece que el Evangelio de Juan se merece que lo tomemos con toda seriedad. Es cierto que difiere de forma importante de lo que a veces vemos en los Sinópticos. Pero tenemos que pensar que el Jesús que los cuatro evangelistas intentan describir fue una gran figura, mucho más grande de lo que cualquier evangelio pueda llegar a expresar[132].

V. LA RELACIÓN ENTRE EL CUARTO EVANGELIO Y LOS SINÓPTICOS[133]

Tradicionalmente se ha pensado que Juan escribió su evangelio después que Mateo, Marcos y Lucas. Y como escribió más tarde, y como estos escritos estaban muy bien considerados en la iglesia primitiva, parecía natural que Juan hubiese usado los otros evangelios. Si además añadimos que Juan presenta algunos sorprendentes calcos lingüísticos (por ejemplo, en la historia en que una mujer en Betania unge a Jesús, o en algunos aspectos del ministerio de Juan el Bautista), parece lógico concluir que, sin duda alguna, Juan utilizó los Evangelios Sinópticos. A veces, se ha dicho que escribió su propio evangelio para corregir malentendidos que podían haber surgido de la interpretación de los evangelios anteriores. Otras, se ha dicho que aunque estaba de acuerdo con sus predecesores, creía que no habían cubierto todos los aspectos del ministerio de Jesús, o que no los habían cubierto de forma adecuada.

---

[131] Ibíd., p. 49.

[132] William Temple dice: «Una buena fotografía siempre es preferible a un mal retrato. Pero un buen retratista puede expresar las características de una persona mucho mejor de lo que un fotógrafo podría emular». También sugiere que los Sinópticos «pueden darnos algo parecido a la fotografía perfecta; pero San Juan nos da el retrato perfecto, que es aún mejor» (p. XVI). Puede que lo más correcto sea decir que los Sinópticos también son retratos (después de todo, ningún artista pinta del mismo modo, pero sí pueden ser igual de buenos). Cada uno destaca alguna característica del modelo que los otros obvian. Ver los comentarios de Albright y Mitton en el primer apartado de este capítulo (Autoría).

[133] Este tema se toca de una manera más extensa en *SFG*, cap. 1.

Así que decidió escribir su propia versión como complemento a los otros evangelios. Ambas teorías parten de la idea de que Juan usó alguno/s de los evangelios, y que al escribir tenía pleno conocimiento del contenido de estos.

Recientemente, no muchos han continuado de acuerdo con que Juan tuvo al alcance los tres Evangelios Sinópticos, pero sí hay bastante consenso sobre el hecho de que utilizó parte de Marcos[134]. Aunque es más difícil probar la relación de Juan con el Evangelio de Lucas, muchos eruditos sostienen que sí la hubo[135]. Sin embargo, que usara Mateo es aún más dudoso. Aunque algunos han intentado defender esta posición[136], la mayoría de expertos dice que los puntos en común con este evangelio son tan pocos, que lo más probable es que no lo usara.

No obstante, en estos últimos años se ha estado cuestionando esta posición. Puede que el mayor representante del nuevo posicionamiento sea P. Gardner-Smith, que hizo un estudio profundo de todos los argumentos que usaban aquellos que creen que Juan utilizó los otros evangelios, y concluyó que dicha teoría no se sostiene[137]. Otros han seguido las huellas de Gardner-Smith, y la erudición actual se está convenciendo cada vez más de que es completamente independiente de los Sinópticos[138].

Quizá el argumento más convincente que aboga por un Juan basado en los Sinópticos es el que expone Barrett, que queda maravillado por dos cosas: la aparición de un número de pasajes en Marcos y Juan en el mismo orden, y algunos calcos lingüísticos. La lista de pasajes es la siguiente:

---

[134] Ver, por ejemplo, E.K. Lee, "St Mark and the Fourth Gospel", *NTS*, 3 (1956-57), pp. 50-58.

[135] J.M. Creed presenta algunas evidencias en *The Gospel according to St. Luke* (Londres, 1950), pp. 318-21.

[136] H.F.D. Sparks cree que Juan conocía a Mateo (*JTS*, n.s. III [1952], pp. 58-61). Ver también la respuesta de P. Gardner-Smith (*JTS*, n.s. IV [1953], pp. 31-35).

[137] *Saint John and the Synoptic Gospels* (Cambridge, 1938).

[138] Kümmel cita como seguidores de la teoría de la independencia de Juan a Michaelis, Manson, Menoud, J.A.T. Robinson, Sanders, Wilkens y Higgins. Lista a otros que sostenían que Juan no conocía a ninguno de los Sinópticos, aunque conocía la tradición que estos recogen, sobre todo Feine-Behm, Connick, Noack, Mendner, Feuillet, Klijn, Heard, F.C. Grant, Bultmann, Dodd, Hunter, Käsemann, Borgen, Haenchen, Grundmann; Buse y Temple sostienen que Juan conocía una de las fuentes de Marcos (*Introduction*, pp. 143-44).

(a) El ministerio y testimonio de Juan el Bautista
(b) Marcha a Galilea
(c) Alimentación de la multitud
(d) Jesús anda sobre el mar
(e) La confesión de Pedro
(f) Marcha a Jerusalén
(g) La entrada triunfal y la mujer que unge a Jesús (orden invertido en Juan)
(h) La última Cena y los anuncios de la traición y la negación
(i) El arresto
(j) La Pasión y la Resurrección[139]

Para Barrett, el hecho de que en los dos evangelios aparezcan estos acontecimientos, colocados en el mismo orden es muy significativo. Pero, con todos nuestros respetos por este gran erudito, esta lista es bastante predecible. Obviamente, (a) debe aparecer en primer lugar. Si no, ¿en qué otro lugar se iba a colocar la figura de Juan el Bautista? De nuevo, no es ninguna novedad que (b) tenga que seguir a (a), y (c) a (b). Y su argumento se debilita aún más cuando vemos que Marcos coloca el pasaje (c) 211 versículos después del pasaje (b), y Juan, 99 versículos después. La conjunción de (c) y (d) es una de las pocas que se salva. Es la secuencia perfecta para que su argumento se sostenga[140]. Si hubiera más secuencias como estas estaríamos de acuerdo con Barrett en que su argumento sobre el orden de los pasajes es importante. Cuando coloca (e) – la confesión de Pedro – después de (d) – cuando Jesús camina sobre el mar –, se trata de una secuencia del mismo tipo si creemos que Marcos y Juan están describiendo el mismo suceso. Pero yo creo que no es así. Hay importantes diferencias entre la escena de Marcos en Cesarea de Filipo y la de Juan, seguida del sermón en la sinagoga de Capernaum[141]. Y si no se trata del mismo acontecimiento, este pasaje no puede aparecer en la lista de Barrett. (f), la marcha

---

[139] Barrett, pp. 43-45.

[140] Sin embargo, Gardner-Smith sugiere que «ya desde muy pronto debía contarse la historia del Cristo caminando sobre las aguas inmediatamente después de la historia de la alimentación de los cinco mil» (*Saint John and the Synoptic Gospels*, p. 89, n.). Si esto fuese cierto, el argumento de Barrett tendría menos fuerza. ¿Qué mérito tiene sugerir que ese es el orden en que aparecen porque es en el orden que ocurrieron?

[141] Cf. E.B. Redlich: «Esta identificación no es nada clara, porque las palabras sobre la confesión no deben referirse solo a un evento; además, el lugar no es el mismo» (*An Introduction to the Fourth Gospel* [Londres, 1939], p. 71).

a Jerusalén no podría haber aparecido antes, y los acontecimientos que le suceden, tampoco le podrían haber antecedido. El hecho de que incluya dos sucesos en (g) deja bastante que desear. Además, en este caso, ¡el orden no es el mismo! Y el orden de (h), (i) y (j) también es bastante predecible.

Vemos que este argumento sobre el orden en el que aparecen los pasajes no es demasiado útil. De hecho, es un orden tan lógico, que yo creo que la mayoría de eruditos, sean del posicionamiento que sean, establecerían casi el mismo orden que Barrett establece.

Y el argumento sobre los calcos lingüísticos no es mucho mejor. Nos gustaría suponer que Barrett no ha omitido ninguna evidencia contundente, pero solo nos presenta doce pasajes donde hay coincidencias verbales, la mayoría de las cuales son versículos sueltos. Si pensamos que Marcos contiene 12.000 palabras, este argumento no es demasiado convincente[142].

Los argumentos que presentan los que creen que Juan usó Lucas o Mateo son aún menos convincentes. Así que no vale la pena detenernos a considerarlos[143].

Es verdad que hay coincidencias lingüísticas bastante importantes. Por ejemplo, el perfume que usó la mujer que ungió a Jesús – perfume de nardo puro – es una evidencia a tener en cuenta, ya que se trata de una expresión poco común. Aunque quizá, precisamente por ser poco común, era más fácil de recordar y preservar aún en la tradición oral[144]. Lo que parece claro para los expertos que han analizado detalladamente estas evidencias es que los elementos que Juan comparte con los Sinópticos son elementos típicos de la tradición oral. De hecho, si pensamos en el desarrollo de la tradición oral en diferentes secciones de la Iglesia, a la vez que respetamos los sucesos que se narran, lo que tenemos es una situación que serviría para explicar tanto las similitudes como las diferencias. Dicho de otra forma, aunque es cierto que hay algún tipo

---

[142] Cf. Kümmel: «El número de textos que pueden usarse para defender el argumento de la dependencia de Juan de los Sinópticos es muy pequeño, y si exponemos estos textos a un análisis detallado, aún descubriremos que hay más divergencias que puntos en común» (*Introduction*, p. 144); Sin embargo, cree que sí es posible que Juan conociera los evangelios de Marcos y Lucas, "y los usara de memoria" (p. 145).

[143] Puede encontrar esa información en *SFG*, pp. 15-19.

[144] Por eso Gardner-Smith destaca las tres correspondencias verbales en los diferentes relatos en los que Jesús es ungido y comenta: «Las tres son expresiones fáciles de recordar, poco comunes, por lo que debían haberse convertido en una forma estereotipada y ya establecida en la tradición oral» (*St John and the Synoptic Gospels*, p. 49).

de relación entre la tradición en la que se basan los Evangelios Sinópticos, y la tradición en la que se basa Juan, no hay ninguna razón para pensar que se trata de una relación escrita. Lo más probable es que se tratara de una relación oral.

VI. DESPLAZAMIENTOS TEXTUALES

El Cuarto Evangelio no cuenta con una lectura fluida. Varios autores sostienen que el hilo argumentativo o la exposición de su pensamiento mejoraría si retocáramos el texto en varios lugares[145]. El ejemplo más plausible sería invertir el orden de los capítulos 5 y 6. En el capítulo 5 vemos incidentes en Jerusalén, mientras que el 6 empieza así: «Después de esto, Jesús se fue al otro lado del mar de Galilea». Ésta sería una continuación lógica al capítulo, donde Juan ha hablado de la curación del hijo de un oficial del rey en Galilea, porque desde allí Jesús puede cruzar el mar. Sin embargo, la referencia a "cruzar el mar" partiendo de un lugar como Jerusalén no tiene tanto sentido. Si realizamos este desplazamiento textual, encontramos otra consecuencia positiva. El capítulo 7 empieza así: «Después de esto, Jesús andaba por Galilea, pues no quería andar por Judea porque los judíos procuraban matarle». Ésta tampoco es una continuación lógica al capítulo 6, que ocurre en Galilea, pero quedaría bien después del capítulo 5, que está situado en Jerusalén y habla del conflicto entre Jesús y los judíos. Conflicto que ya había llegado a un grado bastante serio.

Otros sugieren que los desplazamientos textuales deberían centrarse en otros pasajes. El más importante sería las siguientes palabras que forman parte del discurso de despedida de Jesús: "Levantaos, vámonos de aquí" (14:31). Parece que se estaban preparando para marchar del aposento alto, pero de hecho quedan tres capítulos más antes de que Jesús y sus amigos salieran hacia Getsemaní. Todo parecería más lógico si el final del capítulo 14 apareciera al final del discurso. Así, varios estudiosos han sugerido, recientemente, que el capítulo 14 debería aparecer justo antes del capítulo 17. Bernard nos habla de otras incoherencias o problemas del discurso de despedida, y sugiere el siguiente orden: 13:1-30; 15; 16; 13-31-38; 14; 17[146].

Y podríamos continuar, porque se han sugerido otros desplazamientos y reajustes textuales, algunos de los cuales ciertamente ayudan a que el texto transcurra de una manera más lógica y fluida. Sin embargo, muchas de las sugerencias no aportan ninguna mejora. De hecho, casi todos los desplazamientos sugeridos tienen alguna desventaja o problema. Por ejemplo, G.H.C. MacGregor y A.Q. Morton están entre los que abogan por la modificación del discurso de despedida. Pero después de sugerir una reorganización que coloca el capítulo 14 después de 15 y el 16, dicen que al adoptar ese orden «la pregunta de Tomás en 14:5 no resulta muy natural después de las palabras de Jesús en 14:5ss. Además, las dos alusiones al Consolador en 14:16ss. y 15:26, la del capítulo 14 suena como si fuese la primera alusión, y la del capítulo 15, como si ya presupusiera la del capítulo 14. También, en el capítulo 14 aparecen muchas repeticiones innecesarias del pensamiento de los capítulos 15 y16»[147].

Pueden presentarse objeciones incluso para la más plausible de las sugerencias, sobre todo para la inversión del orden de los capítulos 5 y 6. Por eso, Dodd recalca la necesidad de establecer que Jesús es el Hijo de Dios (5:19-47) antes de adentrarse en los reclamos que hace sobre sí mismo en el capítulo 6. Concluye lo siguiente: «Vemos lo importante que es para el argumento que presentan estos autores que el discurso del capítulo 5 preceda al presente discurso»[148]. Algunos comentaristas creen que la crisis al final del capítulo 6, donde muchos se apartan de Jesús y ya no caminan con él, y pregunta a los discípulos si ellos también quieren irse (6:67), no tiene ningún sentido si aparece antes del capítulo 5. Otros creen que marchar de Galilea es una acción muy normal después del conflicto que encontramos en el capítulo 5. Así que, aunque muchos hayan abogado por esta reorganización, no podemos decir que los argumentos que han presentado sean lo suficientemente convincentes.

Y esta parece ser la conclusión más extendida. Los desplazamientos textuales suelen realizarse por razones subjetivas. Para algunos, la secuencia o hilo del texto que hemos recibido es bastante pobre y deberíamos mejorarlo mediante la reordenación de algunos pasajes. Pero cuando por fin se realiza dicha reorganización, aparecen otros problemas.

---

[147] *The Structure of the Fourth Gospel* (Edimburgo y Londres, 1961), p. 70.
[148] *IFG*, p. 340.

Además, otra cuestión es la explicación de por qué creen que el texto establecido está desordenado. Para llegar a aceptar las sugerencias del desplazamiento textual, primero debemos tener una explicación convincente sobre la elaboración del texto original; ¿cómo va a desordenarse el texto de un manuscrito? Es bastante difícil de explicar.

Los que intentan ser muy objetivos mencionan el hecho de que originalmente, el manuscrito estaba formado por dos hojas distintas. Uno de ellos es Bernard[149]. Sugiere que cada hoja de dos páginas contenía unas 750 letras, número que calcula después de establecer que una página tenía treinta y cuatro líneas de once letras cada una. A continuación establece que la mayoría de desplazamientos que cree descubrir en la epístola representa un múltiplo de esa cantidad de espacio aproximadamente. Pero para llegar a este resultado, tiene que insistir en las aproximaciones. Por ejemplo, el sexto apartado, según él (12:36b-43), contiene 598 letras, bastante lejos de la media establecida por él mismo. De hecho, la mayoría de eruditos reconoce que se tienen que hacer tantas licencias para que este tipo de argumento sirva, que se pierde toda la objetividad que en un principio se pretendía.

La objeción principal tiene que ver con la naturaleza del manuscrito: ¿cómo iba a dividirse y desordenarse? Lo que sabemos sobre la elaboración de los manuscritos en la Antigüedad no deja lugar a pensar que se escribieran hojas sueltas, que no pertenecieran a un rollo o a un libro. Y si formaban parte de un rollo o un códice, ¿cómo se iban a separar? Parece ser que Bernard no ha pensado que las hojas que formaban parte de un rollo se ataban las unas a las otras de modo que si estaban escritas por las dos caras los pasajes que aparecían en las dos caras de una misma hoja no eran consecutivos, y que en los códices una unidad estaba formada por dos hojas (cuatro páginas), y no por una sola hoja (dos páginas)[150].

Incluso si se encontrara una explicación para este argumento que acabamos de considerar, aún quedaría otro problema. Para defender la

---

[149] Bernard, p. XXVIII-XXX.

[150] La fechación del uso de los códices plantea otro problema. La teoría de Bernard no es válida si la forma utilizada para escribir el texto original de Juan fueron los rollos, en vez de los códices. Parece ser que el códice no empezó a usarse hasta el siglo II dC. (F.G. Kenyon, *Our Bible and the Ancient Manuscripts* [Londres, 1939], pp. 12-13). Aunque parece un sistema demasiado novedoso para que Juan lo usase, también es cierto que no es demasiado lejano a la fecha de la elaboración de nuestro evangelio. Pero como dice Guthrie, «no hay ninguna evidencia cierta y definitiva de que en una época tan temprana ya se usaran los códices» (*New Testament Introduction*, p. 287).

teoría del desplazamiento textual nos creemos que los críticos modernos, que no tienen acceso a esas páginas separadas, son más capaces de dar con la secuencia correcta que el editor del primer o segundo siglo, quienes sí contaban con las hojas originales. Si él no pudo realizar tal hazaña, ¿cómo vamos a poder realizarla nosotros? Además, la teoría parece establecer que la división o desordenación original de los textos siempre coincide con finales de frase. Pero, cuando ocurre algo así, ¡lo más normal es que las divisiones se produzcan de forma aleatoria, rompiendo frases, y no de una manera sistemática y ordenada! Así que, como vemos, la hipótesis del desplazamiento textual no cuenta con una defensa muy contundente ni convincente.

Muchos de nosotros pensamos que no se presta suficiente atención a la intención del autor. Además, enseguida damos por sentado que tenía los mismos criterios de coherencia que tenemos en la actualidad. Pero a lo mejor él tenía su propio criterio y razón de colocar los pasajes de la manera en que lo hizo. Es decir, que lo mejor es, en primer lugar, intentar averiguar por qué un manuscrito tiene una forma determinada, en vez de cambiar esa forma o ese orden. Algunos autores modernos como C.K. Barrett[151], C.H. Dodd[152] y R.H. Lightfoot[153], están convencidos de que deberíamos aceptar el orden establecido, y no intentar reorganizar el Evangelio. C.J. Wright va aún más lejos y advierte que al modificar el orden del texto se nos pueden escapar elementos importantes: «Al intentar dar al libro un orden que se conforma a nuestros propios criterios, se nos puede pasar por alto la forma en la que funcionaba la mente del autor»[154].

---

[151] «Para explicar el formato del Evangelio no necesitamos teorías de desplazamiento textual ni teorías narrativas» (Barrett, p. 26).

[152] «Desafortunadamente, cuando se descuartiza el Evangelio, la reorganización dependerá de las preferencias subjetivas de los expertos, de sus preconcepciones y prejuicios (...) Si (...) la estructura del Evangelio que nos ha llegado se ha adecuado a la forma, en la mayoría de los detalles, de las ideas que dominan el pensamiento del autor, entonces es bastante probable que su obra nos haya llegado sustancialmente tal y como él mismo la diseñó» (*IFG*, p. 240).

[153] "Es razonable sostener que no debería intentarse alterar el orden del texto que nos ha llegado" (Lightfoot, p. 8).

[154] Wright, p. 29. Continúa diciendo: «No solo eso, sino que debido a la cantidad y diversidad de nuestras propuestas de reordenación corremos el peligro de ser el hazmerreír de aquellos que aún no han perdido el sentido del humor». Haenchen estudia un número de teorías y concluye de forma sucinta: «Las teorías del desplazamiento textual ya están pasadas de moda» (Haenchen, p. 51).

VII. FUENTES

Muchos académicos han intentado demostrar que el autor usó unas fuentes concretas para la elaboración de su evangelio[155]. Mencionan las "aporías" ("contradicciones"). Por ejemplo, Jesús realiza su primera "señal" en Caná (2:11), a continuación realiza señales en Jerusalén (2:23), pero el siguiente milagro que recoge es "la segunda señal" de Jesús (5:54). En el aposento alto, Pedro le pregunta a Jesús adónde va (13:36), pero un poco más adelante Jesús les dice que ninguno de ellos le ha preguntado adónde va (16:5). En este evangelio hay bastantes aporías, y algunos creen que la mejor explicación de este fenómeno es que el autor del texto final utilizó varias fuentes, y no las trabó bien para evitar estas pequeñas incoherencias.

A veces, la búsqueda de esas fuentes es modesta. Algunos defienden que está muy claro que 20:30-31 constituye el final del evangelio original, por lo que el capítulo 21 es un añadido de un autor posterior, y si este otro autor es el que está detrás del capítulo 21, quizá también esté detrás de otras partes del Evangelio. Es decir, algunos toman la existencia del capítulo 21 como una evidencia de que hubo un corrector. Esta figura sería la responsable de algunos versículos, sobre todo los que funcionan como conectores. Así que dicen que ese corrector revisó todo el Evangelio, dándole la forma que nosotros ahora conocemos[156].

Otra perspectiva consiste en la que defiende que Juan usó Marcos y Lucas, por lo menos, y quizá incluso usó Mateo. Lo que esta teoría establece es que si el evangelista usó estos tres materiales, también podría haber usado otras fuentes. No obstante, este argumento no es muy convincente debido a que es bastante improbable que Juan usara los Sinópticos. Por tanto, como ya rechazamos esta posibilidad, no tiene sentido que sigamos considerando esta teoría sobre las fuentes.

Otro importante intento de encontrar las fuentes de Juan fue el de Rudolf Bultmann. Creía que la enumeración de las "señales" en 2:11

---

[155] Encontrará un útil resumen sobre "Theories of Partition and Redaction" en Howard, *FGRCI*, pp. 297-302. Ver también Guthrie, *New Testament Introduction*, pp. 275-87, y en especial Kysar, pp. 13-81.

[156] R.H. Strachan, en las primeras ediciones de su comentario abogaba por la teoría redaccionista/narrativa, pero la abandonó en su tercera edición, en la que confiesa lo siguiente: «Todos los intentos (...) de descubrir la labor de diferentes autores detrás del texto del Evangelio de Juan no consiguen llegar a un acuerdo, y pecan de ser demasiado meticulosos» (Strachan, p. 81).

y 4:54 no pudo haber sido escrita por el evangelista, porque ese autor afirma que Jesús hizo muchas señales (2:23; 4:45). La "señal" al final del capítulo 4 no sería, pues, "la segunda señal" de Jesús, tal como dice 4:54. Bultman también cree que 20:30, que dice que Jesús hizo «muchas otras señales (...) en presencia de sus discípulos», no es un buen final para el Evangelio, pero que sí sería un final aceptable para un simple relato de "señales". Estas y otras consideraciones llevan a Bultmann a pensar que sí existió una fuente sobre "señales". Si eliminamos las señales del Evangelio, el elemento más destacable son los discursos. Y de ahí, Bultmann concluye que debía haber una fuente de "revelación", que él cree que es de origen gnóstico. Pero aún hay más. De los pasajes de la Pasión y de la resurrección también se pueden vislumbrar una tercera fuente. Y, por último, Bultmann también cree en la figura de un revisor o corrector[157].

Después de Bultmann, otros autores han seguido en la línea de intentar discernir qué fuentes se esconden detrás del Cuarto Evangelio. Quizá el más destacable sea R.T. Fortna, que relaciona las "señales" narradas de este evangelio con un documento más antiguo, al que quizá podríamos llamar evangelio[158]. En una obra posterior examina la relación entre aquel documento antiguo y el evangelio que conocemos[159]. Ha habido otros, como por ejemplo H.M. Teeple y W. Nicol[160]. D.A. Carson ha elaborado un resumen muy útil de las últimas teorías sobre las fuentes. Su conclusión es la siguiente: «Los resultados de esta investigación suelen ser brillantes, estimulantes, y muy creativos; pero dudo que puedan ser demostrables (...) Brevemente, este escrito es un

---

[157] Ver un resumen más detallado en Bultmann, pp. 419-422. Hengel dice que E. Ruckstuhl se dio cuenta de que «desde un punto de vista estilístico, no hay ningún tipo de justificación para las numerosas maquinaciones de crítica literaria de Bultmann». Además, «El Cuarto Evangelio es 'una pieza unitaria y coherente', 'tiene un claro hilo conductor propio', y constituye 'una unidad estilística como pocas' que incluye el capítulo 21». Según Hengel, «nadie ha conseguido refutar las conclusiones de Ruckstuhl» (Hengel, p. 89).

[158] *The Gospel of Signs* (Cambridge, 1970).

[159] *The Fourth Gospel and its Predecessor* (Philadelphia, 1988). Hengel cree que este libro «no es nada satisfactorio»; ignora toda la obra de A. Schweitzer y B. Noack, y a E. Ruckstuhl solo le dedica una nota al pie, mientras que su investigación del estilo "es extremadamente insuficiente" (Hengel, p. 203, n. 72). También dice que Ruckstuhl "echa por tierra de forma rotunda las tesis de R.T. Fortna" (p. 90).

[160] H.M. Teeple, *The Literary Origin of the Gospel of John* (Evanston, 1974); W. Nicol, *The Semeia in the Fourth Gospel* (Leiden, 1972). C.K. Barrett afirma acertadamente que la teoría de "una fuente especial que recogía milagros" es "una estupidez" (*Essays on John* [Londres, 1982], p. 76).

llamamiento a que en estas cuestiones practiquemos un agnosticismo agudo»[161].

Con todo el respeto por aquellos académicos que han defendido las teorías de las fuentes, creo que ya hemos mencionado las más importantes, concluyendo que ninguna de ellas es satisfactoria. Puede ser que el autor de este evangelio usara alguna fuente, pero si así fue, las urdió de una forma tan perfecta creando su propia obra, que es imposible identificar esas supuestas fuentes. Tampoco podemos poner en duda la uniformidad estilística del Evangelio[162]. Si Juan usó otras fuentes, las reelaboró tanto para crear una obra totalmente nueva y original que, según muchos eruditos competentes, ahora resulta imposible discernir cuáles son las fuentes y cuál es el material propio de Juan. Lo que B.H. Streeter dijo sobre una teoría que analizó tiene una aplicación de mayor alcance: «Si es verdad, como la teoría dice, que el autor tomó unas fuentes, las dividió, amplió, reordenó y adaptó, la pretensión de estos críticos de que pueden deshacer ese proceso es grotesca. Es como si a partir de unas salchichas intentáramos reconstruir el cerdo del que provienen»[163]. Es mucho más seguro tomar el Evangelio tal como está

---

[161] *JBL*, 97 (1978), pp. 411-29. Las citas aparecen en la pág. 428.

[162] Howard ha producido unas tablas que muestran la incidencia de varias características estilísticas. Dice así: «Sería absurdo pensar que estas incidencias sirven para demostrar algo. Sin embargo, podemos decir que hay una importante distribución de estas características en todas las partes del Evangelio, ya sean narrativas o discursivas, galileas o judías» (*FGRCI*, p. 107; las tablas aparecen en el Apéndice B, pp. 276-81). Ver también los estudios de Vern Poythress en *NovT*, 26 (1984), pp. 312-40; *WThJ*, XLVI (1984), pp. 350-69. Arguye que el uso de *de, oun, kai* y *asyndeton* muestra que el Cuarto Evangelio difiere de otros libros neotestamentarios, pero que en el uso de estas construcciones el Cuarto Evangelio es sorprendentemente uniforme. J.J. O'Rourke ha examinado el uso del presente histórico en Juan, y demostrado que «no sigue ningún patrón ya establecido ni constituye una evidencia para determinar que el autor utilizara fuentes» (*JBL*, 93 [1974], pp. 585-90; las citas están en la pág. 590). H.M. Teeple sugiere que «hay cuatro autores detrás del Evangelio: los autores de dos fuentes escritas, el autor que usó esas fuentes para componer su propia obra, y el corrector» (*The Literary Origin of the Gospel of John*, p. 249). Pero esta sugerencia no convence a muchos. R. Kysar, después de estudiar de forma sistemática el libro de Teeple, concluye: «Se puede elaborar una crítica seria y detallada a este estudio» (*JBL*, 93 [1974], p. 130). W. Nicol ha subrayado el papel de la revisión en su obra *The Semeia in the Fourth Gospel* (Leiden, 1972).

[163] *The Four Gospels*, p. 377. Es difícil no estar de acuerdo con Kysar cuando dice que «sería justo concluir que el método de aquellos que defienden que Juan usó otros documentos o fuentes es desordenado y desastroso» (Kysar, p. 24). Pierson Parker hizo una declaración que se ha hecho bastante conocida: «Parece como si, en el caso de que el autor del Cuarto Evangelio hubiera usado otras fuentes, él mismo las hubiera escrito» (*JBL*, 75 [1956], p. 304).

y aceptar la teoría de que el texto proviene del mismo evangelista. No hace falta negar que es posible que usara alguna fuente (o "tradición") como Beasley-Murray sugiere[164]. Quizá sí lo hizo, pero en ese caso, queda claro que volvió a elaborar un texto de idiosincrasia propia, con su propio lenguaje, y es imposible recuperar esas supuestas fuentes. Los que dicen que consiguen identificarlas, encuentran a veces saltos difíciles de explicar (que a su vez les permiten decir que han encontrado las fuentes). Pero si están en lo cierto, el corrector final no consiguió eliminar esas incoherencias; si a él se le pasaron, también se le podían haber pasado a Juan. En vista de la uniformidad del estilo, la mejor conclusión es que Juan es el autor de todo el Evangelio[165]. Debemos sospechar de cualquier crítica al Evangelio de Juan que descanse en la identificación de una o más fuentes[166].

Al mismo tiempo, debemos tener en cuenta que en Juan encontramos algunas diferencias importantes. Hace años H.R. Reynolds hizo un estudio y vio que Juan pone en boca de Jesús más de 145 palabras que no utiliza en ningún otro lugar del Evangelio[167]. Que yo sepa, nadie ha dicho que esto apunte a que Juan usara una fuente diferente para las palabras de Jesús. De todos modos, podríamos concluir que esto nos muestra parte del método del evangelista. Su estilo es más o menos el mismo a lo largo de todo el Evangelio, pero estudios como el de Reynolds nos permiten ver que era consciente de que el discurso de Jesús tenía sus propias características, diferentes a su propio estilo[168].

---

[164] Ver pág. XLI.

[165] Incluso cuando un autor no impone su sello estilístico tanto como Juan, sigue siendo difícil detectar la existencia de fuentes. Citaré a Streeter de nuevo: «Marcos es una de las principales fuentes en las que Mateo y Lucas se basan, pero si solo tuviésemos acceso a Mateo, o a Lucas, ningún crítico sobre la faz de la tierra sería capaz de reconstruir el Evangelio de Marcos. Muchas veces no somos capaces ni cuando tenemos dos copias de un documento perdido; la prueba está en que nadie ha conseguido elaborar una reconstrucción convincente de Q» (*The Four Gospels*, p. 378).

[166] W.G. Kümmel examina y rechaza varias teorías sobre las fuentes con comentarios como este: «Se ha probado que estas hipótesis no son válidas debido a la metodología que usan» (*Introduction*, p. 141); «la validez de estas teorías se ha puesto en duda con la ayuda de las estadísticas de vocabulario» (Ídem); las teorías más atrevidas, como las de Wellhausen, Schwarz y Hirsch, según los cuales Juan es una ampliación de un 'Grundschrift', solo pueden recibir los calificativos de arbitrarias e indemostrables» (p. 150). Rechaza las teorías de Eckhardt, Boismard, Broome y Macgregor y Morton. Es más respetuoso con Bultmann, aunque también rechaza sus teorías (pp. 150-52).

[167] Reynolds, I, pp. CXXIII-CXXV.

[168] He intentado demostrar que Juan suele introducir pequeños cambios en "Variations – A Feature of the Johannine Style" (*SFG*, cap. 5).

R.A. Culpepper nos ofrece una nueva y fascinante aproximación al estudio joánico. En su *Anatomy of the Fourth Gospel*[69] [Anatomía del Cuarto Evangelio] aplica la Crítica literaria. Podemos tener nuestras reservas sobre esta aproximación porque los cánones que determinan la forma en que entendemos la literatura moderna no sirven para llegar a entender completamente el Cuarto Evangelio. Hay diferencias entre ficción e historia, y entre ficción y teología. Aunque una novela quiera mostrar "la verdad" a sus lectores, una novela no intenta defender que su contenido es verdad de la forma en que lo hace el Evangelio. Démonos cuenta de que las aporías que tanto preocupan a muchos críticos y les llevan a postular infinidad de teorías sobre supuestas fuentes no preocupan a Culpepper en absoluto. Para él, aquellos detalles que han llevado a los otros críticos a creer en la existencia de otras fuentes forman una unidad. En un pie de página afirma que, aunque su objetivo no es explicar la composición y la historia del Evangelio, su método parte de una visión concreta de esos puntos: «Debemos considerar el Evangelio que hemos recibido, o su forma original, como una unidad, un todo literario»[170].

Otra aproximación bastante reciente ha determinado que el desarrollo del Evangelio tuvo lugar a partir de la tradición, y no del uso de fuentes ya existentes. Así, Brown establece cinco etapas de este desarrollo, que van desde la tradición en su forma más básica hasta el producto final y acabado[171]. Del mismo modo, Lindars, sin dejar de subrayar la importancia del desarrollo, da prioridad a los sermones. Estas aproximaciones son de interés y gran valor, pero antes de aceptarlas debemos tener en cuenta la advertencia de Kysar: «Son interesantes y creativas, pero esencialmente improbables»[172].

La teoría de que el Evangelio se construyó a partir de diversas predicaciones ha recibido el respaldo de muchos estudiantes[173]. No hay

---

[169] Philadelphia, 1983.

[170] P. 49, nota al pie 65.

[171] Brown, pp. XXXIV-XXXVI.

[172] Kysar, p. 53. Dice que la teoría de Brown de las cinco etapas «es inmensamente imprecisa» (p. 52), y que el único apoyo de Lindars es «una valoración sobre la credibilidad bastante subjetiva» (p. 53).

[173] «La hipótesis de que (los discursos joánicos) fueran originalmente sermones pronunciados por el evangelista y más tarde (incluso después de su muerte) ordenados para formar este evangelio podría ser cierta» (Barrett, p. 21). Brown hace hincapié en la importancia de "la enseñanza y la predicación oral" – segunda etapa – en el proceso de la formación del Evangelio (Brown, I, p. XXXV). Para Lindars, una de las facetas importantes del Evangelio son "las homilías de Juan" (Lindars, pp. 51-54).

ningún motivo para creer que el escritor del Evangelio fuera un predicador, ni que estuviera un largo período de tiempo predicando cuando empezó a escribirlo. Ahora bien, lo normal es que los predicadores sigan algún tipo de notas, y no veo por qué Juan no podía tener notas sobre las cosas que había predicado durante años, notas que más adelante podría haber usado para escribir.[174] Las características que han llevado a muchos eruditos a pensar que Juan consultó fuentes podrían reflejar tan solo el uso de unas simples notas usadas para dar sermones. Además, cuando un predicador itinerante usa el mismo sermón en diferentes lugares, no es extraño que fuese realizando algunos cambios, añadiendo ideas nuevas, resolviendo dificultades (¡y a veces introduciendo nuevas dificultades!), etc[175].

Concluiré esta sección con unas palabras de Luke T. Johnson: «El Cuarto Evangelio que ahora leemos no es un documento elaborado por un comité, ni tampoco el resultado de una consecución de eventos al azar. Los únicos que interpretan que el hilo conductor del texto recibido es una evidencia de que está basado en fuentes son los que están obsesionados con el grado de coherencia de los escritos. Pero para los demás lectores o lectoras, ese hilo es tan solo una herramienta literaria. El Cuarto Evangelio no necesita una reconstrucción. En la actualidad tenemos el texto coherente, profundo y testimonial de hace dos mil años, que es por sí mismo evidencia de que la comunidad joánica contaba al menos con un excelente teólogo y escritor»[176].

VIII. LUGAR DE COMPOSICIÓN

No sabemos dónde se escribió el Evangelio, pero muchos coinciden en que hay tres lugares que podrían haber sido el lugar de composición de este escrito. El primero de ellos, y el más aceptado, es la ciudad de Éfeso. Ya Ireneo dijo: «Después, Juan, el discípulo del Señor, que había aprendido sobre su pecho, publicó un evangelio en la época en la que residía en Éfeso, Asia»[177]. Estas palabras no prueban nada, pero son

---

[174] Aunque Eusebio dice que cuando pronunciaba discursos no usaba notas – ἀγράφῳ κηρύγματι, *HE* 3.24.7.

[175] Ver mi ensayo "The Composition of the Fourth Gospel", en W. Ward Gasque y W.S. LaSor, editores, *Scripture, Tradition, and Interpretation* (Grand Rapids, 1978), pp. 157-75.

[176] *The Writings of the New Testament*, p. 470.

[177] *Adv. Haer.* 3.1.1 (ANF, I, p. 414).

ciertamente, una indicación muy temprana y, como ya vimos anteriormente, Ireneo había tenido contacto directo con Policarpo, que conocía a Juan. Así que quizá deberíamos prestar nuestros oídos a lo que nos dice la tradición. Se cree que Éfeso no estaba lejos de Frigia, el centro del movimiento de Montano, y los montanistas usaron mucho este evangelio. Es cierto que una de las características de este documento, aunque sea una característica poco importante, es la insistencia en el papel secundario de Juan el Bautista. Sabemos que aún había discípulos de Juan en Éfeso y alrededores (Hechos 19:1-7), y puede que aún los hubiera cuando se escribió este evangelio. Uno de los puntos a favor más importantes de que el Evangelio se compuso en Éfeso es que en la Antigüedad no se menciona ningún otro lugar.

La alternativa más extendida es que el Evangelio proviene de la región de Antioquía. Se dice que presenta paralelos con las *Odas de Salomón*[178] que aparentemente se escribieron en Siria. También tiene algunas similitudes lingüísticas con los escritos de Ignacio, obispo de Antioquía. Aquellos que ven influencias gnósticas dicen que el tipo de gnosticismo que encontramos es uno que tiene muchas afinidades con el judaísmo, uno que, por lo tanto, habría nacido en las fronteras con el judaísmo. Esta teoría está respaldada por la familiaridad que presenta con la cultura judía, familiaridad que sería normal en un país vecino. El hecho de que el primer comentario ortodoxo sobre Juan provenga de Antioquía (escrito por Teófilo) es un factor importante. A.F.J. Klijn cree que la actitud hacia Pedro que aparece en este evangelio es significativa y «como en Antioquía a Pedro se le tenía en muy alta estima, no sería extraño concluir que fue allí donde se compuso el Evangelio de Juan»[179].

La tercera propuesta es Alejandría[180] o algún lugar de Egipto. De hecho, el primer manuscrito de este evangelio se encontró en Egipto, lo que indica que el Evangelio de Juan se usaba en estas tierras desde una época muy temprana. Además, algunos dicen que la enseñanza

---

[178] Aunque Turner y Mantey no están de acuerdo: «Según Harnack, las Odas de Salomón fueron una fuente de ideas para el Cuarto Evangelio, pero estudios posteriores han desestimado esta valoración; de hecho, la han anulado completamente» (p. 7). Barrett cree que esos paralelos «solo se ven en lo que se esperaría de todo escritor cristiano: una variedad de imágenes para expresar la unión con Cristo y las bendiciones como resultado de esa unión» (Barrett, p. 65).

[179] *An Introduction to the New Testament* (Leiden, 1967), p. 59.

[180] K. y S. Lake (*Introduction*, p. 53).

de este evangelio tiene puntos en común con el método alegórico que, en teoría, era característico de Egipto. Quizá aún es más importante el hecho de que Egipto fue un centro del gnosticismo temprano. Los gnósticos usaron mucho el Evangelio de Juan, y puede que fuera, en parte, porque lo tenían allí mismo, en Egipto, a su plena disposición.

Ninguna de estas tres sugerencias son suficientemente convincentes y, después de ver en qué se basan, estamos casi como al principio. Quizá la más verosímil sea la primera, pero en ningún caso podemos pronunciarnos de forma definitiva.

IX. TRASFONDO

Se ha dedicado mucho tiempo a la investigación del trasfondo que hay detrás de este evangelio. Conocer el trasfondo o contexto es muy importante para la interpretación, porque para entender su significado hemos de conocer el entorno en el que se movía el autor. Una de las principales causas de que los académicos entiendan este evangelio de formas distintas es que tienen diferentes comprensiones de su trasfondo.

No hay duda alguna de que el Antiguo Testamento estaba muy presente en el pensamiento del autor. Es evidente que lo había leído y había meditado en él mucho. Lo cita en numerosas ocasiones, a veces usando la Septuaginta, y otras, quizá, haciendo su propia traducción del hebreo. Pero aparte de estas citas puntuales, es obvio que había absorbido las enseñanzas del Antiguo Testamento. Cuando habla del Buen Pastor (cap. 10) y de la Vid verdadera (cap. 15) encontramos inconfundibles alusiones al Antiguo Testamento, lo que ocurre en muchas ocasiones. Está claro que conocía muy bien las Sagradas Escrituras.

Por lo tanto, debemos hablar un poco del judaísmo. Está muy claro también que detrás de la enseñanza de este evangelio podemos ver las enseñanzas de los rabíes, aunque debemos estar alertas con esta afirmación debido a la fecha tardía de las fuentes rabínicas. No obstante, los expertos en la enseñanza rabínica están de acuerdo en que, aunque los escritos que nos han llegado son posteriores al período neotestamentario, recogen mucho material antiguo. Algunos se remontan a los tiempos de Juan, e incluso a los tiempos de Jesús. Los paralelos a los que Strack-Billerbeck apunta son suficientes para mostrar que el judaísmo es un área que no podemos pasar por alto. Pero, obviamente, el judaísmo no era monolítico. Los escritos rabínicos se corresponden con los que llamaríamos del judaísmo normativo, pero en el siglo I había otras corrientes de judaísmo. H. Odeberg habla mucho del misticismo judío y ha demostrado que encontramos muchos puntos en común[181]. Deberíamos ver también la importancia de los Manuscritos de Qumrán. Nos dan una útil perspectiva de otra rama no ortodoxa del judaísmo, en la que también encontramos puntos en común con el Evangelio de Juan[182]. Otros lo han relacionado con el judaísmo apocalíptico[183]. Diremos que hay parecidos entre el Cuarto Evangelio y todos estos tipos de judaísmo, pero también hay grandes diferencias. De hecho, esto ya se puede adivinar si analizamos cuáles son las características que comparte con tantos grupos diferentes. Es imposible que un escrito represente, a la vez, las posiciones esenciales del judaísmo normativo, del judaísmo místico y del de Qumrán. Pero vemos que en el trasfondo de Juan todos ellos dejan su influencia[184].

Encontramos también un trasfondo griego. Algunos apuntan directamente al prólogo del Evangelio, donde encontramos la referencia al *Logos*, concepto de la filosofía griega. Ya que hemos mencionado este concepto, me gustaría dejar claro que Juan no representa el típico uso griego, pero que debía de tenerlo en mente. Debido a su costumbre de explicar los términos judíos, incluso algunos muy comunes como "rabí" (1:38; ni siquiera Marcos cree necesario explicar este término, Mr. 9:5, etc.), sabemos que escribió su evangelio para un público no judío. En el primer siglo, no había muchas civilizaciones que estuvieran familiarizadas con el pensamiento griego. Así que cuando vemos que hay otras culturas de por medio aparte de la judía, una de las apuestas más seguras es abogar por un trasfondo griego. Algunos académicos apuntan a los escritos de Filón[185]. Parece ser que este escritor fue una figura influyente del judaísmo helenista, y que los primeros lectores de este

---

[181] Ver *FG passim*.

[182] Ver *SFG*, cap. 6.

[183] Por ejemplo, Barrett, p. 31. En las clases que Barrett impartió sobre Franz Delitzsch, decía que el judaísmo es parte del trasfondo de este evangelio. Ha llegado a decir cosas como: "Juan es tanto judío como antijudío" (*The Gospel of John and Judaism* [Londres, 1975], p. 71).

[184] «Una cosa está clara, y es que la investigación contemporánea se decanta más por un trasfondo joánico palestino, veterotestamentario y judío» (Kysar, p. 144). Barrett destaca la importancia de tener en cuenta más de una rama del judaísmo para una buena comprensión de este evangelio (*The Gospel of John and Judaism*).

[185] Dodd subraya la importancia de Filón (*IFG*, pp. 54-73). Ver también A.W. Argyle, *ExT*, LXIII (1951-52), pp. 385-86.

evangelio conocían sus escritos. Muchos eruditos han dicho que el prólogo de Juan tiene ciertas afinidades con Filón.

Otro posible trasfondo es el *Corpus Hermeticum*, un conjunto de escritos de naturaleza religiosa y filosófica atribuidos a Hermes Trimegisto. C.H. Dodd, que ha examinado rigurosamente estos tratados[186], cree que esta cosmovisión aparece en algún momento en nuestro evangelio. Puede que así sea, pero debemos usar la conclusión de Dodd con mucho cuidado. G.D. Kilpatrick ha demostrado que algunos de los conceptos característicos del *Corpus Hermeticum* no aparecen en Juan ni una sola vez, y que el vocabulario utilizado es muy diferente. De hecho, descubre que hay mucha más afinidad con la Septuaginta, lo que es una conclusión importante[187]. El mundo griego conocía otras religiones de salvación aparte de la que se nos presenta en el *Corpus Hermeticum*, y parece ser que Juan conocía estas religiones. Gracias a las religiones mistéricas la gente conocía el concepto "vida", y alguna de la fraseología usada por Juan recuerda, a veces, a ese tipo de creencias[188].

Numerosos estudiantes han sugerido que el gnosticismo es el contexto por el que debemos decantarnos. Y a veces apuntan incluso al mandeísmo. Los mandeos eran un grupo que salió de los gnósticos, pero que nada tenía que ver con el cristianismo. Todas las demás derivaciones del gnosticismo que conocemos son herejías del cristianismo. Se dice que los mandeos intentaban demostrar que el origen del gnosticismo no era el cristianismo. Y algunos van incluso más allá y afirman que Juan solo puede ser interpretado a la luz de este trasfondo o contexto mandeo. Pero es fácil refutar estas afirmaciones. Los documentos mandeos son bastante tardíos. Aún teniendo en cuenta que los manuscritos del siglo XVI que conocemos podrían ser los originales, esto no sirve de mucho ya que no son lo suficientemente tempranos para que

---

[186] *IFG*, pp. 10-53; *The Bible and the Greeks* (Londres, 1954), pp. 99-248.

[187] Ver *Studies in the Fourth Gospel*, ed. F.L. Cross (Londres, 1957), pp. 36-44. Concluye que «podemos desechar totalmente las teorías sobre el *Corpus Hermeticum*, los textos mandeos y sobre el gnosticismo. No son partes importantes del trasfondo del Evangelio, y no son necesarios para una correcta interpretación de éste» (p. 43).

[188] N. Perrin y D.C. Duling dicen lo siguiente: «Nadie puede negar la diversificada naturaleza del entorno judío de Juan (...) Todos los que lo analizan cuidadosamente reconocen que se trataba de un entorno complejo que, usando un lenguaje muy preciso, podría definirse como un judaísmo helenista y sincretista» (*The New Testament, An Introduction*² [San Diego, 1982], p. 342). Cf. Kysar, «la investigación contemporánea se decanta más por un trasfondo joánico palestino, veterotestamentario y judío» (Kysar, p. 144).

la fecha sea significativa. Dodd dice: «La compilación del Canon Mandeo (...) no puede fecharse mucho antes del 700 dC"»[189]. Cierto es que algunas de las ideas que recogen estos documentos son mucho más antiguas, pero esta fecha aproximada sirve para concluir que es casi imposible que este pensamiento o creencia tuviera algún tipo de incidencia en el Evangelio de Juan.

Rudolf Bultmann es el importante comentarista moderno que cree que el gnosticismo es el verdadero trasfondo del Evangelio de Juan. Sostiene que el mito gnóstico sobre un redentor influye en la idea joánica de un Cristo que es enviado por Dios y que vuelve a Dios[190]. Esta afirmación puede sonar convincente, ya que no hay duda alguna de que el concepto de un Cristo que viene del cielo, adonde vuelve, para completar la misión salvífica, es muy importante en el Evangelio de Juan. Pero no se ha probado que existiera este tipo de mito antes de que apareciera la creencia cristiana[191]. Así que aunque haya contado con mucha aceptación, tenemos que descartar esta idea[192]. El gnosticismo que conocemos es claramente del siglo II. Obviamente, este movimiento no nació de la nada, sino que seguro que recogió ideas de muchas fuentes. Podríamos decir que muchas de las ideas que llegaron a formar parte del gnosticismo ya existían cuando Juan escribió su evangelio. Como ya hemos visto anteriormente, uno de los objetivos de Juan era combatir las ideas docetas[193]. Pero esto no es lo mismo que

---

[189] *IFG*, p. 115.

[190] Ver, por ejemplo, *Primitive Christianity in its Contemporary Setting* (Londres, 1956), pp. 163-64.

[191] Cf. R.M. Grant: «La mejor explicación del origen del redentor gnóstico dice que fue creado a partir del concepto cristiano de la persona de Jesús. Es significativo que antes de Jesús no haya ninguna figura redentora, mientras que inmediatamente después de Jesús, sí que las encontramos». (Simón, Magus, Menander)" (*Gnosticism* [Londres, 1961], p. 18). De nuevo, G. Quispel, al escribir sobre los documentos chenoboskianos, ve la posibilidad de «sentenciar a muerte la hipótesis de Bultmann que aboga por la existencia de un redentor gnóstico precristiano» (*The Jung Codex*, p. 38).

[192] J. Munk lanza una afilada crítica a las conclusiones de Bultmann: «Bultmann cree que puede probar que el Evangelio de San Juan parte de un mito ya existente sobre un redentor, y que solo puede interpretarse a la luz de dicho mito. Pero no se ha realizado ninguna valoración crítica del material que cita, y el autor no distingue entre dependencia probable, el uso del mismo *terminus technicus* tanto en un sentido como en otro bien diferente, y el uso de la misma imaginería tanto en un sentido como en otro bien diferente, por lo que probablemente se convierte, en un sentido, completamente irrelevante. Por estas razones los hechos recogidos de una forma tan meritoria constituyen solo un material demasiado escaso para poder definir conceptos y no tienen el poder de probar nada» (W. Klassen y G.F. Snyder, editores, *Current Issues in New Testament Interpretation* [London, 1962], pp. 227-28).

[193] Ver el principio del apartado III (Propósito).

decir que en tiempos de Juan el gnosticismo ya era un sistema perfectamente formado y establecido[194], ni que sus ideas son el trasfondo de nuestro evangelio. Ninguna de estas teorías ha encontrado evidencias suficientes para poder ser tomada en serio.

Acabaremos subrayando que el verdadero trasfondo de Juan es la iglesia cristiana primitiva. Las ideas fundamentales que Juan plasma son las ideas básicas cristianas. Es cierto que presenta una visión personal, pero es una visión del mismo Cristo y de la misma religión que encontramos en los escritos de otros autores cristianos. Hemos rechazado la idea de que Juan usara los Evangelios Sinópticos, pero el hecho de que hay muchos que sostienen que sí los utilizó muestra que la enseñanza que aparece en esos evangelios debe formar parte del trasfondo joánico. Y también las exposiciones de fe que encontramos en las epístolas paulinas. No todos estarían de acuerdo con E.F. Scott cuando dice que "el evangelista le debe todo a Pablo"[195]. Pero su afirmación tan rotunda nos aporta un dato importante. El evangelista no era un acérrimo seguidor de Pablo, pero sí conocía al mismo Cristo que Pablo conocía. El Evangelio de Juan es un documento auténticamente cristiano y para poder apreciar todo su significado tiene que estudiarse a la vez que se estudian los otros escritos cristianos tempranos, es decir, los demás libros del Nuevo Testamento.

---

[194] Munck incluso rechaza el término "protognóstico" (que implicaría que lo "protognóstico" es preliminar al gnosticismo) y prefiere "sincrético", ya que es «un término que no tiene ninguna connotación de anterioridad, sino que se limita a observar un fenómeno como única expresión de la mezcla religiosa de la que deriva el gnosticismo» (*Current Issues*, pp. 236-37).

[195] *The Fourth Gospel*, p. 46. Moffatt dice que «el pensamiento paulino» es la cabeza de «las principales corrientes que aparecen en el Evangelio», aparte del Antiguo Testamento (*An Introduction to the Literature of the New Testament* [Edimburgo, 1927], p. 522).

Texto, Exposición y Notas

Juan 1

I. EL PRÓLOGO (1:1-18)

Los primeros dieciocho versículos son el prólogo a todo el Evangelio[1]. Algunos comentaristas creen que, originalmente, este era un texto independiente, elaborado quizá por otra persona, no por el evangelista[2]. Afirman que no tiene ninguna conexión con el Evangelio, pero que fue adaptado para hacer la función de introducción. Pero lo más seguro es que este pasaje se compusiera teniendo todo el Evangelio en mente, porque está perfectamente ligado con los que vienen a continuación. Estos versículos nos presentan conceptos e ideas que se irán desarrollando más adelante: la excelencia de Cristo, que es el Verbo de Dios, la eterna lucha entre la luz y las tinieblas, y el testimonio de Juan el Bautista, el mayor de los hijos de Israel. Pero el tema principal de estos versículos es la Encarnación, junto con un resultado sorprendente: aquellos que deberían dar la bienvenida al Verbo y alegrarse por su venida, le rechazan.

El uso del término *Logos*, Verbo o Palabra, es de particular interés e importancia. Es un término que se le aplica a Cristo solo en estos

---

[1] Morgan sugiere que no deberíamos entender el término "prólogo" solo en el sentido de "prefacio". «Es mucho más que un prefacio. En estos dieciocho versículos encontramos una explicación de todo lo que va a ocurrir a partir del versículo diecinueve, y hasta el versículo treinta y nueve del capítulo veinte. Todo el contenido del Evangelio quiere probar la veracidad de lo declarado en los primeros dieciocho versículos (...) Es un resumen, una recapitulación: todo aparece ya en esos primeros dieciocho versículos». Del mismo modo, Godet también define esta sección como "el resumen de los testimonios que Jesús dio de sí mismo durante su ministerio (...) Constituye la expresión más rica y, a la vez más natural, de la consciencia que Jesús tenía sobre su propia identidad" (I, p. 291). R. H. Lightfoot es rotundo: "Estos versículos son la clave para entender este evangelio y dejar clara la forma en que el evangelista quiere que su audiencia se acerque a esta presentación de la obra y la persona del Señor".

[2] Brown, por ejemplo, lo describe como "un himno cristiano temprano, que probablemente nació en los círculos joánicos, y que fue adaptado para servir de introducción al evangelio de la vida y obra de ese Verbo encarnado" (p. 1).

versículos (de hecho, aparece muy pocas veces en la Biblia: Ap. 19:13 es el único otro lugar del Nuevo Testamento donde aparece de forma clara, y no habla solo de "el Verbo", sino del "Verbo de Dios"). Pero, aunque el término no se usa en ningún otro lugar del Evangelio, la idea de que Cristo tiene con el Padre la relación que denota este término está totalmente presente. Como afirma E.F. Scott: «se extiende por todo el Evangelio y nos da la clave que debemos usar para interpretar su enseñanza»[3]. Este evangelio es un evangelio de la Palabra, del Verbo. El prólogo es el discurso de apertura. Marcos empieza con el mensaje del Evangelio, y Mateo y Lucas con el relato del nacimiento; pero Juan se remonta en el tiempo para hablarnos del propósito eterno de Dios.

Algunos autores creen que el prólogo es poesía[4]. Ciertamente, es fácil presentar el texto como si fuese poesía. Por ejemplo, Bernard lo hace en griego[5], y Rieu también lleva a la práctica esta teoría en su traducción al inglés. Vemos que es cierto que encontramos en estos dieciocho versículos algunas características de la poesía. Sin embargo, como apunta Barrett acertadamente, los que ven esta introducción como poesía no se ponen de acuerdo en la organización de los versos[6] ni en determinar qué partes son prosa interpolada. Además, los métodos que usan, aplicados en cualquier otra sección del Evangelio, podrían conseguir que cualquier pasaje fuese poesía. Lo mejor es ver este prólogo como un tipo de prosa elevada. Es el producto de un esfuerzo de meditación (como muchas otras partes del Evangelio), lo que le otorga al pasaje un aire profundo y reflexivo. Pero eso no quiere decir que sea poesía.

---

[3] *The Fourth Gospel*, (Edimburgo, 1906), p. 146.

[4] Schonfield, por ejemplo, sostiene que "el prólogo es un himno en el que el autor intercala breves comentarios. Es un himno antifonal, en el que las líneas alternas se recitan como una respuesta" (Schonfield, p. 451, nota al pie 1). Esto es tan solo una teoría y, aunque Schonfield podría estar en lo cierto, no hay ninguna evidencia que respalde su afirmación.

[5] Bernard, I, pp. CXLIV-CXLV.

[6] Brown cita ocho reconstrucciones diferentes, y sugiere la suya propia (Brown, I, p. 22). Pero todos coinciden en que los versículos 1, 3-4, y 10-11 pertenecen a la poesía original.

A. EL VERBO Y DIOS (1:1-2)

1 En el principio existía el Verbo, y el Verbo estaba con Dios, y el Verbo era Dios. 2 Él estaba en el principio con Dios.

1 Las primeras palabras de Juan, "En el principio", son probablemente una referencia consciente a las primeras palabras de la Biblia. El primer libro de la Biblia hebrea se llama "En el principio" (utilizando las palabras introductorias); por tanto, la expresión era bien conocida. Juan está escribiendo sobre un nuevo principio, una nueva creación, y usa unas palabras que nos recuerdan a la primera creación. Acto seguido empieza a usar otras palabras que también son importantes en Génesis 1, como "vida" (v. 4), "luz" (v. 4), y "tinieblas" (v. 5). Génesis 1 describe la primera creación de Dios; el tema del Evangelio de Juan es la nueva creación de Dios. Como la primera, la segunda no es llevada a cabo por un ser subordinado, sino a través del *Logos*, la Palabra de Dios. Vemos aquí la continuidad con la primera creación. La Palabra o el Verbo ya existía "en el principio", lo que significa que existía antes que ninguna otra cosa[7]. Pero probablemente significa mucho más. El término que se ha traducido por "principio", también quiere decir "origen" o "causa"[8]. Temple quizá está en lo cierto al sugerir que esta expresión combina los dos significados: "en el principio de la Historia" y "el origen o causa del Universo". Juan es experto en usar palabras con más de un sentido. Si solo lo hiciera de forma ocasional pensaríamos que en este caso se trata de una coincidencia, e intentaríamos decantarnos por uno u otro significado. Pero ocurre tantas veces durante todo el Evangelio, que creemos que el autor lo hacía de forma deliberada. Juan usa este recurso para extraer el significado completo de

---

[7] Knox traduce "Al principio de los tiempos", pero la expresión joánica, ἐν ἀρχῇ es más concisa, más exhaustiva y más soberbia. Podemos observar su fuerza si analizamos la expresión levemente distinta de 1 Jn. 1:1: ἀπ' ἀρχῆς. Aquí se apunta más bien a lo que ha ocurrido a partir del principio, "desde el principio", mientras que nuestro pasaje nos dice que en el principio "el Verbo ya existía" (traducción de Barclay). Barth afirma que "este Verbo o Palabra no era una palabra creada por los humanos, que simplemente dice algo sobre Dios. La Palabra es pronunciada en el mismo lugar donde Dios está, es decir, ἐν ἀρχῇ, en el principio de todo lo que existe" (*Church Dogmatics*, I/1 [Edimburgo, 1955], p. 459).

[8] En BAGD encontramos que el primer significado que da a "el verbo" es "principio", y el segundo, "causa primera". Tertuliano le da mucha importancia al doble significado de la palabra ἀρχή, de Gn. 1:1 (LXX) en su debate contra Hermógenes (XIX; ANF, III, p. 488).

las expresiones que usa. Así que es muy probable que en este caso tuviera en mente los significados, y que quisiera que sus lectores también interpretaran ambos sentidos. Es muy característico de Juan empezar su evangelio con una expresión que puede ser entendida de dos formas diferentes. Y ambas son importantes. Nunca ha habido un tiempo en el que el Verbo no existiese. No hay nada que no dependa de Él para existir. El verbo "existía", o también traducido como "era" en otras versiones [*N. de la T.*], siempre se ha entendido como la existencia eterna del Verbo: "el Verbo existía continuamente"[9]. No deberíamos concluir del tiempo verbal más de lo que éste denota, pero vemos que no habla de un estado acabado, ni de un comienzo de existencia. Se adecua perfectamente a un ser eterno e inmutable. Así, Juan afirma que el Verbo existía antes de la Creación, lo que deja bien claro que el Verbo no fue creado. Es de vital importancia comprender esta idea. Otros, sobre todo algunos de entre los judíos, que hacen hincapié en el Dios único que es la fuente de todas las cosas, veían al Verbo como un ser de una dignidad excelente, pero como un ser creado y subordinado. Para Juan, es fundamental que el Verbo no se encuentre dentro del grupo de cosas creadas. "En el principio" (teniendo en cuenta todos los sentidos que estas palabras engloban) el Verbo "existía". «Él está por encima de todas las cosas, por encima del tiempo; es inmutable como la eternidad» (Guthrie).

Encontrará más información sobre "el Verbo" (*Logos*) después de esta sección dedicada a los primeros dieciocho versículos, en un apartado titulado Nota Adicional A. El hecho de que se use una frase conocida ya en la primera línea del Evangelio es para nosotros un problema o dificultad que nos acompañará a lo largo de todo el estudio de este evangelio. No se ha podido descubrir si el término, tal como

---

[9] "Existía" es ἦν, y no ἐγένετο, que se usa en los vv.. 3, 6, y 14 (ver 8:58, una buena ilustración de la diferencia entre γίνομαι y εἰμί). Es interesante ver que ἦν aparece de nuevo en la siguiente frase, y Knox destaca la fuerza continuada traduciendo lo siguiente: "El Verbo moraba de forma continua con Dios». Westcott subraya que, mientras que el comienzo del libro de Génesis nos remite al principio y a lo que a partir de ese momento empieza a ocurrir, "San Juan nos lleva más allá del principio y medita sobre lo que ya "existía" cuando el tiempo – entendido como una entidad finita – comenzó su curso». Calvino no le da importancia al tiempo verbal y busca «razones de más peso [...] que el evangelista usa para adentrarnos en el santuario eterno de Dios y enseñarnos que el Verbo estaba escondido allí, antes de revelarse en forma humana para venir al mundo".

Juan lo usa, deriva de una fuente judía, griega, o de otro tipo[10]. Tampoco está claro qué es lo que quería decir exactamente. Juan no nos lo revela, así que es nuestra labor descubrir a qué está haciendo alusión, y cuál es su significado. Y lo cierto es que una y otra vez nos vamos a encontrar en esta situación. Con esto no quiero decir que el pensamiento de Juan sea confuso, o que no se pueda seguir lo que quiere enseñar. Al contrario, su pensamiento es claro y su estilo, muy lúcido. Pero su manera de combinar la sencillez y la profundidad muchas veces nos plantea la duda de hasta dónde debe llegar nuestra interpretación.

Al menos, podemos decir lo siguiente: "el Verbo" plasma la verdad de que es propio de la naturaleza de Dios revelarse a sí mismo. La palabra de una persona es la forma en que ésta revela su pensamiento. «El Verbo de Dios es su pensamiento (si se nos permite esta licencia) expresado en palabras que los seres humanos puedan entender»[11]. Dios no es alguien distante e indiferente. Se revela. Pero se revela como Él quiere[12]. Del mismo modo que es Soberano en cualquier otra área, también es Soberano en su revelación. Así que debemos tener cuidado con las dos siguientes interpretaciones erróneas. (1) "La revelación es estática". Se trata de algo más que la revelación de algunas verdades sobre Dios. Conocer a Dios es vida eterna (17:3). El conocimiento de Dios que el Verbo nos trae no es simplemente información. Es vida. El Verbo es Creador[13]. (2) "El Ver-

---

[10] Cf. R. P. Casey, que dice que "la principal dificultad del prólogo no estriba en el estilo ni en la terminología, sino en el hecho de que el autor parece tener un pie en un mundo, y otro pie en otro mundo: el mundo del Antiguo Testamento, y el mundo de la filosofía griega. Y desde esa posición le resulta fácil pasear su mirada por los dos mundos. Cada vez que tiene que explicar algo, no lo hace solo desde dos formas de pensar distintas, sino también, desde dos mundos conceptuales y referenciales distintos" (*JThS*, n.s. IX [1958], p. 270).

[11] C. H. Dodd, *How to Read the Gospels* (London, 1944), p. 29. Cf. también Bailey, "Que Dios se revele expresando de forma activa y racional su voluntad es parte de la naturaleza divina".

[12] Cf. Karl Heim: "La palabra solo se aprecia en el silencio. Si no hay silencio, el que habla no va a conseguir que se le entienda. Así, sus palabras no sirven para nada. Por lo que diremos que no hay comprensión de la palabra de Dios en aquellas filosofías que no saben reconocer que la presencia de Dios toma dos formas, el silencio y la Revelación, que creen que Dios es inalcanzable, o que por el contrario, creen que se puede experimentar su presencia a través de cualquier medio" (*Jesus the Lord* [Edimburgo y Londres, 1959], p. 154).

[13] Cf. Barrett: "Se cree que el término Logos describe a Dios en el proceso de autorrevelación o autocomunicación, que no solo engloba la comunicación de conocimiento, sino que implica la transmisión del conocimiento verdadero. El Logos es Palabra de Dios que, a su vez, declara su propia naturaleza y da comienzo a una vida creada en la que circula el poder divino" (p. 61).

bo es más que un atributo o una actividad de Dios". Según Juan, el Verbo vino a la tierra en la persona de Jesús de Nazaret (v. 14). Pero al mismo tiempo es Dios mismo, porque "el Verbo era Dios". Para nosotros es casi imposible leer el prólogo y no pensar en Jesús de Nazaret, pero tengamos en cuenta que no hay nada que establezca una relación entre Jesús y el Verbo hasta el versículo 14. Hasta entonces, los primeros lectores de este evangelio debieron interpretar el Verbo como un Ser o Principio Supremo. Si lo que queremos es evaluar el impacto que Juan pretendía causar, debemos tener en mente esta idea.

"El Verbo estaba con Dios" es quizá la traducción más válida de la difícil expresión griega[14]. Si tomamos la preposición de forma literal, significa "el Verbo estaba hacia Dios". Para Juan no hay oposición entre el Verbo y el Padre. Toda la existencia del Verbo está orientada hacia el Padre. Probablemente, deberíamos interpretar que la preposición incluye las dos ideas: presencia y relación. Además, como esta expresión se repite en el versículo 2, vemos que no es una expresión casual y que debe ser importante. Sirve para desarrollar lo ya dicho (cf. también 1 Jn. 1:2). Así, Juan establece la existencia del Verbo como persona, y pasa a escribir sobre el carácter personal del Verbo en relación con el Padre. El verbo no solo existía "en el principio", sino que,

---

[14] ὁ Λόγος ἦν πρὸς τὸν θεόν. Muchos comentaristas (por ejemplo, Bernard y Boismard) niegan que πρός en acusativo difiera de παρά en dativo. J. Rendel Harris afirma claramente que la construcción que aquí se usa se debe "al pésimo griego del escritor o del traductor" (*The Origin of the Prologue to St. John's Gospel* [Cambridge, 1917], p. 5). Pero el griego de este evangelio no es un griego descuidado. Dods sostiene que la preposición «no solo implica la existencia del Verbo, sino también la relación personal de éste con Dios. Tiene un significado más profundo que μετά o παρά y normalmente se usa para expresar la presencia de una persona con otra». Puede verse cómo se usa esta preposición también con personas en Mt. 13:56 y Mr. 6:3. Según A.T. Robertson, "la idea literal sería 'cara a cara con Dios' " (Robertson, p. 623). También dice que está incluida la idea de una "conversación cara a cara" (p. 625). MacGregor cree que la preposición «expresa *cercanía* combinada con un sentido *de movimiento hacia* Dios, lo que indica una relación activa. El Logos y Dios no solo existen el uno junto al otro, sino que están unidos por una relación viva y estrecha, comunión que a su vez denota que son dos personalidades distintas". B.F.C. Atkinson ve un sentido de intimidad, y cree que esta construcción también denota "la idea de hogar". Cita como ejemplos de este uso "Me levantaré e iré [a casa de] a mi padre (...) Y levantándose, fue a su padre" (Lc. 15:18, 20). Según este pasaje, él interpreta que nuestra proposición quiere decir "El Verbo estaba en la casa de Dios" (*The Theology of Prepositions* [London, n.d.], p. 19). En BDF vemos que se interpreta esta construcción de la siguiente forma: "con, en compañía de" (239 [1]). MiM descubre en estas palabras la idea "de mantener una relación y comunión, y no simplemente la idea de 'estar al lado de' ", y cita Mr. 6:3, y 1 Jn. 1:2; 2:1.

además, existía en la más íntima relación con el Padre. La expresión que nos ha llegado hace una diferencia entre las dos personas. Quizá Juan lo hace para rechazar de forma implícita la idea de que el Verbo era una creación de Dios, distinta al Dios original. El Verbo y Dios no son iguales. Pero son uno.

El punto culminante llega con la tercera afirmación: "el Verbo era Dios". No hay nada más elevado que este verso: todo lo que podemos decir de Dios, lo podemos decir también del Verbo. Y no deberíamos restarle importancia a esta afirmación, o suavizarla. Moffatt traduce así: "el Logos era divino" (Goodspeed, Schonfield y otros van en la misma línea). Mientras que esta traducción quiere decir más o menos lo mismo que la NVI, el énfasis es diferente, aunque no por ello diremos que es una mejor traducción[15]. Juan no está diciendo que Jesús tenga alguna característica

---

[15] En griego es Θεὸς ἦν ὁ Λόγος. El adjetivo "divino" sería Θεῖος, una palabra común que aparece en otros lugares del Nuevo Testamento (Hch. 17:29; 2 P. 1:3, 4). Godet cree que si esta palabra se hubiese referido al *Logos* habría denotado "una casi-divinidad", una condición intermedia entre Dios y la criatura". Esto no es lo que Juan está diciendo, sino que está afirmando la plena deidad del *Logos*. Abbott nos recuerda que es más común en esta posición tener un adjetivo que un sustantivo (1994a; cita 6:60), lo que hace que el hecho de que Juan use un sustantivo sea bastante significativo. El problema de la construcción es que Θεός no lleva artículo. Strachan afirma de forma dogmática: "la palabra *theos* no lleva artículo , adquiriendo así la función de un adjetivo". Pero esta afirmación es demasiado simplista. ¿De qué otra forma podría decirse en griego "El Verbo era Dios"? Y, como dice Westcott, la presencia del artículo igualaría Θεός a Λόγος, lo que sería un "puro sebelianismo". Si esto es lo que Juan quiso decir, no podría haber dicho "el Verbo estaba con Dios".

Parece ser que E.C. Colwell ha dado con la verdadera explicación sobre la problemática del artículo. Este autor ha demostrado que en el Nuevo Testamento los sustantivos definidos que preceden a un verbo no suelen ir acompañados de artículo (*JBL*, LII [1993], pp. 12-21). Dice sobre este versículo: «La ausencia del artículo no hace que el predicado se convierta en indefinido o cualitativo cuando precede al verbo; solo es indefinido en esta posición cuando el contexto así lo demanda. Y el contexto del Evangelio de Juan lejos está de hacer este tipo de demanda" (p. 21). Ver también los comentarios de B.M. Metzger sobre el posicionamiento de Colwell (*ExT*, LXIII [1951-52], pp. 125-26), y el debate de J. Gwyn Griffiths (*ExT*, LXII [1950-51], pp. 314-16). La afirmación de Strachan no tiene en cuenta el uso neotestamentario, a diferencia de otras traducciones como la de Moffatt. N. Turner dice sobre la traducción de Moffat: "Una vez más la cristología pura de un autor del Nuevo Testamento se ve diluida por un principio gramatical poco fundado y erróneo" (*Grammatical Insights*, p. 17). B.A. Mastin muestra el mismo tipo de reservas por lo que a la perspectiva de Colwell se refiere, pero rechaza firmemente la idea de que el pasaje solo significa que el Verbo era divino. Cree que es "altamente probable que Juan 1:1 defina al preexistente Logos como Dios" (*NTS*, 22 [1975-76], p. 37. En *NEB* se traduce de la siguiente manera: "lo que Dios era, el Verbo lo era", y J.A.T. Robinson hace referencia a esta traducción cuando objeta en contra de la interpretación convencional de estas palabras (*Honest to God* [Londres, 1963], p. 71). Sin embargo, E. D. Freed, en un artículo

divina. Está afirmando que es Dios[16], y lo hace de forma muy enfática, tal como deja ver el orden de las palabras de la versión griega.

Si esta afirmación nos sorprende, con más razón debió de sorprender al autor judío de este evangelio. Para los judíos de aquellos días el monoteísmo era más que una creencia practicada por la comunidad. Se trataba de una convicción a la que se aferraban con tenacidad. Puede que los judíos estuviesen bajo el dominio de los conquistadores romanos, pero el arma contra sus opresores iba más allá del odio. Los menospreciaban; los miraban por encima del hombro. ¡Los romanos no eran más que unos idólatras ignorantes y, lo que es peor aún, creían en *muchos* dioses! Los judíos sabían a ciencia cierta que solo había un Dios: el Dios único. Cuando Juan dice: "el Verbo era Dios", debemos entender sus palabras a la luz del orgullo judío en cuanto a su creencia monoteísta. Aunque este autor sabe que el monoteísmo era el eje central de su religión, eso no le impide designar al Verbo como "Dios".

Leemos en nuestro evangelio "el Verbo era Dios", y no "Dios era el Verbo". Esta última proposición significaría que Dios y el Verbo eran iguales; había apuntado a las características de identidad. Pero Juan quiere dejar claro que "Dios" es mucho más que el "Verbo" (más adelante vemos que también creía que tanto el Padre como el Espíritu son Dios). Pero ya desde el principio declara de forma inequívoca que el Verbo es Dios, y no hay otra manera de entender al Verbo[17].

---

titulado "Honest to John" (*ExT*, LXXV [1963-64], pp. 61-63, sostiene que el trato que Robinson hace de este y otros pasajes joánicos no es digno de ser aceptado. Y aboga por la traducción "el Verbo era Dios". Así es como aparece en la *NRSV* – en inglés – (también Knox, Weymouth, etc.) o la LBLA o la RV en castellano [*N. de la T.*].

[16] Cf. E.M. Sidebottom: "No podemos evitar que se nos pase por la cabeza que la tendencia a traducir θεὸς ἦν ὁ λόγος por 'el verbo era divino' nace de la reticencia que hay a atribuirle a Juan la posición cristiana completa. No sirve decir que el significado es que el Verbo "pertenece a la misma esfera de existencia que la de Dios"; Filón podría haber aceptado una fórmula de este tipo (...) Pero Filón era judío. Por lo que no podía aceptar lo que la Iglesia enseñaba sobre Cristo" (*The Christ of the Fourth Gospel* [Londres, 1961], p. 48-49).

[17] D.M. Baillie, finalmente, saca a relucir la importancia de lo aquí comentado: "cuando Justino, Ireneo, Tertuliano, Clemente y Orígenes se enfrentan a la cuestión del Logos, si es o no Dios mismo desde la eternidad, no tratan el tema desde un punto de vista remoto y metafísico. Se planteaban las siguientes preguntas: ¿El propósito redentor de Dios que encontramos en Jesús es parte de la esencia misma de Dios? ¿Refleja eso el carácter de Dios? ¿Es propio de su naturaleza crear, revelarse y redimir a su creación? Entonces, si alguien se revelara a nosotros y se encarnara en Jesús para salvarnos, ¿no sería Dios mismo, en vez de un ser intermedio o subordinado?" (*God was in Christ* [London, 1955], p. 70).

Texto, Exposición y Notas: El Verbo y Dios (1:1-2)

Deberíamos tener en cuenta que Juan vuelve a referirse a Jesús como a Dios en el versículo 18, y en 20:28. Si el pasaje que estamos observando habla de Jesús en su estado como Dios antes de la Encarnación, el versículo 18 retoma la idea del verbo encarnado, y 20:28, del Cristo resucitado. Así, Juan afirma la deidad de su Señor en tres momentos importantes de su escrito[18].

2 En este versículo no se añade nada nuevo, pero el hecho de que se repitan estas dos ideas hace que se haga notar la importancia que tienen[19]. El Verbo existía "en el principio" y el Verbo estaba "con Dios". No podemos pasar por alto ni minimizar la eternidad que se le atribuye al Verbo. El otro aspecto es la íntima relación entre el Padre y el Verbo. No son la misma persona, pero están unidos. El hecho de que se diga que uno está "con" el otro les diferencia. Pero aunque son distintos hay armonía entre ellos. La expresión de Juan apunta a la perfecta unidad que caracteriza esa relación.

---

[18] B.A. Mastin trata este tema en su importante artículo, "A Neglected Feature of the Christology of the Fourth Gospel" (*NTS*, 22 [1975-76], pp. 32-51). Dice, entre otras cosas, que "tanto en Juan 1:1 como en 1:18 Θεός se utiliza también para hablar del Padre y, presumiblemente, en este caso quiere decir que es Dios; es difícil imaginar que la palabra quiera presentar un significado totalmente diferente, dado que se vuelve a utilizar más adelante en estos mismos versículos sobre el Logos" (p. 50). G. Rein respalda el argumento de Mastin, y detrás de lo que Juan escribe está el cumplimiento del Salmo 45 (*NTS*, 30 [1984], pp. 158-60).

[19] El uso del pronombre οὗτος también sirve para darle aún más énfasis a esta sentencia. A Juan le gusta mucho usar los pronombres de esta manera. La ausencia de una partícula conectora es también un elemento a tener en cuenta. Tanto Burney (*AO*, pp. 49-56) como Black (*AA*, pp. 38-43) escriben sobre la frecuencia con que esta construcción aparece en el Evangelio de Juan, y creen que es debido al trasfondo semítico. Burney cree que esto demuestra que originalmente se escribió en arameo. Por su parte, Black sostiene que la construcción es típica de los dichos de Jesús, y encuentra evidencias de ello en los Sinópticos. Concluye: "Puede que no todo el Evangelio de Juan sea una traducción a partir de un original en arameo, pero en los refranes y sermones de Jesús, como en los Sinópticos, podría haber traducciones de tradiciones arameas, que el autor del evangelio griego editó y rescribió" (*AA*, p. 43). Esta es alguna de las evidencias que respaldan que la información que este evangelio nos aporta es fiable.

B. EL VERBO Y LA CREACIÓN (1:3-5)

3 Todas las cosas fueron hechas por medio de Él, y sin Él nada de lo que ha sido hecho, fue hecho. 4 En Él estaba la vida, y la vida era la luz de los hombres. 5 Y la luz brilla en las tinieblas, y las tinieblas no la comprendieron[a].

a. O *no prevalecieron contra ella*

No es casualidad que Juan pase del comentario de la relación entre el Verbo de Dios y Dios a hablar del fenómeno de la Creación. En palabras de Cullmann: «La revelación de Dios ocurre por primera vez en la Creación. Por eso, la Creación y la Salvación están tan íntimamente relacionadas en el Nuevo Testamento. Las dos tienen que ver con la revelación de Dios"[20]. Al desarrollar el tema del *Logos*, es natural que el siguiente paso sea hablar de la revelación en la Creación.

3 Pasamos de la relación del Verbo con el Padre, a la relación del Verbo con la Creación. Se afirma que todas las cosas[21] fueron creadas por Él. La partícula verbal "fueron hechas" no quiere decir tanto "fueron creadas", sino más concretamente "empezaron a existir". Pero en este contexto la diferencia no es muy importante. Juan está diciendo que todo le debe la existencia al Verbo[22]. No dice que todo fue hecho "por" Él, sino "por medio" de Él. Así, queda claro que el Padre es la fuente de todo lo que existe[23]. La relación de las dos primeras personas de la Trinidad en el proceso de la creación es muy interesante. Vemos que los escritores bíblicos tienen un cuidado especial en diferenciar entre la función del Padre y la del Hijo (1 Co. 8:6). La Creación no es la obra

---

[20] *The Christology of the New Testament* (Londres, 1959), p. 267.

[21] En el griego aparece πάντα, y no τὰ πάντα ni ὁ κόσμος. Así, parece ser que se refiere a todas las cosas, de forma individualizada, y no a todo el Universo como totalidad.

[22] C. H. Dodd dice: "Toda la Creación es una revelación del pensamiento o del propósito de Dios" (*How to Read the Gospels*, p. 29). Sin embargo, personalmente creo que éste no es exactamente el caso. Aquí, Juan no está hablando de "revelación". J.D. McCaughey decía: "Juan hace una declaración de fe: πάντα δι' αὐτοῦ ἐγένετο. Concluir de ahí que πάντα, toda la creación, es una revelación del pensamiento o propósito de Dios, es arbitrario. El prólogo dice que *todas las cosas fueron hechas por medio del Verbo*; no afirma que el Verbo puede ser reconocido por medio de todas las cosas».

[23] De todos modos, recordemos que la preposición διά también se usa para referirse al Padre (Ro. 11:36; He. 2:10).

solitaria de uno o de otro. Ambos actúan (y, de hecho, aún están actuando; cf. 5:17, 19). El Padre creó, pero lo hizo "por medio" del Verbo. Una característica del estilo joánico es la enunciación de una proposición en forma afirmativa, seguida de la misma proposición en forma negativa. Y lo vemos ya en nuestro pasaje. La segunda expresión es enfática, y podríamos traducirla así: "Ninguna cosa fue creada sin Él"[24]. Aquí se incluye a toda la Creación. Nada queda fuera del alcance de su actividad. Vemos que hay un cambio de tiempo verbal. "Fueron hechas" (aoristo) engloba a la Creación en su totalidad, como un solo acto, pero "ha sido hecho" es perfecto, que implica la existencia continuada de las cosas creadas. Lo que ahora vemos a nuestro alrededor no ha empezado a existir fuera del Verbo, exactamente igual que las cosas que empezaron a existir en aquel primer día.

Quizá, al intentar entender la declaración enfática sobre la función exclusiva del Verbo, deberíamos tener en cuenta algunas ideas contemporáneas. Algunos piensan que Juan escribió en parte para oponerse al gnosticismo. Yo no creo que puedan demostrarlo, porque según la información que tenemos, el gnosticismo, al menos en su forma establecida, apareció mucho más tarde que cualquiera de las fechas que se le han atribuido al Evangelio de Juan. Pero el gnosticismo no apareció de repente. Se trata de un movimiento ecléctico, que unió ideas de diversas fuentes. Incluso es probable que ya en la época de Juan hubiera quienes concibieran la Creación según más adelante harían los diferentes sistemas gnósticos (aunque no hay pruebas contundentes de ello), que veían la materia como algo inherentemente malo. Por lo que era imposible que el buen Dios tuviera algo que ver con ella. Pero se creía que de Dios surgieron varias "emanaciones" de seres espirituales, hasta que por fin apareció uno lo suficientemente poderoso como para crear por un lado y, por otro, lo suficientemente ignorante como para no darse cuenta de que lo que estaba haciendo era un error. Juan rechaza todas estas ideas. El mundo existe porque Dios mismo[25] ha actuado por medio de su Palabra[26]. El Universo

---

[24] οὐδὲ ἕν, "ninguna cosa" es más fuerte que οὐδέν, "nada".

[25] Para Temple, el pensamiento de la creación por medio del Verbo es la expresión de la convicción de "que todas las cosas son en su medida una expresión de esa Voluntad que sostiene, moldea y guía todas las cosas, de modo que la unidad del mundo, el principio de coherencia racional, es la revelación de la Personalidad Divina" (*Nature, Man and God* [Londres, 1940], p. 302). Pero véase la nota al pie núm. 29.

[26] Lutero usa este versículo para defender la divinidad de Cristo: "Si Cristo no es el Dios verdadero, nacido del Padre en eternidad y Creador de todas las criaturas, nos espera un destino fatal (...) necesitamos un Salvador que sea verdaderamente Dios y

no es eterno, ni es la creación de un ser inferior ignorante. Este mundo es el mundo de Dios[27].

4 Aquí nos encontramos con un problema de puntuación. Sería posible unir las últimas palabras del versículo anterior a las primeras palabras de este versículo para obtener algo como "lo que ha sido hecho era vida en Él", o "lo que ha sido hecho en Él era vida". En los manuscritos más antiguos no hay, o apenas hay, signos de puntuación, por lo que ambas lecturas son posibles. Vale la pena destacar que los primeros manuscritos que contienen signos de puntuación suelen colocar el punto antes de las palabras polémicas, es decir, no en el versículo 3, sino en el versículo 4. Así lo hacen también otras autoridades antiguas, ya sea en traducciones a otras lenguas, o en citas que aparecen en los escritos de los Padres[28]. Cuando esta interpretación del texto empezó a usarse para apoyar interpretaciones heréticas[29], los Padres empezaron a adoptar la puntuación que hace que estas palabras aparezcan en el versículo 3. A pesar de todas las dudas, parece ser que ésta

---

Señor por encima del pecado, la muerte, Satanás y el infierno. Si permitimos que Satanás derrumbe esa nuestra fortaleza, haciéndonos dudar de su divinidad, entonces su sufrimiento, muerte y resurrección ya no nos sirven para nada" (vol. 22, pp. 21-22).

[27] Algunos académicos establecen una conexión con el último salmo del *Manual de Disciplina* de Qumrán: "Todo tiene lugar por su conocimiento; él establece todo lo que existe según su propósito; y fuera de él nada ocurre" (*DSS*, p. 388). Pero, aunque esta última expresión podría leerse también "fuera de él nada es creado", preferimos la traducción de Burrow. El salmista no está pensando en la Creación, sino en la Providencia. 1QS 3:15 es aún más opuesto: "Del Dios del conocimiento proviene todo lo que es y lo que va a ser" (*DSS*, p. 374). Quizá encontramos algo más parecido en los apócrifos, como: "Oh, Dios (...) quien ha hecho todas las cosas por medio de su palabra" (Sabiduría 9:1, y cf. Eclesiástico 42:15). Quizá deberíamos citar también las *Odas de Salomón* 16:20: "los mundos fueron hechos por su palabra". Sin embargo, aquí podríamos estar ante un origen cristiano, y no un origen judío (ver J. Rendel Harris, *The Odes and Psalms of Solomon* [Cambridge, 1911], pp. 112-13).

[28] Westcott dedica bastante espacio a citar las principales autoridades y acepta la división de estas frases (pp. 59-63). Según él, el significado es el siguiente: "La Creación no tiene 'vida en sí misma' (v. 26), pero tuvo y tiene vida en el Verbo" (p. 61). Yo tengo mis dudas de que este sea el significado de ὃ γέγονεν ἐν αὐτῷ ζωὴ ἦν. Aunque muchos comentaristas modernos respaldan la división de este versículo (para obtener la lista de los Padres que también la respaldan ver M.E. Boismard, *St. John's Prologue* [Londres, 1957], p. 14), no creo que las razones que dan sean convincentes. C.K Barrett cree que p^{66} se decanta levemente hacia la división tal como parece desprenderse de los signos de puntuación que usa" (*ExT*, LXVIII [1956-57], p. 175).

[29] Algunos interpretaban que el Espíritu había sido creado por el Hijo.

es la mejor manera de interpretar el texto; el punto debería ir después de las palabras que venimos hablando, para que éstas formen parte del versículo 3. Si el texto queda así, en el versículo 4 tenemos una declaración con mucha fuerza, es muy natural que las palabras anteriores formen parte del versículo 3, y son parte de la construcción de ese énfasis al que se llega en el versículo 4. Si optamos por la teoría de que el versículo 3 está dividido, el versículo 4 que nos queda es excesivamente complicado, y no estoy seguro de que los que respaldan esta teoría hayan conseguido resolver las dificultades que plantea. Barrett va bastante lejos y llega a decir que las dos traducciones que propone la teoría de la división ("lo que ha sido hecho era vida en Él", o "lo que ha sido hecho en Él era vida") «no puede decirse que sean extrañas». Además, resulta muy difícil aceptar el sentido que nos queda. Que el Verbo es la fuente de vida es una idea típica de Juan. Pero que todo lo que ha sido hecho es vida, no; aunque añadamos "en Él".

Si seguimos con la división habitual de los versículos, pasamos de la creación en general a la creación de la vida, el elemento más importante. La vida es uno de los conceptos característicos de Juan: usa esta palabra 36 veces, mientras que en ninguno de los otros escritos del Nuevo Testamento aparece más de 17 veces (Apocalipsis, 17 veces; Romanos, 14; 1ª Juan, 13). Así que más de un cuarto de las referencias neotestamentarias al concepto de "vida" aparecen en nuestro evangelio. (135). "Vida", en Juan, suele referirse a la vida eterna (ver el comentario de 3:15), el don de Dios a través de su Hijo. Sin embargo, aquí debemos tomar este concepto en su sentido más amplio. La única razón por la que hay vida en las cosas que hay sobre la Tierra es porque hay vida en el *Logos*. La vida no existe por sí misma. Ni siquiera dice que ha sido creada "por" o "por medio de" el Verbo, sino que existe "en" él. Quizá aquí nos encontramos con el doble sentido tan característico de Juan. La vida de la que Juan habla es, en primera instancia, el tipo de vida que encontramos en la Tierra, pero esto nos lleva a pensar en la vida espiritual, que es tan importante que Juan puede hablar de ella como "la (NVI, "esa") vida". No podemos olvidarnos de ninguno de los dos sentidos. Este evangelio constantemente asocia la vida con el Verbo. Éste vino para que la gente pueda tener vida, y pueda tenerla en abundancia (10:10). Murió para que la gente pueda tener vida eterna (3:16). Dio su carne por la vida del mundo (6:51). Solo aquellos que comen su carne y beben su sangre tienen vida (6:53-54) y, del mismo modo, solo aquellos que vienen a Él tienen vida (5:40). Cuando Él da vida, la gente no perecerá jamás (10:28). Dijo que tenía poder para dar vida, y para volverla a tomar (10:18), y eso es exactamente lo que hizo consigo mismo. Como Señor de la vida, resucitó a Lázaro de entre los muertos (cap. 11). En dos ocasiones, dijo que Él era "la vida" (11:25; 14:6), idea que ya se vislumbra en el prólogo. La fuente principal de vida es el Padre, quien "tiene vida en sí mismo" (5:26, ver nota al pie en el comentario de este versículo). Pero el Padre "le dio al Hijo el tener vida en sí mismo" (5:26), y es esto último lo que Juan quiere destacar en estos versículos que ahora estamos considerando.

¿Cuál es el significado de "y la (o esa) vida era la luz de los hombres"?[30] Grimm-Thayer iguala la luz con la "inteligencia", y explica este versículo de la siguiente manera: «porque la vida del hombre es muy insegura, y así nace una fuente de inteligencia»[31]. Pero esto es interpretar las palabras de una forma muy poco natural. En el contexto no hay ninguna referencia a la inteligencia y, sea como sea, no hay razón alguna para limitar el alcance de estas palabras a un grupo determinado de la Humanidad[32]. Quizá es más acertado pensar en pasajes del Antiguo Testamento que se refieren a Dios como la fuente de luz y vida, como por ejemplo: «Porque en ti está la fuente de la vida; en tu luz vemos la luz» (Sal. 36:9)[33]. Este es el trasfondo del escritor, el tipo de concepto que tenía en mente. Pero está escribiendo sobre el Verbo, así que lo que quiere decir es que el Verbo, que es vida en sí mismo, también es "la luz de los hombres"[34]. Así, Juan prepara el camino para el pensamiento que va a desarrollar a lo largo de todo el Evangelio, que Jesús es el que trae la vida y el que lleva la luz.

Del mismo modo que Juan relaciona la vida con Cristo, también lo hace con el concepto de luz. Cristo es "la luz del mundo" (8:12; 9:5).

---

[30] Para Juan, los conceptos de "vida" y de "luz" están muy relacionados; ver 3:16-19; 8:12; 12:46-50, etc.

[31] *Sub* ζωή.

[32] Marcus Dods cree que estas palabras quieren decir "que la vida que toma forma en la variedad, armonía y progreso de la naturaleza inanimada, y en las formas de existencia animada – que aunque tan diversas, están todas bellamente relacionadas – aparece en el ser humano como "luz", luz moral e intelectual, razón y conciencia".

[33] Para analizar esta idea en el judaísmo tardío, cf. 1º Baruch 4:2-3: "Todos los que la retienen [la Ley] alcanzarán la vida, mas los que la abandonan, morirán. Vuelve, Jacob, y abrázala, camina hacia el resplandor bajo su luz".

[34] McClymont destaca el artículo determinado que precede a "vida" porque, según él, "es un apunte a su universalidad, la misma que existe en el Verbo". Del mismo modo, Plummer la llama "la única Luz verdadera".

Ha venido al mundo como la luz (12:46). El que le siga «no andará en tinieblas, sino que tendrá la luz de la vida» (8:12). Se le puede pedir a la gente que crea en la luz (12:36), del mismo modo que se les pide que crean en Él. Y de igual forma que Aquel que es vida dio vida a Lázaro, el que es la luz del mundo dio vista a un ciego de nacimiento (cap. 9). Las primeras palabras de Dios que se escribieron son las siguientes: "Sea la luz" (Gn. 1:3), y en ese capítulo, la palabra es la fuente de la luz. Toda la luz que existe, andemos o no en ella, se la debemos a la Palabra, al Verbo[35].

5 Como opuesto de la luz, tenemos las tinieblas[36]. La antítesis es natural tanto si lo interpretamos como ir en contra de las tinieblas o como disipar las tinieblas. La oposición entre la luz y las tinieblas es uno de los temas centrales de este evangelio, una característica que comparte con los Manuscritos de Qumrán[37]. Pero de aquí no podemos extraer ninguna conclusión que relacione el Evangelio con los manuscritos, dado que la antítesis se da de forma natural, y dado que el tema era muy común en la Antigüedad. Probablemente, la mayoría de religiones recoge este tema con mayor o menor medida. Pero tanto en Juan como en Qumrán éste es un tema bien prominente.

Notemos que Juan cambia de tiempo verbal. Hasta el momento solo ha usado el pasado, pero ahora dice que la luz "brilla"[38]. La luz está

[35] La imaginería de la luz estaba muy extendida en la Antigüedad. Dodd aporta evidencias de que expresiones como la de este versículo «podrían sin duda alguna aparecer en escritos herméticos" (*IFG*, p. 18). Las palabras de Juan serían atractivas para un público muy amplio. Le interesa mucho el concepto de la luz, y usa el término φῶς 23 veces, que es casi un tercio de las veces que se usa en el Nuevo Testamento (más de un tercio si añadimos las seis veces que lo usa en 1ª Juan). El siguiente libro en el que aparece muchas veces este término es Hechos (10 veces).

[36] La palabra que Juan usa es σκοτία, que aparece 8 veces, y 6 veces en 1ª Juan. En total, en el Nuevo Testamento encontramos este término 17 veces, y el hecho que 14 sean en escritos de Juan lo convierten en un término característico del estilo joánico. Los demás autores prefieren σκότος, que solo aparece una vez en este evangelio, y una vez en 1ª Juan, a diferencia de un total de 30 veces en todo el Nuevo Testamento. Parece ser que entre los dos términos no hay ninguna diferencia de significado.

[37] Este tema es tan importante en Qumrán que un escrito entero está destinado a cubrirlo, *The War of the Sons of Light with the Sons of Darkness;* y la idea está presente en muchos otros fragmentos de los manuscritos.

[38] Beasley-Murray cree que esto es «extraño; habla de la historia y del tiempo presente del evangelista. La luz del Logos brilló en la oscuridad original en la Creación, y continuó presente en medio de la oscuridad de la caída de la Humanidad; brilló con más esplendor en la gloria del Dios encarnado; y sigue brillando en la era de la resurrección, que es la era del Paracletos».

en acción continuamente. Brilla incluso mientras Juan está escribiendo. La luz del mundo, "la luz de los hombres", nunca cesa de brillar. En este punto no nos importa el debate sobre si Juan se refiere al Cristo anterior a la Encarnación, o al Cristo encarnado. Porque aquí no habla de la Encarnación, sino del hecho de que si la luz brilla, es porque esa característica nace de su propia esencia[39].

Según la NVI las tinieblas "no la comprendieron" o "no la han comprendido"[40]. El verbo griego[41] no es de fácil traducción. Encierra la idea de aferrarse a algo para llegar a poseerlo (cf. su traducción en 1 Co. 9:24 como "obtener"). Esto nos puede llevar a significados como "aferrarse con la mente", es decir, "comprender" o "aprehender". No hay duda de que el verbo puede traducirse así. Si esta traducción es o no relevante para este contexto ya es otra cuestión. No es algo muy común decir que las tinieblas intentan "comprender" la luz. Si interpretamos este sentido, tomamos las tinieblas como equivalente a un grupo de personas, o quizá de la raza humana en general. Pero en este evangelio las tinieblas no equivale a la gente, como si ésta conformara el mal que influye en nosotros[42]. El tema del continuo conflicto entre la luz y las tinieblas está presente en todo el libro. Los hombres están destinados a la condenación, porque amaron más las tinieblas que la luz (3:19). Jesús hace una llamada al seguimiento, para que la gente que le obedezca no ande en tinieblas (8:12). Tienen que caminar en la luz ahora que la tienen, para que las tinieblas no les "sorprendan"

---

[39] φαίνει se refiere a la acción esencial, inherente y propia de la luz (Westcott), y no al efecto de la luz al iluminar a la gente, que sí encontramos más adelante en el versículo 9 (φωτίζει).

[40] La partícula negativa οὐ (οὐκ) es inusualmente común en Juan, donde aparece 286 veces, mucho más frecuentemente que en ningún otro libro del Nuevo Testamento. Mateo la usa 204 veces, Marcos 117 y Lucas 174. Igualmente, Juan usa οὐδείς 52 veces (Mateo 19, Marcos 26 y Lucas 33). Pero no ocurre lo mismo con μή, que Juan usa 117 veces, Marcos 129 y Lucas 142. Nuestro evangelista nunca usa μηδείς, aunque aparece en los otros tres evangelios. Nuevamente, el uso de la partícula enfática οὐχί aparece mucho menos en Juan (5 veces) que en Lucas (17 veces), o incluso que en un escrito no tan extenso como 1ª Corintios (12 veces). Así que quizá la preferencia de Juan por οὐ se deba en parte a la sencillez de su estilo, que favorece el uso de la negación objetiva. Juan tiene mucho que decir sobre Jesús y sus enemigos, la luz y las tinieblas, el bien y el mal. Y eso requiere el uso de negaciones sonoras.

[41] κατέλαβεν.

[42] Cf. D. W. Baldensperger: "No debemos interpretar el término *tinieblas* como las personas no creyentes, sino como el mundo satánico, que va en contra de Dios. Esta es una alusión a un principio teológico aceptado del judaísmo: la lucha del Mesías (Logos) contra Satanás" (citado en Boismard, *St. John's Prologue*, p. 21).

(12:35, donde aparece el mismo verbo que aquí). Jesús vino "al mundo como la luz" para que todo aquel que crea en Él "no permanezca en tinieblas" (12:46). Por lo tanto, vemos que su misión es un conflicto entre la luz y las tinieblas. El verbo que estamos tratando tiene otro sentido menos común: "vencer" o "dominar". No debemos olvidarnos de este significado. La luz está brillando en medio de las tinieblas. Y[43] las tinieblas no han sido capaces de dominar la luz. Es extraño que el verbo "vencer" aparezca aquí en aoristo; lo normal hubiera sido usar el tiempo presente, para presentar una verdad atemporal: «La luz brilla en las tinieblas, y las tinieblas no la *vencen*»[44]. Sin embargo, la mejor manera de interpretar este aoristo es como si se tratase de una sola acción. Podríamos interpretar que se refiere al momento de la Creación, que es el sujeto del pasaje, porque fue entonces cuando la luz triunfó sobre las tinieblas (y el caos correspondiente). Algunos autores dicen que es una referencia a la Caída (Gn. 3). Mucho más probable es que se trate de una referencia al Calvario (Murray). Allí tuvo lugar el clímax del conflicto entre las tinieblas y la luz, y las tinieblas no pudieron resistir. Probablemente, Juan, como ya hemos dicho que es típico de él, está usando una expresión que puede ser interpretada en varios sentidos o niveles[45].

Ya hemos mencionado que la oposición entre la luz y las tinieblas es uno de los grandes temas que Juan y los manuscritos de Qumrán comparten. Igual que Juan, los hombres de la comunidad del desierto creían que esas dos fuerzas estaban destinadas a librar una lucha a muerte. Pero no deberíamos pasar por alto que para ellos no hay un equivalente del verbo en pasado que aparece en Juan. Aún esperaban

---

[43] καί se usa a veces, como aquí, en el sentido de "y sin embargo" (cuya expresión más correcta sería καίτοι, palabra que solo aparece tres veces en todo el Nuevo Testamento). Une dos proposiciones afirmativas, pero encierra un sentido adversativo.

[44] El aoristo podría ser un aoristo gnómico y nos quedaría más o menos el mismo sentido. O un aoristo constatativo, según el cual estaríamos ante un conflicto prolongado como un todo completo. Pero lo más probable es que se esté refiriendo a una sola acción.

[45] Morton Smith dice que si traducimos "dominar" - él usa la palabra inglesa "master" [*N. de la T.*] - mantenemos mejor la ambigüedad del verbo κατέλαβεν (*JBL*, 64 [1945], pp. 510-11). Temple dice que el pensamiento de Juan es moderno, queriendo decir que "para él la raíz del mal no está en los corazones de las personas; 'todo el mundo yace bajo el poder del maligno' (*1 John*, 5:19). Así que es muy probable que San Juan tuviera en mente el problema de la crueldad de la Naturaleza, típico de la perspectiva moderna. No concibe la Naturaleza como algo perfecto, cuyo único problema ha sido ser corrompida por la Caída del hombre".

el día en que la luz había de vencer. A diferencia de Juan, no podían descansar en el concepto de una victoria "ya ganada"[46].

C. EL VERBO Y JUAN EL BAUTISTA (1:6-8)

6 Vino [al mundo] un hombre enviado por Dios, cuyo nombre era Juan. 7 Este vino como testigo, para testificar de la luz, a fin de que todos creyeran por medio de Él. 8 No era Él la luz, sino [que vino] para dar testimonio de la luz.

Al principio, puede sorprendernos que en el prólogo se mencione a Juan el Bautista. Nos parece más normal cuando aparece en el resto del Evangelio, una vez ya comienza el relato, pero es un poco inesperado que aparezca en esta breve introducción. Puede que la razón esté en la mucha importancia que le daban a Juan el Bautista algunos de sus seguidores[47]. Mientras que los Evangelios presentan un retrato de Juan el Bautista como de alguien que hablaba a la gente de Cristo, y que contemplaba su misión como el proclamador de alguien más poderoso que él, parece ser que algunos de sus seguidores no aceptaron el papel subordinado de su líder. Desde el principio, algunos de ellos

---

[46] Cf. F.F. Bruce: "La similitud del vocabulario no debería impedir que nos percatemos del nuevo uso que Juan hace de dichos términos. Cuando habla de la luz verdadera, no lo hace de forma abstracta; su interés principal no es una enseñanza concreta o una comunidad santa; para él la luz verdadera es Jesucristo, el Verbo hecho carne" (*Second Thoughts on the Dead Sea Scrolls* [Londres y Grand Rapids, 1956], p. 134).

[47] J.A.T. Robinson investiga la idea de que los seguidores de Juan el Bautista no fueron un grupo distinto: "No encuentro ninguna evidencia histórica que nos haga pensar que después de la muerte de Juan, sus discípulos no fuesen cristianos, y mucho menos que fuesen unos activistas en contra del cristianismo" (*NTS*, 4 [1957-58], p. 278; en la nota al pie núm. 2 de la p. 279 comenta las pocas evidencias que se han encontrado y prueba que no son nada convincentes, aunque lo cierto es que no menciona el pasaje de las Homilías clementinas, que aquí citamos en la siguiente nota al pie). Pero aparte de las evidencias que aparecen en estas homilías, contamos con los seguidores de Juan mencionados en Hechos 18:25 y 19:3. Por más que estos discípulos fueran cristianos en algún sentido, no podría explicarse su existencia a no ser que hubiera una "secta" de seguidores de Juan el Bautista. Y si este grupo existía, el estudio de Robinson no recoge nada que nos impida pensar que en tiempos de los clementinos, ese grupo era hostil hacia los cristianos. Pero no tenemos nada en contra de su afirmación de que un grupo de esas características no pudo haber existido en el período del Nuevo Testamento. De hecho, esta es la posición que encontramos en todos los Evangelios.

creían que podía ser el Cristo (Lc. 3:15). A medida que iba pasando el tiempo, parece ser que algunos de sus seguidores preferían mantenerse al margen del movimiento cristiano, creyendo que Juan era más importante que Jesús («Del mismo modo que un hombre, vencido por la visión del alba, no se dignaría a mirar el sol»[48]). Hasta en Éfeso se había llegado a bautizar en nombre de Juan (Hch. 19:3)[49], y podría ser que ese bautismo hubiera llegado más lejos. La primera vez que encontramos la figura del gran Apolos se nos presenta como alguien que «solo conocía el bautismo de Juan» (Hch. 18:25). Nuestro autor no entra en un debate directo con este grupo, pero insiste más que ninguno de los otros evangelistas en el lugar secundario de Juan el Bautista. Uno de los objetivos de este evangelio era mostrar la forma clara y coherente en la que Juan el Bautista proclamaba la figura de Jesús. Aparentemente, el movimiento asociado con el Bautista tenía mucha fuerza en la región en la que se escribió este evangelio. Si, tal como parece, el autor del Evangelio provenía del grupo que originalmente había seguido a Juan, es normal que siga mostrando interés por su primer maestro. El hecho de que Juan fuera el último profeta del antiguo pacto que daba testimonio de Cristo no habría mermado ese interés, sino todo lo contrario[50].

6 La palabra traducida como "vino" es la misma que en el versículo 3 se traduce como "hechas/hecho/hecho". En este versículo no hay un énfasis concreto en el acto de crear (podemos aceptar la traducción "vino"); sin embargo, el uso de este verbo debe observarse para ver el

---

[48] Calvin. J.B. Lightfoot habla de una nueva actitud hacia el cristianismo desarrollada por los seguidores de Juan el Bautista: "Su nombre ya no es el signo de un aprecio menor, sino el lema de un antagonismo directo. Juan era el Mesías, rival de Jesús" (*St Paul's Epistles to the Colossians and to Philemon* [Londres, 1876], p. 403). El hecho de que algunos consideraran a Juan como el Mesías, aparece reflejado en las *Recognitiones clementinas* (1.54, 60). Esto hizo que muchos cristianos mostraran hostilidad contra Juan y le acusaran de ser un falso profeta (ese parece ser el sentido de las *Homilías clementinas* 2.17). Nuestro evangelista es más equilibrado. Reconoce tanto la grandeza de Juan como la superioridad de Jesús.

[49] También es posible que algunas de estas personas (aunque no todo el grupo) fueran bautizadas en Palestina y luego se trasladaran a Éfeso.

[50] Morna Hooker examina los dos pasajes del prólogo que hacen referencia a Juan el Bautista y dice: "Su importancia radica en el hecho de que los dos hablan de Juan como el testimonio que confirma la verdad de lo que se ha dicho anteriormente, que la luz está brillando en las tinieblas, y que hemos visto la gloria del Logos encarnado" (*NTS*, XVI [1969-70], p. 357).

contraste que hay entre Juan y Jesús. Jesús "existía" en el principio; Juan "fue creado". Este contraste vuelve a verse cuando se describe a Juan como "un hombre", mientras que ya se ha descrito a Jesús como "el Verbo". Pero aunque la función de Juan es secundaria, no deja de ser importante. El evangelista se quiere asegurar de que no se le dé a Juan el lugar asignado a Jesús, pero también quiere que se reconozca la importancia de la misión de Juan. Juan había sido "enviado por Dios" (cf. v. 33; 3:28)[51]. Su misión no era una misión humana, sino que era de origen divino. Esta declaración de defensa en la presentación que hace del Bautista es una clara evidencia de que el evangelista no quiere promover una campaña de denigración del profeta. Al contrario. Reconoce la grandeza del testigo[52].

7 Pasamos de la comisión divina a la descripción de la misión de Juan el Bautista. Vino "como testigo" (mejor traducción: "para dar testimonio")[53]. Dar testimonio es uno de los conceptos claves de este evangelio[54] y, por eso, desde el inicio se presenta a Juan el Bautista

---

[51] ἀπεσταλμένος παρὰ Θεοῦ. El tiempo perfecto indica el carácter permanente de su misión. Siempre mantiene ese carácter de "hombre enviado". παρὰ Θεοῦ no implica la misma relación íntima que veíamos en la expresión πρὸς τὸν Θεόν del v. 1, aunque tampoco deberíamos aferrarnos a este argumento, porque el 17:8 Jesús usa παρά sobre sí mismo. En este evangelio se usa frecuentemente la idea de que Dios envió el Hijo al mundo. Un dato importante quizá es el hecho de que siempre que se refiere a Cristo aparece en voz activa, nunca en pasiva, que es lo que nos encontramos aquí y en 3:28. Más información sobre la supuesta distinción entre ἀποστέλλω y πέμπω en el comentario de 3:17.

[52] Hallará más sobre la importancia de Juan el Bautista en *SFG*, pp. 59-60. La sencilla descripción de dicho hombre, "cuyo nombre era Juan", nos invita a pensar en el tema de la autoría. Tradicionalmente se ha dicho que el autor del Evangelio es el apóstol Juan. ¿Quién más presentaría a Juan el Bautista mencionando simplemente el nombre, es decir, Juan? Además, el evangelista es a lo largo de todo el Evangelio muy cuidadoso con los nombres, para que no se confundan. Véase en el trato que hace de Judas (6:71; 12:4; 13:2; 14:22; 18:2), María (11:2; 19:25), y José (19:38). Cierto es que los Sinópticos a veces también se refieren al Bautista usando tan solo el nombre de Juan (por ejemplo, Mt. 11:2; Mr. 2:18). Pero en lo que nos tenemos que fijar es en qué contextos aparece solo el nombre, y esto hace que la forma inusual en que el autor del cuarto evangelio obvia la mención al Bautista le dé más peso a nuestro argumento.

[53] εἰς μαρτυρίαν significa "para dar testimonio" y no "para ser un testigo". Lo importante es la actividad, y no la persona.

[54] El sustantivo μαρτυρία aparece en Juan 14 veces (no aparecen ni una sola vez en Mateo, pero sí aparece en Marcos [3] y en Lucas [1]) y el verbo μαρτυρέω, 33 veces (una vez en Mateo y Lucas, y ninguna vez en Marcos). En ambos casos, Juan usa la palabra con mucha más frecuencia que cualquier otro autor neotestamentario.

usando este concepto. En primer lugar, se menciona al hombre ("un/ este hombre", y no "el", como aparece en alguna traducción) y luego se da una doble referencia al concepto de testificar ("testigo" y "testificar"); para hacer hincapié en el tema, este evangelista suele usar el recurso de la repetición. Muy a menudo habla de Juan solo como testigo. En los Sinópticos lo que se destaca es la predicación del arrepentimiento y su puesta en práctica. Es este evangelio, se subraya su función como testigo de Jesús. Le conocemos como "Juan el Bautista", pero en este evangelio son pocas las referencias al Bautismo. Sobre todo, lo sorprendente es que ni siquiera menciona el bautismo de Jesús. En cambio, lo que sí encontramos son numerosas referencias a su testimonio; cf. 1:7; 8, 15, 19, 32, 34; 3:26 (cf. 3:28), 5:33. Para el evangelista del cuarto evangelio lo importante es el testimonio de Juan. Para eso es para lo que vino, y el resto de sus actividades no tenían tanta importancia.

En este evangelio aparecen siete figuras o entes que dan testimonio de Jesús. Entre ellas, las tres personas de la Trinidad: el Padre (5:31-32, 34, 37; 8:18), Cristo mismo (8:14, 18; cf. 3:11, 32; 8:37), y el Espíritu (15:26; cf. 16:14). Las obras de Jesús (5:36; 10:25; cf. 14:11; 15:24) y las Sagradas Escrituras (5:39; cf. 5:45-46) también dan testimonio. En sexto lugar, tenemos a Juan el Bautista, y en séptimo, a una variedad de personas relacionadas con el ministerio de Jesús: los discípulos (15:27; cf. 19:35; 21:24), la mujer samaritana (4:39) y la multitud (12:17). No podemos minimizar este claro hincapié en el concepto del testimonio. Se trata de un tema serio, y es el medio para corroborar que lo que se intenta defender es verdad; podría parecer que tiene a su cargo presentar la defensa en un juicio. Está claro que el autor quiere que sus lectores crean que lo que escribe es cierto. Así que insisten en que hay buenas evidencias que lo respaldan: el testimonio.

Además, este tipo de declaración compromete. Si me siento en el banquillo de los testigos para testificar sobre lo que creo que es verdad, ya no estoy en una posición neutra. Me he comprometido. El evangelista nos muestra que hay personas como Juan el Bautista que se han comprometido a ser testigos de Cristo. Pero además, es lo suficientemente osado como para decir que Dios mismo se ha comprometido. Da testimonio de varias formas, pero sobre todo se ha comprometido con Jesús, con todo lo que el Hijo fue e hizo. Los seres humanos que han dado testimonio lo han hecho de una manera comprometida, y no podemos restarle importancia a este hecho. Pero el más importante de todos es el testimonio de Dios[55].

La misión de Juan consistía en "testificar de la luz"[56]. Esta expresión, un poco indefinida, no nos dice lo que dijo, ni cuándo ni cómo lo dijo. Si no fuera por las referencias anteriores a la luz (4 y 5), y por la posterior declaración de que Juan no era la luz, podríamos entender que "la luz" denota la bondad en general. Esto es lo que hace que estemos seguros de que cuando el autor habla de "la luz" se está refiriendo a Jesús. El verbo "testificar" aparece en aoristo. El significado no es, pues, que Juan testificaba de forma continua (aunque eso sea verdad), sino que cumplió y finalizó su misión. Dio testimonio del Verbo de la forma que debía hacerlo. Esa era su misión, y la cumplió. Él no tenía que hacer nada más.

"Testificar" no era un fin en sí mismo. Detrás hay un propósito: «a fin de que todos creyeran por medio de él». Gramaticalmente, "él" puede referirse tanto a "la luz" como al sujeto "éste", pero el sentido del texto nos obliga a optar por este último. Normalmente decimos que creemos "en" Jesús, y no "por medio" de él. Por otro lado, fue un gran privilegio para Juan ser el medio para que la gente pudiera llegar a dar un paso de fe[57]. "Creer" no aparece en forma continua, lo que es muy significativo. Juan vino para llevar a la gente a tomar una decisión, a dar el paso definitivo de fe.

---

[55] Gabriel Marcel da mucha importancia a este aspecto del compromiso en el testimonio, en *The Philosophy of Existence* (Londres, 1948), pp. 67-76. Por ejemplo, dice que "ser testigo es como actuar de fiador. El testimonio está basado en el compromiso, y cuando uno es incapaz de comprometerse, no puede dar testimonio. Por ello, en los tribunales se hace el juramento preliminar. Al pronunciar el juramento me comprometo, a la vez que no me voy a desdecir del testimonio que voy a aportar" (p. 68). Ver también su obra *The Mystery of Being*, II (Londres, 1951), cap. VIII. En la misma línea, J. H. Oldham dice: "Si uno no se compromete, si uno no lo apuesta todo por demostrar la verdad de lo que proclama, no puede ser un testigo" (*Life Is Commitment* [Londres, 1953], p. 11).

[56] "Con esto expresa, antes de escribir sobre el testimonio de Juan del Logos encarnado, que Juan el Bautista también da testimonio del Logos que ha sido la luz verdadera para todos los hombres, y especialmente para el mismo pueblo de Israel" (Marsh, p. 98).

[57] Existe un contraste entre la predicación generalizada de Juan – a fin de que todos crean – y la actitud de los miembros de Qumrán. Para estos: "No debe haber ninguna represión ni disensión con los hombres del abismo, porque el consejo de la ley debe mantenerse fuera del alcance de los hombres que están en el error" (*DSS*, p. 383).

8 La grandeza de Juan el Bautista ha hecho, como ya hemos visto, que algunos de sus seguidores tuvieran de él un concepto exagerado; parece ser que algunos decían que era el Mesías. Pero vemos que el evangelista rechaza rotundamente esta idea. "No era él[58] la luz"[59]. Del mismo modo que menciona la grandeza e importancia de Juan, no esconde sus limitaciones. Acto seguido vuelve a repetir que Juan vino para dar testimonio de la luz. Ese era el motivo principal de su existencia. Esa era la razón por la que Dios le había enviado. Y los que no lo interpretaban así no habían entendido su misión. En griego no aparece el verbo "venir". Eso le da a las palabras cierto ímpetu y rapidez. Dado que aparece una fuerte adversativa, "pero"[60], el énfasis recae en las palabras que aparecen a continuación[61]. Se nota en el estilo que el autor tenía muchas ganas de escribir sobre el "dar testimonio". Vemos que el propósito de Juan el evangelista era el mismo que lo que el evangelista recoge en la descripción que hace del profeta.

D. EL VERBO ENCARNADO (1:9-14)

9 Existía la luz verdadera que, al venir al mundo^a, alumbra a todo hombre. 10 En el mundo estaba, y el mundo fue hecho por medio de Él, y el mundo no le conoció. 11 A lo suyo vino, y los suyos no le recibieron. 12 Pero a todos los que le recibieron, les dio el derecho de llegar a ser hijos de Dios, [es decir,] a los que creen en su nombre, 13 que no nacieron de sangre, ni de la voluntad de la carne, ni de la voluntad del hombre, sino de Dios. 14 Y el Verbo se hizo carne, y habitó entre nosotros, y vimos su gloria, gloria como del unigénito del Padre, lleno de gracia y de verdad.

---

[58] ἐκεῖνος se usa para enfatizar el sujeto. Este pronombre es una de las partículas favoritas de Juan, y lo usa 70 veces, más que cualquier otro autor del Nuevo Testamento (Mateo 54 veces, Marcos 23, Lucas 33, Hechos 22 y Pablo 21). La mayoría de las veces la usa para referirse a Cristo (10 veces), luego al Padre (6) y también para referirse al Espíritu (5). Y muy a menudo le da a este pronombre una función enfática, excepto cuando lo usa en diálogo.

[59] Juan era ὁ λύχνος, "la lámpara" (5:35), y no τὸ φῶς, "la luz".

[60] ἀλλ'. A Juan le gustaba mucho esta partícula adversativa, y la usa 101 veces. De nuevo, muchas más veces que cualquier otro autor neotestamentario (a continuación vendría 1ª Corintios con 72 veces). ἀλλ' ἵνα vuelve a aparecer en 1:31; 13:18; 15:25.

[61] Cuando ἵνα aparece después de una elipsis como la de "él vino", es considerado como un imperativo. En cuanto a esta estructura, ver C. J. Cadoux, *JThS*, XLII (1941), p. 165s.; H. G. Meecham, *JThS*, XLIII (1942), pp. 179-80; A. R. George, *JThS*, XLV (1944), p. 56s.; C.

a. 9 *Existía la luz verdadera que alumbra a todo hombre que viene al mundo* (versión que añade el autor)
9 *Aquella luz verdadera, que alumbra a todo hombre, venía a este mundo* (RV, versión añadida por la traductora).

Llegamos al punto en que el énfasis principal es la Encarnación. Se hace especial hincapié en dos aspectos: (1) que el Verbo de Dios, siendo el Dios verdadero, tomó forma humana, y (2) cuando lo hizo, la gente no quería tener nada que ver con Él. Juan quiere que nos fijemos tanto en las buenas nuevas de la Encarnación de Dios, como en la tragedia que supone el rechazo hacia Dios.

9 Este versículo en griego resulta un poco extraño porque el verbo "existir" no tiene un sujeto claro. La NVI soluciona el problema uniendo la partícula griega que otros traducen por "existía" al verbo "venir", obteniendo algo como "estaba viniendo" o "venía", pero muchos se oponen a esta traducción porque las dos partes constituyentes del verbo ("estaba viniendo") estarían separadas por una oración relativa, lo que nos da una construcción muy extraña, si no imposible[62]. Lo mejor es tomar el sujeto de los versículos anteriores: "Esa luz". Pero volvemos a tener un problema, que es saber si "venía" acompañando a "hombre"[63]

F. D. Moule, *IBNTG*, pp. 144-45; M, I, pp. 178-79; III, pp. 94-95 (y la bibliografía que ahí se cita). En estas obras vemos que esta construcción es más común de lo que normalmente se ha pensado. Pero decir que Juan respalda esta teoría, como Cadoux hace, es bastante cuestionable. Así, si en este pasaje ἵνα fuera imperativo, tendríamos que traducir "dejad que venga para dar testimonio", que no tiene sentido. Cadoux sugiere "tenía que dar testimonio". Pero eso no es un imperativo; parece más una construcción basada en δεῖ. Además, ἵνα aparece en otros pasajes joánicos sin estar precedida de un verbo principal (1:22; 9:3, 36; 13:18; 14:30-31; 15:24-25; 18:8-9, 31-32; 19:24). En algunos de ellos, el sentido imperativo es casi imposible, y en ninguno de estos casos la traducción con imperativo resulta mejor que suponer que hay una elipsis. A veces, como en este versículo, el mismo contexto nos da un verbo; pero otras veces, no hay ningún verbo (p. ej. 13:18; 15:24-25). Puede que Juan use esta construcción para apuntar que el propósito divino se está cumpliendo, idea respaldada por el sentido de finalidad de ἵνα. A Juan le gustan las construcciones con esta partícula: en este evangelio aparece 147 veces, la cantidad más elevada, y con diferencia, de todo el Nuevo Testamento. Le sigue Marcos, con 65 apariciones, mientras que en Mateo y en Lucas solo la encontramos 41 y 46 veces, respectivamente.

[62] Verá un comentario sobre esta construcción en Abbott, 2277. Juan suele separar los participios de ἦν (cf. v. 28), y quizá aquí deberíamos interpretar ἐρχόμενον y ἦν teniendo eso en cuenta. Pero probablemente sería con el siguiente sentido: "Aquella era la luz verdadera (...) viniendo (...)".

[63] Nadie debería darle importancia a la repetición de ἄνθρωπον, ya que Juan usa la forma redundante ἄνθρωπος muy a menudo (cf. 2:10; 3:1, 27, etc.; usa la palabra 60 veces).

o a "luz". Si optamos por el primer caso, el significado sería "todo hombre en el momento de su alumbramiento". O podríamos tomar toda la expresión "todo hombre que viene al mundo" como si se refiriese a "todos los hombres" (los rabíes usaban este sentido)[64]. Pero el sentido de todo el pasaje no nos permite optar por estas interpretaciones. Y contradicen la práctica de Juan. No vemos que Juan suela usar la expresión "viene al mundo" para describir a la gente. Es una expresión que reserva para calificar a Cristo. Además, este versículo encabeza una sección cuyo tema principal es la Encarnación, por lo que parece lógico que cualquier afirmación que se haga esté referida a la Encarnación, y no a los hombres. Así que lo más normal es que estas palabras en cuestión acompañen a "la luz"[65]. Lo que complica la interpretación es que Juan quiere transmitir dos ideas diferentes sobre la luz, pero las expone de forma entrelazada: "Él era la luz verdadera" y "él estaba viniendo al mundo". Afortunadamente, nuestra incertidumbre sobre la construcción no perjudica el sentido de la frase. El evangelista está hablando del Verbo como "la luz verdadera" y, partiendo de esa idea, de cómo ilumina a los hombres. Las demás luces «eran solo destellos de la verdad; algunas fueron un destello borroso; otras fueron un engaño que llevaron a los hombres a las tinieblas para abandonarles allí» (Barclay). Pero Cristo es la luz verdadera. Es la luz que verdaderamente ilumina. No hay nada opaco ni irreal en la afirmación de que Cristo es la luz[66].

[64] Existe un pasaje paralelo muy interesante: "Das luz (...) a todos los que entran en el mundo" (*Lev. Rab.* 31.6; Soncino edn. P. 401). De nuevo, aparece la idea de que la Ley ha sido dada "para alumbrar a todo hombre" (*Test. Lev.* 14:4).

[65] Como vemos, algunas versiones traducen "al venir al mundo" o "viniendo al mundo" (acción puntual). Sin embargo, creo que no se adecua al significado que Juan le confiere a la Encarnación, así que deberíamos descartarlo. Si el tiempo presente, ἐρχόμενον, es continuo, el sentido que obtenemos es que la luz vino en varias formas y de manera continuada (cf. Westcott: "Él vino en forma de tipo, profecía y juicio"), pero de forma especial en la Encarnación. En 6:33, 50 vemos la misma idea de que la venida de Cristo es una acción continuada (ὁ καταβαίνων), mientras que en 6:51, 58 la referencia a la venida encarnada se refiere claramente a la única venida en la Encarnación (ὁ καταβάς).

[66] La palabra que equivale a "verdadera" es ἀληθινός, y Bernard la distingue de ἀληθής, porque es "*la verdadera*, la genuina, entre las verdaderas" (aunque admite que muchas veces no es fácil hacer esa distinción). De ahí, que tengamos comentarios como el de Godet: «Nos referimos a la "realización o representación adecuada". No consiste en contrastar lo verdadero con lo falso, sino en la apariencia normal con la realización imperfecta». Barrett cree que en este evangelio ἀληθής se aplica a opiniones y declaraciones y a aquellos que las pronuncian, mientras que ἀληθινός quiere decir "real", "genuino", "auténtico". Sin embargo, G. D. Kilpatrick ha demostrado que Juan casi

Cuando leemos que da luz o alumbra "a todo hombre"[67], también entramos en un debate sobre el significado concreto de esta expresión. En un sentido, el Verbo solo alumbra a aquellos que creen, porque los que no creen en Él aún están en las tinieblas (3:19-20). Pero, en palabras de Santiago, «Toda buena dádiva y todo don perfecto viene de lo alto» (Stg. 1:17). Existe una iluminación general que alcanza a toda la raza humana, y generalmente los autores del Nuevo Testamento enseñan que Dios se revela en parte a todo el mundo (Ro. 1:20), al menos, lo suficiente para que nadie tenga excusa si toma el mal camino, en vez del buen camino[68]. Juan atribuye esta iluminación general a la función del Verbo. En cuanto a la palabra "mundo", ver la Nota Adicional B.

10 El sistema que Juan más emplea para enfatizar palabras es sencillo: la repetición. Aquí, repite tres veces la palabra "mundo", y las tres veces es la palabra principal de la frase. Está claro que Juan quiere destacar esa palabra. La primera vez que la usa dice que el verbo (o la luz)[69] estaba "en el mundo". El verbo recoge la idea de continuidad. No vino al mundo a hacer una visita fugaz, sino que estuvo en el mundo durante un período de tiempo, de forma continua. En segundo lugar, se nos recuerda que el mundo le debe su existencia al Verbo. «El mundo fue hecho por medio de Él» tiene el mismo vocabulario y construcción

---

siempre usa ἀληθινός con función atributiva, y ἀληθής, como función predicativa (*BT*, 11 [1960], pp. 174-75; la duda surge debido a las variantes textuales). Brown rechaza este análisis sosteniendo que esta palabra tiene función predicativa en 4:37; 7:28; 19:35, y optando por las otras variantes (*The Epistles of John* [New York, 1982], p. 267). Pero parece ser que la posición de Kilpatrick es la más acertada. La distinción que Juan hace entre estas dos palabras es puramente una distinción gramatical, y no deberíamos darles significados diferentes. Ambas palabras cubren varios aspectos o matices de un mismo significado, que incluye tanto "verdadero" como "genuino". BAGD da estas dos traducciones para las dos palabras indistintamente.

[67] Puede que se use el singular πάντα ἄνθρωπον, en vez del plural πάντας, para referirse a cada persona, de manera individualizada, en vez de a todo el mundo en general.

[68] Calvino dice que "los hombres (...) tienen grabada en su conciencia la distinción entre el bien y el mal. Por lo que no hay hombre alguno a quien no llegue el destello de la luz eterna". Strachan no cree que estas palabras quieran decir que "en todo hombre, independientemente de su raza y religión, hay al menos un pequeño conocimiento o consciencia de Dios". En su opinión, estas palabras tienen el mismo significado que 3:21, y que Juan tiene en mente el efecto del mensaje. Así, "la idea del Juicio está muy presente". Barrett comenta lo siguiente: "la luz brilla sobre todos los hombres para juicio, para revelar lo que Él es".

[69] En la tercera proposición, el pronombre αὐτόν es masculino, lo que quizá indica que deberíamos interpretar "mundo", en vez de "luz", que es neutro.

que el versículo 3 (ver nota en el comentario al v. 3). En tercer lugar, explica que el mundo ha rechazado al Verbo, y la forma en que Juan desarrolla el versículo hasta llegar a ese rechazo enfatiza la gravedad del tema: el verbo estuvo en el mundo durante un tiempo, en el mundo que Él había creado, y aún así, el mundo no quiso conocerle[70]. Se da un cambio sutil en el significado de la palabra "mundo". En las dos primeras apariciones se refiere a la tierra, con todo lo que en ella hay (que incluye, obviamente, la raza humana). Pero en la tercera aparición significa "gente", más concretamente las personas que estuvieron en contacto con Jesús de Nazaret. Ver la Nota Adicional B.

"No le conoció[71]" va más allá del conocimiento intelectual. También recoge la idea de no llegar a conocerlo de una forma cercana, íntima: conocer y amar como un amigo, tener una buena relación. El tiempo verbal es aoristo, que quizá indica una única acción; el mundo perdió aquella gran oportunidad. No supo reconocer o conocer al Verbo cuando estuvo en la tierra. El mundo no le conoció. Y nunca lo hace. La reacción característica del mundo hacia el Verbo es la indiferencia total.

11 Juan resalta la gravedad del rechazo, usando expresiones muy vivas[72]. Las primeras palabras podrían haberse traducido como "Vino a su casa"[73]. Es exactamente la misma expresión que usa cuando el discípulo amado, respondiendo a las palabras que Jesús pronuncia desde la cruz, recibió a María "en su propia casa" (19:27; cf. 16:32). Cuando

---

[70] El pronombre αὐτόν es masculino y quiere decir "él". Pero gramaticalmente se refiere a φῶς y debería ser neutro. Es posible interpretar que el verdadero sujeto sea el Λόγος, ahora en forma de luz. O puede que Juan ya esté pensando en el Cristo encarnado. Las dos interpretaciones podrían ser correctas. Dodd las desarrolla más y analiza cuáles serían algunas de sus implicaciones (*IFG*, pp. 268-70).

[71] El verbo es γινώσκω, que muchas veces se refiere a adquirir conocimiento prestando atención y haciendo un esfuerzo, mientras que οἶδα denotaría un conocimiento intuitivo. Pero parece ser que en este evangelio no hay una distinción clara entre estos dos verbos. Ver el comentario de 2:24.

[72] En un pasaje muy conocido de San Agustín, menciona haber leído en los escritos de los platonistas algo parecido a la enseñanza que el prólogo expone hasta este versículo. "Pero no leí en aquellos libros que *vino a los suyos, y los suyos no le recibieron*" (*Confesiones* 2.9). Aquí encontramos el elemento que diferenciaba el cristianismo y el Evangelio, de los escritos de los filósofos.

[73] En griego es εἰς τὰ ἴδια ἦλθεν. W. F. Howard acepta este significado, pero añade: "También podría traducirse por 'su propiedad'" (*IB*). Lutero distingue entre la venida de Cristo al mundo mencionada antes, y esta venida a la que él llama "el advenimiento real" que, según él, se refiere al inicio del ministerio público después de su bautismo (Lutero, 22, p. 77).

el Verbo vino a este mundo no vino como extranjero, sino que venía a su propia casa. Además, vino al pueblo de Israel. Si hubiera venido a otra nación sería más fácil comprender el rechazo, ¡pero Israel era el pueblo escogido de Dios! El Verbo no vino a una nación en la que hubiese sido normal que no le hubiesen reconocido, sino que vino a su pueblo, donde la gente sí debería haberle reconocido.

Así que fue su propia gente, "los suyos"[74], los que "no le recibieron". Esto hace que ahora los suyos hayan entrado en una relación diferente con el Rechazado. Tendrían que haberlo reconocido. Tenemos que ver la referencia que aquí hay a la nación judía. Han podido disfrutar de muchos privilegios, más concretamente de la revelación de Dios "en muchas ocasiones y de muchas maneras" (He. 1:1). Y esta vez Juan no dice que "no le conocieron", sino que "no le recibieron". Este verbo, "recibir", se usa para hablar de relaciones íntimas. Por ejemplo, se usa cuando José toma a María por esposa (Mt. 1:20, 24) y cuando Cristo toma a los creyentes para que estén con él en el cielo (14:3). Esta era la bienvenida que su pueblo tenía que haberle dado cuando vino "a su propia casa". Pero "no le recibieron". El tiempo aoristo, como en el versículo anterior, hace hincapié en la acción decisiva del rechazo[75]. Consigue que nuestra atención vaya a parar más sobre la crisis, que sobre el resultado continuo.

De paso, podemos decir que este es un excelente ejemplo del énfasis joánico en la Encarnación. No se contenta con una serie de antagonismos "mitológicos", con contrastar la "luz" y las "tinieblas". Escribe de forma personal y específica.

---

[74] οἱ ἴδιοι. Véanse tanto las similitudes como las diferencias con εἰς τὰ ἴδια.

[75] Plummer y otros autores distinguen entre el significado que aquí tiene παρέλαβεν, y el significado de ἔλαβον en el siguiente versículo. Según Plummer, el primer verbo quiere decir "tomar o aceptar lo que otro ofrece", mientras que el segundo "denota la aceptación *espontánea* de las *personas*, judíos o gentiles". Cristo fue ofrecido a la nación judía, pero éste no aprovechó la oferta. Moffatt hace otra distinción al añadir en su traducción las palabras "bienvenida" en el v. 11 y "aceptado" en el 12. Sin embargo, Moulton niega que haya una distinción, alegando que no son más que "expresiones idiomáticas en las que, cuando el verbo se repite, se omite la preposición de las construcciones compuestas, sin que esto altere el significado" (M, I, p. 115). En vista de la predilección de Juan por usar sinónimos que aparentemente no presentan diferencias en el significado, no sería muy sabio darle demasiada importancia a las diferencias que aquí podamos encontrar. Ya hemos dicho antes que usar diferentes palabras o expresiones que casi tienen el mismo significado es una característica del estilo de Juan (*SFG*, pp. 293-319). Ver también la nota que aparece en el comentario de 3:5.

12 Juan no quiere dar la impresión de que nadie respondió al Verbo positivamente (impresión que a uno le podría quedar después de leer el v. 11). La mayoría de gente le rechazó, pero algunos le recibieron, y ahora se dispone a escribir sobre ellos. En griego tenemos una construcción gramatical muy poco habitual, lo que hace que "todos los que le recibieron" no encaje perfectamente en la frase[76]. El efecto que se consigue es crear un contraste entre los que reciben al Verbo y los que le rechazan, para acabar resaltando a los que le aceptan. Es a ellos a quienes les ha sido dado "el derecho" o "potestad" de llegar a ser hijos de Dios. Encontramos aquí tres palabras importantes. (1) "Dio". El final de la historia no es la gravedad del rechazo, sino la *gracia* de la aceptación. A algunos les *dio* el don de que quisieran recibir al Verbo y así ser hijos de Dios. (2) "El derecho"[77]. Juan no habla de poder, en el sentido de "poder sobre el pecado" (aunque, de hecho, es algo que también reciben). Juan está hablando del estatus de hijos[78]. Han recibido la plena autoridad de disfrutar de todo lo que ese título comporta. No dice "ser", sino "llegar a ser" o "ser hechos". No solo se está hablando de un estatus, sino de un cambio de estatus. Es lo que Jesús llama "pasar de vida a muerte" (5:24). (3) "Hijos". Juan los llama "hijos", y no "criaturas" de Dios. El término que usa denota una comunidad de gente con la misma naturaleza (cf. 2 P. 1:4, «a fin de que (...) lleguéis a ser partícipes de la naturaleza divina»), en vez de centrarse en los derechos y los privilegios del estatus de hijo[79]. Aunque

---

[76] Este es el primero de los 27 ejemplos que Burney menciona en lo que se usa el *casus pendens* seguido de un pronombre, que parece ser una evidencia de su origen semítico (*AO*, pp. 64-65). Esta construcción aparece en muchos idiomas, así que lo importante no es que Juan la use, sino la frecuencia con la que la repite. Burney ha buscado esta construcción en los Sinópticos y solo aparece 21 veces, por lo que concluimos que Juan la usa con muchísima más frecuencia. Black, además, añade que una vez acabado el prólogo la mayoría de veces que encontramos esta construcción, está en dichos de Jesús, y todos están en estilo directo (*AA*, p. 35; tendríamos que ver si eso es lo que ocurre en 3:32). De aquí algunos concluyen que las expresiones de este evangelio son de origen arameo.

[77] ἐξουσίαν. BAGD da como primera acepción de esta palabra, "*libertad de expresión, derecho* a actuar o decidir, o a disponer de la propia propiedad como uno desea" (aunque al hablar de este pasaje propone "*habilidad* para hacer algo").

[78] "El significado inicial de la palabra es el de autorización, un título que otorga un nuevo estatus, y no el de una habilidad inherente" (*IB*).

[79] El término que Juan usa es τέκνα. Nunca usa υἱός para hablar de los seres humanos que son hijos de Dios, sino que guarda este término para hablar de Cristo, el único que tiene derecho a todo lo que esa palabra significa. Este es un uso característicamente joánico. Lo más parecido que Juan usa para referirse a la idea de "hijo"

el Nuevo Testamento presenta a Dios como el Padre de todos, paradójicamente no dice que todos sean hijos de Dios. La actitud de Dios hacia todo el mundo es la de un Padre. Todos son sus criaturas porque Él ha creado a todo el mundo y es su proveedor. Pero solo serán hijos en el pleno sentido de la palabra cuando respondan a lo que Cristo ha hecho por ellos. Cuando reciben al Verbo, nacen de nuevo (cap. 3) como parte de la familia celestial. Solo en este sentido podemos decir que son "hijos" de Dios.

Por tanto, los "hijos" son aquellos que creen[80]. En la primera parte del versículo Juan ha hablado de recibirle, y ahora habla de creer en su nombre[81]. Estas son maneras diferentes de ver el mismo cambio espiritual por el que uno deja de confiar en sus propios méritos y logros y pasa a confiar en Cristo. Igual que las primeras palabras del versículo, estas palabras están unidas por una construcción poco definida, poco urdida. El efecto que se busca es darle a esas palabras un cierto énfasis. Lo importante es que la fe es el camino. Juan no quiere que a sus lectores se les pase esto por alto. Nótese que tienen que creer "en su nombre". La palabra "nombre" tenía mucho más significado para la gente de la Antigüedad que para nosotros. Ahora lo entendemos como un simple apelativo, una etiqueta que nos ayuda a distinguir a las personas. Aunque en cierto sentido, es algo sin demasiada importancia. Pero en la Antigüedad el nombre tenía que ver con toda la persona y su personalidad. Por ejemplo, cuando el salmista habla de amar el

---

– aplicado a seres humanos – es cuando les dice que tienen que llegar a ser υἱοὶ φωτός (12:36). Sin embargo, Pablo sí usa tanto υἱοί como τέκνα para referirse a personas. Usa el primer término para hablar de los derechos que Cristo confiere a los adoptados en la familia celestial más que para hablar de la naturaleza que comparten.

[80] Curiosamente, Schnackenburg dice que el pasaje "habla del proceso sobrenatural que tiene lugar en el Bautismo". Sí estoy de acuerdo en que habla del "proceso sobrenatural", pero en el pasaje no se menciona el Bautismo en absoluto. Juan está escribiendo sobre la fe, lo que no es una acción eclesial.

[81] La expresión es τοῖς πιστεύουσιν εἰς τὸ ὄνομα αὐτοῦ. Aunque Juan usa el verbo πιστεύω 98 veces (mientras que Mateo solo 11, Marcos 14, Lucas 9, Hechos 37 y Pablo 54), nunca usa el sustantivo πίστις. Algunos creen que esto se debe en parte a que el uso del sustantivo estaba muy extendido entre los pensadores heréticos. Pero está claro que concebía la fe como una actividad, como algo que la gente "hace". Su construcción favorita es el verbo seguido de εἰς y el acusativo (36 veces). Sobre esto W. Turner escribe: "El sentido debe ser que el creyente se deja caer sobre su Señor, con una confianza y una fe llenas de entrega y amor" (*ExT*, LXIV [1952-53], p. 51). Sin embargo, un simple dativo solo significa creer que lo que alguien dice es verdad. Pero de hecho, si uno cree en Dios, actúa conforme a lo que esa creencia implica, así que probablemente no haya mucha diferencia en el significado último. Ver la Nota Adicional E.

nombre de Dios (Sal. 5:11), o cuando ora "Que el nombre del Dios de Jacob te ponga en alto" (Sal. 20:1), lo hace pensando en todo lo que "Dios" significa. El nombre expresa lo que toda la persona es[82]. Creer en el nombre del verbo significa confiar en la persona del Verbo. Se trata de creer en Él tal y como es[83]. Creer que Dios es el Dios revelado en el Verbo y poner nuestra confianza en ese Dios. Así que es mucho más que una simple creencia. No se trata solo de creer que lo que dice es verdad, sino confiar en Él. La expresión griega que aquí se usa se ha encontrado en los papiros en contextos donde está relacionada con la idea de posesión[84]. Si el Nuevo Testamento también recogiese este uso, entonces tendríamos el matiz adicional de que cuando creemos, pasamos a ser posesión de aquel en quien hemos creído.

13 Juan pasa a explicar la forma en que se nace en la familia de Dios. Muchos de los estudiosos de los manuscritos latinos optan por traducir el verbo "nacer" en singular, creyendo que se refiere al nacimiento virginal[85]. Sin embargo, en todos los manuscritos griegos y la mayoría de traducciones aparece en plural, evidencia de tanto peso que

---

[82] Sobre el uso de "el nombre" en la Antigüedad ver la nota de S. New en *The Beginnings of Christianity*, ed. F. J. Foakes-Jackson y K. Lake, V (Londres, 1933), pp. 121-40.

[83] BAGD explica el significado de "creer en el nombre del Hijo" como "creer en el Hijo y aceptar lo que su nombre dice de Él" (2.a._). Aquí encontramos un significado similar.

[84] Ver MM *sub* ὄνομα (5). Estos autores creen que el uso de esta expresión en relación con el Bautismo significa "bautizados para pasar a ser parte de".

[85] En los antiguos manuscritos latinos (MS *b*) encontramos el singular, y el verbo (solo el verbo, el pronombre no) aparece en singular en syr^c. Esta idea también cuenta con algo de apoyo patrístico, sobre todo de Ireneo (traducción latina; ver *Adv. Haer.* 3.16.2) y Tertuliano. Este último defendía vigorosamente la conjugación en singular (*De Carn. Chr.*, 19), y cree que el plural es una invención de los heréticos. Justino dice: "Su sangre [de él] no brotó de semilla humana, sino de la voluntad de Dios" (*Dial. Try.* 63), que sugiere, quizá, esta interpretación. En la actualidad, los que defienden el singular son Burney, Torrey, Boismard y otros (ver una lista en Boismard, *St. John's Prologue*, p. 39, nota al pie núm. 1). Ver también Hoskyns, pp. 163-166, y Boismard, pp. 35-45. Torrey cree que el texto nos ofrece "un dicho imposible, sin sentido". Cree que el tiempo pasado del verbo anula la posibilidad de que ese dicho sea una promesa de nuevo nacimiento, y continúa diciendo: "Solo hay un ser que puede ser descrito con las palabras que aquí se usan" (*Our Translated Gospels* [Londres, n.d.], pp. 151-53). Pero no deberíamos pasar por alto la advertencia de MacGregor: "(cf. He. 7:3) las palabras en cuestión del mismo modo que anulan la idea de un padre humano anularían la idea de una madre humana". Deberíamos pensar también que no habla en ningún otro lugar del nacimiento virginal, aunque sí hace referencia a la regeneración (cap. 3; es un tema importante en este evangelio: ver 2:29; 3:9; 4:7; 5:1, 4, 18).

hace que ésta sea la versión que aceptamos. Podría ser posible que Juan deliberadamente usara palabras que evocaran al nacimiento virginal, como Temple y Hoskyns sostienen (entre otros). Así podría recordar a sus lectores que su existencia espiritual se basa en lo que Cristo ha hecho por ellos.

El origen de la expresión "hijos de Dios" aparece descrito tres veces de forma negativa, y una de forma afirmativa. Nacen "no de sangre". Es curioso que en griego aparezca en plural: "no de sangres". El hecho es que en la Antigüedad la idea de dar a luz se veía como el resultado de la acción de la sangre. En la *Sabiduría de Salomón* leemos: «(...) en el seno de una madre fui hecho carne; durante diez meses fui modelado en su sangre, de una semilla de hombre y del placer que acompaña al sueño» (Sabiduría 7:1-2). El plural aquí puede referirse a la acción de los dos padres[86], o a todo el conjunto de sangre, formado por muchas gotas[87]. «Ni de la voluntad[88] de la carne» hace referencia al deseo sexual, aunque deberíamos ser conscientes de que Juan no usa el término "carne" con el sentido peyorativo que normalmente tiene en Pablo. Para él significa más bien la naturaleza corporal en su debilidad, y no tanto la pecaminosidad de la naturaleza humana. "La voluntad de la carne" se refiere al deseo que nace de la constitución natural de nuestro cuerpo. "La voluntad del hombre" podemos entenderlo con el mismo sentido - algunas versiones traducen "la voluntad del marido" [*N. de la T.*] -, o podemos tomarlo de forma más general: "ni de voluntad humana de ningún tipo". El hecho de que aparezcan tantas expresiones de este estilo se entiende al considerar el orgullo racial judío. Los judíos creían que Dios les iba a ser favorables gracias a sus "padres", es decir, sus antecesores. Y Juan rechaza esta idea de forma enfática. El nacimiento del que está hablando no proviene de forma o decisión humana, por grande o excelente que ésta sea.

---

[86] Para Turner el plural es la típica manera de referirse al "marido y a la mujer" (M, III, p. 27).

[87] Hoskyns cree que el autor no podía decir que "los cristianos no nacieron de sangre (singular), porque de hecho su nacimiento depende de una muerte cuya característica es el derramamiento de sangre (19:34)".

[88] A Juan le gusta bastante la palabra θέλημα, que usa 11 veces (más que cualquier otro libro del Nuevo Testamento). Aquí vemos una referencia implícita a la voluntad de Dios, referencia que, ya sea implícita o explícita, aparece en todos los pasajes en los que Juan usa esta palabra. La frecuencia con la que Juan usa este término nos revela su profundo interés por la forma en que hace efectiva la voluntad de Dios.

A cambio[89], Juan explica la forma en que se puede nacer en la familia de Dios. El nuevo nacimiento es un milagro. La iniciativa humana no sirve para nada[90]. Ese nacimiento es "de Dios". En este punto, Juan hace uso del simbolismo, ya que la palabra que usa para "nacieron" – elidido en esta última proposición [*N. de la T.*] – es el verbo que se suele usar cuando el marido fecunda a la mujer (ver el comentario de 3:3)[91].

14 Hemos llegado a la declaración más concisa sobre la Encarnación. "El Verbo" (ver el comentario del v. 1 y la Nota Adicional A) se refiere a aquel que no es menos que Dios. "Se hizo" es aoristo, e indica una acción en un momento concreto[92]. "Carne" es un término muy crudo para referirse a la naturaleza humana (cf. el uso que le da en Ro. 1:3; 8:3; 1 Ti. 3:16; 1 Jn. 4:2, aunque algunas versiones tienden a usar paráfrasis). Juan no dice "el Verbo se hizo hombre", ni "el verbo tomó forma de cuerpo". Escoge la expresión que expresa lo que quiere transmitir de la manera más directa posible. Es muy probable que estuviera rodeado de pensadores de tipo doceta, gente que estaba dispuesta a aceptar que Jesús de Nazaret era el Cristo de Dios, pero que negaban su humanidad. Creían que todo era "apariencia", que solo parecía que era humano. Dios no podía contaminarse teniendo un contacto tan directo con la raza humana. Pero el término que Juan usa

---

[89] Ver el uso de la partícula marcadamente adversativa: ἀλλ'.

[90] Lucetta Mowry cree que en esta sección hay una referencia a la idea de Qumrán que establecía que hay dos grupos de hombres; aunque aquí la base de la división sería distinta. Detrás de la argumentación de Juan podemos ver "las ceremonias esenias, en las que a los hombres se les ascendía o descendía de rango según los logros éticos conseguidos en el año que acababa de pasar. Pero Juan sostiene que uno tiene que ser transformado por un poder exterior a su persona. Es el espíritu divino el que transforma a los hombres" (*BA*, XVII [Dec. 1954], p. 92).

[91] Basándose en las citas patrísticas, Boismard reconstruye los versículos 12 y 13:
"A todos los que le recibieron,
les dio el don de llegar a ser hijos de Dios.
Aquel que (*sic*) ni de carne ni de sangre
Sino que fue engendrado por Dios". (*St. John's Prologue*, p. 35).
No podemos negar el valor de las citas patrísticas, pero personalmente no veo cómo pueden tener más valor que el testimonio de los manuscritos en este caso.

[92] C. E. B. Cranfield arguye (al contrario que Barrett) que "se hizo" es muy probablemente el significado natural que aquí tiene *egeneto* (*ExT*, 93 [1981-82], p. 215). El verbo es exactamente el mismo que el que usa cuando está hablando de Juan el Bautista en el v. 6, que asevera la verdad y la realidad de la Encarnación.

no deja lugar a dudas. Queda muy clara la deidad del Verbo. Pero, igual de clara queda la autenticidad de su humanidad[93].

Fijémonos que ésta es la primera vez que Juan indica que el Verbo y Jesús son la misma persona. Hasta este punto, lo más probable es que el lector pensara que "el Verbo" se refería a un principio cósmico supremo, o algo por el estilo. Pero tan solo con una frase breve y aplastante Juan pone al descubierto el concepto principal del cristianismo: que el mismísimo Verbo de Dios se hizo carne para poder ofrecernos la salvación.

El Verbo «vivió durante un tiempo entre nosotros». Exactamente, esta palabra quiere decir "montar el campamento"; lo que denota que fue una visita temporal (Moffatt, "se quedó entre nosotros"). Pero no debemos aferrarnos demasiado a esta idea, y cualquier exégesis que hable de una encarnación limitada por el hecho de que el Verbo "hizo tabernáculo" entre nosotros es un error. El término había pasado a usarse para referirse a un asentamiento permanente (por ejemplo. Ap. 12:12; ¡y no puede haber una morada más permanente que el cielo!). Pero puede que para los judíos, esta palabra suscitara otras asociaciones de ideas. El lugar de adoración durante la peregrinación de Israel en el desierto, el lugar donde estaba la presencia de Dios, era el "tabernáculo", y el verbo que aquí se usa deriva de este sustantivo. Además, con la referencia inmediata a la "gloria"[94], queda aún más claro que Juan quiere que pensemos en la presencia de Dios en el tabernáculo pues la gloria estaba asociada con el tabernáculo. Por ejemplo, la pri-

---

[93] Laurence Housman, maravillado por esta realidad, escribe estos versos:
"La Luz miró hacia abajo y la Oscuridad vio.
'A ese lugar, voy a descender', dijo la Luz.
La Paz miró hacia abajo y la Guerra vio.
'A ese lugar, voy a descender', dijo la Paz.
El Amor miró hacia abajo y el Odio vio.
'A ese lugar, voy a descender', dijo el Amor.
La Luz vino, y brilló.
La Paz vino, y descanso dio.
El Amor vino, y la vida ofreció.
Y el Verbo se hizo carne, y entre nosotros habitó".

[94] En Strachan, pp. 103-6, hay una buena reflexión sobre la gloria. Destacamos, sobre todo, los dos siguientes comentarios: "Cuando el evangelista dice *Y vimos su gloria*, lo que está diciendo es que el propósito final de Dios ya se ha cumplido en la persona histórica de Jesús", y "La 'glorificación' de Jesús siempre se refiere a su muerte" (p. 106). Ver también los artículos de Paula von Mirtow en *Theology*, XLIX (1946), pp. 336-40, 359-65). Ver también el comentario sobre δοξάζω en 7:36.

mera vez que se erigió, "la gloria del Señor llenó el tabernáculo" (Éx. 40:34). Puede que también pensemos en otros simbolismos. Parece que la mayoría están de acuerdo en que para Juan, Jesús era un nuevo Moisés, aún mayor que él, y algunos estudiosos creen que en este texto se hace bastante evidente[95]. Es posible que tuviera en mente la teofanía sinaítica o algún otro incidente del Antiguo Testamento. Pero está claro que Juan está queriendo reflejar la asociación entre la gloria y el tabernáculo. A menudo, los escritos judíos se refieren a la gloria como resultado de la presencia inmediata del Señor. Lo empezaron a relacionar con la *Shekinah*, que significa "morada" y se usa para designar que Dios habita en medio de su pueblo (en los Targumes a veces se sustituía este término por el nombre de Dios). Los judíos usaban este término de diversas maneras, y puede que Juan tuviera varias de ellas en mente. Como dice A. M. Ramsey, "Descubrimos varios referentes: por un lado, el tabernáculo en el desierto; por otro, el simbolismo profético de que el Señor hace tabernáculo en medio de su pueblo y la *Shekinah*, que apunta a que habita en medio de ellos (...) El lugar en el que habita es la *carne* de Jesús". Continúa hablando de la fuerza de este pasaje de la siguiente manera: "Todas las veces que Dios ha habitado entre el pueblo de Israel habían sido transitorias e incompletas: todas tienen su cumplimiento en la venida y la visita del "verbo hecho carne"[96]. Esa es la cuestión. Lo que se anunciaba, y a veces ya se anticipaba – aunque

[95] Algunos autores creen que aquí hay una referencia a la teofanía sinaítica, en vez de al contexto del tabernáculo. Los puntos en común con Éxodo 33 son muchos:

Éxodo 33	Juan 1
7 Y acostumbraba Moisés a tomar la tienda (o tabernáculo)	14 Y el Verbo se hizo carne, y habitó (hizo tabernáculo) entre nosotros
9 la columna de nube descendía y permanecía en la entrada de la tienda	17 la ley fue dada por medio de Moisés
10 todo el pueblo veía la columna de nube Vimos su gloria	18 Nadie ha visto jamás a Dios El unigénito Dios (...) le ha dado a conocer
11 Y acostumbraba a hablar el Señor con Moisés cara a cara	
20 no puedes ver mi rostro	
23 verás mis espaldas; pero no se verá mi rostro	

Todo esto respalda la postura de que Juan quiere que veamos a Jesús como el nuevo Moisés. H. Mowvley hace hincapié en la importancia de la relación con Éxodo 33, en un artículo que aparece en *ExT*, 95 (1983-84), p. 135-37.

[96] *The Glory of God and the Transfiguration of Christ* (Londres, 1949), pp. 59-60. También W. Nicholls, "Con el uso que le da a *skene, eskenosen*, San Juan sugiere que Cristo – como el verbo hecho carne – era la verdadera *Shekinah*, la verdadera presencia de Dios con los hombres" (*Jacob's Ladder* [Londres, 1958], p. 19).

de una manera imperfecta – se cumplió de forma perfecta cuando el verbo se hizo carne.

Hay otro elemento que apunta a que Juan tenía en mente la Shekiná y la gloria resultante, que es la declaración expresa de que la gloria era "la gloria como del unigénito del Padre"[97]. El verbo "contemplar" siempre se usa en Juan (de hecho, en todo el Nuevo Testamento) para designar la acción de ver físicamente, con los ojos. No se usa para las visiones[98]. Juan está hablando de la gloria que podía verse en el Jesús de Nazaret físico, terrenal. Como vino de forma humilde, tenemos ya un ejemplo de la impactante paradoja que Juan usa más adelante, que consiste en que la gloria verdadera se ve, no en el esplendor externo, sino en la humildad con la que el Hijo de Dios habitó entre nosotros y sufrió por nosotros. Según Juan, los milagros mostraban la gloria de Cristo (2:11; 11:4, 40). Pero de una forma más profunda, la verdadera gloria se manifiesta en la cruz ignominiosa (12:23-24; 13:31). La repetición de la palabra "gloria" apunta a que es algo muy real. La verdadera gloria estaba allí, en medio de ellos, encarnada en la vida terrenal del Verbo[99]. Y podía verse[100].

---

[97] Pero por ejemplo Barrett dice que la *Shekinah* no quiere decir la gloria de Dios, sino la presencia de Dios, además, σκηνόω y sus compuestos no se suelen usar para traducir שׁכן.

[98] D. E. Holwerda hace hincapié en lo siguiente: "La primera persona del plural del verbo 'vimos' de 1:14 no se refiere a la Iglesia Apostólica (Barrett, *Comm.*) o a los creyentes en general ya sean de antes o de después de la resurrección (Bultmann, *Comm.*). Se refiere a aquellos que vieron el σκηνοῦν de Jesús. Como dice Bultmann, no todos los que vieron a Jesús con sus propios ojos vieron su gloria, por lo que θεάομαι se refiere a 'ver' a través de la fe. Pero esto no implica que debamos creer que 'vieron' es aplicable a todos los creyentes. Hoy en día, todos los creyentes ven a Jesús mediante la fe, pero no ven al Jesús terrenal (σκηνοῦν)" (*The Holy Spirit and Eschatology in the Gospel of John* [Kampen, 1959], p. 3, n. 8).

[99] Wright comenta: "Cualquier cosa que despierte en nosotros la realidad de la presencia de Dios es una manifestación de la gloria divina. Así lo fue *Tintern Abbey* para Wordsworth. Así lo fue *el río Támesis* para Francis Thompson. Así lo fue *'la flor en el muro agrietado'* para Tensión". Todo esto es cierto, pero ni mucho menos es un caso paralelo al del pensamiento de Juan. Para él, Jesús era el único que encarnaba la gloria de Dios. Como Jesús es el Verbo, podemos ver en Él la gloria divina, y únicamente en Él. Ver el comentario de 3:14.

[100] Esto tiene algunas implicaciones para el servicio cristiano. Tal y como nos recuerda C. H. Dodd, "Como el Señor es Rey, y su poder sobre todas sus criaturas es absoluto, la palabra de Dios es en primer lugar una orden o exigencia. Cristo como λόγος es la orden que Dios nos envía (...) Si nuestra adoración no incluye este elemento de 'lealtad integral', no hemos entendido la seriedad de la declaración: 'el *Verbo* se hizo carne' " (*Studies in the Fourth Gospel*, ed. F. L. Cross [Londres, 1957], p. 21).

Al término "unigénito" no deberíamos darle más importancia de la que tiene. Algunos han apuntado a que sugiere una relación metafísica, o algo por el estilo, pero el término griego solo recoge el significado de "único", "solo"[101]. Se usa, por ejemplo, para referirse al "único" hijo de la viuda de Naín (Lc. 7:12; cf. también 9:38). Lo mismo ocurre con la hija "única" de Jairo (Lc. 8:42). Quizá es más significativo ver que se usa para referirse a Isaac (He. 11:17), ya que Abraham tenía más hijos. Pero Isaac era "único". Era el único hijo que Dios le había dado bajo su promesa. Aquí, aunque la palabra no denota una relación metafísica, al menos muestra que Jesús es el Hijo de Dios de una manera especial. Nadie más es ni puede ser como el Hijo de Dios. El carácter único de la relación entre el Padre[102] y el Hijo es uno de los grandes temas de este evangelio. La idea que aquí aparece de forma casi desapercibida, se va desarrollando en el Evangelio de forma gradual y poderosa. A partir de este momento, como dice R.H. Lightfoot, «San Juan deja atrás el uso de la palabra Logos, para usar no solo el nombre histórico 'Jesús', sino también los términos más personales de 'Padre' e 'Hijo'».

Pero nos encontramos con un pequeño problema: ¿con qué deberíamos unir la expresión "lleno de gracia y de verdad"? La traducción ARV propone "y contemplamos (...) el Padre" en paréntesis y pone la expresión con "el Verbo"; la RSV, "el Verbo se hizo carne y habitó entre nosotros, lleno de gracia y verdad" apunta en la misma dirección. La REB, "vimos su gloria, una gloria como corresponde al unigénito del Padre, llena de gracia y verdad", donde se une la expresión a "gloria", solución que encontramos también en la NRSV, "la gloria del unigénito de un padre, llena de gracia y verdad". Muchos de los primeros Padres optaron por esta explicación, igual que algunos comentaristas modernos (por ejemplo MacGregor). Otra interpretación es que la expresión califica a "unigénito"[103]. Puede que aún haya más que decir

---

[101] Fijémonos que μονογενής deriva de γίνομαι, y no de γεννάω (una ν, no dos). Ver el comentario de D. Moody, *BT*, 10 (1959), pp. 145-47.

[102] Para Juan, la palabra más característica para Dios es 'Padre': usa esta palabra más de la mitad que los demás escritores, y la mayoría de ellas es para referirse a Dios. Los porcentajes en los Evangelios son los siguientes: Mateo 64 veces; Marcos 18 veces; Lucas 56 veces; y Juan 137 veces. De esas 137, 122 se refieren a Dios.

[103] Si interpretamos que πλήρης es masculino y nominativo, obligatoriamente tiene que acompañar a λόγος. Pero algunos dicen que esta palabra no es declinable, y en tal caso podría concordar tanto con δόξαν como con μονογενοῦς. Juan no usa este adjetivo en ningún otro lugar, así que no podemos cotejar el uso que aquí se hace con ningún otro pasaje.

de la primera interpretación, pero de todos modos está claro que se trata de un problema de la gramática griega, y no de un problema semántico, tanto en una interpretación como en la otra, el que está lleno de gracia y verdad es el Verbo.

"Gracia" es uno de los conceptos cristianos más preciosos, y casi es un misterio que Juan lo use tres veces en el prólogo, y no lo vuelva a usar en el resto del Evangelio. Significa, básicamente, "lo que causa gozo" o "encanto". También se ha traducido por "buena voluntad", "amabilidad", con el matiz de que la persona que ha recibido el favor no era merecedora de ello. En el lenguaje de la creencia cristiana se entiende como la provisión de Dios para nuestra necesidad espiritual a través de su Hijo, a quien envía para que sea nuestro Salvador. De aquí derivan las ideas de las bendiciones que Dios da a los que se salvan, y la actitud de gratitud que estos deberían tener hacia Dios por toda la bondad recibida. Y la figura que mejor expresa esta idea de la gracia de Dios es el Verbo hecho carne.

A todo esto el autor añade el concepto de "verdad", otra palabra importante y característica de este evangelio. Aparece 25 veces, lo que demuestra que es un tema de sumo interés para nuestro evangelista. Normalmente, pensamos que la verdad es simplemente lo opuesto de la mentira, y así usa Juan esta palabra en muchas ocasiones (por ejemplo, 8:45). Pero para él tiene un significado mucho más amplio. Igual que "vida" y "luz", términos que ya hemos explicado, "verdad" es una palabra estrechamente relacionada con Jesús. Tanto, que se vio con el derecho de decir "Yo soy (...) la verdad" (14:6). En la Nota Adicional D desarrollamos más la riqueza de este concepto joánico. Está claro que para Juan la verdad tiene diferentes caras. Cuando dice que el Verbo encarnado está lleno de gracia y de verdad nos está queriendo decir que el concepto de verdad y de la completa fiabilidad de Dios son inseparables[104]. La verdad, tal como él la entiende, es algo que no se puede llegar a conocer si no se conoce a Dios. El Verbo es la revelación tanto de la Verdad como de la Gracia. La gente que solo se aferra a la gracia tiene un dibujo desequilibrado de la realidad. Dios

---

[104] Quizá también apunta a la conjunción de *hesed* y *emet* en el Antiguo Testamento (cf., por ejemplo, Éx. 34:6). Newbigin dice sobre este pasaje: "En el Antiguo Testamento la referencia principal es la fidelidad de Dios, y así 'gracia y verdad' significan la fidelidad de Dios con su pacto de misericordia". Sin embargo, C. K. Barrett nos advierte de que el significado joánico no equivale con el de la expresión veterotestamentaria (*The Gospel of John and Judaism* [London, 1975], p. 31).

es el Dios de la Gracia. Pero también es el Dios que exige de su pueblo "la verdad en lo más íntimo" (Sal. 51:6). Sus hijos tienen que practicar la verdad (3:21)[105].

E. LA INCOMPARABLE EXCELENCIA DEL VERBO (1:15-18)

15 Juan dio testimonio de Él y clamó[a], diciendo: Este era del que yo decía: «El que viene después de mí, es antes de mí, porque era primero que yo.» 16 Pues de su plenitud todos hemos recibido, y gracia sobre gracia. 17 Porque la ley fue dada por medio de Moisés; la gracia y la verdad fueron hechas realidad por medio de Jesucristo. 18 Nadie ha visto jamás a Dios; el unigénito Dios[b], que está en el seno del Padre, Él [le] ha dado a conocer.

a. 15 *(N. de la T.)* En la traducción que usa el autor, estos dos verbos aparecen en tiempo presente: *testifica y clama.*
b. 18 Algunos manuscritos *el unigénito Hijo*

El Prólogo concluye con una breve sección en la que se subraya la singularidad de Cristo. En primer lugar se nos recuerda que está por encima de Juan el Bautista; a continuación, la gran verdad de que Él suple todas las necesidades de su pueblo. No se puede comparar con Moisés, porque la Gracia y la verdad están por encima de la Ley. Al final del prólogo se nos dice que es el que da a conocer al Dios que ningún ojo humano ha visto jamás.

15 El uso del tiempo presente (ver la *N. de la T.* al v. 15) indica la idea de continuidad del testimonio de Juan: ¡el evangelista aún oye su voz![106] Aunque las palabras del profeta no son nada sencillas de analizar. Lo más normal es que hubiera dicho "Este es" (como el v. 30,

---

[105] Los conceptos "misericordia", "habitar", "gracia" y "verdad" que encontramos aquí también aparecen en el Salmo 85:9-10.
[106] Moulon ha demostrado que el perfecto κέκραγεν se usa con el sentido de presente (M, I, p. 147; también Burton, *Moods*, 78). Abbott (2479) sugiere que una de las razones por las que se usa este tiempo, en vez del aoristo, es que el aoristo se usa varias veces para hablar de la predicación de Jesús (7:28, 37; 12:44). Puede que esté en lo cierto, pero seguramente la razón principal es que para el evangelista la voz y la predicación de Juan el Bautista aún están en activo.

y como Rieu traduce en este mismo versículo). El uso del pasado "era" indica que el Bautista ya había hablado de Jesús, y ahora se está refiriendo a ese momento en el pasado. Quizá es también una manera de destacar la continua existencia del Verbo. Durante todo el prólogo nunca se usa el tiempo presente para referirse al Verbo, a excepción de "brilla" en el versículo 5[107]. En cambio, el tiempo que se usa para referirse al Verbo es el imperfecto continuo (v. 1, 2, 4, 9, 10), forma de hablar que hace hincapié en la continuidad de su existencia.

En la segunda mitad del versículo vemos que hay un cambio en la esfera referencial de las preposiciones: lo que importa ya no es tanto el tiempo, sino la importancia que tienen las figuras de las que se habla. "El que viene después de mí" destaca la idea de que el ministerio de Juan es anterior, temporalmente hablando, al de Jesús[108]. "Es antes de mí" indica que, a pesar de lo dicho anteriormente, el ministerio de Jesús es más importante. Tenemos que ver esta declaración en su contexto, puesto que en la Antigüedad se decía que lo anterior – cronológicamente hablando – era superior a lo que le sucedía con posterioridad[109]. Tenían un concepto muy humilde de la generación propia, y creían que los padres o antecesores eran más sabios que ellos. Es como si creyeran que "cualquier tiempo pasado fue mejor". Pero en el caso de Juan el Bautista y Jesús, el evangelista invierte ese principio. Antes de la venida de Jesús, Juan ocupaba el lugar principal, pero

---

[107] En χ D syr^c sah, algunos manuscritos latinos antiguos, y algún autor importante, aparece un presente en el v. 4: ἐστιν. Sin embargo, la mayoría de editores y comentaristas coinciden en que no es el texto verdadero, sino una corrección de ἦν. Boismard es la excepción, que no solo acepta el presente, sino que además altera el siguiente verbo para que también sea presente (aunque no aparezca así ni siquiera en los manuscritos antiguos) porque "está claro que la segunda vez que aparece el verbo 'ser' tiene que estar en el mismo tiempo que la vez anterior" (*St. John's Prologue*, p. 13). Pero este argumento tiene doble filo.

[108] Sin embargo, es posible interpretar las palabras de forma diferente. ὀπίσω en el Nuevo Testamento se usa con más frecuencia como referencia espacial, que temporal. Concretamente, ἔρχομαι ὀπίσω τινός expresa la idea de "seguir a alguien", es decir, "convertirse en un discípulo" (por ejemplo, Marcos 8:34). Aquí, la expresión podríamos interpretarla como: "Uno que vendrá después de mí es más importante que yo, porque (siempre) ha sido antes que yo, mi superior".

[109] O. Cullmann nos recuerda que la apologética judía argumentaba que Moisés era superior a los filósofos y poetas griegos porque era anterior a ellos (*The Early Church* [London, 1956], pp. 177-82). La literatura clementina refleja la idea contraria, que lo que era anterior, era inferior (Caín es anterior a Abel, Ismael nació antes que Isaac, Esaú, antes que Jacob, Aarón, antes que Moisés; *Homilías Clementinas* 2. 16). También apunta a que éste es un medio para distinguir entre el bien y el mal, por lo que Juan, que era anterior a Jesús, es un falso profeta. Y, por rara que esta interpretación nos parezca, era la actitud más normal en aquella época.

el que vino después "es antes que él" por lo que toma ese lugar principal que le corresponde. Algunos creen que al final del versículo se vuelve a dar importancia al orden cronológico[110]. Aunque Jesús apareció en escena aquí en la tierra *después* de Juan el Bautista, de hecho, existe desde mucho *antes* que el profeta. El v. 1 deja claro que preexiste desde la eternidad. Así que es anterior a Juan, aunque su nacimiento en la tierra sea posterior al de Juan. No obstante, el griego que aquí se usa es bastante inusual: literalmente significa "primero de mí"[111]. Para algunos eruditos, "primero" no significa "primero cronológicamente hablando", sino "primero en importancia", que daría un significado como "era mi Superior"[112]. Aunque éste no parece un significado muy natural para esta expresión. La mayoría de autores aboga por que se interprete como una referencia temporal: "Existía antes que yo". Pero, sea como sea, se trata de una expresión enfática un tanto extraña[113]. Como asegura Westcott, no denota simplemente una prioridad relativa, sino una prioridad absoluta. El Verbo era anterior, pero además era "primero". La preexistencia de Jesús implica su superioridad[114] (cf. Moffatt, "mi sucesor me ha antecedido, porque ya era antes que yo").

16 El versículo 15 muestra que Juan veía a Jesús como superior a él. El "pues" que une estos dos versículos se debe, quizá, a que los cristianos en general pueden respaldar esta afirmación, "pues" han experimentado las bendiciones que Él da[115]. "Plenitud" tiene un sentido

---

[110] Juan introduce la proposición con la partícula ὅτι, "porque". Aunque sea poco común, Juan usa esta conjunción 271 veces. El otro libro neotestamentario que más la utiliza es Lucas, donde tan solo aparece 173 veces. Así que podríamos decir que se trata de una característica del estilo joánico.

[111] πρῶτός μου. Cf. Bruce, "tenía absoluta supremacía sobre mí".

[112] Igual piensan Murray y Abbott (1896-90, 2665-66, 2799a).

[113] Encontramos una estructura muy parecida en 15:18: ἐμὲ πρῶτον ὑμῶν μεμίσηκεν.

[114] Wright dice que "el lenguaje *temporal* se usa en este caso para expresar *calidad*, como la declaración de 8:58, 'Antes de que Abraham naciera, yo soy'".

[115] Algunos manuscritos unen los dos versículos con la conjunción "y", pero existen muchas más evidencias a favor de "pues". Parece ser que aquellos que creen que el narrador en el versículo 16 aún es Juan el Bautista no están en lo cierto (aunque entre ellos se encuentran figuras importantes como Orígenes y Lutero). Pero el sentido mismo hace que no sigamos en su línea. En los vv. 14 y 17 la Gracia se asocia con Cristo de forma explícita. Y en el v. 17, además, se contrapone también de forma explícita con el judaísmo anterior. Si fuese el Bautista el que hubiese pronunciado estas palabras, "todos" se referiría a "todos los profetas".

activo: "la que llena"[116]. Cristo es la fuente de todas nuestras bendiciones. Indirectamente, aparece la idea de la fuente infinita, ya que "todos" recibimos de Él[117]. Quizá nos hubiera parecido más normal que "el recibir de la plenitud de Cristo" se describiera como algo continuo. Pero Juan usa el mismo verbo y el mismo tiempo que usó en el versículo 12 al hablar de la acción concreta y única de recibir a Cristo. Prefiere centrarse en nuestra participación de la plenitud en el momento en el que recibimos a Cristo[118]. "Gracia sobre gracia" es una expresión poco usual[119]. De hecho, literalmente significa "gracia en lugar de gracia". Es obvio que Juan quiere hacer hincapié en el concepto de la Gracia. Probablemente también quiera decir que en el momento que una gracia divina disminuya, es sustituida por otra. La Gracia de Dios hacia su pueblo es continua e inagotable. La Gracia no conoce límites ni interrupciones. Al contrario que la ley, la Gracia recalca el

---

[116] J. B. Lightfoot hace un comentario muy interesante sobre πλήρωμα (*Colossians*, pp. 257-73). Afirma que la terminación -μα otorga a la palabra un sentido pasivo. Sin embargo, J. Armitage Robinson demuestra que el uso no respalda la teoría de Lightfoot, ya que este tipo de palabras en muchas ocasiones tienen un sentido activo (*St Paul's Epistle to the Ephesians* [London, 1907], pp. 255-59). MM nos recuerdan que en los papiros los sustantivos que acaban en -μα y en -σις tenían en ese período un significado cada vez más similar (*sub voc.*). Ver también los artículos sobre "Pleroma" en *HDB* y *ISBE*, y sobre "Fullness" [Plenitud] en *ISBE*. Este es el único lugar de los escritos joánicos en los que aparece este término.

[117] "Es decir, de lo inagotable de la Gracia ('gracia sobre gracia'), fuente a la que podemos recurrir una y otra vez de forma gratuita" (F. F. Bruce, *Commentary on the Epistle to the Colossians* [Grand Rapids, 1957], p. 207, n. 122). Algunos ven aquí un principio para las posteriores perspectivas gnósticas. Los gnósticos creían que todos los seres espirituales emanaban de Dios, y así, para designar a todos esos seres usaban la palabra πλήρωμα. Si la idea ya existía en la época neotestamentaria, Pablo la atacó insistiendo en la singularidad de Cristo diciendo que "agradó al Padre que en Él habitara toda la plenitud" (Col. 1:19), o que "que toda la plenitud de la deidad reside corporalmente en Él" (Col. 2:9). Y más adelante Juan diría que lo que las especulaciones atribuían a unos supuestos seres divinos estaba, de hecho, concentrado en la persona de Cristo.

[118] R. E. Brown detecta una posible referencia a la doctrina de Qumrán sobre la venida de los mesías (*SNT*, p. 204). Si está en lo cierto, Juan está queriendo decir que Jesús había logrado de forma perfecta y completa lo que los judíos en vano intentaban lograr.

[119] χάριν ἀντὶ χάριτος. La partícula καί que une esta expresión con las palabras anteriores significa "y, lo que es más". Es decir, no significa solamente "a saber", o "es decir". Abbott cree que Juan nunca le da este uso (2146*a*). En Filón encontramos una expresión muy parecida: dice que Dios da "gracias", χάριτας, y ἑτέρας ἀντ' ἐκείνων καὶ τρίτας ἀντὶ τῶν δευτέρων, "y más en el lugar de las primeras, y más en el lugar de las segundas" (*De Post. Cain.* 145). Aparte de este pasaje, Juan no usa la preposición ἀντί.

carácter dinámico de la vida cristiana. La ley se puede dominar. Una persona puede conseguir méritos conformándose a la ley. Todo el mundo puede aprender los requisitos que la ley exige que debemos cumplir. Pero la Gracia es una aventura. Nadie sabe a dónde puede llevarle la Gracia, qué bendición traerá, o qué cambios acarreará. La Gracia supone una experiencia de total dependencia de la presencia y bendición de Dios.

17 "La ley" estrictamente solo se refiere a los primeros cinco libros del Antiguo Testamento, libros que constituían las Sagradas Escrituras para los judíos de aquel entonces. Pero con el paso del tiempo, esta expresión se acabó usando para referirse a toda la Escritura que poseían, es decir, todo el Antiguo Testamento. Así que "la ley" podía referirse a todo el judaísmo, como sistema basado en las Escrituras. En este versículo quizá encontramos una mezcla del primer y el último sentido que hemos mencionado. Los judíos veían a Moisés como el autor de los primeros cinco libros de la Biblia, y no de todo el Antiguo Testamento, así que el segundo sentido queda excluido. Pero Juan no se refiere a los primeros cinco libros de la Biblia; está comparando lo viejo con lo nuevo, el judaísmo con el cristianismo. Lo único que Moisés podía crear era "la ley". Y ni tan si quiera "crearla", ya que él sólo fue el "medio" para que los judíos pudieran recibir la Palabra de Dios. Y la idea opuesta a la "ley" es la de "gracia y verdad" (ver el comentario del v. 14)[1 20]. El pensamiento judío en general cree que estos dos atributos divinos fueron revelados a través de Moisés (ver el comentario de SBk sobre el v. 14). Juan, muy probablemente queriendo contestar a esa creencia, declara que atribuir la revelación de dichos atributos a Moisés es un error, porque no fueron revelados a través de él, sino que se hicieron visibles a través de Jesús. La novedad de este versículo es la asociación del concepto de verdad con la revelación del Evangelio en Jesucristo, ya que lo que se sabía era que Moisés había traído la verdad. Pero el mensaje de Juan viene a decir que el ministerio de Jesús

---

[120] Tanto "gracia" como "verdad" van acompañadas de artículo, a diferencia del v. 14. Puede que se refieran a "la" gracia y "la" verdad ya mencionadas, o puede que Juan tan solo esté pensando en la gracia y la verdad tan conocidas por su excepcionalidad. Esta última opinión es muy posible, ya que contamos con manifestaciones de gracia y verdad en el Antiguo Testamento (cf. Éx. 34:6; Sal. 86:15). Este versículo es un buen ejemplo del estilo paratáctico de Juan. Lo normal hubiera sido encontrar el contraste de μέν y δέ, pero Juan simplemente coloca las dos proposiciones una junto a la otra, sin ningún tipo de conector.

revela que la salvación es por Gracia. Es el medio que Dios ha provisto, y es un medio excelente, inmejorable. Y el hecho de que esa gracia nos llegue a través de Cristo pone de manifiesto su excelencia. El verbo que Juan utiliza no es muy común, al menos en este contexto[121]. Transmite la idea de que la Gracia y la Verdad están más estrechamente relacionadas con Cristo que con la ley de Moisés, aunque el hecho de que se mantenga "por medio de" en la segunda proposición busca que no olvidemos el origen divino de la Revelación. Ésta es la primera vez que Juan usa el nombre "Jesús" (aunque ya ha aparecido la idea del Verbo hecho carne). También tiene un aprecio especial por este nombre, ya que lo usa 237 veces (Mateo 150 veces, Marcos 81 y Lucas 89). En todo el Nuevo Testamento aparece 905 veces, y Juan representa más de un cuarto de ese total. Pero no ocurre lo mismo con la forma compuesta "Jesucristo", que solo vuelve a aparecer una vez más, en 17:3 (aunque cf. 20:31). Sin embargo, Juan utiliza el título "Cristo" con más frecuencia que los otros evangelistas (19 veces; Mateo 17 veces, Marcos 7 veces y Lucas 12 veces). Esto tiene que ver con su objetivo al escribir el Evangelio: para que la gente crea que Jesús es el Cristo (20:31). Este título apunta a que es el Mesías de Israel (ver el comentario sobre el v.20). Por eso, tiene mucho sentido que use el nombre compuesto "Jesucristo", debido a la solemnidad de este pasaje donde se pone de manifiesto que es superior a Moisés. El contraste entre la fe cristiana y la judía y la función subordinada de Moisés a ese Cristo hacia el que Él ya apunta es un tema recurrente de este evangelio (ver 5:39, 46; 6:32, 8:32s.; 9:28s.). Ya hemos visto que Juan describe a Jesús como a un segundo Moisés. T.F. Glasson ha escrito un libro para mostrar que uno de los temas principales de Juan es este contraste entre Moisés y Cristo[122].

18 A simple vista puede parecer que este versículo apenas tiene conexión con el versículo anterior. Pero en realidad constituye el clímax del prólogo, subrayando la íntima relación que hay entre Cristo y el

---

[121] ἐγένετο (se usa en los v. 3, 6, 10, 12, 14 y 15; el perfecto en v. 4) significa "llegar a ser" o "ser creado". En algunas de las apariciones anteriores se utiliza para mencionar la actividad creadora del Verbo (3, 10, 12); aquí puede que se use para asociar la gracia y la verdad con la obra de Cristo. Según la fe cristiana, la Gracia siempre es "la Gracia de nuestro Señor Jesucristo", y lo mismo se puede decir de la Verdad, "ya que la Verdad está en Jesús" (Ef. 4:21). Así que tiene sentido relacionar estos dos conceptos con la actividad creadora de Cristo.

[122] *Moses in the Fourth Gospel* (Londres, 1963).

Padre. También incluye la idea de que, aunque los judíos tenían a Moisés en muy alta estima, en el sistema que él había inaugurado nadie había "visto" a Dios. Sin embargo, Jesucristo le ha dado a conocer. La enfática declaración "Nadie"[123] ha visto[124] jamás a Dios" (nótese que la palabra "Dios" aparece en la frase en una posición enfática) tiene una estructura parecida a las siguientes palabras del Señor: "nadie puede verme, y vivir" (Éx. 33:20; cf. Jn. 5:37, 6:46). Sin embargo, también hay otros pasajes que afirman explícitamente que algunas personas han visto a Dios (por ejemplo, Éx. 24:9-11). Entonces, ¿qué está queriendo decir Juan? Ciertamente, nadie ha visto a Dios en su totalidad. Algunos han tenido visiones parciales de Dios. Las teofanías del Antiguo Testamento no daban a conocer ni podían dar a conocer a Dios en su totalidad. Pero Cristo le dio a conocer. En palabras de Calvino: «Cuando dice que nadie ha visto a Dios, no debemos interpretar que está hablando de ver, físicamente hablando. Lo que quiere decir es que, como Dios habita en una luz inaccesible, la única manera de llegar a conocerle es en Cristo, que es su viva imagen».

Algunos buenos manuscritos recogen la expresión "Dios el unigénito" (mg.), que varía ligeramente de la traducción ofrecida por otras versiones: "Dios el Hijo"[125]. Parece ser que la primera versión es la más acertada. Algunos objetan que "Dios el unigénito" no es una expresión muy joánica, y que como luego se menciona la palabra "Padre", lo más lógico es que se use el término "Hijo", sobre todo, siendo que "Dios el unigénito" es una expresión nada habitual. Es difícil saber por qué alguien sustituiría la palabra "Hijo" por la de "Dios". Parece ser que la versión correcta sería "Dios el unigénito". Pero sea como sea, el sentido apenas cambia. En otros textos, a Cristo se le describe usando tanto "Hijo" como "Dios", por lo que no debemos buscar aquí una diferenciación doctrinal. En cuanto al concepto "unigénito" ver el comentario del v. 14. Otra opción sería usar de forma

---

[123] Sobre el frecuente uso que Juan hace de οὐδείς, ver el comentario del v. 5.

[124] Juan usa mucho el verbo ὁράω: 31 veces, más que cualquier libro del Nuevo Testamento (el otro libro que más lo usa es Hechos, donde solo se usa 16 veces). Sobre la dificultad que hay para ver la diferencia de significado entre los verbos joánicos que denotan la acción de ver, consultar el comentario de 2:23.

[125] En p^{66} p^{75} _ B C* L 33 aparece (ὁ) μονογενὴς θεός, respaldado tanto por syr^p como por las evidencias patrísticas, incluyendo algunos herejes (valentinianos, Arrio). ὁ μονογενὴς Υἱός aparece en AC^{3}KΘ fl fl3 28 565 700 vg syr^c y en muchos documentos patrísticos. Basándose en las citas que aparecen en los Padres, Boismard escribe simplemente μονογενής.

diferente los signos de puntuación, dándole a Cristo tres títulos: "Unigénito, Dios, el que está en el seno del Padre". Esta última expresión[126] nos habla del grado de proximidad o intimidad entre el Padre y el Hijo. Además, denota afecto. El verbo "está" expresa la continuidad de esa unión[127]. El unigénito está continuamente en el seno[128] del Padre. Cuando el Verbo se hizo carne, sus actividades cósmicas no se paralizaron durante el tiempo que habitó en la Tierra. Ciertamente hay aquí muchos misterios que no vamos a comprender, pero debemos darnos cuenta de que la Encarnación supuso 'añadir algo nuevo a lo que el Verbo ya estaba haciendo', y no 'el cese de la mayoría de las actividades que estaba realizando'[129]. El verbo que traducimos por "dar a conocer"[130] (la única vez que aparece en Juan) se suele usar para introducir una narración (cf. Lucas 24:35, donde se traduce por "contar"). Indica que Jesús 'nos cuenta' cómo es el Padre. Eso no quiere decir que no tengamos nada más que aprender de Él: el término no es lo suficientemente preciso como para que saquemos esa conclusión. Pero apunta a la validez de la revelación en Cristo. Podemos confiar en que Dios es como Cristo lo dio a conocer. Esta palabra se usa en las religiones mistéricas y en otros contextos como una expresión técnica para describir la revelación de los secretos divinos. A menudo, se usa para la

---

[126] La expresión no es εἰς τὸν κόλπον, sino ἐν τῷ κόλπῳ (13:23), no "en el seno", sino "hacia el seno". Si algo podemos sacar de esta distinción, tenemos aquí una expresión análoga a πρὸς τὸν Θεόν de 1:1, donde también tenemos la idea de que el Hijo está orientado hacia el Padre. Pero, como ocurre muchas veces en el griego helenista, puede que εἰς sea tan solo un equivalente de ἐν. Sin embargo, Abbott niega que Juan use εἰς a la ligera (2706-13); I de la Potterie opina del mismo modo (*Biblica*, XLIII [1962], pp. 366-87), y cree que este pasaje significa " 'tourné vers le sein du Père', comme pour décrire le Fils, éternellement conscient de recevoir de ce sein toute sa vie, tout son éter" [" 'vuelto hacia el Padre', para así describir que el Hijo es eternamente consciente de que ese seno es su fuente de vida, la fuente de su ser"] (*Biblica*, XLIII [1962], p. 385). Pero no debemos pasar por alto la costumbre joánica de usar sinónimos que apenas presentan diferencias de significado (ver el comentario de 3:5).

[127] En griego tenemos el participio ὁ ὤν.

[128] La palabra κόλπος en el Nuevo Testamento solo aparece en Lucas y en Juan. Depende de cómo se interpreten las palabras de este pasaje, Juan 3:13 será un texto paralelo.

[129] San Agustín nos dejó alguna explicación sobre este tema en concreto: "Le fueron añadidas características humanas, pero no le fueron quitadas sus características divinas"; "Se despojó de sí mismo, no dejando de ser lo que era, sino cargando con lo que no era" (*Tratados sobre el Evangelio de San Juan*, 8.3; 17.16).

[130] ἐξηγήσατο. Es la misma raíz que la de la palabra 'exégesis'. Es interesante pensar que es como decir 'Cristo es la "exégesis" del Padre'.

revelación de los dioses mismos. Estas asociaciones hicieron que se pudiera usar la palabra para referirse a la revelación del Ser Divino. Obviamente, esa revelación únicamente podía hacerla alguien que tuviera las características que ya han aparecido en este versículo[131].

NOTA ADICIONAL A: EL LOGOS (EL VERBO)

Los griegos usaban el término *Logos* con frecuencia[132]. Los significados de esta palabra podían ser dos: el pensamiento de una persona, o la expresión del pensamiento de una persona, es decir, un discurso[133]. El *Logos*, como término filosófico, estaba basado en el uso anterior de la palabra, por lo que significaba algo así como el alma del Mundo, el alma del Universo. Era un principio omnipresente, el principio racional del Universo, una fuerza creadora. Por un lado, todas las cosas provenían del *Logos*; por otro, de él provenía la sabiduría de todas las personas[134]. El concepto es tan antiguo como Heráclito (siglo VI aC.) Este filósofo declaraba que el *Logos* «siempre ha existido y siempre existirá», y que «todas las cosas ocurren gracias al *Logos*»[135]. Para él, la realidad última era a veces el Fuego, a veces Dios, a veces el *Logos*. «En Heráclito los tres conceptos, *Logos*, Fuego y Dios son fundamentalmente lo mismo. Visto como el *Logos*, Dios es la Sabiduría omnipresente que gobierna todas las cosas»[136]. Heráclito se dio cuen-

---

[131] Este será el significado del enfático ἐκεῖνος (ver el comentario del v. 8), "*Él* y solo él".

[132] Esta palabra se usaba en muchas religiones (ver F. W. Dillistone, *Christianity and Symbolism* [Londres, 1955], pp. 141-51. Ver también R. H. Pfeiffer, *History of New Testament Times* (Nueva York, 1949), pp. 122-27; art. "Logos", de A. F. Walls en *Baker's Dictionary of Theology* (Grand Rapids, 1960), pp. 327-28; art. De R. B. Edwards en *ISBE*, IV, pp. 1101-7.

[133] La diferencia en griego es la siguiente: λόγος ἐνδιάθετος y λόγος προφορικός. A veces también hemos encontrado λόγος σπερματικός, la causa "seminal", la fuerza creadora. Este último término suele aparecer en plural. Justino lo usó en singular para referirse a Cristo, diciendo que los filósofos "usaban ese término referente a los espermas en proporción a su fertilidad" (*2 Apol.* 13).

[134] Orígenes entiende λόγος de esta manera. Por eso escribió: "Todos los seres racionales toman parte del Verbo, es decir, de la razón, y así tienen algunas semillas de sabiduría y justicia, que es Cristo" (*De Prin.* 1.3.6.).

[135] James Adam, *The Religious Teachers of Greece* (Edimburgo, 1909), p. 217.

[136] Adam, *Religious Teachers*, p. 233. Debemos tener cuidado y tener en cuenta que para Heráclito 'Dios' no significa lo mismo que para nosotros. Para él, "Dios es el día y la noche, el invierno y el verano, la guerra y la paz, la saciedad y el hambre. Pero cambia, igual que el fuego que, cuando se mezcla con diferentes tipos de incienso, recibe el nombre de los olores de los inciensos" (*Religious Teachers*, p. 225).

ta de que la gente concebía el Universo en términos físicos. Introdujo la idea del *Logos* para explicar el orden que había en el *kosmos*. Era el principio estabilizador del Universo[137].

Ya no vemos tanto esta idea en los pensadores posteriores. Por ejemplo, aunque Platón menciona el *Logos* alguna vez, está más interesado en la distinción entre este mundo material y el mundo real de las "ideas". Fueron los estoicos los que realmente desarrollaron el concepto del *Logos*. Abandonaron el arquetipo platónico de las ideas para centrarse en el pensamiento (más parecido a la teoría de Heráclito) de que el *Logos*, la razón eterna, se extiende por todo el Universo. Usaron el término *Logos* para expresar su fuerte convicción sobre la racionalidad del Universo. No veían al *Logos* como algo personal, así que no lo entendían de la forma que nosotros lo entendemos, como Dios. Para ellos era tan solo una fuerza o un principio. Pero, eso sí, el principio supremo del Universo. La fuerza que originaba, moldeaba y dirigía todas las cosas.

Cuando Juan usó el término *Logos*, usó un término que los griegos pudieran conocer[138]. Es verdad que la mayoría de la gente no sabría exactamente el significado filosófico, pero sí sabía discernir que se trataba de algo importante. Al oír ese término, la gente que hablaba griego pensaba en algún elemento grande y supremo del Universo. Pero, aunque seguro que Juan era consciente de esta asociación de ideas, su enseñanza esencial no deriva de un trasfondo griego[139]. En su evangelio

---

[137] T. F. Glasson, siguiendo a J. Burnet, cuestiona que Heráclito realmente tuviera una doctrina del *Logos* (*JThS*, n.s. III [1952], pp. 231-38). Dudo que exprese la idea que Juan quiso reflejar, y está claro que la doctrina de Juan no le debe nada a la de este antiguo filósofo.

[138] En Juan también encontramos afinidades con otras líneas de pensamiento griego que no usan el concepto del *Logos*. Por ello, Dodd afirma que en los *Poimandres* hay elementos paralelos con las cosas que Juan dice sobre el *Logos*. "Podemos decir que la concepción joánica de Cristo en cierta medida ha combinado los roles que en las *Poimandres* se asignan a cuatro seres diferentes" (*IFG*, p. 33). No estamos ante una dependencia literaria. Pero Juan claramente ha usado una expresión muy familiar entre los lectores griegos.

[139] F. V. Filson demuestra que en griego no existe un paralelo completamente equivalente al concepto joánico (*The New Testament against its Environment* [Londres, 1950], pp. 89-90). Nos recuerda que "en el relato cristiano el Hijo o el Logos no está relacionado con el Espíritu – lógica relación para muchos – sino con el Cristo histórico. Ésta es una diferencia muy importante, a la que no se suele prestar la atención debida. Con esto, queda claro que la doctrina cristiana del Espíritu no está influenciada por la creencia estoica, ni directa, ni indirectamente. Esta doctrina nace de la vida histórica de Jesús y su legado, y no de la filosofía griega" (p. 90). Ver también W. J. Phythian-

no hay evidencias de que el autor conociera el pensamiento griego, mucho menos de que éste influya en el relato cristiano de Juan[140]. Y, lo más importante, es que Juan, aún usando el concepto de *Logos*, rompe con una de las ideas griegas fundamentales. Para los griegos, los dioses no tenían nada que ver con lo que ocurría en el mundo: observaban a los humanos con sus luchas, problemas, alegrías y miedos con una serenidad desprovista de sentimientos. Pero el concepto joánico de *Logos* es totalmente diferente. El Dios que nos muestra no se desentiende de lo que ocurre en el mundo, sino que se preocupa e implica de una forma apasionada. El *Logos* transmite la idea de que Dios se acerca a nosotros, toma la naturaleza humana, participa de las luchas de esta vida y sufre para, finalmente, triunfar sobre la agonía y ganar nuestra salvación[141].

Pero para entender bien este evangelio en general, y también el uso de este término griego, es más importante aún analizar el trasfondo judío. Las palabras introductorias "En el principio", nos recuerdan a Génesis 1:1, mientras que el concepto de "el Verbo" está estrechamente relacionado con la repetida frase "Entonces dijo Dios" del primer capítulo de la Biblia. El Verbo es la palabra creadora de Dios (v. 3). Así que, indiscutiblemente, estamos ante un trasfondo hebreo.

Una característica de la enseñanza veterotestamentaria en el primer siglo es el uso de conceptos como "el Verbo" y "Sabiduría". Aunque

---

Adams, *CQR*, CXXXIX (1944-45), pp. 1ss. Pero aunque la idea joánica del *Logos* no deriva del pensamiento griego, sí que tenemos que saber ver el importante efecto de las connotaciones griegas que se le atribuyen. A. C. Headlam dice: "Gracias a esas connotaciones el cristianismo pudo llegar a los griegos de manera comprensible (...) Además, de este modo, la filosofía cristiana tenía los medios para debatirse con las líneas de pensamiento que le eran coetáneas" (*Christian Theology* [Oxford, 1934], p. 334). Más sobre la importancia del *Logos* para los antiguos teólogos cristianos en G. L. Prestige, *God in Patristic Thought* (Londres, 1952), especialmente cap. VI.

[140] Aunque, como pone de manifiesto J. Burnet, decir que "la doctrina joánica del *logos* no tiene nada que ver con el Herakleitos o con ningún concepto filosófico griego" es ir demasiado lejos (*Early Greek Philosophy* [Londres, 1945], p. 133, n. 1). Es imposible que Juan usase un término tan conocido en la filosofía griega en un relato escrito en griego y, probablemente, publicado en el centro de la cultura griega sin pensar en las connotaciones que dicho término suscitaría.

[141] Cf. W. Barclay: "Juan hablaba a una sociedad en la que los dioses practicaban la apatía, el desinterés y la indiferencia. Él presentaba a Jesucristo y decía: 'He aquí la verdadera mente de Dios; he aquí la expresión del pensamiento de Dios; he aquí el Logos'. Y presentaba a un Dios que se preocupaba de forma apasionada y amaba de forma entregada, cuya revelación estaba en Jesucristo y cuyo emblema era la cruz" (*ExT*, LXX [1958-59], p. 82).

no hay nada en el Antiguo Testamento que atente contra el monoteísmo judío, se centraban más en los pasajes que dan a estas entidades una existencia independiente. Así, en el Antiguo Testamento el Verbo o la Palabra del Señor es un agente activo que cumple la voluntad divina. «Por la palabra del Señor fueron hechos los cielos» (Sal. 33:6). Cuando Dios habla, algo ocurre. Su palabra es una acción divina[142]. Cuando Dios revela algo, normalmente se describe diciendo que la palabra del Señor "vino" a un profeta. En la misma línea, un profeta le atribuirá mayor o menor independencia a la existencia de la Palabra, como cuando Isaías recoge las siguientes palabras de Dios: «así será mi palabra que sale de mi boca, no volverá a mí vacía sin haber realizado lo que deseo, y logrado el propósito para el cual la envié» (Is. 55:11). En el Salmo 29 vemos "la voz" del Señor descrita en los mismos términos.

Encontramos también semi-personificaciones de la Sabiduría o de la Ley. Por ejemplo, se habla de la Sabiduría como si fuera una figura divina: «El Señor me poseyó al principio de su camino, antes de sus obras de tiempos pasados; Desde la eternidad fui establecida, desde el principio, desde los orígenes de la tierra (...) Cuando estableció los cielos, allí estaba yo (...) Yo estaba entonces junto a Él, como arquitecto. Y era su delicia de día en día, regocijándome en todo tiempo en su presencia, regocijándome en el mundo, en su tierra, y teniendo mis delicias con los hijos de los hombres» (Pr. 8:22-31). Podemos ver también que a veces "la ley" y "la palabra o el verbo" significan lo mismo o se usan indistintamente (Is. 2:3; Mi. 4:2). En estos pasajes, "la Sabi-

---

[142] "No hay duda alguna de que el concepto hebreo de *la palabra como elemento creador* tiene una función muy importante para la comprensión de lo que el Logos significa. En la historia y la profecía veterotestamentarias *debar Yahveh* siempre significaba la *actividad* de Yahveh en la Creación, la Revelación y la Redención" (R. Morgan, *Interpretation*, XI [1957], pp. 159-60). Thorlief Boman hace mucho hincapié en el sentido dinámico de *dabhar* (aunque rechaza la idea de que el verbo o la palabra sea "el elemento que une a Yahveh con su creación. Es tarea de los profetas y de las otras grandes figuras del Antiguo Testamento relacionar la creación directamente con Yahveh" (*Hebrew Thought compared with Greek* [Londres, 1960], p. 64). Comenta la traducción que Fausto hace de Juan 1:1 ("En el principio existía la acción"): De hecho, Goethe está en lo cierto, lingüísticamente hablando, porque traduce directamente del hebreo (arameo), y opta por el significado más evidente; *dabar* aúna la palabra y la acción, y Goethe opta por la segunda porque en nuestro contexto la acción es más importante que la palabra" (p. 66). El análisis lingüístico realizado en cuanto a este tema ha sido muy criticado, especialmente por James Barr en *The Semantics of Biblical Language* (Oxford, 1961). Sea como sea, creemos que es importante no pasar por alto la conexión que se ha hecho entre el *logos* y la acción.

duría", "la Ley" o "la Palabra" son, en un sentido, elementos divinos, aunque no son Dios mismo[143].

Aún hay otro uso que deberíamos tener en cuenta: el uso que se hace en los Targumes. Cuando el hebreo dejó de ser una lengua hablada, en las sinagogas aún se seguía leyendo las Escrituras en hebreo. Para que hubiera alguna autoridad sobre las debilidades de la carne, se permitieron unas traducciones libres de las Escrituras, llamadas Targum. Al principio, los Targumes eran orales, pero finalmente se pusieron por escrito. Como nos han llegado algunos de ellos, podemos ver que no se trataban de traducciones exactas, sino de paráfrasis libres. Los escritores de estos Targumes intentaban explicar el sentido del texto, en vez de limitarse a traducirlo mecánicamente. Todo esto ocurrió en una época en la que, por reverencia y por miedo a incumplir el tercer mandamiento, los judíos habían dejado de pronunciar el nombre de Dios. Cuando se encontraban con este nombre en el original, los lectores y los traductores lo sustituían por otras expresiones más reverentes, como "el Santo" o "el Nombre". A veces también usaban "el Verbo (*Memra*)"[144]. Por ejemplo, cuando nuestra Biblia dice "Entonces Moisés sacó al pueblo del campamento para ir al encuentro de Dios" (Éx. 19:17), en el Targum aparece "para ir al encuentro de la Palabra de Dios", cambio que sucede con bastante frecuencia. Barclay dice que solo en el Targum de Jonatán[145] se usa esta expresión 320 veces. A menudo, se dice que este uso judío no es relevante porque no está apuntando a otro ser, sino a Dios mismo; y solo se trata de una forma reverente de dirigirse al mismo Dios[146]. Pero esa no es la cuestión. La

---

[143] Ver G. A. F. Knight, *A Biblical Approach to the Doctrine of the Trinity* (Edimburgo, 1953), donde hay un breve estudio sobre varios términos veterotestamentarios de este tipo. Este autor cree que "la Palabra de Dios" en el Antiguo Testamento es un "*alter ego* de Dios" (p. 16).

[144] W. F. Albright dice que el manuscrito Targum Neofiti 1 (aún Targum completamente palestino) es "un nuevo e importante Targum arameo del Pentateuco que se acaba de descubrir en la biblioteca del Vaticano. Es dos o tres siglos más antiguo que todos los Targumes conocidos hasta el momento". Albright nos cuenta que en ese Targum «la 'Palabra' de Dios aparece como un sustituto de Yahveh, del nombre de Dios" (*New Horizons in Biblical Research* [Londres, 1966]. P. 45). Ver también M. McNamara, *The New Testament and the Palestinian Targum to the Pentateuch* (Roma, 1966); G. J. Cowling, "New Light on the New Testament? The Significance of the Palestinian Targum", *TSF Bulletin*, núm. 51 (Summer 1968), p. 6s.

[145] Un targum de los primeros y los últimos profetas, es decir, los libros que en nuestra Biblia van de Josué a 2º Reyes (excepto Rut), y los libros proféticos (excepto Daniel).

[146] SBk, II, pp. 302-33, deja bien claro que *Memra* se usa como nombre de Dios. No se trata de un intermediario. Bultmann nos hace ver que en los Targumes *Memra*

cuestión es que la gente que conocía los Targumes, conocía el concepto de "el Verbo" como una referencia a Dios[147]. El uso que Juan hace de "el Verbo" o "la Palabra" no es el mismo que el de los Targumes, pero está claro que mucha gente asociaría las dos ideas de forma inmediata.

En el período intertestamentario, los usos que hemos comentado aún eran más habituales. Sobre la Sabiduría, hemos encontrado algunas declaraciones sorprendentes[148]. Así, está establecido que la Sabiduría dice: «Yo salí de la boca del Altísimo, y cubrí como niebla la Tierra. Yo levanté mi tienda en las alturas, y mi trono era una columna de nube. Sola recorrí la redondez del cielo, y por la hondura de los abismos paseé» (Eclesiástico 24:3-5). Está claro que entre la Sabiduría y Dios hay una relación muy estrecha, aunque el autor se asegura de clarificar que éste es un ser creado: «Antes de los siglos, desde el principio, me creó» (Eclesiástico 24:9). En *Sabiduría de Salomón* encontramos que la Sabiduría «realza su nobleza por su convivencia con Dios» (Sabiduría 8:3) y que «está iniciada en la ciencia de Dios y es la que elige sus obras» (Sabiduría 8:4). Así, el autor puede orar de la siguiente forma: «Dios de los Padres, Señor de la misericordia, que hiciste el universo con tu palabra, y con tu sabiduría formaste al hombre» (Sabiduría 9:1-2; pasaje que incidentalmente muestra que el autor apenas hace distinción entre la Sabiduría y la Palabra). Encontramos una personificación de la Palabra aún mucho más clara: «Cuando un sosegado silencio todo lo envolvía, y la noche se encontraba en la mitad

---

siempre aparece en genitivo: "la *Memra* del Señor" o alguna estructura parecida, y nunca "la *Memra*" por sí sola, como hace Juan con "el Verbo". E. M. Sidebottom lo explica de la siguiente manera: "Memra no es un principio intermediario, ni la Palabra creadora de los Salmos (...) es el nombre de Dios mismo, con el matiz, quizá, de que se trata de un Dios que se revela, que se da a conocer" (*The Christ of the Fourth Gospel*, p. 39).

[147] M. McNamara ve los Targumes como una parte importante de trasfondo del concepto joánico *Logos* ("*Logos* of the Fourth Gospel and *Memra* of the Palestinian Targum (Ex 12^{42})"; *ExT*, LXXIX [1967-68], pp. 115-17). Llega a decir que «puede que la principal influencia de la tradición joánica sea la tradición litúrgica judía, particularmente la forma que aparece en los Targumes" (p. 117). Esta afirmación quizá va demasiado lejos, pero sí es cierto que no podemos pasar por alto la influencia de los Targumes que Juan recibe.

[148] Rendel Harris defiende que el *Logos* debe entenderse bajo los parámetros de la literatura de Sabiduría. Una y otra vez sugiere que el prólogo solo puede entenderse correctamente si se tiene en cuenta este trasfondo: «podríamos decir que el prólogo de este evangelio puede pasar de ser un himno al *Logos* a ser un himno a la *Sophia*" (*The Odes and Psalms of Solomon*, p. 39).

de su carrera, tu Palabra omnipotente, como implacable guerrero, saltó del Cielo, desde el trono real (...) empuñando como afilada espada tu decreto irrevocable (...) y tocaba el Cielo mientras pisaba la Tierra» (Sabiduría 18:14-16)[149]. Sería demasiado afirmar que estos autores pensaban que la Sabiduría y la Palabra existían por sí mismas. Sin embargo, el simbolismo que crean prepara el camino para la comprensión del concepto joánico del *Logos*.

Es difícil determinar si Filón era un pensador judío o un pensador griego. Este gran judío alejandrino representa una increíble síntesis entre la filosofía griega y el pensamiento del Antiguo Testamento. Hablaba mucho de "el Verbo"[150], y sus declaraciones no siempre son coherentes. A veces habla del *Logos* como si se tratase de un "segundo Dios" y, a veces, como si fuera Dios mismo en acción (¿es demasiado osado ver aquí la influencia de la filosofía griega y la influencia de la religión hebrea respectivamente?). Si se me permite generalizar, diré que veía el *Logos* como un puente filosófico entre un Dios trascendente y este universo material[151]. No tenía intención alguna de abandonar la enseñanza del Antiguo Testamento. Pero aceptaba las ideas filosóficas contemporáneas, e interpretaba el Antiguo Testamento según aquellas ideas[152]. Y esta visión del *Logos* tiene más que ver con la filosofía actual que con el pensamiento religioso veterotestamentario[153].

---

[149] La personificación de la Ley, la Torá, también sufrió una evolución. Estuvo muy de moda entre los rabíes, como podemos ver en las citas mencionadas de SBk, II, p. 353s., donde se presenta la Torá como preexistente, como si hubiese existido eternamente con Dios, como la hija de Dios, como elemento activo en la Creación, como la vida de Israel y la luz de Israel.

[150] W. F. Howard dice que Filón usó este término "no menos de 1.300 veces" (*Christianity according to St. John* [Londres, 1943], pp. 36-37).

[151] D. M. Baillie nos recuerda que "en la tradición de Filón, se concebía el *Logos* como un ser mediador entre Dios y el hombre" (*God was in Christ*, p. 70, nota al pie 1). Y esto difiere mucho de la idea joánica del *Logos* de que "se hizo carne", es decir, que era tanto Dios como hombre.

[152] Cf. Westcott: "Encontró un 'Logos' en la Biblia griega y aceptó que era una forma de revelación; sin más, aplicó lo que los escritores griegos decían sobre el 'Logos', sin realizar ningún tipo de investigación sobre la identidad de los términos" (p. xxxvi).

[153] A. W. Argyle no está de acuerdo y arguye que Filón entendía el *Logos* del mismo modo que entendía a Dios ("The Logos of Philo: Personal or Impersonal?" en *ExT*, LXVI [1954-55], pp. 13-14). Sobre el tema de cómo entendía Filón la personalidad del *Logos*, A.C. Headlam dice: "si lo que buscamos es ver si era personal o impersonal, no encontraremos una respuesta satisfactoria. Filón nunca se preguntó ni intentó contestar esta cuestión. Escribe de una forma vaga y poética" (*Christian Theology*, p. 331).

Para C.H. Dodd, la comprensión que Filón desarrolla del *Logos* es parte del trasfondo del Prólogo de Juan[154]. Además, cree que sin su aportación, es decir, simplemente desde un trasfondo judío, no podríamos entender algunas expresiones como por ejemplo "el Verbo era Dios". Dodd concluye que las palabras introductorias del prólogo «solo pueden entenderse de forma clara cuando admitimos que λόγος, aunque puede asociarse con la Palabra del Señor del Antiguo Testamento, también tiene un significado parecido a la interpretación estoica tal y como la explica Filón, y es equivalente al concepto de la Sabiduría en otros autores judíos»[155]. Parece que tengamos que aceptar que el concepto joánico del Verbo solo puede explicarse en función de parte de su trasfondo, sea judío, helenista, o de cualquier otra clase. Pero, personalmente, no estoy de acuerdo con esta afirmación. El pensamiento de Juan es idiosincrásico. Usa un término que, para sus lectores, estaba lleno de sentido, fueran del trasfondo que fueran. No obstante, a todos les sorprendería el pensamiento de Juan, ya que su idea del *Logos* es fundamentalmente nueva.

Podemos resumir esta parte de nuestro análisis usando las palabras de William Temple. Según él, el *Logos* «tanto para los judíos como para los gentiles, representa el poder dirigente del Universo, y lo representa como la misma expresión de Dios. Los judíos recordarán que "los cielos fueron hechos por la Palabra de Dios"; los griegos pensarán en el principio racional que se expresa en las diferentes leyes de la naturaleza. Ambos estarán de acuerdo con que este *Logos* es el principio de todas las cosas»[156]. Juan usó un término que, aunque con diferentes matices de significado, se usaba con normalidad en ambas culturas. Sabía que

---

[154] Ver, por ejemplo, la lista de paralelos que ha elaborado (*IFG*, pp. 71-72, 276-77). Otro autor que enfatiza la importancia de Filón es A. W. Argyle (*ExT*, LXIII [1951-52], pp. 385-86). Cuestiona que se haya encontrado "una interpretación alternativa y satisfactoria" del cuarto evangelio fuera de la que nos ofrece Filón. Da una larga lista de paralelos y concluye: "La suma de todos estos paralelos demuestran que negar la conexión entre el concepto joánico del Logos y el de Filón es rechazar una valiosa pista para adentrarnos en la mente y el pensamiento del autor del cuarto evangelio".

[155] *IFG*, p. 280. A continuación aplica este concepto a la expresión "el Verbo se hizo carne". Resulta curioso que elija este pasaje, ya que a partir de San Agustín, muchos son los que han asegurado que esta idea no tiene nada que ver con el pensamiento de Filón. Argyle, por ejemplo, afirma de forma muy directa que "es imposible que Filón dijera algo así" (*IFG*, p. 385). Ciertamente, Filón dice explícitamente de la vida πρὸς Θεόν que "nunca ha venido a nosotros, ni se ha sometido a las limitaciones del cuerpo humano" (*Quis Rer. Div. Her.* 45).

[156] Temple, p. 4.

todos los lectores captarían el sentido fundamental de la palabra *Logos*[157].

Ese es, pues, el trasfondo del pensamiento de Juan. Pero no se trata solo de su pensamiento[158]. Juan presenta un concepto mucho más profundo y rico que los de cualquiera de sus predecesores. Para él, el Verbo no es un principio, sino un Ser vivo y la fuente de la vida; no es una personificación, sino una Persona,[159] una Persona divina[160]. El Verbo es nada menos que Dios. Juan lo dejó bien claro, aunque es importante ver que eso no era más que la culminación de una tendencia inherente al cristianismo desde sus inicios[161]. El "verbo" o "palabra" se usa para definir el evangelio cristiano en pasajes como Marcos 2:2 (donde se usa para referirse a la predicación de Jesús) y Marcos 8:32 (don-

---

[157] MacGregor pasa por alto toda esta cuestión referente a si el origen del concepto joánico *Logos* se debe más a fuentes griegas que hebreas. Dice que es una "discusión inútil", y que "Juan debe de haber recibido las dos influencias; si era capaz de presentar el Evangelio a una iglesia heterogénea, era porque en su evangelio convergían diferentes líneas de pensamiento para formar un conjunto armónico que reflejara la faz de Jesucristo" (p. xxxv). Igualmente, B. H. Streeter cree que "la fusión interpretativa del misticismo filosófico griego con el concepto del Dios Personal transmitido por los profetas hebreos, modificado por la experiencia religiosa de la iglesia primitiva, dio forma a la clásica expresión del prólogo del cuarto Evangelio" (*The Four Gospels* [London, 1930], p. 374). En un artículo titulado "Ambiguity of Word Meaning in John's Gospel", F.W. Gingrich subraya que el uso de palabras con doble significado es una característica típica de Juan (*Classical Weekly*, XXXVII [1943-44], p. 77). Cree que usa la palabra λόγος para expresar dos significados: la "palabra" hebrea y la "razón" griega.

[158] Al tratar el tema del uso que Juan hace de *Logos* no todos han tenido en cuenta el principio que C. J. Wright nos recuerda: "la 'antigüedad' de un concepto no es el concepto mismo" (p. 65). T. E. Pollard sostiene que Juan "quería que el prólogo fuese interpretado a la luz del resto del Evangelio (...) El tema central del Evangelio es Jesucristo, y no el Logos" (*Johannine Christology and the Early Church* [Cambridge, 1970], p. 13).

[159] "El Logos para el cristiano es una *persona*. El Logos no es un concepto filosófico abstracto. No es una categoría de la experiencia religiosa. Tampoco es una mitología religiosa especulativa. Se trata de una persona viva, una persona histórica" (R. Kysar, *John the Maverick Gospel* [Atlanta, 1976], p. 25).

[160] Godet cree que el escritor "quería describir a Jesucristo como la *revelación absoluta* de Dios al mundo, aunar todas sus revelaciones en la persona viva de Jesús, y proclamar la grandeza impecable de su apariencia en medio de la Humanidad" (I, p. 290). Cullmann mantiene que "este título expresa con mucha fuerza un importante aspecto de la pre-existencia de Jesús" (*The Christology of the New Testament* [Londres, 1959], p. 258). Todo lo que ha escrito sobre este término tiene mucho valor.

[161] "Lo que empujó al evangelista a componer el himno del Logos no fueron una serie de factores externos que algunos autores han propuesto, sino el hecho dinámico de Cristo mismo" (V. Taylor, *The Names of Jesus* [Londres, 1953], p. 164).

de tiene que ver con una referencia a la muerte del Hijo del Hombre)[1][62]. Allan D. Galloway cree que el *Logos* se refiere a la obra de Cristo, y no a su Persona[163]. Es decir, es un término que recoge el significado de la salvación universal en Cristo. Él, el Verbo, no es un salvador cualquiera, sino que es la única esperanza para toda la raza humana. El Verbo y el Evangelio están íntimamente relacionados. Cuando Lucas habla de los que fueron «testigos oculares y ministros de la palabra» (Lc. 1:2), es fácil entender que cuando usa el término "palabra" se está refiriendo a mucho más que la simple enseñanza. Tiene en mente la relación íntima que hay entre Cristo y el Evangelio, lo que está muy cerca de decir que Jesús es "el Verbo". Tampoco hace apenas distinción entre predicar la palabra (Hechos 8:4) y predicar a Jesús (Hechos 11:20). En varias ocasiones Pablo habla de predicar a Cristo (1 Co. 1:23; 2 Co. 4:5; Gá. 3:1). Define "la palabra de Dios" como "el misterio", y éste, como "Cristo en vosotros" (Col. 1:25-27). Aunque el paso de llamar "el Verbo" a Cristo no es algo explícito (aunque cf. 1 Jn. 1:1; Ap. 19:13), está claro que sí existe el camino que lleva a tal interpretación.

Ocurre lo mismo en el reino de las ideas, ya que en algunos pasajes, aunque la terminología es diferente, Pablo adjudica a Cristo cualidades y actividades iguales a las que se le adjudican a la Sabiduría tanto en el Antiguo Testamento como en otros lugares (ver Fil. 2:5s.; Col. 1:15s.)[164]. La conclusión parece lógica: aunque Juan usa un término que era bien conocido y podía ser entendido por gente de trasfondos diferentes, su pensamiento es fundamentalmente cristiano[165]. Cuando habla

---

[162] V. Taylor comenta sobre ἕνεκεν ἐμοῦ καὶ ἕνεκεν τοῦ εὐαγγελίου (Mr. 10:29) lo siguiente: "es importante ver que junto con las variantes de los Sinópticos, el pensamiento cristiano primitivo apunta a una identificación de Jesús mismo con el 'Evangelio' y el 'Reino' (*in loc.*)".

[163] Según él, "se trata de una afirmación de la importancia cósmica de la *obra* de Cristo que deberíamos saber entender" (*The Cosmic Christ* [Londres, 1951], p. 54). Compara las introducciones del segundo y el cuarto evangelio, para llegar a la siguiente conclusión: "Tanto Marcos como Juan, aunque usan un lenguaje y una simbología muy diferente, recogen el mismo reclamo sobre la importancia universal de la obra redentora del Cristo" (pp. 54-55).

[164] T. E. Pollard cree que hay semejanzas entre Pablo y Juan: "Del mismo modo que S. Pablo, S. Juan centra su atención en la redención que Dios ha traído por medio de Jesucristo, y del mismo modo que S. Pablo, también desarrolla su argumento en sentido inverso, partiendo de la mediación en la Redención (la re-creación de la Humanidad y del Cosmos), hasta la mediación en la creación original» (*Johannine Christology and the Early Church* [Cambridge, 1970]. p. 22).

[165] E. F. Scott dice que "Casi no hay dudas de que al introducir la doctrina del Logos en la narración del Evangelio, Juan vacía la vida de Cristo de mucho de su valor y

de Jesús como el *Logos* lo que hace es colocar la piedra angular de un edificio que se construye a lo largo de todo el Nuevo Testamento[166]. Después del prólogo, Juan no vuelve a usar el término *Logos* para referirse a Jesús, pero no deberíamos pasar por alto el hincapié que hace en "la(s) palabra(s) de Jesús o de Dios"[167]. Deja claro que las palabras de Jesús son las palabras de Dios (3:34; 14:10, 24; 17:8, 14), lo que hace que sea importante creerlas (5:47). Ciertamente, obedecer la "palabra" de Jesús es lo mismo que ser su discípulo (8:31). Las palabras de Jesús traen vida (5:24; 6:68; 8:51); de hecho, son vida (6:63). Traen pureza (15:3) y poder a la oración (15:7). La otra cara de la moneda es que no querer obedecer la palabra o palabras de Jesús trae juicio (12:47-48). Aquellos que se niegan a escuchar pertenecen al diablo (8:47; cf. 44). Es importante 'guardar' la palabra de Jesús (14:23; 15:20; 17:6). Así que estamos ante un término con mucho significado. El uso de *Logos* en la introducción de este evangelio no es una mera casualidad o una expresión cualquiera. Se trata de un concepto que nos lleva a la comprensión correcta del Evangelio[168].

---

grandeza real, aunque parezca que la realce. Los atributos éticos como la confianza, la misericordia, el perdón, la compasión son sustituidos por unos atributos metafísicos, que parecen pertenecer más bien a su naturaleza divina" (*The Fourth Gospel*, p., 173). Pero, ¿en qué lugar el uso joánico del *Logos* sustituye a los "atributos éticos" por los "metafísicos"? Creo que el *Logos* lo que hace no es "sustituir", sino añadir. Si creemos en la Encarnación, del mismo modo que hay una deidad genuina tiene que haber una humanidad genuina, y Juan insiste con la misma fuerza en defender tanto lo uno como lo otro. Usar el concepto de *Logos* es su manera de llamar la atención sobre la deidad. Pero no encontramos ningún indicio que minimice o le reste importancia a la humanidad. La idea de Scott de que la doctrina del *Logos* "está basada en la teoría filosófica" (p. 175) le sirve a él para explicar su punto de vista. Pero, como ya hemos visto, para Juan se trata más bien de una idea religiosa, y no tanto filosófica, más cercana al Antiguo Testamento que a los estoicos, más cercana a la experiencia y el pensamiento cristianos. El prólogo es la expresión de una fe religiosa, y no de una teoría filosófica.

[166] Usando una metáfora distinta, Hoskyns dice: "El taller en el que se forjó la Palabra de Dios y donde se le dio un lugar entre las grandes descripciones teológicas de Jesús y de su Obra es un taller cristiano, en el que las herramientas son herramientas cristianas" (p. 162). Desarrolla esta idea de forma convincente (pp. 159-63). Ver también K. Harper, "Christ the Word" (*ExT*, LX [1948-49], pp. 200-202).

[167] No parece que haya mucha diferencia entre el uso de ῥήματα (siempre plural) y λόγος (ni entre λόγος y λόγοι; ver el comentario de 14:24).

[168] J. Ernest Davey sostiene que el énfasis en la(s) palabra(s) de Dios o de Cristo es "una de las principales características del Evangelio" (*The Jesus of St John* [Londres, 1958], p. 83). También dice que "el término Logos es el adecuado para expresar la idea de Juan sobre la importancia de Cristo porque para él, lo más importante es la enseñanza del mensaje de Dios que Cristo trae a los hombres, en sus propias palabras" (p. 88).

NOTA ADICIONAL B: EL MUNDO

La palabra κόσμος es muy característica de Juan. En sus escritos aparece 185 veces: 78 en el Evangelio, 24 en las Epístolas, y 3 en Apocalipsis. No es muy común en los Sinópticos (en Mateo, 8 veces, en Marcos 3, y en Lucas 3); en las epístolas de Pablo aparece 47 veces. Como vemos, es una palabra bastante importante para Juan, y también para Pablo (aunque en menor medida), pero el resto de los autores neotestamentarios apenas la usan.

Inicialmente, esta palabra denota orden, y se usa con el sentido de "ornamento", un uso que aún puede verse en el Nuevo Testamento (1 P. 3:3; de este uso deriva nuestra palabra "cosmética"). El Universo, junto con todas sus relaciones armoniosas, es el ornamento por antonomasia, por lo que el término se usa para designar el Universo en general. Es quizá este uso el que encontramos en Juan 1:10, «el mundo fue hecho por medio de él» (cf. 1:3, «Todas las cosas fueron hechas por medio de él»). Cuando se llama a Cristo "la luz del mundo" (8:12; 9:5) o cuando se dice que vino o que fue enviado "al mundo" (3:17; 11:27, etc.) puede que también se esté haciendo referencia al universo entero, aunque es posible que simplemente se refiera a este mundo. Para la raza humana, la Tierra es la parte más importante del Universo, así que no es sorprendente que este término acabara usándose solo para referirse al mundo en el que vivimos[169]. Este uso podemos verlo en Juan 16:33: «En el mundo tenéis aflicción».

Por ejemplo, el uso que se hace en Juan 12:19 cuando los fariseos dijeron «Mirad, todo el mundo se ha ido tras Él» es una transición natural, porque vemos que se usa para designar a la mayoría de la gente o un número elevado de personas. Pero esta mayoría normalmente no estaba caracterizada por un fervoroso servicio a Dios. Cuando Jesús vino, el mundo en general le rechazó, y al final le crucificó. Así que no sorprende que "el mundo" se haya acabado usando para designar a los que rechazan a Cristo. H. Sasse define el mundo de la siguiente manera: «la suma de la creación divina que ha sido trastornada por la Caída, que tiene que enfrentarse al Juicio de Dios, y en la cual Jesucristo

---

[169] Es interesante ver, como bien apunta H. Sasse, que los griegos también usaban este término para referirse al cielo (*TDNT*, III, pp. 871-72). Este uso no aparece en el Nuevo Testamento.

aparece como el Redentor»[170]. El mundo «en cierto sentido, está personificado en el gran oponente del Redentor en la Historia de la salvación»[171]. Y es este el nuevo uso por el que el Nuevo Testamento se decanta: "el mundo" es el grupo de gente que se muestra hostil ante Cristo, y todo lo que este grupo representa. Decimos "nuevo" uso, porque no es el mismo que encontramos en la mayoría de textos griegos; para los helenos, era simplemente algo atractivo, el orden y la belleza del Universo. Pero lo que a Juan y a Pablo les parecía triste es que aquellos que vivían en ese universo hermoso y ordenado, cuando se veían cara a cara con Cristo, actuaban de forma horrenda e irracional[172]. Odiaban a los que sí seguían a Cristo; es por eso que Juan dijo: «Si el mundo os odia, sabed que me ha odiado a mí antes que a vosotros» (15:18). Antes, ya había dicho a sus hermanos: «El mundo no puede odiaros a vosotros, pero a mí me odia» (7:7). En la línea de estos pasajes, el diablo recibe el nombre de "el príncipe de este mundo" (12:31; 14:30; 16:11). El mundo se alegra cuando los discípulos se lamentan (16:20). El mundo está ciego. Cuando el Verbo vino al mundo, el mundo que él había hecho, "el mundo no le reconoció" (1:10). Tampoco conoce al Padre (17:25), ni conoce ni puede recibir el Espíritu[173].

Pero Juan no nos deja con una imagen de hostilidad continua entre Dios y el mundo. Es verdad que el mundo no está interesado en las cosas de Dios, pero no es verdad que Dios actúe del mismo modo. Al

---

[170] *TDNT*, III, p. 893. Se refiere, sobre todo, al uso paulino, aunque también podemos aplicar lo que dice al uso joánico del término en cuestión.

[171] *TDNT*, III, p. 894.

[172] Bultmann describe la decisión humana de vivir sin tener en cuenta a Dios en términos de fealdad: "El engaño que produce la decisión de existir por nosotros mismos *pervierte la verdad, y la convierte en una mentira, pervierte la Creación, y la convierte en 'el mundo'*. En nuestro engaño, la Humanidad no deja que la búsqueda de la vida sea una cuestión importante, lo que impide que pensemos en nuestro origen, y nos hace estar seguros de nosotros mismos y tener suficiente con nuestra propia respuesta. Tenemos bastante con lo temporal, lo falso y la muerte, y no buscamos la realidad última, lo genuino ni la vida» (*Teología del Nuevo Testamento*, II [Salamanca, 1981, versión en alemán, 1955], p.442-443). Esa sección de la obra de Bultmann no tiene desperdicio. Al final, dice: «el mundo se engaña a sí mismo creyendo que tiene *seguridad* propia y hace uso de ella como si fuera algo normal, algo incuestionable. Anula el malestar que esta autosuficiencia debería provocar ante la llegada de Jesús con preguntas incrédulas tales: "¿Cómo puede ser esto?" (3:9) o las preguntas que aparecen en 6:42; 7:15; 8:33; 12:34".

[173] Barclay dice: "Solo hay una cosa segura sobre *el kosmos, el mundo*; el *kosmos* no es lo que debía ser. Algo fue mal. ¿Qué es lo que fue mal? Apareció el pecado" (II, pp. 21-22).

contrario, Dios ama al mundo (3:16). Cristo le dice al mundo las cosas que ha oído de boca de Dios (8:26). Toda la obra de salvación que Dios realiza en Cristo está dirigida al mundo. Y es así como quita el pecado del mundo (1:29). Cristo es el Salvador del mundo (4:42). Da vida al mundo (6:33), lo cual tiene su precio, ya que da su vida por el mundo (6:51). Concretamente, Cristo vino para salvar al mundo, y no para juzgarlo (3:17; 12:47). Su misión se realiza con éxito; lo vemos en las referencias a la victoria sobre Satanás, el príncipe de este mundo (12:31; 14:30; 15:11). Cristo es el que ha vencido (16:33); no obstante, eso no quita que el mundo le haya rechazado. Quizá es por eso por lo que ni Juan ni ningún autor neotestamentario utilizan el término "mundo" para referirse a la esfera escatológica de bendición. Para ello, utilizan otros términos.

Hemos visto que esta palabra se usa con diferentes significados. Al estudiar el Evangelio debemos tener en cuenta esa diversidad, ya que el límite entre un significado y otro no está siempre claro. Juan salta de una acepción a otra con mucha facilidad y, a veces, incluso usa el término de forma que evoque más de un significado[174].

---

[174] Encontrará un buen resumen del uso joánico de esta palabra en el artículo "A Grammatical and Contextual Inventory of the Use of κόσμος in the Johannine Corpus with some Implications for a Johannine Cosmic Theology" de N. H. Cassem (*NTS*, XIX [1972-1973], pp. 81-91). Ver también J. R. W. Stott, *The Letters of John*² [Leicester, 1988], pp. 106-8).

II. EL PRINCIPIO DEL MINISTERIO DE JESÚS (1:19-51)

A. EL TESTIMONIO DE JUAN (1:19-34)

1. Juan y los fariseos (1:19-28)

> *19 Este es el testimonio de Juan, cuando los judíos enviaron sacerdotes y levitas de Jerusalén a preguntarle: ¿Quién eres tú? 20 Y él confesó y no negó; confesó: Yo no soy el Cristo*[a]*. 21 Y le preguntaron: ¿Entonces, qué? ¿Eres Elías? Y él dijo: No soy. ¿Eres el profeta? Y respondió: No. 22 Entonces le dijeron: ¿Quién eres?, para que podamos dar respuesta a los que nos enviaron. ¿Qué dices de ti mismo? 23 Él dijo: Yo soy la voz del que clama en el desierto: «Enderezad el camino del Señor»*[b]*, como dijo el profeta Isaías. 24 Los que habían sido enviados eran de los fariseos*[c]*. 25 Y le preguntaron, y le dijeron: Entonces, ¿por qué bautizas, si tú no eres el Cristo, ni Elías, ni el profeta? 26 Juan les respondió, diciendo: Yo bautizo en*[d] *agua, [pero] entre vosotros está Uno a quien no conocéis. 27 [Él es] el que viene después de mí, a quien yo no soy digno de desatar la correa de su sandalia. 28 Estas cosas sucedieron en Betania, al otro lado del Jordán, donde Juan estaba bautizando.*

a. 20 O *Mesías*. "El Cristo" (griego) y "el Mesías" (hebreo) quieren decir "El Ungido"; también en el v. 25.
b. 23 Isaías 40:3.
c. 24 O *Algunos fariseos que formaban parte de la delegación le preguntaron...* (ver el comentario de este versículo).
d. 26 O *con*; también en los vv. 31 y 33.

La forma en que empieza este apartado parece indicar que se van a relatar los hechos sucedidos en una semana de gran importancia. No es que Juan haga un énfasis especial, pero sí introduce alguna marca temporal que parece sugerir esta idea. El día empieza con una representación que viene de Jerusalén a interrogar a Juan el Bautista. "Al día siguiente" encontramos a Juan dando público testimonio de Jesús (29-34). El tercer día vemos cómo dos de los discípulos de Juan siguen a Jesús (35-40). Parece ser que el versículo 41 se corresponde con el cuarto día (ver el comentario del v. 39). En esos versículos se relata cómo Andrés le habla a Pedro de Jesús. El quinto día, Natanael y Felipe siguen a Jesús (43-51). La boda de Caná tiene lugar dos días después que el suceso anterior (es decir, tenemos aquí el día sexto, y el séptimo, 2:1-11). Si toda esta interpretación temporal es acertada, es decir, que todos estos acontecimientos ocurrieron en una semana, debemos interrogarnos sobre la importancia de este comienzo del Evangelio. Podríamos pensar que hay un paralelo con los días de la creación de Génesis 1; además, los dos relatos comienzan con la fórmula "En el principio". Así que tanto el uso de estas palabras como todo el marco que da forma a este apartado nos recuerda a Génesis 1. Jesús va a tomar parte en una nueva creación. Sin duda alguna, el contexto del prólogo sugiere una obra creadora.

La primera anécdota que se nos presenta es la de una representación oficial de sacerdotes y levitas que se dirigen a Juan el Bautista para interrogarle. Para él, es una oportunidad de dar testimonio de Aquel que vendría después de él. Es típico del evangelista que no veamos ninguna referencia a la actividad bautismal de Juan (ver el comentario del v. 7).

19 En los otros Evangelios no encontramos este episodio en el que "los judíos" envían a unos mensajeros para hacerle a Juan un interrogatorio. Pero sí está claro que la predicación de Juan era bien conocida. Por ejemplo, Mateo dice: «Acudía entonces a él Jerusalén, toda Judea y toda la región alrededor del Jordán» (Mt. 3:5). Si así era, entonces no sorprende que las autoridades quisieran asesorarse acerca del nuevo movimiento religioso. No podían pasar por alto a un hombre que atraía a tanta multitud de gente. Los líderes judíos siempre estaban al tanto de los movimientos que podían traerles problemas con los romanos. Los interrogadores venían de Jerusalén[1], de parte de "los judíos". Esta expresión no aparece mucho en los Sinópticos. Los tres primeros Evangelios hacen alguna referencia a "el Rey de los judíos", pero aparte de esas ocasiones, apenas usan este término. En Juan, sin embargo, aparece 71 veces. A veces, el evangelista lo usa con significado neutro (por ejemplo, 2:6, «puestas para ser usadas en el rito de la purificación de los judíos»). En alguna ocasión, lo usa en sentido positivo (por ejemplo, 4:22, «la salvación viene de los judíos»). Pero la mayoría de las veces

---

[1] Este evangelista siempre usa la forma helenizada del nombre Ἱεροσόλυμα (Mateo y Marcos también prefieren este término), en vez de Ἱερουσαλήμ, la transliteración del hebreo, que es la forma que se usa en la Septuaginta. Lucas usa los dos, pero prefiere el último.

lo usa para describir a los judíos que rechazaban a Jesús («el mundo religioso de aquel entonces, organizado y ya establecido, que no quiso saber nada de la fe en Jesús», Newbigin). No se refiere, necesariamente, a toda la nación. De hecho, se refiere más bien a los judíos de Judea, especialmente a los de Jerusalén y alrededores[2]. En alguna ocasión se utiliza para diferenciar entre diferentes grupos de personas dentro de la misma raza judía. Así, los padres del hombre que había nacido ciego eran claramente miembros de la nación judía, pero se dice que temían a "los judíos" (9:22). Por tanto, lo que en este evangelio se describe con la expresión "los judíos" es, principalmente, la hostilidad hacia Jesús. Cierto es que en alguna ocasión se usa para los judíos de Galilea (6:41, 52), pero normalmente se refiere a los judíos de Jerusalén y alrededores. Sobre todo, a los líderes de la nación. De aquí, quizá podemos concluir que los judíos que venían a interrogar a Juan habían sido enviados por el Sanedrín[3].

No está del todo claro si deberíamos interpretar el v. 24 como que la delegación estaba integrada única y exclusivamente por fariseos. Probablemente, ese no era el caso (véase el comentario de dicho versículo). Pero lo que sí está claro es que, al menos la mayoría de ellos, eran fariseos, y que los fariseos eran los que realmente dirigían la nación. Por tanto, es normal que se asocie a los fariseos con el término "los judíos". Así, Jesús fue rechazado por la nación que tenía que re-

[2] G.J. Cuming arguye que en este evangelio: « 'los judíos' (...) hace referencia a los judíos de Judea, diferenciándolos de los judíos de Galilea». Concretamente, se refiere a «los líderes religiosos y los fariseos, que siempre se describen como los enemigos más acérrimos de nuestro Señor. La crítica no está dirigida a toda la nación judía, sino solo a sus líderes religiosos. El hecho de que Juan elija la palabra "judíos" para describirlos (palabra que designaba a los de Judea), nos hace pensar que nuestro evangelista era galileo» (*ExT*, LX [1948-49], p. 292). Esta última anotación es digna de ser tenida en cuenta. Algunos sostienen que el uso de ese término apunta a que el autor era extranjero, pero el mismo principio funcionaría si fuera de Galilea. Encontrará un examen detallado de este término en T.L. Schram, *The Use of "Ioudaios" in the Fourth Gospel* (no aparece la fecha ni el lugar de la publicación). Este autor dice: «Se les describe como gente cuyas acciones están determinadas por la Ley y la práctica, y como gente que rechaza a Jesús. Por su incredulidad contrasta, no con Jesús, sino con los discípulos» (p. 208).

[3] En esta delegación aparecen otros dos términos que no vuelven a aparecer juntos en el Evangelio, ni en el resto del Nuevo Testamento: "sacerdotes y levitas". Es probable que Juan quiera subrayar que es el judaísmo oficial el que empuja a la nación al rechazo. Los que así opinan, se apoyan en que el interrogatorio debía de formar parte del juicio a un "falso profeta", que era una de sus funciones (*Sanh.* 1:5). Pero creo que esto es ir demasiado lejos. No hace falta recurrir a este dudoso argumento para entender lo que Juan quiere expresar.

cibirle. A medida que el Evangelio avanza, este antagonismo se hace más evidente.

Dice el texto que la delegación estaba formada por "sacerdotes y levitas"[4]. También habría sido posible que hubiera algunos saduceos[5], ya que la mayoría de las familias sacerdotales provenían de ese círculo, o algunos escribas. Pero por alguna razón, Juan no menciona a ninguno de estos grupos[6]. Lo que podríamos concluir es que, normalmente, están comprendidos dentro del término general "los judíos". Entre sacerdotes de cargo inferior, había algunos simpatizantes de los fariseos[7], y es probable que alguno fuese enviado también en esta comitiva. Como Juan el Bautista venía de una familia de sacerdotes (Lc. 1:5s.), los sacerdotes debían de estar muy interesados en averiguar lo que estaba haciendo[8]. Parece ser, pues, que la representación enviada desde Jerusalén era una delegación oficial, y bastante representativa. Su misión era hacer una simple pregunta[9]: "¿Quién eres tú?". Juan era un misterio. No entraba en sus esquemas. Y por eso los líderes oficiales querían saber más de él.

20 El texto no recoge que ningún miembro de la delegación dijera nada sobre el Mesías. Juan supo, no obstante, cómo utilizar el interro-

[4] En cuanto al uso de "levitas" en tiempos del Nuevo Testamento, ver E. Schürer, *A History of the Jewish People* (Edimburgo, 1885), II, i, p. 264 s.; A. Edersheim, *The Temple* (Londres, n.d.), p. 63 s. Se encargaban del funcionamiento del templo y de la música en los cultos (para esto último debía haber, al menos, doce de ellos en la plataforma, *'Arak.* 2:6). McClymont nos recuerda que otra función importante de los levitas había sido la enseñanza (2 Cr. 35:3; Neh. 8:7-9). Si aún era así en los tiempos del Evangelio, tiene sentido que fueran a investigar lo que aquel nuevo maestro estaba enseñando. Pero las regulaciones que encontramos en la Misná solo apuntan a dos funciones: la música (instrumental, *Sukk.* 5:4, *Kel.* 15:6, y sobre todo vocal, *Rosh. Hash.* 4:4, *Tam.* 7:3, 4, etc.), y la guardia (*Midd.* 1:1, 2, 5, etc.).

[5] Algunos comentaristas (por ejemplo Wright) dicen que en la delegación sí había saduceos. No es imposible, pero tampoco hay pruebas de ello.

[6] Se menciona a "los escribas" en 8:3 (NVI, "maestros de la ley"), pero no hay nada que apunte a que esto sea parte del Evangelio.

[7] Josefo es un ejemplo de alguien que era, a la vez, sacerdote y fariseo (*Vit.* I:2).

[8] Barclay nos recuerda que la ortodoxia judía no aprobaba a Juan porque éste no se conformaba al comportamiento digno de un sacerdote o un predicador. Nos recuerda también que la Iglesia siempre está en peligro de repetir el mismo error.

[9] El verbo "hacer una pregunta" que se usa aquí es ἐρωτάω, que Juan usa 27 veces (Mt. solo 4, Mr. 3, y Lc. 15 veces). Juan no usa tanto el verbo αἰτέω; solo 11 veces (Mt. 14, Mr. 9, y Lc. 11 veces). Seguramente esto es solo una cuestión de estilo, ya que en el Nuevo Testamento el significado de estas palabras parece bastante similar. ἐρωτάω quiere decir "hacer una pregunta", y es correcto que Juan lo usara en este pasaje. Ver más en el comentario de 11:22.

gatorio. En el ambiente había muchas especulaciones sobre el Mesías[10], y supo enmarcar su misión en ese contexto. El evangelista podría haber escrito simplemente: "Y él dijo:". En cambio, optó por una expresión bastante complicada: "Y él confesó y no negó; confesó:" (aunque en la NVI aparece de forma más escueta). Juan quizá quiere resaltar la seriedad de la respuesta de Juan el Bautista. Rechaza vigorosamente cualquier sugerencia que apunte a que él es el Mesías[11]. La manera solemne con la que se introduce la respuesta de Juan aún gana más fuerza cuando nos encontramos con el pronombre enfático "yo". "*Yo no soy el Cristo*" (que sería lo mismo que "¡Que el Cristo no soy yo!"). En este capítulo, el discurso de Juan está muy marcado por el uso de este pronombre enfático. Lo usa constantemente, y siempre lo hace diferenciándose de Jesús, y poniéndose él mismo por debajo de Jesús. Así, encontramos: "*Yo soy la voz*" (v. 23), "*Yo bautizo*" (v. 26), "*Yo no soy digno*" (v. 27), "de quien *yo* dije" (v. 30), "*Yo* no le conocía" (vv. 31, 33), "*Yo* vine bautizando" (v. 31) y "*Yo* le he visto" (v. 34). Esta lista demuestra que Juan declaraba una y otra vez que él era inferior al que había de venir[12].

En este versículo lo importante es que, independientemente de quién fuese Juan, no era el Cristo. Había un Cristo, pero no era Juan el Bautista. Para nosotros, "Cristo" se ha convertido en un mero equivalente al nombre de Jesús, pero de hecho, se trata de un título, "el Cristo", que quiere decir "el ungido" (igual que "el Mesías")[13]. En el Antiguo

---

[10] J.B. Lightfoot afirma que podemos aprender más sobre lo que los judíos pensaban sobre el Mesías en aquel entonces con el Evangelio de Juan que con los Sinópticos. Se habla del tema en Galilea (1:41, 45, 49, etc.), en Samaria (4:25, 29, 42) y en Judea (5:39, 45-46; 7:26-27, etc.). «Era un tema candente, y se hablaba entre grupos a favor, grupos en contra, y grupos neutrales. Aquí se prueba el carácter y la persona de Jesús. Cada uno tenía una idea preconcebida del Mesías; si Jesús la cumplía, lo aceptaban; si la contradecía, lo rechazaban" (E. Abbot, A.P. Peabody y J.B. Lightfoot, *The Fourth Gospel*, [Londres, 1892], p.152). Ver también el comentario del v. 41.

[11] S. Mowinckel dice que el término "Mesías", además de tener un carácter escatológico, también tiene un significado político desde el principio (*He That Cometh* [Oxford, 1959], p. 7). Debemos tener esto en mente para entender que en el Nuevo Testamento se use tan poco.

[12] El pronombre enfático ἐγώ se usa en Juan con mucha más frecuencia de lo normal. Aparece 465 veces, mientras que en Mateo 210 veces, en Marcos 104, y en Lucas, 215. Está claro que Juan lo usa mucho más que los Sinópticos. Sin embargo, no ocurre lo mismo con el plural ἡμεῖς (Mt. 49 veces, Mr. 24 veces, Lc. 69 veces y Jn. 48 veces), ni con σύ (Mt. 207 veces, Mr. 89 veces, Lc. 224 veces y Jn. 151 veces), ni con ὑμεῖς (Mt. 247 veces, Mr. 75 veces, Lc. 220 veces y Jn. 255 veces).

[13] La palabra "Cristo" es la transliteración de la palabra griega Χριστός, "ungido". Esta palabra griega, a su vez, es la traducción de la palabra hebrea מָשִׁיחַ, cuya transliteración al castellano es "Mesías" (cf. v. 41). Como Χριστός es una traducción,

Testamento había varios grupos de personas que eran ungidos, pero los más importantes eran los sacerdotes y los reyes (para estos últimos, se usa mucho la frase "el ungido de Dios"). El rito significaba que estos hombres eran elegidos para desempeñar funciones especiales. Cuando se extendió la expectación de que Dios había de enviar al mundo a una Persona excepcionalmente grande, un poderoso Libertador, Aquel que iba a ser su representante, la gente empezó a referirse a este Enviado, no como "un ungido", sino como "*el* Ungido", "el Mesías". Entre los que Dios había apartado para desempeñar funciones especiales, él destacaba por encima de todos. Así que los creyentes usaban ese título para hablar de Jesús, título que hoy en día nos sigue recordando este aspecto oficial y público de su ministerio[14].

21 El profeta Malaquías ya había anunciado que «el día del Señor, día grande y temible», Dios enviaría al profeta Elías (Mal. 4:5). Se creía que quería decir que Elías precedería al Mesías. Así, cuando Juan dejó claro que él no era el Cristo, los interrogadores se acordaron de esta profecía y le preguntaron: "¿Entonces[15] (...) eres Elías?". Su negación confunde a muchos, porque Jesús había afirmado abiertamente que Juan era "Elías, el que había de venir" (11:14). Este es uno de los pasajes que parecen demostrar que el Evangelio de Juan no está basado en los Sinópticos. No se contradice con ellos, pero si Juan hubiese podido consultar el material de los Sinópticos, probablemente no habría escrito este versículo con estas palabras.

La solución a esta dificultad está, quizá, en que por un lado, Juan era Elías, y por otro lado, no lo era. Entraba dentro del ministerio preliminar que Malaquías había profetizado (cf. Lc. 1:17), por lo que Jesús podía decir que era Elías. Pero los judíos recordaban que Elías había sido arrebatado de la Tierra en un carro de fuego, sin pasar por la muerte (2 R. 2:11), por lo que creían que el Elías que había de venir era el mismo personaje que el del Antiguo Testamento[16]. Y Juan no era

---

y no una transliteración del hebreo, algunos dicen que aquí deberíamos traducir "Ungido". Pero estamos tan habituados al término "Cristo" que lo mejor es conservarlo.

[14] Más sobre este tema en mis obras *The Lord from Heaven*² (Londres y Downers Grove, 1958), p. 28-31 y *New Testament Theology* (Grand Rapids, 1986), pp. 228-32).

[15] Esta es la primera vez que Juan usa la partícula οὖν, que luego usará 194 veces más, muchas veces más que cualquier otro autor del Nuevo Testamento (le sigue Hechos con 62 veces). Es tan propio del estilo de Juan, que no debemos darle tanta importancia.

[16] En la Septuaginta, en Mal. 4:5 pone «Elías el Tisbita», y no simplemente "Elías" (LXX, 3:22), que da más pie a pensar que lo hicieron los judíos. En la visión de los animales de

ese Elías, y es por eso que lo niega rotundamente[17]. Además, tenemos que tener en cuenta que es posible que Juan no supiera que él era Elías[18]. Ningún hombre es lo que él opina de sí mismo: es tal y como Dios lo conoce. Más adelante, Jesús equipara a Juan con el Elías de la profecía de Malaquías, pero el texto no indica que Juan fuera consciente de ser quien Jesús dice que es. Además, debemos decir que, mientras que los Sinópticos aportan datos biográficos de Juan el Bautista, Juan no lo hace. En cambio, se centra en la importancia teológica de Juan, la cual extrae de forma rigurosa de la relación que el profeta neotestamentario tiene con Jesús. Jesús es el que reconoce el verdadero significado de Juan el Bautista. Lo que Juan piense de sí mismo no tiene importancia.

La negación de Juan suscitó una tercera pregunta: «¿Eres el profeta?» Parece ser que el concepto de profeta que los judíos esperaban antes de la venida del Mesías era de lo más variado (cf. Mt. 16:14; Mr. 6:15; Lc. 9:19)[19]. Más concretamente, esperaban a un profeta como

Enoc 90, parece ser que Elías vuelve antes del juicio (En. 90:31; cf. 89:52). La expectación judía contemporánea se ve reflejada en Marcos 8:28; 9:11. También en la Misná leemos sobre las funciones de Elías (por ejemplo, '*Edu*: 8:7). También en *LT*, II, pp. 706-09; SBk, IV, pp. 764-98. Justino cuenta que para los judíos, el Mesías «es desconocido, ni siquiera se conoce a sí mismo, y no tiene poder hasta que Elías viene a ungirle, y a hacerlo manifiesto a todos» (*Dial. Try.* 8; ANF, I, p. 199). Según San Agustín, Elías iba a venir antes de la *segunda* venida de Cristo, por lo que Juan no podía ser Elías (NPNF, I, VII, p. 27). En la actualidad ha habido quienes han seguido esta línea, como J.C. Ryle, que cita a Crisóstomo, a Jerónimo, a Tácito y a Gregorio para respaldar su teoría de los dos advenimientos de Elías o, mejor dicho, de los dos Elías, un Elías en el espíritu y un Elías en la carne.

[17] Algunos objetan que si eso era lo que Juan había querido decir, se podía haber explicado mejor. Pero como demuestra la escueta respuesta, Juan no quería pronunciar un largo discurso sobre su persona. No quería hablar de sí mismo, sino que quería dar testimonio de Cristo. En cualquier caso, puede que decidiera negar toda asociación con Elías por pura modestia; solo se veía a sí como "una voz". Pero Juan 5:35, donde las palabras que describen a Juan el Bautista nos recuerdan a la descripción de Elías en Sir. 48:1, deja claro que el evangelista no niega que, en algún sentido, Juan el Bautista fuera Elías.

[18] C.F.D. Moule sugiere que es demasiado simplista creer que el relato de Juan y el de los Sinópticos son contradictorios. «Debemos preguntarnos quiénes son los que hacen la comparación o identificación, y quiénes la rechazan. En los Sinópticos es Jesús el que compara a Juan el Bautista con Elías, mientras que en Juan, es Juan el Bautista el que rechaza la comparación que están haciendo sus interrogadores. Aunque estas dos escenas parecen incompatibles, psicológicamente sí tienen una explicación. Juan el Bautista rechaza humildemente ese título, pero Jesús, por el contrario, se lo otorga. ¿Por qué no pueden ser correctos los dos relatos?» (*The Phenomenon of the New Testament* [Londres, 1967], p. 70).

[19] Sin embargo, esto no debería impedirnos ver el gran efecto que les causó un hombre que parecía y además actuaba como un profeta. Para ellos, la profecía ya no era vigente. Se había quedado congelada en la tinta y el papel de las Escrituras. Y Juan llegó como una fresca muestra de lo que la profecía es en realidad.

Moisés (Dt. 18:15-19). Pero Juan tampoco era ese profeta, así que contestó[20] de forma concisa: "No"[21]. Ya desde los inicios de la predicación del evangelio cristiano, se sostenía que "el profeta" era igual a Cristo (ver Hechos 3:22), mientras que los judíos hacían distinción entre los dos, como vemos en este pasaje y en 7:40-41[22]. No deberíamos pasar por alto que Juan va contestando cada vez de forma más escueta y cortante. Lo más probable es que reaccionara de esa manera porque no le gustaba hablar de sí mismo. Su misión era dar testimonio acerca de Aquel que iba a venir después de él.

22 La posición en la que se encontraban los interrogadores era bastante complicada. Hasta el momento, lo único que habían conseguido era respuestas negativas. No habían conseguido ninguna declaración que pudieran llevar para informar a sus superiores. Pero el hecho es que Juan seguía predicando, atrayendo a grandes multitudes, y bautizando. ¡Tenían que encontrar alguna explicación a este fenómeno! Para ello, deciden pasarle la pelota a Juan. En vez de volver a hacer otra pregunta cerrada (en la que solo tuviera que responder "Sí" o

---

[20] A Juan le gusta el término ἀποκρίνομαι, que usa un total de 78 veces (Mt. 55 veces, Mr. 30 veces y Lc. 46 veces). En la mayoría de los casos lo usa en aoristo pasivo como aquí, el aoristo medio solo aparece en dos ocasiones (5:17, 19) y el presente, que puede ser tanto medio como pasivo, cuatro veces (12:23, ver el comentario y la nota al pie sobre este versículo; 13:26, 38; 18:22).

[21] La forma que encontramos aquí es la partícula acentuada οὔ, que equivale a la respuesta negativa "No" (ver BAGD). Juan solo la vuelve a usar en 7:12; 21:5. En los tres casos, se trata de una negación firme y rotunda.

[22] Parece que los judíos apenas hicieron caso de la profecía de Dt. 18, y cuando sí la tenían en cuenta no identificaban al profeta con el Cristo. Algunos llegaron a pensar que se refería a Jeremías (ver SBk sobre Hechos 3:22). F.J. Foakes Jackson y Kirsopp Lake creen que el aplicar esta profecía al Cristo se introdujo en el cristianismo a través de fuentes samaritanas (*The Beginnings of Christianity*, I [Londres, 1920], pp. 404-8). En los manuscritos de Qumrán se hace diferencia entre el profeta y el Cristo. Así, leemos en el *Manual de Disciplina*: «Hasta la venida del Profeta y de los dos Mesías, el sacerdotal, y el laico» (*SDSS*, p. 67). Millar Burrows traduce "un profeta" (*DSS*, p. 383), pero M. Black acepta la referencia al profeta de Dt. 18:15 (SJT, VI [1953], p. 6). J.T. Milik escribe que los textos del Qumrán reflejan un interés por que se reconozca a este profeta como un verdadero profeta, pero aparte de eso muestran poco interés en él. «Una vez que está claro que las funciones del Mesías Sacerdotal incluyen la proclamación de la ley escatológica, cuesta entender que la función del Profeta pueda ser otra que la de ser el precursor del Mesías» (*Ten Years of Discovery in the Wilderness of Judea* [Londres, 1959], p. 126). Así que, en este punto, la perspectiva cristiana (y la samaritana) es única . Encontrará más sobre las especulaciones de los judíos sobre la venida de profetas en SBk, en el comentario sobre Juan 6:14.

"No"), le preguntan directamente: "¿Quién eres? (...) ¿Qué dices de ti mismo?". Necesitaban[23] poder dar una respuesta a los que les habían enviado[24].

23 Como respuesta, Juan usa las palabras de Isaías 40:3, lo que también aparece reflejado en los otros evangelios (Mt. 3:3; Mr. 1:3; Lc. 3:4). En los Sinópticos, son los evangelistas los que usan el texto veterotestamentario para describir a Juan el Bautista. Aquí, en el cuarto evangelio, la cita sale de boca de Juan el Bautista mismo. Lo que podemos destacar de esta cita es que no da valor alguno al predicador. No es una persona importante, como lo sería un profeta o el Mesías. No es más que una voz (mientras que se ha dicho que Jesús es "la Palabra" o "el Verbo"). Además, es una voz que solo tiene una cosa que decir. La enseñanza ética de Juan no es ni extensa, ni sorprendente (ver Lc. 3:10-14). Como dice T.W. Manson, «Es un anticlímax y es importante que entendamos el porqué. La razón es que es *Interimsethik*, el artículo genuino: decirles a los hombres cómo sacar lo mejor de un trabajo mal hecho mientras llega el día señalado»[25]. La verdadera función de Juan no era enseñar Ética, sino hacer que la gente mirara a Cristo. "Enderezad camino a nuestro Dios" es un llamamiento a estar preparados, porque la venida del Mesías se acerca. El símbolo que se usa aquí es el de preparar un camino despejándolo de todos los posibles obstáculos[26]. Ésta era una tarea muy importante en la Antigüedad, sobre todo en los caminos que cruzaban el desierto.

La secta de Qumrán también usó este pasaje de Isaías: «Serán sacados de entre los hombres que caminan en el error, para ir al desierto

---

[23] Ver el comentario del v. 8, donde se comenta que ἵνα tiene función imperativa. Si tuviéramos aquí un imperativo, el significado resultante sería "déjanos dar una respuesta", lo que parece poco probable. Lo más lógico es que el significado sea "(Dínoslo) para que podamos dar una respuesta".

[24] El verbo es πέμψασιν. En el comentario de 3:17 se explica la distinción entre este verbo y ἀποστέλλω.

[25] *The Servant-Messiah* (Cambridge, 1953), p. 45.

[26] εὐθύνω se usaba en dos sentidos: en sentido literal, "enderezar", y en sentido figurado, "corregir". Por ejemplo, en los papiros, el participio pasivo "los que eran corregidos" tiene el significado de "los culpables" o "los acusados" (ver MM, *s.v.*). Del mismo modo, se usa el participio activo para referirse al timonel de un barco, "el que conduce recto". Esta palabra no aparece en los Sinópticos, ni en la Septuaginta (usan el término ἑτοιμάσατε). Puede que Juan estuviera haciendo una traducción del hebreo y, como sugiere Edwin D. Freed, escogió este verbo porque muy a menudo se usa con sentido ético y moral (*Old Testament Quotations in the Gospel of John* [Leiden, 1965], pp. 1-7).

a preparar el camino del Señor; porque está escrito: 'Preparad camino a Jehová en el desierto; allanad calzada en el desierto para nuestro Dios'. Esta es la ley, como nos la encomendó por medio de Moisés»[27]. Pero ellos creían que esa cita se refería a ellos, quienes se sentaban tranquilamente en el desierto a leer las Escrituras. No les importaba lo que les pasara a los demás: ellos estarían listos cuando el Mesías viniera. Pero Juan interpretó estas palabras como un llamamiento fuerte y sonoro para toda la nación. Él no estaba interesado en sí mismo, ni en su propia seguridad. Estaba intentado allanar el camino para el Señor, haciendo que la gente estuviera preparada para conocer al Señor. No era más que una voz. Pero era la voz que proclamaba el mensaje del Señor[28].

24 El significado de este versículo no está muy claro. Tradicionalmente, se ha entendido que «los que habían sido enviados eran fariseos» (ya aparece así en la versión inglesa *King James*). Pero, para ello, hay que introducir un artículo que, según la mayoría de críticos textuales, debería omitirse[29]. Si se omite, aún tenemos la posibilidad de realizar diferentes traducciones. Una podría ser: «Habían sido enviados de entre los fariseos» (Bernard). Pero eso implica que la delegación era única y exclusivamente farisea, lo que parece poco probable (ver el comentario del v. 19). Otra traducción sería «Algunos fariseos que formaban parte de la delegación le preguntaron» (*REB*), con lo que tendríamos que parte de la delegación eran fariseos; también, podríamos interpretar «Algunos de los fariseos fueron enviados para interrogar a Juan» (Phillips), afirmación según la cual los fariseos habían enviado una delegación propia, aparte de la delegación oficial[30]. Personalmente, me decanto por la interpretación de *REB*. Sería demasiado decir que había

---

[27] 1QS 8:13s. (*DSS*, p. 382).

[28] Cf. W.H. Brownlee: «Para explicar bien el ministerio de Juan diremos que era una 'voz', no en un sentido vago, por mucho que se base en Isaías 40:3, sino en un sentido dinámico, matiz que los esenios no habían logrado entender en su deseo de preparar el camino para el Señor en el desierto» (*SNT*, p. 47).

[29] No aparece en p66 _* A* B syr^p co. Ver la nota al pie en Field, p. 84.

[30] Dodd cree que es importante notar la diferencia entre las preguntas hechas por los dos grupos: «La delegación oficial se contenta con que Juan niegue ser una de las importantes figuras mencionadas. Pero los fariseos de la delegación (o la delegación de fariseos) quieren investigar más sobre la base teórica de su bautismo. Tiene sentido, si tenemos en cuenta las condiciones del momento. En este punto, parece que el evangelista consulte una fuente o tradición muy completa» (*HTFG*, pp. 264-65).

dos delegaciones, pero sí parece que algunos de los fariseos no se contentaron con el progreso hecho por la delegación oficial, por lo que decidieron hacer sus propias preguntas. Los fariseos[31] eran un grupo religioso que se remonta a los tiempos de Juan Hircano y Alejandro Janeo. En teoría, representaban al pueblo (opuesto a la aristocracia) y la religión verdadera (opuesta a la política eclesial característica de los saduceos[32]). Daban mucha importancia al estudio de la Ley (ver el comentario del v. 17). Pero le añadían un sinfín de interpretaciones propias. Lo que quiere decir que cumplir con sus tradiciones suponía mucho más que cumplir la Ley. En muchas ocasiones, como dijo Jesús, esas tradiciones impedían que la gente viviera de acuerdo con el espíritu de la Ley (Mr. 7:6-13). Algunos de los fariseos eran de espíritu noble, pero con frecuencia la gran cantidad de regulaciones les llevaba a hacer más hincapié en la apariencia exterior, lo que les llevaba, a su vez, a ser orgullosos y vanagloriarse de su espiritualidad. A esto hay que añadirle que el pueblo no tenía ni el tiempo ni el interés de aprender – y mucho menos de poner en práctica – la infinidad de tradiciones que, para los fariseos, eran tan importantes. En esta ocasión, el hecho de que hagan tantas preguntas es un resultado natural de la posición que se habían adjudicado dentro de la religión judía. Había un hombre que predicaba y bautizaba. Estaba atrayendo a grandes multitudes en nombre de la religión. ¡Los fariseos tenían que averiguar quién era ese hombre!

25 Juan ya les había explicado lo que él pensaba de sí mismo y de sus actividades. Pero no se habían quedado satisfechos. De hecho, aún

---

[31] Se dice que el nombre "fariseo" deriva de una raíz que significa "separar"; así, el nombre quiere decir, básicamente, aquellos que se han separado o apartado de las prácticas religiosas poco estrictas, y viven de acuerdo con la Ley. Parece que esta es la mejor definición, pero T.W. Manson sugiere que el nombre deriva de la palabra "persa": «Originalmente, la palabra 'fariseo' quería decir 'persa' ; y se usaba para referirse a los innovadores teológicos del mismo modo que el término 'romanizador' se ha usado en la controversia teológica actual. Más adelante, se le atribuyó otra etimología más edificante. Se empezó a decir que en realidad provenía de una raíz hebrea que quería decir 'separar', por lo que la palabra en cuestión venía a definir a los que se separaban de lo que es abominable para Dios» (*The Servant-Messiah*, pp. 19-20). Sea cual sea el origen de la palabra 'fariseo', lo cierto es que era un grupo con una ortodoxia muy estricta.

[32] «En la teología», los saduceos «son los representantes de una ortodoxia fosilizada, sin más guía ni principio que *quod semper, quod ubique, quod ab omnibus*» (Manson, *The Servant-Messiah*, p. 20).

no habían descubierto nada. Así que intentaron atacar de nuevo. Como Juan decía que no era ni el Mesías ni una figura mesiánica, ¿por qué bautizaba? El Bautismo no era una práctica desconocida para los judíos. De hecho, era un rito normal que realizaban para admitir a los que se convertían al judaísmo[33] de otras religiones. Cuando alguien se convertía, los varones de la familia se circuncidaban, y todos los miembros de la familia se bautizaban. Por medio de estos ritos se purificaban de la contaminación que traían por venir del mundo gentil. En el caso de Juan el Bautista, la novedad es que hacía que los judíos realizaran un rito por el que solo tenían que pasar los gentiles[34]. Todos los judíos aceptaban que los gentiles estaban contaminados y debían ser purificados. Pero poner a los *judíos* en el mismo saco era inconcebible. Los judíos ya eran el pueblo de Dios. Es verdad que según ciertos pasajes del Antiguo Testamento algunos creían que habría Bautismo cuando llegara la era mesiánica (Ez. 36:25; Zac. 13:1). Pero Juan había dicho que él no era el Mesías. Todo era bastante confuso, y por eso los fariseos querían saber más.

26, 27 La respuesta de Juan hace referencia a Jesús, cumpliendo así con su misión. El pronombre "yo" es enfático (del mismo modo que también lo es "vosotros"); lo único que *él* hace es bautizar en agua[35]. Después de eso, lo normal sería que hablara de otro tipo de bautismo, como el Bautismo en el Espíritu Santo, que sí aparece en los Sinópticos. Pero nuestro evangelista pasa a hablar de la grandeza de Jesús, y da

---

[33] Algunos niegan que el bautismo de los prosélitos sea tan antiguo, pero véase SBk, I, pp. 102-13; G.F. Moore, *Judaism*, I (Harvard, 1958), pp. 323-53; III (Harvard, 1959), pp. 107-14; T.W. Manson, *The Servant-Messiah*, pp. 43-44.

[34] Otra novedad, quizá, está en que era él el que bautizaba a la gente (como el nombre "Bautista" indica). Anteriormente, la gente se bautizaba sin la ayuda de nadie (aunque sí se hacía delante de testigos). E. Stauffer cree que Juan era "un apocalíptico con sello levítico". También comenta que probablemente Juan esperaba a "un Mesías levítico" (*New Testament Theology* [Londres, 1955], p. 24). T.W. Manson dedica todo el cap. II de *The Servant-Messiah* a Juan el Bautista. Entre otros, dice: «Juan no era el primero que predicaba el arrepentimiento y la reforma moral: tampoco era el primero en usar el lavamiento como un acto cargado de significado religioso: mucho menos el primero en hacer propaganda mesiánica. Pero sí que era el primero que presentaba estos tres aspectos como una unidad orgánica» (p. 39). Ver también W.H. Brownlee, "John the Baptist in the New Light of Ancient Scrolls" (cap. III de *SNT*).

[35] Démonos cuenta que a Juan le interesa tanto el sentido literal como el sentido figurado del agua. Usa esta palabra 21 veces en el evangelio, 4 veces en 1ª Juan y 18 en Apocalipsis, mientras que ningún otro libro la contiene más de 7 veces.

por acabado el tema del Bautismo. No por ello podemos concluir que Juan no viera la importancia del bautismo que él realizaba. Sí la veía, y lo que hace no es despreciarlo. Pero ese bautismo no era un fin en sí mismo. El propósito de ese bautismo era hacer que la gente estuviera preparada para recibir a Cristo (v. 31). El único interés de Juan es dar testimonio de Cristo. Así que les dice a sus interrogadores que el Grande está entre ellos, aunque no le reciben (cf. v. 11)[36], y les repite que ha de venir después de él (v. 15). Al final, vuelve a destacar la grandeza del que ha de venir subrayando su inferioridad. No es digno de desatar *la correa* de su sandalia. Desatar las sandalias era la tarea de los esclavos; ni siquiera un discípulo se rebajaba a hacer algo así. Para entender esta expresión en su totalidad hemos de tener en cuenta que había muchas tareas que los discípulos no hacían por sus maestros. Los maestros en la Palestina antigua no recibían un salario (¡hubiera sido vergonzoso cobrar por enseñar las Escrituras!). Pero, como compensación, los discípulos solían hacer por ellos una serie de pequeñas tareas o favores. Sin embargo, estaba muy claro cuáles eran esas tareas, y algo tan bajo como desatar las sandalias solo lo hacían los esclavos. Hay un refrán rabínico que dice (tal como nos ha llegado, fecha de alrededor del 250 dC., pero probablemente es mucho más antiguo): «Todas las tareas que los esclavos hacen por sus amos, hará el discípulo por su maestro, a excepción de desatarle la correa de la sandalia»[37]. Juan elige la tarea que según el refrán rabínico es demasiado humillante para un discípulo, ¡y se declara indigno de realizar ese tipo de tarea! Ante Aquel que ha de venir después de él, Juan se considera indigno incluso de realizar la tarea más humillante[38].

---

[36] Hay un Salmo de Acción de Gracias de Qumrán que dice:
«este árbol plantado en la Verdad
pone ante sus ramas flores de Santidad, haciendo que su secreto siga escondido, sin desvelar,
sellado e insospechado». (*SDSS*, p. 165)
Si, como creen algunos expertos, este pasaje se refiere al Mesías, nuestro versículo – aunque usa una lenguaje bastante diferente – es un paralelo a este antiguo texto.

[37] SBk, I, p. 121.

[38] ἵνα (en la expresión ἄξιος ἵνα λύσω) ha perdido la mayor parte del sentido de finalidad y es prácticamente equivalente al infinitivo, como suele ocurrir en Juan. Pero Abbott dice que solo se usa de esta forma dentro de una frase cuando está precedida de palabras como "bueno" o "mandamiento", y nunca si va precedida de palabras como "malvado" o "prohibir". Continúa diciendo: «La razón es que la 'bondad' y los 'mandamientos' implican *que se quiere lograr un objetivo positivo o que lo que se manda lleva a un objetivo positivo; si hay un objetivo, hay un propósito*» (2094). Nótese también el uso redundante del pronombre αὐτοῦ, que complementa al pronombre relativo

28 Este apartado acaba con una referencia de lugar. Todo lo comentado ocurrió donde Juan realizaba los bautismos: al otro lado del Jordán (es decir, en el lado opuesto al de Jerusalén). El nombre del lugar es diferente en varios manuscritos. En algunos dice "Betabara", y en otros "Betaraba", pero ambos términos se deben a Orígenes, quien a principios del siglo III visitó la zona y declaró que no había podido encontrar una ciudad llamada "Betania" al otro lado del Jordán, nombre que, según él, aparece en los manuscritos más antiguos[39]. Pero como pensaba que el lugar correcto era Betabara, cambió el nombre de la ciudad. Orígenes era un erudito excelente, pero en esta ocasión parece que la información que aporta no es del todo fiable. Si analizamos bien sus escritos veremos que no estuvo en el Jordán; simplemente dice: «*cuentan que* se trata de Betabara». Parece ser que, al menos por esta vez, informaron mal a este pródigo historiador[40]. Así, lo correcto sería quedarnos con la ciudad original, Betania. Lo que ocurre es que esta "Betania" no ha podido ser localizada. Pero tenía que existir, ya que el evangelista añade "al otro lado del Jordán" para distinguirla de la conocida Betania, a poca distancia de Jerusalén[41].

οὗ. Burney aclara que en las lenguas semíticas una afirmación como «Vi al hombre *a quien* di el libro» resultaría en la siguiente estructura: «Vi al hombre *que di* el libro *a él*». Según él, esta construcción también aparece en 1:33; 9:36; 13:26; 18:9 (*AO*, pp. 84-85). Todas ellas están en estilo directo, lo que respalda la idea de que detrás de los versos de este evangelio se esconde una fuente aramea.

[39] Sus palabras son: «Sabemos que lo que aparece en la mayoría de manuscritos es 'Estas cosas sucedieron en Betania'. Además, parece ser que estos manuscritos son de los más antiguos; y en Heracleón también aparece 'Betania'. Sin embargo, estamos convencidos de que no puede ser 'Betania', sino que debe ser 'Betabara'. Hemos visitado la zona para preguntar sobre los pasos de Jesús y sus discípulos, y de los profetas. Betania (...) está a quince estadios de Jerusalén, y el río Jordán está a unos ciento ochenta estadios. En los alrededores del Jordán no hemos hallado ninguna ciudad con ese nombre, pero se cuenta que Betabara está a orillas del Jordán y que Juan bautizaba allí» (*Commentary on John*, VI, 24; ANF, X, p. 370).

[40] Cf. el comentario de R.D. Potter: «¿Cómo puede ser que el nombre desapareciera en cuestión de 100 o 150 años? La respuesta es que Orígenes, a pesar de que afirma piadosamente que visitó el escenario de nuestra Redención, nunca estuvo allí. Lo que hace es escribir los rumores que oyó (δείκνυσθαι δὲ λέγουσιν). No encontró una 'Betania' al otro lado del Jordán porque no estuvo allí. Ni siquiera llegó hasta Betabara a ese lado del Jordán» (*SE*, I, p. 332).

[41] Pierson Parker ha sugerido que la Betania de la que se habla es la que está cerca de Jerusalén. Según él, ésta sería una paráfrasis acertada: «Estas cosas sucedieron en Betania, que está cerca del Jordán, al otro lado de donde Juan había estado bautizando» (*JBL* LXXIV [1955], pp. 257-61; cf. también la adaptación de este versículo que hace el Cr. Harold Greenlee, *BT*, IX [1958], p. 137-38). Sus argumentos son interesantes, pero no lo suficiente como para convencerme de que sea normal describir Betania como

2. Juan y Jesús (1:29-34)

29 Al día siguiente vio a Jesús que venía hacia él, y dijo: «He aquí el Cordero de Dios que quita el pecado del mundo.» 30 Este es aquel de quien yo dije: «Después de mí viene un hombre que es antes de mí porque era primero que yo.» 31 Y yo no le conocía, pero para que Él fuera manifestado a Israel, por esto yo vine bautizando en agua. 32 Juan dio también testimonio, diciendo: He visto al Espíritu que descendía del cielo como paloma, y se posó sobre Él. 33 Y yo no le conocía, pero el que me envió a bautizar en agua me dijo: «Aquel sobre quien veas al Espíritu descender y posarse sobre Él, éste es el que bautiza en el Espíritu Santo.» 34 Y yo [le] he visto y he dado testimonio de que éste es el Hijo de Dios.

El segundo día de esta semana de importantes acontecimientos, Juan declara públicamente que Jesús es el Mesías del que ha estado dando testimonio. A continuación, explica cómo se ha dado cuenta de que Jesús realmente es el que había de venir.

29 En cuanto a la marca temporal, ver el comentario de los versículos 19-28. "Venía" equivaldría aquí a "se le acercaba", y no que "venía a él por primera vez". Los versículos 26 y 32-33 muestran que Juan ya anteriormente había reconocido a Jesús[42] como el Cristo. "He aquí" es una expresión típica de este evangelio: Juan la usa con más frecuencia que todos los autores del Nuevo Testamento juntos[43]. La expresión "el Cordero de Dios"[44] ha pasado a formar parte del vocabulario cristiano normal. Pero de hecho, es muy difícil saber exac-

---

un lugar "al otro lado" de un punto cerca del Jordán. Hay más de 15 millas de distancia, y además hay algunas colinas en el camino.

[42] Junto a la palabra Ἰησοῦν aparece un artículo, como suele ocurrir. En cuanto a esta construcción, ver Richard C. Nevius, "The Use of the Definite Article with 'Jesus' in the Fourth Gospel" (*NTS*, 12 [1965-66], pp. 81-85); también la nota al pie en Bernard.

[43] La palabra ἴδε aparece en Juan 15 veces (y en todo el NT solo aparece 29 veces). Mateo la usa 4 veces y Lucas 9 (y en Gálatas aparece 1 vez). Por el contrario, la palabra ἰδού la encontramos 62 veces en Mateo, 7 en Marcos, 57 en Lucas y solo 4 veces en Juan. Aparentemente, estas dos palabras significan lo mismo. De hecho, las dos eran, originalmente, imperativos de εἶδον. Pero se convirtieron en una convención y, por ejemplo, las dos pueden ir seguidas de nominativo (aquí aparece ἴδε, pero en 19:5 encontramos ἰδού).

[44] El nominativo Ἀμνός muestra que ἴδε ya no es un imperativo real ("Mirad a ..."), sino una exclamación ("¡He aquí!").

tamente lo que significa e implica. No aparece en ningún otro lugar del Nuevo Testamento (aunque a veces encontramos la expresión "el Cordero" haciendo referencia a Jesús, especialmente en Apocalipsis[45]). Ni, que sepamos, en ningún otro escrito anterior[46]. Así que no podemos saber qué texto o escrito pudo ser la fuente de Juan. El genitivo "de Dios" podría querer decir "provisto por Dios" (cf. Gén. 22:8), o que "pertenece a Dios"[47]. Quizá, tal y como hace en tantas otras ocasiones, el evangelista quiere que tengamos en cuenta los dos significados. Pero, ¿a qué hace referencia el Cordero exactamente? Se han dicho muchas cosas, y he intentado recoger las más importantes a continuación: (1) *El Cordero de Pascua*, una idea respaldada por la aparente comparación del sacrificio de Jesús con la Pascua (19:36). Pero tenemos que decir que esta teoría se encuentra con dos objeciones. En primer lugar, el animal pascual no tenía por qué ser un cordero[48]. En segundo lugar, el término que se usaba para el animal pascual no era "cordero", sino "Pascua" (*pascha*)[49]. Además, no es válido decir que la

---

[45] La palabra que se usa en Apocalipsis (y en Juan 21:15) es ἀρνίον, mientras que la que se usa aquí es ἀμνός (que solo vuelve a aparecer en el v. 36, en Hch. 8:32; 1 P. 1:19). Aparentemente, quieren decir lo mismo. MacGregor cree que «es posible que el evangelista ponga en boca de Juan un título que, en aquel entonces, se había convertido en una forma estereotipada de definir al Cristo». Aunque es muy difícil encontrar evidencias del uso de esta expresión fuera de este mismo pasaje. Que yo sepa, esta expresión se usa en Juan por primera vez, y no vuelve a aparecer en textos posteriores, a excepción de textos que están basados en este pasaje de Juan. Sí que hay lugares donde se hace referencia a Cristo como "el Cordero", pero se usa otra palabra, y no se usa el calificativo "de Dios".

[46] Encontramos la expresión "el Cordero de Dios" en el *Testamento de José* 19:11 y el *Testamento de Benjamín* 3:8, pero se cree que son interpolaciones que los cristianos realizaron *a posteriori*. H.C. Kee dice que las interpolaciones cristianas "tienen una afinidad especial con el pensamiento de Juan" (J.H. Charlesworth, ed. *The Old Testament Pseudepigrapha*, I [New York, 1983], p. 777).

[47] Puede que se trate de un hebraísmo, que definía todo lo grande y magnífico relacionándolo con Dios (por ejemplo, Nimrod era un magnífico cazador, literalmente «un poderoso cazador delante del Señor», Gén. 10:9). En ese caso, describiría a Jesús como «el eminente Cordero divino, el más grande y excelente» (Ryle).

[48] Aunque lo más normal fuera sacrificar un cordero, tampoco tenemos pruebas de ello. Creo que "el Cordero pascual" es una expresión moderna. Aún en el caso de que lo más común fuera sacrificar un cordero, no se usaba el término "el Cordero pascual" (τὸ πάσχα era lo que se usaba, como vemos en 1 Co. 5:7; curiosamente, la NVI traduce "cordero", pero para ello no cuenta con el respaldo de los manuscritos). Estamos buscando un lugar donde aparezca "cordero" de forma explícita.

[49] G. Buchanan Gray dice: «la víctima del sacrificio pascual (...) no era necesariamente un cordero, ni se usaba la palabra "cordero" para designarlo; el término que se utilizaba era "Pascua", y es lógico pensar que si el autor del Cuarto evangelio

Pascua no era un sacrificio expiatorio (y que, por lo tanto, no quitaba los pecados del mundo). Todos los sacrificios tenían función expiatoria[50] y, sobre todo, el sacrificio pascual[51]. (2) *El Cordero "llevado al matadero"* (Is. 53:7). También es posible, pero no hay nada en el contexto que evidencie la asociación con el texto profético. Podríamos sostener esta idea solo si supiéramos que en tiempos de Juan se aceptaba que Isaías 53 hablaba del Mesías y, por tanto, al oír una referencia al cordero que quita el pecado del mundo iban a pensar inmediatamente en el texto de Isaías. Sabemos que los cristianos pronto entendieron esta idea. Pero no sabemos a ciencia cierta si los oyentes de Juan la entendían. De hecho, es poco probable, ya que Juan explica sus propias palabras[52]. (3) *El Siervo del Señor*. Ésta es otra forma de entender el origen de la expresión de Isaías 53. Algunos eruditos creen que se hizo una mala traducción de una expresión aramea ambigua, y que se tendría que haber traducido por "el Siervo del Señor"[53]. Las dificultades que

hubiera querido, habría usado el término correcto y no ambiguo, como hizo San Pablo» (*Sacrifice in the Old Testament* [Oxford, 1925], p. 397).

[50] SBk aporta alguna evidencia de que incluso la ofrenda de alimentos tenía valor expiatorio (III, p. 699; véase que Lv. 14:20 recoge que la ofrenda de cereal servía para la expiación de sus pecados). Lv. 17:11 relaciona la expiación simplemente con "la sangre" y no con la sangre de un animal en concreto. Johannes Pedersen escribe: «Todo lo que tuviera algo que ver, en cualquier medida, con el sacrificio, tenía poder expiatorio» (*Israel*, III-IV [Londres, 1947], p. 634). Del mismo modo, C.R. North apunta: «También hacia finales del período veterotestamentario se creía que todos los sacrificios tenían carácter expiatorio» (*TWBB*, p. 206).

[51] G. Dalman cita Exod. Rab. 15 (35b): «Veo la sangre pascual (Paschal) y te expío»; y, también en 35a, «Por medio de la sangre pascual y la sangre de la circuncisión me apiado de vosotros, y expío vuestras almas» (*Jesus-Jeshua* [Londres, 1929], p. 167). Josefo, cuando habla de lo pascual, dice que los israelitas «hacían un sacrificio, y purificaban las casas con la sangre del sacrificio» (*A.* 2:312).

[52] Ver las autoridades que se citan en H.H. Rowley, *BJRL*, XXXIX (1950-51), p. 103, nota al pie 4. Los que aceptan esta idea suelen pensar que el término también recoge otras ideas. Es por eso por lo que Vincent Taylor dice: «Parece que la posición más extendida es la del Siervo, que libremente se usa asociándolas con otros conceptos sacrificiales» (*Jesus and His Sacrifice* [Londres, 1939], p. 227). Pero los argumentos de Rowley parecen concluir que en el período precristiano aún no se hacía la asociación de Is. 53. y el Mesías. Al respecto, dice lo siguiente: «No hay pruebas contundentes de que antes de la era cristiana se asociara al Siervo Sufriente con el Mesías davídico» (*The Servant of the Lord* [Londres, 1952], p. 85). Del mismo modo, H. Wheeler Robinson constata: «Todos los esfuerzos por encontrar una identificación anterior o contemporánea del Mesías con el Siervo Sufriente del Señor han sido en vano» (*Redemption and Revelation* [New York, 1942], p. 199).

[53] J. Jeremias dice que «la expresión ὁ ἀμνὸς τοῦ θεοῦ esconde una dificultad objetiva y una dificultad lingüística. (1) Describir al Salvador como a un cordero era algo que los judíos no habían oído nunca. (2) La expresión es una combinación con

aquí nos encontramos son de tipo lingüístico. Por un lado, resulta difícil creer que no supieran reconocer una expresión tan conocida como "el Siervo de Dios", y que se tradujese por una expresión tan poco común como "el Cordero de Dios"[54]. (4) *El cordero de los sacrificios diarios* que se ofrecían en el Templo por la mañana y al atardecer[55]. Una vez más, debemos admitir que esta interpretación también es posible. Sin embargo, añadimos que tampoco hay ninguna evidencia concreta que la respalde. No hemos encontrado ningún texto donde a estas ofrendas diarias se les llame "el cordero de Dios". (5) *El "cordero manso"* de Jeremías 11:19. Podemos olvidarnos de esta teoría ya que, aparentemente, no se creía que ese cordero quitara los pecados. (6) *El chivo expiatorio*. Esta idea concuerda con el concepto de la expiación de los pecados. Pero no nos sirve ya que un chivo no es un cordero. (7) *El Cordero Triunfante* del Apocalipsis. Según Dodd este pasaje recoge esta idea[56]. Pero, personalmente, creo que no es nada probable. Juan no está hablando en ningún momento de victorias sobre los enemigos, sino de sacrificio por los pecados. ¿Por qué iba a usar la expresión de "quitar los pecados" si a lo que se estaba refiriendo era a la victoria sobre los enemigos? (8) *El Cordero que Dios provee* en Gén. 22:8. Esta idea apunta a un aspecto importante del sacrificio de Cristo: la

---

genitivo que no tiene precedentes. Pero ambas dificultades se resuelven si observamos el texto en arameo, en el que טַלְיָא quiere decir (a) el cordero, (b) el niño, el siervo. Quizá la frase ὁ ἀμνὸς τοῦ θεοῦ está basada en la expresión aramea טַלְיָא דְּאלָהָא en el sentido de עֶבֶד יהוה»(W. Zimmerli y J. Jeremias, *The Servant of God* [Londres, 1957], p. 82.

[54] Dodd: «ἀμνός en la Septuaginta no es la traducción de טלה. No tenemos ningún ejemplo en el que se use טַלְיָא como traducción de עֶבֶד (...) Así que no contamos con ninguna evidencia que respalde que la Iglesia que hablaba arameo (o Juan el Bautista) usase טליא דאלהא עבד יהרה, ni que un traductor bilingüe que entendió טַלְיָא en el sentido de "cordero" escogiera la palabra ἀμνός para realizar la traducción» (*IFG*, pp. 235-36). (Ahora sabemos que un texto palestino-siríaco contiene el término "siervo" טַלְיָא עֶבֶד en Isaías 52:13, y también en Gén. 18:3 y Jer. 30:10; cf. J. Jeremias, *TDNT*, VI, p. 679, nota al pie 156; p. 702, nota al pie 356).

[55] Hoskyns es uno de los pocos comentaristas que adoptan esta posición. En su opinión, Juan declara que «Jesús es propiedad de Dios, y por medio de su total obediencia cumplía y superaba los sacrificios del Templo: se ofrecía un cordero sin mancha, uno por la mañana, y otro al atardecer (Éx. 29:38-46) e incluso mientras Jerusalén estuvo sitiada se siguieron celebrando estos sacrificios a pesar de las dificultades (...)» (II.18-22).

[56] *IFG*, pp. 230-38. Más recientemente, Beasley-Murray cree que «la figura a la que se está haciendo referencia está bastante clara: Juan el Bautista tiene en mente al Cordero que dirige el rebaño de Dios, que los libra de todos sus enemigos y luego es su gobernante en el reino de Dios».

iniciativa divina[57]. Pero no es suficiente para explicar otros aspectos. Y, además, en Génesis 22 no hay nada que indique que el cordero anunciara la expiación universal de la que habla Juan el Bautista[58]. (9) *Una ofrenda por la culpa*, ya que a veces en estas ofrendas se ofrecía un cordero (los pasajes que sugieren son Lv. 14:12s., 21, 24-25; Nm. 6:12; cf. la expresión «el cordero de la ofrenda por la culpa» de Lv. 14:24)[59], o *una ofrenda por el pecado* (Lv. 4:32). La objeción principal es que normalmente, para las ofrendas por la culpa y por los pecados no se sacrificaban corderos. Muchas veces se sacrificaban otros animales (por ejemplo, un carnero), por lo que esta teoría también queda descartada.

Después de ver todas estas teorías, queda claro que no hay consenso (aunque dos o tres de ellas cuentan con un gran número de seguidores). El hecho es que un cordero que quita los pecados, incluso si se identifica con el Cordero de Dios, no es una definición lo suficientemente precisa como para poder establecer la relación que estamos buscando. No hay forma de saber a ciencia cierta si el autor tenía en mente una clase de sacrificio concreta. Además, parece más probable que usara una expresión original, que no se hubiera usado antes, y que lo hiciera a propósito. Lo que sí hay en este texto es una alusión general al sacrificio. La figura del cordero quizá busca evocar más de una idea, quizá todas las que

---

[57] A. Richardson cree que aquí estamos ante algo más que una simple alusión, aunque se trate de una entre tantas. Dice: «Parece que San Juan hace esta sutil alusión al sacrificio de Isaac – alusión implícita en la tradición (sinóptica) del bautismo de Jesús –, y enfatiza la verdad a su manera: Cristo es el Cordero sacrificial que Dios prometió a Abraham, el padre de las naciones y, por lo tanto, es el medio que Dios ha provisto para quitar los pecados del mundo entero» (*An Introduction to the Theology of the New Testament* [Londres, 1958], p. 228).

[58] Pero no debemos pasar por alto la tremenda importancia que el pensamiento judío le adjudica a la promesa de Isaac. Este sacrificio se recordaba como un sacrificio de suprema importancia y significado (ver las evidencias que cita G. Vermes, *Scripture and Tradition in Judaism* [Leiden, 1961], pp. 193-229; H.J. Schoeps, *Paul* [Londres, 1961], pp. 141-49). Vermes sostiene que gracias a esta idea, el pasaje de Juan deja de ser una *crux*: «Para el judío palestino todos los sacrificios de corderos y, sobre todo el cordero pascual y la ofrenda de Tamid, eran un recordatorio de la Akedah y la liberación, perdón de los pecados y salvación mesiánica que ésta trajo» (*Scripture and Tradition in Judaism*, p. 225). Los que defienden esta idea no le dan importancia al hecho de que en Génesis 22:13 Dios proveyó de un carnero, y no de un cordero.

[59] Cf. J. Morgenstern: «Sin duda alguna, en este texto concibe a Jesús, precisamente, como el Siervo, como un אשם, 'una ofrenda por la culpa', sacrificándose a sí mismo para redimir a la Humanidad de su iniquidad y, así, salvarla» (*Vetus Testamentum*, XI [1961], p. 425).

hemos comentado[60]. Todo lo que los sacrificios antiguos anunciaban se cumple de forma perfecta en el sacrificio de Cristo[61].

El verbo "quitar" conlleva la idea de "llevar" o "cargar con"[62]. Por esta razón, aún es más difícil hablar de un tipo concreto de propiciación. Estamos hablando de propiciación por medio de la sustitución. «Jesús carga con las consecuencias del pecado humano para acabar con las culpas de todos los hombres y mujeres» (Hoskyns). Acaba con esas culpas de forma total. Juan habla de pecado[63], y no de pecados (cf. 1 Jn. 1:9), porque se refiere a la totalidad del pecado en el mundo, y no a un número de acciones individuales. La expresión "el pecado del mundo" tampoco la encontramos en ningún pasaje anterior. La referencia a "el mundo" es otra manera de enfatizar la universalidad de la propiciación de Cristo. Sirve para salvar a todas las personas, sean cuales

---

[60] Feliks Gryglewicz arguye que, de acuerdo con el estilo joánico, esta expresión tiene doble sentido, el Siervo del Señor y el Cordero pascual (ver "*Das Lamm Gottes*", *NTS*, 13 [1966-67], pp. 133-46). Podría ser, pero yo diría que, en este caso, la expresión no tiene solo un sentido doble, sino que tiene un sentido múltiple.

[61] C.K. Barrett habla del complejo trasfondo en su artículo "The Lamb of God" (*NTS*, 1, [1954-55], pp. 210-18). Da un lugar especial al elemento escatológico. S.S. Smaley sostiene que «la descripción de Jesús como Cordero de Dios alude, obviamente, a la actividad salvífica del Hijo de Dios. Recoge toda la práctica sacrificial del Antiguo Testamento, sobre todo la asociada con la ofrenda vicaria por los pecados» (*ExT*, 93 [1981-82], p. 326). G.L. Carey ofrece información muy útil en su artículo «The Lamb of God and Atonement Theories», *Tyndale Bulletin*, 32 [1981], pp. 97-122. Ver también mi *The Apostolic Preaching of the Cross*³ [Londres y Grand Rapids, 1965], pp. 120-43.

[62] El verbo es αἴρω, y Juan lo usa más veces (26) que cualquier otro autor neotestamentario. Aparece con el objeto ἁμάρτημα en 1 S. 15:25, y ἀνόμημα en 1 S. 25:28, las dos veces con el sentido de "perdonar". La idea de llevar los pecados de He. 9:28; 1 P. 2:24 se expresa de la siguiente manera: ἀναφέρω. Pero, de hecho, parece que apenas hay diferencia de significado. MacGregor, que cree que el verbo αἴρω no quiere decir "llevó sobre sí mismo", sino "quitó"; aún así, dice: «Pero esta última idea, a la vez que enriquece la primera, también la incluye, ya que un cordero solo puede 'quitar' el pecado 'tomándolo sobre sí mismo' de forma vicaria, como hizo Cristo». J. Jeremias cree que este verbo puede esconder dos significados: "tomar, cargar" y "acabar con". En los dos casos se acaba con las culpas de otros. No obstante, en el primero se logra porque el sustituto es quien lleva las culpas; en el segundo, se acaba con el pecado por medio de la expiación (*TDNT*, I, pp. 185-86). Pero, de nuevo, puede que Juan tuviera en mente los dos significados. En cuanto al concepto de "cargar con los pecados" ver mi *The Cross in the New Testament* (Grand Rapids, 1965), p. 322s.

[63] No debemos pasar por alto la gran preocupación que tiene Juan por los pecados de las personas. Usa el sustantivo ἁμαρτία 17 veces, número que se repite en su primera carta. Los únicos libros del Nuevo Testamento que usan tanto este término son Romanos (48 veces) y Hebreos (25 veces). Curiosamente, Haenchen dice que el pecado «no es un concepto básico del mensaje de este evangelista».

sean sus necesidades. Ya desde el principio del Evangelio, Juan apunta a la cruz y a la importancia que ésta tiene.

Algunos han cuestionado la autenticidad de esta sentencia. Dicen que los Evangelios Sinópticos (igual que la probabilidad general) son pruebas de que no fue hasta un tiempo después que se empezó a ver a Jesús como el Mesías. Pero los que dicen esto, olvidan los testimonios de Zacarías, Simeón y Ana. Lucas cuenta que incluso antes de que Jesús comenzara su ministerio, «todos se preguntaban en sus corazones acerca de Juan, si no sería él el Cristo» (Lc. 3:15). En el ambiente se respiraba la expectativa mesiánica, y no hay razón para pensar que el hombre a quien Jesús llamó «el mayor entre los nacidos de mujer» (Lucas 7:28) no pudo haber tenido una revelación profética y haber saludado a Jesús de la forma que nos dice el texto[64]. De nuevo, vemos que a los discípulos les cuesta aceptar que Jesús tiene que sufrir. Pero antes de que empiece su ministerio, vemos a Juan el Bautista hablando de su muerte sacrificial. Tres explicaciones dan cuenta de este hecho. En primer lugar, lo que Juan sabía sobre Cristo lo sabía por revelación divina, tal y como vemos en los versículos siguientes. Lo que dice de Jesús de Nazaret no lo descubrió gracias a la intuición y a la razón humanas, sino que Dios se lo había dado a conocer. Las palabras de Juan apenas se grabaron en las mentes de los discípulos de Jesús, ni las predicciones que Jesús hizo sobre la Pasión[65]. Pero eso no debería sorprendernos. En segundo lugar, los manuscritos de Qumrán han aportado evidencias de que, tal como lo explica Brownlee, la veracidad de esta sentencia «no es tan imposible como parecía». Esos manuscritos relacionan el sufrimiento, y especialmente el Siervo Sufriente, con el título de Mesías, y Brownlee ha descubierto «algunos conceptos esenios importantes en la expectativa mesiánica de Juan»[66]. No son pruebas definitivas,

---

[64] Cf. Vacher Burch: «Es un hombre de poderes increíbles, y sus palabras demuestran una genialidad intuitiva que no tiene nada que envidiarle al método de enseñanza de aquel que vino después» (*The Scripture and Message of St. John's Gospel* [Londres, 1928], p. 58).

[65] Cf. C.F. Burney: «A partir de estas consideraciones deducimos que la comprensión de que nuestro Señor cumpliría la función del Siervo ideal, aunque los apóstoles no lo entendían, *ya se realiza en cierta medida con Juan el Bautista*» (*AO*, p. 106; la cursiva es de Burney).

[66] *SNT*, p. 50 y 51. Continúa hablando de «la validez del Cuarto vangelio como una fuente auténtica, por lo que a Juan el Bautista se refiere» (p. 52). Esto no se contradice con lo dicho en la nota al pie 52. Allí veíamos que en tiempos de Juan no se hacía una asociación entre el Mesías e Isaías 53; ahora, lo único que decimos es que sí había algunos círculos en los que se hacía esta asociación, y Juan está en deuda con ellos.

pero lo cierto es que el contexto que nos aportan estos manuscritos de Qumrán hace que ya no sea tan imposible pensar que un hombre como Juan pudiera pronunciar una sentencia como la de este versículo. En tercer lugar, si esta frase no es auténtica, es muy difícil determinar de dónde procede. No contiene ninguna de las marcas características del estilo joánico[67].

30 La mayor parte de este versículo es una repetición del v. 15 (ver nota al pie del comentario de este versículo). Vemos que los participios de aquel versículo y los del versículo 27 cambian a indicativo, que hace que la idea llegue a los lectores de una forma mucho más franca y directa. Otro cambio es que aparece la palabra "hombre"[68]. Aunque la Cristología en este evangelio es muy importante, el autor nunca pierde de vista la humanidad de Jesús. Antes de dejar este versículo, merece la pena ver que, aunque Juan el Bautista dice que está repitiendo las palabras que ya había dicho en otra ocasión, en este evangelio no hay constancia escrita de ese momento anterior al que hace referencia.

31 Juan empieza esta frase con "y" (que la NVI omite), una construcción muy común en este evangelio, especialmente en los discursos. Se trata de una construcción que existe en todas las lenguas, pero que es mucho más común en arameo que en las otras, sobre todo, más que en griego. El hecho de que Juan la use con tanta frecuencia es otra evidencia de que este evangelio usa una fuente aramea, especialmente para los discursos[69]. El "yo" es enfático[70]. Juan ha estado buscando al Mesías, pero no sabía quién era exactamente. Aún así, el único propósito de su bautismo era dar a conocer al Mesías entre el pueblo de

---

[67] ἀμνός solo aparece en Juan en esta sentencia. Tampoco vuelve a usar αἴρω para explicar la idea de "quitar los pecados", ni a hablar de "el pecado del mundo", aunque usa ἁμαρτία y κόσμος con frecuencia. Vale la pena decir que C.H. Dodd concluye su comentario sobre este pasaje diciendo: «No hay ninguna razón de peso para decir que es imposible que Juan el Bautista, o cualquier tradición que contenga su predicación, dijera esta frase: ὁ ἀμνὸς τοῦ θεοῦ ὁ αἴρων τὴν ἁμαρτίαν τοῦ κόσμου» (*HTFG*, pp. 270-71).

[68] ἀνήρ. "De quien" es ὑπὲρ οὗ, "de parte de quien". En muchos manuscritos aparece la preposición περί y, aparte de dar un sentido más fácil, es muy común en Juan, por lo que lo más probable es que sea original. Juan el Bautista se ve a sí mismo como un embajador que habla "de parte de" Cristo.

[69] Ver *AO*, p. 56s.; *AA*, p. 44s.

[70] κἀγώ. Juan usa este término 30 veces, tres veces más que cualquier otro libro del NT (1ª Corintios, 10 veces). Está claro que le gusta esta forma enfática.

Israel. La construcción griega hace hincapié sobre este punto[71]. Podríamos pensar que el principal objetivo del bautismo de Juan era llevar a la gente al arrepentimiento. Pero ese no era el propósito final; Juan bautizaba para que el Mesías «fuera manifestado ('revelado') a Israel». "En agua" es quizá otro pequeño matiz para quitar importancia al Bautista, ya que se contrapone con aquel que "bautizará en el Espíritu Santo" (v.33). Pero, como decimos, es tan solo un *pequeño* matiz, ya que no es poca la tarea de dar a conocer al Mesías en medio de Israel.

32 En cuanto al término "testimonio", ver el comentario del v. 7. Este segundo acto de testimonio nos explica por qué Juan está tan seguro de que Jesús es lo que está anunciando (cf. Rieu: "Juan probó que..."). "He visto" es la traducción del tiempo perfecto griego, detalle que debemos tener en cuenta. Juan no está escribiendo algo que vio en el pasado y que ahora ya ha dejado de ser, sino que vio algo cuyo efecto continúa en el presente. El verbo que se usa en este evangelio es el que se usa para "ver" en sentido físico[72]. Juan no está hablando de una visión. Vio al Espíritu Santo descender[73] sobre Jesús en forma de paloma[74]. El

---

[71] ἵνα tiene sentido de finalidad, que además está reforzado por διὰ τοῦτο. Al poner en primer lugar la proposición con ἵνα, se subraya la importancia de manifestar a Cristo en Israel. Juan usa διά con el acusativo 45 veces, más que ningún otro libro del Nuevo Testamento, pero no muestra un gusto especial por διά con el genitivo (solo 14 veces).

[72] Muchos han subrayado que para el verbo "ver", Juan usa diferentes verbos con diferentes matices, y que θεάομαι, el que usa en este versículo, se refiere a una "visión espiritual". Pero este argumento no tiene sentido si observamos otros lugares en el que este verbo aparece (v. 38; 6:5). Brown ha realizado una lista y análisis de los verbos que Juan usa para "ver" (pp. 501-3). Cree que, ciertamente, Juan en diferentes ocasiones habla de diferentes tipos de visiones, pero no cree que haga falta verbos diferentes para describirlas. Aunque concluye que: «Los expertos que creen que los verbos son sinónimos cuentan con la misma cantidad de textos para probar su argumento que los expertos que atribuyen un matiz concreto a cada verbo» (p. 503). Juan usa θεάομαι 6 veces, más que en ningún otro libro del Nuevo Testamento.

[73] No está muy claro si deberíamos entender que ἐξ οὐρανοῦ va con καταβαῖνον («que descendía del cielo como paloma») o con περιστεράν («que descendía como paloma del firmamento»). [*N. de la T.* En la versión inglesa de esta nota al pie, primero aparece *heaven*, que hemos traducido por 'cielo', y luego aparecen *sky*, que hemos traducido por 'firmamento'].

[74] Este simbolismo es bastante complejo y difícil de entender. Al contrario de lo que a veces se dice, la paloma no era un símbolo del Espíritu Santo (ver *LT*, I, pp. 286-87; C.K. Barrett, *The Holy Spirit and the Gospel Tradition* [Londres, 1947], pp. 35-39). A veces representaba a Israel, pero no creo que aquí debamos buscarle un sentido especial. No obstante, podemos decir que quizá el simbolismo que se busca es ver a Jesús como el verdadero israelita en el momento en que recibe el Espíritu.

Espíritu no solo descendió, sino que se posó sobre Él[75] (detalle que no aparece en los Sinópticos). Quizá deberíamos interpretar que el Espíritu se quedó con él de forma permanente.

33 Juan repite que no (re)conoció a Jesús hasta el momento en que el Espíritu descendió sobre Él, lo que no quiere decir que no conociera a Jesús, por más que algunos lo hayan interpretado así[76]. Sí que es verdad que ese podría ser el sentido, pues Jesús creció en Galilea, y Juan en Judea. Puede que, aunque fueran parientes, no se hubiesen conocido hasta este episodio. Pero creo que es más probable que Juan esté diciendo que no sabía que Jesús era el Mesías que bautizaría en el Espíritu Santo hasta que recibió una señal. Para reconocer a Jesús necesitó una revelación sobrenatural. Juan no dice cómo ni cuándo recibió esa señal, pero dice que fue una señal de Dios[77], quien le había enviado a bautizar para que el Espíritu descendiera y permaneciera en aquel al que estaba esperando[78]. No dice si la señal de la paloma estaba incluida en la relevación original, o si simplemente reconoció lo que la paloma significaba cuando esta se posó sobre Jesús. Pero lo que queda claro es que había recibido una señal divina, y que sabía quién era Jesús gracias a aquella señal. Esta revelación divina hace de Juan el Bautista una figura especial: «los demás discípulos para recibir la iluminación divina sobre la verdadera naturaleza de Jesús, dependen primero de un testimonio humano» (Marsh, p. 132; cf. Mt. 11:11). Acto seguido, Juan lo describe como «el que bautiza en el Espíritu Santo». Esta infor-

---

[75] El verbo es ἔμεινεν, aoristo de μένω, palabra característica de este evangelista; aquí denota el comienzo de una permanencia continua del Espíritu en Jesús y el inicio de un nuevo orden: el ministerio de Jesús se va realizando en el poder del Espíritu.

[76] Crisóstomo sostenía que Juan apenas conocía a Jesús hasta este momento, porque Juan «había pasado mucho tiempo en el desierto lejos de la casa de su padre» (17.2; p. 60). Godet sigue la misma línea, pero cree que al haber oído sobre el nacimiento de Jesús, debía de saber que era el Mesías (ver v. 31). Como apunta Brownlee (*SNT*, p. 35), es posible que los padres de Juan – ambos de avanzada edad – muriesen siendo él aún muy joven, y que él hubiera crecido en la comunidad de los esenios (quienes, según Josefo, a veces adoptaban niños, *G.*, 2.120). Orígenes cree que es una referencia al período de antes de la Encarnación, y que «quizá, llegado este momento está aprendiendo algo nuevo sobre Él», es decir, que va a bautizar en el Espíritu Santo (*Commentary on John*, 1.37; ANF, X, p. 317).

[77] No deberíamos pasar por alto el uso del enfático ἐκεῖνος (aunque en la traducción muchas veces no salga reflejado): «El que me envió a bautizar en agua, *Él (y nada menos que Él)* me dijo...». En cuanto al uso de ἐκεῖνος en este evangelio, ver el comentario del v. 8.

[78] En cuanto al significado del pronombre enfático αὐτόν, ver el comentario del v. 27.

mación también aparece en los Sinópticos; Jesús vino para que la gente pudiera volver a tener una relación con el Espíritu divino. La idea del bautismo implica una abundante fuente de abastecimiento. Entonces, Juan dice que el Espíritu ofrecerá a la gente recursos espirituales infinitos de parte de Dios. Esto no había sido posible hasta el momento, porque ese tipo de calidad de vida solo se halla a través de Cristo. Esa vida es un regalo de parte del Espíritu de Dios. El bautismo en agua tenía una connotación negativa: ser purificado de algo. Pero el bautismo en el Espíritu tiene connotaciones positivas. Se trata del ofrecimiento de una nueva vida en Dios[79].

34 De nuevo es importante ver que estamos ante el tiempo perfecto griego. "He visto"[80] quiere decir más o menos lo mismo que "Vi" (algunas versiones traducen "vi" en el v. 32). "He dado testimonio" es otro perfecto, que apunta a que el efecto de las palabras de Juan el Bautista aún continúa. No se trata de una frase sin trascendencia, que se dice en un momento concreto, a partir del cual ya no tienen vigencia. Las palabras de Juan van más allá del momento en que son pronunciadas. Al final del versículo nos encontramos con un problema textual: ¿debemos interpretar "el Hijo de Dios" (NVI, LBLA [*N. de la T.*]) o "el Elegido de Dios" (REB)?[81] Mirando todos los argumentos, parece que "el Elegido de Dios" es la interpretación correcta. Aparece en muchos manuscritos importantes, y lo que es poco probable es que si hubiera puesto "el Hijo de Dios", los escribas lo hubieran sustituido por "el Elegido de Dios", mientras que el proceso inverso es más probable. Si aceptamos esta interpretación, Juan está diciendo que Jesús es el objeto del llamamiento divino. Es el mismo Dios el que le ha elegido.

---

[79] Ver el *Manual de Disciplina*, «Como aguas de purificación [Dios] rociará sobre él el espíritu de verdad» (1QS 4.21; *SDSS*, p. 55).

[80] ἑώρακα. En cuanto al uso que Juan hace de los verbos para "ver", ver nota al pie 71.

[81] La expresión ὁ υἱός es la que aparece en el mayor número de manuscritos: p^{66} p^{75} ℵ^c ABC Θ boh etc. Pero en p5^{vid} ℵ* it$^{b.e}$ syr$^{c.s}$ Ambrosio, que es una fuerte combinación, aparece ὁ ἐκλεκτός. Las variaciones que encontramos en otros manuscritos (ὁ ἐκλεκτὸς υἱός y ὁ μονογενὴς υἱός) no cuentan con mucho apoyo. Sería normal que los escribas hubiesen sustituido υἱός por otra palabra antes de τοῦ Θεοῦ, pero resulta difícil creer que se llegara al derivado ἐκλεκτός si υἱός era la raíz original. R.V.G Tasker da otra razón que le hace optar por ἐκλεκτός: «está en armonía con lo que parece que era la tradición en tiempos de Jesús sobre la importancia de la voz procedente del cielo en el bautismo de Jesús»; hace mención a Mt. 3:17; Mr. 1:11 (*GNT*, p. 425).

Para los que aceptan la interpretación de "el Hijo de Dios", esta expresión hace hincapié en la divinidad de Cristo. Todos los evangelistas, cada uno a su manera, pone de manifiesto la divinidad del Salvador desde el principio del Evangelio. Mateo y Lucas lo hacen con los relatos de su nacimiento y Marcos, refiriéndose a Jesús como "el Hijo de Dios", en el versículo 1. Juan ya lo deja claro en el prólogo, pero lo vuelve a hacer aquí, si optamos por esta interpretación. El clímax del testimonio de Juan el Bautista sería la declaración "éste es el Hijo de Dios"[82]. Esto es aún más importante por el hecho de que este evangelio fue escrito para que la gente llegara al conocimiento de la verdad (20:31). "Hijo de Dios" es, ciertamente, una expresión que a veces quiere decir muchas cosas, y otras no tiene mayor relevancia. Es un término que ya se había usado para designar a Salomón (2 S. 7:14) y, en plural, para designar a todo Israel (Os. 1:10). Así, aquellos que creen y forman parte de la familia celestial se dirigen a Dios como "Padre", por lo que reciben el nombre de "hijos de Dios" (aunque Juan nunca usa este término; ver el comentario del v. 12). Pero, en esta ocasión, esta expresión tiene el significado más supremo de todos: hace referencia a la íntima relación personal que Jesús tiene con el Padre. Es una afirmación de la divinidad del Mesías[83]. Vemos, pues, que ambas interpretaciones tienen sentido, aunque parece que "el Elegido de Dios" está respaldada por un mayor número de evidencias.

B. LOS PRIMEROS DISCÍPULOS (1:35-51)

1. Andrés y Pedro (1:35-42)

35 Al día siguiente, Juan estaba otra vez allí con dos de sus discípulos, 36 y vio a Jesús que pasaba, y dijo: He ahí el Cordero

---

[82] Ver también el artículo de Dom J. Howton, " 'Son of God' in the Fourth Gospel" (*NTS*, 10 [1963-64], pp. 227-37). Arguye que «Mientras que en el principio Dios eligió a una nación para llevar a cabo su propósito en el mundo, y levantó profetas para que dirigieran a aquella nación, que era su pueblo, ahora ha elegido a una persona que representa la acción de Dios en el mundo (cf. He. I. 1-2). Es este el significado del título 'Hijo de Dios' que Juan tenía en mente» (p. 233).

[83] Brown subraya la riqueza cristológica de esta sección del Evangelio: «Cuando vemos la riqueza y la profundidad de la información que contienen estos versículos (vv. 19-34), nos damos cuenta del gran ingenio de Juan, que presenta el todo de la cristología en una breve escena».

de Dios. 37 Y los dos discípulos le oyeron hablar, y siguieron a Jesús. 38 Jesús se volvió, y viendo que le seguían, les dijo: ¿Qué buscáis? Y ellos le dijeron: Rabí (que traducido quiere decir, Maestro), ¿dónde te hospedas? 39 Él les dijo: Venid y veréis. Entonces fueron y vieron dónde se hospedaba; y se quedaron con Él aquel día, porque era como la hora décima. 40 Uno de los dos que oyeron a Juan y siguieron [a Jesús] era Andrés, hermano de Simón Pedro. 41 Él encontró primero a su hermano Simón, y le dijo: Hemos hallado al Mesías (que traducido quiere decir, Cristo). 42 [Entonces] lo trajo a Jesús. Jesús mirándolo, dijo: Tú eres Simón, hijo de Juan; tú serás llamado Cefas (que quiere decir: Pedro[a]).

a. 42 Tanto *Cefas* (arameo) como *Pedro* (griego) quieren decir *roca*.

La misión de Juan el Bautista era que la gente conociera a Jesús. En el apartado anterior hemos visto cómo daba testimonio de Él. Ahora vemos que les dice a algunos de sus discípulos que sigan al Señor. En los Sinópticos, encontramos los relatos de "llamamiento" (por ejemplo, Mr. 1:16-20), pero son muy diferentes de lo que Juan explica. A pesar de las dudas que Barrett expone, debemos aceptar que ambos relatos son auténticos. El Cuarto Evangelio nos habla de un llamamiento a ser discípulos; los Sinópticos, de un llamamiento a ser apóstoles. «El tema de Juan no es el nombramiento de los apóstoles, sino su relación con Cristo»[84]. Estrictamente hablando, en este evangelio no hay ningún "llamamiento" (excepto en el caso de Felipe, v. 43). Ni Jesús llama, ni Juan envía. Los discípulos de Juan reconocen al Mesías y le siguen de forma espontánea. Una pequeña confirmación sería que cuando Jesús se encuentra por primera vez con Simón, le da el nombre de "Pedro" (v. 42), mientras que en los Sinópticos, que no recogen este encuentro, no aparece el momento en el que se le cambia el nombre. Psicológicamente, el tipo de encuentro que vemos en Juan sería un preludio necesario para que se diese el trascendental llamamiento que aparece en los Sinópticos, que exige que los que han sido llamados lo abandonen todo por seguir a Jesús. Ver la nota al pie de Godet en el comentario del v. 43.

---

[84] Lutero, vol. 22, p. 182.

35-36 Una vez más, el autor nos da una marca temporal bastante precisa (ver comentario de vv. 19-28). Se nos dice que el nombre de uno de los dos discípulos (es decir, "aprendices"; la palabra quería decir aquellos que se habían adherido a un maestro concreto) es Andrés, pero no se nos facilita el nombre del otro. Desde tiempos muy tempranos se pensaba que se trataba del discípulo amado y, aunque no se ha podido probar, podría ser cierto[85]. Además, esto respaldaría el hecho de que detrás del Evangelio hay un testigo ocular: la figura de Juan "de pie", mirando[86] a Jesús mientras pasaba. Para profundizar en la expresión "el Cordero de Dios", ver el comentario del versículo 29.

37 En esta ocasión, Juan el Bautista no dio[87] ninguna orden de seguir a Jesús. Pero todo su ministerio mira hacia delante (piensa en el futuro) y había instruido bien a sus discípulos. Por eso, cuando estos dos discípulos oyeron que aclamaba a Jesús diciendo "el Cordero de Dios", supieron lo que tenían que hacer. Inmediatamente dejaron a Juan y siguieron a Jesús. El tiempo verbal "siguieron" es el que se usa para una acción concreta en un momento concreto, lo que quizá indica que lo dejaron todo por seguirle. Es decir, no era una decisión a medias, sino que se entregaron a Él por completo. Debemos tener en cuenta también que este verbo tiene un sentido más general (seguir), y un sentido más específico (seguir como discípulo). Puede que en este versículo el autor

---

[85] J.A. Robinson cree que «hay poco que contradiga la creencia tradicional de que el discípulo de quien no sabemos el nombre es la fuente de este material (es decir, el material que se usa en este evangelio), independientemente de que sea o no el autor del Evangelio» (*NTS,* [1957-58], p. 264, nota al pie 2).

[86] El verbo es ἐμβλέπω. Cf. Swete, cuando comenta Mr. 10:21, «'Ἐμβλέπειν ... es fijar los ojos sobre un objeto durante un momento, como por ejemplo seguir a alguien que pasa con una mirada intrigada, inquisitiva». Ver la nota al pie 72.

[87] El verbo que Juan usa es λαλοῦντος, el participio presente de λαλέω. Nuestro evangelista usa mucho este verbo, lo que es poco habitual: 60 veces (mientras que Mt solo 26 veces, Mr. 21 veces y Lucas 31 veces). Vemos la importancia de estas figuras si las comparamos con λέγω, que aparecen en Juan 266 veces (Mt 289 veces, Mr. 202 veces y Lucas 217 veces). Como podemos apreciar, Juan tiene una predilección por λαλέω. No sabemos por qué. Según LS, el significado de este verbo es "hablar, conversar, charlar", mientras que BAGD apunta que en los clásicos suele querer decir "charla, murmullo". Sin embargo, está claro que este no es el sentido que tiene en Juan. MM cita ejemplos de los papiros que «todos prueban que hay una distinción habitual que, mientras que λέγω pone la atención sobre la sustancia de lo que se dice, el onomatopéyico λαλέω se refiere a la forma en que se dice». No obstante, no es posible encontrar una diferencia real entre estos dos verbos joánicos; nuestro evangelista los usa indistintamente. El uso poco habitual que hace del verbo λαλέω parece que no es más que una preferencia estilística.

tuviera en mente los dos sentidos. En un sentido físico, bajaron por el camino detrás de Jesús y así le siguieron. Pero eso también quería decir simbólicamente que se comprometían con Él.

No pasemos por alto lo que todo esto supone si pensamos en la grandeza de Juan. No es fácil conseguir que a uno le sigan unos discípulos fieles, y menos cuando el seguimiento es tan arduo. Pero si se logra, solo un hombre de una gran talla consigue ordenarles amable, pero a la vez firmemente, que sigan a otro más grande que él.

38 Cuando los dos se acercaron a Jesús, éste se volvió y les preguntó: "¿Qué buscáis?" Es natural que no supieran qué decir porque "¿dónde te hospedas?" no es, de hecho, una respuesta a la pregunta que Jesús les había hecho. Quizá sintieron algo de timidez. Y su respuesta puede sugerir la sinceridad de su compromiso, es decir, que lo que querían no era una cuestión de unos minutos, que pudiese ser tratado allí mismo. Querían sentarse y tener una larga conversación[88]. Se dirigen a él llamándole "Rabí", la forma habitual en la que los discípulos se dirigían a sus maestros[89]. El evangelista explica lo que la palabra aramea quiere decir, pensando en sus lectores no judíos.

39 Jesús les dio la bienvenida. "Venid y veréis" es lo mismo que "Venid y ved" (ver la nota al pie en el v. 46). La invitación no es tan solo a que vayan a ver por ellos mismos el lugar donde se hospeda,

---

[88] Calvin cree que estas palabras son una amonestación a aquellos que se quedan satisfechos «con realizar una mirada rápida (...) Mucha gente solo hojea el Evangelio de forma superficial, lo que hace que de repente Cristo y todo lo que han aprendido sobre Él se desvanezca».

[89] רַבִּי quiere decir literalmente "el que es más grande que yo". Pero el pronombre personal se fue convirtiendo en una convención, como *monsieur* o *madame*. La palabra se usaba más o menos como nuestro "Señor" ([N. de la T.] En la versión inglesa dice "como nuestro 'Sir'"). Algunos eruditos sostienen que las palabras de Juan son un anacronismo porque, según ellos, antes del año 70 dC. no se usaba ese título. Sin embargo, Brown cita a Sukenik, que descubrió un osario en el Monte de los Olivos que parece ser de algunas generaciones antes de la destrucción del Templo, y allí se usa διδάσκαλος como título. Esto parece indicar que "Rabí" se usaba de esa manera, aunque no es del todo concluyente, porque διδάσκαλος no siempre representa רַבִּי. W.D. Davies está convencido de que el término se usaba en tiempos de Jesús, ya que dedica un apartado de su gran obra sobre el Sermón del Monte a hablar de Jesús como "El Rabí", y dice claramente: «Le llamaban rabí. Aunque en aquel entonces este título no tenía exactamente la connotación de haber sido ordenado oficialmente para enseñar, era más que un trato de cortesía: designaba a un 'maestro' en el más estricto sentido de la palabra» (*The Setting of the Sermon of the Mount* [Cambridge, 1964], p.422).

sino que les está invitando a visitarle. Por eso se quedaron con él aquel día, y quizá también se quedaran allí durante la noche. La referencia temporal que aparece en el versículo es "la hora décima", que equivale a las cuatro de la tarde[90]. Los judíos medían los días desde el amanecer hasta el atardecer, y tanto la noche como el día tenían 12 horas[91]. La

---

[90] J. Jeremias cree que esa era la hora en que se cenaba: «Jesús comparte la mesa con los dos discípulos de Juan el Bautista» (*The Eucharistic Words of Jesus* [Oxford, 1955], p. 17, nota al pie 4). Un manuscrito, A, dice que era la hora sexta, ἕκτη, lo que es bastante difícil de creer, sobre todo si no se cuentan con más evidencias.

[91] Westcott y otros creen que este incidente ocurrió alrededor de las 10 de la mañana porque, según ellos, Juan sigue el sistema romano: se empezaba a contar a partir de la medianoche. Pero no está claro que este sistema romano fuera relevante en la vida diaria. Es cierto que los romanos contaban a partir de medianoche cuando se referían al día en sentido jurídico, es decir, al fechar los contratos y los arrendamientos (ver Dods), pero parece ser que para el resto de actividades cotidianas, se habían amoldado al uso horario que partía de la salida del sol. Por ejemplo, en los relojes de sol, para marcar el mediodía ponían VI, y no XII. Tanto los griegos como los romanos empezaban a contar a partir del amanecer: «Cuando los romanos hablaban de 'la hora primera' se referían al momento en que, después de la salida del sol, se cumplía una hora» (Sir P. Harvey, ed., *The Oxford Companion to Classical Literature* [Oxford, 1959]. P. 88). J. Carcopino realiza una tabla donde muestra las horas del día y las compara con el sistema horario actual (*Daily Life in Ancient Rome* [Penguin Books, 1962], pp. 167-68); dice que la hora décima en el solsticio de verano duraba desde las 15:46 a las 17:02 de nuestro sistema. Gepp y Haigh, en su *Latin English Dictionary* también definen la *prima hora* como "el amanecer, el alba"; esta obra no recoge ningún otro sistema horario. En cuanto al uso judío existe un pasaje muy iluminador en el que vemos que R. Judá acepta que dos testigos no se puedan poner de acuerdo sobre si algo ocurrió en la hora tercera o en la hora quinta, pero rechaza que uno hable de la quinta y otro de la séptima «porque en la hora quinta el Sol está en el Este, y en la hora séptima el Sol ya está en el Oeste» (*Sanh.* 5:3). H.R. Stroes realiza un análisis muy completo de las evidencias bíblicas en un artículo titulado "Does the Day Begin in the Evening or Morning?" (*Vetus Testamentum*, XVI [1966], pp. 460-75). Como el título indica, Stroes solo presenta dos puntos de vista y ni siquiera menciona la posibilidad de que el día empiece a partir de la medianoche. Según él, en tiempos del Nuevo Testamento cuando se requería ser preciso, el día no empezaba al atardecer, sino al amanecer (p. 462). No tiene sentido que este evangelista usara este sistema horario jurídico tan poco usual de los romanos. Los comentaristas más antiguos aceptan que Juan usaba el mismo sistema que los otros evangelistas. Así, Crisóstomo describe la "hora décima" de este texto como «el momento en el que faltaba poco para que el sol se pusiera» (18.3; p. 65). San Agustín cree que solo se trata de una referencia alegórica a la ley «¡porque la ley fue dada en los diez mandamientos!» (7.10; p. 51) MacGregor también opta por una explicación alegórica: «'la hora décima', el número de la perfección, marca el principio de la era cristiana» (Bultmann también cree que tiene un sentido alegórico). J. Edgar Bruns comenta que todas las referencias temporales de Juan son simbólicas (*NTS*, 13 [1966-67], pp. 285-90). Pero todas estas conclusiones van en contra de las pruebas que tenemos, así que no son lógicas ni probables. Lo más razonable es interpretar que este versículo, como muchos otros, aportan verdaderas marcas temporales. Ver también el comentario de 19:14.

costumbre que Juan tiene de decir la hora o el momento del día en que ocurrían las cosas es una marca testimonial digna de ser tenida en cuenta (ver 4:6, 52; 18:28; 19:14; 20:19). Si llegaron a casa de Jesús a última hora de la tarde y luego tuvieron una larga conversación, lo más normal es que al leer "y se quedaron con Él aquel día" entendamos que "pasaron allí la noche". Así, la visita de los discípulos sería el acontecimiento de un día, por lo que el siguiente suceso no tiene lugar hasta el día consecutivo.

40 El nombre de uno de los dos discípulos era Andrés, procedente de la ciudad de Betsaida (v. 44). Aunque su hermano aún no ha aparecido en escena, ni hemos llegado al momento en que Jesús le da el nombre de "Pedro", se usa su nombre completo "Simón Pedro" y a Andrés se le presenta con relación a este nombre[92]. Cuando se escribió el Evangelio, el gran apóstol ya era muy conocido, por lo que esta expresión es comprensible y natural. Al personaje menos conocido se le describe en función de la relación con su famoso hermano.

41 No todos aceptan la palabra "primero". Nos encontramos ante un problema textual, ya que no todos los manuscritos coinciden en este punto[93]. En unos, esta palabra es un adjetivo en nominativo, por lo que significa que «Andrés fue el primero en encontrar...». Entonces, parece que el discípulo cuyo nombre no sabemos también encontró a su hermano, pero que Andrés lo hizo antes. En otros, podría tratarse de un adverbio, con lo que tendríamos que lo primero que hizo Andrés fue encontrarse a su hermano. Sin embargo, podría tratarse de un adjetivo en acusativo, lo que cambiaría el sentido y supondría que la primera persona que Andrés encontró fue su hermano. Hay un tercer bloque de manuscritos – con mucha menos evidencia – en los que aparece "por la mañana" (Bernard, Moffatt, Schonfield y otros aceptan

---

[92] Juan usa el nombre compuesto de "Simón Pedro" 17 veces (Mateo lo usa 3 veces; Marcos, 1 vez; y Lucas, 2 veces). También usa "Simón" y "Pedro", pero vemos claramente que prefiere el nombre compuesto. Más sobre este tema en el comentario de 21:15.

[93] Lo que encontramos en los diferentes documentos es lo siguiente: πρῶτος en ℵ* K L W, πρῶτον en p66 p75 ℵc A B θ f1 f13, y πρωΐ en algunos manuscritos en latín antiguo. Vemos que la autenticación de πρῶτον es mayor. Algunos eruditos sostienen que el uso de τὸν ἴδιον, "su propio (de él)", apunta a πρῶτος. Pero ese argumento no vale de mucho, pues en el griego tardío ἴδιος solo significa "su (de él)" (aunque Moulton niega que esto lo podamos aplicar aquí, M, I, p. 90).

esta interpretación). Parece que la segunda posición, la de que se trate de un adverbio, es la opción correcta. Esto quiere decir que lo más seguro es que a la mañana siguiente, Andrés se apresurara en encontrar a su hermano para contarle urgentemente todo lo que habían descubierto (usa la segunda persona del plural, lo que indica que ya estaba pensando en una comunidad) sobre el Mesías[94] (una expresión que en todo el Nuevo Testamento solo aparece aquí y en 4:25). Típico de él, nuestro evangelista explica que esta palabra quiere decir "Cristo" (ver el comentario del v. 20). El hecho de que se reconozca a Jesús como el Mesías ya al principio del Evangelio sorprende a muchos, debido a que en los Sinópticos los discípulos tardan mucho tiempo en llegar a tener una comprensión adecuada de la identidad de Jesús. Pero, tal como dice Hoskyns: «no es que el evangelista idealice a los primeros discípulos, como muchos han dicho, ¡ya que incluso les tiene que explicar lo que el título "Cristo" significa!» En un principio, que los discípulos pensaran que Jesús era el Mesías no era ninguna cosa del otro mundo, ya que en la época había muchos que decían ser el Mesías. Lo importante es si entendían o no todo lo que eso implicaba. Todos los textos dejan bastante claro que los seguidores de Jesús tardaron en llegar a tener una buena comprensión del término. Pero eso no quiere decir que no lo usaran. Decir que Jesús era el Mesías era algo fácil; entender lo que esto suponía, ya era otra cosa. Parece ser que parte del objetivo de Juan era refutar las ideas erróneas que corrían sobre el Mesías. Quizá por eso recoge la primera ocasión en que los discípulos malinterpretan la misión de Jesús como Mesías, para poder así empezar a explicar cuál es el verdadero sentido de la misión mesiánica (la cual, para Juan, tiene un significado muy amplio). La motivación que le mueve a escribir el Evangelio es que veamos que Jesús es el Mesías. Para ver cómo desarrolla este tema ver los siguientes versículos: 45, 49; 3:28-29; 4:25-26, 29, 42; 5:45-46; 6:15; 7:26-27, 31, 40-43; 9:22; 10:24; 11:27; 12:34; 17:3; 20:31.

42 Andrés llevó a su hermano a ver a Jesús, acción de la que Temple dice: «quizá esta es la acción humana que más ha beneficiado a la Iglesia». Cada vez que encontramos a Andrés en este evangelio, le

---

[94] Transliteración de una palabra hebrea que significa "ungido". Ver nota al pie 13. «En boca de un judío, 'hemos encontrado al Mesías' era el mayor de los eurekas» (Dods).

vemos llevando a alguien a Jesús (6:8; 12:22), lo que denota una gran coherencia, digna de tener en cuenta. Jesús le miró inquisitivamente ("le miró fijamente", Moffatt) y, a continuación, le dio un sobrenombre. Tenemos que entender este acto a la luz de la importancia que los nombres tenían en la Antigüedad (ver el comentario del v. 12). Definía a la persona; resumía la personalidad de uno. Normalmente, al darle a alguien un nombre nuevo se le confería también cierta autoridad (por ejemplo, 2 R. 23:34; 24:17). Además, cuando es Dios quien lo hace, le da a la persona un nuevo carácter (por ejemplo, Gén. 32:28). Aquí, en este versículo, nos encontramos con estas dos ideas. A partir de ahora, Simón es la mano derecha de Jesús. Pero también es un hombre diferente, y el nuevo nombre habla de su carácter: "la roca"[95]. En todos los Evangelios, parece ser que el carácter de Pedro es lo contrario de una roca. Es impulsivo, volátil, inestable[96]. Pero Dios aún tiene que actuar en él. Cuando Jesús le cambia el nombre, ya se pueden intuir los cambios que el poder de Dios efectuará en la vida de este hombre.

2. Felipe y Natanael (1:43-51)

43 Al día siguiente Jesús se propuso salir para Galilea, y encontró a Felipe, y le dijo: Sígueme. 44 Felipe era de Betsaida, de la ciudad de Andrés y de Pedro. 45 Felipe encontró a Natanael y le dijo: Hemos hallado a aquel de quien escribió Moisés en la ley, y [tam-

---

[95] Cefas es la transliteración de la palabra aramea כֵּיפָא, que quiere decir "piedra o roca". Pedro viene de la palabra griega πέτρος, que quiere decir más o menos lo mismo. Estrictamente hablando, el equivalente griego de Cefas es Πέτρα, pero como tiene una terminación femenina, para nombrar a Pedro se usa la forma masculina, aunque sea menos corriente. Originalmente, πέτρα quería decir 'una roca sólida', y πέτρος, "una piedra o un trozo de roca". Pero parece ser que, ya en tiempos del Nuevo Testamento, apenas se hacía distinción entre estos dos sustantivos (ver O. Cullmann, *Peter: Disciple, Apostle, Martyr* [Londres, 1962], pp. 20-21). El nombre de Cefas no aparece en ninguno de los otros evangelios, lo que apunta a que el autor de este evangelio debía de hablar arameo pues de no ser así, habría usado la forma común, Pedro. El padre de Simón se llamaba Juan, aunque en Mt 16:17 pone Jonás. Esta es la única vez que Juan usa el nombre de Cefas, que solo vuelve a salir en los textos paulinos. Ver también la nota al pie de 21:15.

[96] A.J. Droge dice que el nombre «no simboliza el potencial de Pedro como líder 'sólido' (...) en el Cuarto Evangelio Pedro es una 'roca' debido a su cabezonería y torpeza a la hora de entender a Jesús» (*JBL*, 109 [1990], p. 308). Aunque creo que este es un comentario demasiado duro. Brown no cree que «en los escritos joánicos haya una actitud de desaprobación hacia Pedro» (p. 1006).

bién] los profetas, a Jesús de Nazaret, el hijo de José. 46 Y Natanael le dijo: ¿Puede algo bueno salir de Nazaret? Felipe le dijo: Ven, y ve. 47 Jesús vio venir a Natanael y dijo de él: He aquí un verdadero israelita en quien no hay engaño. 48 Natanael le dijo: ¿Cómo es que me conoces? Jesús le respondió y le dijo: Antes de que Felipe te llamara, cuando estabas debajo de la higuera, te vi. 49 Natanael le respondió: Rabí, tú eres el Hijo de Dios, tú eres el Rey de Israel. 50 Respondió Jesús y le dijo: ¿Porque te dije que te vi debajo de la higuera, crees? Cosas mayores que éstas verás. 51 Y le dijo: En verdad, en verdad os digo que veréis el cielo abierto y a los ángeles de Dios subiendo y bajando sobre el Hijo del Hombre.

El proceso de buscar más seguidores continúa. Jesús mismo busca a Felipe y le llama: es en este evangelio el único discípulo a quien Jesús llama de manera formal. Y Felipe repite el modelo que vimos con Andrés: va a buscar a Natanael y lo lleva a ver a Jesús. Sabemos muy poco de este hombre, pero la historia de cómo acepta seguir a Jesús es muy interesante.

43 En cuanto a la marca temporal, ver el comentario de 1:19-28. En el episodio anterior, Jesús no ha hecho nada para que Andrés y los otros le sigan. Estos oyeron las palabras de Juan el Bautista y le siguieron, o alguien les llevó a Jesús. Ahora es Jesús quien toma la iniciativa. Se había propuesto[97] ir a Galilea y, allí, buscó a Felipe. No explica por qué lo hace, ni tampoco se explica de qué conocía Jesús a Felipe. Ni siquiera sabemos dónde le encuentra. No hay nada que nos indique si fue en la misma zona del episodio anterior, o ya de camino a Galilea, o en la ciudad de Felipe, Betsaida[98]. Tampoco se nos dice si Felipe era un discípulo de Juan el Bautista, aunque sería bastante probable. "Felipe" es un nombre griego (quiere decir "amante de los caballos"). Sin embargo, ya era común entre los judíos, por lo que no podemos concluir que el que así se llamara fuera hijo de griegos. Algunos han dicho que se llamaba así por Felipe el tetrarca (mencionado en Lc. 3:1), que ordenó la reconstrucción de Betsaida Julia. Los Sinóp-

---

[97] Probablemente, el significado del aoristo ἠθέλησαν es "resolvió, decidió". Gramaticalmente, el sujeto podría ser "Pedro" (porque es la última persona que se menciona), pero el sentido del texto nos obliga a interpretar que el sujeto es "Jesús".

[98] Barclay cree que este suceso tuvo lugar en Galilea. Traduce: "y allí encontró a Felipe". Moffatt también opta por esta traducción.

ticos mencionan a Felipe en la lista de los apóstoles, pero no nos dan ninguna información sobre él. Juan habla de él en diferentes ocasiones. En todas ellas aparece como si estuviera fuera de juego, como si fuera de capacidades limitadas. Su contribución en la alimentación de la multitud se limita a la información de que aquello no era posible ni con doscientos denarios de pan (6:7). Cuando los griegos vinieron a él rogándole que querían ver a Jesús, parece ser que no supo qué hacer, pues tuvo que ir a consultar a Andrés antes de llevar a aquellos ante Jesús (12:21-22). Y fue Felipe el que le pidió a Jesús en el aposento alto que les mostrara al Padre, ¡y que eso les bastaba! (14:8-9). El hecho de que, en este versículo, Felipe no busca a Jesús, sino que Jesús va a buscarle, quizá indique cierta falta de iniciativa por parte del discípulo. Si todo esto es cierto, anima ver que Jesús dejó un momento su camino para ir a buscar a un hombre con ciertas limitaciones y añadirle en la lista de los apóstoles. Sin duda alguna, algunos de los apóstoles eran hombres de una gran talla y capacidad, pero con el ejemplo de Felipe también vemos que otros eran gente normal, sin ninguna aptitud especial. Jesús tiene una tarea para todos sus seguidores, sean como sean. El verbo "seguir" aquí significa "seguir como un discípulo". El tiempo presente tiene un sentido de continuidad: "continúa siguiéndome".

44 Se nos dice que Felipe es de Betsaida. Andrés y Pedro también eran de allí (aunque tenían una casa en Capernaum en el período del ministerio de Jesús, donde quizá vivían en aquel entonces; Mr. 1:21, 29)[99]. En los Evangelios no se nos da mucha información sobre esa ciudad (Mr. 6:45; 8:22; Lc. 9:10), pero la amonestación de Jesús, que recoge que era una de las ciudades donde «había hecho la mayoría de sus milagros» (Mt. 11:20-24; Lc. 10:13-14), muestra que había estado allí mucho tiempo. Esto nos recuerda que sucedieron muchas cosas que los Evangelios no han recogido (cf. 21:25). No sabemos con exactitud

---

[99] Hay aquí un cambio de preposición: Felipe era ἀπὸ Βηθσαϊδά y ἐκ τῆς πόλεως Ἀνδρέου καὶ Πέτρου. Algunos autores creen que son dos cosas distintas, ya que ἀπό significa lugar de residencia y ἐκ, lugar de origen (Abbott, 2289). Pero Juan usa estas dos preposiciones indistintamente. En este evangelio leemos que Cristo era ἐκ cielo y ἀπό cielo (6:33, 38), y también ἐκ Galilea y ἀπό Belén (7:41-42). No parece que haya ninguna diferencia de significado. En cuanto a la variación en Juan, ver *SFG*, cap. 5. Juan prefiere ἐκ que ἀπό. Utiliza ἐκ 165 veces, más que ningún otro libro del Nuevo Testamento (le siguen Apocalipsis, 134 veces, y Lucas, con 87 veces). Pero utiliza ἀπό solo 40 veces (en Mt. aparece 133 veces, en Mr 47 veces, en Lc. 127 veces y en Hechos 114 veces).

dónde está esta ciudad, y algunos creen que es probable que además de Betsaida Julia hubiera otra Betsaida "de Galilea" (12:21)[100]. La primera fue reconstruida por Felipe el tetrarca, y se le añadió el nombre Julia por la hija del Emperador.

45 Aquí se repite el episodio anterior: un discípulo va a buscar a otro: Felipe va a buscar a Natanael («Una antorcha encendida sirve para encender otra antorcha», Godet). El hecho de que use la segunda persona del plural muestra que Felipe ya se sentía parte del pequeño grupo que seguía a Jesús. Sobre Natanael sabemos muy poco: sabemos lo ocurrido en este episodio, y que estaba presente entre los pescadores en 21:2 (donde se nos informa que venía de Caná). Su nombre significa "Dios ha dado" (por lo que es lo mismo que Teodoro). Esto ha llevado a algunos a conjeturar que este pasaje es alegórico, y que habla del discípulo ideal (uno "dado por Dios"), pero creemos que no vale la pena detenernos a hablar más de esta teoría. Aunque no sea un nombre muy común entre los judíos, sí que se usaba. No hay ninguna razón para dudar de que se esté refiriendo a una persona real. El suceso está relatado como un hecho verídico, y no como una alegoría ficticia sobre la piedad. Otros creen que Natanael es otro que se usaba para designar a Mateo, ya que los dos nombres tienen un significado parecido. Otros apuntan a que Natanael es el mismo personaje que Bartolomeo, el apóstol que no se menciona en Juan (al menos, no se menciona su nombre), del mismo modo que Natanael no se menciona en los Sinópticos. En los tres primeros evangelios se empareja a Bartolomeo con Felipe (Mt. 10:3; Mr. 3:18; Lc. 6:14); además, en Hechos 1:13 se le menciona inmediatamente después de Tomás, y esa es precisamente la posición de Natanael en Juan 21:2. Un dato más es que, en realidad, Bartolomeo

---

[100] Hay bastantes indicios que nos hacen pensar que Betsaida estaba al este del Jordán. Josefo la sitúa en la baja Gaulanitis (*G.*. 2.168), y parece ser que estaba cerca del lugar donde el río Jordán desembocaba en el mar de Galilea (*G.* 3.515); Plinio y Jerónimo también están de acuerdo. Según algunos interpretan Marcos 6:45, había una Betsaida en la región de Capernaum, que estaría respaldado por el uso de la expresión "Betsaida de Galilea" (Juan 12:21). Pero Goerge Adam Smith cita unos indicios de que en el período de la guerra del 66 al 70, el término Galilea había ampliado su significado e incluía el territorio alrededor del lago. Dice que incluso antes, la jurisdicción del gobernador de Galilea alcanzaba el este del lago (*EB*, 566). En general, parece que lo más probable es que solo hubiera una Betsaida, y que quizá ésta tenía un suburbio al otro lado del río (R.H. Mounce está de acuerdo con esta postura, aunque expone algunas pequeñas objeciones, *ISBE*, I, p. 475). Por cierto, que el nombre de esta ciudad quiere decir "Casa de pesca".

no es un nombre de pila, sino que es un patronímico que significa "hijo de Tolomeo" (cf. Barjona = "hijo de Jona"); lo más seguro es que el hombre que se llamara así tuviera otro nombre. Los otros discípulos que aparecen en este capítulo llegaron a ser apóstoles, lo que sugiere que ocurriera lo mismo con Natanael. Si hemos de identificarlo con uno de los apóstoles, la opción más razonable es Bartolomeo. Pero, ¿por qué nos empeñamos en identificarlo con un apóstol? Jesús tenía muchos discípulos aparte de los Doce y, en cierta medida, no hay indicios suficientes para creer que Natanael tuviera que ser obligatoriamente uno de los apóstoles. Es verdad que Juan nos quiere hacer ver que Natanael tomó una decisión muy firme de seguir a Jesús, pero eso no le convierte en uno de los apóstoles.

Felipe dice que Jesús es el cumplimiento de la profecía; Moisés y los profetas hablaron de Él[101]. Obviamente, esta es otra manera de llamarle Mesías. De una forma discreta, pero directa, de acuerdo con su objetivo explícito declarado en 20:31, Juan hace hincapié en que Jesús es el Mesías. Andrés y su amigo le reconocieron, y ahora Felipe hace lo mismo. Felipe lo hace de tal manera que se ve que el ministerio mesiánico de Jesús era cumplir los propósitos iniciales de Dios tal y como aparece en las Holy Writ. Westcott cree que la estructura de la frase, en la que "Hemos encontrado" en griego aparece en la última posición, sugiere que Felipe y Natanael «reflexionaban muy a menudo sobre el retrato veterotestamentario del Mesías». Cuando Felipe se refiere a Jesús llamándole "hijo de José", no deberíamos interpretar que está negando el nacimiento virginal[102]. José era el tutor de Jesús, por lo que a Jesús se le conocería como el hijo de José. En todo caso, es poco probable que un discípulo tan nuevo como Felipe ya supiera acerca del nacimiento virginal. Este es un buen ejemplo de lo que se ha llamado "la ironía de San Juan". Una y otra vez, y sin hacer ningún

---

[101] La posición prominente de Ὃν ἔγραψεν quizá indique que Felipe y Natanael habían estado discutiendo sobre el cumplimiento de estas escrituras. Felipe no cita ningún pasaje en concreto. Edersheim explica que los rabíes creían que había no menos de 456 pasajes mesiánicos (*LT*, II, pp. 710-41). En cuanto al carácter mesiánico de Jesús ver el comentario del v. 41. En cuanto a otros pasajes que demuestran que el Antiguo Testamento habla de Jesús, cf. 2:22; 5:39, 46; 20:9.

[102] «Que (Juan) recoja una expresión que describe a Jesús como 'hijo de José' es claramente una marca del uso irónico que hacía de las tradiciones, ya que él mismo creía que Jesús no tenía un padre humano» (Barrett). Godet exclama vigorosamente: «¡ni que fuera el evangelista el que está hablando! ¡Es Felipe, y no Juan! ¡Y seguro que Felipe, después de intercambiar algunas palabras con el Maestro, se enteró de las circunstancias en las que se dieron su nacimiento e infancia!».

tipo de refutación, deja que los personajes de su evangelio hagan declaraciones que, poco después, los cristianos reconocerían como falsas[103].

46 No creo que la pregunta escéptica[104] de Natanael refleje el concepto que se tenía de Nazaret en aquel entonces. No era una ciudad famosa[105], pero no tenemos ningún indicio que nos haga pensar que tuviera mala reputación. Quizá la mejor interpretación es que Natanael no podía entender que el Mesías procediera de un lugar tan insignificante y poco conocido[106]. Además, como Natanael era de Caná, cabría la posibilidad de que estuviéramos ante una expresión de la típica rivalidad entre ciudades cercanas. Felipe no era un hombre de muchos recursos (ver comentario del v. 43), así que no intentó argumentar con su amigo para hacerle cambiar de parecer. Simplemente, le invitó a verlo por sí mismo y, dadas las circunstancias, probablemente fue lo más sabio. De hecho, es un buen consejo. "Ven y ve" era una fórmula común entre los rabíes[107]. La usaban para mostrar que la solución a un

---

[103] En cuanto a esta característica del evangelista, cf. G. Salmon, *A Historical Introduction to the Study of the Books of the New Testament* (Londres, 1982), p. 280s. Como Salomón dice: «nadie entiende mejor el efecto retórico de no refutar algo que parece absurdo: hace que sean los lectores los que lo perciban y discurran» (pp. 281-82). También lo explica así P.D. Duke, *Irony in the Fourth Gospel* (Atlanta, 1985, aunque, curiosamente, no hace referencia a este pasaje). Duke cree que este evangelio está cargado de ironía, de principio a fin, y también la verdad central sobre la que Juan escribe: «Habían visto a un hombre y ahora, '¡He aquí el Hombre!'. Habían visto carne y era el Verbo; gloria era lo que en Él habían visto. Por Gracia vino al mundo que Él había hecho y no le reconocieron. Visitó a su pueblo escogido y le rechazaron. Le pusieron en alto para avergonzarle y ciertamente fue puesto en alto. Los que se dignaban a mirarle eran los marginados y los malditos y Él los hizo sus amigos e hijos de Dios. Tan importante es la ironía en el mensaje joánico que podría decirse que si no entendemos la ironía, no entenderemos el Evangelio» (p. 156).

[104] G.D. Kilpatrick señala que el adjetivo ἀγαθός se usa aquí y en 7:12 con valor predicativo, mientras que en 5:29 es pronominal. Según él, καλός siempre es atributivo (*BT*, 11 [1960], pp. 173-74). Parece ser que la diferencia entre los dos en este evangelio es puramente gramatical y no de significado. Juan usa ἀγαθός 3 veces y καλός 7 veces.

[105] Parece ser que es la primera vez que se menciona en el Nuevo Testamento. D.C. Pellett dice que fuera del Nuevo Testamento, la referencia más antigua a esta ciudad la encontramos en Julio Africano, 170-240 dC. (*IDB*, 3, pp. 524-25). Sin embargo, Bruce la incluye en una lista de ciudades que aparece en una inscripción de Cesarea, que se descubrió en 1962 y recoge lugares de Galilea a donde los sacerdotes emigraron después del desastre del año 135 dC.

[106] «Natanael usa la observación humana inteligente para limitar el poder de Dios» (Hoskyns).

[107] Ver SBk, II, p. 371.

problema en particular era posible y que debían buscarla juntos. Esta expresión también podía hacer referencia a algo nuevo o importante.

47 A medida que Natanael se acercaba, Jesús le describió como «un verdadero israelita en quien no hay engaño»; esta última palabra se usaba en el griego antiguo para designar un "cebo" de pescar. Por tanto, significa que no había en él *«ninguna estratagema para engañar o sorprenderle*, como el plan que Hefesto urdió para sorprender a Ares (...) el caballo de Troya (...) el puente de Ixión (...) el vestido de Penélope»[108]. En la Biblia se usa para describir a Jacob, antes de que tuviera una buena actitud (Gén. 27:35), y así lo refleja la traducción de Temple: «¡un israelita en que no hay Jacob!» (Morgan también hace referencia a ese incidente del Antiguo Testamento). Jesús aclama a Natanael por ser alguien directo y transparente. Esta es la única ocasión en este evangelio en la que se usa la palabra "israelita", aunque "judío" (especialmente en plural) es muy común. Aquí quiere decir "un verdadero hijo de Israel" (cf. Ro. 2:29). El uso más frecuente de este término en el Nuevo Testamento lo encontramos en Hechos, donde se usa como un apelativo a los que escuchaban los discursos o predicaciones.

48 Natanael lanza una pregunta que demuestra su sorpresa ante el hecho de que Jesús supiera algo de él, reacción que, incidentalmente, nos informa de lo acertada que debió de ser la descripción que Jesús hizo. Una persona más astuta habría mencionado "modestamente" que no era digna de tal comentario. Es obvio que la respuesta de Jesús[109] fue suficientemente convincente para Natanael, aunque para nosotros no esté muy clara. Dijo que había visto a Natanael antes de que Felipe le llamara[110], y lo hace aportando una marca temporal: "cuando estabas debajo de la higuera"[111]. Más adelante no encontramos ninguna refe-

---

[108] LS, *sub* δόλος.

[109] Burney cree que ἀπεκρίθη (o ἀπεκρίθησαν o ἀποκρίνεται) sin un conector (que aparece en Juan 66 veces, y tan solo una vez en el resto del Nuevo Testamento) es una estructura del arameo. También sugiere que ἀπεκρίθη καὶ εἶπεν es una traducción literal de una expresión aramea (*AO*, pp. 53-54).

[110] El infinitivo articular (πρὸ τοῦ (...) φωνῆσαι) es una construcción poco común en este evangelio. Abbott dice que, según Bruder, solo aparece 3 veces: en este versículo, en 2:24; 13:19 y 17:5 (1995*a*). En Mateo aparece 24 veces, en Marcos 15 veces, en Lucas 70 veces, lo que demuestra que el uso que Juan hace es una excepción.

[111] ὑπὸ τὴν συκῆν. Si ὑπό (en acusativo, solo en este evangelio) contiene la idea de "movimiento hacia ...", quizá sugiera que Natanael se había retirado a la higuera.

rencia o explicación de este incidente. Así que todo lo que digamos no son más que conjeturas. La higuera era casi un símbolo del hogar (cf. Is. 36:16; Mi. 4:4; Zac. 3:10). Más tarde, se usaba la imagen de la higuera como un cobijo donde poder orar, meditar y estudiar[112], y no hay ninguna razón para pensar que en los días de Jesús ya existiera esta costumbre. Algunos dicen que Natanael había tenido una extraordinaria experiencia de comunión con Dios en la intimidad de su propio hogar, y que esto es a lo que Jesús se refiere. Fuese como fuese, lo cierto es que Natanael reacciona ante la alusión que Jesús hace. Si nos quedamos en el nivel del conocimiento humano, es difícil explicar el conocimiento que Jesús tenía del incidente[113]. Natanael y Jesús no se habían visto nunca, no se conocían. Así que la única conclusión posible es que Jesús contaba con un tipo de conocimiento que, por lo general, no está al alcance de la raza humana (cf. 2:24-25).

49 Estas simples palabras tuvieron en Natanael un efecto más que sorprendente. Su respuesta inmediata, ya que en su saludo deja clara la divinidad de Jesús. «Natanael se entregó para siempre al hombre que leyó, comprendió y satisfizo su corazón» (Barclay). En cuanto al título "Rabí" (que Natanael no usa hasta este momento) ver el comentario del v. 38, y en cuanto a "Hijo de Dios", ver el v. 34 (cf. 11:27). El artículo es importante tanto aquí como en el v. 34. Indica que al interpretar la expresión debemos profundizar y extraer todo el significado que sugiere. Aunque Natanael no podía haber entendido todo lo que suponía que Jesús fuera el Hijo de Dios, el hecho de que Jesús lo hubiera visto debajo de la higuera (es decir, supiera lo que él hacía en su intimidad)

El cambio que encontramos en el v. 50 – ὑποκάτω τῆς συκῆς – no tiene quizá ningún significado ya que, en muchas ocasiones, Juan repite con alguna que otra variación una idea ya mencionada (ver *SFG*, cap. 5). Gramaticalmente, es posible entender que "te llamara" va con "mientras aún estabas debajo de la higuera" (como cree Crisóstomo, entre otros). Lo único que eso significaría es que Natanael aún estaba debajo de la higuera cuando Felipe le llamó. Pero no podemos sostener este punto de vista, ya que el versículo 50 lo contradice. Calvin comenta: «De este pasaje deberíamos también aprender una lección muy útil: también cuando no pensamos en Cristo, Él nos observa; y es así como debe ser, para que cuando nos hayamos apartado de Él, nos vuelva a traer hacia sí».

[112] Ver los pasajes en SBk, II, p. 371.

[113] Podríamos interpretar el pasaje de otra manera: Jesús no solo conocía el incidente, sino que además sabía lo que pasaba en el pensamiento de Natanael. «El discípulo no solo se sorprende porque Jesús había visto lo que hacía en su propia casa, sino porque sabía lo que le estaba pasando por la mente» (Strachan).

le había impresionado enormemente. Para describir a ese hombre, los calificativos humanos no eran suficientes. Así que tenía que buscar algún calificativo que le relacionase estrechamente con el Dios que todo lo sabe. "Rey de Israel" es una expresión poco común. En el Nuevo Testamento se usa tres veces, sin contar este pasaje. En la entrada triunfal en Jerusalén, la multitud aclamaba a Jesús como el Rey de Israel (12:13)[114]. Cuando estaba en la cruz, los que le decían que descendiera de allí también le llamaron "Rey de Israel" (Mt. 27:42; ¡ya al principio del ministerio de Jesús, Natanael usa de forma sincera un título que sus enemigos al final usarían para burlarse de su maestro!). Y en Marcos vemos cómo los sacerdotes y los escribas se burlaban de él llamándole "el Cristo, el Rey de Israel" (Marcos 15:32). En el Nuevo Testamento, Dios es el Rey de su pueblo, y está claro que en el período intermedio el Mesías vino para ejercer la prerrogativa divina de gobernar lo que le es propio. Natanael usa el vocabulario más elevado que conoce[115]. Al recoger este episodio, Juan añade una evidencia más de que Jesús es el Mesías. Natanael expresa esta verdad de forma diferente a como los demás lo hacen, pero el significado básico es el mismo (ver el comentario del v. 41). Tampoco deberíamos obviar que a Natanael se le llama "israelita". Al decir que Jesús es el "Rey de Israel", está reconociendo que Jesús es su propio Rey: se está sometiendo a él. Juan usa el término "Rey" 16 veces y en casi todas las ocasiones se refiere a Jesús (Juan utiliza esta palabra para referirse a Jesús más del doble de lo que lo hacen los otros evangelistas), excepto cuando Pilato y los líderes judíos lo usan en el juicio; pero incluso en esa ocasión, se usa debido a la declaración que Jesús hace sobre sí mismo. La realeza de Jesús es importante, aunque esté velada por su vida humilde y su muerte.

---

[114] En 12:13 "rey" va antecedido de artículo, pero no ocurre lo mismo en este v. 49. Abbott apunta a que existe una diferencia: «'El Hijo de Dios' *reina sobre, o es 'rey de',* todas las naciones de la tierra, Israel incluida. Los judíos usaban '*el rey de Israel*' para referirse a cualquier rey, es decir, tanto a David, a Ezequías, o a un simple Mesías judío. La confesión de Natanael es mucho más global que la de 'las multitudes'» (1966). Sin embargo, si aceptamos la regla establecida por E.C. Colwell, que dice que cuando un nombre definido predicativo precede a un verbo, no lleva artículo (ver el comentario de 1:1), no podemos estar de acuerdo con Abbott. A nuestro entender βασιλεύς es definido, tanto como lo es υἱός.

[115] «Nótese la fuerte mentalidad hebrea que hay en el orden climático que se produce al pasar de *Hijo de Dios* a *Rey de Israel*» (Temple).

50 Cuando Jesús dice[116] (o pregunta, según la versión) "crees", parece ser que Natanael es el primer hombre en este evangelio que, de forma explícita, cree (aunque cf. vv. 7, 12 y las notas que hemos añadido en el comentario de esos versículos). El episodio anterior ha llevado a Natanael a poner su confianza en Jesús, con todo lo que eso implica. En aquel momento en que Jesús le dijo que le había visto debajo de la higuera, se convirtió en un "creyente". Ahora el Maestro le prometía que su nuevo discípulo vería "cosas mayores que estas"[117]. El ministerio del maestro solo acababa de empezar. Habría muchas más manifestaciones de su poder.

51 "En verdad, en verdad os digo" es, de hecho, la forma por la que opta nuestra traducción, pero equivale a la palabra *Amén*, que es la transliteración de una palabra hebrea o aramea, el participio del verbo que significa "confirmar"; se usaba para mostrar aprobación. Por ejemplo, era (y aún es) lo que la congregación responde a la oración pronunciada por el director de la alabanza; es así como se extendió el uso de la palabra entre la gente (1 Co. 14:16). Ocasionalmente, se usaba como conclusión de las oraciones (por ejemplo, Tobit 8:7-8), cuando en la oración se expresaba un deseo. Pero este último uso de la palabra *amén* era el menos común. Originalmente era la forma en que alguien asentía o aprobaba lo que otra persona había dicho. En los Evangelios, Jesús es el único que la usa, y siempre precediendo una declaración o sentencia importante. Así, parece más bien una característica del estilo de Jesús, ya que no encontramos ningún paralelo judío donde esta palabra alguien la usara para introducir lo que iba a decir[118]. En vista de las asociaciones del término, es obvio que tiene un significado religioso.

---

[116] Es importante no pasar por alto el uso de la partícula causal ὅτι para introducir una proposición que precede a la proposición principal. Esta construcción no es muy común, y el Prof. G.D. Kilpatrick en un comunicado privado lista una serie de libros donde no aparece: Mateo, Marcos, Efesios, las Pastorales, Hebreos, etc. Tampoco encontramos ningún ejemplo en Lucas-Hechos ni en las Epístolas paulinas, pero hay seis ejemplos de esta construcción en Juan: en este versículo, 8:45; 15:19; 20:29 (aunque 15:19 es textualmente incierto), y al menos uno en Apocalipsis. En cuanto a la predilección de Juan por ὅτι, ver el comentario de 1:15.

[117] Puede que ésta sea otra referencia a Natanael como un israelita (como cree, por ejemplo, Bernard). Se cree que el nombre "Israel" deriva de אִישׁ רָאָה אֵל, "el hombre que ve a Dios". Así, se cree que Jacob es el hombre de visión por excelencia.

[118] Ver la Nota al pie de D. Daube, *JThS*, XLV, pp. 27-31 y la bibliografía que allí se cita. También H. Schlier, *TDNT*, I, p. 335-58, y G. Ebeling, *Word of Faith* (Londres, 1960), pp. 236-38.

Texto, Exposición y Notas: Felipe y Natanael (1:43-51)

Tiene que ver con unas palabras que se pronuncian ante Dios, a quien se invita a que las haga realidad. Probablemente, tenemos aquí también alguna interpretación cristológica. Jesús se identifica con esas palabras y con el Dios a quien apela[119]. En los Sinópticos, cuando se usa esta palabra, aparece solo una vez, mientras que cuando Juan la usa, la escribe dos veces[120]. Lo cierto es que no se ha dado una respuesta satisfactoria al significado concreto de esta expresión, pero lo que está claro es que busca que prestemos atención a lo que sigue, porque es importante[121].

En el versículo 50, Jesús usa el singular; sin embargo, usa el plural en el 51 – aunque en principio se dirige a Natanael – lo que indica que es para un círculo más amplio. En todo el Evangelio, no hay ninguna referencia más al cielo abierto (este verbo se usa, sobre todo, para "abrir" los ojos a los ciegos y, en una ocasión, para "abrir" una puerta). En el resto de los Evangelios los cielos solo se abren en el episodio del bautismo de Jesús (Mt. 3:16; Lc. 3:21) y en las visiones (Hechos 7:56; 10:11; Ap. 19:11), pero no creo que sea eso a lo que aquí se esté refiriendo. Está claro que esta expresión tiene algo que ver con una visión de Dios, pero no podemos saber mucho más. La mención de los ángeles que suben y bajan parece ser una referencia a la visión de Jacob (Gén. 28:10s.). Pero en el sueño del patriarca no se abren los cielos, y en este versículo tampoco se menciona la escalera de Jacob. Aún así, en ambos pasajes aparece la idea de la comunicación entre el Cielo y

---

[119] Schlier sostiene que la palabra ἀμήν, usada de esta forma, «contiene toda la Cristología *in nuce*. El que acepta su palabra como verdadera y cierta también la reconoce y quiere reflejarla en su propia vida, y hace que, del mismo modo que se cumple en él, se convierta en una exigencia para los demás» (*TDNT*, I, p. 338). Ebeling cree que el uso que Jesús hace de ἀμήν se da porque «Jesús se identifica completamente con sus palabras, y al identificarse con estas palabras se somete enteramente a la realidad de Dios, y expresa que su existencia está basada en que Dios va a hacer que estas palabras sean reales y verdaderas» (*Word and Faith*, p. 237). G.E. Ladd dice: «Jesús usó la expresión como si fuera un juramento, que sería paralelo a la expresión veterotestamentaria». «El uso que Jesús hace no tiene precedentes porque es en su persona y en sus palabras donde se manifiesta la presencia y la autoridad del Reino de Dios» (*Jesus and the Kingdom* [Londres, 1966]. P. 163). E. Käsemann comenta que «significa una certidumbre inmediata y extrema» (*Essays on New Testament Themes* [Londres, 1964], p. 42).

[120] Mateo usa la palabra sola (ἀμήν) 31 veces, Marcos 13 veces y Lucas 6 veces. Juan usa la expresión repetitiva (ἀμήν ἀμήν) 25 veces. Está claro que tiene predilección por esta estructura.

[121] Los traductores han optado por diferentes traducciones.

la Tierra. En ambos, los ángeles ascienden primero, lo que sugiere que ya están presentes en la Tierra. En este pasaje "el Hijo del Hombre" toma el lugar de la escalera[122]. Jesús es el lazo de unión entre el Cielo y la Tierra (3:13). Es el medio por el cual podemos disfrutar en la Tierra las realidades del Cielo, y Natanael podrá verlo por sí mismo. Así, la expresión es una figura para decir que Jesús revelará las cosas celestiales, idea que se desarrollará a lo largo del Evangelio. La visión que Jesús tiene de Felipe (v. 45) es verdadera, aunque incompleta. Es cierto que Jesús es aquel con quien se cumple la profecía, pero también es el Hijo del hombre, el que nos da a conocer a Dios, el medio a través del cual se puede establecer la comunicación entre el Cielo y la Tierra. No deberíamos pasar por alto la fuerza del verbo "abrir". Iban a ver el cielo abierto, el cual iba a continuar abierto. En cuanto a la expresión "el Hijo del Hombre" ver la Nota Adicional C. Según Strachan, este versículo es «la clave para entender el concepto que el evangelista tiene de Jesús»[123]. Concluye lo siguiente: «Los cielos abiertos, y los ángeles subiendo y bajando simbolizan el poder y el amor de Dios, a los que ahora podemos acceder, en el Hijo del hombre»[124].

En este capítulo se le asignan a Jesús diversos títulos: el *Logos* (v. 1), Dios (v. 1), la Luz de los hombres (v. 4), la Luz verdadera (v. 9), el Unigénito del Padre (v. 14), el anterior a Juan el Bautista (vv. 15, 26-27, 30), Jesucristo (v. 17), el Unigénito Dios o Hijo (v. 18), el Señor (v. 23), el Cordero de Dios (vv. 29, 36), el que bautiza con el Espíritu Santo (v. 33), probablemente el Elegido de Dios (v. 34), el Hijo de Dios

---

[122] Sin embargo, algunos creen que בו en Gn. 28:12 significa "por él" (es decir, Jacob) y no "por ella" (la escalera). Algunos rabíes sostienen esta interpretación, pero, por lo que sabemos, no hasta después del período neotestamentario. Sin embargo, C. Rowland explica que la ambigüedad está en el texto masorético y «según la sofisticación y los métodos exegéticos de los intérpretes judíos, esta ambigüedad se habría usado al máximo desde un tiempo muy temprano» (*NTS*, 30 [1984], p. 501). Burney y Odeberg creen que Juan acepta esta idea (*AO*, p. 115-116). Ver también las notas al pie en Bernard y Barret. También es importante recordar que en la tradición rabínica los ángeles «subían y bajaban por Jacob: lo ponían en alto, y lo bajaban, saltaban sobre él, corrían sobre él, hacían broma con él (...) Subían al cielo y veían su imagen, bajaban a la Tierra y le encontraban durmiendo» (*FG*, pp. 33-34). Pero no es esta la idea que encontramos en Juan, sino más bien que el Hijo del Hombre es el medio para salvar el abismo entre la Tierra y el Cielo. Él toma el lugar de la escalera. En Bernard encontrará una Nota Adicional muy útil en la que cita las interpretaciones patrísticas de Gn. 28:23, y Jn 1:51. Nos muestra que San Agustín es el primero en relacionarlos.

[123] Strachan, p. 6. Pero toda la Nota es importante (pp. 5-11).
[124] Strachan, p. 11.

(v. 49), Rabí (vrs. 38, 49), el Mesías (v. 41), aquel sobre el que Moisés y los profetas escribieron (v. 45) y el Rey de Israel (v. 49). Ya en este primer capítulo, Juan recoge las características del retrato de Jesús que va a ir desarrollando a lo largo del Evangelio. Quiere demostrar que es el Cristo (20:31), y por eso escribe de tal forma ya en el primer capítulo. Pero todos estos títulos se los adjudican los demás. Cuando Jesús tiene que hablar de sí mismo lo hace con la expresión "el Hijo del hombre".

NOTA ADICIONAL C: EL HIJO DEL HOMBRE

"El Hijo del hombre" es una expresión curiosa; además, en griego es tan poco común como lo es en castellano. Se ha escrito mucho sobre esta expresión, y la verdad es que no podremos cubrir todo lo que implica en esta breve Nota Adicional. Sin embargo, sí expondremos los puntos más importantes.

Se trata de una transliteración literal del hebreo בַּר־אֱנָשׁ, que quiere decir "hombre" o "el hombre". Vemos en los Evangelios que es la expresión favorita de Jesús para referirse a sí mismo (aparece más de 80 veces). Aparte de Esteban (Hechos 7:56) y de los que le preguntan a Jesús mismo cuál era el significado de esta expresión (Jn. 12:34), nadie más usa "Hijo del hombre" para referirse a Jesús[1 25]. Las dudas que había en torno al significado de este título muestran que se encontraba entre los títulos mesiánicos aceptados. Podemos decir que Jesús usa este término para recoger tres matices diferentes: (1) como paráfrasis de "Yo", (2) como paráfrasis del Hijo del hombre celestial, que vendrá en gloria, y (3) como paráfrasis del Hijo del hombre que ha de sufrir para salvar a su pueblo. Probablemente el origen de esta expresión está en Daniel 7:13-14, donde se habla de un ser celestial[1 26]. He escrito más ampliamente sobre esta expresión en mi obra *The Lord from Heaven*[1 27], y repetiré aquí la conclusión a la que llegué: Jesús adoptó

---

[125] Cf. T. Preiss: «El título que Jesús prefiere, al igual que en los Sinópticos, es "Hijo del hombre", y Él es el único que lo usa. ¿No es esto una prueba, indirecta pero sustancial, de la clara antigüedad de la tradición joánica?» (*Life in Christ* [Londres, 1954], p. 24).

[126] B. Vawter arguye convencido que el uso de la expresión "Hijo del Hombre" en este evangelio recibe, sobre todo, la influencia del uso que hace Ezequiel (*CBQ*, XXVI [1964], pp. 451-55).

[127] London and Downers Grove, 1974, pp. 25-28.

ese término «en primer lugar, porque era un término poco común y sin connotaciones nacionalistas, para ahorrarse complicaciones de carácter político. 'La gente iba a interpretarlo en la medida en que fueran comprendiendo cosas sobre Jesús'[128]. En segundo lugar, 'el Hijo del Hombre no es un título humano, sino un título divino'[129]. En tercer lugar, lo adoptó por las connotaciones sociales que tiene. El Hijo del hombre implica la redención del *pueblo* de Dios. En cuarto lugar, porque hace referencia a la humanidad de Jesús. Tomó sobre sí las debilidades propias de los seres humanos»[130]. Era una manera de revelar su humanidad, pero dejando claro que eso no suponía perder su carácter mesiánico. Vemos que el concepto que él tenía del Mesías diferia bastante del de la gente.

«A pesar de las diferencias en el vocabulario y simbolismo, el significado fundamental que el título de 'el Hijo del Hombre' tiene en Juan no es diferente del que tiene en los Evangelios Sinópticos»[131]. Esta afirmación de Maddox es cierta, aunque, al hablar del Cuarto evangelio, debemos añadir alguna que otra cuestión o comentario. En este evangelio, nuestro término siempre se asocia con la gloria celestial de Cristo o con la salvación que vino a traer. Por lo tanto, encontramos referencias a Jesús que le describen como alguien que tiene acceso al Cielo, e incluso, que está en el Cielo (1:51; 3:13; 6:62). El primero de estos versículos (1:51) encierra la idea de que trae el Cielo a la gente que está en la Tierra. Es el único que ha ascendido al Cielo, y que ha descendido de él. (3:13). Será nuestro Juez en los días postreros (5:27; aquí el término aparece sin el artículo: es decir, "Hijo del Hombre", y no "el Hijo del Hombre"). En dos ocasiones Jesús dice que el Hijo del Hombre será levantado (3:14; 8:28; cf. 12:34), y glorificado (12:23; 13:31). El Hijo del Hombre da el pan de vida, alimento que permanece para vida eterna (6:27), y aquellos que lo reciben, comen su carne y beben su sangre (6:53). Probablemente, la demanda que le hace al hombre ciego de que crea en el Hijo del Hombre ya implica el don de vida eterna (9:35). Típico del estilo joánico, a veces encontramos una combinación del tema del sufrimiento y del tema de la gloria (12:23;

---

[128] R.H. Fuller, *The Mission and Achievement of Jesus* (Londres, 1954), p. 106.
[129] *The Churchman*, LVIII (1944), p. 54.
[130] *The Lord from Heaven*, p. 28.
[131] R. Maddox en R. Banks, ed. *Reconciliation and Hope* (Londres y Grand Rapids, 1974), p. 203.

13:31). De hecho, la verdadera obra radica en su sufrimiento. Así, el término "el Hijo del Hombre" deja claro que Jesús se veía a sí mismo como alguien que procedía del Cielo y que poseía gloria celestial. Pero a la vez, sabía que tenía que humillarse y sufrir para conseguir nuestra salvación. Esta expresión incluye las dos ideas.

Monoley comenta que «mientras 'el Hijo (de Dios)' se usa para referirse a Jesús en todas las etapas de su ministerio (ver 17, 1-5), 'el Hijo del Hombre' solo se refiere al Logos encarnado. Se refiere a Jesús como hombre. De hecho, solo puede 'ser levantado' en la cruz debido a su condición de ser humano»[132]. Comenta el uso del Hijo del Hombre en Daniel 7 y dice: «Pero Juan ha cambiado un poco el concepto. La gloria no vendrá en el papel futuro de Jesús como hijo del Hombre, sino que vendrá antes, cuando sea 'levantado' en la cruz»[133]. Al escribir la conclusión, tiene claro que «el Hijo del Hombre joánico es el Jesús humano, el Logos encarnado; ha venido a revelar a Dios con una autoridad única y el mundo se juzga a sí mismo al aceptar o rechazar esta revelación»[134]. La bibliografía sobre este tema es muy extensa[135].

---

[132] Moloney, p. 17. No está de acuerdo con A.J.B. Higgins, que dice que en Juan no hay ninguna referencia a un Hijo del Hombre "terrenal": «En mi opinión, podríamos decir que todas las referencias apuntan al carácter terrenal de Jesús» (y para defender su postura cita a F.H. Borsch, p. 18).

[133] Moloney, p. 180.

[134] Moloney, p. 220.

[135] N.B. Stonehouse, *The Witness of Matthew and Mark to Christ* (Philadelphia, 1944), p. 110s., p. 249s.; E. Stauffer, *New Testament Theology* (Londres, 1955), pp. 108-11; T.W. Manson, *The Teaching of Jesus* (Cambridge, 1937), pp. 211-34, y *The Servant-Messiah* (Cambridge, 1953), pp. 72-74; H.E.W. Turner, *Jesus Master and Lord* (Londres, 1957), pp. 196-205; C.H. Dodd, *According to the Scriptures* (Londres, 1953), pp. 116-18; *IFG*, p. 241-49; Bernard, pp. CXXII-CXXXIII; R. Maddox en R. Banks, ed.; *Reconciliation and Hope* (Londres y Grand Rapids, 1974), pp. 186-204; también los artículos de M. Black, *ExT*, LX (1948-49), pp. 11-15, 32-36, y *SJT*, VI (1953), pp. 1-11; J. Bowman, *ExT*, LIX (1947-48), pp. 283-88; E. Schweizer, *NTS* IX (1962-63), pp. 256-61; C. Colpe, *TDNT*, VIII, pp. 400-477; O. Michel y I.H. Marshall en *DNTT*, III, pp. 613-34; y en cuanto al uso que se hace en el Cuarto evangelio, E.M. Sidebottom, *ExT*, LXVIII (1956-57), pp. 231-35; encontrará un lista muy útil en C.F.D. Moule, *The Birth of the New Testament* (Londres, 1962), p. 63. La obra F.J. Moloney, *the Johannine Son of Man* (Roma, 1976) es también una buena herramienta.

Juan 2

III. LAS SEÑALES Y LOS DISCURSOS PÚBLICOS DE CRISTO (2:1-12:50)

A. LA PRIMERA SEÑAL – LA BODA DE CANÁ (2:1-11)[1]

1 Al tercer día se celebró una boda en Caná de Galilea, y estaba allí la madre de Jesús; 2 y también Jesús fue invitado, con sus discípulos, a la boda. 3 Cuando se acabó el vino, la madre de Jesús le dijo: No tienen vino. 4 Y Jesús le dijo: Mujer, ¿qué [nos va] a ti y a mí [en esto]? Todavía no ha llegado mi hora. 5 Su madre dijo a los que servían: Haced todo lo que Él os diga. 6 Y había allí seis tinajas de piedra, puestas para ser usadas en el rito de la purificación de los judíos; en cada una cabían dos o tres cántaros. 7 Jesús les dijo: Llenad de agua las tinajas. Y las llenaron hasta el borde. 8 Entonces les dijo: Sacad ahora [un poco] y llevadlo al maestresala. Y [se] lo llevaron. 9 Cuando el maestresala probó el agua convertida en vino, y [como] no sabía de dónde era (pero los que servían, que habían sacado el agua, lo sabían), el maestresala llamó al novio, 10 y le dijo: Todo hombre sirve primero el vino bueno, y cuando ya han tomado bastante, [entonces] el inferior; [pero] tú has guardado hasta ahora el vino bueno. 11 Este principio de [sus] señales hizo Jesús en Caná de Galilea, y manifestó su gloria, y sus discípulos creyeron en Él.

Algunos han dicho que este milagro no es histórico, sino que cuando el vino se acabó, Jesús ordenó que bebieran agua. El maestro de ceremonias empezó a bromear diciendo que era el mejor vino de todos, y alguien que oyó este comentario, pero que no sabía lo que pasaba realmente, lo empezó a contar a otros, ¡y así es como se originó el milagro![2]

---

[1] Según Bultmann, esta sección del Evangelio es el comienzo de la manifestación de la gloria de Jesús. Los capítulos 3-12 son la manifestación ante el mundo, y los capítulos 13-17, ante los creyentes (p 456).

[2] Ver, por ejemplo, Leslie D. Weatherhead, *It Happened in Palestine* (Londres, 1944), pp. 43-44. Weatherhead se imagina la escena de la siguiente manera: «El vino se acaba. Sirven agua. ¡Vaya broma! Hacen que brinden para seguirle el juego al maestro de ceremonias. Felicitan al novio, y el maestro de ceremonias aún sigue con la broma: ¿Por qué has guardado el mejor vino para el final? Un criado que se dirigía a la cocina lo oye... y ahí empieza el rumor» (pp. 50-51).

Otros creen que se trata de una leyenda pagana que Juan ha adaptado para transmitir una enseñanza cristiana[3].
Esas reconstrucciones no se sostienen en pie si vemos los versículos 9 y 11. En primer lugar, Juan dice que el agua se convirtió en vino. Se trata de un milagro. Y en segundo lugar, se trata de un milagro que tuvo un profundo efecto en aquellos que acababan de decidir que iban a seguir a Jesús. No tiene sentido decir que «sus discípulos pusieron su fe en Él», y que «así se reveló su gloria», a

[3] J. Estlin Carpenter destaca que el milagro es bastante parecido a una parábola: «Se trata de una parábola en acción. El vino que se acaba es el vino viejo del Judaísmo» (*The Johannine Writings* [Londres, 1927], p. 377). Continúa explicando los ritos relacionados con el Dios Dionisos, y sugiere que el cuarto evangelista ha transformado los milagros de Dionisos «en un imaginativo símbolo de la gloria de Cristo» (p. 380). De igual forma, Bultmann cree que este relato proviene sin duda alguna (*zweifellos*) de una leyenda pagana. Pero esto es simplemente una teoría. Los paralelos que tenemos no son lo suficiente parecidos como para constituir un argumento convincente. «Que sepamos, ninguna parte de la leyenda se parece al milagro de Caná» (R.E. Williams, *JBL*, LXXXVI [1967], p. 312, nota al pie 1). Lo más natural es pensar que Juan está contando la historia tal como pasó, y además escribe cuál es su significado. Puede que la historia se utilizara para mostrar que Dios es superior a Dionisos; pero de ahí a decir que este relato se basa en una leyenda pagana hay una gran diferencia. Hoskyns rechaza esta idea de forma tajante: «Ni en la narración del milagro, ni en ningún otro lugar en el resto del Evangelio encontramos algo que apunte a que se trata de la modificación de una leyenda griega» (Nota 3, p. 191). Ver también las notas que hay en Barrett quien, aunque acepta que quizá hay algunos elementos mitológicos, concluye: «está claro que Juan quería mostrar la gloria de Jesús por encima del Judaísmo. Es posible que para ello usara material mitológico; pero lo que había en las tinajas de piedra era el agua purificante judía, que se convirtió en el vino del Evangelio». Strachan aporta otro dato valioso cuando dice que «el mismo estilo narrativo joánico de esta narración es argumento más que suficiente para demostrar que es original. Además, el evangelista, en su lucha con los docetas, no podía permitirse usar relatos mitológicos para narrar sucesos históricos». Wright también está en contra de la teoría de Carpenter, aunque sugiere que «algunas palabras y algunos sucesos relacionados con Jesús se funden de forma creativa e imaginaria, para convertirse, gracias a la interpretación espiritual del autor, en un tipo de parábola. El evangelista se considera con plena libertad para tratar los diálogos y el suceso en sí». Esta perspectiva no es mejor que la de Carpenter, y es igual de subjetiva. Decir que Juan vio que en este suceso había un significado simbólico es una cosa; pero decir que se inventó una parábola es otra. Otros se decantan por la interpretación de Filón, que dice: «Dejad que Melquisedec ofrezca vino en vez de agua, y que dé a las almas una bebida fuerte, para que caigan en una intoxicación divina, que es más sobria que la sobriedad misma» (*Leg. Alleg.* 3.82). Pero, de nuevo, los paralelos no son lo suficientemente parecidos como para ser tenidos en cuenta. Barclay ve el relato de la siguiente manera: «Juan dijo a los judíos: 'Jesús ha venido para transformar la imperfección de la ley en la perfección de la gracia'. Y a los griegos: 'Jesús ha venido a hacer las cosas que vuestros dioses no pueden hacer'». Quizá sea por esta razón por la que Juan recoge esta historia. Pero eso no implica que se base en sus predecesores judíos o griegos. Lo que hace es relatar una historia cristiana que tiene valor en esos dos contextos.

raíz de una simple broma[4]. Tampoco lo tiene pensar que Juan usara una leyenda pagana. Juan escribe este milagro simplemente porque creía que en verdad había ocurrido. Pero para él, los milagros eran "señales": señales de algo, es decir, apuntan a algo en concreto. Por ejemplo, este milagro en concreto apunta a que Jesús tiene poder para transformar. Cambia el agua del Judaísmo en el vino del Cristianismo[5], el agua de la falta de un mediador, en el vino de la riqueza y la plenitud de la vida eterna en Cristo, el agua de la ley, en el vino del Evangelio[6]. Esta "señal" solo aparece en el Evangelio de Juan, pero no deberíamos pasar por alto que en los Sinópticos encontramos algunos paralelos parciales. La imagen de la boda se usa para referirse al reino de Dios (Mt. 22:1-14; 25:1-13; Lc. 12:36), y los discípulos en la presencia de Cristo se comparan con los invitados a una boda que se gozan con el novio (Mr. 2:19). También se usa el vino y los odres para ilustrar el contraste entre Jesús y el Judaísmo (Lc. 5:37s.).

J. Duncan M. Derrett tiene una buena explicación de este milagro[7]. Explica que en el antiguo Oriente Próximo en las bodas había un fuerte elemento de reciprocidad y que, por ejemplo, era posible tomar acción legal contra el hombre que no había ofrecido un buen regalo de boda[8]. Esto resulta extraño para nosotros, debido a nuestra cultura, por lo que es fácil que pasemos este detalle por alto. Pero es importante, por-

---

[4] Bailey rechaza la idea de la broma, diciendo que «este es uno de los sucesos en el que hay más evidencias de que se trata de una experiencia personal». Cf. Murray; «Es moralmente increíble que 'el principio de las señales' sea tan solo una leyenda»; «Yo sigo creyendo que si el milagro tuvo un efecto tan determinante en la fe de los discípulos es porque estaban allí, y lo vieron de primera mano».

[5] A.R. Vidler tiene un sermón sobre este pasaje, en el que dice que Juan intenta subrayar un contraste, «el contraste entre el antiguo orden judío, que se basaba en la observancia de la ley, y el nuevo orden cristiano, que nace de la gracia y la verdad que Jesús el Mesías trae al mundo, y que consisten en gozarse en la generosidad de Dios, y no en intentar hacer el bien» (*Windsor Sermons* [Londres, 1958], p. 68). F.F. Bruce habla sucintamente de que «Cristo cambió el agua de la purificación judía por el vino de la Nueva Era» (*Second Thoughts on the Dead Sea Scrolls* [Londres y Grand Rapids, 1956], p. 135).

[6] Ryle cree que este relato tiene un significado escatológico: «Cuando Jesús vino por primera vez, dos de los primeros actos de su ministerio fueron asistir a una boda, y limpiar el Templo. Cuando venga por segunda vez, dos de sus primeros actos serán purificar a toda la Iglesia, y ofrecer un banquete de boda».

[7] *Biblische Zeitschrift*, N.F., VII (1963), pp. 80-97; reeditado en *Law*, p. 228-46. A la bibliografía sobre las costumbres de las bodas añadiremos el artículo de H. Granquist, "Marriage Customs in a Palestinian Village", en *Commentationes Humanarum Litterarum* III, 8 (Helsingfors, 1931), pp. 1-200; VI, 8 (1935), pp. 1-366.

[8] «El regalo del novio [cuenta como un préstamo] y puede recuperarse con la intervención de un tribunal» (Misná, *B. Bat.* 9:4).

que significa que el hecho de que se acabara el vino era más que una simple situación embarazosa o una vergüenza. El novio y su familia tenían que rendir cuentas por no haber cumplido con su responsabilidad pecuniaria, y tenían que pagar por ello. Dicho todo esto, vemos que el regalo de Jesús es doblemente importante.

1 – 2 Para la expresión "al tercer día" ver el comentario de 1:19-28[9]. Este es el único lugar del Evangelio en el que aparece esta expresión. Los versículos 43-51 del capítulo 1 narran los acontecimientos que han tenido lugar en los primeros cinco días de la increíble semana que Juan está describiendo. Del día sexto no se dice nada. Así, "al tercer día" – según la forma en la que hablaban entonces de los días de la semana – nos lleva al séptimo día de aquella semana. Caná se menciona en este pasaje, en 4:46; 21:2, y no aparece en ningún otro lugar del Nuevo Testamento. En todas las ocasiones va seguido del complemento "de Galilea". Lo más probable es que no fuera un lugar muy conocido[10]. Juan no revela la identidad de los novios, pero sí nos dice que la madre de Jesús estaba presente (aunque nunca, ni aquí ni en otro lugar, usa el nombre de María[11]), por lo que intuimos que los novios debían de ser amigos de la familia. La misma actitud de María, tomar la iniciativa cuando se acaba el vino y dar instrucciones a los criados, respalda esta posibilidad[12]. Se ha dicho alguna vez que Jesús y sus discípulos[13] eran invitados "espontáneos", es decir, que se les invitaba cuando aparecían

---

[9] J.A.T. Robinson sugiere que el significado es simplemente "martes", el tercer día de la semana, «porque tanto entonces como ahora, y tanto en griego como en hebreo, no hay otra forma de designar ese día de la semana» (*The Priority of John* [Londres, 1985], p. 166). Pero esa expresión aparece de una larga secuencia de referencias a "al día siguiente", etc.

[10] Josefo menciona esa ciudad una vez (*Vit.* 86). Pero lo cierto es que no aparece muy a menudo en la literatura antigua.

[11] Esto es sorprendente, especialmente porque este evangelista es muy explícito con los nombres de persona. A.H.N. Green-Armytage relaciona esta curiosidad con el hecho de que tampoco menciona el nombre del apóstol Juan. «Si, tal como describe el Evangelio, ella estaba al cuidado del discípulo amado, por lo que él debía tratarle como a su propia madre, es normal que se refiera a ella de la forma en que aquí lo hace» (*John Who Saw* [Londres, 1952], p. 85 n.). Más información sobre el uso que Juan hace de los nombres en *SFG*, p. 237s.

[12] Es importante notar que María "estaba" allí (ἦν), mientras que Jesús y sus discípulos «fueron invitados» (ἐκλήθη, aoristo). Quizá ella vivía allí.

[13] Bernard subraya que la expresión οἱ μαθηταὶ αὐτοῦ (discípulos de Jesús, por oposición a los que seguían a otros rabíes) es lo que se usaba en los inicios, y οἱ μαθηταί, "*los* discípulos", lo que se usó más adelante. Pero como Juan estaba muy en contacto con los inicios del ministerio y el seguimiento de Jesús, suele usar la primera expresión, tal y como ocurre aquí.

de forma inesperada. Si eso fuese cierto, se podría inferir que no hubo suficiente vino porque había más invitados de la cuenta. Pero en el texto no hay nada que nos indique que las cosas sucedieron así. Además, del original griego incluso se puede interpretar que sí que se les había invitado con anterioridad[14]. Lo que sí podríamos comentar es, quizá, que no hay ninguna mención a José (en este evangelio no se le menciona más que en 1:45; 6:42, en la expresión "hijo de José"). Puede que hiciera tiempo que había fallecido, pero parece ser que 6:42 da a entender que aún vivía.

La información que tenemos sobre los detalles de las ceremonias nupciales judías (que no es lo mismo que las leyes del contrato matrimonial) en el primer siglo es bastante incompleta. Podemos asumir que durante un período las costumbres no podían cambiar tanto, usar las otras referencias a este tipo de acontecimientos. Sabemos que la boda estaba precedida por los desposorios, que era algo mucho más serio que cuando en la actualidad nos referimos a "estar comprometido". Suponía un juramento que la pareja se hacía, y para romperlo, se tenían que hacer trámites de divorcio[15]. La boda era el clímax del período de los desposorios, en miércoles si la novia era virgen, y en jueves si era viuda (*Ket.* 1:1). El novio y sus amigos iban en procesión a la casa de la novia, normalmente por la noche, porque así la comitiva, con sus antorchas luminosas, resultaba más espectacular. Luego, recibían un sinfín de discursos, consejos, y deseos de bendición antes de dirigirse juntos a casa del novio, donde tendría lugar el banquete de boda. Suponemos que había una ceremonia religiosa, pero no poseemos ningún detalle al respecto. Las procesiones y la fiesta son los únicos elementos de los que tenemos información. La fiesta era bastante larga; incluso podía durar una semana (cf. Jue. 14:12)[16].

---

[14] Si se interpreta el aoristo ἐκλήθη como pluscuamperfecto. Ver Abbott, 2461. Esta es la forma en la que la NVI interpreta el texto griego; Knox, Schonfield, Moffatt y otras versiones (lengua inglesa) traducen de una manera similar.

[15] R.C.H. Lenski dice: «Los desposorios judíos eran, en sí, la boda misma (...) Por eso ya no hacía falta una ceremonia religiosa; lo único que hacía que la boda fuera especial es que era la procesión y el banquete» (*The Interpretation of St. Matthew's Gospel* [Minneapolis, 1964], p. 40). Sin embargo, en Tob. 7:14 encontramos una boda en la que se procede a la firma del "contrato". Quizá la boda en sí era más que los desposorios. Ver el artículo sobre el Matrimonio ["Marriage"] en *IDB*, 3, pp. 278-87.

[16] Más información sobre contraer matrimonio en la época del Nuevo Testamento en SBk, I, pp. 500-517; II, pp. 372-99, los artículos relevantes en *ISBE, IDB,* etc., y las obras citadas en la nota al pie núm 6.

3 En esta ocasión el vino se acabó antes de que finalizara la fiesta[17]. Así la fiesta no podía continuar[18]. Eso suponía una mancha o vergüenza para los anfitriones, ya que no habían sabido desempeñar el deber de la hospitalidad. Quizá se trataba de una familia pobre y había previsto lo justo, esperando que fuera suficiente. Las consecuencias podían ir mucho más allá. La familia del novio podía verse envuelta en un problema legal. Por ley, era obligatorio ofrecer un banquete de un mínimo de calidad[19].

Hasta el momento, Jesús no había realizado ningún milagro (v. 11), pero las palabras de su madre[20] muestran que ella tenía plena confianza en el poder de Jesús. De hecho, de estas palabras aún podríamos obtener más conclusiones. Godet sugiere que debido al suceso que se recoge en el capítulo 1, aún había un "estado de exaltación", que probablemente también había hecho efecto sobre María. Además, ella había visto y oído a los ángeles, que le habían hablado de Jesús, y sabía a ciencia cierta que había concebido siendo aún virgen. Es decir, sabía que Jesús era el Mesías, y quizá pensó que debía aprovechar esa oportunidad para que los demás vieran que Jesús era el Mesías[21].

4 Cuando Jesús se dirige a su madre llamándola "mujer", sépase que en griego no resulta tan frío como en castellano. Usa el mismo vocativo, por ejemplo, justo antes de morir, cuando está colgado en la cruz y le

---

[17] Juan dice ὑστερήσαντος οἴνου. Esta es la única vez que este verbo aparece en todo el Evangelio. Es poco usual, ya que ὑστερέω en activa suele querer decir "falta, escasez", y no "tener falta de".

[18] Ciertamente, eso es lo que significaba. Los rabíes decían: "no hay gozo si no es con vino" (*Pes.* 109a). No pensemos que eso implica que se emborrachaban, ya que eso se reprobaba duramente, y mezclaban el vino con agua, por un cuarto de vino añadían tres cuartos de agua (Soncino Talmud, *Pes.* p. 561, nota al pie núm 7). Pero el vino era un símbolo. No tener vino estropeaba una ocasión tan gozosa como lo era un banquete de boda.

[19] «Como pena, el novio tendría que haber pagado hasta la mitad del valor de los regalos que Jesús y sus amigos hubieran debido llevar» (Derrett, *Law*, p. 238).

[20] πρὸς αὐτόν. G.D. Kilpatrick ha descubierto que πρός se usa de esta forma después de λέγω 8 veces en este evangelio, y 10 veces después de εἶπον (incluyendo dos *v.l.*), una vez después de κατηγορέω, y otra vez más después de ἀποκρίνομαι (esta última, una *v.l.*). Sin embargo, no parece que haya una gran diferencia de significado con las construcciones más normales (*BT*, 11 [1960], pp. 176-77).

[21] Calvino sugiere que María quería que Jesús «apaciguara el descontento de los invitados con algunas palabras de exhortación y así, a la vez, aliviar o reducir la vergüenza del novio». Pero creo que detrás de sus palabras hay mucho más.

pide al discípulo amado que cuide de ella (19:26)[22]. De hecho, se trataba de un "término de respeto y afecto" (LS). No obstante, es cierto que resulta extraño que un hijo lo usara para dirigirse a su madre. Fuera de los Evangelios no encontramos este uso. Y no constituía una práctica común, ni griega ni hebrea. Si Jesús llamó a María "mujer" y no "madre" puede ser para destacar que había una nueva relación entre ellos, ahora que Él empezaba su ministerio público[23]. Y aunque el uso de este vocativo sea cariñoso, las otras palabras de Jesús indican que había una clara barrera entre ellos[24]. Lo normal es que María pensara que las costumbres familiares e íntimas que habían vivido juntos en Nazaret

---

[22] Lo usó también para referirse a las mujeres para quienes hizo milagros (Mt. 15:28; Lc. 13:12), a la mujer samaritana (Jn. 4:21), a la mujer adúltera (8:10), y a María Magdalena en la tumba (20:15). Y en ninguno de estos casos detectamos un ápice de dureza.

[23] Cf. Hoskyns, «después de las palabras de María, Jesús deja bien claro que ya no va a actuar bajo su autoridad (contrata con Lc. 2:51) o para cumplir sus deseos. Ella ya no tiene autoridad sobre Él. Y tiene que aceptarlo; es el destino que le ha tocado vivir (Lc. 2:35)». Derrett dice: «El apelativo 'mujer' no es difícil de explicar: todo el mundo sabe que no implica hostilidad ni dureza o indiferencia, aunque la explicación correcta, es decir, la forma en que un devoto religioso o un asceta se dirigiría a una mujer, no parece que sea tan conocida» (*Law*, pp. 89-90). El problema es que los Evangelios retratan a Jesús precisamente como el polo opuesto a un «devoto religioso o un asceta». Vemos que se le describe como un «glotón y bebedor, amigo de recaudadores de impuestos y de pecadores» (Lc. 7:34). Y hablaba con las mujeres (por ejemplo, cap. 4). Así que la teoría de Hoskyns es más probable.

[24] La expresión se encuentra en Jue. 11:12, 1º R. 17:18; 2º R. 3:13; 2º Cr. 35:21; Mt. 8:29; Mr. 1:24; Lc. 8:28. Turner ha examinado el uso de la construcción en la Septuaginta y concluye: «El comentario que Jesús le hace a su madre parece ser una petición educada y respetuosa a que no se interfiriese y que le dejara a Él tratar el asunto» (*Grammatical Insights*, p. 47). He aquí algunas sugerencias de traducción: Barclay: «Mujer, deja que yo arregle esto a mi manera»; Bruce: «¿Por qué me molestas con este asunto, mujer?»; Vincent Taylor: (Mr. 1:24) cree que la expresión veterotestamentaria significa «¿por qué te metes en nuestro asunto?», pero sería demasiado directo para un pasaje como el nuestro. Para Godet, «esta fórmula implica que los sentimientos de un grupo a los que uno de los interlocutores apela son rechazados por el otro grupo, al menos en torno a esta cuestión en particular». Cf. Morton Smith: «Jesús le pregunta a su madre por qué se mete en sus asuntos, por qué le importuna» (*JBL*, LXIV [1945], p. 513). A veces, los eruditos católico-romanos dicen que María le está pidiendo a Jesús que realice un milagro. Así, según J. Cortés cree que Jesús quiere decir: «¿Qué ha cambiado entre nosotros? ¿Por qué dudas si pedirme un milagro? La hora de mi Pasión, momento en el que ya no podrás pedirme milagros, y en el que yo ya no los podré realizar, aún no ha llegado. Tú eres mi madre, y yo soy tu hijo. Así que, con gusto, accederé a tu petición» (*New Testament Abstracts*, III [1958-1959], p. 247). Pero el problema con este último argumento es que sí había habido un cambio. El comienzo del ministerio público de Jesús había alterado todas sus relaciones, realidad que, según parece, María no había acabado de comprender.

iban a durar toda la vida. Pero una vez Jesús empieza su ministerio público, ya no es solo el hijo de María, sino que es "el Hijo del Hombre" que iba a traer a la Tierra las realidades del Cielo (1:51). Ahora tenía que haber entre ellos una nueva relación. Y María no podía presumir que sabía qué era lo que Jesús debía hacer en aquella situación[25]. El significado de «todavía no ha llegado mi hora»[26] en este contexto equivale a «aún no es momento de actuar». Sin embargo, fijémonos que hay una serie de pasajes en este evangelio que hablan de la "hora" o el "tiempo" de Jesús. Tampoco ha llegado su hora en 7:6, 8, 30; 8:20. Pero cuando la cruz ya está cerca, Jesús dice: «Ha llegado la hora para que el Hijo del Hombre sea glorificado» (12:23; cf. También 12:27; 13:1; 16:32; 17:1; la misma idea aparece en Mt. 26:18, 45; Mr. 14:41)[27]. Al unir todos estos pasajes, podemos decir que Jesús estaba pensando en su función mesiánica. Ya en el umbral de su ministerio, vemos que aguarda la consumación de la misión que ha venido a realizar[28].

---

[25] Edgar J. Goodspeed tiene un comentario muy bueno sobre este pasaje en *BT*, 3 [1952], pp. 70-71). Cree que en lengua inglesa no existe una traducción lo suficientemente cercana de γύναι, y aconseja que no se traduzca. Cree que las palabras de Jesús sugieren "su independencia de acción", y traduce «No intentes decirme lo que tengo que hacer. Aún no ha llegado mi hora de acción». Ver también la nota de Harry M. Buck (*BT*, 7 [1956], pp. 149-50). Sugiere la siguiente traducción: «Mujer, ¿por qué tiene que preocuparnos este asunto?». Quizá es mejor la teoría de Goodspeed.

[26] Es posible entender esta expresión como si fuera una pregunta: «¿No ha llegado mi hora?». Brown dice que los antiguos Gregorio de Nisa y Teodoro de Mopsuesto, y Boismard y Michl, más cercanos a nosotros, adoptan esta posición. Pero nosotros no podemos aceptarla. Cuando una pregunta está introducida por οὔπω (por ejemplo, Mr. 4:40; 8:17, 21), se espera una respuesta negativa, es decir: "No". Además, si analizamos el uso joánico llegaremos a la misma conclusión. Juan usa esta partícula 11 veces más, y el significado es de negación (cf. sobre todo 7:30; 8:20).

[27] «Podemos decir que toda la vida de Jesús está enfocada hacia esta "hora", la cual será el clímax de su vida» (de la Potterie, pp. 21-22).

[28] O. Cullmann escribe sobre este milagro en *Early Christian Worship* (Londres, 1954), pp. 66-71, y dice que estas palabras apuntan a la cruz. Establece el principio de que «típico del estilo de Juan, que a menudo usa las palabras con un doble sentido, por un lado Jesús se refiere a algo material y, por otro, a algo bien diferente» (p. 68). Así, el vino «apunta al vino de la Cena del Señor» (p. 69), y el agua es una referencia a los ritos judíos de la purificación. «Ahora, el vino de la Cena del Señor, es decir, la sangre de Cristo, sustituye todos esos ritos» (p. 70; ver p. 69, nota al pie 1, donde aparecen otros autores que opinan de la misma forma). Este acercamiento es interesante, pero se equivoca quizá en fijarse demasiado en fragmentos externos al propio texto más que en el texto en sí. Es cierto que Juan muchas veces usa la técnica del doble sentido, pero no por ello podemos decir que una referencia a "la hora" y otra "al vino" nos lleva, indiscutiblemente, a concluir que tenemos aquí una alusión a la Eucaristía. Al comentar el Evangelio de Juan, Cullmann ve referencias a los sacramentos por todas partes. Bultmann, en cambio, duda de que en este evangelio aparezca una sola referencia a los sacramentos (p 9 y p 425).

5 Está claro que María no interpretó las palabras de Jesús como una dura reprimenda. Sin duda alguna, se había dado cuenta de que las cosas entre ellos ya no eran como antes. Pero también se había percatado de que Jesús era consciente de la situación en la que se hallaban, e iba a hacer lo que fuera necesario. Así que ordenó a los sirvientes que le obedecieran siguiendo sus instrucciones.

6 Juan explica que allí había seis tinajas de piedra[29]. Éstas representaban una buena cantidad de agua, que servía para realizar los ritos de purificación a los que se refiere Marcos 7:1-4. Antes de la comida, los sirvientes vertían agua sobre las manos de los invitados. Así que si había muchos invitados, hacía falta tener una gran cantidad de agua. Juan no se detiene demasiado en explicaciones, pero dice lo suficiente para que sus lectores griegos comprendieran por qué tenían que tener tanta agua. «En cada una *cabían* dos o tres cántaros» hace referencia a la capacidad, y no necesariamente al contenido de ese preciso momento. Algunos comentaristas interpretan el número seis de forma simbólica. Para los judíos el número siete era el número perfecto, así que el seis simbolizaba la falta de perfección, algo incompleto[30]. Por tanto, las seis tinajas simbolizan que el judaísmo era imperfecto. Algunos rechazan esta idea diciendo que en el pasaje no hay nada que simbolice la perfección, lo completo, resultado o solución esperada si en verdad se estuviera a la imperfección del judaísmo. Dicen, por ejemplo, que Jesús no crea una séptima vasija.

7 "Jesús *les* dijo" se refiere, obviamente, a los sirvientes. Les dice que llenen las tinajas[31]. Las llenan, y las llenan "hasta el borde". Quizá esto se refiera a que era imposible añadir nada más. Lo único que esas tinajas contenían en el momento en que se va a realizar el milagro es agua.

---

[29] Las vasijas de barro podían convertirse en algo inmundo. En tal caso, tenían que ser destruidas (Lv. 11:33). Pero las vasijas de piedra no podían convertirse en algo inmundo (*Kel.* 10:1; *Par.* 3:2). K.E. Bailey dice que una familia normal – ni pobre ni adinerada – tenía una de esas vasijas, así que el resto las tenía que tomar prestadas (*Poet and Peasant* [Grand Rapids, 1976], p. 123, nota al pie 24).

[30] Pero no deberíamos pasar por alto que Filón cree que "el número perfecto" es el seis. Razona que es «igual a la suma de sus factores, 3, 2 y 1» (*De Decal.* 28).

[31] Ryle comenta que «Aunque Dios es el que actúa, hay cosas que las debemos hacer nosotros. Somos nosotros los que tenemos que llenar las tinajas. Y Cristo transformará el agua en vino».

Texto, Exposición y Notas: La Primera Señal - La Boda de Caná (2:1-11)

8 La siguiente orden de Jesús es "Sacad ahora un poco" y luego, "Llevadlo al maestresala". Está claro que les dice que "saquen" de las tinajas de las que veníamos hablando. Pero como el verbo que aquí aparece es el verbo que normalmente se usa para "sacar agua de un pozo"[32], Westcott, entre otros, sugiere que Jesús les dice que saquen agua del pozo y que lo lleven directamente a la mesa presidencial. Podría ser cierto, pero, entonces, ¿para qué se mencionan las tinajas de piedra, y por qué Jesús ordena que las llenen de agua? Vemos que la teoría de Westcott no tiene mucho sentido. Además, no se menciona el suceso de cualquier manera, sino que incluso se dan detalles: las llenaron hasta el borde. Si se dan tantos detalles, debe de ser importante y tener relación con el suceso siguiente. El verbo también se usaba para sacar agua de grandes vasijas, por lo que no hay por qué dudar que sea esto precisamente lo que se está describiendo en este pasaje[33]. "El maestresala" o "maestro de ceremonias" (esta es la única ocasión en todo el Nuevo Testamento que aparece este cargo) es, parece ser, un invitado que ha sido encargado con la responsabilidad y el honor de dirigir el acontecimiento[34].

---

[32] Aunque debe quedar claro que el significado de este verbo originalmente no tenía nada que ver con los pozos. ἀντλέω tiene que ver con ἄντλος, "agua de la quilla o de pantoque". LS da, como primera acepción, "achicar el agua de la quilla, achicar el agua del barco". En general, se usa con el significado de "sacar agua", y muchas veces se usa de forma metafórica (ver LS). Así que no hay razones lingüísticas que apoyen "la teoría del pozo". En el Nuevo Testamento, Juan es uno de los que más usa este verbo (4 veces).

[33] Westcott se opone a la interpretación que hemos adoptado, porque «parece muy poco probable que el agua de las vasijas de la purificación se usara para realizar un milagro». ¡Pero si precisamente la clave está en que el agua que se usa *proviene de* esas vasijas! Y no se trata de una simple "purificación", sino de "la purificación *judía*". Es precisamente el judaísmo el que es transformado por el poder de Dios en Cristo. Más recientemente ha habido otros que también han defendido que el agua era de un pozo, como S.H. Hooke (*NTS*, 9 [1962-63], pp. 374-75), que añade poco a lo que los anteriores autores habían dicho. ¿Hay, quizá, una relación con la idea de que Jesús da del agua que «se convertirá en él en una fuente de agua que brota para vida eterna» (4:14)?

[34] Aunque el ἀρχιτρίκλινος (el título que aquí se usa) era el "jefe de los sirvientes" y no un invitado de honor. Su deber era "encargarse de las mesas y de la comida" (AS). Sin embargo, está claro que en este relato no se trataba de un sirviente, ya que se permite el lujo de hacerle un comentario al novio (v. 9). Es un invitado, y un invitado importante. Así que parece ser que su función es más bien la del συμποσιάρχης, "el que proponía el brindis" (en Sir. 32[35]:1-2 el invitado con esta responsabilidad recibe el nombre de ἡγούμενος).

9-10 Juan no recoge cómo ni cuándo se realizó el milagro. Simplemente menciona que "el agua se transformó en vino"[35]. Tampoco recoge qué cantidad de agua fue transformada en vino. Normalmente se cree que transformó el contenido de las seis tinajas, ya que Jesús quería ofrecerles un generoso regalo a los novios, que debían de ser pobres. No solo les libró de la vergüenza y de los posibles cargos legales que aquella situación podía acarrear, sino que también les obsequió en el comienzo de su vida como pareja con un bien material con el que no contaban. También se dice que aquí podemos ver una aplicación espiritual, ya que esta "señal" apunta a que Cristo suple abundantemente las necesidades de su pueblo (cf. 1:16). No obstante, esta aplicación no es correcta. Otra posibilidad sería que Juan solo se estuviese refiriendo al agua que sacaron de las tinajas (del mismo modo que los leprosos se purificaban cuando iban a comunicarlo a los sacerdotes, Lc. 17:12-14). Pero esto tampoco concuerda con la importancia que se da a la mención del tamaño de las tinajas. Así que la mejor interpretación es la primera que hemos mencionado. Independientemente de cómo ocurriera el milagro, fue un suceso extraordinario. El maestresala no sabía cuál era el origen de aquel vino, pero, al probarlo, se dio cuenta de que era de una calidad buenísima. Llamó al novio (el responsable de la celebración) y le comentó que había hecho algo fuera de lo acostumbrado. En todos los lugares, los anfitriones de una fiesta ponen el mejor vino primero, cuando el sentido del gusto está más agudizado. El peor vino[36] solo se saca cuando los invitados[37] han bebido bastante (el verbo que se ha traducido por "han tomado bastante" quiere decir

---

[35] Cf. San Agustín: «de igual modo que la actuación del Señor convirtió lo que los sirvientes pusieron en las tinajas en vino, la actuación del mismo Dios convierte lo que sale de las nubes en vino. Pero esta última maravilla no nos sorprende, porque ocurre cada año: como ocurre con frecuencia, ha perdido lo que tenía de extraordinario. Pero requiere una mayor consideración de la que requiere el milagro de las tinajas. Pero, ¿quién considera las obras de Dios, que regula y gobierna este mundo, y no se maravilla ante los milagros?» (8.1; p. 57).

[36] Cf. el término ἑωλοκρασία, que LS define de la siguiente manera: «mezcla de posos, etc., que, al final de una fiesta o juerga, los que habían aguantado daban a sus amigos borrachos». Obviamente, esto no es un paralelo, y Juan no usa esta palabra griega. Pero describe lo que ocurría en muchos banquetes.

[37] El verbo μεθυσθῶσιν carece de sujeto, construcción que Juan usa en alguna ocasión. Aquí, a lo único que se puede referir es al indefinido "gente" (que es lo que generalmente querría decir la construcción). Pero esto no supone ninguna dificultad; por el contexto sabemos que quiere decir "los invitados".

"están borrachos"[38]). En cambio, este novio ha guardado el buen[39] vino para el final. Así que no puede quedarnos duda alguna de que el vino del milagro era de mejor calidad[40].

11 Juan redondea esta narración recordándonos cuál es la naturaleza de este suceso, y cuál ha sido su efecto sobre los discípulos. Nos da un apunte sobre la localidad donde sucedió el milagro ("en Caná de Galilea"), que responde a su tendencia general de probar que los acontecimientos que recoge son verdaderos, fiables, históricos. Este es el primer[41] milagro de Jesús o, en palabras de Juan, la primera "señal"[42] de Jesús. Éstas se caracterizan, no tanto por causar gran asombro y porque sean difíciles de explicar, o ni tan siquiera porque son una demostración del poder divino, sino porque "señalan" o "apuntan" a algo. Muestran que Dios está obrando. Tienen un gran significado. (Ver también la Nota Adicional G).

Juan también nos dice que Jesús "manifestó su gloria" (para "gloria", ver el comentario de 1:14). Este elemento es muy importante para nuestro evangelista. Deja muy claro que su propósito al escribir este evangelio es demostrar que "Jesús es el Cristo" (20:31). Es cierto que también trabaja la idea de que era humano, pero no se queda ahí, porque Jesús era

---

[38] Schonfield traduce: «cuando todo el mundo está borracho». Barrett nos recuerda que «no hay aquí nada que nos indique que los invitados de esta boda estuvieran borrachos, así que no hay razón para sacar ninguna conclusión; para Juan, este comentario es tan solo una buena manera de enfatizar la calidad superior del vino que Jesús ofrece: la nueva fe basada en el suceso escatológico es mejor que el viejo sistema».

[39] La palabra es καλός, que Juan no diferencia de ἀγαθός. Ver la nota al pie en el comentario de 1:46.

[40] P.W. Meyer arguye que este versículo nos aporta un importante significado simbólico. Según él, la historia se refiere a la salvación cristiana, contraponiéndola a las creencias helenistas, según las cuales lo primero venía en primer lugar, el hombre celestial antes que el terrenal, lo divino antes del deterioro que se ve en el mundo. Así que la salvación consistía en un giro o inversión del proceso, para recuperar el estado original. Pero Cristo nos trae una salvación milagrosamente nueva. Dios ha guardado el mejor vino para el final (*JBL*, LXXXVI [1967], pp. 191-97).

[41] En griego es Ταύτην ἐποίησεν ἀρχὴν κτλ. Debido a la ausencia del artículo el sentido es «Esto lo hizo (como) el comienzo de las señales». Ver Abbott 2386 (i).

[42] σημεῖα. Juan nunca usa δύναμις, que es la palabra más usada para los milagros en los Sinópticos, y enfatiza el elemento de poder. R.T. Fortna dice: «las σημεῖα no eran prodigios; cuando tenían lugar, la gente no se maravillaba o asustaba, sino que *creía*» (*JBL*, LXXXIX [1970], p. 153). Concluye su artículo negando que la resurrección sea la señal por antonomasia: «Para Juan, la señal por antonomasia es la muerte de Jesús, que percibe como su glorificación a través de la cual se da la 'vida'» (3:14s.; 12:32)" (p. 166).

mucho más que eso. De hecho, ya en el capítulo I nos ha hablado de esos dos aspectos. Jesús es el Logos que estaba con Dios y era Dios. También es el "Maestro" al que se acercaron Andrés y su amigo (1:38). No podemos pasar por alto ni olvidar ninguno de estos aspectos. Y ahora Juan nos dice que la "señal" que ha descrito manifiesta la gloria de Jesús[43], cosa que, quizá, queda velada para algunos espectadores[44]. En esta línea, vemos que Juan no dice nada sobre el efecto que la "señal" tuvo sobre el maestresala o todos los invitados o los sirvientes, quienes, irremediablemente, debieron enterarse de lo sucedido. Pero sus discípulos vieron "su gloria" y "creyeron en Él" (Rieu: "los discípulos fijaron/depositaron su fe en Él"). El Mesías manifestó su gloria a algunos, pero para otros permaneció velada. El texto nos dice que los discípulos "creyeron" en Él. Ya anteriormente vimos que en 1:50 se describe a Natanael como "creyente"; ahora, los otros discípulos se le unen. Lo que sabían de Jesús, junto con este suceso, fue suficiente para que tomaran la decisión de seguirle. Habían visto su gloria por lo que, a pesar de su sencillez y bajeza, decidieron poner su confianza en Él[45].

Interludio (2:12)

12 Después de esto bajó a Capernaum, Él, con su madre, [sus] hermanos y sus discípulos; pero allí no se quedaron muchos días.

12 Después de la boda,[46] Jesús y los que con Él iban bajaron a Capernaúm[47] a pasar unos días. El verbo "bajar" es correcto, ya que

---

[43] Cf. Bultmann: «que manifestó su δόξα quiere decir que manifestó la ὄνομα del Padre (17.6)». Richardson señala que Juan «no recoge la escena de la Transfigunración, a diferencia de los Sinópticos; pero es que para él toda la vida encarnada de Cristo es una manifestación de la δόξα de Dios, aunque 'el mundo' no se percata de esa manifestación, solo los discípulos creyentes» (*An Introduction to the Theology of the New Testament* [Londres, 1958], p. 65).

[44] Es fácil pasar por alto esta idea. Aquella gloria «no fue manifestada en el palacio imperial de Roma. O en el Templo de Herodes de Jerusalén. O en la Acrópolis de Atenas. Sino que ocurrió en una aldea pobre de Caná, en un oscuro rincón de Galilea» (Ken Gire, *Incredible Moments with the Savior* [Grand Rapids, 1990], p. 6).

[45] Sobre πιστεύω εἰς, ver el comentario de 1:12 y la Nota Adicional E.

[46] "Después de esto" es, en griego, μετὰ τοῦτο, expresión que Juan usa de nuevo en 11:7, 11; 19:28; usa el plural μετὰ ταῦτα en 3:22; 5:1, 14; 6:1; 7:1; 19:38; 21:1. Bernard cree que el singular sugiere que el intervalo de tiempo es corto, mientras que el plural es más general (p. CVIII). En cambio, Barrett y Bultmann niegan que haya

Caná está en la parte alta, mientras que Capernaum está cerca del Mar de Galilea. Capernaum debía de ser una ciudad bastante importante, ya que leemos en Mateo que allí había un centurión con sus soldados (8:5-9) y una Oficina de Tributos (9:9), y Juan menciona a un oficial del rey que vivía allí también (4:46). Juan no dice por qué razón fue Jesús a Capernaum. En 1:45 ya se ha dicho que Él era "de Nazaret", pero puede que su familia se hubiera mudado a Capernaum[48] (aunque la expresión "no se quedaron muchos días" no respalda tal teoría, ya que habla más bien de una breve visita). Gracias a los Sinópticos sabemos que Capernaum fue el centro de casi todo el ministerio de Jesús, y puede que incluso la llamara "su ciudad" (Mt. 9:1). "Su madre" no vuelve a aparecer hasta el relato de la Pasión. La expresión "sus hermanos" se ha interpretado de diversas maneras. La interpretación más directa es que se trataba de sus hermanos de sangre, es decir, los hijos de José y María, la interpretación "helvidiana" (de Helvidio, teólogo del siglo IV). Esta expresión aparece varias veces en los Sinópticos, y nunca va acompañada de nada que indique que se tenga que interpretar de forma distinta. Esta teoría tiene sentido si pensamos en pasajes como Mateo 1:25, donde se dice que José "conservó virgen [a María] hasta que dio a luz un hijo", y Lucas 2:7, donde está claro que Jesús fue el "hijo primogénito" de María. Estos pasajes apuntan a que José y María tuvieron más hijos después de tener a Jesús.

La idea de la virginidad perpetua de María surgió en el siglo II dC. Los que así opinaban, no creían que María hubiera tenido más hijos. Y propusieron dos posibles explicaciones de la expresión "sus hermanos". Por un lado, podría tratarse de los hijos de José de un primer matrimonio (según Epifanio) y, por otro, podría tratarse de los primos de Jesús (según San Jerónimo). La segunda posibilidad ya casi nadie la

---

una distinción y, teniendo en cuenta que Juan suele hacer pequeñas variaciones en las expresiones que usa, pero que estas variaciones no afectan al significado (ver el comentario de 3:5), lo más probable es que Barrett y Bultmann tengan razón.

[47] La forma mayormente aceptada es Καφαρναούμ (Cafarnaoum), "pueblo de Nahum", equivalente a כפר נחום. No sabemos exactamente dónde estaba situada, pero muchos abogan por Tell Hum y Khan Minyeh. En cualquier caso, tenía que estar por la orilla norte del Mar de Galilea.

[48] Puede que Marcos 3:31s., donde la madre y los hermanos de Jesús aparecen en Capernaum, y Marcos 6:3, donde al nombrar a los hermanos de Jesús, se dice que las únicas que seguían en Nazaret eran sus hermanas, respalden esta idea. Tendría sentido, sobre todo, si las hermanas se hubieran casado, y luego el resto de la familia se hubiera mudado a Capernaum.

acepta hoy en día, a excepción de algunos católico-romanos. Lo cierto es que esta teoría no tiene mucha lógica ("hermano" no es lo mismo que "primo" pues existía una palabra para "primo" y estaba en uso en tiempos del Nuevo Testamento: ver Col. 4:10). La teoría de Epifanio tiene el respaldo de muchos otros escritores antiguos y de algunos escritores modernos. Su principal argumento es la misma aparición de la tradición sobre la virginidad perpetua de María. Pero éste no puede más que el sentido natural de los pasajes de Mateo y Lucas. Incluso J.B. Lightfoot, que respalda la teoría de Epifanio, admite que es poco probable que tales expresiones salieran de la boca de gente que creyera en la virginidad perpetua de María. Así que la interpretación "helvidiana" es, sin duda alguna, la más probable[49].

No se dice cuáles eran los discípulos que acompañaban a Jesús. Probablemente eran los que se mencionan en el capítulo 1.

B. PURIFICACIÓN DEL TEMPLO (2:13-17)

13 La Pascua de los judíos estaba cerca, y Jesús subió a Jerusalén, 14 y encontró en el Templo a los que vendían bueyes, ovejas y palomas, y a los que cambiaban dinero [allí] sentados. 15 Y haciendo un azote de cuerdas, echó a todos fuera del Templo, con las ovejas y los bueyes; desparramó las monedas de los cambistas y volcó las mesas; 16 y dijo a los que vendían palomas: Quitad esto de aquí; no hagáis de la casa de mi Padre una casa de comercio. 17 Sus discípulos se acordaron de que estaba escrito: "El celo por tu casa me consumirá."[a]

a. 17 Salmo 69:9

---

[49] Ver J.B. Lightfoot, *Saint Paul's Epistle to the Galatians* (Londres, 1902), pp. 252-91; J.B. Mayor, *The Epistle of St. James* (Londres, 1910), pp. v-lv; R.V.G. Tasker, The General Epistle of James (Londres, 1959), 22-24; V. Taylor, *The Gospel according to St. Mark* (Londres, 1959), pp. 247-49; Godet, *in loc.* Taylor concluye: «No hay duda alguna de que la teoría de Helvidio es la explicación sobre la referencia a los hermanos de Jesús en los Evangelios más sencilla y natural que existe» (*Mark*, p. 249). Apunta a lo importante que esto es: «El hecho de que Jesús tenga hermanos y hermanas de sangre enfatiza la realidad y la perfección de la Encarnación» (Ibíd.). Los que se oponen a la teoría de Helvidio hacen hincapié en el siguiente hecho: se cree que Jacobo de Jerusalén era uno de los "hermanos de Jesús", que las epístolas de Santiago y de Judas fueron escritas por hermanos suyos, y que si unos cristianos tan prominentes eran hijos

Este suceso aparece en todos los Sinópticos (Mt. 21:12-13; Mr. 11:15-17; Lc. 19:45-46). El relato de Marcos es el más completo, pero aún así es más corto que el de Juan. El de Juan se diferencia porque aporta nuevos detalles: los bueyes y las ovejas, el azote de cuerdas, la palabra "cambistas" (v. 14)[50], y que desparramó las monedas y ordenó "¡Quitad esto de aquí!". La acción de "volcar" se expresa en los Sinópticos[51] con otra palabra, evangelios en los que Jesús cita Isaías 56:7 seguido de Jeremías 7:11, mientras que Juan no recoge ninguna cita de las Escrituras. En cambio, sí recoge que los discípulos recordaron el Salmo 69:9, detalle que no aparece en los Sinópticos. A diferencia de Marcos, Juan no menciona que Jesús no permitía que nadie transportara objetos a través del Templo, es decir, que lo usaran como atajo. Marcos cuenta que Jesús volcó los asientos de los que vendían las palomas, mientras Juan dice que les dijo que quitaran todo aquello de allí. Pero la diferencia más importante es una diferencia de orden cronológico o de ubicación en el tiempo: en Juan, la purificación del Templo es el primer gran acto público del ministerio de Jesús; en los otros evangelios, es el último.

La explicación más común es que este suceso solo ocurrió una vez, y que tuvo lugar, tal y como reflejan los Sinópticos, al final del ministerio de Jesús[52]. Fue quizá la gota que colmó el vaso, es decir, la razón por la cual los sumos sacerdotes decidieron, definitivamente,

---

de María habría sido imposible que la tradición sobre la virginidad perpetua de María apareciera tan temprano. Debemos respetar este argumento, pero tampoco pesa más que el significado transparente y natural de las Escrituras. Así que seguimos prefiriendo la interpretación "helvidiana".

[50] κερματιστής. Los Sinópticos usan κολλυβιστής, que Juan usa en el v. 15.

[51] Juan usa ἀνέτρεψεν; Mateo y Marcos usan κατέστρεψεν.

[52] Algunos eruditos aceptan la colocación temporal de Juan diciendo que, como Juan solo recoge una visita a Jerusalén, no tiene más que colocar la purificación en el sitio en que la coloca. Ivor Buse dice: «Parece ser que la explicación es la siguiente: Juan y Marcos se basaron en un relato anterior, rehaciéndolo, y la influencia de este relato anterior llevó a Lucas y a Marcos a realizar las mismas correcciones que aparecen en el relato de Marcos» (*ExT*, LXX [1958-59], p. 24). Este argumento es ingenioso, pero no es convincente. R.H. Lightfoot dedica dos capítulos a hablar de este incidente (*The Gospel Message of St. Mark* [Oxford, 1950], pp. 60-79). Reconoce que no puede pronunciarse sobre la ubicación temporal correcta del incidente, aunque se decanta por el relato de Marcos. No trata la posibilidad de que haya dos episodios de purificación del Templo. E.B. Redlich cree que se dio un desplazamiento, que originalmente la purificación aparecía en 12:36, y que un editor la intercaló en el capítulo 2 (*ExT*, LV [1943-44], pp. 89-92). G. Ogg responde a estos argumentos (*ExT*, LVI [1944-45], pp. 70-72).

arrestar a Jesús. Juan coloca este relato al principio del Evangelio porque no está haciendo un acercamiento cronológico de la vida de Jesús, sino un acercamiento teológico. Deja claro que desde el principio de su ministerio Jesús repudia el legalismo religioso y anuncia que su muerte y resurrección eran claves en su misión[53]. Si sostenemos que tan solo hubo una purificación del Templo, esta es, probablemente, la mejor explicación para entender las diferencias.

Pero, ¿por qué partir de esa presuposición? Una gran parte del relato joánico está firmemente basado en un material que nada tiene que ver con el material de los Sinópticos. Aparte del ministerio de Juan el Bautista (que, además, se relata de una forma muy distinta a la de los Sinópticos[54]), el contenido de los primeros cinco capítulos de este evangelio no aparece en los Sinópticos. Ciertamente, pudiera ser que Juan hubiera tomado un solo episodio de los Sinópticos, y lo hubiera introducido en su relato, intentando darle continuidad con el resto del relato para que pareciera lo más verídico posible. Pero, en vistas de las diferencias lingüísticas, situacionales y temporales, necesitamos evidencias más contundentes para poder concluir que ambos relatos se refieren al mismo suceso[55]. Pocas son las palabras que aparecen en ambos

---

[53] Cf. Barclay: «Juan, como alguien ha dicho, está más interesado en la verdad que en los hechos» (cf. B.W. Bacon, «Su objetivo es transmitir la *verdad*, y no tanto los *hechos*» [*The Making of the New Testament* [Londres, s.f.], p. 223]).; «Para él lo importante no era decirle a la gente *cuándo* ocurrió la purificación del Templo, sino que supieran que Jesús *purificó el Templo*». Pero esta no es la impresión que a uno le queda cuando lee el Evangelio. A Juan sí que le interesaban los *hechos*. Por ejemplo, habla mucho más a menudo de los *testigos* (medio para corroborar los hechos) que cualquiera de los otros evangelistas. Da datos de tiempo y lugar. Así que no creo que podamos decir que para él había un conflicto entre la verdad y los hechos: le daba importancia a los dos. Además, ¿cómo iba a enfrentarse Juan a las corrientes docetas si no le daba importancia a los hechos? Esta última idea también pone en cuestión la teoría de Barclay, por aceptada que esté.

[54] Cf. la explicación en P. Gardner-Smith, *Saint John and the Synoptic Gospels* (Cambridge, 1938), cap. 1. Ver también *SFG*, p. 23s.

[55] La mayoría de los estudiosos recientes simplemente asumen esta presuposición. Por ejemplo, Dodd dice: «La sugerencia de que Jesús purificó el Templo dos veces es el último recurso de un intento desesperado de armonizar, cueste lo que cueste, los relatos de Marcos y Juan. La única cuestión legítima es: ¿dónde hay que colocar la (única) purificación, al principio, o al final del ministerio de Jesús?» (*HTFG*, p. 157, n. 2). Pero, con todos mis respetos, esto no es más que retórica, y no un argumento convincente. Deberíamos tratar esta cuestión basándonos en las evidencias, y no en el dogmatismo. La razón por la que muchos eruditos abogan por la existencia de dos episodios de purificación no es «un intento desesperado de armonizar», sino el número y carácter de las diferencias que hay entre los dos relatos. A pesar de las afirmaciones de algunos críticos, apenas hay parecidos entre las dos narraciones, aparte de la acción central.

textos: "vendedores", "mesas", "palomas", "cambistas", y "echar fuera", todas ellas imprescindibles para explicar una purificación del Templo.

Además, lo normal es que el problema que causó la acción de Jesús volviera a surgir; es decir, lo más probable es que la acción de Jesús no acabara de una vez por todas con la práctica de los vendedores del templo[56]. En el momento en el que Juan introduce este relato, Jesús es, aún, un personaje poco conocido. Su acción habría conseguido que todo el mundo en Jerusalén hablara del tema, pero nada más. Pero no creo que las autoridades quisieran tomar cartas sobre el asunto de manera tajante, especialmente si el pueblo en general no estaba de acuerdo con la práctica contra la que Jesús arremetió[57]. Pero en el relato de Marcos, la situación es bastante diferente. Jesús era muy conocido, y los líderes religiosos le odiaban y perseguían. Así, es de entender que la valentonada de Jesús desembocara en la conspiración definitiva de los judíos para arrestarlo.

Murray sostiene que, en el juicio ante Caifás, discutían sobre las palabras que Jesús había pronunciado en el incidente del Templo (v. 29; Mr. 14:56-59). No tiene mucho sentido que debatieran con tanto interés un incidente que se había dado dos o tres años antes[58]; lo más lógico es que se tratara lo que acababa de ocurrir. Las diferencias que encontramos en las palabras que Jesús pronuncia en el juicio puede que muestren que Marcos y Juan están recogiendo dos interrogatorios diferentes, sobre todo si, como dice Murray, la expresión «Vosotros la

---

[56] Plummer cree que «es imposible que alguien que supiera del suceso tuviera un lapsus de memoria y transportara un suceso tan particular de un lugar a otro. Por otro lado, ¿por qué iba a ser difícil creer que se dieron dos purificaciones? ¿Tanto éxito tenía Cristo entre los dirigentes religiosos, que una purificación iba a servir para que le hicieran caso? No estuvo presente en la posterior Pascua (vi.4), por lo que podían volver al negocio. Y si dos años después hubiese visto que habían convertido otra vez el Templo en una casa de ladrones, ¿no hubiese actuado del mismo modo? Las diferencias en la narración del suceso corroboran esta interpretación».

[57] Cf. Bailey: «No entiendo a los que dicen que es imposible que Jesús repitiera aquella hazaña, aunque lo que a mí me sorprende es que no le arrestaran en aquella primera ocasión. Pero las autoridades religiosas no contaban con el aprecio del pueblo, y el v. 23 parece indicar que el pueblo apoyó la acción de Jesús».

[58] Es posible que las palabras de Jesús se repitieran durante su ministerio (ver la nota 80). En tal caso, la teoría de Murray podría estar en lo cierto. Si solo hubo una purificación, fue entonces cuando Jesús pronunció esas palabras, y si esa purificación ocurrió tan solo unos días antes del juicio, hubiera sido muy extraño que las autoridades no encontraran ningún testigo que supiera explicar cuáles fueron exactamente las palabras de Jesús.

habéis hecho cueva de ladrones» sirvió para que las autoridades determinaran, definitivamente, matar a Jesús. Esto tendría sentido en el segundo incidente, pero no en el primero[59]. Según Tasker hay dos purificaciones distintas, y cree que ésta explica la misión de la comitiva de escribas que fue enviada a Galilea para vigilar a Jesús. Es en Marcos 3:22 donde se menciona a esta comitiva, pero no se explica por qué habían descendido de Jerusalén[60]. R.G. Gruenler también cree que Jesús protagonizó dos purificaciones, y que éste es un dato muy importante: «En los Evangelios encontramos dos purificaciones del Templo, que enmarcan el comienzo y el final de su ministerio redentor»[61].

13 Juan menciona tres pascuas (cuatro, si se entiende que la fiesta a la que hace referencia 5:1 es la de la Pascua). La primera de todas es la que se menciona aquí y en el v. 23. La segunda, la encontramos en 6:4, y la tercera se menciona en varios lugares (11:55; 12:1; 13:1; 18:28, 39; 19:14). Así, si interpretamos que 5:1 se trata de otra fiesta, tenemos tres Pascuas, lo que apunta a que el ministerio de Jesús duró entre un mínimo de dos años y un máximo de tres. El nombre que Juan le da a todas estas fiestas es "la fiesta de los judíos" (en cuanto a "los judíos", ver el comentario de 1:19). Westcott, Barrett y otros creen que si Juan nunca se olvidaba de calificar aquella fiesta como "la fiesta de los judíos" era porque había también una pascua de los cristianos. Pero eso es imposible, porque en aquellos primeros momentos los cristianos no practicaban ninguna clase de fiesta litúrgica. Por lo que leemos en el Nuevo Testamento, ni tan si quiera hay claras evidencias para defender la observancia del domingo (aunque sí hay suficientes evidencias que muestran que respetaban ese día). También se dice que la pascua cristiana ha sido sacrificada (1 Co. 5:7), expresión que a los cristianos les hubiera resultado muy extraña si cada año celebraban una fiesta con

---

[59] Ver también la cuidadosa comparación de los dos textos que hace Westcott, el cual llega a la conclusión de que Marcos y Juan se refieren a dos incidentes distintos: es decir, que hubo dos purificaciones.

[60] Tasker dice: «podría ser que la comitiva de escribas que descendió de Jerusalén a Galilea fuese enviada a raíz de la primera purificación; así, iniciaron su contraataque diciendo que tenía a Beelzebú. Esta comitiva se menciona en Marcos 3:22, pero no se menciona cuál era un misión». Tasker también había dicho anteriormente que «podemos suponer, y con razón» que esta purificación «no aparece en los Sinópticos porque no formaba parte de la tradición galilea petrina en la que se basaron».

[61] *The Trinity in the Gospel of John* (Grand Rapids, 1986), p. 30.

ese nombre. Otra dificultad a la hora de aclarar este tema es que, a veces, el texto se refiere a la Fiesta de los Tabernáculos usando la misma expresión, "fiesta de los judíos" (7:2). Entonces, según el argumento anterior, ¿hemos de entender que también había una fiesta de los tabernáculos cristiana? Es evidente que no. La mejor explicación es que Juan añade la explicación para beneficio del lector gentil; se trataba de una fiesta que la Iglesia ya no guardaba, por lo que los cristianos de trasfondo gentil necesitaban este tipo de explicaciones. La Pascua conmemoraba la liberación del pueblo judío de las garras de los egipcios (Éx. 12). Juan menciona esta fiesta más veces que los Sinópticos, quizá como parte de su plan de destacar el carácter mesiánico de Jesús. La liberación de la primera Pascua anunciaba la consumación de la *gran* liberación que traería el sacrificio de Jesús[62].

14 El "Templo" se refiere a todo el recinto, tanto el lugar santísimo como todas las otras partes y atrios[63]. Aquí es evidente que se refiere a uno de los atrios[64]. Lo más seguro es que las ventas[65] a las que aquí se refiere tuvieran lugar en la parte exterior, es decir, en el atrio de los gentiles. Esta práctica se debía, obviamente, a que era muy buen negocio, ya que vendían las víctimas que, según la norma, debían usarse en los sacrificios. La gente que viajaba largas distancias para adorar en el Templo no podía traer consigo animales. Si querían hacer un

---

[62] Ver R.H. Lightfoot, Nota del Apéndice (pp. 349-56), donde se analiza la forma en que la idea del Señor como la víctima de la Pascua impregna este evangelio. Hendriksen narra brevemente en qué consistía el ritual de la Pascua, y Edersheim lo hace de una forma más completa en su obra *The Temple* (Londres, s.f.), cap. XII. Ver también mi artículo "The Passover in Rabbinic Literature" (*ABR*, IV [1954-55], pp. 59-76).

[63] La palabra es ἱερόν. Para el lugar santísimo, el altar o santuario existe otra palabra: ναός. La primera nunca se usa en el Nuevo Testamento de forma metafórica, pero la segunda se usa, en alguna ocasión, para referirse al cuerpo de Cristo (v. 21) y a los creyentes (1 Co. 3:16-17; 2 Co. 6:16).

[64] A primera vista, pensamos que era imposible que la entrada de animales a los atrios del Templo estuviera permitida, por miedo a que se acercaran al santuario y lo contaminaran. Pero V. Eppstein argumenta basándose en *Rosh Hash.* 31ª y en otros pasaje del Talmud babilónico que había una discusión entre Caifás y el Sanedrín, a raíz de la cual el sumo sacerdote permitió que los vendedores de animales usaran los recintos del Templo para su negocio ("The Historicity of the Gospel Account of the Cleansing of the Temple" *ZNTW*, 55 [1964], p. 42s.).

[65] El tiempo verbal de τοὺς πωλοῦντας denota que era una práctica habitual.

sacrificio necesitaban que en Jerusalén hubiera la posibilidad de comprar ese tipo de animales. Los "cambistas"[66] tenían la excusa perfecta para hacer negocio, porque solo se podía usar la divisa convenida para hacer ofrendas al Templo. La gente que procedía de otros países tenía que cambiar la moneda que traían. Una gran cantidad de comentaristas afirma que no se aceptaba otro tipo de moneda que la establecida porque estaban acuñadas con la imagen del Emperador o con símbolos paganos, pero, como ya dijo Israel Abrahams, la moneda de Tiro no solo se aceptaba, sino que además era una de las monedas convenidas (Misná, *Bekh.* 8:7), lo que trajo los símbolos paganos[67]. Según él, esta moneda era una de las prescritas porque «eran de un peso ideal y de una aleación muy buena». Fuese como fuese, la gente tenía que cambiar a las divisas prescritas para poder ofrendar, lo que hacía necesario que hubiera cambistas.

---

[66] La palabra κερματιστής quiere decir, de hecho, alguien que cambia una gran suma de dinero por una más pequeña (κερματίζω = "reducir"). En el siguiente versículo la palabra es κολλυβιστής, derivada de κόλλυβος, que originalmente era una moneda pequeña, y luego se convirtió en el precio del cambio. Weymouth traduce el primer término por "cambistas" y el segundo por "corredor o agente de bolsa". Pero seguro que en este pasaje no hay ninguna diferencia de significado. Ambos términos se refieren a lo que negociaban con el cambio de monedas. Cobrar cierto recargo era legítimo. Pero los cambistas del Templo tenían el monopolio y a veces cobraban recargos desorbitados. ¡Se cree que sacaban un beneficio anual de 9.000 libras esterlinas, mientras que las autoridades religiosas conseguían gracias a los impuestos del Templo unas 75.000 libras esterlinas al año! Una ilustración de la enorme riqueza del Templo la encontramos en que el romano Craso se llevó una suma equivalente a dos millones y medio de libras esterlinas. Para más información, ver A. Edersheim, *LT*, I, p. 367s. Cuenta que en una ocasión la acción de Simeón, el nieto de Hillel, hizo que el precio de un par de palomas cayera del equivalente a 15s. 3d. a 4d . Esta información aparece en la Misná, *Ker.* 1:7 (donde el precio cayó de un denario de oro [que valía 25 denarios de plata] a un cuarto de un denario de plata).

[67] *Studies in Pharisaism and the Gospels*, I (Cambridge, 1917), pp. 83-84. Dice: «Ya es extraño que mientras las monedas de bronce circulaban en Judea, y se tenían que ceñir escrupulosamente a la tradición y representar únicamente objetos inanimados, el pago de los impuestos del Templo fuera obligatorio y tuviera que pagarse en monedas con esas figuras. Reinach contesta a esta objeción sugiriendo que 'una vez que pasaban a formar parte del tesoro del Templo, todas las monedas de oro y de plata se fundían para hacer lingotes'» (p. 84).

[68] Algunos manuscritos contienen ὡς φραγέλλιον, "como si fuera un látigo" (p[66] p[75] fl y algunos manuscritos del OL). Pero puede que no apareciera en el original, aunque, fuese como fuere, el significado no cambiaría mucho. Este es el único lugar del Nuevo Testamento en el que aparece este término y, de momento, no se ha encontrado en textos anteriores.

15-16 Jesús hizo un azote o látigo[68] de "cuerdas" (o más probablemente de "junco"[69]) y empezó a echar del Templo a los mercaderes[70] con su mercancía. Está claro que para echarles, Jesús empleó más el poder moral que la fuerza física. «Seguro que lo que causó que los abarrotados y ruidosos atrios del Templo se quedaran vacíos fue más bien el semblante airado del Cristo humilde, y no tanto el arma que aparece en el texto»[71]. Volcó las mesas de los cambistas y todo el dinero rodó por los suelos. Les dijo a los que vendían palomas que sacaran de allí su mercancía. Las palabras pronunciadas en ese momento concreto son muy importantes, porque explican la razón por la que actúa así: «¡Como podéis atreveros a convertir[72] la casa de mi Padre[73] en un mercado[74]!» (Moffatt, «¡No convirtáis la casa de mi padre en un supermercado!»). Hay aquí un juego de palabras que se ha perdido en las traducciones modernas (se usa "casa dos veces", y vendría a ser algo así como "no convirtáis la casa de mi Padre en una casa de ventas").

---

[69] La expresión es φραγέλλιον ἐκ σχοινίων. Pero deberíamos ver que en la otra única vez que la palabra σχοινίον aparece en el Nuevo Testamento, Hechos 27:32, se refiere a las amarras de un barco. Schonfield traduce "un látigo de junco".

[70] Esta es la interpretación más natural del masculino πάντας, aunque lo que aparece a continuación es τά τε πρόβατα καὶ τοὺς βόας, que quiere decir "tanto las ovejas como los bueyes". Si solo se refiriera a los animales, hubiera sido más normal usar πάντα (ver también Field, pp. 85-86).

[71] H.E.W. Turner, *Jesus Master and Lord* (Londres, 1957), p. 325. Cf. también Hengstenberg, «Cristo tenía un buen aliado en las conciencias de la gente a la que estaba acusando» (citado por Reynolds).

[72] La fuerza del tiempo presente, μὴ ποιεῖτε, significa "dejad de". Esto implica que aquella acción tenía su continuidad. Moulton explica que en el Nuevo Testamento hay que fijarse en la diferencia entre el tiempo presente y el aoristo cuando se trata de prohibiciones (M, I, pp. 122-26).

[73] No pone "la casa de *nuestro* Padre". Jesús, al hablar de la relación con el Padre, siempre se desmarca de la gente, para demostrar que la relación que hay entre ellos no tiene nada que ver con la que ellos tienen (cf. 20:17). Bernard nos informa de que Jesús usa "mi Padre" 27 veces en Juan, 16 veces en Mateo, y 4 veces en Lucas. En el Antiguo Testamento, al Templo se le suele llamar "la casa de Dios". Así que las palabras de Jesús pueden entenderse como una declaración de su divinidad. Cf. Dalman: «En el lenguaje corriente judío no es normal referirse a Dios como Padre si no se añade el epíteto 'celestial' o 'que estás en los cielos'» (*The Words of Jesus* [Edimburgo, 1902], p. 190). Estudia el uso que Jesús hace y concluye: «Se decanta por el uso familiar: típico lenguaje de un niño con su padre» (p. 192).

[74] Cf. R.H. Lightfoot: «La palabra 'mercado' sugiere una referencia al pasaje mesiánico de Zac. 14:21 (final del versículo) si se traduce de la siguiente manera: 'En aquel día (el día del Señor) no habrá más mercader en la casa del Señor de los ejércitos'». Es típico de Juan introducir de esta forma una alusión sutil al carácter mesiánico de Jesús, ya que se trata de su gran tema (20:31).

En el relato de Marcos a los mercaderes se les acusa despectivamente de haber convertido el Templo en "una cueva de ladrones", pero aquí no se acusa la falta de honestidad, sino simplemente su presencia en el Templo: Jesús se opone a la práctica en sí, y no solo a la forma en que esa práctica se realiza. A veces se ha dicho que esto representa un ataque a todo el sistema sacrificial, ya que estaba arremetiendo contra la única posibilidad que la gente que venía de lejos tenía para poder realizar sacrificios: comprarlos cerca del Templo. Pero he aquí la cuestión. Comprarlos "cerca del Templo" no tenía por qué ser, necesariamente, dentro de los recintos del Templo. Ésta, y solo ésta, es la gran objeción de Jesús[75].

17 Los discípulos, al ver lo que ocurría, recordaron el texto del Salmo 69:9[76].La acción de Jesús era una clara evidencia del celo que éste tenía por la casa de Dios. Esta acción fue, además, el cumplimiento de las antiguas Escrituras. «No se trata de la acción de un simple reformador judío: se trata de una señal de la venida del Mesías» (Hoskyns). No debemos pasar por alto que este relato encaja perfectamente con el objetivo que Juan se ha planteado: demostrar que Jesús es el Mesías. Todas sus acciones apuntan a que él tiene una relación especial

---

[75] Cf. Strachan: «Es un error creer que la acción de Jesús es un ataque al sistema sacrificial. La razón principal es la falta de reverencia hacia la casa de su Padre, y una profunda preocupación porque se había perdido el espíritu de adoración». El lugar en el que se realizaban las ventas era el único atrio en el que los gentiles podían entrar cuando quería orar o meditar en el Templo. Tenían derecho a un lugar donde pudieran hacerlo tranquilamente. Pero ahora, cuando iban, se encontraban en medio de ese tremendo jaleo. «El lugar que era el símbolo del libre acceso a Dios independientemente de la nacionalidad que uno tenga, se había convertido en un lugar asociado con intereses pecuniarios sórdidos» (Wright). Sobre la necesidad de mostrarse duro y severo ante este tipo de problema, Wright cita a Ruskin, que dice que es «en nuestra era es una de nuestras mayores debilidades: hemos callado y perdido totalmente nuestra facultad de indignación». Pero L. Goppelt cree que hay algo más detrás de la acción de Jesús: «Jesús atacó una institución que aparentemente contradecía el significado del Templo, así que era necesario actuar así por el bien del Templo y su significado. Como un llamamiento escatológico al arrepentimiento, esta acción pretendía destapar la cuestionable naturaleza del viejo sistema y reconocer la necesidad de un nuevo sistema» (*Theology of the New Testament*, I [Grand Rapids, 1981], p. 96).

[76] La fórmula de la cita es γεγραμμένον ἐστιν. La construcción con el participio es común en este evangelio (ver 6:31, 45; 10:34; 12:14, 16; 15:25). Los Sinópticos prefieren γέγραπται igual que Pablo, fórmula que encontramos en 8:17 (aunque aquí _ presenta la típica fórmula joánica). De hecho, no hay una diferencia importante de significado entre estas dos fórmulas. Se citen como se citen, las Escrituras siempre eran consideradas como revelación divina.

con Dios. Y eso es consecuencia de su vocación mesiánica. La cita del pasaje veterotestamentario también es importante por otra razón: concuerda con otra costumbre del evangelista. Aunque Juan cita el Antiguo Testamento menos que los otros evangelistas, aún se le puede aplicar la afirmación de Richard Morgan: «el *Antiguo Testamento está presente en todos los momentos cruciales del Evangelio*»[77]. Uno de los grandes temas de Juan es éste: que Dios está obrando en Jesús para llevar a cabo sus propósitos. Todos los momentos importantes en la vida de Jesús son el cumplimiento de alguna parte de las Escrituras, en las que se explican cuáles son esos propósitos.

C. DESTRUCCIÓN Y RECONSTRUCCIÓN DEL TEMPLO (2:18-22)

18 Entonces los judíos respondieron y le dijeron: Ya que haces estas cosas, ¿qué señal nos muestras? 19 Jesús respondió y les dijo: Destruid este Templo, y en tres días lo levantaré. 20 Entonces los judíos dijeron: En cuarenta y seis años fue edificado este Templo, ¿y tú lo levantarás en tres días? 21 Pero Él hablaba del Templo de su cuerpo. 22 Por eso, cuando resucitó de los muertos, sus discípulos se acordaron de que había dicho esto; y creyeron en la Escritura y en la palabra que Jesús había hablado.

Los Sinópticos recogen la purificación del Templo, pero no tienen un equivalente a esta sección. En ella, Juan recoge unas crípticas palabras de Jesús, advierte a los judíos de cuál sería una mala comprensión de sus palabras, dando luego su propia interpretación[78]. Típico

---

[77] *Interpretation*, XI [1957], p. 156 (la cursiva es de Morgan).

[78] Ver la excelente explicación que aparece en la clase magistral en Tyndale del Dr. Alan Cole, publicada bajo el título *The New Temple* (Londres, 1950). Cole argumenta que las referencias al Templo de Mateo «requieren y además presuponen las palabras y la interpretación de Jn. 2:19» (p. 21). Resume sus conclusiones de la siguiente manera: «(1) Había cierto grado de verdad en la acusación de los dos testigos en el juicio del Señor, igual que en la del testigo en el juicio de Esteban. (2) La versión completa de Marcos de estas palabras, sobre todo en cuanto a la pareja de adjetivos correlacionados se refiere, representa lo que la iglesia primitiva creía ser la enseñanza del Señor. (3) Estos puntos no son posibles a menos que aceptemos las palabras que aparecen en el cuarto evangelio en el pasaje de la purificación del Templo (Jn. 2:19). (4) La interpretación que se da en dicho pasaje no se trata meramente de 'misticismo joánico', sino que corresponde con la creencia que tenía la iglesia primitiva justo después de la resurrección.

de Juan, acaba comentando el efecto positivo que este incidente tuvo en la fe de los discípulos.

18 La purificación del Templo fue un incidente asombroso. Tenía varias implicaciones: no solo condenaba a los mercaderes del Templo, sino que también decía algo de la persona de Jesús (ver el comentario del v. 17). Fue también una acción mesiánica. Los judíos (para este tema ver el comentario de 1:19) demandaban[79] que Jesús demostrara que era lo que decía ser, haciendo un milagro o "señal" (ver el comentario del v. 11 y la Nota Adicional G). Es interesante ver que no discutieron si la acción era correcta o no. No se dispusieron a defender a los mercaderes ni el sistema de venta del Templo, sino que les interesaba más cuestionar las palabras de Jesús. Estas demandas se deben a que los judíos eran una raza muy práctica, por lo que esperaban que Dios realizara grandes milagros cuando llegara la era mesiánica[80]. Así, cada vez que alguien decía ser el Mesías, el test que usaban era: «¿Puede esta persona hacer las señales del Mesías?». Pablo describe a los judíos como un pueblo que buscaba señales, del mismo modo que los griegos buscaban sabiduría (1 Co. 1:22). Al ver la purificación del Templo, los judíos interpretaron que Jesús creía ser el Mesías (nótese de nuevo la fidelidad y detalle con la que Juan recoge cualquier evento que tenía que ver con el carácter mesiánico de Jesús) y, por lo tanto, querían que hiciera algo (una señal) para demostrarles que eso era cierto.

19 A pesar de las dudas de algunos críticos, la autenticidad de estas palabras está por encima de toda duda razonable, como demuestra el hecho de que hay muchas referencias a este suceso. En el juicio de Jesús, una de las acusaciones es haber dicho que destruiría el Templo y que en tres días lo levantaría (Mt. 26:60-61; Mr. 14:57-59). Los que se burlaban de Él en la crucifixión también le echaban en cara lo mismo (Mt. 27:40; Mr. 15:29)[81].

---

[79] Juan dice que "respondieron" (ἀπεκρίθησαν), verbo que, según Morgan, es bastante importante: «Las autoridades sabían que Jesús les había desafiado al realizar aquella acción de purificación del Templo. Mientras Él estaba allí de pie, solo y digno, las monedas rodaban, los animales corrían y volaban en todas direcciones, y los mercaderes desaparecían, ellos le rodearon y le 'respondieron'. Esa era la respuesta a lo que Jesús había hecho».

[80] Ver Edersheim, *LT*, II, pp. 68-69, donde aparecen más ejemplos de esta tendencia en la literatura rabínica.

[81] Es posible que los participios presente, ὁ καταλύων (...) καὶ οἰκοδομῶν en ambos relatos apunten a un reclamo que Jesús repetía. Al menos, no parecen referencias a una ocasión única y aislada.

Los enemigos de Esteban decían: «hemos oído decir que este nazareno, Jesús, destruirá este lugar» (Hechos 6:14; cf. Hechos 7:48; 17:24). Y, posiblemente, aún encontramos un eco de esta acusación en la denuncia de que Pablo enseñaba a la gente "contra (...) este lugar" (Hechos 21:28), sobre todo si la denuncia contra Esteban es una versión elaborada de Hechos 6:13 («Este hombre continuamente habla en contra de este lugar santo y de la ley»). Está claro que la acusación que aquí estamos tratando se repite, es recurrente. Así, no sirve decir que las palabras de Jesús no son auténticas, y que simplemente se trataba de la obra de un falso testigo[82]. No hay razón para dudar de que los que testificaron en contra de Jesús en el juicio debían de estar dispuestos a hacer lo que fuera para conseguir que le condenaran. Sin embargo, lo que sabemos es que su táctica fue usar una versión distorsionada (o versiones - ¡ya que ni tan siquiera se ponían de acuerdo!, Mr. 14:59) de las auténticas palabras de Jesús. Según la acusación, ¿cuáles habían sido exactamente las palabras de Jesús? No hay nada que se ajuste a algo así en las enseñanzas recogidas en los Sinópticos[83]. Pero estas palabras, que Juan sí recoge, parecen ser las que se mencionan en la acusación. Hacen referencia a la destrucción y reconstrucción del Templo, y no son fáciles de entender. No era difícil malinterpretarlas u olvidar la forma exacta en la que habían sido pronunciadas.

Cuando le pedían a Jesús que hiciera una señal, solía negarse (Mr. 8:11-12; cf. cuando se negó a contestar la pregunta de Juan 6:30). Se queja de que sus enemigos podían discernir las señales atmosféricas del cielo, pero que eran incapaces de discernir las señales importantes: "las señales de los tiempos" (Mt. 16:3). Pero en los Sinópticos, Jesús dice más de una vez que la única señal que esta gente verá es la señal de la cruz (Mt. 12:39-40; 16:4; Lc. 11:29). "Destruir" quiere decir, lite-

---

[82] Puede ser importante ver que Mateo no llama "falsos" testigos a los que pronunciaron esta acusación. Y es que, en parte, tenían razón, había algo de verdad en lo que decían. Marcos sí los llama "falsos", pero probablemente no quiere decir que Jesús no pronunciara esas palabras, sino que no quiso decir lo que ellos decían que dijo. Es decir, cuestiona su interpretación, y no que Jesús pronunciara esas palabras.

[83] Cf. C.F.D. Moule: «Si unimos las evidencias que encontramos en Juan y en los Sinópticos – y parece que nada tienen que ver el uno con los otros – tenemos una fuerte prueba de que Jesús dijo algo sobre la destrucción y la reconstrucción del Templo. Esto es importante, porque (aparte de estas palabras) parece que no hay ninguna evidencia directa de que Jesús dijera algo que le hiciera ganarse las acusaciones que luego le llovieron y que le expusieron, de manera más formal, a su seguidor Esteban» (*JThS*, n.s., I [1950], p. 30; todo el artículo es importante: "Sanctuary and Sacrifice in the Church of the New Testament").

ralmente, "soltar o aflojar"[84]. Este verbo se usa, normalmente, para acciones que tienen que ver con "desatar", etc. También se refiere, a veces, a que los componentes que forman un todo se "sueltan" o separan", por lo que ese todo se "deshace" o "destruye" (cf. el uso que se hace en Hechos 27:41, donde parte del barco se rompe, y en Efesios 2:14, «*derribando* la pared intermedia de separación»). Además, se ha usado para "el fin de la vida", o para "matar". El imperativo que encontramos en este versículo parece equivalente al condicional: "Si destruís (...) yo levantaré"; aunque Howard dice que equivale al tiempo futuro: "Destruiréis" (*IB*)[85]. Asimismo, es posible discernir algo del método profético por el cual la palabra es la que inicia la acción con la que se va a ir cumpliendo el propósito de Dios. De hecho, es irónico que los mismos judíos fueran el medio a través del cual tuviera lugar la señal que le pedían a Jesús y que, cuando esta llegó, no supieran reconocerla. Pero lo más irónico es que matar a Jesús era ofrecer el único sacrificio que realmente podía expiar el pecado, pero ellos aún seguían usando el Templo para ofrecer sacrificios. La palabra que Jesús usa para "el Templo" es la palabra equivalente a altar, santuario, la morada de la deidad[86]. Esta palabra también puede aplicarse al creyente (como hace 1 Co. 6:19), pero el uso que Jesús le da probablemente implica que Dios moraba en él de una manera especial[87]. "En tres

---

[84] Λύσατε. Abbott cree que en Ecl. 11:9 hay una construcción paralela, ya que contiene un imperativo que sugiere una amenaza (2439 [IV]). Temple interpreta la palabra «no como un reto vacío, sino como un juicio de su mentalidad y manera de actuar que tendrá como consecuencia la destrucción del Templo». Entonces, Cristo levantará «lo que a partir de entonces será la morada de Dios entre los hombres, el Cuerpo Resucitado que después de la Ascensión y Pentecostés se manifiesta en la Tierra mediante ese 'Templo santo en el Señor, en quien también vosotros sois juntamente edificados para morada de Dios en el Espíritu' (Efesios 2:21-22).»

[85] Beasley-Murray comenta que «se trata de un llamamiento irónico para que continúen con su actitud y prácticas hasta el límite, y que eso causará la destrucción del Templo del que son guardianes» (p. 40).

[86] La palabra que usa es ναός. Para ver en qué se diferencia de ἱερόν, ver la nota al pie núm. 60.

[87] Cf. Mt. 12:6, «algo mayor que el Templo está aquí». Independientemente de cómo interpretemos el neutro, está claro que ese "algo mayor" o esa "grandeza" que sobrepasa la del Templo está estrechamente relacionado con Cristo. Si lo interpretamos como equivalente al masculino, las palabras de Cole apuntan al siguiente significado: «¿Por qué es Cristo 'mayor que el Templo'? Solo puede haber una respuesta. Y esta es: porque la presencia de Dios se manifiesta más en Él que en el Templo. Sobre Él, y no sobre el Templo, ahora descansa la Shekiná» (*The New Temple*, p. 12). En el prólogo del Evangelio de Juan encontramos la misma idea: la Palabra misma de Dios "se hizo carne" en Jesús, habitó (o hizo tabernáculo) entre nosotros, y la gloria de Dios se

días" quiere decir "en un espacio de tres días" y no precisa sobre el evento.

20 Los judíos no dan crédito, como muestra la pregunta que hacen. Su Templo era una estructura magnífica. Herodes había comenzado a trabajar en su reconstrucción en parte como una satisfacción personal ya que se trataba de una grandiosa construcción, y en parte para estar a bien con sus súbditos judíos. Para lograr ambos fines era importante que se convirtiera en una obra admirable, extraordinaria[88]. Después de su muerte, las obras aún continuaron durante muchos años. El Templo no estuvo acabado hasta el año 63 dC. En el momento de nuestro relato, los judíos mencionan que llevaban cuarenta y seis años trabajando en la reconstrucción del templo[89].

---

manifestó en Él (1:14). Barrett comenta: «el cuerpo humano de Jesús era el lugar en el que tuvo lugar una manifestación de Dios única y sin precedentes, por lo que Jesús se convirtió en único Templo verdadero, el verdadero y único centro de adoración» (ver el comentario del v. 21). Lutero explica que cuando Cristo se llama a sí mismo "Templo", quiere decir que «en Él reside corporalmente toda la plenitud de la Deidad» (Col. 2:9; Lutero, vol. 22, p. 250).

[88] Josefo recoge que las obras habían empezado en el décimo octavo año del reinado de Herodes (*A.* 15.380). Vendría a ser el año 20 o 19 aC., y si el dato que dan los judíos es exacto, este incidente debió de ocurrir en el año 27 o 28 dC.

[89] Τεσσαράκοντα καὶ ἓξ ἔτεσιν οἰκοδομήθη ὁ ναὸς οὗτος es difícil. Robertson explica el caso de ἔτεσιν como instrumental, aunque podría ser también locativo, «todo el período visto como un punto en el tiempo» (Robertson, p. 527). Barrett cree que se trata de una combinación de ambos. El aoristo es constatativo, considerando el largo proceso como un todo. Aún así, aplicar este tiempo verbal a un edificio que tardó muchos años en construirse no es fácil. Pero encontramos un paralelo en el 2º libro de Esdras 5:16 de la Septuaginta (=Esdras 5:16), καὶ ἀπὸ τότε ἕως τοῦ νῦν ᾠκοδομήθη καὶ οὐκ ἐτελέσθη. Puede que las palabras en el Evangelio de Juan se refieran al final de un período definido de las obras, y quizá en el momento en que los judíos pronuncian esas palabras las obras estaban paradas. Algunos eruditos creen que se hace una distinción entre el ναός y el ἱερόν, que era lo que ya se había acabado de construir. El problema que nos plantea el aoristo se solucionaría si pudiéramos pensar (com Abbott, 2021-24) que esta es una referencia al Templo de Zerubbabel, que comenzó en el año 559 aC., y acabó el 513 aC., y ahora, lo único que Herodes estaba haciendo, era hacer algún retoque a aquella reconstrucción anterior. Pero las obras que Herodes comenzó duraron tantos años, que la teoría de Abbott no tiene mucha lógica. G. Ogg trata este tema con más detalles en su obra *The Chronology of the Public Ministry of Jesus* (Cambridge, 1940), pp. 153-67. Concluye que las referencias del texto no nos dan una fecha concreta. Sin embargo, sí que indican, un año arriba, un año abajo, el tiempo del ministerio de Jesús. J.B. Lightfoot demuestra que es difícil conjugar esta referencia con la idea de un escritor posterior que no le dio mucha importancia a la rigurosidad histórica. Requería una investigación profunda, tanto de la vida de Jesús como del programa de construcción de Herodes. Y es imposible pensar que alguien hiciera esta investigación para luego no reflejarlo en su escrito. Ver E. Abbott, A.P. Peabody y J.B. Lightfoot, *The Fourth Gospel* (Londres, 1892), pp. 158-60.

El hecho de que aún no estuviera acabado hizo que aún se sorprendieran más ante la pretenciosa declaración de Jesús que, según ellos entendieron, venía a decir que ¡tenía el poder de levantar lo que tantos años había costado en tan solo tres días! El "tú" es enfático. Aunque le habían pedido a Jesús que hiciera una señal, ahora no podían creer que alguien como *él* fuera capaz de hacer algo tan increíble. El patrón o esquema que encontramos en estos versículos – unas palabras de Jesús, una mala interpretación de sus palabras, y la explicación correspondiente – se repite más de una vez en este evangelio (por ejemplo, 3:3s.; 4:10s., 32s.; 6:41s., 51s.; 11:11s.; 14:7s.). Obviamente, no es una característica exclusiva de Juan (ver, por ejemplo, Mr. 7:15s.; 8:15s.), y también veremos que es una de las formas en que Jesús enseñaba.

21 El evangelista aporta su propio comentario. Jesús[90] no estaba hablando del Templo de piedra y cemento que tenían ante sus ojos. Estaba hablando de su propio cuerpo. Sería posible interpretar "su cuerpo" como la Iglesia, que en los escritos de Pablo recibe el nombre de "el cuerpo de Cristo" (Ef. 1:23; 4:16; Col. 1:18). Así, las palabras de Jesús querrían decir que Jesús iba a establecer su iglesia[91] (cf. Mt. 16:18). Poco hay que decir sobre esta teoría. Una referencia a la Iglesia sería mucho más críptica que una referencia a la resurrección. Y no hay ninguna evidencia de que el término "cuerpo" se aplicara a la Iglesia hasta muchos años después. Otra interpretación similar dice que Jesús se refería a la destrucción del Templo como una fuerza viva, es decir, que estaba hablando de la abolición de los sacrificios y del nuevo sistema que Él iba a establecer[92]. Pero esta teoría tampoco tiene mucha lógica y es, más bien, demasiado rebuscada.

---

[90] Nótese el enfático ἐκεῖνος (ver el comentario de 1:8). A diferencia de los judíos (que no entendían), *Él* habló.

[91] Cf. Wright: «Los coetáneos de Jesús no entendieron el simbolismo de sus palabras, pero en todas las épocas ha habido gente que las ha malinterpretado. Jesús quiso decir que si los judíos lograban destruir la verdadera adoración del Padre, en aquel lugar, Él levantaría otro 'Templo' en las vidas de sus seguidores. Ese sería el verdadero 'Templo de su cuerpo'. El Templo de Dios está donde se le conoce y se le adora». Del mismo modo, Cullmann dice que la mención de que el Templo no fue hecho por manos (Mr. 14:58) «solo puede referirse a la comunidad de los discípulos» (*Early Christian Worship*, p. 72, nota al pie núm. 3). R.H. Fuller no está de acuerdo. Según él, Juan «no habla de la Iglesia como el Cuerpo de Cristo: Juan 2:21 se explica muchas veces en sentido paulino, pero probablemente se refería, literalmente, al cuerpo de Jesús que pasó por la muerte y la resurrección» (*The New Testament in Current Study* [Londres, 1963], p. 129). Ciertamente, esta interpretación es correcta.

[92] Barclay cree que Jesús quería decir que Él ponía punto y final a la función del Templo y a la adoración en el Templo: «Había venido para mostrar a los hombres un camino a

Muchos eruditos creen que Jesús estaba hablando del Templo de Jerusalén. Pero como es difícil imaginarse a Jesús levantando el Templo en tres días, estos estudiosos dicen que Juan no recogió las palabras exactas de Jesús, y que la forma original de éstas se ha perdido. Jesús dijo algo sobre el Templo, probablemente que sería sustituido por el nuevo pacto que él había venido a establecer, y sus palabras se malinterpretaron.

Sin embargo, todas estas explicaciones no son mejores que la de Juan. Tenemos que tener en cuenta los siguiente factores:

(i) Jesús predijo la resurrección, aunque los discípulos no entendieron lo que les decía (Mt. 12:40; 16:21; 17:9, 23; 20:19, 26, 32; Mr. 8:31; 9:9, 31; 10:34; Lc. 9:22; 18:33). Una de estas predicciones, acompañada del complemento "tres días y tres noches en el corazón de la tierra" (Mt. 12:40), aparece en el mismo capítulo que la mención al que es "mayor que el Templo" (Mt. 12:6).

(ii) Jesús dijo algo sobre el Templo que, en cierta manera, se refería a su destrucción. Pero no fueron unas palabras transparentes ni directas. En el juicio, se creyó que era un buen argumento usar esas palabras para acusarle, pero los propios testigos no lograron ponerse de acuerdo sobre cuáles fueron exactamente las palabras que Jesús pronunció (Mr. 14:59). Esto prueba que ciertamente, tal y como vemos en el texto, se trató de una declaración bastante crítica y poco clara.

(iii) En la enseñanza de Jesús, "tres días" casi siempre tiene que ver con el período justo antes de la resurrección. No se entiende que esta expresión estuviera relacionada con la declaración sobre el Templo, a menos que fuera Jesús mismo el que estableciera la conexión. Las explicaciones que se han mencionado más arriba pasan por alto los tres días, o dicen que se refiere a un "breve período de tiempo". Este significado aparece en el Antiguo Testamento, pero no es nada común en los Evangelios.

Dios donde ya no hacía falta el Templo». Continúa: «Eso debe de ser lo que Jesús dijo; pero con el paso de los años, Juan debió de darse cuenta de que detrás de las palabras de Jesús había una verdad escondida: la profecía de la resurrección; *y Juan tenía razón*. Tenía razón porque nadie en este mundo podía convertirse en el Templo del Dios vivo hasta que Jesús fuera libertado del cuerpo terrenal y pudiera, así, estar presente en todos los lugares». Si las palabras de Jesús querían decir todo esto, ¿por qué no lo añadió Jesús en su explicación? ¿Por qué iba Juan a entender más aquellas palabras que su Maestro?

(iv) El hecho de que estas palabras se usaran para acusar a Jesús, y más adelante también para acusar a sus seguidores, muestra que Jesús sí dijo algo parecido, y que la forma en que lo dijo impactó a los que le oyeron, sobre todo a sus enemigos. Una declaración así, enunciada justo después de la purificación del Templo, hubiera conseguido causar tal efecto. Era fácil que sus enemigos la malinterpretaran, y que su mente solo se centrara en aquel momento en el edificio del Templo de Jerusalén. Y no sería extraño que Jesús estuviera pensando a la vez en la verdadera naturaleza de su misión.

Entonces, vemos que mientras la referencia principal debe ser la resurrección de Jesús, podríamos entender que Juan nos presenta, de nuevo, un doble significado. Puede que también se nos esté hablando de la abolición última del Templo y del sistema de los sacrificios[93]. Las palabras sobre la reconstrucción se referirían, pues, a una sustitución por el Templo espiritual[94] y el nuevo pacto que se ha hecho efectivo gracias a la muerte y la resurrección de Cristo[95]. El hecho de que todos estos

---

[93] Jacob Neusner explica que el cambio de las monedas estaba estrechamente relacionado con el pago de medio siclo (Éx. 30:11-16) que se usaba en la compra de los animales para los sacrificios diarios por la expiación de los pecados. Las mujeres, los esclavos y los menores podían pagar el medio siclo, ya que participaban del beneficio de los sacrificios, pero los gentiles y los samaritanos no tenían derecho a ninguna de las dos cosas. Así, el trabajo de los cambistas en los atrios del Templo era muy importante para el sistema judío. Este comentarista está de acuerdo con E.P. Sanders en ver la acción de Jesús como «un anuncio de que el Templo sería destruido porque, a consecuencia de la abrogación del culto porque no lo consideraban útil, la ofrenda diaria que era la suma de los medios siclos de todos los israelitas ya no servía para expiar los pecados» (*NTS*, 35 [1989], pp. 289-90).

[94] Bertil Gärtner ha probado que hay tanto diferencias como afinidades con las enseñanzas de Qumrán (*The Temple and the Community in Qumran and the New Testament* [Cambridge, 1965]). Los sectarios se negaban a adorar en el Templo de Jerusalén pues se creían el nuevo Templo. Pero ellos no tenían ninguna de las características de Cristo. Gärtner dice: «el simbolismo del Templo en el Nuevo Testamento está basado en la obra de Cristo; se creía que ésta había sustituido al Templo y a los sacrificios. Resumiendo, en esta enseñanza sobre el simbolismo del Templo, se puede marcar una clara línea divisoria entre el Nuevo Testamento y Qumrán, línea establecida por la misma persona de Cristo» (pp. 104-5).

[95] Cf. R.H. Lightfoot: «en este relato encontramos tres niveles de significado. En primer lugar, el Señor realiza una acción por la que condena los métodos y las prácticas de la adoración judía del momento. En segundo lugar, esa acción, tal y como la explica Juan, es una señal de la destrucción del sistema antiguo de adoración, y de su sustitución por un nuevo orden o una nueva adoración, la Iglesia cristiana, el santuario o altar del Dios vivo. Y, en tercer lugar, entre el viejo orden y el nuevo orden está la 'obra' del Señor – su ministerio, muerte y resurrección – que es lo único que hace posible el comienzo de la vida del nuevo Templo».

eventos estén interrelacionados de forma inseparable hace que esta interpretación sea más que probable[96]. Esta interpretación de un doble significado uniría la declaración de Jesús, por un lado, con los pasajes de Mateo que se han mencionado anteriormente y, por otro, con la expresión de Marcos 14:58: "no hecho por manos" (cf. Hechos 7:48; 17:24).

22 Juan no dice que los discípulos entendieran la declaración de Jesús (sobre los discípulos, ver el comentario del v. 2). Cuando Jesús resucitó[97], recordaron que había dicho estas palabras, lo que reforzó su fe. Juan nos dice que entonces "creyeron la Escritura". Cuando "escritura" aparece en singular, normalmente se refiere a un pasaje en concreto[98]. Si este es el caso, no es fácil identificar cuál es el pasaje que el autor tiene en mente. Puede que se trate del Salmo 16:10, que se interpreta como la resurrección (Hechos 2:31; 13:35), o Isaías 53:12, que también se interpreta, y con razón, como la resurrección, ya que habla de la actividad del Siervo después de su muerte. Hay una referencia a resucitar en el tercer día (Os. 6:2), pero parece que, en ese pasaje, no tiene nada que ver con la resurrección de Jesús.

[96] Cf. Hoskyns: «El rechazo y el asesinato de Jesús, su resurrección, la destrucción del Templo, y el final de los sacrificios de animales, la presencia de Dios en medio de la comunidad de aquellos que creen en Jesús, y la eliminación del pecado no son sucesos aislados o separados. Así que la señal que se da a los judíos es, pues, la señal de la resurrección».

[97] De acuerdo con el uso normal del Nuevo Testamento, la resurrección se atribuye al Padre, como sugiere la voz pasiva, ἠγέρθη. Sin embargo, Bernard dice, equivocadamente, objetando que las declaraciones anteriores no se refieren a la resurrección: «los autores del Nuevo Testamento *siempre* designan a Dios el Padre (la cursiva es de Bernard) como el Agente de la resurrección de Cristo (...) Jesús no se resucitó a sí mismo» (comentando el v. 19). Del mismo modo, Strachan: «El Nuevo Testamento nunca apunta a la resurrección como un acto de Cristo. Se realizó gracias al poder de Dios». Es cierto que el Nuevo Testamento se refiere, generalmente, a la acción del Padre, pero Jesús mismo dijo en diversas ocasiones que resucitaría (Mr. 8:31; 9:9, 31; 10:34; Lc. 18:33; 24:7, 46; en algunos manuscritos, también Mt. 17:9, 23; Lc. 9:22; cf. también Jn. 10:17-18). También otros dicen que resucitó (Hechos 10:41; 17:3; 1 Ts. 4:14). Muchos comentaristas han olvidado este detalle, igual que hace Schnackenberg cuando escribe: «Aquí, a diferencia del resto del Nuevo Testamento, que habla de la resurrección de Jesús como la obra de Dios (...)» (p. 352).

[98] En Juan queda bien claro, con pasajes como 10:35; 13:18; 17:12; 19:24, 28, 36, 37, y esto nos da pie a pensar que en el resto de ocasiones en las que ἡ γραφή, seguro que también se está haciendo referencia a un solo pasaje del Antiguo Testamento, aunque no podamos identificarlo con exactitud (véase 7:38, 42; 20:9). Pero, obviamente, siempre queda la posibilidad de que tenga el sentido del Antiguo Testamento como un todo. Quizá no sea una coincidencia que los dos versículos más difíciles de interpretar sean este que ahora comentamos, y 20:9, ya que ambos se refieren a la resurrección. Puede que Juan esté diciendo que éste sea el tenor general de la enseñanza del Antiguo Testamento.

Los discípulos no creían tan solo en "la Escritura", sino que también creían en "las palabras"[99] que Jesús había pronunciado. Es interesante ver que tenían en igual estima las palabras de Jesús y la Escritura, lo cual tiene implicaciones cristológicas. Véase también que se nos dice que los discípulos no creyeron estas palabras hasta que vieron que se habían cumplido. Jesús solía usar las parábolas y con toda seguridad, ellos debieron de pensar que estas palabras se trataban de otra parábola. Probablemente pensaron: «No debe de estar hablando de la resurrección de los muertos en sentido literal. Entonces, ¿qué es lo que quiere decir?». Pero cuando tuvo lugar la resurrección, entendieron lo que aquellas palabras querían decir, y entonces, las creyeron. ¿No es esto el cumplimiento de las palabras que Jesús pronunciaría más adelante: «el Espíritu Santo (...) os recordará todo lo que os he dicho» (14:26)?

D. JESÚS Y LA MULTITUD (2:23-25)

23 Cuando estaba en Jerusalén durante la fiesta de la Pascua, muchos creyeron en su nombre[a] al ver las señales que hacía. 24 Pero Jesús, por su parte, no se confiaba a ellos, porque conocía a todos, 25 y no tenía necesidad de que nadie le diera testimonio del hombre, pues Él sabía lo que había en el hombre.

a. O *creyeron en Él*

Juan incluye una breve sección para mostrar que en aquel entonces el ministerio de Jesús en Jerusalén[100] estaba siendo todo un éxito, y también para mostrar el conocimiento que tenía Jesús de las personas, y la forma en que guardaba su independencia. Cuando muchos creyeron en su nombre, Jesús no se confiaba a ellos. A Él no le importaba la aprobación de los hombres. El Maestro seguía su propio camino, sin

---

[99] De hecho, Juan usa el singular "la palabra". En cuanto al uso que Juan hace de λόγος, ver la Nota Adicional A. Juan usa γραφή 12 veces, mucho más que cualquier otro libro del Nuevo Testamento (le siguen Hechos y Romanos, 7 veces cada uno).

[100] ἐν τοῖς Ἱεροσολύμοις (en cuanto a esta forma, ver el comentario de 1:19). La aparición de este sustantivo con el artículo solo la encontramos, en el Nuevo testamento, en 5:2; 10:22; 11:28. Es difícil saber cuál es la razón. Quizá, como sugiere Bernard, Juan se refiere a «los alrededores de Jerusalén». Esta forma, con el artículo, aparece también en 2 Mac. 11:38; 12:9; 3 Mac. 3:16.

dejarse llevar por el entusiasmo y las emociones pasajeras de la multitud. Él conocía muy bien el corazón de las personas.

23 En cuanto a "la fiesta de la Pascua", ver el comentario del v. 13[101], y en cuanto a "creer en su nombre", el comentario de 1:12. La forma verbal "creyeron" es un aoristo; muchos llegaron al punto de tomar una decisión. Sin embargo, es probable que la mayoría tuviera una fe muy poco profunda. Creyeron porque habían visto[102] las "señales" (cf. 6:2 y ver la Nota Adicional G). Cierto es que esa fe es mejor que la incredulidad (ver 6:26), pero no llega a ser una fe profunda (cf. 20:29)[103]. No es más que el principio. R.H. Lightfoot la describe así: «tan solo un primer sentimiento de atracción por el Señor (cf. 4:45-48), pero aún no le conocen como el Hijo del Hombre, y mucho menos como el único Hijo de Dios, por lo que se trata de una fe imperfecta y poco estable, fácil de perder, y Él, el Verbo hecho carne, tiene esto bien presente». Strachan apunta a la inestabilidad de esta fe traduciendo «creyeron, solo mientras veían las señales». La referencia a las "señales" de Jesús y al tiempo imperfecto del verbo "hacía" (que denota que Jesús continuaba haciendo señales) nos puede sorprender, ya que Juan no recoge ninguna señal en Jerusalén, a menos que se considere como tal la purificación del Templo. Pero él ya nos avisa de que no ha sido exhaustivo (20:30; 21:25). Sin duda alguna, quiere que veamos que Jesús manifestaba su gloria de forma continua, pero no nos va explicando cada detalle de esta manifestación.

---

[101] Juan añade ἐν τῇ ἑορτῇ a "la Pascua", y es la primera vez que lo hace. Esto muestra el interés que tiene en las fiestas, y usa ese término 17 veces, mientras que Mateo y Marcos solo lo usan dos veces cada uno, y Lucas, 3 veces.

[102] A Juan le gusta el verbo θεωρέω, que aparece 24 veces; en todo el Nuevo Testamento aparece 58 veces, por lo que Juan recoge casi la mitad. Se dice que este verbo denota una mirada más concentrada que, por ejemplo βλέπω, pero es difícil ver que esto sea completamente cierto (aunque en algunas ocasiones parece muy claro). Se puede usar para denotar una mirada profunda y perceptiva (6:40), pero, por otro lado, en nuestro versículo no tiene por qué denotar tanto detalle. En el comentario de 1:23, vimos el análisis que R.E. Brown realiza de las palabras que Juan usa para referirse a "mirar", y concluye que Juan, aunque sí tiene en mente diferentes matices sobre esta acción, estas no se corresponden con unas palabras específicas. Nosotros concluiremos que, en este caso, θεωρέω es la palabra favorita de Juan, y que la usa para referirse a diferentes tipos de mirada.

[103] Lutero lo llama una "fe de leche", es decir, «una fe joven de un entusiasmo tal que cree y se entrega de forma inmediata, pero que, con la misma rapidez, desaparece cuando algo desagradable ocurre» (Lutero, vol. 22, p. 251).

24 Se marca una clara diferencia entre Jesús y los que veían sus señales[104]. Tenemos un interesante juego de palabras, ya que el verbo "no se confiaba" es el mismo que en el versículo anterior se ha traducido por "creyeron". Habían puesto su confianza en Él porque habían visto sus señales. Pero como Jesús conocía[105] el corazón de las personas, no puso su confianza en ninguna de ellas (*GNB* no logra reflejar este sentido, ya que traduce "porque los conocía a todos"; Juan se refiere a la gente en general, y no solo a las personas que allí había). El verbo que se usa para describir esta acción está en tiempo imperfecto, lo que denota que esa era la actitud habitual de Jesús[106]. Creer porque se han visto unas señales concretas es creer basándose en algo tangible, que tiene que ver con una experiencia que hemos tenido. Jesús quiere que la gente confíe en Él por lo que Él es, y no porque pasa los exá-

---

[104] Como vemos por el enfático αὐτός, que abre el sintagma y el δέ adversativo.

[105] El verbo es γινώσκω. En cuanto al uso del infinitivo, ver el comentario de 1:48. Algunos distinguen este verbo de οἶδα, sugiriendo que denota un conocimiento adquirido, el conocimiento que proviene de la observación y el razonamiento, mientras que οἶδα apunta a un conocimiento intuitivo, inmediato. El primero es parcial, y puede mejorarse; el último es completo y absoluto. Pero dudamos de que esta distinción sea algo tan obvio, sobre todo en este evangelio. Bernard ofrece un comentario muy útil (de 1:26): «Ambos verbos se usan para referirse al conocimiento que Cristo tiene del Padre; γινώσκω en 10:15; 17:25; οἶδα en 7:28; 8:55. Ambos se usan también para referirse al conocimiento (o desconocimiento) que el mundo tiene de Dios, o el que tenían los judíos: γινώσκω en 1:10; 17:23, 25; 8:55; 16:3; 1 Jn. 3:1, 6; οἶδα en 7:28; 8:19; 15:21. Además, ambos se usan para referirse al conocimiento que el hombre tiene de Dios y de Cristo: γινώσκω en 14:7, 9; 17:3; 1 Jn. 2:4, 13, 14; 4:6, 7, 8; 5:20; y οἶδα en 1:31, 33; 4.22; 14:7. Asimismo se usan los dos verbos para referirse al conocimiento que Cristo tiene de los hombres o de los hechos, por ejemplo, γινώσκω en 2:25; 5:6, 42; 6:15; 10:14, 27; y οἶδα en 6:64; 8:37; 13:3. La palabra que usa para referirse al conocimiento que el Padre tiene del Hijo es γινώσκω (10:15), y no οἶδα como muchos esperarían. Ante esta larga lista de textos, queda claro que no podemos, ni mucho menos, precipitarnos y sacar conclusiones basadas en una distinción estricta del uso de estos dos verbos». J.B. Lightfoot adopta la postura de que se puede hacer una distinción entre los dos verbos, y así lo defiende en *Notes on Epistles of St Paul* (Londres, 1904), pp. 178-79. Pero el planteamiento de Bernard es casi incuestionable. Además, gana aún más fuerza cuando recordamos que Juan suele introducir pequeñas variaciones sin que éstas afecten al significado (ver el comentario de 3:5). Juan nunca usa el nombre γνῶσις, pero el hecho de que use γινώσκω 56 veces y οἶδα 85 veces parece indicar la importancia que le da al *conocimiento*. Aunque lo más importante, realmente, es el conocimiento de Cristo y de Dios, que están interrelacionados. Conocer a Cristo es conocer al Padre (14:7).

[106] Juan, con bastante frecuencia, menciona algún conocimiento extraordinario que Jesús tenía (4:17; 5:42; 6:61, 64; 13:1, 11; 18:4).

menes que nosotros establecemos. Los que le seguían por los milagros que hacía, hubieran estado dispuestos también a hacerle rey (cf. 6:15). Pero no se confiaba a ellos. Él buscaba en la gente una conversión auténtica, no un entusiasmo pasajero ante lo espectacular[107].

25 La idea del testimonio es muy importante en este evangelio (ver el comentario de 1:7), pero Juan nos dice que a Jesús no le hacía falta que nadie le diera testimonio del hombre, pues ya conocía el interior de las personas. El pronombre personal "Él" es enfático; no hay duda alguna sobre el alcance del conocimiento que Jesús tenía, sobre todo, si lo entendemos a la luz de lo que encontramos en el Antiguo Testamento: Dios es el único que conoce «los corazones de todos los hijos de los hombres» (1 R. 8:39). Esto aporta un pequeño matiz – pequeño, pero importante – sobre la Persona de Jesús[108].

---

[107] Loyd compara este capítulo con las tentaciones de Jesús: «(i) Jesús no convierte las piedras en pan para satisfacer su hambre; pero sí convierte el agua en vino para cubrir las necesidades de los demás. (ii) No se precipita desde el pináculo del Templo, que le hubiera dado la fama; pero realiza la impopular acción de la purificación del Templo. (iii) No se arrodilla ante Satanás, ni le adora para conseguir así los reinos del mundo; pero sí insiste sobre la necesidad de la conversión de las personas».

[108] Quizá será importante que sepamos que, según los rabíes creían: «lo que hay en el corazón del prójimo» era una de las siete cosas que están más allá de nuestro conocimiento (Mekilta Exod. 16:32). Y Juan dice que Jesús sí tiene este conocimiento. Oderberg nos explica que, de una manera o de otra, Juan también le atribuye los otros seis tipos de conocimiento (*FG*, p. 45). Según Juan, el conocimiento de Jesús va más allá que el conocimiento humano, pero deja claro que eso no impide que, por otro lado, sea totalmente humano. El conocimiento de Jesús deriva de la estrecha comunión que tiene con el Padre (8:28, 38; 14:10).

Juan 3

E. EL PRIMER DISCURSO – EL NUEVO NACIMIENTO (3:1-36).

Juan busca demostrar que Jesús es "el Cristo, el Hijo de Dios" (20:31) principalmente de dos formas: narra algunas de las señales que Jesús hizo, y recoge algunos de los discursos o sermones que Jesús pronunció. En algunas ocasiones, la "señal" y el discurso están íntimamente relacionados; en otras no. El primer "discurso" no va dirigido a un grupo de personas, sino que se trata de una conversación privada con un miembro de la clase alta ("prominente entre los judíos")[1]. La conversación gira en torno a cómo se puede conseguir la vida eterna y, en el estilo joánico, deriva en una serie de reflexiones que el evangelista hace, y desemboca en otros acontecimientos.

1. El Nuevo Nacimiento (3:1-15)

1 Había un hombre de los fariseos, llamado Nicodemo, prominente entre los judíos. 2 Este vino a Jesús de noche y le dijo: Rabí, sabemos que has venido de Dios [como] maestro, porque nadie puede hacer las señales que tú haces si Dios no está con él. 3 Respondió Jesús y le dijo: En verdad, en verdad te digo que el que no nace de nuevo^a no puede ver el reino de Dios. 4 Nicodemo le dijo: ¿Cómo puede un hombre nacer siendo [ya] viejo? ¿Acaso puede entrar por segunda vez en el vientre de su madre y nacer? 5 Jesús respondió: En verdad, en verdad te digo que el que no nace de agua y del Espíritu no puede entrar en el reino de Dios. 6 Lo que es nacido de la carne, carne es, y lo que es nacido del Espíritu^b, espíritu es. 7 No te asombres de que te haya dicho: «Os^c es necesario nacer de nuevo.» 8 El viento sopla donde quiere, y oyes su sonido,

---

[1] D. Rensberger cree que en todo el Evangelio «se presenta a Nicodemo como a un hombre de poca fe y de poca valentía, por lo que representa a un *grupo* de gente que, según el autor, tiene estas características» (*Johannine Faith and Liberating Community* [Philadelphia, 1988], p. 40). Pero decir que los que envían a Nicodemo para que hable con Juan supone que había un grupo de creyentes que vivían su fe a escondidas no es más que puro dogmatismo. En el Evangelio no hay evidencias de tal cosa, y no concuerda con lo que Juan dice sobre Nicodemo.

pero no sabes de dónde viene ni adónde va; así es todo aquel que es nacido del Espíritu. 9 Respondió Nicodemo y le dijo: ¿Cómo puede ser esto? 10 Jesús respondió y le dijo: Tú eres maestro de Israel, ¿y no entiendes estas cosas? 11 En verdad, en verdad te digo que hablamos lo que sabemos y damos testimonio de lo que hemos visto, pero vosotros no recibís nuestro testimonio. 12 Si os he hablado de las cosas terrenales, y no creéis, ¿cómo creeréis si os hablo de las celestiales? 13 Nadie ha subido al cielo, sino el que bajó del cielo, [es decir,] el Hijo del Hombre que está en el cielo^d. 14 Y como Moisés levantó la serpiente en el desierto, así es necesario que sea levantado el Hijo del Hombre, 15 para que todo aquel que cree, tenga en Él vida eterna^e.

a. 2 O *nacer de arriba*; ver también en el v. 7
b. 6 O *de espíritu*
c. 7 Porque en griego es plural
d. 13 Algunos manuscritos solo contienen *el Hijo del Hombre*
e. 15 O cree en Él tenga vida eterna

Desde el primer versículo del Evangelio, Juan intenta que sus lectores entiendan la excelencia incomparable de Jesús. Es el Verbo que se ha hecho carne. Además, la Encarnación responde a un propósito concreto. Jesús vino para que la gente pueda tener vida en abundancia (10:10). En este capítulo Juan continúa trabajando su propósito y recoge una conversación entre Jesús y Nicodemo, un representante del judaísmo farisaico. Como tal, Nicodemo estaría a favor de una cuidadosa observancia de la Ley y de la tradición, que era el camino a la salvación. Juan utiliza esta conversación para mostrar que esa enseñanza no tiene nada que ver con la realidad. Ni una devota observancia de la ley, ni tan siquiera una presentación reformada del judaísmo, sirven para alcanzar la salvación. Lo único que sirve es un nuevo nacimiento[2]. Esta idea aparece tres veces (vs. 3, 5 y 7). Así, no puede haber lugar a dudas: para que alguien sea salvo no necesita la ley, sino que necesita que el

---

[2] Cf. L.S. Thornton: «La doctrina cristiana del nuevo nacimiento contrasta con la expectativa judía contemporánea de un nuevo mundo. Está claro que en el Nuevo Testamento aparecen estas dos doctrinas y, además, se solapan. Pero la relación que entre ellas hay se puede describir como un caparazón. Bajo el cobijo del caparazón de la expectativa apocalíptica judía apareció primero la revelación del Evangelio y luego el don del Espíritu y la nueva vida en Cristo» (*The Common Life in the Body of Christ* [Londres, s.f.], p. 188).

poder de Dios le renueve o regenere completamente. En un sentido, este capítulo ya acaba determinantemente con las "obras de la ley", idea que más tarde impregna todo el material de Pablo.

1 Se describe a Nicodemo como un "hombre[3] de los fariseos" (ver más sobre este término en el comentario de 1:24). Los fariseos no tenían ningún interés personal en el templo (ya que era más bien competencia de los saduceos). Así, la purificación del templo, en principio, no tenía por qué haber perturbado a los fariseos. De hecho, probablemente se alegraran de que alguien molestara a los saduceos, ya que cualquier acción contra aquel grupo podía favorecer la verdadera religión, es decir, la que ellos, los fariseos, representaban. Así que no había ningún problema en que un principal de los fariseos se acercara a Jesús inmediatamente después del incidente en el templo (aunque también es cierto que no podemos saber con exactitud cuánto tiempo transcurrió entre lo narrado en el capítulo 2 y la visita de Nicodemo). El nombre de este fariseo es griego, pero era común entre los judíos. La Historia recoge que hubo un Nicodemo, muy conocido, que sobrevivió a la destrucción del templo del año 70 dC., y algunos creen que se trataba de este Nicodemo (lo que es muy poco probable). En los escritos judíos no encontramos ninguna referencia al Nicodemo de este capítulo, al menos, ninguna referencia clara)[4]. Juan dice que era "prominente entre los judíos"[5], que algunas versiones, como la NVI, traducen como "miembro del concilio judío", es decir, del Sanedrín (en cuanto a "los judíos", ver el comentario de 1:19). Sea como sea, Juan debió de usar esta expresión para hacer saber que Nicodemo representaba la vieja religión, el viejo orden. Nicodemo solo aparece en este evangelio. Vuelve a aparecer más adelante (7:50-52) donde le vemos alzar la voz – aunque muy tímidamente – a favor de Jesús, cuando las autoridades

---

[3] La expresión "un hombre de los fariseos" es una expresión poco común en griego. Probablemente se usa ἄνθρωπος como lazo entre las palabras introductorias de capítulo y las palabras finales del capítulo anterior, para proseguir con la idea del conocimiento que Jesús tiene del "hombre". Ésta es también la razón por la que se usa αὐτόν en vez de Ἰησοῦν en la primera mención del Señor.

[4] «Que las fuentes judías no recojan a un maestro de la ley con este nombre tiene una clara explicación: era un táctica de los rabíes no mencionar a los miembros de su grupo que, en un momento dado, les habían traicionado». (Schnackenburg).

[5] Juan usa mucho la expresión "los judíos", y apenas usa la palabra "prominente" o "gobernante" – ἄρχων – (por ejemplo, 7:26, 48), pero esta es la única ocasión en que los dos aparecen en la misma frase. La explicación y por ello la interpretación más lógica es que era un miembro del Sanedrín.

están hablando sobre él, después de un intento fallido de arrestarle en la Fiesta de los Tabernáculos. Pero en el juicio a Jesús, no se recoge que salga en su defensa, aunque sí que ayudó a José de Arimatea en el entierro (19:39). Creo que podríamos inferir que Nicodemo amaba la verdad, pero que fue un personaje bastante tímido. En aquellos momentos finales sí que se decantó por la causa y la persona de Jesús, momento, además, en el que todos sus discípulos le habían abandonado. Y eso ya es mucho para un hombre tímido.

2 Cualquier persona en la posición de Nicodemo hubiera sido un mal candidato para ser seguidor de Jesús. Pero las "señales" de Jesús habían impresionado a este fariseo, y quería saber más acerca de aquel hombre. Así que, prudentemente, fue a visitarle "de noche". Normalmente se interpreta que fue por la noche porque tenía miedo (Michaels) o porque no quería que la gente lo supiera. Nicodemo era un hombre prominente; como era un "maestro de Israel (v. 10) no podía comprometerse con aquel maestro no oficial de Galilea, al menos, no hasta que hubiera hablado con Él para asegurarse de que venía de parte de Dios. Si esta es la explicación que se da al hecho de que Nicodemo eligiera visitar a Jesús por la noche, es interesante que veamos que Jesús no se lo echa en cara ni le condena. Recibió a Nicodemo tal y como era. Pero yo no creo que los que dicen que visitó a Jesús por la noche porque tenía miedo estén en lo cierto. Puede que Nicodemo tomara esa decisión para asegurarse de que nadie les iba a interrumpir. Durante el día, Jesús debía de estar muy ocupado, y seguro que siempre le rodeaba una multitud de gente (y gente del pueblo). Pero por la noche todo estaba más tranquilo, por lo que podrían tener una conversación larga y extensa. Otros lo asocian con el prestigio que tenía entre los rabíes dedicarse al estudio a altas horas de la noche[6]. Y quizá la mayoría de eruditos hoy en día creen que estas palabras deben interpretarse de forma simbólica. Jesús es la Luz del mundo y Nicodemo deja la oscuridad en la que estaba viviendo para entrar en la luz que Jesús le ofrecía[7].

---

[6] B. Gerhardsson cita algunos ejemplos; ver *Memory and Manuscript* (Lund, 1964), p. 237. Como es bien sabido, los hombres de Qumrán enseñaban que la ley también había que estudiarla por la noche. Bultmann cree que esta idea está presente en este pasaje, pero que lo más probable es que Juan quisiera crear una atmósfera misteriosa.

[7] Así, Barrett cree que «es más probable que se esté refiriendo a la oscuridad que Nicodemo deja, para entrar en la Luz verdadera (cf. vrs. 19-21)». Cf. también San Agustín: «Como vino por la noche, aún habla desde la oscuridad de su propia carne» (11.5;p. 76). Newbigin dice que «a Nicodemo le atrae la luz, pero que aún no ha logrado dejar la oscuridad».

Puede que Juan tuviera en mente más de un significado, como ocurre en otras ocasiones[8].

Nicodemo se dirige a Jesús de una manera muy halagadora (en cuanto al uso respetuoso del título "rabí" ver el comentario de 1:38). También le llama "maestro"[9], y le dice que "debe de venir de parte de Dios"[10]. Notemos que solo ve a Jesús como un maestro, y que aún no ha comprendido cuál es su verdadera naturaleza. Ha venido como maestro a visitar a otro maestro para hablar de temas que les interesan a ambos[11]. Ciertamente, puede que haya algún matiz de condescendencia en que un fariseo de renombre viniera a hablar con un maestro que no había recibido ninguna educación formal (7:15)[12]. Aunque va a Jesús solo, sin nadie que le acompañe, habla en plural: "sabemos". Eso demuestra que pertenece a un grupo y que además puede hablar de parte de todos los componentes del grupo[13]. Usa tiempos verbales continuos[14], lo que

---

[8] Pero no deberíamos pasar por alto la timidez característica de Nicodemo, que vemos sobre todo en 7:50-51. También en 19:39, ya que lo único que hace es seguir a José de Arimatea. Aquí se repite la expresión "de noche", lo que a lo mejor indica que sí deberíamos interpretarla de forma literal. Además, tiene sentido con la información que se nos da de José de Arimatea de que era un discípulo secreto, por miedo a los judíos.

[9] T.H. Gaster cree que aquí hay una referencia al "Maestro de Justicia" de los manuscritos de Qumrán: «El líder espiritual de la comunidad recibe el nombre de "maestro" o "maestro justo". En Juan 3:2, Jesús recibe el nombre de maestro enviado por Dios, es decir, el maestro que, según se esperaba, iba a aparecer en los últimos días» (*SDSS*, p. 23). Pero en griego no aparece el artículo, por lo que esta interpretación no se tiene en pie.

[10] Las palabras aparecen en este orden: ἀπὸ Θεοῦ ἐλήλυθας διδάσκαλος. Así se pone, quizá, un énfasis mayor en la expresión "de Dios".

[11] Plummer, cuando comenta οἴδαμεν, concluye lo siguiente: «esta palabra denota cierta autosuficiencia farisaica: 'algunos de nosotros estamos dispuestos a pensar bien de ti'».

[12] En Egerton, Papiro 2, las palabras de Nicodemo están unidas a algunas de las citas sobre el tributo al César (Mt. 22:15-22): «(...) vinieron a ponerle a prueba y a tentarle, y le dijeron: "Maestro Jesús, sabemos que has venido de Dios, porque das testimonio de Él mucho más que todos los profetas. Por lo tanto, dinos: ¿es admisible pagar a los reyes lo que les corresponde? ¿debemos pagarles o no?» (en E. Hennecke, *New Testament Apocrypha*, ed. W. Schneemelcher, trad. R. McL. Wilson, I [Londres, 1963], p. 97). Según esta interpretación, las palabras de Nicodemo esconderían un intento de atrapar a Jesús. Pero no hay ninguna otra evidencia que apoye esta interpretación.

[13] F.P. Cotterell el plural se debe a la poca probabilidad de que «Nicodemo, un rabí eminente, fuera por Jerusalén solo, sin discípulos que le siguieran. Del mismo modo, es muy improbable que los discípulos de Jesús no estuvieran con Él» (*ExT*, 96 [1984-85], p. 238).

[14] Dice: ταῦτα τὰ σημεῖα ποιεῖν ἃ σὺ ποιεῖς. Parece que se refiere a un número de señales, quizá a las de 2:23. Aunque hasta el momento Juan no ha recogido ninguna señal realizada en Jerusalén, debemos recordar que Juan de forma explícita nos hace saber que, en su narración, ha tenido que omitir muchos detalles (21:25).

probablemente indique que Jesús hacía muy a menudo las señales de las que habla. Y Nicodemo tiene claro que esas señales son prueba de que Jesús viene de parte de Dios (ver la Nota Adicional G, donde se explica cuál es la importancia de las "señales").

3 Jesús no permite que se alargue la introducción halagadora que no lleva a ningún lado, y se mete de lleno en el tema que Nicodemo ha venido a tratar. Está claro que Nicodemo quiere saber cómo alcanzar la vida eterna. Jesús le responde ya en su primera intervención. Subraya la importancia de sus palabras introduciéndolas con la solemne expresión: "En verdad, en verdad te digo" (ver el comentario de 1:51). A continuación, y solo en una frase, echa por tierra todo aquello que Nicodemo representaba, y le exige que tiene que ser regenerado por el poder de Dios[15]. La expresión "de nuevo" podría traducirse también por "de arriba"[16]. El original recoge los dos significados (Barclay recoge los dos sentidos: «si no nace de nuevo de arriba»). El que quiera entrar en el reino de Dios tiene que volver a nacer[17] de una forma

---

[15] Veremos la fuerza de este pasaje si buscamos el que probablemente sea el paralelo judío más cercano: el pasaje que nos dice que la Sabiduría «guió (a Jacob) por el camino recto; y le mostró el Reino de Dios» (Sabiduría 10:10). Pero este concepto de sabiduría no es más que el incremento del conocimiento. Juan nos habla de algo muy distinto: un nuevo nacimiento realizado por el mismo Espíritu de Dios.

[16] ἄνωθεν. Abbott defiende que aquí significa "de arriba" (1903-8), junto con SBk, II pp. 420-21. Se nos dice que en arameo no existe ningún adverbio que signifique "de nuevo" u "otra vez". Sin embargo, Westcott tiene una nota adicional en la que explica que el significado sí que es "de nuevo" u "otra vez": «en primer lugar tenemos que entender la realidad del nuevo nacimiento, y luego, su carácter (v. 5)». Tenemos que tener en cuenta que ἄνωθεν quiere decir "de arriba" en los otros textos del Evangelio en los que aparece (3:31; 19:11, 23). Pero, en cuanto al significado en este pasaje, hay que decir que Nicodemo interpreta que Jesús está hablando de nacer "otra vez", ya que pregunta cómo entrar en el vientre de la madre por segunda vez (v. 4). Pero sabemos que eso no era lo que Jesús quería decir. Si rechazamos "de arriba", traduciremos "de nuevo", y no "otra vez", porque refleja más el sentido de que se trata de algo completamente nuevo, y no de la repetición de algo que ya ha ocurrido. Pero, de todos modos, no podemos asegurar que Juan solo tuviera en mente un significado. Éste podría ser otro de tantos ejemplos, en los que Juan usa palabras que pueden albergar más de un significado. Para acabar, comentaremos que ἄνωθεν también quiere decir "desde el principio" (como en Lucas 1:3), aunque no creo que este sea el significado en este texto de Juan.

[17] El verbo es γεννάω, que se refiere a la acción del hombre – fecundar – , que aquí tomaría el sentido de "ser concebido". Pero también se usa para la acción de la mujer – dar a luz – (por ejemplo, 16:21), por lo cual la traducción también puede ser "nacido". Pero lo más probable es que Juan quisiera decir "ser concebido" (cf. el uso del mismo lenguaje en 1ª Juan 3:9). Mateo usa este verbo cuando escribe la genealogía,

radicalmente nueva, y ese segundo nacimiento viene del Cielo. No se consigue entrar en el reino gracias al esfuerzo humano (cf. 1:13), sino gracias al nuevo nacimiento que Dios efectúa en los que depositan su fe en Él. "El Reino de Dios" es el tema central de la enseñanza de Jesús en los Evangelios Sinópticos. Muchos han estudiado la cuestión con profundidad, y por eso hay mucha literatura sobre este tema[18]. La mayoría de los eruditos de la modernidad sostienen que el término "reino"[19] debe entenderse en un sentido dinámico; sugieren que es más exacto traducir "reinado", ya que se trata de la aplicación o puesta en práctica del reinado o el gobierno de Dios. Quizá la intención de Juan en el versículo 5 no es que analicemos la distinción que hay entre "ver el reino" y "entrar en el reino". Pero creo que Jesús habla aquí de "verlo". El que no nazca de nuevo, no solo no podrá disfrutar de todos los privilegios del reino, sino que además ni siquiera podrá *ver* el reino[20]. Incidentalmente, este pasaje es el único de este evangelio que menciona el reino de Dios (aunque Jesús también usa la expresión "mi reino" (18:36)[21]. Pero Juan habla con más frecuencia de la vida eterna,

pero aparte de las veces que lo usa en ese fragmento, solo lo usa 5 veces más, Marcos una vez, Lucas 4 veces, y Hechos y Pablo 7 veces cada uno. Por tanto, que Juan lo use 18 veces es bastante significativo: es, para él, una palabra importante. Encontramos la misma idea en Tit. 3:5; 1 P. 1:23. Pero Juan usa este simbolismo o lenguaje mucho más que cualquier otro autor del Nuevo Testamento.

[18] Ver, por ejemplo, R. Otto, *The Kingdom of God and the Son of Man* (Londres, 1938); C.H. Dodd, *The Parables of the Kingdom* (Cambridge, 1938); T.W. Manson, *The Teaching of Jesus* (Cambridge, 1939), p. 116s.; V. Taylor, *Jesus and His Sacrifice* (Londres, 1939), p. 6s.; N.B. Stonehouse, *The Witness of Matthew and Mark to Christ* (Philadelphia, 1944), cap. VIII; W. Manson, *Jesus the Messiah* (Londres, 1944); R. Bultmann, *Teología del Nuevo Testamento*, I (Salamanca, 1981 [Tübingen, 1952]), p 41 ss.; E. Stauffer, *New Testament Theology* (Londres, 1955), cap. 28; A.M. Hunter, *The Work and Words of Jesus* (Londres, 1956), p. 68s.; H.E.W. Turner, *Jesus Master and Lord* (Londres, 1957), p. 239s.; SBk, I, p. 172s.; *TDNT sub* βασιλεία; G.E. Ladd, *Jesus and the Kingdom* (Londres, 1966); *NIDNTT*, art. "King, Kingdom" y la bibliografía que allí aparece.

[19] Pero S. Aalen no está de acuerdo, como explica en su importante artículo " 'Reign' and 'House' in the Kingdom of God in the Gospels" (*NTS*, VIII [1961-62], pp. 215-40).

[20] Cf. Barrett: John «parte de una clara percepción de los dos 'momentos' de la salvación cristiana, el de la obra que ya se ha realizado, y el de la obra que aún se tiene que consumar; y, según él, el lenguaje del judaísmo (el reino de Dios) y el lenguaje del helenismo (γεννηθῆναι ἄνωθεν) le dieron una oportunidad única de expresar una idea que no era ni judía ni helena, sino cristiana».

[21] Se ha dicho que si en este evangelio no hay un gran énfasis en el reino es porque Juan, anteriormente, había malinterpretado el concepto, intentando ocupar la mejor posición (Mr. 10:35s.). Ahora, avergonzado de su conducta previa, prefiere evitar todo lo que le hace recordarla.

y parece ser que para él, estar en posesión de la vida eterna significa lo mismo que "entrar en el reino de Dios" en los Sinópticos.

4 La respuesta de Nicodemo[22] refleja que ha entendido que Jesús le está hablando de un nacimiento físico (véase otras malinterpretaciones en el comentario de 2:20). En una situación como aquella, lo más normal hubiera sido no tomar las palabras de Jesús de forma literal. ¿Por qué optó Nicodemo por aquella curiosa interpretación? Quizá simplemente porque temía que su dignidad se viera atacada. Sabemos que en aquella época había prosélitos que eran aceptados en la comunidad judía como hijos recién nacidos[23]. Nicodemo debió de creer que el término que se usaba para los gentiles era la última palabra que debía escogerse para designar a alguien que, además de judío, era fariseo y miembro del Sanedrín[24]. Así que, en vez de seguir el hilo de la conversación, opta por malinterpretar las palabras de Jesús. Probablemente la mal interpretación fue causa de sus prejuicios, y no de su torpeza. Quizá pensara: «Un hombre es la suma de sus vivencias, de las cosas que le han ocurrido a través de los años. Es un cúmulo de dudas, incertidumbres, deseos, esperanzas, miedos y costumbres – buenas y malas – que ha ido adquiriendo con el paso de los años. Sería fantástico poder olvidarlo todo, y poder empezar de nuevo. Pero, ¿cómo puede ser posible?[25] ¿Puedo[26] volver a entrar en el vientre de mi madre[27]? Si un milagro así, en el ámbito físico, es irrealizable, ¿cómo va a ser posible rehacer el ser de una persona? ¡La regeneración es algo inverosímil!».

5 Una vez más, Jesús introduce sus palabras con el enfático y solemne «En verdad, en verdad te digo». Pide así a Nicodemo que se

---

[22] En cuanto a λέγει πρὸς αὐτόν, ver el comentario de 2:3.

[23] SBk, II, p. 423.

[24] Cf. Findlay: «como si en nuestros días alguien le dijera a un dignatario anglicano: ¡ve a una campaña evangelística evangélica y conviértete!» (p. 57).

[25] Cf. Strachan: «Su pregunta no refleja un sentimiento de impotencia ante algo que uno no comprende, sino que refleja más bien una cuidadosa reflexión: ¿se puede cambiar la naturaleza humana?».

[26] Aunque Juan no usa el sustantivo δύναμις, sí que usa el verbo δύναμαι, y lo hace con más frecuencia que cualquier otro libro del Nuevo Testamento (Mt. 27 veces, Mr. 33 veces, Lc. 26 veces, Jn. 36 veces). A nuestro evangelista le interesa bastante averiguar lo que es posible y lo que no es posible.

[27] La partícula que introduce la pregunta es μή, que expresa incredulidad: "¿Verdad que no (...)?".

concentre en las palabras que le va a decir, ya que éstas son importantes. Jesús explica que nacer de nuevo es nacer "de agua"[28] y "del Espíritu". En griego, estos sustantivos no van precedidos de artículo, pero abogamos por las traducciones que ponen artículo delante de "Espíritu" ya que Jesús se estaba refiriendo, sin duda alguna, a la obra regeneradora del Espíritu Santo de Dios[29]. Sin embargo, en esta ocasión no habla simplemente del que "es nacido del Espíritu" (como hace en los vv. 6 y 8), sino que habla del que "nace de agua y del Espíritu". Las explicaciones que se han dado a esta expresión tan poco usual son muchas, pero la mayoría quedan recogidas en una de estas tres agrupaciones.

(i) El "agua" representa la purificación (cf. 2:6). Si esta es la explicación correcta, quizá podría ser que se tomara como referencia el bautismo de Juan. Aquel era "un bautismo de arrepentimiento" (Mr. 1:4), que tenía que ver con la purificación (v. 25), y se podía contrastar de forma explícita con el Bautismo del Espíritu (1:33). El significado sería, pues, que Nicodemo tendría que pasar a formar parte de todo lo que el "agua" significa (el arrepentimiento, etc.), y que también tendría que pasar a experimentar lo que puede resumirse como "nacido del Espíritu"; así, ya podría estar totalmente seguro de tener la vida divina que Jesús imparte[30]. Las dos exigencias son radicales. Los fariseos rechazaron el bautismo de Juan (Lc. 7:30), y también se opusieron a Jesús y todo lo que Él representaba. Así que esperar

---

[28] Algunos exegetas (por ejemplo Bultmann) creen que ὕδατος καί es una interpolación posterior. Brown cita una lista de eruditos católico romanos que optan por esta línea, y también otra de protestantes. Pero no hay evidencias textuales que apoyen esta línea, y las argumentaciones doctrinales que aducen no son correctas. Así que es más lógico creer que el texto original sí incluía esa expresión.

[29] Un paralelo judío que a veces se cita es Sabiduría 9:17: "...". Pero en este pasaje se está hablando de la iluminación, mientras que Juan está hablando de la regeneración.

[30] Cf. Morgan: «Véase la continuidad. Has estado asistiendo al ministerio de aquel que te ha bautizado en agua, y te dijo que otro mayor que él te bautizaría en el Espíritu. A menos que no hayas nacido a todo lo que el bautismo en agua significa, el arrepentimiento, y a todo aquello que el bautismo en el Espíritu logra, la regeneración, no puedes entrar en el reino de Dios». J.A.T. Robinson dice acertadamente: "Si las palabras tienen un contexto en la vida de Jesús, entonces tiene que haber una alusión a la enseñanza de Juan", y a continuación cita a Armitage Robinson: "toda la misión de Juan descansa sobre esta declaración" (*NTS*, IV [1957-58], p. 273). Ver también que Ezequiel 36:25-26 combina los conceptos de la purificación por agua y la recepción d "un nuevo espíritu". Cf. también Is. 44:3.

que Nicodemo aceptara los dos bautismos era pedirle un esfuerzo enorme.

(ii) El "agua" podría estar relacionada con la procreación. Este concepto nos puede resultar bastante extraño. Pero Odeberg ha reunido una larga lista de pasajes de fuentes rabínicas, mandeístas y herméticas[31] que demuestran que términos como "agua", "lluvia", "rocío" y "gota" se usaban para referirse al semen del hombre. Si el "agua" en este texto tuviera este significado, cabrían dos posibles interpretaciones. Nacer "de agua" sería el nacimiento natural, después del cual se tendría que dar el nacimiento "del Espíritu", es decir, la regeneración espiritual. O mejor aún, podríamos interpretar que la conjunción de ambos, el "agua" y el "Espíritu", significan algo como "semilla espiritual"[32]. En este caso, ser nacido "de agua y el Espíritu" no se diferencia mucho de ser nacido "del Espíritu"[33]. Lindars no está de acuerdo porque cree que "si Juan hubiera querido decir eso, habría escrito 'de sangre', como hizo en 1:13". ¡Pero cómo va a saber nadie la forma en que Juan iba o no iba a expresarse! Es una declaración demasiado pretenciosa. La hipótesis de Oderberg sería más aceptable.

[31] *FG*, pp. 48-71. Las religiones mistéricas utilizan la terminología del nuevo nacimiento. Pero cualquier relación entre ellas y este evangelio es solamente verbal. En dichas religiones, puede que el adorador llegue a estar muy cerca de su dios, pero no existe la idea de una transformación de toda su naturaleza. En este evangelio, como nos recuerda MacGregor, «la entrada a la vida eterna no está condicionada por una renovación mágica de la naturaleza física a través de una serie de ritos, sino por un nacimiento *de arriba*, realizado por Dios». (comentando el v. 3).

[32] Traducción que parece probable dado que ninguno de los sustantivos va precedido de artículo, y la preposición modifica a los dos.

[33] Cf. Odeberg: «Podríamos incluso aventurarnos a defender la hipótesis de que el significado de γεννηθῆναι ἐξ ὕδατος καὶ πνεύματος es idéntico al de γεννηθῆναι ἐκ πνεύματος (*FG*, p. 48). Defiende que otra evidencia la encontramos en el contraste que hay entre el nacimiento físico (3:4) y el nacimiento "de agua y del Espíritu". Es interesante ver que esta era la opinión de Calvino: «usa las palabras *Espíritu* y *agua* para referirse a la misma cosa (...) El agua se refiere simplemente a la purificación interior y el avivamiento del Espíritu Santo». Debemos recordar que Juan suele repetir las cosas, cambiándolas levemente. A veces, la variación es doble (compárese 7:30 y 44; 3:17 y 12:47). En otras ocasiones, es triple, donde dos de las frases son iguales (6:35, 48, 51) o donde las tres son diferentes (1:3, 33, 34; o 5:8, 11, 12). También podrá encontrar una variación múltiple: véase las referencias a Judas Iscariote en 6:71; 12:4; 13:2, 26, 29. Juan hace este tipo de modificaciones incluso cuando cita, como veremos si comparamos 1:48 y 50, o 6:44 y 65. Podríamos citar muchos ejemplos más. Como vemos, es una clara característica del estilo joánico. Podríamos decir que las variaciones estilísticas no distorsionan el significado, pero que, de todos modos, las variaciones están ahí. Más información en *SFG*, cap. 5. En este capítulo las cuatro referencias al nuevo nacimiento, vv. 3, 5, 6 y 7 significan, con toda probabilidad, la misma cosa.

(iii) El "agua" podría referirse al bautismo cristiano[34]. A favor de esta hipótesis, puede decirse que no sería de extrañar que los cristianos de aquel entonces – cuando se publicó el Evangelio – hubieran asociado el agua con el Bautismo[35]. Además, seguro que Juan jugó con las palabras sabiendo que esta era una asociación bastante previsible. Sin embargo, ¿cómo iba a percibir Nicodemo una alusión a un sacramento que aún no existía? Asimismo, cuesta aceptar que Jesús hablara de forma totalmente incomprensible. Su propósito no era ser misterioso, sino iluminar[36]. Sea como sea, el énfasis del pasaje no recae sobre un rito de la Iglesia, sino que recae sobre la obra o actividad del Espíritu[37].

---

[34] Lutero dice: «Aquí Cristo está hablando del Bautismo, del agua real y natural, como la que podría beber una vaca (...) Por tanto, la palabra "agua" no designa aquí aflicción; se refiere al agua real y natural, que está relacionada con el Verbo o la Palabra de Dios y que se convierte en un baño espiritual a través del Espíritu Santo o a través de toda la Trinidad» (vol. 22, p. 283). J.D.G. Dunn rechaza rotundamente esta afirmación: «El punto de vista que dice que todo lector cristiano debe ver en este texto del bautismo cristiano, aunque cuenta con sus argumentaciones, debe dar prioridad a las argumentaciones extraídas de la teología de Juan (...) Parece que Juan está criticando constantemente muchas de las sacralizaciones que sus lectores hacen de forma automática» (*Baptism in the Holy Spirit* [Londres, 1970], pp. 189-90).

[35] Esto no significa ver necesariamente que estamos ante una doctrina de "regeneración bautismal", es decir, la creencia de que el Bautismo hace que el Espíritu actúe u opere en el que se bautiza. Todo el pasaje hace hincapié en la obra del Espíritu, y no en la realización de un rito (esta es la *única* expresión en todo el pasaje que puede usarse como referencia al Bautismo). Wright, que acepta que ésta podría ser una referencia al Bautismo, dice: «Está claro que aunque el evangelista estuviera pensando en el rito simbólico del Bautismo, su manera de pensar está lo más alejada posible de todo sacramentalismo mágico. Es decir, no quiere decir que el acto físico de la inmersión sea indispensable para el avivamiento espiritual. Los que interpretan que el Bautismo es indispensable, aíslan esta referencia del resto de la enseñanza de Jesús en este evangelio. Este pasaje no dice que el Espíritu entra en los que son bautizados en agua».

[36] D.W.B. Robinson examina y refuta la idea de que estamos ante una referencia al Bautismo (*RThR*, XXV [1966], pp. 15-23). Haenchen dice que la expresión "solo puede referirse al bautismo cristiano". Más adelante escribe: «La relación entre el don del Espíritu y el Bautismo contradice la convicción del evangelista» y hace referencia a 20:22. Creo que la segunda declaración es cierta, pero no entiendo cómo puede reconciliarla con la primera.

[37] Ver, por ejemplo, la explicación de Brown. Según él, "de agua" en el texto original no era una expresión concluyente. Aunque acepta que puede haber una relación, aún tiene muchas dudas al respecto: «No creemos que haya suficientes pruebas en el Evangelio que determinen la relación entre 'nacer de agua' y 'nacer del Espíritu', tanto que debamos interpretar que se está haciendo referencia al sacramento. Nacer del Espíritu, que incluye aceptar a Jesús por fe, es, primeramente, la comunicación del Espíritu Santo» (p. 144). Dicho de otra forma, aunque Brown reconoce que es probable que

Parece que la segunda explicación es la más probable, en la que se toma el "agua" y el "Espíritu" como una referencia a la misma realidad. Nicodemo era fariseo. Estaba acostumbrado a aquella manera de hablar, así que la alusión debió de ser, para él, algo natural. Deberíamos entender, pues, que el pasaje habla de "nacer del agua espiritual", e interpretar que es otra forma de definir "nacer del Espíritu". Jesús está hablando del milagro que tiene lugar cuando la obra o la actuación divina regeneran a la persona. Esa persona nace de nuevo por la acción del mismo Espíritu de Dios. Como a Juan le gusta usar expresiones que pueden interpretarse en más de un sentido, también cabe la posibilidad de que quiera que entendamos de igual forma los otros sentidos. Pero, sea como sea, el significado principal tiene que ver con la regeneración que Dios realiza.

En el versículo 3 Jesús ha hablado de "ver" el reino de Dios; aquí, habla de "entrar" en él. Puede que no haya una gran diferencia de significado[38]. Pero en los dos versículos Jesús enfatiza que la regeneración espiritual es indispensable si queremos ser de Dios. La herejía perenne de la raza humana es pensar que podemos entrar en el reino de Dios por nuestros propios esfuerzos. Jesús deja claro que esto es imposible y que, para entrar en el reino, es necesario que el poder del Espíritu nos regenere completamente. Estas solemnes palabras eliminan para siempre la salvación por méritos humanos. Nuestra naturaleza está tan contaminada por el pecado, que la única solución es que el Espíritu de Dios nos cambie totalmente para estar en condición de entrar en el reino de Dios.

6 Hoskyns parafrasea de forma muy sucinta la enseñanza de este versículo: «No podemos pasar de la carne al Espíritu; en este caso, la

---

haya una referencia al Bautismo, le da más importancia a la obra del Espíritu, que es lo principal. Toda hipótesis que defienda que hay aquí una referencia al Bautismo debe reconocer que la referencia estaría en la interpretación de Juan, y no en las palabras o en la mente de Jesús: «si creemos que Juan 3 está basado en una escena histórica, es imposible que Nicodemo asociara el agua con el bautismo cristiano» (p. 142).

[38] Es verdad que Westcott cree que hay un "claro contraste" entre los dos. Dice que "ver" es lo mismo que "aprehender desde el exterior" (v. 3), y que "entrar" es lo mismo que «convertirse en un ciudadano del reino, que es diferente a ser un simple espectador» (v. 5). Sin embargo, Barrett cree que es imposible hacer una distinción. Entre los testigos de la Antigüedad, Hermas establece también una clara distinción (aunque no lo hace usando este pasaje que ahora estamos comentando). Dice que los que representan conceptos como "Fe", "Continencia", etc. entrarán en el reino, mientras que los que representan conceptos como "Incredulidad", "Falta de templanza", etc. "verán el reino de Dios, pero no entrarán en él" (*Sim.* 9:15).

evolución no existe»[39]. Mientras Juan no usa el término "carne"[40] del mismo modo que Pablo – para referirse a la naturaleza pecaminosa de la Humanidad – sí lo usa, al menos, para referirse a las cosas terrenales. La carne solo puede producir cosas terrenales. Pero Jesús está hablando de un reino espiritual, del reino de Dios. Para entrar en ese reino hace falta pasar por un nacimiento espiritual[41]. Quizá tenemos que añadir que la declaración de Jesús es una declaración general[42]. No se está refiriendo solamente a Nicodemo y a sus amigos, sino que se está refiriendo a toda la Humanidad.

7 A la luz del principio que acaba de pronunciar, Jesús pide a Nicodemo que no se asombre ante su enseñanza del nuevo nacimiento. Nótese que Jesús dice "*os* es necesario nacer de nuevo", mientras que antes había hablado de forma impersonal: "el que". Este plural puede ser una evidencia de que Nicodemo estaba acompañado (cf. "sabem*os*" del v. 2). Aunque, fuera como fuera, está claro que es una declaración que se aplica a todo el mundo en general, y no solo a los fariseos. "Es necesario" es una expresión que indica que no hay otra opción[43]. Para entrar en el reino, hace falta haber nacido de nuevo: esa es la única vía de acceso.

8 La interpretación de este versículo es complicada porque la palabra que en este capítulo se ha venido traduciendo por "espíritu" tiene más de un significado. En griego (igual que en otras lenguas), esta palabra

---

[39] Hoskyns, p. 204.

[40] Juan usa σάρξ 13 veces (más que los tres Sinópticos juntos). En la mayoría de los casos aparece en el cap. 6, donde Jesús habla de dar su carne por la vida del mundo. Juan no usa este término para referirse a la fragilidad moral de los hombres, como Pablo hace. Para Juan podría significar, en todo caso, la debilidad física que es inseparable de la existencia humana, pero no significa maldad o pecaminosidad. Podría referirse a nuestra limitada visión (8:15), pero por otro lado podría referirse también a la Encarnación (1:14) o al don o regalo de Dios (6:51).

[41] «Hay dos niveles de existencia; uno es el nivel de la carne, y el otro, el del espíritu. Son niveles irreconciliables. Un ser humano solo puede pasar del orden inferior, el reino y la carne, al orden superior, el reino del espíritu, si nace de nuevo» (G. Appleton, *John's Witness to Jesus* [Londres, 1955], p. 29).

[42] En ambos casos usa el participio neutro – τὸ γεγεννημένον – "lo que", y no el masculino "aquel que".

[43] Juan usa esta expresión de nuevo cuando explica que la crucifixión era necesaria (v. 14; 12:34), como también lo era la resurrección (20:9), las cosas que Jesús realizó durante su ministerio (4:4; 9:4; 10:16), y que Juan el Bautista fuera hecho más pequeño que Jesús (3:30). Este término también se usa al hablar de la adoración (4:20, 24).

quiere decir tanto "espíritu", como "aliento" o "viento". Por un lado, el espíritu de una persona es el elemento inmaterial que le da vida. Por otro, sabido era que al cesar el aliento, la respiración, cesaba la vida. Por tanto, ¿no era natural y lógico usar la misma palabra para esos dos conceptos? Y, como el viento no es más que un soplo de aliento que viaja con rapidez, también es natural usar la misma palabra[44]. Por tanto, vemos que la palabra que aquí se usa puede traducirse como "viento" o como "espíritu" (o, quizá, siendo que estamos ante un escrito de Juan, ¿deberíamos intentar traducir los dos sentidos?). Si nos aferramos al uso que se ha hecho en el resto del capítulo de esta palabra, deberíamos traducir "espíritu". Así, el pasaje vendría a decir que el Espíritu sopla donde quiere, y de la misma manera que la gente no puede comprender al Espíritu, tampoco pueden comprender a los que son nacidos del Espíritu. Hasta aquí, parece una interpretación lógica y coherente.

Pero hay un problema. Si alguien no puede comprender al Espíritu ni a los que son nacidos del Espíritu, ¿cómo va a poder oír el "sonido" del Espíritu? A causa de este matiz, que parece incompatible con la explicación del párrafo anterior, muchos traductores y comentaristas han optado por interpretar esta palabra como "viento". Entonces, el significado que nos queda es que el viento tiene sus misterios. Podemos oírlo (¿será que Jesús y Nicodemo oyeron en ese momento una ráfaga de aire?). Pero, sin embargo, no sabemos ni de dónde viene ni adónde va. Sin el saber de la meteorología científica tal y como la conocemos hoy en día, en aquel entonces el viento era un misterio y un elemento impredecible. Y lo mismo ocurría, según Jesús, con los nacidos del Espíritu. La persona que no tiene vida espiritual, aunque tenga contacto con un nacido del Espíritu, no conoce ni el origen ni el destino final de su vida. Ésta parece ser la interpretación más adecuada de este pasaje[45].

9-10 Nicodemo confiesa que no entiende nada. Sorprendido, pregunta: «¿Cómo puede ser esto?». Y nosotros podríamos pensar: ¿No debería un hombre de su posición entender algo así?. Jesús le llama "maestro de Israel", expresión que revela que era un maestro impor-

---

[44] De todos modos deberíamos saber que en el resto del Nuevo Testamento, parece ser que πνεῦμα no mantiene su significado antiguo: "viento" (cuando se quiere expresar ese concepto, se usa ἄνεμος).

[45] El verbo πνέω aparece otras seis veces en el Nuevo Testamento, donde se refiere al movimiento del viento.

tante. El artículo definido ("el", y no "un" maestro) puede indicar que Nicodemo ocupaba un cargo oficial, pero en caso de que esto fuera verdad, no sabemos de qué cargo se trataba[46]. Pero este líder de los fariseos decía conocer las cosas de Dios, y además las enseñaba a los demás. Entonces, ¿por qué no sabía que nadie puede llegar a Dios por méritos propios? Aunque la información de que todo el mundo tiene que nacer de nuevo fuera nueva para él, no debería haberla recibido con tanta sorpresa.

11 Por tercera vez en esta conversación, Jesús usa el solemne "En verdad, en verdad te digo" (vv. 3 y 5). Esta vez no lo hace para enfatizar el nuevo nacimiento, sino para transmitir que sus palabras son verdad y que, por tanto, deben creerlas. Solo ha hablado[47] de aquello de lo que tiene conocimiento (Goodspeed: «sabemos de lo que estamos hablando»). Nótese que la referencia al testimonio se desdobla (ver el comentario de 1:7). Enfatiza la fiabilidad de lo que Nicodemo ha oído. "Testimonio" denota la idea de un hecho objetivo, y no un conjunto de opiniones que puedan ser debatidas. Jesús no se está inventando nada, sino que le está hablando a Nicodemo de algo que conoce a la perfección. Es curioso que use el plural, sobre todo si tenemos en cuenta que Jesús raramente asocia a la gente consigo mismo[48]. Además, este pasaje debe referirse, al menos al principio, al conocimiento y al testimonio del Maestro. Pero también podría ser que estuviera asociando a los discípulos consigo mismo. Westcott cree que algunos de los discípulos estaban presentes (cf. el comentario de Cotterell del v. 2)[49]. No se menciona a ninguno de ellos, pero no podemos descartar esa posibilidad. Los que han aprendido de Jesús y han experimentado el nuevo nacimiento, pueden hablarles a los demás de la necesidad de esa transformación. Al hacerlo, dan testimonio de los que conocen. Pero

---

[46] Más sobre esta curiosa expresión en E.F.F. Bishop, *BT*, 7 (1956), pp. 81-83.

[47] El verbo es λαλοῦμεν; ver nota al pie en el comentario de 1:37.

[48] Según A.G. Hebert eso solo ocurre aquí, 9:4; en Marcos 9:40 y en textos paralelos, y en Mt. 17:27 (*The Form of the Church* [Londres, 1944], p. 46n.).

[49] Hoskyns lo ve de forma diferente: «Jesús no es un caso aislado (v. 11). Hay, y ha habido, gente que habla porque sabe, y que da testimonio porque ha visto. Ha habido profetas: hay un hombre llamado Juan bautizando en el desierto: y hay hombres que lo han dejado todo por seguir a Jesús. Todas estas afirmaciones dicen una misma cosa; y Nicodemo y sus compañeros deben preocuparse primero por su testimonio" (p. 204). Abbott cree que el plural significa "el Padre y yo" (2428).

venga de quien venga el testimonio, que sea de Jesús o de sus discípulos, no es bien recibido. "Pero *vosotros* no recibís (...)" es otro plural, es decir, que Jesús no se está refiriendo solo a Nicodemo. Fueron los judíos en general los que no recibieron ese testimonio. Es importante ver el tiempo presente del verbo. No se trataba de un rechazo ocasional, sino de un hábito regular.

12 Jesús vuelve a la primera persona del singular y les hace reflexionar sobre lo que Él mismo hace. Él ha dado testimonio de "cosas terrenales", y no le han creído[50]. La manera más simple de entender esta declaración es interpretar que se está refiriendo a este mismo discurso. Estaba teniendo lugar en la Tierra y se trataba de un proceso que tenía efectos visibles en ella. Pero además, Jesús puede transmitir "cosas celestiales", que es una enseñanza superior. Pero si hombres como Nicodemo no pueden creer las cosas más simples, no podemos esperar que vayan a creer algo que es más complicado[51]. Otra sugerencia consiste en interpretar que las "cosas celestiales" es el discurso que Jesús está pronunciando, y las "cosas terrenales" serían las palabras que Jesús había pronunciado con anterioridad. Los que así opinan, creen que "cosas celestiales" describe mejor este discurso que "cosas terrenales", y que con esta interpretación es más fácil entender la incredulidad del versículo anterior. Sin embargo, podemos tener nuestras reservas, ya que no contamos con ninguna evidencia de un contacto previo entre Jesús y Nicodemo. Las palabras introductorias parecen indicar que esta era la primera vez que se encontraban. En tal caso, no existe ninguna ocasión previa que pueda equivaler a las "cosas terrenales", por lo que esta expresión debe de referirse a la conversación que estos versículos recogen. La hipótesis de que hay una referencia a una enseñanza anterior es bastante improbable. Por tanto, adoptamos la primera interpretación[52].

---

[50] En la expresión καὶ οὐ πιστεύετε tenemos otro ejemplo de καί en el sentido de καίτοι, «y con todo y con eso / y sin embargo / y aún así» (ver el comentario de 1:5).

[51] Nótese la diferencia entre los dos sintagmas condicionales. εἰ τὰ ἐπίγεια εἶπον sugiere cumplimiento. Se refiere a algo que ya ha ocurrido, mientras que ἐὰν εἴπω ὑμῖν τὰ ἐπουράνια no apunta a que la condición se haya cumplido. Se refiere a algo futuro.

[52] Véase el contraste entre las cosas celestiales y las terrenales, cf. Sabiduría 9:16: "Apenas podemos conocer lo que hay en la tierra... ¿quién sabe lo que hay en los cielos?".

13 Jesús deja claro que, aunque nadie más pueda, Él puede hablar con autoridad de las cosas celestiales. Ningún hombre ha subido[53] al cielo (Pr. 30:4). Pero Él, Jesús, bajó del cielo[54]. Durante todo el evangelio Juan insiste en que Jesús procede del Cielo. Esta es una de las formas que usa para sacar a relucir que Jesús es el Cristo. En este texto, el origen divino de Jesús le desmarca del resto de la Humanidad[55]. Tal y como Pablo lo plantea, la gente es "de la tierra, terrenal" (1 Co. 15:47), pero Jesús es del Cielo. La gente no puede subir al Cielo[56] y penetrar en los misterios divinos. Es parte del pecado del "hijo de la aurora" que dijo en su corazón "subiré al Cielo" (Is. 14:12-13). Pero no lo logró. Era tan solo una ambición, y todo quedó en palabras. Pero Jesús sí que

---

[53] Sorprende que se use el tiempo perfecto: ἀναβέβηκεν. Quizá el significado es: «ningún hombre ha alcanzado las alturas del cielo». Tenemos aquí la idea de posesión continua. Pero probablemente la referencia principal de estas palabras sea espiritual, y no física. Cf. Godet: «Nadie ha *entrado en* comunión con Dios y posee un conocimiento intuitivo de las cosas divinas, tanto como para poder revelarlas a otros, excepto Aquel para quien los cielos fueron abiertos y quien ahora tiene allí su morada».

[54] «Es importante notar la referencia a que "bajó del cielo", que precede a "ha subido". Es la primera vez que vemos que Jesús es consciente de su pre-existencia» (Murray). W.C. Grese cree que aquí la negación de la existencia de otros "viajes" a los cielos, que aparecen en algunos documentos antiguos: «El versículo 13 acaba con la idea de otros "viajes" a los cielos (...) y deja claro que Jesús es el único que tiene conocimiento celestial» (*JBL*, 107 [1988], p. 687).

[55] Bultmann explica que en este pasaje podemos ver el mito gnóstico del descenso del Redentor (además de este comentario, ver su obra *Teología del Nuevo Testamento*, II (Salamanca, 1981 [Tübingen, 1952]), p. 453; ver también I, pp. 220-221., donde aparece un esquema del mito). No cita ninguna evidencia, y da por sentado que las presuposiciones de las que él parte son verdad. Pero podemos usar argumentos de peso en contra de su teoría. En primer lugar, no hay ninguna evidencia de que el mito gnóstico ya existiera en los días en que se escribió este evangelio. Como dice Alan Richardson: «la única literatura del siglo I a la que Bultmann hace referencia es el Nuevo Testamento, y esto solo prueba una cosa: que no hay ninguna prueba de que en el siglo I dC. ya existiera el mito gnóstico» (*An Introduction of the New Testament* [Londres, 1958], p. 143). En segundo lugar, el cuadro que Juan nos ofrece no es el de un mito. Como Theo Preiss dice: «el marco diferencia radicalmente la idea gnóstica y oriental del *anthropos* y del cuerpo místico, de la figura judeocristiana del Hijo del Hombre y del Cuerpo de su Iglesia. La diferencia puede resumirse brevemente: en el mito gnóstico, el Hombre es el principio divino idéntico eternal y sustancialmente a la suma de las almas de los hombres esparcidas, pero predeterminadas para la salvación. En el pensamiento de Jesús, el Hijo del Hombre se identifica libremente con cada uno de los perdidos mediante un acto de sustitución e identificación, y los reunirá en el Día Final» (*Life in Christ* [Londres, 1954], p. 53). En tercer lugar, Juan saca a relucir el origen divino de Cristo con una terminología que no es gnóstica. Así que su concepto o idea nada tiene que ver con el gnosticismo.

[56] «Este texto es excelente, ya que es un claro rechazo de la validez del esfuerzo de los santos (*werckheilige*)» (Lutero, vol. 22, p. 330).

ha estado en el Cielo, y ha bajado consigo realidades celestiales (ver el comentario de 1:51). Puede que esas palabras quisieran crear polémica, y que estuvieran dirigidas contra aquellos judíos que enseñaban que los grandes santos podían entrar en el Cielo gracias a su propia justicia[57]. Dado que en este contexto aparece la idea del nuevo nacimiento, y que hay referencias a "ver" y "entrar" en el reino de Dios, quizá deberíamos interpretar que ascender al Cielo es posible. Pero la única manera de conseguirlo es a través del nuevo nacimiento que es "del Espíritu" y que, en cierta forma, es también obra del Hijo del Hombre. No es algo que el ser humano pueda hacer por sí mismo. En cuanto al "Hijo del Hombre" ver la Nota Adicional C. La expresión "que está en el Cielo" (mg.) no aparece en algunos de los manuscritos más fiables[58], por lo que quizá lo correcto sería omitirla. Si la incluimos, tendremos un mayor énfasis en el carácter eterno del Hijo del Hombre. La Encarnación no merma sus funciones, sino que las enriquece[59]. Tan solo una ubicación literal y simplista del Cielo nos obligaría a concluir que Jesús tuvo que abandonar el Cielo para venir a la Tierra.

14-15 Esta sección del Evangelio concluye con una declaración impresionante sobre el propósito de la muerte de Jesús[60]. Jesús recuerda el episodio en el que Jesús mandó hacer una serpiente de bronce y ponerla en un asta, cuando les atacaron las serpientes abrasadoras

---

[57] Ver Odeberg, *FG*, p. 72-98.

[58] Por ejemplo, p^{66} p^{75} _ B L sah boh. D.A. Black aboga por que se mantenga esta expresión (*GThJ*, 6 [1985], pp. 49-66).

[59] San Agustín lo explica de forma sucinta: «Nació de una madre, pero no abandonó al Padre» (12.8; p. 84). Cf. Calvin: «Cristo, que está en el Cielo, se vistió de nuestra carne, y nos tendió así una mano, para llevarnos al Cielo con Él».

[60] Algunos dicen que es imposible que Jesús ya supiera de la cruz tan temprano; además, según ellos, los Sinópticos no ponen la cruz en boca de Jesús hasta el incidente en Cesarea de Filipo. Pero Murray dice: «Si Jesús sabía lo que iba a ocurrir en seis meses o seis horas, es posible que aunque ya lo supiera tiempo atrás, no dijera nada hasta que considerara que la fe de sus discípulos era lo suficientemente madura para entender aquella revelación». En los Sinópticos, incluso antes del episodio de Cesarea de Filipo, aparece algún apunte sobre la cruz (por ejemplo Mt. 9:15; 10:38). Murray desarrolla una larga explicación sobre el conocimiento previo que Jesús tenía de la cruz. Destaca la valentía de nuestro Señor, porque llevó a cabo su ministerio sabiendo lo que le esperaba. Un impresionante testimonio, aunque algo discreto, de la veracidad de esta declaración sería el efecto de la crucifixión en Nicodemo. Todos los discípulos desaparecieron, pero este hombre tímido acompañó a José de Arimatea en el entierro. Esta situación se entendería muy bien si supiéramos que cuando Jesús murió, Nicodemo recordó que en su primer encuentro Jesús había profetizado que iba a morir en una cruz.

(Nm. 21). Los que miraban[61] a la serpiente de bronce, eran sanados[62]. Y Jesús dice que, del mismo modo[63] «que Moisés levantó la serpiente en el desierto, es necesario[64] que sea levantado el Hijo del Hombre». Esto debe referirse a "ser levantado" en una cruz, significado que queda bastante claro por el contexto y por el uso que Juan hace de este verbo en los demás lugares en los que aparece[65]. Aunque el significado de esta

[61] T.F. Glasson apunta que la idea de "mirar" en Números es primordial. Aquí no se menciona explícitamente, pero Glasson cree que esta idea se encuentra también implícita en nuestro texto, sobre todo dado que la idea de "ver" está tan presente en este evangelio (*Moses in the Fourth Gospel* [Londres, 1963], pp. 34-35).

[62] La interpretación judía de este pasaje enfatiza que fue Yahveh, y no la serpiente, el que trajo la liberación. «Los que se volvían hacia la serpiente eran salvados, no gracias a lo que veían, sino gracias a Él, el Salvador de todos» (Sabiduría 16:7); «Pero, ¿la serpiente tenía el poder sobre la vida y la muerte?. No, sino que servía para enseñar que los israelitas se sanaban porque al mirar hacia arriba ponían su confianza en su Padre que está en los cielos» (Misná, *Rosh. Hash.* 3:8). T.W. Manson dice que otros escritos judíos atribuyen esta declaración a R. Eliezer b. Hyrcanus y comenta: «Como Eliezer es un rabí palestino del siglo I, está claro que debemos descartar Juan 3:14 y la Misná *R.H.* 3:8 con las pruebas cristiano-palestinas y las refutaciones judeo-palestinas. Así que, pensemos lo que pensemos sobre la autoría, la fecha y el lugar de composición del cuarto evangelio, aquí tenemos una evidencia más de que está basado en materiales palestinos» (*JThS*, XLVI [1945], p. 132). El pasaje de *Rosh. Hash.* entiende de la misma manera el incidente en que Israel prevaleció mientras los brazos de Moisés se mantuvieron en alto. Es interesante ver que Justino el Mártir también relaciona estos dos pasajes, que interpreta desde la crucifixión de Jesús: «¿Y no haremos referencia a la similitud que hay con la crucifixión de Jesús, ya que Moisés, alzando sus brazos, junto con el que se llamaba Jesús (Josué) alcanzó la victoria para su pueblo?» (*Dial. Try.* 112; ANF, I, p. 255). También se relacionan estos textos en Ep. Barn. 12:2-7. Dodd cita un pasaje del tratado hermético *The Bowl*, pasaje en el que el autor habla de «la imagen de Dios (τοῦ θεοῦ εἰκών), que si la miras y la contemplas con los ojos del corazón (...) encontrarás el camino a la alta esfera (τὴν πρὸς τὰ ἄνω o{δόν); o, en otras palabras, que la imagen misma te guiará» (*IFG*, p. 307). Incluso los pensadores helenos que no percibían la alusión, podían entender el sentido esencial de las palabras.

[63] Juan usa καθώς 31 veces, que contrasta con las 3 veces que aparece en Mateo, 8 en Marcos y 17 en Lucas. Está claro que le gusta hacer comparaciones.

[64] Ver el comentario del v. 7 y de 4:4 en cuanto al uso de "es necesario" en la misión de Jesús.

[65] Juan vuelve a usar el verbo ὑψόω en 8:28; 12:32, 34. Particularmente importante es 12:32, donde Jesús dice: «Yo, si soy levantado de la Tierra». Juan añade: «Pero Él decía esto para indicar de qué clase de muerte iba morir». Está claro que Juan le da mucha importancia a ὑψόω. Black rechaza los argumentos de aquellos que dicen que también puede verse una influencia siríaca. Cita a G. Kittel, quien dice que el verbo equivalente se usa en ese sentido en Esdras 6:11 y en los Targumes de 1 Cr. 10:10; Est. 1.9.13; 2.7.10. Concluye: «El uso joánico es, pues, una influencia del arameo» (*AA*, p. 103). H. Hollis arguye que la expresión refleja el "levantamiento" de las cabezas del jefe de los coperos y del jefe de los panaderos del Faraón (Gn. 40:20-22).

expresión no se acaba aquí. Estamos, probablemente, ante otro de los tantos casos en que Juan usa palabras que pueden esconder más de un significado. El verbo denota también exaltación de la majestad. Se usa para la exaltación de Cristo en Hechos 2:33 y, de nuevo, en Filipenses 2:9 (en un compuesto). Parte del objetivo de Juan es demostrar que Jesús manifestó su gloria *a través de* las humillaciones que pasó aquí en la Tierra, y no *a pesar de* esas humillaciones[66]. Esto se aplica, sobre todo, a la cruz. Desde la perspectiva humana, la muerte en la cruz era la mayor de las denigraciones, la muerte reservada para los criminales. Desde la perspectiva de la fe fue, y es, la gloria suprema[67].

El propósito de la muerte de Jesús era dar vida a los creyentes. En cuanto a la importancia de "creer" en este evangelio, ver el comentario de 1:12 y la Nota Adicional E. Todo aquel que cree tiene (tiempo presente = posesión presente) vida eterna en Cristo[68]. Esto hace que el concepto de vida esté estrechamente relacionado con Cristo. La vida que poseen los cristianos no es independiente, sino que depende de Cristo. Se trata de una que está "escondida con Cristo en Dios" (Col. 3:3). Esta es la primera vez que encontramos en este evangelio el concepto de la vida eterna (en cuanto al término "vida", ver el comen-

---

[66] Esta es una idea muy diferente a la de los miembros de Qumrán, que buscaban un «príncipe de la congregación» que «apisonaría a los pueblos como al fango de la calle» (1QSb 5. 28; *ML*, p. 398).

[67] Cf. Vincent Taylor: «No podría haber conversación más vana que discutir si estos pasajes se están refiriendo a la crucifixión o a la exaltación (es decir, Jn 3:14; 8:28; 12:32). La muerte es la exaltación» (*The Atonement in the New Testament Teaching* [Londres, 1960], p. 100). Es extraño, pero Odeberg no ve aquí una referencia a la cruz. En cambio, cree que podemos ver en este texto la experiencia espiritual que lleva al nacimiento espiritual: «*esta experiencia espiritual se describe como una elevación del Hijo del Hombre, y como un elemento que dirige la mirada espiritual y de fe del hombre hacia el Hijo del Hombre levantado*» (*FG*, p. 111). Ciertamente, este pasaje podría aprovecharse para hacernos reflexionar sobre esta meditación, pero eso no quiere decir que ese sea el sentido que Juan le dio a este pasaje. Cada vez que usa ὑψόω, tiene en mente la cruz (ver nota al pie núm. 62).

[68] Deberíamos tomar πᾶς ὁ πιστεύων ἐν αὐτῷ ἔχῃ ζωὴν αἰώνιον en este sentido. Juan nunca une el verbo πιστεύω a ἐν, por lo que ἐν αὐτῷ debe interpretarse junto con ἔχῃ. Suele usarse en este evangelio de forma absoluta. Ver la Nota Adicional E. N. Turner tiene una explicación muy útil del uso de ἐν en el Nuevo Testamento (*BT*, 10 [1959], pp. 113-20). En otro lugar, Turner dice que este pasaje significa que «todos los creyentes cuyas vidas están escondidas en Cristo tienen vida eterna» (*Gramatical Insights*, p. 121). Esta palabra aparece de diferentes maneras: ἐπ' αὐτῷ, ἐπ' αὐτόν y εἰς αὐτόν. Esto se debe probablemente a lo que los escribas consideran la construcción πιστεύω ἐν. Algunos manuscritos han importado μὴ ἀπόληται ἀλλ' del v. 16, y lo han colocado entre ἐν αὐτῷ y ἔχῃ.

tario de 1:4), concepto que para nuestro evangelista tiene un significado muy amplio. En el prólogo nos informa de que la vida está "en" el Logos, y aquí volvemos a encontrar más o menos la misma idea, con el añadido de que el levantamiento del Hijo de Hombre es una parte integral del proceso por el cual da vida a los creyentes. La palabra que se traduce por "eterna" (que en este evangelio, siempre acompaña al sustantivo "vida") significa, básicamente, "perteneciente a una era"[69]. Los judíos dividían el tiempo en la era presente, y la era por venir, pero el adjetivo se usaba para referirse a la vida en la era por venir, y no en la era presente. Por tanto, «la vida eterna significa la vida de la era por venir». Es un concepto escatológico (cf. 6:40, 54). Pero como creemos que la era por venir no tiene final, el adjetivo pasó a querer decir "infinita", "imperecedera". Vemos que es un concepto temporal. La vida eterna nunca se acaba. Pero aún hay algo más, un matiz que es aún mucho más importante. Lo maravilloso de la vida eterna no radica en la cantidad de tiempo, sino en la calidad[70]. En palabras de Westcott, «no se trata de un estado que durará un tiempo ilimitado, sino un estado en el cual ya no existirá el concepto de tiempo»[71]. La vida eterna es vida en Cristo, esa vida que libera a la persona de la esfera y de las limitaciones terrenales. Tal y como vimos en la primera parte de este capítulo, comienza por la acción divina, la acción de la regeneración, del nuevo nacimiento. Es un regalo de Dios[72], y no un logro humano.

---

[69] La palabra es αἰώνιος. Juan la emplea 17 veces, casi tres veces más que cualquier otro autor del Nuevo Testamento.

[70] Salmond dice que el adjetivo "eterna" se utiliza «no para añadirle al sustantivo 'vida' la idea de *perpetuidad*, sino para expresar de forma más completa la calidad de esa 'vida'. En los escritos de Juan, la muerte es una condición moral, la condición de fracaso y maldad en la que, por naturaleza, estamos inmersos los hombres, y de la cual Cristo nos libra. La 'vida' a la que Juan se refiere es una condición nueva, un estado espiritual, la relación con Dios a través de Cristo; y la 'vida eterna' es esa 'vida' de calidad del orden divino, la vida que, por fin, coincide con la idea original de la vida, la buena vida, la perfección de la vida, la satisfacción de la vida en Dios». Además, añade: «La 'vida *eterna*', la vida regida por el orden divino, está fuera del alcance del cambio, el deterioro o la extinción» (*the Christian Idea of Immortality* [Edimburgo, 1907], p. 391).

[71] *The Epistles of St John* (Londres, 1892), p. 215.

[72] La "vida eterna" siempre se refiere, en este evangelio, a la vida del creyente. Nunca se usa para referirse al Padre o al Hijo. El Padre "tiene vida en sí mismo", y le ha concedido al Hijo la misma característica (5:26). El Hijo es "la vida" (11:25; 14:6). Pero la "vida eterna" es el regalo de vida reservado para los creyentes.

2. Reflexión (3:16-21)

16 Porque de tal manera amó Dios al mundo, que dio a su Hijo unigénito, para que todo aquel que cree en Él, no se pierda, mas tenga vida eterna. 17 Porque Dios no envió a su Hijo al mundo para juzgar al mundo, sino para que el mundo sea salvo por Él. 18 El que cree en Él no es condenado; [pero] el que no cree, ya ha sido condenado, porque no ha creído en el nombre del unigénito Hijo de Dios. 19 Y este es el juicio: que la luz vino al mundo, y los hombres amaron más las tinieblas que la luz, pues sus acciones eran malas. 20 Porque todo el que hace lo malo odia la luz, y no viene a la luz para que sus acciones no sean expuestas. 21 Pero el que practica la verdad viene a la luz, para que sus acciones sean manifestadas que han sido hechas en Dios.[a]

a. Algunos intérpretes acaban la cita después del v. 15

Todo el mundo está de acuerdo en que en este evangelio, de tanto en tanto nos encontramos con las meditaciones del evangelista. Sin embargo, siempre es difícil determinar dónde empiezan y dónde acaban. En el siglo I no había reglas de puntuación sobre cómo marcar las citas o los discursos directos o indirectos. Así que somos nosotros los que tenemos que averiguar el principio y el final de estas reflexiones. En este pasaje, Jesús empieza a hablar en el versículo 10, pero Juan no nos dice dónde acaba su discurso. Lo que ocurre simplemente es que el diálogo cesa. La mayoría cree que en algún punto pasamos de las palabras de Jesús a la reflexión o comentario del evangelista. Quizá el cambio se produce al final del versículo 15, donde aparece una referencia al Hijo del Hombre, expresión que, no solo aquí sino en todos los evangelios, solo usa Jesús mismo. Así que parece bastante claro que fue Jesús el que pronunció las palabras recogidas hasta el versículo 15. Pero en el versículo 16 se habla de la muerte en la cruz haciendo referencia al pasado, y también encontramos marcas estilísticas que nos hacen pensar que es Juan el que está hablando[73]. Parece ser que el evan-

---

[73] Juan es el único que usa el término μονογενής (vv. 16, 18) para referirse a Cristo en el Nuevo Testamento: 1:14, 18; 1 Jn. 4:9). La expresión πιστεύω εἰς τὸ ὄνομα (v. 18) y ποιέω τὴν ἀλήθειαν (v. 21) no aparecen en ningún discurso de Jesús, sino que son expresiones puramente joánicas. El uso repetido de γάρ, aunque no es concluyente (lo encontramos en algún discurso de Jesús), es bastante característico de Juan.

gelista, después de recoger lo que Jesús dice sobre su propia muerte, añade unas reflexiones sobre dicho tema. Esa muerte es un regalo de Dios, para liberar a los pecadores de la condenación. Si perecen, es porque prefieren las tinieblas a la luz. El regalo está ahí. Ahora les toca a los hombres aceptarlo, o rechazarlo.

16 Dios amó[74] "al mundo" (ver la Nota Adicional B). Para el judío era fácil entender que Dios amaba a Israel, pero no hay pasaje alguno en el que un autor judío sostenga que Dios amó al mundo[75]. Se trata de una idea propia del cristianismo: el amor de Dios es lo suficientemente grande para alcanzar a todo el mundo. Su amor no se limita a una nación concreta, o a una élite espiritual. Se trata de un amor que deriva del hecho de que Él es amor (1 Jn. 4:8, 16). Amar es propio de su naturaleza. Ama a la gente simplemente porque es el Dios que es. Juan nos dice que su amor se materializa en que nos da a su Hijo como regalo. Oderberg dice sobre este regalo: «el Hijo es el regalo que Dios hace al mundo; es el regalo por antonomasia. No hay más regalos divinos aparte o fuera del Hijo»[76]. Enfatizaremos que el amor de Dios está dirigido al "mundo entero"; últimamente, algunos eruditos han propuesto que el amor de Dios es solo para los creyentes, pero aquí está muy claro que Dios ama "al mundo". En el puro estilo joánico, "dio" tiene dos significados. Dios dio a su Hijo, enviándole al mundo, pero Dios también dio al Hijo en la cruz. Véase que no se dice que la cruz muestra el amor del Hijo (como sí se hace en Gá. 2:20), sino que muestra el amor del Padre. La propiciación tiene su origen en

---

[74] Esta es la primera vez que Juan usa ἀγαπάω, un verbo que usará 36 veces, más del doble que cualquier otro libro del Nuevo Testamento, a excepción de 1ª Juan (donde lo usa 31 veces; el siguiente es Lucas, con 13 veces). También usa φιλέω más que cualquier otro autor, aunque el número de veces es menor (Juan, 13 veces, seguido de Mateo 5 veces; en el Nuevo Testamento aparece 25 veces). Es interesante ver que Juan usa los dos verbos más del doble que el resto de autores. En cuanto a la supuesta diferencia entre estos dos verbos, ver el comentario de 21:15. Está claro que este autor tiene un interés especial por el concepto del amor (aunque deberíamos saber que la suma de todas las palabras relacionadas con el amor que Pablo usa es mayor que la suma de esas palabras en Juan). He escrito acerca de la idea de «El amor en el Cuarto evangelio» en *Saved by Hope*, ed. James I. Cook, (Grand Rapids, 1978), pp. 27-43. Ver también mi obra *Testaments of Love* (Grand Rapids, 1981).

[75] Cf. Odeberg: «La relación del Santo con 'su mundo' nunca se expresa, que sepamos, con el término 'amor'» (*FG*, p. 116).

[76] *FG*, p. 130. En cuando a la idea del amor en la Biblia, ver mi obra *Testaments of Love* (Grand Rapids, 1981) y la bibliografía que allí se cita.

el amor de Dios[77]. La construcción griega hace hincapié en el hecho del regalo: no se trata de que «Dios amó lo suficiente para poder dar», sino que «Dios amó, y por eso dio»[78]. Su amor no es un sentimiento vago ni pasajero, sino un amor comprometido, que tiene un precio. Dios dio lo que más amaba[79]. En cuanto a "su Hijo unigénito", ver el comentario de 1:14, y en cuanto a "creyentes", ver el de 1:12 (y también la Nota Adicional E). Ante todo, se explica que la muerte del Hijo tiene un carácter revelador; nos muestra el amor del Padre. Luego se nos dice cuál es su propósito, tanto negativo como positivo. Los que creen en Él no serán "condenados". Ni aquí ni en ningún otro lugar del Nuevo Testamento se explica con detalle la terrible realidad que hay detrás de la palabra "condenación". Pero siempre que aparece esta palabra hay un reconocimiento de que a los que finalmente no se arrepientan, algo horrible aguarda[80]. Los creyentes se salvan de ese espantoso final solo por la muerte del Hijo. Y gracias a esa muerte, tienen "vida eterna" (ver el comentario del v. 15). Juan opone de forma clara las dos posibles alternativas: la condenación o la vida. Son las dos únicas opciones.

17 Ahora Juan usa el concepto del juicio para destacar el propósito amante de Dios, y una vez más lo hace presentando una negación,

---

[77] Cf. Dodd: «La afirmación de 3:16 es fundamental para entender la posición de nuestro autor, que quiere que el lector tenga en mente esa idea durante toda la narración, aunque no se vuelve a decir mucho más del amor de Dios hasta que, en el capítulo 8, se convierte en el tema principal" (*IFG*, p. 307). Bruce comenta: «Si buscamos una frase que resuma mejor que ninguna otra el mensaje del cuarto evangelio, elegiríamos esta. El amor de Dios es ilimitado; alcanza a toda la Humanidad. No le importó hacer el sacrificio más grande para que el hombre y la mujer pudieran regresar a su hogar: dio lo mejor que tenía: su Hijo unigénito, su Hijo amado». Y también comenta: «Podemos ver cuál es la magnitud del amor de Dios, al ver la magnitud del regalo (...) Dios amaba a *toda* la Humanidad, y por eso dio *todo* lo que tenía» (p. 183).

[78] Juan usa el indicativo ὥστε (...) ἔδωκεν (y no el infinitivo, ὥστε (...) δοῦναι, que hubiera sido lo más normal). Ésta es la única vez que Juan usa ὥστε, así que no podemos saber por cuál de esas construcciones se hubiera decantado en caso de tener que volver a expresar esa misma idea. Pero ὥστε aparece en el Nuevo Testamento 84 veces, y solo 21 con el indicativo, 15 de las cuales están en los escritos paulinos. Así que fuera de las epístolas de Pablo es poco frecuente. Así que si Juan lo usa aquí, lo hace, probablemente, para enfatizar.

[79] «Este es el mensaje del Evangelio. No que 'Dios es amor' – que, por otro lado, es una verdad preciosa, pero no refleja el acto divino de nuestra redención – sino que *Dios ama de tal forma, que dio*» (Temple).

[80] Ver más en mis obras *The Biblical Doctrine of Judgement* (Londres, 1960), p. 69s.; *The Cross in the New Testament* (Grand Rapids, 1965), pp. 146s., 385s.

seguida de una aseveración. Dios no envió[81] a su Hijo[82] al mundo para que lo juzgase[83]. No obstante, en otros lugares sí dice que Jesús vino al mundo "para juicio" (9:39). Para encontrar la solución a esta paradoja debemos entender que el concepto de la salvación implica, necesariamente, el concepto del juicio. Son dos caras de la misma moneda. Jesús vino a traer salvación, pero la salvación de los que creen lleva implícito el juicio de los que no creen. Esta es una realidad muy seria, y Juan quiere que la entendamos bien. El juicio era un tema muy candente entre los judíos en aquel entonces, pero ellos pensaban en el juicio de Dios, que tendría lugar en el día final. Y Juan modifica estas dos ideas. Es verdad que muchas veces habla del juicio de la forma en que los judíos

---

[81] El verbo es ἀποστέλλω. Westcott distingue este verbo de πέμπω, porque «recoge más información: a la persona enviada se le ha delegado una comisión especial y autoridad. El verbo πέμπω solo indica la relación inmediata entre el que envía y el enviado» (Nota Adicional a 20:21; K.H. Rengstorf hace el mismo tipo de distinción, *TDNT*, I, p. 398s.). Pero Abbott le da un giro a la distinción: «quizá tenemos razón al pensar que ἀποστέλλω quiere decir 'enviar al mundo en general', y que πέμπω quiere decir 'enviar con un encargo especial'» (*Johannine Vocabulary* [Londres, 1905], 1723g). Más cercano a nosotros, Calvin Mercer defiende que la distinción de Westcott –Rengstorf es correcta (*NTS*, 36 [1990], pp. 619-24), pero pasa por alto que la variación de las expresiones sin afectar al significado es una característica del estilo joánico (ver *SFG*, cap. 5). Incluso podría dudarse de que fuera legítimo hacer una marcada distinción entre estos dos verbos. C.C. Tarelli ha señalado que Juan usa ἀποστέλλω en aoristo, en indicativo perfecto en activa, y en participio perfecto en pasiva, mientras que πέμπω lo usa en presente, en futuro y en el participio aoristo en activa (*JThS*, XLVII [1946], p. 175). La diferencia no está, pues, en el significado, sino en que Juan elige coherentemente diferentes tiempos verbales según el verbo. Otra evidencia de que no hay ninguna diferencia en el significado es la forma en que se usan los verbos. Ambos se usan para referirse a enviar a personas (ἀ. en 1:24; π. en 1:22), enviar a Juan el Bautista (ἀ., 1:6; π., 1:33), y cuando Cristo envía a sus discípulos (ἀ., 17:18; π., 13:20). Pero ambos se usan más para referirse a que el Padre envió a su Hijo (ἀ., 17 veces de 28; π., 24 de 32). Estos verbos aparecen juntos en 7:28-29; 20:21, y las dos raíces, en 13:16. Y no parece que haya ninguna diferencia de significado. Los dos aparecen más veces en Juan que en ningún otro libro del Nuevo Testamento, ἀποστέλλω 28 veces, frente a las 22 veces en Mateo, 20 en Marcos y 25 en Lucas; πέμπω 32 veces, frente a las 4 veces en Mateo, una en Marcos y 10 en Lucas. Estas estadísticas muestran que el concepto de la misión es muy importante para Juan.

[82] «Se verá que el título *Hijo* (*el Hijo*, no *su Hijo*), que es un título de dignidad, toma el lugar de *Hijo unigénito*, que es un título de afecto» (Westcott). Moloney dice que Juan usa "el Hijo" 20 veces, frente a las 3 veces que aparecen en los Sinópticos, un vez en Pablo, y 5 veces en Hebreos (Moloney, p. 208).

[83] Juan usa el verbo κρίνω 19 veces, frente a las 6 veces que aparece en Mateo y Lucas (en Marcos no aparece ni una vez). El único libro neotestamentario que usa este verbo más que Juan es Hechos (21 veces). Juan también usa el verbo κρίσις (11 veces) y κρίμα (una vez). Estas estadísticas muestran que la idea del juicio le interesaba mucho más que a otros autores.

estaban acostumbrados (8:50). Pero cambia cuando dice que Dios le ha confiado todo juicio a Cristo (5:22, 27). A continuación, recoge que Cristo juzga (5:30; 8:16, 26) o no juzga (8:15 [pero cf. 16]; 12:47), y que su palabra juzgará a las personas (12:48). Su juicio es justo (5:30) y verdadero (8:16). El resultado del juicio dependerá de la relación que cada uno tenga con Dios (5:24; 3:19). Por un lado, la cruz puede verse como una amenaza, y por eso Jesús puede decir que ya está aquí el juicio del mundo (12:31) y la hora final de Satanás, que también es juzgado (12:31; 16:11). Para Juan, la Encarnación modifica radicalmente la doctrina tradicional del juicio. La vida y, especialmente la muerte de Jesús, tiene efectos sobre el juicio. Hasta ahora nos hemos estado refiriendo al juicio futuro, al juicio del Día Final. Pero la enseñanza de Juan va más allá. Según Él, el juicio también es una realidad presente (v. 18). Lo que la gente hace ahora se evalúa en un juicio preliminar presente, y determina lo que ocurrirá cuando estemos ante Cristo en el Día del Juicio. Todo esto tiene implicaciones cristológicas obvias. Está claro que Juan tiene una alta comprensión de la Persona de Jesús. Su enseñanza sobre el juicio es otra manera de evidenciar el carácter mesiánico de Jesús, que es, como ya hemos dicho, el objetivo principal de nuestro evangelista.

En este versículo, el sentido de "juzgar" es muy parecido al de "condenar", como muestra el contraste que se hace con "sea salvo"[84]. Ciertamente, algunas personas serán condenadas, como resultado de la venida de Cristo al mundo (v. 19). Pero ese no es el propósito de su venida[85]. Su objetivo es todo lo contrario: «salvar al mundo». Así que Juan deja la primera declaración negativa para hacer hincapié en el resultado positivo de la venida de Jesús. La salvación era el eje central de la misión de Jesús, realidad que también vemos en los Sinópticos (Mt. 27:42; Mr. 8:35; Lc. 19:10, etc.). No deberíamos pasar por alto "por Él", que aparece al final del versículo, porque esta expresión deja claro que la salvación es, en última instancia, del Padre. Tenemos aquí otro ejemplo de la costumbre que Juan tiene de enfatizar una palabra mediante la repetición. La palabra "mundo" aparece tres veces en este versículo.

[84] Esto es mucho más posible dado que Juan nunca usa la palabra κατακρίνω (aunque sí aparece en la historia de la mujer adúltera, 8:10, 11).

[85] MacGregor cita a Holtzmann para decir que Cristo viene a juzgar al mundo «del mismo modo que el sol sale para dar sombra». Así que el juicio es como la sombra, una consecuencia natural de la condición y las circunstancias en las que el mundo se encuentra.

18 Juan procede a subrayar la importancia de la fe. Ya ha dicho que Cristo murió por el mundo, pero eso no es suficiente para conseguir la salvación. Para conseguir esa salvación hace falta creer. Juan hace esta afirmación usando otra vez una de sus construcciones favoritas: transmite una verdad mencionando tanto los resultados negativos como los resultados positivos[86]. Todo el que tiene fe no será condenado (o "juzgado"; ver el comentario del versículo anterior). La persona que cree no debe temer el juicio. Pero los que no creen (se entiende, alguien que insiste en no creer) no hace falta que esperen al Día del Juicio Final. Ya se han condenado. La incredulidad les lleva a un callejón sin salida: la condenación. Por si queda alguna duda, Juan explica por qué ocurre de esta manera. Los incrédulos no han creído[87] "en el nombre del unigénito Hijo de Dios". En cuanto a "creer en su nombre", ver el comentario de 1:12, y en cuanto al "Hijo Unigénito", el de 1:14. Aquí estamos ante otro ejemplo de repetición para conseguir un énfasis concreto; el verbo "creer" aparece tres veces en este versículo, lo cual indica que es importante. Juan, a continuación, nos hace ver lo grave que es negarse a creer, y lo hace describiendo a Jesús como "el unigénito hijo de Dios". Aunque esta expresión no se refiere necesariamente a una relación metafísica, no hay duda alguna de que Juan está afirmando de una manera enfática que Jesús tiene la misma naturaleza que el Padre. Cuando la gente no cree en una persona así, se condena a sí misma. La venida de Jesús divide a las personas en "salvadas" y "condenadas". Este versículo es muy importante para entender la paradoja de que Jesús vino a juzgar y, a la vez, no vino a juzgar. Su venida da a las personas la oportunidad de ser salvas, pero han de tomar una decisión. Y rechazar ese fantástico regalo es optar por el juicio y la condenación.

19 La NVI traduce "veredicto", pero este término no es del todo correcto; esta palabra se refiere al proceso del juicio, y no a la sentencia o condena[88]. Ante la luz (ver 1:4) que ha venido al mundo, hay gente

---

[86] Godet cita a H. Jacottet: «Aquí vemos que la justificación llega por la fe, y la condenación, por la incredulidad».

[87] Nótense los perfectos κέκριται. La persona de la que Juan habla ha pasado a un estado continuo de condenación debido a que se ha negado a entrar en el estado continuo de la fe. Abbott comenta sobre μὴ πεπίστευκεν, que puede contrastarse con οὐ πεπίστευκεν (que aparece en 1 Jn. 5:10).

[88] κρίσις, no κρίμα. LS dice que la palabra significa "separar, distinguir"; la palabra puede significar "juicio", pero lo más probable es que aquí se tenga en mente el proceso del juicio. E. Stauffer dice: «La Historia es *krisis*, es separación de las almas» (*NTT*, p. 42).

que prefiere las tinieblas[89]. Juan no está diciendo que Dios haya decretado que quienes actúen de una o de otra forma van a ser condenados. Aquí lo que le interesa no es la sentencia o la decisión de Dios, sino cómo funciona el proceso. Cuando las personas optan por las tinieblas, ellas mismas eligen su condena. Se encierran en las tinieblas; eligen vivir en tinieblas; y se niegan a ellas mismas la posibilidad de pasar a la luz. ¿Por qué? «Porque sus acciones eran malas». Inmersas en el círculo de hacer el mal continuamente, no quieren que se las moleste. No quieren que se las saque a la fuerza de la cómoda pecaminosidad en la que viven y a la que ya se han acostumbrado. Así que rechazan la luz que se les ha acercado, y aman (aoristo) las tinieblas. Por lo que se condenan a sí mismos. En esta sección hay cierto énfasis en la "luz". De nuevo, repitiendo una palabra, Juan logra transmitir que se trata de algo importante (aparece 5 veces en los vv. 19-21). En este versículo quizá tiene un doble sentido. Por un lado, representa el significado metafórico: la "luz" es el "bien" que se opone a las "tinieblas", que corresponden al "mal". Pero además, en este evangelio, Cristo es la Luz (1:9; 8:12; 9:5), y Juan aquí está hablando de la venida de Cristo al mundo. La condena principal que recae sobre la gente de sus días se debe a que, cuando Cristo, la Luz del mundo, les visitó, le rechazaron. Amaron las tinieblas.

Este es un punto en el que la enseñanza de los manuscritos de Qumrán difiere de la de este evangelio. En los manuscritos podemos ver un determinismo rígido y sin esperanza. Los hombres de la oscuridad pertenecen al espíritu de error. Su destino les priva de poder tomar una decisión. Pero Juan habla del poder de elección que tenemos las personas. La gente prefirió las tinieblas a la luz. Nadie les forzó a tomar esa decisión; ellos mismos optaron por las tinieblas. Su condena radica en la elección que han hecho.

20 Juan desarrolla aún más su explicación. ¿Por qué los que hacían acciones malas[90] no vinieron a la luz? Porque los que convierten "hacer

---

[89] Este es uno de los usos que Juan hace de σκότος. Pero prefiere σκοτία; ver el comentario de 1:5.

[90] "Los que hacen acciones malas" es la traducción de ὁ φαῦλα πράσσων. Tanto el adjetivo como el verbo solo aparecen una vez más en todo el Evangelio (en 5:29). Literalmente, φαῦλος define a alguien que no es digno (puede traducirse como "miserable" o "malvado"), y πράσσω significa la "práctica". Pero, probablemente, no deberíamos ser tan estrictos con los significados. En 5:29, la expresión que aquí se usa se contrasta con τὰ ἀγαθὰ ποιέω, del mismo modo que aquí se contrasta con ποιέω τὴν ἀλήθειαν.

el mal" en una práctica odian la luz. Juan no duda en ningún momento, y usa el expresivo término "odiar", verbo que usa 12 veces, casi la tercera parte de todas las veces que aparece en el Nuevo Testamento. Esto se explica sobre todo porque muchas veces se centra en cómo el mundo pecaminoso odia a Dios, a Cristo, o, como es el caso, lo que estos representan. La lucha entre el bien y el mal no es una nimiedad, sino que es un asunto que pone de manifiesto el odio implacable de las fuerzas del mal. Y una de las razones por las que esto es así aparece en este versículo. Si alguien entra en la luz todos verán sus miserias, por las que será amonestado. Y a nadie le gusta este incómodo proceso, y a los que llevan mucho tiempo practicando el mal, menos aún. El miedo a las reprobaciones pertinentes les mantiene alejados de la luz. Muchas veces, detrás de la incredulidad, se esconden razones de carácter moral.

21 No ocurre lo mismo con "el que practica la verdad" (en cuanto al término "verdad", ver la Nota Adicional D). Se trata de una expresión bastante inusual[91]. Generalmente hablamos de "decir la verdad". Puede que Juan escogiera ese verbo porque quería contraponerlo con "los que hacen lo malo" (v. 20)[92]. Pero hay acciones que son verdad, y también palabras. Cualquiera que haga habitualmente las acciones que se describen como verdad, viene a la luz. Este tipo de acciones no necesita ser amonestado. Han sido hechas "en Dios"[93], y la luz hará que todos las puedan ver. Obviamente, Juan no quiere decir que algunas personas hacen, por naturaleza, lo que es correcto. No está enseñando que la salvación es por obras o por naturaleza. En este mismo capítulo hemos visto que recoge las palabras de Jesús que dejan claro que el único camino a Dios es el nuevo nacimiento, y no las buenas obras. Juan está hablando aquí de las personas que han aceptado la invitación del Evangelio, de las que tienen vida en Cristo (v. 15). Quizá podríamos decir que detrás de las palabras de Juan tenemos lo que en el resto del Nuevo

---

[91] Sin embargo, se encuentra más de una vez en los manuscritos de Qumrán; ver 1QS 1:5; 5:3; 8:2. Pero los miembros de Qumrán relacionaban la verdad con la Ley, como cuando explican Hab. 2:3: «Quiere decir los hombres de verdad, los hacedores de la ley, cuyas manos no se cansan de servir a la verdad» (*DSS*, p. 368).

[92] Pero esta teoría no se sostiene si pensamos que los verbos, en griego, son diferentes: "hacer" es πράσσων en el v. 20, y ποιῶν en este versículo.

[93] La expresión es ὅτι ἐν Θεῷ ἐστιν εἰργασμένα, que pone el énfasis en el sintagma "en Dios". El participio perfecto podría estar apuntando a la realización de esas obras.

Testamento conforma la doctrina de la elección. Solo la persona sobre la que Dios ha puesto su mano puede decir verdaderamente que sus obras han sido "realizadas en Dios". Y esa persona no evitará la luz.

3. Jesús y Juan el Bautista (3:22-36)

a. Pregunta sobre la purificación (3:22-26)

22 Después de esto vino Jesús con sus discípulos a la tierra de Judea, y estaba allí con ellos, y bautizaba. 23 Juan también bautizaba en Enón, cerca de Salim, porque allí había mucha agua; y [muchos] venían y eran bautizados. 24 Porque Juan todavía no había sido metido en la cárcel. 25 Surgió entonces una discusión entre los discípulos de Juan y un judío acerca de la purificación. 26 Y vinieron a Juan y le dijeron: Rabí, mira, el que estaba contigo al otro lado del Jordán, de quien diste testimonio, está bautizando y todos van a Él.

Se suele decir que originalmente los versículos 22-30 no estaban situados donde hoy los encontramos. Algunos sitúan esta sección después de 2:12 y, otros, después de 3:36. Los argumentos en los que se basan tienen que ver, generalmente, con el grado de adecuación al contexto en el que se encuentra. Ésta no es la única sección del Evangelio de Juan que los estudiosos – con argumentos más o menos plausibles – han querido cambiar de lugar a lo largo de la Historia. Pero debemos tener en mente que lo que nosotros pensamos que es una secuencia apropiada no tiene por qué coincidir necesariamente con la estructura que el autor eligió. Y, de todos modos, nuestra primera tarea es ver si tiene sentido que los versículos en cuestión estén en el lugar en el que la tradición los ha colocado. Solo podríamos pensar en una modificación si hubiese razones mayores, que no es el caso en estos versículos[94].

---

[94] Sobre el tema general de los desplazamientos de secciones del texto, ver el punto VI. de la Introducción: Desplazamientos Textuales. En este pasaje, el v. 31 no tiene mucho que ver con el v. 21. Cf. Dodd: «Si nuestros manuscritos hubieran colocado el versículo 31 justo después del v. 21, los críticos se habrían pronunciado; no hay una conexión inmediata entre la idea del juicio en los versículos 17-21 y la supremacía de Cristo como el que desciende del Cielo y da testimonio de lo que ha visto, que es el tema de 31-32» (*IFG*, p. 309).

En los versículos 1-21 Juan ha recogido una conversación en la que Jesús explica cuál es el camino de salvación, y añade algunos comentarios propios. Ya en el primer capítulo, insiste mucho en que Juan el Bautista veía que su función era dar testimonio de Jesús. Después de dejar claro lo que Jesús representa, el evangelista vuelve a Juan el Bautista para demostrar que el Jesús de quien da testimonio es el Jesús de quien está escribiendo. A estas alturas, los lectores del Evangelio ya saben qué es lo que Jesús espera de la gente. Saben que hay que nacer de nuevo. También saben que morirá para conseguir la salvación de su pueblo; y que los que creen en Él tienen vida eterna, mientras que los que le rechazan ya han sido condenados. Ahora, Juan quiere que la gente vea que, después de todo lo ocurrido, Juan el Bautista sigue dando testimonio de Jesús de manera firme e irrevocable.

22 Después de los sucesos recogidos anteriormente,[95] Jesús y sus discípulos fueron de Jerusalén a la tierra de Judea[96]. No se especifica una localidad exacta, pero debía de ser cerca del llano del Jordán, puede que no muy lejos de Jericó. «Y estaba allí con ellos» equivale a una palabra con significado temporal que tampoco es nada específica,[97] pero parece ser que se refiere a un tiempo distendido en el que Jesús y sus seguidores pudieron conocerse mejor. Este es el único evangelio en el que vemos que Jesús bautizaba, y en 4:2 se nos dice que eran los discípulos quienes lo hacían, y no Jesús en persona. No creo que se tratara ya del bautismo cristiano tal y como lo conocemos. Lo más probable es que fuera una continuación del "bautismo de arrepentimiento" característico de Juan el Bautista, aunque sin duda alguna ya tendría relación con el seguimiento de Jesús. Tanto Jesús como sus discípulos venían del círculo que rodeaba a Juan el Bautista por lo que quizá, durante un tiempo, aún seguían apremiando a la gente a que se sometiera al bautismo que simbolizaba el arrepentimiento. Sabemos que la primera predicación de Jesús fue exactamente la misma que la de Juan: "Arrepentíos" (Mt. 3:2; 4:17). Probablemente, durante algún tiempo se mantuvo el Bautismo como símbolo del arrepentimiento. Cf. Schna-

---

[95] Más información sobre μετὰ ταῦτα en el comentario de 2:12.

[96] εἰς τὴν Ἰουδαίαν γῆν. Esta expresión no vuelve a aparecer en ningún otro lugar del Nuevo Testamento. Se refiere a las zonas rurales.

[97] διέτριβεν. Juan solo usa este verbo una vez más: en 11:54. Hechos es el único otro libro del Nuevo Testamento donde aparece.

ckenburg: «Como seguían la práctica de Juan el Bautista, continuó siendo un bautismo de arrepentimiento; pero, a la vez, era una expresión del deseo de seguir a Jesús».

23 Ahora Juan pasa a ser el centro de atención. En aquellos mismos días, él estaba bautizando[98] en Enón, que está "cerca de Salim"[99]. Hoy no sabemos exactamente dónde colocar estos lugares. Se ha sugerido que Enón era un lugar a unos once kilómetros al sur de Beisán[100]. Si esto es cierto, la declaración de que "allí había mucha agua" es muy exacta, ya que en esa localidad hay siete fuentes naturales en un radio de cuatrocientos metros[101]. Lo cierto es que Juan seguía bautizando. Los dos últimos verbos están en tiempo continuo, por lo que podemos entender que «la gente seguía acercándose a Juan para ser bautizada».

24 El evangelista no nos dice nada sobre el encarcelamiento de Juan el Bautista, aparte de esta lacónica declaración. Parece ser que se trataba de una información conocida por todo el mundo, por lo que no le hace falta decir nada más al respecto. Para obtener más información, lo que tenemos que hacer es ir a los Sinópticos (Mt. 14:1-12; Mr. 6:14-29; Lc. 3:19-20). Lo que Juan quiere es darnos información sobre Jesús, y no sobre Juan el Bautista. Éste último se menciona única y exclusivamente por el testimonio que da de Jesús. Su encarcelamiento no aporta ninguna información más sobre Jesús, por lo que no es relevante para los propósitos del evangelista. Pero lo que Juan hacía antes de ser

---

[98] "Estaba bautizando" es ἦν ... βαπτίζων. Probablemente no difiere mucho de ἐβάπτιζεν en el versículo anterior; a Juan le gusta usar construcciones perifrásticas. Si creemos que sí hay diferencia de significado, el sentido sería que Juan el Bautista bautizaba de una manera más continuada que Jesús.

[99] El significado del primer topónimo es "fuentes", y el del segundo, "paz". Aquellos a quienes les gusta alegorizar creen que debe haber alguna razón por la cual "las fuentes estaban cerca de la paz": la obra de Juan el Bautista lleva a la gente a la paz que solo Cristo da. Esta afirmación es verdad, ¡pero decir que la ubicación que Juan da es totalmente simbólica es forzar demasiado la cosa! Lo más lógico sería pensar que usa esos topónimos porque de verdad coincidían con los lugares en los que Juan estaba.

[100] Por ejemplo, R.D. Potter acepta esta teoría (*SE*, I, p. 333). Se opone a la idea de Albright de que se encontraba a casi cinco kilómetros de Siquem, basándose en el hecho de que allí el cauce apenas tiene profundidad (en cuanto a Albright, ver *BNT*, p. 159). *The Westminster Historical Atlas* menciona los dos lugares y dice: «no es posible establecer una ubicación concreta» (p. 85). *The Rand McNally Bible Atlas* llega a la misma conclusión.

[101] En cuanto a esta información, Bernard cita a Sir C. W. Wilson.

encarcelado sí tiene que ver con los objetivos de nuestro autor, y por eso lo recoge. Añade la información que tenemos en los Sinópticos indicando que entre la tentación de Jesús y el arresto de Juan el Bautista hubo un intervalo durante el cual Juan y Jesús trabajaban codo con codo. Si tan solo nos ciñéramos a Marcos 1:13-14 y paralelos no tendríamos esta información.

25 Aquí tenemos una discusión entre los discípulos de Juan[102] y un judío[103] acerca de la purificación. Este versículo es bastante oscuro. Los manuscritos de Qumrán aportan alguna información más. Esto prueba que había sectas o grupos de esenios que tenían un gran interés por las ceremonias de purificación. Si es cierto que Juan el Bautista había pertenecido a uno de estos grupos y, posteriormente, se había desvinculado, es normal que se diesen discusiones como las que encontramos en estos versículos. También es normal que fueran los discípulos los que discutieran, en vez de Juan mismo. Normalmente los discípulos son más agresivos que el maestro, y es más fácil acercarse a ellos.

26 Parece ser que la discusión dio un giro bastante importante, ya que cuando los discípulos de Juan acuden a su maestro no se menciona en absoluto el tema de la purificación. La queja es que Jesús está teniendo más éxito[104]. En cuando a "rabí", ver el comentario de 1:38. No se menciona el nombre de Jesús, sino que se le describe como «el que estaba contigo al otro lado del Jordán, de quien diste testimonio». Así sabemos que Jesús debió de pasar bastante tiempo con Juan, más de lo que po-

---

[102] Es posible pensar que ἐκ τῶν μαθητῶν Ἰωάννου es un genitivo partitivo, "algunos de los discípulos de Juan". Pero lo mejor es interpretar que solo se busca indicar que la discusión comenzó con esos discípulos (y no con los de Jesús).

[103] Parece que la lectura correcta es μετὰ Ἰουδαίου, aunque también hay muchos que respaldan el plural. Algunos han conjeturado que es μετὰ τῶν Ἰησοῦ, pero esta teoría no ha tenido mucho seguimiento. Es cierto que iría muy bien con el contexto. Pero, si fuese verdad que es el original, ¿por qué no aparece en ninguno de los manuscritos?

[104] Godet comenta: «Quizá en respuesta a los discípulos de Juan que le habían invitado a bautizarse, recordándole las promesas del Antiguo Testamento (Ez. 36:25, etc.), respondió irónicamente que la gente ya no sabía a quién ir: 'Tu maestro empezó con el Bautismo; ahora hay otro que lo hace, y está teniendo más éxito. ¿Cuál de los dos dice la verdad?'. Era una pregunta embarazosa. Así que los discípulos de Juan decidieron consultar a su maestro». Sin embargo, mirando el texto no hay pruebas suficientes para poder determinar que los discípulos de Juan fueron los que iniciaron la discusión. Aunque podría ser verdad que tomaran la iniciativa, y se encontraran con un judío que estaba bastante impresionado por Jesús.

demos averiguar haciendo una lectura superficial del capítulo 1. Deberíamos ver también que los discípulos de Juan reconocían el lugar que el testimonio (ver el comentario de 1:7) de Jesús ocupaba en la enseñanza de su maestro[105]. Más adelante, puede que los discípulos de Juan no quisieran asociarse con Jesús, pero los discípulos inmediatos del Bautista sabían lo que su maestro había dicho sobre Jesús. Se enfatiza mucho el pronombre personal que se refiere a Juan, poniéndolo en oposición al pronombre que se refiere a Jesús. Los discípulos de Juan creen que éste ha sido demasiado generoso al dar testimonio de Jesús. Creen que es intolerable que ahora Jesús actúe por su cuenta, y que consiga más discípulos que su ilustre predecesor. "Todos" es una exageración causada por la indignación natural que una situación así puede suscitar.

b. La respuesta de Juan el Bautista (3:27-30)

27 Respondió Juan y dijo: Un hombre no puede recibir nada si no le es dado del cielo. 28 Vosotros mismos me sois testigos de que dije: «Yo no soy el Cristo^a, sino que he sido enviado delante de Él.» 29 El que tiene la novia es el novio, pero el amigo del novio, que está [allí] y le oye, se alegra en gran manera con la voz del novio. [Y] por eso, este gozo mío se ha completado. 30 Es necesario que Él crezca, y que yo disminuya.

a. 28 O *Mesías*

27 La respuesta de Juan es una justificación inmediata del éxito de Jesús. Las primeras palabras son muy generales. De hecho, dicen algo de Juan mismo. Tiene exactamente lo que Dios le ha dado,[106] no necesita más. No puede ser más que el que viene después de él. Dios no le ha dado a él el papel de Mesías[107]. Y también dicen algo de Jesús.

---

[105] El tiempo perfecto – μεμαρτύρηκας – podría indicar el efecto continuado del testimonio de Juan.

[106] Juan usa el verbo δίδωμι 76 veces, con mucha más frecuencia que cualquier otro autor neotestamentario. Tiene una curiosa lista de cosas que el Padre le ha dado al Hijo (ver el comentario del v. 35).

[107] Cf. Calvino: «Dice que no está en sus manos, ni en las de ellos, el convertirse en alguien grande, porque nuestra estatura es que seamos lo que Dios ha planeado que seamos». En cuanto a la forma en la que Juan desarrolla la idea mesiánica, ver el comentario de 1:41.

Dios (se solía usar "el cielo" para evitar usar un nombre divino) es quien le ha dado el éxito que está teniendo (el verbo que se usa es un perfecto cuya idea es la de un regalo permanente). Juan ve que la mano del Padre está sobre todo lo que está ocurriendo. Si la gente se amontona alrededor de Jesús, es porque el Padre así lo quiere. Estas palabras también dicen algo del creyente cuya salvación es un regalo de Dios, ya que es la única manera de conseguirla. No obstante, no creo que Juan tuviera esto en mente al hacer esta declaración; su intención era explicar cuál era la razón por la cual Jesús estaba teniendo más éxito. Pero el lenguaje que usa no permite hacer este tipo de aplicación.

28 Juan apela a aquello que era característico de su enseñanza. "Vosotros mismos" es enfático. Juan está diciendo: «Si pensáis en el significado y la importancia de lo que ya habéis oído, vosotros mismos podéis hallar la respuesta». Había hablado de este tema con anterioridad y había dicho explícitamente que él no era el Cristo (1:20)[108]. Deberían recordarlo. El "yo" también es enfático; así que no hay duda alguna de que es Juan el que dice no ser el Cristo. "Yo (...) he sido enviado" está en tiempo perfecto, lo que indica que él era permanentemente el hombre que Dios había enviado (1:6) para preparar el camino del Mesías. Nada ni nadie podría cambiar esa realidad. Si Juan había sido enviado por Dios, no era nada difícil explicar el éxito de Jesús. Al contrario: era lo más natural del mundo. Ya que Jesús era Aquel que vino después de Juan[109], y Aquel para quien Juan estaba preparando el camino.

29 Lejos de frustrarse por lo que está ocurriendo, Juan se alegra. Y utiliza la ilustración de una boda para demostrarlo. En una boda, el personaje importante es el novio. Puede que su amigo esté a su lado y se alegre con él. De hecho, en la cultura judía, podía hacer mucho más, ya que "el amigo que ayudaba al novio" era una persona importante[110]. Era el responsable de muchos de los detalles de la boda y, en

---

[108] Esta nueva declaración difiere un poco, como es típico en Juan, de la declaración anterior. Cambia el orden que ἐγώ y οὐκ εἰμί tenían en 1:20, y la expresión "he sido enviado delante de Él" no aparece en la primera declaración, aunque sí que se recoge ese sentido (por ejemplo en 1:15, 30).

[109] En cuanto a ἐκεῖνος, ver el comentario de 1:8.

[110] Ver I. Abrahams, *Studies in Pharisaism and the Gospels*, II (Cambridge, 1924), p. 213; SBk, I, p. 500s. Era el שושבין, "el padrino de la boda". Abrahams cita la Misná, *Sanh.* 3:5: «Un amigo es su *shoshbin*». También dice: «Antiguamente, había un *shoshbin* para el novio, y otro para la novia (...) pero el Talmud añade que esta no era la costumbre en Galilea».

concreto, él era el que traía a la novia. Pero una vez había cumplido con esa función, su misión se había acabado. No esperaba ser el centro de atención[111]. «La novia es del novio». Pero la boda es una ocasión para que los demás también estén felices. El amigo del novio «se alegra en gran manera»[112]. El gozo de su amigo hace que él también sienta gozo. Del mismo modo, Juan dice que tanto el gozo de Jesús como su propio gozo[113] le satisfacen completamente. Hacía tiempo que ansiaba oír las noticias que sus discípulos le traían. Sus palabras llenaron la copa de alegría hasta rebosar. En otras ocasiones, Jesús usó la ilustración de la boda para explicar por qué sus discípulos no ayunaban (Mr. 2:19). Nuestro pasaje apunta a que la alegría que produce su venida no es solo para los de su círculo inmediato. Puede que este pasaje esconda algo más que una feliz ilustración. Seguro que Juan el Bautista era consciente de que en el Antiguo Testamento Israel aparece como la novia de Yahveh (Is. 54:5; 62:4-5; Jer. 2:2; 3:20; Ez. 16:8; Hos. 2:19-20). Este simbolismo también se usaba para referirse al Mesías, y vemos que también se aplica a Cristo, por ejemplo en 2ª Corintios 11:2 y Efesios 5:32. «De hecho, Juan el Bautista testificaba que en Cristo, Dios mismo estaba desposándose de nuevo con su novia» (Murray). En el momento en que el evangelista recoge esta declaración, era imposible no ver la asociación entre el novio y Jesús, y no entre el novio y Juan el Bautista. Y la Iglesia es la novia de Jesús, y no la novia de su predecesor[114].

30 Las últimas palabras de Juan el Bautista que recoge este evangelio forman, sin duda alguna, una de las declaraciones más grandes

---

[111] Calvino explica qué implicaciones hay para el maestro cristiano: «Los que intentan ganar la Iglesia para ellos mismos, en vez de para Cristo, están boicoteando la boda que deberían honrar».

[112] χαρᾷ χαίρει, «se alegra con alegría» es, probablemente, un semitismo que refleja el uso del infinitivo absoluto (aunque la construcción también aparece en los clásicos).

[113] Quizá la expresión ἡ ἐμή no es enfática; G.D. Kilpatrick ha mostrado que esta es la forma normal del estilo joánico para denotar posesión. Cuando hace falta cierto énfasis, el posesivo aparece entre el artículo y el sustantivo (por ejemplo, 4:42; 5:47; 7:16). Ver *BT*, 11 (1960), p. 173. La forma que se usa aquí lleva un mayor énfasis que el genitivo del pronombre personal, pero no es la forma enfática típica de Juan. Él usa ἐμός 40 veces y, como en ningún otro libro, aparece más de 9 veces (1ª Corintios; le sigue Mateo con 5 veces), podemos decir que es una característica propia del estilo joánico. Cf. el uso frecuente de ἐγώ (ver el comentario de 1:20).

[114] Más información en el capítulo sobre "The Bridegroom", en V. Taylor, *The Names of Jesus* (Londres, 1953), pp. 87-88.

que han salido de la boca de un ser humano. En este mundo no es muy difícil conseguir reunir a un grupo de seguidores que quieran seguirte en la lucha por un propósito serio. Pero una vez que consigues reunirlos es aún mucho más difícil conseguir que te dejen y sigan a otra persona. La grandeza de Juan consiste en que él lo consiguió. Dice que "es necesario" que Jesús crezca. No dice "es aconsejable", o "puede que ocurra de esta manera". Detrás de la expresión "es necesario" se esconde un imperativo que viene de parte de Dios (cf. v. 27). Juan establece un claro contraste entre "Él"[1] [115] y "yo". No pueden compararse porque sus funciones no son idénticas, ni tan siquiera similares. El plan de Dios es que el Mesías debe crecer de forma continua, mientras el siervo va menguando. El siervo no puede sustituir al Maestro o ser más importante que Él. Y esta es una lección que toda generación debe aprender.

c. *Reflexión (3:31-36)*

31 El que procede de arriba está por encima de todos; el que es de la Tierra, procede de la Tierra y habla de la Tierra. El que procede del Cielo está sobre todos. 32 Lo que Él ha visto y oído, de eso da testimonio; y nadie recibe su testimonio. 33 El que ha recibido su testimonio ha certificado [esto:] que Dios es veraz. 34 Porque aquel a quien Dios ha enviado habla las palabras de Dios, pues Él da el Espíritu sin medida. 35 El Padre ama al Hijo y ha entregado todas las cosas en su mano. 36 El que cree en el Hijo tiene vida eterna; pero el que no obedece al Hijo no verá la vida, sino que la ira de Dios permanece sobre él.[a]

a. Algunos intérpretes acaban la cita después del v. 30

Una vez más, nos resulta difícil determinar con exactitud dónde acaba el discurso. Algunos sostienen que las palabras de Juan el Bautista se extienden hasta el final del capítulo (por ejemplo, Murray). Otros, creen que todo este pasaje son palabras de Jesús (normalmente, como Bultmann, son de la opinión de que ha habido un cambio en la ordenación de algunos de estos versículos). Pero lo más probable es que los

---

[115] En cuanto a ἐκεῖνος ver el comentario de 1:8.

versículos del 31 al 36 sean del evangelista[116]. Y es que más bien parecen una reflexión sobre la importancia de Jesús a la luz de las palabras de Juan el Bautista y de los acontecimientos posteriores y no un comentario del Maestro o de su predecesor. Además, también podemos ver algún matiz estilístico que hace que nos decantemos por la autoría del evangelista. Asimismo, sería un poco extraño que Juan el Bautista dijera algo como "nadie recibe su testimonio" (v. 32) dentro del mismo discurso en el que ha dicho que "todos van a Él" (v. 26). Fuese quien fuese el autor de estas palabras, lo cierto es que dejan ver la comunión que hay entre Jesús y el Padre, y la importancia de tener una relación con Él.

31 «El que procede de arriba»[117] es otra referencia a la divinidad de Jesús, tema predilecto de nuestro evangelista (aunque hay otros autores que también nos recuerdan esta idea, como por ejemplo Pablo en 1 Co. 15:47). Incluso podríamos usarlo como un título de Jesús y, si eso es cierto, deducimos que «el que es de la Tierra» no se refiere al Maestro. El propósito de Juan al escribir este libro es demostrar «que Jesús es el Cristo» (20:31) y, para ello, una de las herramientas que usa es hacer hincapié en que Jesús no es de la Tierra[118]. Como «procede de arriba», está por encima de todos los de la Tierra[119]. «El que es de la Tierra»[120]

---

[116] Ver la explicación de Lagrange, p. 96.

[117] La expresión es ὁ ἄνωθεν ἐρχόμενος. En los Sinópticos, a Jesús se le llama ὁ ἐρχόμενος (por ejemplo, Mr. 11:9; Lc. 7:19-20), cosa que también ocurre en este evangelio (por ejemplo, 11:7; cf. 1:15). Esta expresión es un título del Mesías. Recordemos la costumbre de Juan de introducir pequeñas variaciones en las diferentes expresiones que se repiten a lo largo del Evangelio (ver el comentario del v. 5). A Jesús se le llama "el que bajó del Cielo" (v. 13), "el que procede de arriba" (v. 31) y "el que procede del Cielo" (v. 31).

[118] Crisóstomo explica por qué la acreditación de Jesús no puede ser de la Tierra: «no es posible que uno que vino del Cielo sea acreditado por uno que viene de la Tierra» (30. 1; p. 103).

[119] πάντων es ambiguo. Puede que sea masculino, y que signifique «por encima de todos los hombres» (es decir, «por encima de todos los maestros»), o que sea neutro: «por encima de todas las cosas». Quizá Juan quiso que hubiera ambigüedad para recoger los dos sentidos.

[120] Black sostiene que este pasaje es una traducción de dichos o declaraciones que originalmente eran parte de un poema arameo. Según él, «'el que es de la Tierra, procede de la Tierra' es una tautología y no tiene ningún significado» en arameo, como en griego o en castellano. Sugiere que ha habido una mala interpretación de una expresión que quería decir «el que es de la Tierra *está por debajo de Él*» (*AA*, pp. 109-10). Esto tiene mucho sentido y completa el paralelismo que el poema exige. Pero deberíamos recordar que para hacer hincapié Juan recurre mucho a la repetición, por lo que tampoco es tan extraño que repita «de la Tierra» tres veces.

es un término general que es aplicable a toda la raza humana. Los que proceden de la Tierra solo pueden hablar "de la Tierra" (en este caso la preposición "de" denota origen o procedencia,[121] es decir, no debemos entenderlo como "hablar 'sobre' la Tierra"; es cierto que habla 'sobre' realidades celestiales, pero lo que el evangelista quiere enfatizar es que lo que dice se origina en la Tierra). Vemos aquí una referencia a Juan el Bautista. Sus seguidores quizá creían que era el Mesías, por eso el evangelista se dispone a compararlo con el verdadero Mesías. Juan el Bautista es "de la Tierra"[122]. No procede "de arriba". La enseñanza que trae es importante (cf. la forma en que destaca el "testimonio" de Juan), pero siempre tiene que quedar claro que su origen es terrenal. Es impresionante el número de veces que repite que Cristo es "de arriba"[123]. No nos deja duda alguna sobre su preeminencia. Está por encima de todas las cosas y personas.

32 Anteriormente, Jesús le había dicho a Nicodemo que él y los que con él estaban solo hablaban lo que sabían y habían visto. En este versículo, Juan describe al Maestro de una forma muy similar: "Lo que Él ha visto y oído"[124] es una forma de reafirmar que todo lo que está dicien-

---

[121] εἶναι ἐκ es una construcción típica de Juan. La gente, aparte de ser ἐκ τῆς γῆς, también puede ser ἐκ τοῦ κόσμου (15:19), ἐκ τῆς ἀληθείας (18:37), ἐκ τοῦ Θεοῦ (8:47), ἐκ τοῦ πατρὸς τοῦ διαβόλου (8:44), o ἐκ τῶν κάτω (8:23). Pero, en cambio, Jesús es ἐκ τῶν ἄνω. En 1 Jn. se dice que algunas personas son ἐκ τοῦ διαβόλου (3:8) o ἐκ τοῦ πονηροῦ (3:12), mientras que algunas ἐπιθυμίαι no son ἐκ τοῦ Πατρὸς, sino ἐκ τοῦ κόσμου (2:16). Esta construcción aparece en algún otro pasaje neotestamentario, pero es, sobre todo, característica de Juan.

[122] Juan no usa γῆ en un sentido despectivo (cosa que sí hace con κόσμος). Ser "de la Tierra" es muy diferente a ser "del mundo"; la primera denota limitación, y no maldad. Juan usa la expresión "de la Tierra" tres veces en este versículo; la secuencia literal es la siguiente: «el que es de la Tierra es de la Tierra y habla de la Tierra» (las traducciones añaden alguna palabra y signos de puntuación para que la frase tenga una estructura aceptable en nuestra lengua). Lo que intenta es subrayar en gran manera el origen terrenal de esa persona, para que quede claro que es muy diferente a Jesús, «que procede de arriba».

[123] La expresión es πάντων. Pablo también habla de Cristo como ὁ ὢν ἐπὶ πάντων (Ro. 9:5; y Ef. 1:21). Un número importante de manuscritos omiten estas palabras (_* D fl 565 it syr). Así, las palabras anteriores se unirían al versículo siguiente, y tendríamos el siguiente sentido: «El que viene del Cielo testifica lo que ha visto y oído». Es difícil decidir qué versión debe coincidir con lo que fue el original. Pero la versión más larga, la que aparece en nuestro texto, parece la más probable.

[124] Tenemos un cambio inesperado en el tiempo verbal: del perfecto (ἑώρακεν) pasa al aoristo (ἤκουσεν). Quizá, como dice Westcott, el primero nos habla de «lo que pertenecía a la existencia», y el último, «lo que pertenecía a la misión» del Hijo. Abbott

do es cierto. La enseñanza del Maestro no es una hipótesis cuestionable. Él enseña lo que sabe y conoce. La forma particular en la que Juan aboga por la veracidad de esta declaración va de la mano del origen divino del que ha estado hablando en el versículo anterior. Da testimonio en medio de su pueblo de lo que ha visto y oído en la esfera celestial (en cuanto a "testimonio", ver el comentario del 1:7). Pero aunque sus palabras tienen esa fiabilidad suprema, la gente en general no las acepta. "Nadie" no puede entenderse de una manera literal, como puede deducirse del versículo siguiente. El pasaje tiene reminiscencias de 1:11-12, donde se nos dice que nadie le recibió, pero enseguida se añade que hubo quienes sí "le recibieron". Juan ha dejado muy claro en este capítulo que todos necesitamos nacer de nuevo. En nuestra condición natural no vamos a aceptar el testimonio de Cristo. El mundo, en general, no está interesado en la verdad que Jesús vino a traer. Juan, con dolor, deja bien claro que la gente no recibe su testimonio.

33 "El que ha recibido" es la traducción de un participio aoristo. Juan no está hablando de un proceso de recepción continuo y diario del testimonio de Jesús (aunque eso también es importante), sino que se refiere al momento concreto en el que uno decide aceptar a Jesús y aceptar el testimonio que Él da[125]. Cuando una persona da ese paso, es como si sellaran su aprobación de que Dios es verdad. El sello se usaba mucho en la Antigüedad, cuando había mucho analfabetismo. Los sellos tenían diseños que transmitían un mensaje de forma clara, inteligible también para aquellos que no sabían leer. Los hombres importantes usaban su sello para marcar los artículos que les pertenecían. Al principio, el sello servía para determinar la pertenencia de un objeto, pero

---

aboga por una explicación bastante similar, pero nos recuerda que en este evangelio ἀκούω aparece en aoristo cuando se nos dice que Cristo "oye" del Padre, y que «(aparte de las formas ὀφθῆναι, ὄψομαι, etc.) el perfecto de ὁρᾶν es la única forma que Juan usa de ese verbo» (2451). BDF cree que la combinación «hace que el énfasis recaiga en el hecho de 'ver'». En 5:37 y 1 Jn. 1:1, 3 aparecen estos dos verbos, pero los dos en tiempo perfecto. En estos casos, BDF cree que 'oír' es tan esencial como 'ver', lo que puede verse en la forma en que estos dos verbos aparecen coordinados (342[2]).

[125] Abbott cree que esta no es una referencia general, sino que está hablando de una persona en concreto, quizá de Juan el Bautista (2501). Si creemos que está hablando de una sola persona, es obvio que no hay otro posible candidato. Pero, en el contexto no hay nada que nos haga pensar que solo se esté refiriendo a una persona. Parece mucho más lógico interpretar que este versículo es aplicable a cualquier persona que recibe el testimonio de Jesús.

también se empezó a usar para garantizar que algo era auténtico[126]. Este es, en cierta medida, el sentido de este versículo (Moffatt: "certifica la verdad de Dios")[127]. Los que aceptan a Cristo no establecen meramente una relación con un ser humano (como sería el caso si se tratase, por ejemplo, de aceptar a Juan el Bautista). Están aceptando lo que Dios ha dicho. Están reconociendo que Jesús viene de Dios. Están reconociendo que Dios se ha revelado en Cristo. Están proclamando con una profunda convicción que Dios es verdad, que probablemente tenga más significado que la declaración de que "Dios es veraz". En otro lugar, Juan recoge que Jesús dijo: "Yo soy (...) la verdad" (14:6). Aquí Juan tiene en mente algo por el estilo. La verdad tiene sus raíces en la naturaleza divina. Pero también tenemos en este versículo un fuerte énfasis en que es Jesús quien da el testimonio decisivo de Dios. El Dios que es Verdad no va a engañarles en el testimonio que da Jesús[128].

34 Aquí tenemos la aseveración expresa de que Jesús (nótese el cambio de "el que procede de arriba" a "aquel a quien Dios ha enviado"; en cuanto a esta última expresión ver el comentario del v. 17) habla "las palabras de Dios". Sus palabras no son simplemente palabras humanas, sino que son palabras divinas. Por tanto, recibir o aceptar su testimonio es lo mismo que recibir las palabras de Dios. En este punto, Haenchen no está de acuerdo en que el tema principal de este evangelio sea la cristología. «El Evangelio de Juan habla de Dios, y solo de Dios y, por tanto, de Jesús»[129]. Es estar de acuerdo con que Dios es verdad.

---

[126] BAGD cree que uno de los significados de σφραγίζω es "*probar, certificar, reconocer* (como los sellos de los documentos: pap.; Jer. 39:10s.; Est. 8:8, 10)" (2.c). El uso más común de este verbo en el Nuevo Testamento es cuando Dios marca a sus hijos (cf. 6:27).

[127] Cf. Lutero: «Cuando recibes algo de un hombre, la mayor garantía está en el sello. Yo me siento seguro cuando tengo un documento sellado (...) Cuando alguien acepta el mensaje del Evangelio es como si pusiera su sello de garantía sobre su nueva fe y dijera: 'Con este sello declaro que me jugaría la vida y todas mis posesiones por el Evangelio'. Vemos que está seguro al cien por cien, que no alberga duda alguna» (vol. 22, pp. 471-72).

[128] Es posible que el texto deba ser revisado y, en tal caso, los comentarios que hacemos no tendrían ningún sentido. Black cree que el original arameo se malinterpretó, y que originalmente tenía la siguiente forma: «El que ha recibido su testimonio ha certificado ('*ashar*) que Dios *le envió*» (*AA*, p. 110).
Si el texto fuera así, tendría mucho sentido, pero parece ser que no hace falta que el texto sea corregido.

[129] El primer ensayo en la obra *Essays on John* (Londres, 1982) de C.K. Barrett va en esta línea. Barrett concluye: «La figura de Jesús (...) tiene sentido al oírle. Oyes al Padre, cuando al mirarle miras al Padre, y le adoras» (p. 16).

La última parte del versículo (pues Él da el Espíritu sin medida"[1 30]) se ha interpretado de diferentes maneras.

(i) El Padre da el Espíritu al Hijo sin medida (nuestra traducción y otras añaden el sustantivo "Dios", y así el resultado es este significado). Entre ellos hay comunión perfecta, y la entrega del don del que estamos hablando no tiene límite[131]. Ese legado perfecto del Espíritu garantiza que sus palabras son verdad. En cuanto a los diferentes dones que el Hijo recibe del Padre, ver el comentario del versículo 35.

(ii) El Hijo da el Espíritu sin medida a los creyentes. Aunque esta es la interpretación que a veces se ha hecho de este versículo, debemos tener cierto cuidado. Es cierto que los creyentes recibimos el Espíritu en abundancia y que, en consecuencia, podemos hablar la verdad (cf. 16:14, donde Jesús dice del Espíritu: «Él me glorificará, porque tomará de lo mío y os lo hará saber»). Pero no es cierto que el Nuevo Testamento recoja que los creyentes recibimos el Espíritu sin medida. En primer lugar, nadie tiene al Espíritu en la misma medida que Jesús[132]. Y, en segundo lugar, detrás del texto de Efesios 4:7 («A cada uno de nosotros se nos ha concedido la gracia *conforme a la medida del don de Cristo*») vemos una limitación implícita (San Agustín y Calvino resaltan la importancia de este versículo).

(iii) El Espíritu no da por medida, es decir, cuando el Espíritu da, lo hace abundantemente. Interpretar el griego de esta manera es darle mucha rienda suelta a la imaginación.

La interpretación preferible es la primera, aunque quizá podría añadirse que este versículo también recoge la idea de que Jesús da el Espíritu a sus seguidores. En otros lugares, Juan habla de que el Espíritu lo da el Padre (14:26), pero que también lo da el Hijo (15:26).

[130] ἐκ μέτρου es una expresión poco usual, que no aparece en ningún otro lugar. Probablemente, la mejor interpretación sea "por medida" (que normalmente se expresa con μέτρῳ).

[131] Cf. la declaración en *The Gospel According to the Hebrews* (descrito por M.R. James como «una forma divergente, aunque no herética, de nuestro evangelio según San Mateo» [*The Apocryphal New Testament* (Oxford, 1926), p. 1]): «Y cuando Jesús salió del agua, toda la fuente del Espíritu Santo descendió y permaneció sobre Él» (James, *The Apocryphal New Testament*, p. 5).

[132] Cf. los dichos rabínicos atribuidos a R. Acha (320 aprox.), «El Espíritu Santo, que ha sido derramado sobre los profetas, ha sido derramado (en ellos) solo por peso במשקל(=por medida)» (SBk, II, p. 431). Si esta opinión es de la época del Cuarto Evangelio, puede que Juan contrastara de forma deliberada a Jesús con los profetas.

35 El amor mutuo entre el Padre y el Hijo es muy importante en este evangelio. Juan dibuja una unión de amor perfecta. Aquí se apunta a que el amor del Padre por el Hijo garantiza que el Hijo tiene poderes plenipotenciarios. Debemos confiar en el Hijo en todo, porque el Padre «ha entregado todas las cosas en su mano»[133]. En este contexto, se refiere especialmente al don de la vida en el Espíritu. La gente puede acercarse a Cristo, del mismo modo que se acercaría a Dios. Cristo, con toda la autoridad del Padre, da el Espíritu de forma generosa, como puede adivinarse ya en los versículos anteriores, y da vida eterna, como veremos en el versículo siguiente. Estas palabras también indican que el Jesús humano depende del Padre. Este es uno de los temas centrales de Juan[134]. Mientras reconoce el lugar preeminente de Jesús (es el *Logos*, el Hijo, etc.), también es consciente de su humanidad. Como ser humano, Jesús dependía del Padre, igual que el resto de seres humanos. Aquí podemos ver la humillación a la que se sometió, y el gran ejemplo que es para nosotros.

36 En cuanto a "creer en", ver el comentario de 1:12; en cuanto a "vida eterna", el comentario del versículo 15. Como en muchas ocasiones, la vida eterna aparece aquí como una posesión presente de los creyentes. Cuando la gente pone su confianza en Cristo, nace de nuevo de arriba, y entra en la nueva vida. No ocurrirá en el futuro, sino que ya ha ocurrido. En breve, pasarán por el umbral de la muerte, pero eso no quiere decir que no tengan vida eterna. En cuestiones importantes están vivos eternamente. El participio presente indica una confianza continuada. "El Hijo" se usa de forma absoluta, como ocurre con

---

[133] Volvemos a leer que el Padre "ha puesto todas las cosas bajo su poder" (13:3; de forma literal: "ha puesto todas las cosas en sus manos"; cf. Mt. 11:27; Lc. 10:22). Concretamente, el Padre le dio a Cristo el Espíritu (v. 34), la obra que terminó (17:4), las obras que realizó (5:36; cf. 14:31), su mensaje (12:49; 17:8), su autoridad (17:2), su nombre (17:11), su gloria (17:22-24), sus discípulos (6:37-39; 10:29; 17:6, 9, 12, 24; 18:9), la copa que había de beber (18:11), "todo juicio" (5:22), "tener vida en sí mismo" (5:26), y poder sobre todo ser humano (17:2). En estos pasajes se suele usar el tiempo perfecto (17 veces); el aoristo se usa menos (8 veces); y el presente, tan solo dos veces. Con esto podemos ver la permanencia de los dones. Juan usa el verbo δίδωμι 76 veces, muchas más veces que cualquier otro autor neotestamentario (se sigue Lucas con 60 veces).

[134] L. Hodgson dice que esta dependencia es «la clave del pensamiento de nuestro Señor» (*And Was Made Man* [Londres, 1933], p. 198). J.E. Davey hace mucho hincapié en la forma en que Juan trata este tema de la dependencia (*The Jesus of St. John* [Londres, 1958], cap. 5).

frecuencia en este evangelio. En un sentido, la gente se convierte en hijos de Dios (1:12), pero Cristo es *el* Hijo por excelencia[135]. Este uso absoluto enfatiza la singularidad de Jesús. En el estilo propio de Juan, vemos que esta aseveración va seguida de una declaración negativa. Lo normal sería encontrar el opuesto exacto: "pero el que no cree" y, de hecho, algunos sostienen que esa es la traducción correcta[136]. Pero la mayoría aboga por la siguiente versión: "el que no obedece", que no es tan diferente, ya que los que creen obedecen al Hijo, y los que no creen no le obedecen. El verbo es un participio presente que refleja una actitud continuada. Este versículo es importante en relación con la idea que algunos sostienen de que para Juan, la fe es un concepto intelectual, la aprobación de algunas verdades. Este versículo muestra que para Juan la fe y la conducta están estrechamente relacionadas. La fe se materializa en las acciones. Es la misma idea que encontramos en el versículo 18s., donde los que no son salvos son los que eligen las tinieblas en vez de la luz, los que odian la luz y no entran en ella. Ahora, se nos dice que ese tipo de gente "no verá la vida" ("ver" y "entrar" en el reino: ver el comentario a los vv. 3 y 5). La desobediencia impide que la gente entre en la vida verdadera. Lejos de poder ver la vida ("sino que" es la traducción de una expresión fuertemente adversativa[137]), lo único que les espera es la ira de Dios[138]. "La ira de Dios" es un concepto desagradable para muchos estudiantes en la actualidad, expresión que muchas veces han intentado edulcorar o suavizar. Pero hacer esto es malinterpretar muchos pasajes de las Escrituras y empañar el carácter moral de Dios. En otras obras he recogido los cientos de pasajes en

---

[135] Como hemos visto antes, Juan nunca usa υἱός para hablar de la gente como hijos de Dios. Reserva esta palabra para referirse a Jesús, y la terminología nos muestra que la naturaleza de Jesús como hijo es diferente a la nuestra.

[136] Así, BAGD, p.3, dice: «Dado que, según los primeros cristianos, la desobediencia por antonomasia era negarse a creer en el Evangelio, en algunos pasajes el significado de ἀ. se restringe a *ser un incrédulo, negarse a creer*. Este sentido, aunque muy discutido (no se encuentra fuera de nuestra literatura), podría ser posible en Jn. 3:36». Bernard cree que el significado correcto es «'ser desobediente' (...) pero que se refiere más a una actitud rebelde que a una serie de actos de desobediencia». Godet dice que «habla de la parte de la desobediencia que tiene que ver con la voluntad, la rebeldía». F.F. Bruce dice en su comentario a Hechos (Londres, 1951) 14:2: «incredulidad y desobediencia: al rechazar el Evangelio ambas entran en juego».

[137] ἀλλ'.

[138] Este es uno de los usos que Juan hace de ὀργή. Pero la idea se expresa de forma que vemos la certeza del castigo que le corresponde al que finalmente no se arrepiente (cf. el uso de los conceptos de "condenación" y "juicio" en este mismo capítulo).

la Biblia que hablan de la ira de Dios, y si nos intentáramos deshacer de la fuerza de estos pasajes nos quedaría una Biblia cruelmente mutilada[139]. Además, si abandonamos la idea de la ira de Dios tendremos a un Dios que no actuará sobre la maldad moral. Es cierto que, a veces, la ira de Dios se ha entendido de una forma literal y cruel. Pero el remedio no está en abandonar el concepto, sino en reflexionar sobre él para entenderlo mejor. La ira de Dios es consecuencia de que la naturaleza santa de Dios se opone a todo tipo de maldad[140]. Puede que no nos guste, pero no podemos ignorarla. Juan nos dice que esta ira "permanece". No podemos esperar que ésta se diluya con el tiempo. Los que continúan en la incredulidad y la desobediencia solo van a ver la persistente ira de Dios. Y este concepto es básico para una comprensión correcta del Evangelio[141]. La salvación tiene sentido en tanto que somos salvados de un peligro real.

---

[139] *The Apostolic Preaching of the Cross*³ (Londres y Grand Rapids, 1965), caps. IV y V. Cf. también la nota sobre 1 Tes. 1:10 en NICNT; R.V.G. Tasker, *The Biblical Doctrine of the Wrath of God* (Londres, 1951); el Addendum en P.T. Forsyth, *The Work of Christ* (Londres, 1946); art. sobre ὀργή en *TDNT*; C.S. Lewis, *El problema del dolor, Madrid, RIALP*); A. Richardson, *Introduction to the Theology of New Testament*, p. 75s. Una opinión contraria la encontrará en C.H. Dodd, *The Bible and the Greeks* (Londres, 1935), y su comentario de Moffat sobre Ro. 1:18.

[140] Strachan cita a Westcott, que dice que la ira de Dios «no es una sentencia arbitraria, sino que es la puesta en práctica de una ley moral», y objeta: «Esto nos lleva a pensar que las leyes morales son fuerzas que se accionan automáticamente cuando los hombres hacen algo mal, o buscan propósitos equivocados (...) Los autores del Nuevo Testamento (...) ven la naturaleza y las consecuencias de la maldad en términos mucho más personales (...) No creen que Dios descargue una fuerza ciega e impersonal que castiga al desobediente de forma automática. La 'ira de Dios' es una expresión de la personalidad santa de Dios». Nuestro Dios se opone a la maldad, y se opone de una manera activa. Cf. también L. Hodgson: «La ira de Dios y el castigo divino son elementos esenciales de una doctrina que se tiene que enfrentar a la maldad y retener un optimismo fundamental. La creencia de que Dios ha jurado en su ira que los hombres que hacen ciertas cosas no entrarán en su descanso, permite que la Iglesia empiece su adoración cada día con las palabras: 'Ven, cantemos al Señor, gocémonos en la fuerza de su salvación'». (*The Doctrine of the Atonement* [Londres, 1951], p. 60). La última referencia tiene que ver con el uso del Salmo 95 en la adoración de la mañana de la Iglesia Anglicana.

[141] Filson mantiene que «el versículo 36 es tan importante como el tan conocido 3:16». Más adelante dice: «La ira de Dios, el juicio divino, recae de forma inmediata e implacable en el pecador que no se arrepiente y se empeña en rechazar el ofrecimiento de la Gracia y de la Vida. No hay lugar para la neutralidad. El ser humano fue hecho un ser moral que solo puede vivir si es obediente a su Padre. Tiene dos opciones: creer, obedecer a Dios, y encontrar la vida eterna, o rechazarla y sufrir el castigo que es la consecuencia inevitable de su decisión».

Juan 4

F. EL SEGUNDO DISCURSO – EL AGUA DE VIDA (4:1-42)

1. Jesús parte para Galilea (4:1-3)

4:1 Por tanto, cuando el Señor supo que los fariseos habían oído que Él hacía y bautizaba más discípulos que Juan 2 (aunque Jesús mismo no bautizaba, sino sus discípulos), 3 salió de Judea y partió otra vez para Galilea.

Jesús ha estado obrando en Judea. El incidente que Juan narra a continuación tuvo lugar en territorio samaritano y, por tanto, Juan empieza con una breve sección para explicar el cambio de escena.

1 El uso de "por tanto" es, a primera vista, algo extraño, ya que en la sección anterior Juan no ha mencionado a los fariseos, ni que estos hubiesen oído acerca de lo que hacía. La única interpretación posible es que marca una etapa en los viajes de Jesús[1]. Cuando leemos "el Señor", algunas versiones traducen "Jesús", pero esta traducción está corroborada por muchos manuscritos[2]. Puede que esta expresión se usara como una fórmula de respeto, pero también puede ser que se usara para mostrar reverencia o asombro, por ejemplo, para referirse a una divinidad. Después de la resurrección, vemos que se usa con frecuencia para designar a Jesús, aunque parece ser que durante su vida en la Tierra, la mayoría de veces que se usó este término en relación con Jesús fue simplemente por respeto. Los nombres que más se usaban para referirse a Él eran "Jesús" y "Maestro" ("Rabí"), tanto al dirigirse a Él, como al hablar de Él en tercera persona. En este evangelio vemos que mucha gente que aún no ha entendido cuál es su identidad le llama "Señor" (vv. 11, 15, 19, 49, etc.) – con el sentido de "respeto" –, o "Rabí". Lo mismo hacen los discípulos al principio. Pero en 6:68 Pedro le llama "Señor" – con el sentido de "reverencia ante lo divino" –, idea que se desarrolla más aún al leer las palabras de aprecio y reconoci-

---

[1] En cuanto al usa joánico de οὖν, ver el comentario de 1:21. Es una marca tan característica de su estilo, que no tiene sentido decir que tiene un sentido ilativo. Su función es unir ligeramente esta etapa de la narración con la etapa anterior.
[2] ὁ Κύριος aparece en la p^{66} p^{75} A B C f13 syr^s co etc. Los que traducen "Jesús" siguen los manuscritos ℵ D Θ fl syr^c bo etc.

miento que aparecen a continuación. A partir de entonces, los discípulos a veces usan "Rabí" (9:2; 11:8), pero también usan "Señor" (11:3, 21; 13:6; 14:5, etc.) aunque algunos de estos casos puede que tengan el sentido de "respeto" y no el de "reverencia". Se lleva al clímax con la magnífica exclamación de Tomás: "¡Señor mío y Dios mío!" (20:28). Después de la resurrección, vemos que en casi todas las ocasiones, los discípulos usan "Señor" (reverencia). Nótese también que el evangelista solo se refiere a Jesús como "el Señor" en este versículo y en 6:23; 11:2; 20:20; 21:12. Puede que esto se deba a la estrecha relación que él tenía con los días anteriores a la resurrección[3]. Sin embargo, deberíamos ver que mientras que el título "Señor" no estaba muy extendido durante el ministerio de Jesús en la Tierra, el señorío de Cristo ya estaba presente. La relación que ya se estableció en los días de su ministerio preparó el camino para que la expresión llegara a usarse de forma común en épocas posteriores.

Ya se ha mencionado que los fariseos tenían un interés especial por descubrir quién era Juan el Bautista (1:19, 24). Así, no nos sorprende que también tomaran medidas para conocer el carácter de la empresa de Jesús. La situación que vimos en 3:26 (ver nota al pie) aún continúa. Jesús atraía a mucha más gente que Juan el Bautista.

2 En un aparte el evangelista deja claro que, aunque[5] el bautismo se practicaba en los tiempos de Jesús, y Él lo aprobaba[6], no era Él el que realizaba[7] el rito. Ese era un trabajo de los discípulos[8].

---

[3] Más información en J. Gresham Machen, *The Origin of Paul's Religion* (Grand Rapids, 1947), pp. 293-317; G. Vos, *The Self-Disclosure of Jesus* (Grand Rapids, 1954), pp. 118-40; y mi obra *The Lord from Heaven*[2] (Londres y Downers Grove, 1974), pp. 57-60, y la bibliografía que allí se cita.

[5] Esta es la única vez que Juan usa καίτοιγε (una forma más fuerte de καίτοι). Ver el comentario de 1:5 para ver cómo usa καί con el mismo sentido.

[6] W.F. Flemington estudia la duda que algunos tienen sobre la autenticidad de estas palabras (*The New Testament Doctrine of Baptism* [Londres, 1948], pp. 30-31). Cree que la asociación tanto de Jesús como de sus discípulos con Juan el Bautista es significativa. El silencio de los Sinópticos es comprensible porque no dicen nada de esta primera etapa del ministerio en Judea, mientras Juan más adelante ya no habla de ese bautismo.

[7] El tiempo imperfecto puede que indique que era una práctica habitual. Cf. Barclay: «Aunque no era Jesús mismo el que tenía la costumbre de bautizar». Godet comenta sobre el significado de la práctica de Jesús: «Al bautizar, probaba la unidad que había entre su misión y la de su predecesor. Y al delegar para que fueran otros los que bautizaran, dejaba claro que él estaba por encima de Juan el Bautista».

[8] Calvino comenta lo siguiente sobre el significado del bautismo de los pastores cristianos: «Recuerda al bautismo de Cristo, quien lo administraba a través de otros,

3 Juan no dice que los fariseos atacaran a Jesús, ni siquiera que estuvieran planeando atacar a Jesús[9]. Pero no creemos que vieran con ecuanimidad el rápido ascenso de los seguidores de Jesús. No obstante, Jesús se adelantó a que éstos se movilizaran y decidieran atacarle, y salió de Judea en dirección a Galilea. No había necesidad de enfrentarse a los fariseos, porque la hora aún no había llegado. Probablemente, tampoco quería entrar en ninguna controversia en torno al Bautismo. La palabra que Juan usa para "partió" no suele usarse con el sentido de "dejar un lugar". Normalmente quiere decir "abandonar" (como en el v. 28: "la mujer dejó su cántaro"); de hecho, puede que debamos interpretar que en este versículo también se quiere reflejar este significado[10].

2. Agua viva (4:4-14)

4 Y tenía que pasar por Samaria. 5 Llegó, pues, a una ciudad de Samaria llamada Sicar, cerca de la parcela de tierra que Jacob dio a su hijo José; 6 y allí estaba el pozo de Jacob. Entonces Jesús, cansado del camino, se sentó junto al pozo. Era como la hora sexta. 7 Una mujer de Samaria vino a sacar agua, [y] Jesús le dijo: Dame de beber.

para enseñarnos que el valor no está en la persona que bautiza, sino que toda su fuerza está en su autor, en el nombre del cual y por mandamiento del cual se realiza el Bautismo (...) el Bautismo que nosotros realizamos no tiene menos eficacia para limpiar y renovar a la gente que si lo realizara el Hijo de Dios».

[9] E. Stauffer incluso cree que los fariseos eran amables. Nunca les había gustado Juan el Bautista, por lo que quizá veían un posible aliado en Jesús, el hombre que observaba el día de reposo de una manera tan concienzuda, y que era tan estricto con las prohibiciones de llevar una carga pesada en los recintos del templo; entre ellos, hablaban con satisfacción del éxito de su bautismo (...) Jesús creyó que esta era una señal para retirarse de aquel lugar» (*Jesus and His Story* [Londres, 1960], pp. 62-63). Pero ésta parece una interpretación muy poco probable, si se tienen en cuenta las evidencias.

[10] El verbo es ἀφίημι. Morgan comenta: «No deberíamos caer en el malentendido si hemos dicho anteriormente que Jesús abandonó Judea. Volvió en alguna ocasión, aunque pocas. Había estado en Judea. Había estado en el templo. Había realizado su ministerio en los alrededores con gran éxito, pero en este momento ya se empezaba a respirar cierta hostilidad, por lo que decidió abandonar Judea; rompió con aquella tierra». Asimismo Plummer: «El primer lugar, el templo, luego Jerusalén, y ahora tiene que abandonar Judea, porque ya no es bienvenido». Loyd va más allá y apunta a la relevancia de Ro. 11:15: «abandonarlos es la reconciliación del mundo». Jesús va a Galilea, y va a través de Samaria. Hay otra razón por la cual el uso que Juan hace del verbo es bastante inusual. El significado más común de este verbo es "perdonar", y él lo usa con ese sentido tan solo en 20:23.

8 Pues sus discípulos habían ido a la ciudad a comprar alimentos. 9 Entonces la mujer samaritana le dijo: ¿Cómo es que tú, siendo judío, me pides de beber a mí, que soy samaritana? (Porque los judíos no tienen tratos con los samaritanos.) 10 Respondió Jesús y le dijo: Si tú conocieras el don de Dios, y quién es el que te dice: «Dame de beber», tú le habrías pedido a Él, y Él te hubiera dado agua viva. 11 Ella le dijo: Señor, no tienes con qué sacarla, y el pozo es hondo; ¿de dónde, pues, tienes esa agua viva? 12 ¿Acaso eres tú mayor que nuestro padre Jacob, que nos dio el pozo del cual bebió él mismo, y sus hijos, y sus ganados? 13 Respondió Jesús y le dijo: Todo el que beba de esta agua volverá a tener sed, 14 pero el que beba del agua que yo le daré, no tendrá sed jamás, sino que el agua que yo le daré se convertirá en él en una fuente de agua que brota para vida eterna.

a. 9 O *no usan vasijas que han usado los samaritanos*

Nicodemo era un eminente representante del judaísmo ortodoxo. En esta ocasión, Juan recoge un encuentro de Jesús con la representante de una clase que el judaísmo ortodoxo despreciaba[11]. Desde el punto de vista de los judíos ortodoxos, había tres aspectos de este personaje que la convertían en una persona despreciable: era samaritana, era mujer, y había cometido un pecado moral. Curiosamente, Marsh la describe como «una representación de lo mejor que había entre los samaritanos» (p. 209), ¡pero no creo que todos los samaritanos sufrieran de tanto desajuste matrimonial! A Jesús, las razones de todas las rivalidades y los odios de los judíos de su tiempo no le importaban lo más mínimo. Él quería ministrar a todos los pueblos. Juan deja claro que Jesús vino para traer salvación a personas de todas las razas, como ilustra este episodio. En el episodio anterior, Jesús habló de la importancia del nuevo nacimiento. El tema que ahora trata es el agua viva que Él ofrece a la gente necesitada. La terminología que usa es diferente, pero el mensaje es básicamente el mismo[12]. Una de las características de este

---

[11] Encontrará bibliografía sobre los samaritanos en John Macdonald, *The Theology of the Samaritans* (Londres, 1964).

[12] No estoy de acuerdo con Cullmann cuando asegura que el tema principal de esta conversación "es la adoración" (*Early Christian Worship* [Londres, 1954], p. 80) y, en concreto, el Bautismo. Cree que las referencias que aquí encontramos del Bautismo son bien "claras" (p. 84). Pero lo más probable es que el agua viva se refiera al Espíritu Santo (7:38-39) y la vida que éste trae. Sí que aparece una referencia a la adoración, pero es secundaria y, de hecho, es resultado de la naturaleza y la acción divinas.

relato es la forma en que la mujer continuamente intenta esquivar los temas que Jesús saca a la luz. Pero Jesús insiste, vuelve a encauzar la conversación hasta que, finalmente, consigue el resultado deseado[13].
R.H. Lightfoot cree encontrar en este relato ciertos paralelos con la secuencia de la Pasión. En los dos textos vemos que se describe el malestar físico de Jesús (4:6; 19:1-2), y la sed que tenía (4:7; 19:28). En ambos aparece una nota temporal, "la hora sexta" (4:7; 19:14) y una referencia al cumplimiento de su obra (4:34; 19:30; en el griego original, los verbos están relacionados). Puede que todo esto no quiera decir nada, pero en 4:42 a Jesús se le llama "el Salvador del mundo", por lo que Juan pudiera estar recogiendo una serie de incidentes que apuntaran a la Pasión, momento en el que se realizó la salvación del mundo.

4 Dice este versículo que Jesús "tenía que pasar por Samaria[14]", o "que le era necesario" pasar por allí. Pero lo cierto es que no era obligatorio pasar por allí. Es cierto que los judíos estrictos, como los fariseos por ejemplo, odiaban a los samaritanos de tal forma, que siempre evitaban por todos los medios pisar su territorio[15]. Para ir de Jerusalén a Galilea cruzaban la región más allá del Jordán. Era un rodeo bastante grande, pero así evitaban cualquier contacto con los samaritanos. Sin

---

[13] Findlay muy apropiadamente cita el resumen que Efraín el Sirio hace de este fragmento: «Jesús se acercó a la fuente como un cazador (...) Echó el cebo a un pez, para luego pescar todo un banco de peces (...) Al principio de la conversación no le reveló a la mujer su identidad (...) quien primero solo vio a un hombre sediento, luego a un judío, luego a un rabí, después a un profeta y, finalmente, al Mesías. Intentó sacar lo mejor del hombre sediento, le mostró su desprecio al judío, molestó al rabí con muchas preguntas, se dejó conquistar por el profeta, y adoró al Cristo» (Findlay, p. 61).

[14] En los dos primeros evangelios, apenas se menciona Samaria, pero Lucas recoge un viaje que Jesús hizo a través de esta tierra (Lc. 9:51-52) y la gratitud del leproso samaritano (Lc. 17:15-19). Además, también recoge la parábola del Buen Samaritano. Tanto Lucas como Juan eran muy sensibles hacia los gentiles, y es significativo que recojan estos relatos que relacionan a Jesús con Samaria. Encontrará información en general sobre los samaritanos y las referencias que aparecen en los Evangelios en el artículo "Samaritan Studies" de J. Bowman, *BJRL*, 40 (1957-58), pp. 298-327; ver también Macdonald, *The Theology of the Samaritans*.

[15] Morgan dice: «Los habitantes de Judea casi nunca iban a Galilea a través de Samaria.». Cree que Jesús optó por esa ruta «como protesta en contra de las razones que llevaban a los judíos a evitar pasar por allí». Puede que Morgan esté en lo cierto. Pero, desafortunadamente, no cita ninguna evidencia que pruebe que todos los judíos, por regla general, evitaban pasar por Samaria. Está claro que los judíos estrictos así lo hacían, pero puede que la mayoría de los judíos no siguieran esta norma. Puede que a la gente más práctica no le importara pasar por allí, con tal de evitarse unos cuantos kilómetros. Ver la nota siguiente.

embargo, los que no eran tan estrictos, pasaban por Samaria[16]. Cuando se tenía prisa, pasar por Samaria se convertía en una necesidad. Josefo usa exactamente la misma expresión que nosotros traducimos por "tenía que" cuando escribe: «para viajar más deprisa, hacía falta tomar aquella ruta (es decir, pasar por Samaria)» (*Vit.* 269). Puede que Juan quisiera que lo interpretáramos así. Pero lo más probable es que esta "necesidad" se refiriese a la naturaleza de la misión de Jesús. Al hablar de la misión del Maestro, Juan usa muchas veces la expresión "es necesario" (3:14; 9:4; 10:16; 12:34; 20:9; ver el comentario de 3:7), la cual revela que había una "necesidad divina". Jesús vino como "la luz del mundo" (9:5). Era un imperativo que esta luz brillara también para los demás, y no solo para los judíos.

Las razones que hay detrás de esta rivalidad se remontan a tiempos muy antiguos. Cuando los asirios conquistaron Samaria, deportaron a muchos de sus habitantes y llegaron a aquellas tierras con gentes de todas partes del Imperio Asirio (2 R. 17:23-24). Aquellas gentes trajeron sus propios dioses (2 R. 17:29-31), pero adoptaron también la adoración a Yahveh (2 R. 17:25, 28, 32-33, y 41). Con el tiempo, el politeísmo desapareció, y tan solo adoraban a Yahveh, aunque su religión tenía peculiaridades concretas. Por ejemplo, solo aceptaban como Escrituras Sagradas el Pentateuco. Así, no disfrutaban de las riquezas de los Salmos, de los Profetas, y de los demás libros. Su religión estaba marcada también por un fuerte odio hacia los judíos. Cuando los judíos volvieron del exilio de Babilonia, los samaritanos se ofrecieron para ayudar a construir el templo, pero los judíos no quisieron aceptar aquella ayuda (Esdras 4:2-3). Es natural que eso provocase odio. Lo normal hubiese sido que los judíos estuvieran contentos de que los samaritanos adoraran al mismo Dios que ellos. Pero no ocurrió así. Así que los samaritanos se negaron a adorar en Jerusalén, y construyeron su propio templo en el monte Gerizim alrededor del año 400 a.C. Y la situación entre estos dos pueblos empeoró cuando los judíos quemaron el templo de los samaritanos aproximadamente en el año 128 a.C. Hubo muchos enfrentamientos, por lo que ya en tiempos del Nuevo Testamento había una clara y asentada actitud de hostilidad[17]. En los

---

[16] Josefo dice que era costumbre de los galileos pasar a través de Samaria cuando iban a Jerusalén para las fiestas (*A.* 20. 118).

[17] Podemos ver cuál era la medida del odio entre estos dos pueblos en estas palabras de Ben Sira: «Con dos naciones está reñida mi alma, y la tercera no es una nación; los que habitan en el Monte Seir, los filisteos, y los insensatos que habitan en Siquem». (Sir. 50:25-26).

tiempos de Jesús, la hostilidad entre los judíos y los gentiles se había extendido y acentuado, aunque no era universal. Samaria era el nombre de la capital, pero también se usaba para referirse a todo el territorio circundante. Sabemos que en este versículo se refiere al segundo significado. "Una mujer de Samaria" (v. 7) era un miembro de aquella raza que habitaba en aquella región, y no una señora de la ciudad de Samaria (que quizá estaba a muchos kilómetros de donde ocurrió este episodio).

5 Podríamos identificar Sicar con un poblado llamado Askar, cerca de Siquem[18]. Sabemos que Jacob compró una parcela de campo en aquella vecindad (Gn. 33:19). También le dio algunas tierras a José (Gn. 48:22), y fue allí donde le enterraron (Jos. 24:32). En el Antiguo Testamento no encontramos ninguna referencia de que allí se construyera un pozo. Pero no sería de extrañar.

6 No se usa la palabra que se solía utilizar para "pozo"[19] (que sí se usa más adelante: vv. 11, 12). La que se usa significa "fuente". En

---

[18] El Siquem que aparece en la Biblia se llama en la actualidad Balata, que está cerca de Nablus. Algunos eruditos sostienen que Sicar y Siquem son el mismo lugar, y que Sicar era el nombre despectivo, que significaba "ciudad de borrachos" (שִׁכָּר) o "ciudad de mentirosos" (שֶׁקֶר). Pero eso no parece muy probable: (a) no tenemos evidencias suficientes para justificar esos dos nombres, y (b) desde tiempos antiguos se ha diferenciado entre Sicar y Siquem. W.F. Albright arguye que la ciudad se llamaba Siquem, y que con el paso del tiempo, y de forma accidental, pasó a llamarse Sicar (ver también Brown). Según él, las evidencias que encontramos en el siríaco antiguo son significativas, y cree que la diferenciación de las dos ciudades se debe a que Siquem fue destruida alrededor del año 67 dC., y reconstruida a unos cuantos kilómetros bajo el nombre de Neápolis (nombre que, con el tiempo, pasó a ser Nablus). Ver *The Archaeology of Palestine* (Harmondsworth, 1949), pp. 247-48; *BNT*, p. 160. R.D. Potter apoya la existencia de un lugar llamado Askar. Comenta sobre las referencias topográficas que aparecen en este capítulo: «Ningún pasaje podría mostrar mejor que nuestro autor conocía bien esta zona de Samaria» (*SE*, I, p. 331). *The Westminster Historical Atlas* coloca "Askar"enfrente de "Sicar". Parece ser que Askar es la opción más probable.

[19] πηγή. La otra palabra más usada es φρέαρ. Sobre la diferencia entre estas dos palabras, Loyd comenta: «Una fuente es algo dado por Dios. Dios crea las fuentes; pero el hombre cava pozos». Es curioso que se cavara un pozo tan profundo en una región donde había tantas fuentes. (Godet dice que en esa región hay unas ochenta fuentes). Originalmente, debía de haberse tratado de un pozo de más de cien pies de profundidad, por lo que no fue una pequeña tarea. Esto se ha usado para argumentar que fue Jacob el que construyó ese pozo. ¡Tan solo "un extranjero en la tierra" se habría matado construyendo un pozo de esas características en una tierra llena de fuentes! Muchos comentaristas creen que el pozo tenía una profundidad de setenta y cinco pies, pero según Hendriksen, se han ido sacando muchos escombros y desperdicios hasta que se ha conseguido encontrar la profundidad original del pozo.

nuestro texto, podría referirse a un pozo que se abastecía de una fuente. Pero tampoco hace falta que busquemos la precisión semántica. Algunos eruditos creen que el autor escogió esta palabra para unirla a la idea de «la fuente de agua viva de la que brota vida eterna» (v.14), ya que la otra palabra no serviría para hacer esta asociación de ideas. Pero dado que lo que se contrasta es "el agua", (y no las otras palabras), esta teoría no tiene mucho sentido.

Parece ser que la parte de arriba del pozo era una pared de madera o piedra con forma de asiento para que el cansado viajero pudiera descansar. Al mencionar el cansancio de Jesús, nuestro evangelista está enfatizando la humanidad de este gran Maestro. Aunque constantemente está remarcando la deidad de Jesús, también quiere dejar claro que se hizo hombre, con todo lo que eso supone por lo que a las limitaciones humanas se refiere. La mayoría de nuestras traducciones no recogen la expresión "así", que aparece en Juan; puede que el pasaje quiera decir "cansado como estaba" o quizá, "así como estaba", es decir, sin molestarse en buscar un buen lugar. Crisóstomo lo explica de la siguiente manera: «No sobre un trono, ni sobre un cojín, sino simplemente, tal y como estaba, en el suelo» (31:3; p. 109). La referencia temporal es bastante típica de Juan (ver el comentario de 1:39). La hora sexta es el mediodía, que no es una hora normal para ir a sacar agua de un pozo; lo más normal era ir al atardecer. Sin embargo, tampoco deberíamos pasar por alto que Josefo dice que las mujeres a las que Moisés ayudó (Éx. 2:15s.) habían ido a sacar agua al mediodía (*A.* 2:257s.), así que parece ser que tampoco era una práctica tan extraña. Quizá, el detalle más curioso no es que fuese al mediodía, sino simplemente que fuese, ya que había suficiente agua cerca de su casa. Puede que el agua del pozo de Jacob fuera de mejor calidad; al ser tan profundo se adentraba en estratos que quizá contenían un agua más pura. Pero es más probable que la gente fuera porque veneraban de forma supersticiosa aquel lugar relacionado con el gran patriarca. Pero esta mujer tenía una mala reputación, y quizá la explicación sea muy simple: eligió esa hora del día para no encontrarse con las demás mujeres.

7-9 Tal vez los discípulos se fueron a la ciudad a comprar alimentos dejando allí a Jesús porque éste estaba muy cansado. Y así estaba el pozo, posiblemente solo, cuando llegó la mujer para sacar agua. Él le pidió que le diera de beber (en el v. 11 explica por qué no podía conseguir Él el agua[20]). Por lo que a esta petición se refiere, Godet comenta: «Jesús sabe muy bien que una buena manera de ganar un alma, es pedirle que te haga un favor». Pero no debemos creer que esta pregunta solo es una excusa para empezar una conversación. Jesús tenía sed. Pero la mujer se quedó muy sorprendida: «¿Cómo? ¿Eres judío, y me pides que te dé de beber? ¿A mí, una samaritana?» (Moffatt). No era extraño que le pidiese de beber a una mujer, ya que generalmente, eran las mujeres las que se encargaban de esa tarea[21]. Pero en esta ocasión, suponía que Jesús iba a usar el utensilio de una mujer samaritana, y los judíos eran muy escrupulosos, pensando que se iban a contaminar. La frase «Porque los judíos no tienen trato con los samaritanos» es, probablemente, un comentario del evangelista, y no parte del discurso de la mujer. Parece que estas palabras se refieran a recipientes para comida o bebida[22]. Pero no creo que la traducción "no comerciaban con los

---

[20] Cualquier grupo de viajeros debía llevar un ἄντλημα o una cantimplora de piel para sacar agua. Pero en este caso, se la debían de haber quedado los discípulos.

[21] Aunque las normas rabínicas en cuanto a hablar con mujeres eran muy estrictas. Ver el comentario del v. 27.

[22] El verbo συγχράομαι se ha entendido tradicionalmente con el sentido de "tener relaciones familiares con". Sin embargo, D. Daube ha mostrado que este sentido no aparece en ningún otro lugar, y que también es muy improbable que aparezca en este pasaje (*JBL*, LXIX [1950], pp. 137-47). El primer significado de este verbo es "usar con", y parece que eso es lo que significa en este pasaje. Los judíos no usan [o comparten] utensilios con los samaritanos. En el año 65 o 66 dC., esto se convirtió en una legislación: «Las hijas de los samaritanos son (consideradas impuras como las) hemorroisas desde que nacen» (Misná, *Nidd.* 4:1); dicho de otra forma: todas son impuras, ceremonialmente hablando. Barrett no está seguro sobre la fecha de la promulgación, pero si había estas legislaciones por algo debía de ser, y esta aclaración de Juan indica que quizá en los tiempos de Jesús ya había muchos prejuicios de esta naturaleza». D.R. Hall examina y rechaza la teoría de Daube, y cree que quiere decir «tener trato con, relacionarse y hacer amistad con τινι» (*ExT*, LXXXIII [1971-72], pp. 56-57). Como la mayoría que se opone a Daube, no tiene en cuenta el hecho de que los discípulos en ese preciso instante estaban tratando con samaritanos.

No obstante, es difícil saber exactamente cómo veían los judíos a los samaritanos. Por un lado, se nos dice que si tres hombres comen juntos deben pronunciar juntos la Common Grace y que podía haber entre ellos un samaritano (*Ber.* 7:1). De igual modo, «Pueden decir 'Amén' después de que un israelita pronuncie una bendición, pero no después de que lo haga un samaritano hasta que hayan oído toda la bendición» (*Ber.* 8:8). Esto sugiere que los israelitas y los samaritanos sí comían juntos. Los samaritanos y los '*Am-ha'aretz* formaban una clase diferente a los gentiles, y no eran del todo aceptados (*Dem.* 3:4). Por otro lado, R. Eliezer solía decir: «El que come pan de los samaritanos es como el que come carne de cerdo» (*Sheb.* 8:10). De nuevo, los samaritanos pueden ofrecer ofrendas si quieren, pero no las ofrendas establecidas (*Shek.* 1:5); además, «Ningún mandato judicial que tiene como testigo a un samaritano es válido excepto el mandato de divorcio o el de emancipación» (*Git.* 1:5). Danby resume

samaritanos" sea correcta, ya que el texto nos informa de que los discípulos habían ido a la ciudad para comprar alimentos[23]. Es difícil decidir cómo interpretar la expresión "tener trato con" si no se está refiriendo a la compra de alimentos, sobre todo en vista de la importancia que los judíos daban a las leyes sobre los alimentos.

10 Inmediatamente, Jesús eleva la conversación a un nivel más profundo, y habla del don de Dios y de la búsqueda del "agua viva". La palabra que usa para "don"[24] (este es el único lugar en el que aparece en todo el Evangelio) hace hincapié en su naturaleza gratuita. Estamos ante una generosidad sin precedentes. Jesús se está refiriendo a la nueva vida que Él trae. Si la mujer se hubiera dado cuenta de la increíble situación en la que se encontraba y, sobre todo, que estaba hablando con aquel que Dios había enviado para traer nueva vida al mundo, habría sido ella la que le habría pedido a Jesús que le diese agua[25]. Esto indica el uso del "tú" enfático. En el uso común de aquel entonces, "agua viva" se refería al agua corriente. Es decir, el agua de un río o un arroyo, a diferencia del agua estancada de una cisterna. El uso es casi invariable. Y vale la pena ver que, mientras que los rabíes libremente usan "agua" en un sentido metafórico[26], casi nunca lo hacen con "agua viva"[27]. Quizá sea importante recordar que para los ritos de

---

esta complicada situación: «(a) una samaritano contamina un lugar sentándose en él, o reclinándose, o montándolo o conduciéndolo; transmite impureza a través de la saliva (incluso a través de la flema de los pulmones, garganta o nariz) y a través de su orina; y (b) las hijas de los samaritanos, incluso desde la cuna (transmiten impureza) igual que los gentiles» (Danby, p. 803; ver también SBk, I, pp. 538-60).

[23] τροφάς. Este es el único lugar en el Nuevo Testamento donde se usa esta palabra en plural, aunque el singular es común. Aunque los discípulos estaban comprando alimentos, no podemos concluir que se estuvieran saltando las reglas sobre el contaminarse, porque algunos alimentos secos no transmitían impureza. No ocurría lo mismo con el agua y los alimentos frescos.

[24] δωρεά. El acusativo – δωρεάν – aparece en otros lugares como adverbio, donde significa "gratuitamente", pero este es el único lugar de los cuatro evangelios donde este sustantivo aparece con el significado de "regalo gratuito".

[25] Cf. Stauffer: «El hombre espiritual entiende la sabiduría de los caminos de Dios, entiende el velado plan de salvación que encuentra su clímax en la cruz, y se acoge a los beneficios de Dios (1 Co. 2:1-16; Jn 4:10)» (*NTT*, p. 173). Pero la mujer no era "espiritual" en este sentido.

[26] En cuanto al uso rabínico, ver SBk, II, pp. 433-36. Los rabíes a veces se refieren al Espíritu Santo cuando usan "agua" de forma metafórica, pero por lo general, eso suele ser una referencia a la Torah.

[27] De hecho, a veces en el Antiguo Testamento se hace un uso muy semejante al que aquí nos encontramos; por ejemplo: «La enseñanza de los sabios es fuente de vida»

purificación se prefería el "agua viva", el agua corriente. Era el "agua viva" la que se llevaba la contaminación y limpiaba a la gente, para que pudieran ser adoradores aceptables ante los ojos de Dios. Pero Jesús le da aún un significado mucho más profundo. El agua viva que fluye de dentro del creyente aparece más adelante y se identifica con el Espíritu Santo (7:38-39), por lo que en este punto podemos hacer la misma inferencia. Jesús está hablando de la nueva vida que Él da, una vida conectada con la actividad del Espíritu. Se llama a sí mismo "el pan de vida" (6:35), y no "el agua viva". Porque el agua viva no simboliza al Cristo, sino que simboliza al Espíritu[28] que Jesús enviaría. Odeberg muestra que en algunos escritos judíos el agua significaba "enseñanza" o "doctrina"[29]. Así que lo más probable es que este versículo se esté refiriendo al Espíritu Santo. Pero, tal y como es característico de este evangelio, podría haber también una referencia a la enseñanza de Jesús. Si este fuera el caso, significaría que su enseñanza nos da la vida espiritual[30].

En el Antiguo Testamento, el agua viva se asocia a veces con Yahveh. Se le llama "fuente de aguas vivas" (Jer. 2:13; 17:13). También vemos una invitación escrita en los mismos términos: "Todos los sedientos, venid a las aguas" (Is. 55:1). Tengamos en cuenta las aguas que brotaban del templo en la visión de Ezequiel (Ez. 47:1-12); quizá la descripción que se hace en Cantares de la novia como una "fuente

---

(Pr. 13.14); «Las palabras de boca del hombre son aguas profundas; el arroyo que fluye es fuente de sabiduría» (Pr. 18:4). Macdonald nos informa de que la expresión "agua viva" con este sentido es muy común entre los escritores samaritanos (*The Theology of the Samaritans*, p. 425).

[28] Cf. la enseñanza de Qumrán: «Como aguas purificadoras Él derramará sobre él el espíritu de verdad» (1QS 4:21).

[29] *FG*, pp. 149-69. Algunos de los pasajes son sorprendentes, como por ejemplo «Y las *aguas* que hablan (...) se acercaron a mis labios desde la *fuente del Señor* (...) abundantemente. Y *bebí* y me embriagué con el *agua viva* que *no muere*» (*Od. Sol.* 9:6-7; *FG*, p. 156). Los seguidores de Qumrán dicen explícitamente: «El pozo es la ley», aunque añaden, «y los que excavan son los cautivos de Israel, que salieron de Judá y viajaron a la tierra de Damasco» (*DSS*, p. 353). También mencionan a los apóstatas que «se han alejado del pozo de agua viva» (*DSS*, p. 356). R.E. Brown dice que «para Qumrán, el agua de la vida viene de la disciplina y el saber popular de la comunidad; para Juan, es algo que Cristo da a los que creen en Él» (*SNT*, p. 200).

[30] En la Antigüedad, el agua estaba relacionada con la vida, relación enraizada en el lenguaje mismo. Parece ser que ἀλίβας, "un cuerpo muerto", derivaba de ἀ-negación y λιβάς, "un arroyo", "agua" (ver LS), mientras que σκελετός, "esqueleto", significa "secado o seco" (cf. σκέλλω, "secar"). La simbología de Jesús es muy natural, y debía de atraer mucho la atención.

de huertos" y un "pozo de aguas vivas" también sea relevante (Cnt. 4:15). Y lo mismo ocurriría con «en Yahveh está la fuente de la vida» (Sal. 36:9). Por tanto, no deberíamos pasar por alto el reclamo implícito que hay en las palabras de Jesús.

11-12 Hasta este momento, la mujer no tenía ningún deseo de hablar de cuestiones profundas y espirituales. Por eso, decide interpretar las palabras de Jesús como si solo se estuviera refiriendo al agua que ella venía a sacar (en cuanto al mismo tipo de mal interpretación, ver el comentario de 2:20). "Señor" (ver el comentario del v. 1) es una forma respetuosa, y puede que la usara para establecer una cierta distancia. El pozo[31] era tan profundo (unos cien pies) que debía de ser imposible sacar agua si no se tenían los elementos necesarios. Y, tal como dice la mujer, Jesús no tenía nada para sacar el agua.

Según ella, aún hay otra razón para mirar a Jesús con escepticismo, y para no darle importancia a aquel encuentro; para ella, aquel hombre no tenía nada de extraordinario. Por eso le pregunta si se cree mayor que Jacob, conocido como el gran progenitor de la raza[32], y especialmente importante en este episodio, ya que fue él quien construyó aquel pozo. El pronombre "tú" es enfático, y la pregunta está estructurada de tal manera que la respuesta esperada es "no" (cf. *GNB*, «No te creerás mayor que Jacob, ¿no?»). La mujer demuestra cierto aire de incredu-

---

[31] La palabra es φρέαρ, que no es la misma que se usa en el v. 6 (πηγή). Encontramos un cambio parecido en Gn. 16:7, 14, donde hablando del origen del agua, primero se usa la palabra "fuente", y luego, la palabra "pozo". Lo mismo ocurre en Gn. 24:11, 13, 16, donde tenemos "pozo", "fuente" y "fuente". En todos estos pasajes, donde nuestra traducción es "fuente", en la Septuaginta aparece πηγή, y donde traducimos "pozo", la Septuaginta tenía φρέαρ, los mismos vocablos griegos que encontramos en nuestro pasaje.

[32] Josefo nos cuenta que los samaritanos decían ser descendientes de José, a través de Efraín y Manasés (*A.* 11.341). Sin embargo, Jesús describe al leproso samaritano como ἀλλογενής, "extranjero" (Lc. 17:18). Aunque no deberíamos pasar por alto que ni aquí ni en el v. 20, donde la mujer dice "nuestros padres", Jesús le contradice, como hace con los judíos en 8:39s. Odeberg comenta: «La mujer samaritana, que parece estar dispuesta a abandonar su religión tradicional (v. 15b), de hecho está siendo fiel al elemento de verdad recibido de los padres, mientras que los judíos, que aparentan ser leales a la herencia de su padre Abraham y a la Ley de Moisés, en oposición a las exigencias de Jesús, ya se habían separado intrínseca y espiritualmente de Abraham y de la Ley de Moisés» (*FG*, pp. 178-79). En cuanto a apelar a figuras del pasado, Ryle dice mordazmente: «Los maestros muertos siempre tienen más autoridad que los maestros vivos» (comentando 6:31).

lidad. La gente en aquellos días tenía una gran reverencia por Abraham, Isaac y Jacob (cf. 8:53, donde le preguntan a Jesús si es mayor que Abraham). A veces, las declaraciones que Jesús hacía sobre sí mismo parecían indicar que Él era mayor que los patriarcas, algo que para ellos era imposible. Si era eso lo que estaba intentando comunicar, estaba absolutamente equivocado. También parece que la mujer estaba ofendida. Ella ya tenía bastante con el pozo del patriarca. ¿Cómo se atrevía un extraño a decir que él podía ofrecerle algo mejor? «Pero tal como es característico de Juan, la ironía continúa (obviamente, para Juan y para la mayoría de sus lectores Jesús era mayor que Jacob)»[33].

13-14 La respuesta de Jesús contrasta "beber agua del pozo", que ofrece un resultado perecedero, con "recibir el agua que Él da", que tiene consecuencias imperecederas[34]. Puede que el agua del pozo de Jacob quite la sed, pero no puede conseguir que la persona que la beba no vuelva a tener sed. El agua viva que Jesús da se caracteriza porque aquel que la recibe estará satisfecho permanentemente[35] (cf. Mt. 5:6)[36]. El agua viva, una vez dentro de la persona, se convierte en una fuente vigorosa (aunque la palabra que aquí traducimos como "fuente"[37] es la

---

[33] Barrett. MacGregor cree que la mujer fue a ese pozo «probablemente debido a 'la tradición (...) que hacía que los fanáticos descendientes de Jacob siguieran utilizando los abastecimientos relacionados con él, por escasos e insuficientes que estos fueran' (G.A. Smith, p. 374); quizá es por la misma razón que los hombres preferirían seguir con los rituales perecederos, cuando podrían haberse abastecido del Espíritu del Cristo vivo» (comentando el v. 7).

[34] Nótese el contraste entre el participio presente, πᾶς ὁ πίνων («todo aquel que beba continuamente»), y el aoristo subjuntivo, ὃς δ᾽ ἂν πίῃ («el que haya bebido una vez por todas»). Abbott cree que aquí se establece un contraste entre «la multitud de aquellos que se pierden» y «la persona que toma la decisión adecuada» (2574).

[35] No tendrá sed jamás – εἰς τὸν αἰῶνα –, expresión que Juan usa 12 veces, más que cualquier otro escritor del Nuevo Testamento (le sigue Hebreos, con 8 veces).

[36] Calvino afirma que esto no excluye la búsqueda legítima de Dios o, dicho de otra manera, una sed de Dios: «Las palabras de Cristo no contradicen el hecho de que los creyentes, hasta el final de sus días, desean ardientemente una gracia más abundante. Porque no dice que bebemos y ya estamos satisfechos desde el primer día, sino que el Espíritu Santo es un pozo que fluye constantemente. Así que, para aquellos que son renovados por la gracia espiritual, no hay peligro de caer en la sequía».

[37] Sobre el contraste entre φρέαρ y πηγή, Strachan comenta: «El autor busca establecer un contraste mayor - más profundo – que el contraste natural que hay entre 'fuente' y 'pozo'. El contraste está entre el 'agua de vida' y el esfuerzo humano que se invierte en conservarlo mediante las instituciones tradicionales». R.H. Lightfoot pregunta: «Entonces, ¿es posible que en el pensamiento de Juan se describa el pozo de Jacob como una palabra viva hasta la venida del Señor, pero que con su ida se convierta en algo que no es mejor que una cisterna, si la comparamos con el agua corriente que Él trae?».

misma que en el v. 6, véase nota al pie) dándole vida eterna (ver el comentario de 1:4; 3:15). Podemos ver el movimiento vigoroso típico de las fuentes en la expresión "que brota" o, mejor, "que surge" o "que nace"[38] ("brotar" es una mala traducción: la misma palabra, pero en forma compuesta, se usa en Hechos 3:8 para decir que el cojo "de un salto" se puso en pie). La vida que Jesús da no es una vida estática ni apagada. Es mucho más que un simple comienzo de un nuevo estado, el estado de ser salvo, en vez de estar perdido. Se trata de una vida abundante (10:10), y el Espíritu vivo en las personas es una clara prueba de ello. Es más que probable que estas palabras también indiquen que esa vida dentro de los creyentes es una fuerza activa y creadora (cf. 7:38; Is. 58:11). La vida engendra vida.

3. La mujer y sus maridos (4:15-19)

15 La mujer le dijo: Señor, dame esa agua, para que no tenga sed ni venga hasta aquí a sacarla. 16 Él le dijo: Ve, llama a tu marido y ven acá. 17 Respondió la mujer y le dijo: No tengo marido. Jesús le dijo: Bien has dicho: «No tengo marido», 18 porque cinco maridos has tenido, y el que ahora tienes no es tu marido; en eso has dicho la verdad. 19 La mujer le dijo: Señor, me parece que tú eres profeta.

Puede que hasta este momento la mujer no se estuviese tomando la conversación muy en serio. A lo mejor pensaba que aquel extraño estaba algo loco, y le siguió la corriente. Por lo menos, no hay ninguna indicación clara que nos obligue a pensar que se tomara en serio las cosas tan importantes que Jesús había estado diciendo. Ahora, Jesús se dispone a demostrarle que su conocimiento sobre ella y su vida va más allá de lo normal y, como consecuencia, ella reconoce que Él es más de lo que parece.

15 Si la mujer ya tiene alguna idea sobre el significado que Jesús le confiere a "agua viva", decide no demostrarlo (cf. la forma en la que

---

[38] El verbo es ἅλλομαι y esta es la única vez que aparece refiriéndose a la acción del agua. Puede que el autor quisiera recoger la idea de que el Espíritu obra con fuerza en la persona.

Nicodemo interpretó el nuevo nacimiento de forma literal, 3:4; cf. también el episodio en que los galileos le pidieron a Jesús que les diera "pan de Dios", 6:34). Ella interpreta las palabras de Jesús de una forma extremadamente literal, y le pide de ese agua «para que no tenga sed ni venga hasta aquí a sacarla». Solo le preocupa su comodidad. Sería fantástico no tener que hacer tantas veces el viaje hasta el pozo para realizar la pesada tarea de sacar agua. Aunque es algo imposible, irreal, le divierte imaginárselo.

16-18 La petición de Jesús de ir a buscar a su marido parece no tener ninguna conexión con la conversación que están teniendo[39]. Lo mejor es interpretarlo como la forma que Jesús tiene de sacar a la luz el pecado de la mujer. Lo primero que Jesús consigue es una respuesta corta y brusca: "No tengo marido". No es muy locuaz, y eso es prueba de que, usando el mínimo número de palabras intenta que no siga hablando de ese tema (Plummer). La respuesta de Jesús es devastadora[40]. Deja claro que Él lo sabe todo sobre su vida matrimonial. Sabe que ha tenido cinco maridos, y que el hombre con quien vive en ese momento no es su marido. Puede que, de forma deliberada, se hubiera aprovechado de todas las provisiones del divorcio y que, después de ello, empezase a vivir con un hombre que, legalmente, no era su marido[41]. O quizá, según la enseñanza de Jesús (por ejemplo, Mt. 19:3-9), su última unión no fuera un matrimonio. Pero fuese como fuese, la mujer sabía que estaba actuando de forma incorrecta. ¿Cómo es que Jesús sabía tantas

---

[39] Sin embargo, Temple cree que sí existe una secuencia lógica. Relaciona las palabras de Jesús con el hecho de que la mujer pide el agua porque a ella le va bien para evitarse una tarea pesada (v. 15): «Pero *el don de Dios* (10) no se recibe simplemente para ser disfrutado. Se tiene que compartir (...) Si no compartimos con otros el don de Dios, eso indica que no lo hemos recibido. Así que el Señor le dice que llame a la persona con quien primero compartiría lo que ha encontrado».

[40] Aunque la mujer ha dicho Οὐκ ἔχω ἄνδρα, Jesús repite sus palabras de la siguiente manera: Ἄνδρα οὐκ ἔχω, es decir, poniendo énfasis en ἄνδρα. Asimismo también se enfatiza πέντε.

[41] En la ley judía, una mujer no podía divorciarse de su marido. Pero bajo ciertas circunstancias, podía presentarse ante el tribunal que, si lo consideraba oportuno, obligaba al marido a divorciarse de la mujer (ver, por ejemplo, Misná, *Ket.* 7:9, 10). O ella le pagaba o hacía favores para que él le concediera el divorcio (*Git.* 7:5, 6). De hecho, si se conseguía un divorcio válido, no había límite a la cantidad de veces que uno podía volver a contraer matrimonio. Pero esto funcionaba solo en la teoría, ya que los rabíes establecían que una mujer solo podía volver a casarse dos veces, tres como mucho (SBk, II, p. 437).

cosas de la vida de la mujer? Es posible que Juan no recogiera toda la conversación, y que fuera ella misma la que le hubiera dado la información. Aunque es muy poco probable que Juan recogiera todo lo que allí se dijo, esta inferencia es bastante precaria, sobre todo a la luz de las últimas palabras de la mujer: «Venid, ved a un hombre que me ha dicho todo cuanto he hecho» (v. 29). Lo más probable es que, tal y como Juan hace de tanto en tanto, nos encontremos ante un ejemplo de que el conocimiento de Jesús va más allá del conocimiento humano. Esto no pone en duda la humanidad de Jesús, pero indica que Dios le revelaba todo aquello que le hacía falta saber y conocer para llevar a cabo su ministerio[42].

Algunos exegetas interpretan que los cinco maridos forman una alegoría, y ven una referencia a los dioses falsos que los colonizadores de 2 Reyes 17:24 trajeron a Samaria. Interpretan que aunque Samaria decía adorar a Yahveh, éste "no es su marido"[43]. Pero esta teoría no se sostiene. En primer lugar, aunque es verdad que en 2 Reyes 17:24 se menciona a cinco naciones, cuando más adelante, en 17:30-31, se mencionan sus dioses, no aparecen cinco, sino siete[44]. Así que el nú-

---

[42] Otros pasajes similares serían los siguientes: cuando Jesús sabía que Lázaro estaba muerto (11:14), y que Pedro le iba a negar (13:38). Tampoco estaría tan lejos el pasaje de la alimentación de la multitud (6:6), y aquel donde vemos que sabía lo que le ocurriría después de que le arrestasen (18:4). También sabía que el testimonio que otro daba de él era verdadero (5:32). Conocía a sus ovejas (10:14, 27). Sabía quién no creía y quien le iba a traicionar, y lo sabía "desde el principio" (6:64). Sabía todo lo que Dios le había dado (13:3). Por encima de todo, conocía al Padre como nadie más le ha conocido (7:29; 8:55; 10:15; 17:25). Claramente, el conocimiento que Juan le atribuye a Jesús es otra manera de presentarnos la divinidad de Cristo.

[43] Cf. Wright: «Lo que el evangelista quiere hacer aquí es recordar a sus lectores el 'adulterio religioso' que forma parte del pasado de Samaria, personificado en esta 'mujer samaritana', y la unión irregular' de Samaria en los tiempos de Jesús con el servicio y la adoración a Jehová». J. Estlin Carpenter cree que «la figura de cara para afuera apunta al conocimiento sobrenatural del Hijo Encarnado, pero, de puertas para adentro, apunta (como ya hace tiempo que se ha reconocido) a los dioses que trajeron los cinco asentamientos que los conquistadores asirios transportaron desde Mesopotamia». No cree que la mención «al hombre que no era su marido» sea una referencia a Yahveh, sino que más bien sería una referencia a un "representante de alguna falsa enseñanza". Según él, Dositeo (que Jerónimo menciona) y Simón el Mago (*The Johannine Writings* [Londres, 1927], p. 245) serían posibles candidatos. San Agustín nos cuenta que algunos creen que este pasaje se refiere a los cinco libros de Moisés; él mismo interpreta que se trata de una referencia a los cinco sentidos (15.21, p. 104).

[44] Normalmente se dice que Josefo recoge que hay cinco dioses, pero esto no es cierto. Dice que había cinco tribus, y que cada una de ellas trajo su dios (*A*. 9.288). De ahí, obviamente, podríamos inferir que había cinco dioses, pero el hecho es que

mero de dioses no coincide con el número de maridos. Además, en 2 Reyes no se rinde adoración a los diferentes dioses en orden cronológico, como ocurre con los maridos (se suceden), sino que la adoración en 2 Reyes se da de forma simultánea. De nuevo, es imposible pensar que Jesús (o Juan) usara una imagen en la que los dioses falsos eran los maridos legítimos de la samaritana y Yahveh, el Dios único y verdadero, el hombre con quien vivía en pecado, ya que no era su marido. Y, de hecho, como dice Beasley-Murray: «la importancia de este pasaje radica en que el evangelista no está alegorizando». Además, si toda la alegorización fuese cierta, ¡Juan tenía mucha fe si pensaba que sus lectores iban a detectar esas alusiones tan rebuscadas! Lo más lógico es interpretar este pasaje de forma literal: Jesús estaba hablando[4 5] de los hombres con quienes la mujer samaritana había estado casada.

19 Lo que Jesús le ha dicho a la mujer ha sido suficiente para demostrarle que está ante alguien extraordinario, fuera de lo normal. Vemos una expresión de esta convicción cuando ella le llama "profeta". Generalmente, la función de un profeta en las Escrituras era transmitir un mensaje de parte de Dios. Pero sabemos que en tiempos de Jesús también se creía que los profetas tenían un conocimiento especial de las personas (cf. Lc. 7:39: "Este, si fuera profeta, conocería quién y qué clase de mujer es la que le toca"). Es probable que la mujer se estuviera acercando al reconocimiento de que Jesús era el Cristo. Para los samaritanos, después de Moisés no habría ningún profeta, excepto el mencionado en Deuteronomio 18:18, que sería el Mesías (ver el comentario de 1:21). Por lo que, cuando ella le llama "profeta", ya está muy cerca de la especulación mesiánica.

Josefo no dice tal cosa, al menos, explícitamente. Podríamos hacer la misma inferencia en 2 Reyes 17:29, pero cuando leemos el v. 30, descubrimos que hay siete dioses, y no cinco. Así que diremos que esta inferencia es bastante precaria.

[45] Abbott dice que τοῦτο ἀληθές εἴρηκας es bastante diferente de τοῦτο ἀληθῶς. La última expresión vendría a decir: «*Verdaderamente*, es decir, *en verdad* has dicho esto», o «Esto has dicho *verdaderamente*, es decir, *con verdad*». Sin embargo, la expresión de Juan quiere decir: «'Esta es, de entre todas las cosas que has dicho, la verdad' – sugiriendo que hasta el momento la mujer no ha proferido más que mera palabrería» (1894).

4. Verdadera Adoración (4:20-26).

20 Nuestros padres adoraron en este monte, y vosotros decís que en Jerusalén está el lugar donde se debe adorar. 21 Jesús le dijo: Mujer, créeme; la hora viene cuando ni en este monte ni en Jerusalén adoraréis al Padre. 22 Vosotros adoráis lo que no conocéis; nosotros adoramos lo que conocemos, porque la salvación viene de los judíos. 23 Pero la hora viene, y ahora es, cuando los verdaderos adoradores adorarán al Padre en espíritu y en verdad; porque ciertamente a los tales el Padre busca que le adoren. 24 Dios es espíritu, y los que le adoran deben adorarle en espíritu y en verdad. 25 La mujer le dijo: Sé que el Mesías viene (el que es llamado Cristo); cuando Él venga nos declarará todo. 26 Jesús le dijo: Yo soy, el que habla contigo.

Puede que la mujer tuviera un interés genuino en el tema que ella misma saca a la luz. Obviamente, está impresionada por el conocimiento de Jesús. Ha reconocido que es un profeta. El tema principal de desacuerdo entre los samaritanos y los judíos era en qué lugar se debía adorar. Así que puede que quisiera saber lo que un profeta tenía que decir al respecto. Sin embargo, lo más probable es que simplemente estuviera intentando cambiar de tema. No quiere hablar de su pecado, así que intenta desviar la conversación. Hace referencia a los diferentes posicionamientos sobre el lugar que Dios ha elegido para que su pueblo le adore. Pero esta táctica de la mujer al final sirve para que Jesús hable sobre la verdadera naturaleza de Dios y sobre el tipo de adoración que se le debe rendir. La adoración genuina es espiritual. Y no depende de un lugar geográfico[46].

---

[46] En estos versículos el verbo προσκυνέω se usa de forma absoluta (v. 20), en dativo (vv. 21, 23) y en acusativo (v. 23; este uso es poco común). Parece ser que esta variedad es tan solo un recurso estilístico. Abbott cree que hay una diferencia entre los dos últimos, que la construcción en dativo significa postración (ante Dios o personas), hacer una reverencia, y que la construcción en acusativo indica adoración, reverencia única y exclusiva a Dios (*Johannine Vocabulary* [Londres, 1905], 1640-51). Moulton también ve que hay una distinción (M, I, p. 66). Pero hay pocos autores recientes que estén de acuerdo. En vista de la costumbre joánica de introducir pequeñas variaciones que no afectan al significado (ver el comentario de 3:5) estas diferencias no pueden usarse como argumento de peso.

20 La mujer introduce el polémico tema. Como vimos anteriormente (v. 4), había entre los judíos y los samaritanos un claro enfrentamiento en torno a la cuestión del lugar en el que se debía adorar: Jerusalén o Gerizim. Tanto la construcción del templo en el Monte Gerizim (el cual no era válido según los judíos, porque el único y verdadero era el templo de Jerusalén) como su destrucción incrementó la rivalidad y el odio entre los dos pueblos. La mujer, convencida de que Jesús era un profeta – aunque no estaba dispuesta a aplicarse a ella misma su mensaje – saca el tema de esta división religiosa. "Nuestros padres" hace referencia al tiempo en que Abraham (Gn. 12:7) y Jacob (Gn. 33:20) construyeron altares en esa región. Al entrar en la tierra prometida, el monte Gerizim es el lugar donde el pueblo fue bendecido (Dt. 11:29; 27:12). Los samaritanos también interpretan que las Escrituras dicen que se ordenó construir un altar en esta montaña (Dt. 27:4s.)[47]. También dice su tradición que el episodio en el que Abraham casi sacrifica a Isaac ocurrió en esa montaña, y que Abraham y Melquisedec se encontraron en ese lugar. De hecho, ¡parece ser que la mayoría de los sucesos importantes del tiempo de los patriarcas están relacionados con el monte Gerizim! Esto se acrecienta, además, porque los samaritanos empezaron a ver referencias a su monte santo en expresiones como "la casa de Dios", "el monte excelente", etc[48]. Todas estas asociaciones, junto con la construcción del templo en lo alto del monte, lo convirtieron en un lugar sagrado para los samaritanos[49]. "Vosotros" es enfático, para contrastarlo con "nuestros padres". Lejos de aceptar esta creencia, los judíos sostenían que todos debían adorar en Jerusalén[50]. Sostenían que la Ley

---

[47] Normalmente se acepta que MT está en lo cierto al recoger "Monte Ebal", y que los samaritanos alteraron el texto. Puede que esto sea cierto. Sin embargo, tampoco deberíamos pasar por alto que hay quienes dicen que quizá la modificación fue realizada por los mismos judíos. Si originalmente aparecía Gerizim, puede que los judíos decidieran cambiarlo como parte de su posición antisamaritana.

[48] Los samaritanos creían que había trece nombres diferentes para denominar su monte santo. Cada vez que uno de esos nombres aparece en las Escrituras, interpretan que el pasaje está hablando de Gerizim. Ver Mcdonald, *The Theology of the Samaritans*, pp. 327-33, donde se explica cómo veían los samaritanos el monte Gerizim.

[49] Los sentimientos que esta controversia suscitó se pueden inferir del siguiente incidente: «R. Ismael b. Josef se dirigía a Jerusalén para orar. Al pasar por un árbol (en Gerizim) se encontró con un samaritano, quien le preguntó: '¿Adónde vas?'. Él le contestó: 'Voy a Jerusalén a orar'. El samaritano replicó: '¿No sería mejor que orases en este monte santo en vez de ir a esa colina de estiércol?'» (SBk, I, p. 549).

[50] SBk cita un midrash sobre el Salmo 91: «El que ora en Jerusalén es como el que ora ante el trono de gloria; porque allí está la puerta al cielo y la seguridad de que la oración es escuchada» (II, p. 437).

enseña que solo existe un lugar para el templo (Dt. 12:5). Aunque en el Pentateuco no se especifica que ese lugar es Jerusalén, encontramos esa información en otros pasajes de las Escrituras (2 Cr. 6:6; 7:12; Sal. 78:68) que, según los judíos, son bastante convincentes. Claro está que estos textos no tienen ninguna vigencia para los samaritanos, ya que solo consideran como Escritura Sagrada los primeros cinco libros del Antiguo Testamento.

21 En cuanto al vocativo "mujer", ver el comentario de 2:4. Jesús no entra en el polémico debate, sino que, con solemnidad, predice que se acerca el tiempo en el que no se adorará en ninguno de esos lugares. Podríamos ver aquí una referencia a los problemas que han caracterizado a la región de Palestina durante toda la historia posterior (cf. Lc. 21:20s., etc.). En este evangelio se usa "el Padre" con mucha frecuencia para hablar de Dios (ver el comentario de 1:14). Sin embargo, generalmente se trata de una referencia al Padre de Jesucristo. En este versículo se apela al Padre de todos. La mujer ha mencionado a "nuestros padres", pero Jesús resalta la existencia de un Padre único.

22 A Jesús el tema que le interesa es la naturaleza de la adoración. Por eso le hace ver a la mujer el carácter inadecuado de la adoración samaritana. Aunque adoran al Dios verdadero, lo hace de una forma muy imperfecta. Si pensamos que los samaritanos rechazaron los escritos de los profetas, los Salmos, los libros históricos del Antiguo Testamento y tantas otras partes de la Revelación, nos damos cuenta de que su conocimiento de Dios era, necesariamente, muy limitado. Jesús deja esto bien claro cuando dice: "Adoráis lo que no sabéis" (cf. Hch. 17:23)[51]. Tanto el "vosotros" como el "nosotros" son enfáticos. Jesús establece un claro contraste entre los judíos y los samaritanos. Y se asocia de forma bastante determinante con los judíos[52]. Ellos sí que saben a quien

---

[51] Cf. Calvino: «En cuestiones de religión, no podemos probar nada de forma temeraria o irreflexiva. Si no tenemos conocimiento de Dios, no estamos adorando a Dios sino a un espectro o fantasma. Así, las buenas intenciones no cuentan, lo que también apunta a que los seres humanos no podemos hacer nada si no seguimos la Palabra o las órdenes de Dios. Si nos dejamos guiar por nuestra propia opinión, erraremos». Sobre el v. 20 dijo: «Los samaritanos se basaron en el ejemplo de sus padres. Los judíos se basaron en el mandamiento de Dios».

[52] Cf. Bernard: «Aquí, Jesús se identifica con los judíos; él es judío. Su Dios es el Dios de los judíos. En los Evangelios no existe un pasaje tan enfático como este, que afirme tan claramente que Jesús tiene la misma nacionalidad que aquellos que le

adoran. Jesús usa la forma neutra impersonal "lo" y no una forma masculina personal que, quizá en nuestra opinión, sería lo normal[53]. Puede que esto apunte a todo el sistema de adoración (cf. Goodspeed: «Adoráis algo que no conocéis en absoluto»), y no que se esté refiriendo concretamente a "conocer a Dios". La razón por la que el conocimiento que los judíos tienen es superior radica en que la salvación (esta es la única vez que Juan usa este término) viene de entre ellos. ¿Cómo interpretar esto? Podría significar que la gente se salvaba siguiendo el sistema judío, y no siguiendo el de los samaritanos. Pero, aparte de la dificultad que tendríamos para conjugar esta afirmación con las enseñanzas de Jesús, el sustantivo "salvación" va precedido de un artículo, dato que probablemente sea bastante significativo. Jesús está hablando de forma concreta de "la salvación", de «aquel que había de venir para traer salvación». Y dice que la salvación mesiánica viene de la nación judía ("de" los judíos, y no "está en los judíos" o "es gracias a los judíos" [Marsh, p. 217]). El Mesías es un judío[54].

23 Es posible que en este versículo Jesús esté anunciando que Él iba a inaugurar una nueva era. «Mas la hora viene, y ahora es» es una referencia a una crisis, a un cambio, al hecho de que algo nuevo llega. En la persona de Jesús vemos no solo una repetición de las verdades del Antiguo Testamento (si en boca de samaritanos, o judíos, da igual), sino que además, vemos la aparición de la revelación definitiva de Dios. Al poco, moriría en ese acto expiatorio que traería la salvación del mundo. Nos quedaríamos cortos si interpretáramos sus palabras tan solo como una enunciación de un principio de verdad eterna (que lo es, pero no es eso lo que Jesús está intentando enfatizar). Los desacuerdos entre los judíos y los samaritanos desaparecerán. Para adorar no

---

rechazaron». Probablemente, Juan recogiera estas palabras teniendo en mente algún tipo de enseñanza herética. Algunos sostenían que el Dios del Antiguo Testamento era un ser inferior. Jesús acepta de manera firme el Antiguo Testamento, y elimina así la posibilidad de caer en este tipo de interpretación herética.

[53] Murray cree que esto es importante porque «en ninguno de los casos la adoración llevaba al nivel de la comunión personal».

[54] Cf. Lenski: «Aunque en griego los nombres abstractos pueden ir antecedidos de un artículo, en este caso, "la salvación", denota que hay una salvación única y específica que, según las promesas de Dios, se realizará en su Hijo encarnado. Dios promete que esta salvación saldrá de los judíos, y no de los samaritanos. El Mesías no podía ser samaritano. Tenía que ser judío». Bruce comenta: «La afirmación 'La salvación viene de los judíos' es la respuesta que hay que dar a aquellos que acusan a nuestro evangelista de ser antijudío».

habrá que seguir ninguno de los patrones que estableces, ni los de unos, ni los de los otros. Jesús ya ha hablado de la destrucción del templo (cf. 2:19s). Primeramente habló de la destrucción de su cuerpo, pero, como ya vimos, quizá también estuviera haciendo una referencia al nuevo sistema de adoración que él iba a inaugurar, un sistema que no estaba ligado a un lugar santo. Así que aquí enseña que la distinción de la que la mujer habla ya es parte del pasado.

Los verdaderos[55] adoradores adoran "en espíritu y en verdad". No creo que «espíritu aquí se refiera al Espíritu Santo (aunque es cierto que el Espíritu nos ayuda a adorar, Ro. 8:26s.). Juan está hablando del espíritu humano. Debemos adorar no solo de puertas para afuera, estando en el lugar indicado y teniendo la actitud correcta, sino en nuestro espíritu. En cuanto a "verdad", ver la nota adicional D. La combinación "en espíritu y en verdad"[56] habla de la necesidad de que nuestro acercamiento a Dios esté marcado por una sinceridad y una realidad plenas. La declaración final contiene una idea importante: el Padre busca tales[57] adoradores[58]. No se trata únicamente de que cuando se le ofrece tal adoración, la acepta, y punto. Dios es un Dios de amor, un Dios que quiere lo mejor para los suyos, por lo que es Dios mismo quien les busca de forma activa[59].

---

[55] En cuanto a ἀληθινοί, ver el comentario de 1:9. En este evangelio, el atributivo ἀληθινός aparece antecediendo al sustantivo solamente en dos ocasiones, así que debemos interpretar que se trata de un uso enfático (aquí, y en 17:3).

[56] Tanto aquí como en el v. 24 la expresión es ἐν πνεύματι καὶ ἀληθείᾳ. El hecho de que los dos sustantivos estén modificados por la misma preposición es una muestra de que están unidos. Es una idea compleja. E.C. Blackman interpreta que la expresión quiere decir que se requiere de nosotros una adoración «conforme a la naturaleza divina que es espíritu, y determinada por la verdad que Dios nos ha revelado de sí mismo. De nuevo, no queda lejana la idea de que Jesús es la verdad encarnada (...) ya que los hombres al ver la verdad en Jesús adorarán a Dios y vivirán conforme a su voluntad, pero esa adoración y comportamiento solo son posibles en Jesús» (*TWBB*, p. 270). Cf. Westcott: «La adoración está limitada por el concepto del ser que es adorado. Es primordial tener un concepto o una idea verdadera de Dios, incluso si aún es διὰ κατόπτρου».

[57] τοιούτους es ambiguo. Puede significar: "el Padre busca que esos sean sus adoradores" o "el Padre busca que sus adoradores sean así". La mayoría de los autores toman el primero de los significados, pero Phillips traduce: "Ciertamente, el Padre busca a personas que le adoren de esa forma".

[58] En cuanto al acusativo poco usual después de προσκυνέω ver la nota al pie núm. 46.

[59] El hecho de que Dios sea quien busca a las personas es una idea totalmente nueva, una idea cristiana. Cf. C.G. Montefiore y su comentario sobre la parábola de la oveja perdida: «La literatura rabínica alaba la virtud del arrepentimiento, pero esta búsqueda directa del pecador es un matiz nuevo y sobrecogedor muy significativo. El buen pastor que busca la oveja perdida, y que defiende que es suya y se alegra cuando la encuentra, es una figura completamente nueva» (*The Synoptic Gospels*, II [Londres, 1909], 985).

24 "Espíritu" no debe ir antecedido de un artículo indefinido como ocurre en algunas traducciones (por ejemplo, KJV, Knox). En griego ese artículo no aparece, y en inglés lo añadimos o no, dependiendo del sentido de la frase. Aquí, Jesús no está diciendo que Dios es un espíritu entre tantos otros, sino que dice que Dios es espíritu por naturaleza. Ocurre lo mismo que en declaraciones como "Dios es luz" (1 Jn. 1:5) y "Dios es amor" (1 Jn. 4:8), donde el artículo tampoco procede. No debemos ver a Dios como un ser material, o pensar que está ligado a un lugar, o a las cosas. El orden de las palabras en la disposición de la frase hace que el énfasis recaiga sobre "Espíritu". Es una declaración enfática. Dado que es Espíritu, la adoración que se le rinda debe ser espiritual. Nótese de nuevo la expresión "es necesario". Jesús no está hablando de un elemento opcional o simplemente deseable. Está hablando de algo que es absolutamente necesario. A la luz de las referencias al agua viva (que es símbolo del Espíritu que da vida) en este pasaje, es probable que este versículo contenga alguna alusión a la actividad divina de transmisión de vida. Esto es aún más probable dado que cuando el Antiguo Testamento se refiere al Espíritu de Dios, la idea que se suele usar es la de la actividad divina, y no la de la oposición a las cosas materiales. Juan combina con frecuencia los conceptos de Espíritu y Vida (cf. 6:63). Dios es el Dios vivo. Continúa actuando como el Espíritu que da vida, y se le debe adorar de forma adecuada y digna de tal Espíritu. Las personas no podemos determinar "cómo" ni "dónde" se debe realizar dicha adoración. Debemos adorar única y exclusivamente siguiendo el camino que el Espíritu de Dios nos ha abierto[60].

25 Este parece ser el último intento de la mujer de evadirse del reto que Jesús le está lanzando. No discute lo que Él ha estado diciendo, pero el pronombre que usa es bastante enfático: "él"; sugiere que todas estas cosas serán declaradas tan solo en la providencia del Mesías (en

---

[60] Cf. G.S. Hendry: «Normalmente se cree que significa que Dios, siendo Espíritu, está presente en todos los lugares y que, por ello, se le puede adorar en todos los lugares; lo importante no es el lugar donde la gente adora, sino la forma en la que adora». Pero él lo niega de forma rotunda. Estas palabras «significan todo lo contrario; significan que Dios está presente en su propio reino, al cual el hombre no puede acceder por sus propios medios. Adorar a Dios en espíritu no es posible para los hombres (...) Pero en eso consiste el Evangelio de Cristo, en que ahora se le dan al hombre esas posibilidad (...) Significa que se ha redefinido el lugar de adoración, y ahora se puede adorar a Dios en el lugar donde está presente, es decir, en Aquel que es la verdad encarnada» (*The Holy Spirit in Christian Theology* [Londres, 1957], pp. 31-32).

cuanto a este término, ver el comentario de 1:20, 41). En el Pentateuco hay algunas profecías mesiánicas, y los samaritanos esperaban al Mesías. Pero como rechazaban el resto del Antiguo Testamento, la información que tenía sobre Él era mínima[61]. Pero la mujer reconocía su autoridad y creía que Él iba a declarar "todas las cosas"[62].

26 Con mucha dignidad, Jesús revela la verdad sobre su Persona, sobre su identidad (cf. 9:37). Esta es la única ocasión, aparte del juicio, en la que admite su carácter mesiánico (aunque cf. Mr. 9:41). Sabía que era el Mesías, pero afirmarlo de forma abierta en los círculos judíos era complejo, porque lo más probable es que le hubieran asociado con el Mesías político que la gente esperaba. Pero en la región de Samaria podía usar este término sin miedo a que se le malinterpretara[63]. La declaración de Jesús – "Yo soy" – nos plantea algunos problemas. Puede que solo estemos ante una simple afirmación. No obstante, la forma enfática en la que usa el pronombre nos recuerda a la forma en la que Dios se describe a sí mismo (ver el comentario de 8:58)[64]. En el original

---

[61] El nombre samaritano para el Mesías era Taheb (תהב), "El que vuelve" o "El que restaura". Según Odeberg, «una característica importante en la tradición del *Taeb* es que el Redentor, de acuerdo con Dt. 18:18 enseñaría a los fieles todas las cosas» (*FG*, p. 183). Dodd nos recuerda que no deberíamos prestar demasiada atención a esta figura, ya que la información que tenemos de él es tardía, y ni tan siquiera sabemos si la figura de *Taheb* era conocida en los tiempos del Antiguo Testamento (*IFG*, p. 240, nota al pie núm. 2). Pero Josefo recoge un incidente donde un hombre reunió a un grupo de hombres armados en el monte Gerizim, diciéndoles que les enseñaría unas vasijas sagradas que Moisés había escondido allí (*A.* 18.85). Se parece mucho a la expectativa mesiánica típica del período neotestamentario.

[62] En cuanto al Mesías como maestro, cf. Enoc 49:3, y cf. SBk II, p. 438. "Todas las cosas" puede ser una referencia a Dt. 18:18. Por cierto, este es el único uso que Juan hace de ἅπας.

[63] Quizá los samaritanos también le adjudicaban al Mesías tintes nacionalistas. Pero el *Taheb* era, en primer lugar, un maestro, el restaurador de la verdadera adoración, un sacerdote. Macdonald dice que "no buscaban a un rey" (*The Theology of the Samaritans*, p. 362). Aceptar el título de Mesías en un entorno samaritano y en una conversación con una mujer sobre la adoración era algo muy diferente a aceptar ese título en un entorno o contexto judío.

[64] E. Stauffer establece seis razones para creer que las palabras de Jesús deben entenderse como la fórmula teofánica *ANI HU*' (*Jesus and His History* [Londres, 1960], p. 152). Más adelante dice: «No hay duda alguna de que el evangelista quiere dar a entender que Jesús pronunció las primeras palabras importantes – aunque aún veladas en parte – sobre el misterio de su identidad en Samaria, y no en Judea o Galilea» (p. 153). Harner queda impresionado por la argumentación de Stauffer, pero cree que estamos ante un doble significado: «Por un lado se usa de forma absoluta, pero por otro, toma la palabra "Cristo" como un predicativo implícito» (Harner, p. 47).

griego leemos: "Yo soy, el que habla contigo" (N. de la T.: algunas traducciones añaden "Yo soy *ese*, el que habla contigo" o "*Ese* soy yo, el que habla contigo", de ahí, la aclaración del autor de este comentario). Hoskyns comenta: «Jesús es más de lo que un judío o un samaritano entienden por la palabra "Cristo". Es la respuesta de Dios al pecado del mundo». Pero si eso es cierto, también lo es que en este contexto estas palabras no son simplemente una afirmación de la grandeza de Jesús. Suponen un reto ante el cual hay que tomar una decisión. Strachan lo explica de la siguiente manera: «De hecho, se trata de otra forma de lanzar la invitación 'Venid a mí'»[65].

5. El testimonio de la mujer (4:27-30)

27 En esto llegaron sus discípulos y se admiraron de que hablara con una mujer, pero ninguno le preguntó: ¿Qué tratas de averiguar? o: ¿Por qué hablas con ella? 28 Entonces la mujer dejó su cántaro, fue a la ciudad y dijo a los hombres: 29 Venid, ved a un hombre que me ha dicho todo lo que yo he hecho. ¿No será éste el Cristo[a]*? 30 Y salieron de la ciudad, e iban a Él.*

a. 29 O *Mesías*

La conversación ha llegado a su clímax una vez que ya se ha establecido el carácter mesiánico de Jesús. Ahora solo queda ver el efecto que eso tiene en los demás. Juan menciona tanto la sorpresa de los discípulos, como el celo evangelístico de esta mujer. Su testimonio fue impactante y eficaz: la gente salió de la ciudad para ir a ver quién era este Jesús.

27 "En esto" quiere decir que los discípulos llegaron justo en el momento en el que Jesús acaba de hacer la gran declaración sobre su identidad. En cuanto a "sus discípulos" ver el comentario de 2:2. Les

---

[65] C.K. Barrett insiste en que este evangélico es más teocéntrico que cristocéntrico. Acaba uno de sus artículos diciendo: «La figura de Jesús (tal y como Juan declara) no tiene sentido en tanto que líder nacional, rabí o θεῖος ἀνήρ; solo tiene sentido cuando al oírle, oímos al Padre, cuando al mirarle, vemos al Padre, y le adoramos» (*Essays on John* [Londres, 1982], p. 16).

sorprendió[66] encontrar a su maestro hablando con una mujer. Ya no hace falta que entremos a debatir si había sido correcto pedirle agua a una mujer así o no (ver el comentario del v. 7). Solo diremos que, al tratarse de una mujer, un rabí siquiera debería haber comenzado aquella conversación. Un dicho rabínico decía así: «Un hombre no estará a solas con una mujer en una posada, ni siquiera con su hermana o su hija, debido a lo que la gente pudiera pensar. Un hombre no hablará a una mujer en la calle, ni siquiera con su propia esposa y, sobre todo con otra mujer, por lo que la gente pudiera pensar»[67]. De todos modos, aunque los discípulos estaban sorprendidos, no cuestionaron la acción de la mujer (la primera pregunta hipotética) ni la de su Señor (la segunda pregunta). Habían aprendido que cuando Jesús no respetaba las convenciones de los rabíes, tenía buenas razones para ello.

28-29 La mujer había ido al pozo expresamente para sacar agua. Por tanto, el hecho de que se dejara el cántaro allí abandonado, es una clara muestra de lo mucho que Jesús le había impresionado[68]. Olvidó por

---

[66] El verbo "se sorprendieron" es θαυμάζω, que denota "una sorpresa causada por la incredulidad" (MM).

[67] SBk, II, p. 438. No solo se desaprobaba la conversación en los lugares públicos. "José b. Joahanan de Jerusalén dijo: «Dejad vuestra casa abierta, y dejad que los necesitados sean bienvenidos en vuestra casa; y no habléis mucho con las mujeres. Esto lo decían de la propia esposa. ¡Cuando más de las esposas de los demás! Así, los sabios han dicho: aquel que habla mucho con las mujeres trae maldición sobre sí mismo, y desatiende el estudio de la Ley y en su testamento heredará Gehenna» ('*Ab.* 1:5). R. José el galileo preguntó a una mujer en cierta ocasión: «¿Por dónde se va a Lida?». Ella le regañó diciendo: «Galileo insensato; no dicen los sabios que no habléis mucho con las mujeres? Me tendrías que haber preguntado: '¿Por dónde a Lida?'» ('*Erub.* 53b; trad. Soncino, p. 374). Quizá la peor reputación de la actitud rabínica hacia las mujeres era que, aunque para los rabíes lo mejor en esta vida era el estudio de la Ley, no permitían que las mujeres la estudiaran. Cuando Ben Azzai sugirió que se les enseñara la Ley a las mujeres, R. Eliezer le respondió: «Si un hombre le enseña a su hija algo de la Ley, es como si le enseñara lujuria» (Sot. 3:4). Para los rabíes, las mujeres eran inferiores a los hombres en todas las áreas. Una oración muy antigua (que aún está en el Libro de Oración judío) dice así: «Bendito eres tú, Señor, que me has hecho según tu voluntad». Temple comenta: «Si ahora creemos que la mujer ..., se trata de un sentimiento cristiano, y no de un antiguo sentimiento judío!».

[68] Barrett cree que ella se dejó allí el cántaro para que Jesús pudiera beber (Hendriksen y otros piensan del mismo modo). Pero yo creo que eso no tiene mucho sentido. Me convence más la razón que da Hoskyns, que en parte se debía a lo que yo he dicho, y también que Juan recoge este detalle «para contrastar el comportamiento de la mujer con el de los discípulos (vv. 31-3). Fue a la ciudad lo más rápido que pudo, dejando atrás el cántaro lleno de agua que iba a impedirle ir deprisa y con pocas dificultades convenció a los samaritanos de que la siguieran a ver al hombre que, según

completo lo que la había traído al pozo (aunque si dejó allí el cántaro es porque pensaba regresar). En ese momento, lo importante era contarle a la gente lo que le había ocurrido. Así que se fue a la ciudad e invitó a la gente a ir con ella para conocer a Jesús[69]. Lo describe como «el hombre[70] que me ha dicho todo cuando he hecho». Esta exageración pasable indica la forma en la que el conocimiento que Jesús tenía de su vida le había impactado. Parece que pregunte "¿No será éste el Cristo?" de forma tímida; como si, queriendo escuchar una respuesta positiva, supiera que iba a recibir una respuesta negativa[71]. En cuanto a "Mesías", ver el comentario de 1:20, 41.

30 Las noticias que la mujer traía, y la invitación que extendía a la gente, tuvieron su resultado. La gente salió de la ciudad, e iban acercándose sin cesar a Jesús ("El tiempo verbal es muy descriptivo", Westcott). No se nos dice cuántas personas vinieron, pero parece ser que estamos hablando de un grupo de gente considerable[72].

6. La comida de Cristo (4:31-38)

31 Mientras tanto, los discípulos le rogaban, diciendo: Rabí, come. 32 Pero Él les dijo: Yo tengo para comer una comida que vosotros no sabéis. 33 Los discípulos entonces se decían entre sí: ¿Le habrá traído alguien de comer? 34 Jesús les dijo: Mi comida es hacer la

---

ella, debía de ser el Cristo». Aunque yo creo que también podría ser que aún no hubiera llenado el cántaro. Pero de todos modos, también habría sido un engorro tener que correr con él a cuestas, y por eso lo dejó atrás. Pero fuese como fuese, lo cierto es que se olvidó de llevarse el agua, para dar prioridad al llevar a los samaritanos a Jesús.

[69] «Es una consecuencia natural de nuestra fe que queramos acercar a las demás personas a la vida eterna de la que nosotros disfrutamos. El conocimiento de Dios no puede quedarse enterrado e inactivo en nuestros corazones, sino que debemos transmitirlo. La Escrituras ya lo recogen: 'Creí; por tanto hablé' (Sal. 166:10)» (Calvino).

[70] El hecho de que ella definiera a Jesús como "un hombre" no es demasiado significativo. Pero Juan usa a menudo ἄνθρωπος para describir a Jesús: 5:12; 8:40; 9:11, 24; 10:33; 11:47, 50; 18:14, 17, 29; 19:5. Quizá esté buscando enfatizar la naturaleza humana de Jesús, para presentárnoslo como "el Hombre".

[71] Introduce la pregunta con μήτι. BDF refuerza la idea de que «eso quiere decir que ese es, por fin, el Mesías, quizá ese es el Mesías» (427 [2]).

[72] S.D. Gordon tiene un comentario bastante sugerente: «Los discípulos acababan de estar en la ciudad y ellos conocían a Jesús desde hacía más tiempo. Y lo único que trajeron fue un poco de *comida*. La mujer fue a la ciudad, y volvió con un buen grupo de *personas*» (*The Sychar Revival* [Londres, n.d.] p. 25).

voluntad del que me envió y llevar a cabo su obra. 35 ¿No decís vosotros: «Todavía faltan cuatro meses, y [después] viene la siega»? He aquí, yo os digo: Alzad vuestros ojos y ved los campos que ya están blancos para la siega. 36 Ya el segador recibe salario y recoge fruto para vida eterna, para que el que siembra se regocije juntamente con el que siega. 37 Porque en este [caso] el dicho es verdadero: «Uno es el que siembra y otro el que siega.» 38 Yo os envié a segar lo que no habéis trabajado; otros han trabajado y vosotros habéis entrado en su labor.

Los discípulos le sugieren a Jesús que debe comer de la comida que le traen. Jesús aprovecha esta situación para hablarles de cuáles son sus prioridades. Para Él, el alimento primordial es hacer la voluntad de Dios, y esa urgente tarea no se puede posponer[73].

31 Mientras[74] la mujer estaba en la ciudad, en el pozo se da una escena muy diferente. La sugerencia que los discípulos le hacen a Jesús de que coma es totalmente natural. La única razón por la que habían ido a la ciudad era para comprar comida. Habían dejado a su Maestro cansado, y parece ser que hambriento. Ahora tenían comida, y le rogaban que comiese algo. En cuanto a "rabí" ver el comentario de 1:38.

32 La respuesta de Jesús establece una cierta distancia entre Él y sus discípulos. Los pronombres "yo" y "vosotros" aparecen en un claro contraste. "Comida"[75] se refiere a cualquier cosa que sirva para comer, pero Jesús les dice que Él tiene un sostenimiento del que ellos no saben.

33 Siguiendo el modelo que hemos visto en las conversaciones con los judíos después de la purificación del templo (2:20; ver nota al pie),

---

[73] Estas palabras nos recuerdan al relato de las tentaciones de Jesús, en el que se negó a usar sus poderes para satisfacer el hambre que tenía. Nótese que Juan recoge textos paralelos a las otras dos tentaciones – es decir, la negación a ser hecho rey (6:15) y acceder a la petición de sus hermanos de hacer una señal (7:3s.). Juan no contiene un relato concreto de las tentaciones, pero sí recoge la idea, a su estilo.

[74] μεταξύ no es un adverbio muy común, y puede que busque hacer algo de hincapié sobre la idea del 'intervalo': «*Durante el intervalo*' Jesús les enseña a sus discípulos sobre el *intervalo* entre la siembra y la cosecha» (Abbott, 2688).

[75] La palabra es βρῶσις. La primera acepción de este término es el proceso de comer, pero en este caso (y en todo el Evangelio de Juan) se usa en el sentido de βρῶμα (que aparece en el v. 34), es decir, en el sentido de "comida en general".

con Nicodemo (3:4) y con la mujer (v. 15), los discípulos malinterpretan a Jesús tomando sus palabras de forma literal[76]. La pregunta que se hacen más bien viene a significar: «Es imposible que alguien le haya traído algo de comer». Pero, sea como sea, lo cierto es que están pensando tan solo en comida material[77]. Pero esta confusión le da a Jesús la oportunidad de enseñarles una verdad muy valiosa.

34 El adjetivo posesivo "mi" es enfático. Independientemente de lo que hagan los demás, la comida de Dios consiste en hacer[78] la voluntad de Dios[79]. Estas palabras revelan la devoción de Jesús, y la comprensión que tenía de su misión. También hablan de la satisfacción que suponía para el Hijo hacer la voluntad del Padre. Nótese lo que se dice de Dios: "el que me envió" (como tantas otras veces en este evangelio). Lo que Jesús hacía no era una obra meramente humana. Era la obra del que había sido enviado por Dios. En más de una ocasión en este evangelio, Jesús declara que lo que Él hace es lo que el Padre ha establecido que Él haga (por ejemplo, 5:30; 6:38; 7:18; 8:50; 9:4; 10:37-38; 12:49, 50; 14:31; 15:10; 17:4). Y la mayor preocupación y deseo de Jesús es hacer la voluntad divina. Y vive con esa idea en mente, con esa prioridad. Aquí, añade la idea de "finalizar" o "llevar a cabo" su obra (en cuanto a "obra", ver la nota adicional G). El verbo es afín al que Jesús pronunció desde la cruz: "Consumado es" (19:30)[80]. Nos recuerda el gran coste de la obra en la cruz, y subraya la devoción implícita que se esconde detrás de esa expresión. Por un lado, pude decirse que cada

---

[76] San Agustín comenta: «No debería sorprendernos que la mujer no entienda lo del agua. ¡Los discípulos ni siquiera entienden lo de la comida!» (15.31; p. 107).

[77] Aparte de pensar en comida material, también piensan que si ha comido, es porque alguien le ha traído comida. Esto nos dice mucho sobre Jesús y la forma en la que usaba su poder para hacer milagros. Como dice Wright, «nunca se les pasó por la cabeza que si necesitaba alimentarse, podía haber realizado un milagro; por ejemplo, podría haber convertido una piedra en pan». Nunca usó los milagros para fines egoístas o de beneficio propio.

[78] Moulton cita esta declaración como ejemplo para «probar que ἵνα puede perder el poco significado de 'propósito' que pudiera tener» (M, I, p. 208).

[79] «Jesús, cuya 'hambre' (o sed o deseo) es hacer la voluntad del Padre, sabe que su hambre será satisfecha en la medida que la Iglesia universal anuncie la verdad de la misma manera que la mujer samaritana lo ha hecho. Pero las palabras de Jesús no se tienen que interpretar tan solo de forma simbólica. Todo el mundo sabe que el entusiasmo por haber logrado algo puede hacer que un hombre se olvide, al menos momentáneamente, de sus necesidades» (Bailey).

[80] El verbo que se usa en este versículo es τελειόω, y el que se usa en 19:30, τελέω.

etapa de su obra es perfecta y completa. Por otro, no obstante, nada está completo sin la obra de la cruz.

35 No es fácil interpretar el dicho que Jesús cita. De nuevo, "vosotros" es enfático, y subraya la idea de que no se trata de un dicho de Jesús, sino que está citando lo que ellos dicen. A primera vista, parece un proverbio. Algunos objetan que no hay ningún tipo de documentación que pueda usarse para afirmar que se trata de un proverbio y que, de hecho, en Palestina hay que esperar más de cuatro meses antes de que los campos estén listos para la siega. Por ello, algunos sugieren que Jesús se está refiriendo a un comentario que debieron de hacer los discípulos al ver los campos aún verdes, aún a principios de temporada. Pero es casi más difícil que este suceso se diera cuatro meses antes de la siega. La forma en la que Jesús pide agua apunta a que era una época del año de mucho calor. Además, cuatro meses antes de la siega hay agua corriente suficiente en los ríos y arroyos para calmar la sed del viajero. Otro argumento a favor de que estamos ante un proverbio es la introducción "No decís vosotros", ya que no se usaría para anteceder a un comentario trivial o del momento sobre el estado de los campos[81]. Además, la forma métrica de la frase también apunta a que debía de tratarse de un dicho establecido, de un proverbio o refrán. Si no se ha podido documentar, puede deberse al hecho de que sea un dicho del ámbito rural. ¿Cuánta gente hoy puede citar todos los proverbios que se usan en el campo? Muchos de ellos siquiera están recogidos en libros ni diccionarios de refranes. Son, simplemente, parte de la tradición oral de ciertos lugares. Si esto ocurre en nuestros días, ¡cuánto más en los tiempos de Jesús! Además, hay evidencias de que el año, en el campo, se dividía en seis períodos de dos meses: época de sembrar, invierno, primavera, época de segar, verano, y época de un calor extremo[82]. Así

---

[81] Antecediendo el proverbio de Mt. 16:2 tenemos una expresión muy similar. Knox traduce: «¿No dice un dicho vuestro, 'Tienen que pasar cuatro meses antes de que llegue la siega'?». En una nota al pie, comenta: «Lo más seguro es que esto fuera un proverbio, que quería decir que no había ninguna prisa, como nuestro 'Roma no se construyó en un día'». Cf. también Dodd: «No entiendo cómo algunos pueden decir que no es más que un comentario banal sobre la época del año en la que estaban (muchos comentaristas llegan a esta conclusión, debido a la ansiedad de descubrir la fecha exacta y poder establecer un calendario del ministerio de Jesús); un comentario banal no se hubiera incluido en los Evangelios» (*HTFG*, p. 394).

[82] Ver John Lightfoot, *HHT*, p. 277. Cita un Talmud: «El tiempo de sembrar ערעיה a partir de mediados de Tisrí, todo Marjesván y hasta mediados de Quisleu», y continúa

que desde el final de la siembra hasta el principio de la siega, pasaban cuatro meses. Y, a partir de aquí, pudo surgir un proverbio que significara que no hay prisa para realizar una tarea concreta. Cuando se planta la semilla, no hay forma de ahorrarse el tiempo que tarda el proceso de crecimiento. Ya está establecido el tiempo que va a tardar, y no hay manera de acelerar o "meter prisa" a ese proceso[83]. Pero Jesús no creía que esto se pudiera aplicar a las cosas espirituales. Para él la misión era algo urgente, como puede verse en esta exhortación a los discípulos. No pueden relajarse, ni escudarse en la idea de que no hay necesidad de moverse. Los campos ya están listos para la siega[84]. A lo mejor, hasta se recoge la idea de que, en esta siega que tienen que realizar (a diferencia de las cosechas de las granjas, etc.) no hay ne-

hablando de los períodos llamados "invierno", "el solsticio de invierno", "la cosecha", "verano" y "la época de calor extremo". También recoge estas divisiones del año el Calendario de Gezer, la inscripción judía más antigua que conservamos. Entre los "dos meses de la siembra" y el mes de la cosecha general había los "dos meses de la siembra tardía (*o* el crecimiento de primavera). El mes de arrancar la linaza. El mes de la cosecha de la cebada" (*Documents from Old Testament Times*, ed. D. Winton Thomas [Londres, 1958], p. 201). De nuevo, hay un período de cuatro meses entre el final de la siega y el principio de la cosecha.

[83] Calvino cree que ésta es una clara demostración de «que la mente de los hombres está mucho más pendiente de las cosas terrenales que de las celestiales. Ponen tanto interés en la cosecha, que hasta cuentan cuidadosamente los meses y los días. Sin embargo, se muestran extremadamente perezosos a la hora de recoger el trigo del cielo».

[84] Sorprende bastante que use el término λευκαί, ya que hay muy pocas cosechas que estén de color blanco en el tiempo de la siega. Y mucho menos el trigo (cf. "el grano dorado"; Stauffer cree que aquí se refiere al centeno, *Jesus and His Story*, p. 63). La expresión significa, claramente, "listos para la siega". H.V. Morton nos cuenta de un incidente que pasó en este lugar: «Cuando me senté al lado del pozo de Jacob, una multitud de árabes se acercaba por el camino, procedentes de la dirección hacia la que Jesús estaba mirando, y era imposible que pasaran desapercibidos debido a sus túnicas blancas, que el sol hacía aún más visibles. Está claro que Jesús estaba hablando de una siega celestial, y creo que mientras hablaba apuntaba al camino donde los samaritanos, vestidos con sus túnicas blancas, se estaban apelotonando para oír sus palabras» (*In the Steps of the Master* [Londres, 1935], p. 154). Creo que esta es la explicación más acertada. Hace años que John Lightfoot ya dio la misma explicación. Este comentarista es de la opinión que nuestro Señor «sin duda alguna estaba hablando de una gran multitud de gente que, en ese momento, venía desde la ciudad y se estaba acercando para conocerle» (*HHT*, p. 277). El comentario de Morgan dice lo siguiente: «Si a los discípulos se les había encomendado la misión de investigar si había posibilidades en Samaria de predicar el mensaje de Jesús, estoy seguro de que su conclusión había sido la siguiente: 'Está claro que Samaria necesita el mensaje de nuestro Maestro, pero no está lista para recibirlo. Primero hay que arar, sembrar, y luego, esperar '». BAGD clasifica este πρός bajo el título «del resultado que sigue a un conjunto de circunstancias» (III.3.b); los campos «están blancos, por lo que la siega ya puede comenzar».

cesidad de esperar entre la siembra y la siega. Así que los discípulos deben ver la tarea que tienen por delante con un sentido de urgencia[85].

36 Lo más probable es que "ya" vaya en este versículo, y no con el anterior, como se ve en algunas traducciones ([*N. de la T.*] Aunque LBLA, traducción con la que estamos trabajando, también incluye el "ya" en el versículo anterior)[86]. El que tiene ganas de segar y se pone manos a la obra, ya recibe su salario. Como normalmente se pagaba el jornal cuando ya se había realizado el trabajo (o, al menos, cuando casi estaba realizado) aquí tenemos quizá otro apunte sobre la urgencia de la labor que los discípulos tenían por delante. No se pueden demorar cuando otros ya llevan tanto trabajo adelantado y ya están recibiendo su salario. No se nos dice quiénes son esos segadores, y es difícil identificarlos. Puede que Jesús no se refiera a que hay otros trabajando, sino que simplemente está continuando con la idea del versículo anterior. Los campos están listos. Hay un salario para aquel que quiera trabajar. Así que, ¡manos a la obra! La cosecha no espera; a menos que se siegue cuando está lista, se echará a perder y no habrá cosecha.

Jesús no está pensando tan solo en los salarios. El que siega o recoge la cosecha, lo hace "para vida eterna". Todo el que gane almas para Cristo está haciendo algo que tiene consecuencias eternas; su trabajo es para la eternidad. El que siega no está compitiendo con el que siembra; de hecho, está trabajando con el sembrador, ya que segar es simplemente completar el trabajo que el sembrador había comenzado. Por eso el sembrador y el segador se gozan juntos. A veces, cuando encontramos que se hace una distinción entre el sembrador y el segador, vemos que lo que ocurre es que el sembrador pierde todo su trabajo (por ejemplo, Dt. 28:33; Jue. 6:3; Mi. 6:15). Pero en este pasaje hay cooperación. Sembrar es un trabajo duro y cansado, y se podría contrastar con la siega porque, aunque también es duro, llena de gozo (Sal. 126:5-6). Pero aquí el intervalo entre el tiempo de la siembra y el de la siega desaparece (Amós 9:13). El que siembra se goza con el que siega.

---

[85] Hay un dicho de aproximadamente el año 130 dC, que se le atribuye a R. Tarfon, que contiene este sentido de urgencia y nos recuerda a este pasaje de Juan: «El día es corto, la tarea es inmensa, los obreros son perezosos, el salario es cuantioso, y el Señor de la casa es apremiante» (Misná, *'Ab.* 2:15).

[86] Obviamente, en los manuscritos no aparece ningún o casi ningún signo de puntuación, y las traducciones se basan en nuestro sentido de la ordenación de las frases. El sentido de urgencia que impregna este pasaje nos obliga a entender que "ya" va con las palabras sobre la siega, y no con las palabras sobre la cosecha o los campos.

37-38 Tenemos, de nuevo, otro proverbio o refrán[87]. En el mundo del cultivo, aunque lo más normal es que la misma persona se encargue tanto de la siembra como de la siega, también es verdad, tal como hemos visto, que a veces «uno es el que siembra, y otro el que siega»[88]. Esta idea también se aplica a muchas situaciones que nada tienen que ver con la agricultura, por ejemplo, al área del servicio cristiano[89]. Por regla general, los que siegan almas obtienen el resultado del trabajo de aquellos que les han precedido. Los resultados que veamos en el presente están basados en el trabajo de los cristianos y obreros del pasado. Este principio general es bastante obvio. Sin embargo, lo que no está tan claro es cómo entenderlo de forma detallada. La primera dificultad tiene que ver con la siega que Jesús tiene en mente. Lo más normal sería entender que Jesús se está refiriendo al trabajo que los discípulos estaban haciendo en aquel momento, pero el problema es que ¡no estaban haciendo nada para recibir a los samaritanos! O puede que hicieran algo, pero que Juan no lo recogiera en su relato. Otra opción sería que Jesús se estaba refiriendo a las actividades que se mencionan en el versículo 2.

De nuevo, el significado de "otros" no está muy claro. Puede que el plural no sea muy significativo, y que Jesús solo se esté refiriendo a sí mismo[90]. Si sus palabras se refieren a la escena que estaba teniendo lugar en aquel momento, los "otros" solo podían ser él mismo y la mujer samaritana[91]. J.A.T. Robinson cree, y lo expone de forma muy convincente, que lo que aquí tenemos es, primeramente, una referencia al

---

[87] En cuanto a ἀληθινός, "verdadero", ver el comentario de 1:9. G.D. Kilpatrick cree que deberíamos interpretar que ὁ ἀληθινός significa "el verdadero dicho dice así" (*BT*, 11 [1960], p. 174).

[88] Nótese el doble uso de ἄλλος. Parece que Juan tiene predilección por esta palabra; la usa 34 veces.

[89] «Este mundo no está solo dirigido ni guiado por los que estamos vivos en este momento. Heredamos no solo los pecados de los que nos han precedido, sino también la herencia espiritual que es su fe y sacrificio. Tenemos que cargar con el primero sin murmurar, y verlo como una oportunidad, y dar gracias a Dios por el segundo» (Strachan).

[90] Plummer aboga por esta interpretación. Según él, el plural, ἄλλοι, se usa para que haya un equilibrio con el otro plural: ὑμεῖς. También cree que en el v. 37, «los dos aparecen en *singular* para que haya armonía; ὁ σπείρων, Cristo; ὁ θερίζων, sus ministros». Pero podemos hacer una objeción a la última parte de su interpretación: quizá Jesús solo estaba citando un proverbio que se usaba en la época. Es interesante ver que en la expresión "otros han trabajado" se usa el mismo verbo y el mismo tiempo verbal que el que aparece en el v. 6 para decirnos que Jesús estaba cansado: κεκοπιακώς.

[91] Cf. Bernard: «En primer lugar, Jesús y la mujer eran los ἄλλοι en cuyo trabajo los discípulos participaban ahora, por no hablar de los profetas ni de los maestros piadosos del pasado que habían preparado el camino para que el mensaje de Cristo entrara

trabajo de Juan el Bautista y sus seguidores. Su trabajo en esta zona había preparado el camino a Jesús y a sus acompañantes[92]. Otra posibilidad sería que los discípulos están trabajando sobre la base del trabajo de los profetas del Antiguo Testamento y, más recientemente, de Juan el Bautista. Lo que está claro es que Jesús esperaba que fueran cosechadores. El tiempo que pasaba con ellos no era solo un tiempo de formación. Era un tiempo en el que tenían que realizar un importante servicio[93].

Necesariamente, el cristiano leerá este versículo a la luz de la cruz. Fue allí, sobre todo, donde Cristo sembró la semilla (cf. 12:24). La única razón por la que ahora podemos cosechar la vida eterna es porque Jesús plantó la semilla.

7. Creyentes samaritanos (4:39-42)

39 Y de aquella ciudad, muchos de los samaritanos creyeron en Él por la palabra de la mujer que daba testimonio, [diciendo:] Él me

en Samaria». El problema es que si aplicamos estas palabras de forma estricta a los samaritanos, parece que en este episodio los discípulos no cosechen nada en absoluto. Parece que Jesús y la mujer son los únicos que han hecho el trabajo, tanto la siembra como la siega (a menos que tengamos en mente lo que ocurriría en Hechos 8).

[92] "The 'Others' of John 4,38" (*SE*, I, pp. 510-15). Robinson entiende este pasaje como un test de método exegético. Rechaza la teoría de Cullmann de que la mejor manera de entender el pasaje es, no como un episodio de la vida de Jesús, sino como la misión de la iglesia apostólica. Cullmann, que cuenta con el apoyo de M. Simon (*St Stephen and the Hellenists* [Londres, 1958], p. 36s.), cree que los "otros" son los helenos de Hechos 8 (principalmente Felipe), que llevaron el Evangelio a Samaria, y así los apóstoles Pedro y Juan recogieron los frutos de su trabajo. Robinson muestra que la conexión entre Jesús y el movimiento de Juan el Bautista, y entre el movimiento de Juan el Bautista y la ubicación de este capítulo, nos llevan a inferir que Jesús estaba hablando de que sus seguidores estaban recogiendo los frutos del trabajo ya hecho anteriormente. (Este argumento puede usarse para respaldar la teoría de Albright de que "Enón está cerca de Salim" – 3:23; cf. p. 343, nota al pie núm. 99).

[93] «La parábola del sembrador y el segador puede interpretarse a diferentes niveles. En primer lugar, la semilla que se ha sembrado en la mujer da fruto en la cosecha de los samaritanos que vienen a Jesús; luego, el trabajo de los profetas, y especialmente de Juan el Bautista, es continuado y completado por el trabajo de Jesús; también, los samaritanos se marchan con el concepto de que la misión apostólica, basándose en la misión de Jesús, es una misión hacia el mundo entero; finalmente, el evangelista se dirige a sus contemporáneos y les exhorta a que recojan la cosecha, para que los *otros* que hicieron el trabajo previo se conviertan, en palabras de Bauer, menos en Jesús y los profetas de Israel que en Jesús y la generación apostólica» (Hoskyns).

dijo todo lo que yo he hecho. 40 De modo que cuando los samaritanos vinieron a Él, le rogaban que se quedara con ellos; y se quedó allí dos días. 41 Y muchos más creyeron por su palabra, 42 y decían a la mujer: Ya no creemos por lo que tú has dicho, porque nosotros mismos [le] hemos oído, y sabemos que éste es en verdad el Salvador del mundo.

Juan acaba esta sección de los samaritanos con una corta mención sobre el testimonio de la mujer y de la breve visita de Jesús. Tenemos un clímax apoteósico: un grupo de samaritanos que han creído en Jesús, es decir, un grupo de creyentes samaritanos, aclaman a Jesús como "el Salvador del mundo".

39 En cuanto a "creyeron en Él" ver el comentario de 1:12, y en cuanto a "testimonio"[94], el de 1:7. Los samaritanos creyeron gracias a que la mujer dio testimonio de Jesús. Las palabras que les impresionaron son, de hecho, una exageración pero indican que el increíble e inesperado conocimiento de Jesús sobre los detalles más íntimos de la vida de la mujer habían causado en ella una gran impresión. Y ella supo transmitírselo a los demás[95]. Aquí tenemos otro ejemplo de la ironía de Juan: deja pasar las palabras que reflejan una concepción del carácter mesiánico tan limitada, sin prestar atención a las causas o implicaciones (Cf. vv. 31s.).

40 Los nuevos creyentes no querían que su nuevo Señor se marchara. Le rogaron que se quedara con ellos ("rogaban" es un tiempo continuo, es decir, que se lo estuvieron pidiendo una vez tras otra). Y su insistencia también dio resultado. Jesús se quedó con ellos dos días.

41-42 Como resultado de que Jesús se quedara más días, aumentó el número de sus seguidores. Es importante ver que Juan usa el verbo

---

[94] De hecho, Juan no usa el sustantivo "testimonio", sino que usa el participio μαρτυρούσης. Sin el artículo, quiere decir "mientras daba testimonio", y no "ella daba testimonio"; así, se hace un mayor énfasis en la idea de que la mujer daba testimonio *con persistencia*, y no en describirla como "aquella que daba testimonio".

[95] «Ella les habló una palabra, la palabra; y ya hemos visto que esta confesión o *palabra* (4:25, 29, 39) estaba muy lejos de ser perfecta; pero dadas las circunstancias, fue bastante adecuada; y sirvió para que muchos conciudadanos suyos creyeran en Él» (Lightfoot).

"creer" de forma absoluta. La fe es un elemento tan fundamental del cristianismo, que no es necesario especificar el objeto (ver Nota Adicional E). "Su palabra" debe referirse al "Evangelio" (como en Mr. 2:2). Cuando Jesús predica, proclama *todo* el mensaje del Evangelio. Incluso para aquellos que creyeron porque escucharon a Jesús, el papel de la mujer fue realmente determinante, como indica el adverbio "ya"[96] en «*ya* no creemos por lo que tú has dicho». Ya habían quedado impresionados por lo que ella les había contado[97], aunque en un primer momento no tuvieran una fe definida o totalmente formada. Puede que la mujer les presentara a Jesús, pero la fe no es fe si no descansa o se basa en el testimonio de otro. Para llegar a una experiencia cristiana auténtica, uno tiene que conocer de forma personal a Cristo. Este incidente puede servir para ejemplificar los versículos 37-38.

Su creencia sobre Jesús toma forma en la expresión "el Salvador del mundo" (en cuanto a "mundo", ver la Nota Adicional B, y para el carácter mesiánico de Jesús, ver el comentario de 1:41). Esta expresión tan solo aparece una vez más en todo el Nuevo Testamento: 1ª Juan 4:14. La palabra "Salvador" se usa tanto para el Padre (Lc. 1:47; 1 Ti. 1:1, etc.) como para el Hijo, aunque Juan solo la usa en los pasajes mencionados. En la Septuaginta se usa para Dios el Padre. Los escritores griegos seculares la emplean para referirse a una mul-

---

[96] οὐκέτι. En una nota al pie en el comentario de 1:5 vimos que Juan usa οὐ y οὐδέ más que ningún otro autor neotestamentario. Lo mismo ocurre con οὐκέτι, que aparece 12 veces; le siguen Marcos y Romanos con 7 veces cada uno.

[97] La expresión es διὰ τὴν σὴν λαλιάν, que Findlay traduce como "ya no creemos por tu palabrería". Calvino también comenta de forma severa: «parece que los samaritanos estén diciendo que ahora tienen una evidencia mejor que la palabrería de una mujer, que no se suele tener en cuenta». Ciertamente, la palabra λαλιά denota muchas veces un discurso que no es tomado en serio, un chismorreo. Es por esa razón por la que Thorlief Boman desecha el término cuando estudia el concepto de "la palabra" en griego, diciendo que «λαλιά significa una conversación desordenada, mero chismorreo» (*Hebrew Thought compared with Greek* [Londres, 1960], p. 67). Sin embargo, no merece la pena prestar demasiada atención al uso de esta palabra, ya que en el Nuevo Testamento no aparece de nuevo esta connotación negativa que estamos comentando. Se usa incluso para designar el discurso de Jesús (8:43). Ver más sobre esta cuestión en el comentario de 1:37, donde aparece un verbo parecido: λαλέω. σήν es enfático. G.D. Kilpatrick ha demostrado que en Juan, cuando aparece un determinante posesivo con artículo, el orden normal es artículo, sustantivo, artículo y posesivo (ver el comentario de 3:29). El orden en este pasaje solo aparece en tres ocasiones, y las tres veces, con énfasis (5:47; 7:16). No debemos pasar por alto que p[75] respalda a B y a Orígenes, donde encontramos λαλιάν σου. Pero incluso con esta evidencia, lo más probable es que no sea así.

titud de dioses[98]. "Salvador" es un término muy general, pero contiene una idea de liberación, de salvación de una seria catástrofe. Jesús es mucho más que el ejemplo perfecto[99]. Él salva. "Del mundo" eleva el título y le da una grandeza insuperable. Jesús no se ocupa solo de las cosas pequeñas. Ni tampoco es el Salvador de unos cuantos. Es el Salvador del mundo[100]. Newbigin hace un comentario muy acertado: «Lo que el culto y sabio Nicodemo no había logrado entender, es revelado ahora a estos bebés espirituales, y mientras los escribas y fariseos se mantienen al margen, el mundo pagano se apresura a entrar en el reino».

Interludio en Galilea (4:43-45)

43 Después de los dos días, salió de allí para Galilea. 44 Porque Jesús mismo dio testimonio de que a un profeta no se le honra en su propia tierra. 45 Así que cuando llegó a Galilea, los galileos le recibieron, [pues] habían visto todo lo que hizo en Jerusalén durante la fiesta; porque ellos también habían ido a la fiesta.

La puesta en escena se traslada a Galilea, y Juan utiliza uno o dos versículos para recoger este cambio. Destaca dos cuestiones: el profeta no es honrado en su propia tierra, y que los galileos que habían estado en la fiesta en Jerusalén le dieron la bienvenida.

---

[98] Deissmann cita "Salvador del mundo" como un título que solía usarse para los emperadores (*LAE*, p. 364; ver también *TDNT*, III, p. 892, nota al pie núm. 88). Está claro que esta expresión era muy común en el mundo helenista. Pero Juan no recibe la influencia del mundo griego; se tarta de una expresión cuyas raíces están en el Antiguo Testamento. Ahora bien, podría ser cierto que Juan fuera consciente de que este título en sus días también se usaba para el Emperador. Craig R. Koester ha estudiado este título a fondo (*JBL*, 109 [1990], pp. 665-80). Concluye: «El título "Salvador del mundo' se usaba para designar al César, pero los samaritanos reconocieron que ese título pertenecía de Jesús, al cual recibieron como a un rey» (p. 680).

[99] Cf. Barclay: «Si solo lo vemos como un ejemplo a seguir, nos frustraremos, porque nos será imposible seguirle. Jesús era el *Salvador*. Es decir, nos rescató del mal y de la situación desesperada en la que nos encontrábamos; rompió las cadenas que nos unían al pasado y nos dio un poder y una presencia que nos permitirá enfrentarnos al futuro».

[100] Esta expresión «resume el tema principal de este capítulo: que la conversión de los samaritanos es la primera señal de la universalidad de la salvación de Cristo» (Bailey). En este capítulo, «a través de un pequeño pueblo se nos hace ver el gran alcance de la salvación» (Beasley-Murray).

43-44 Estos dos versículos están unidos por la partícula "porque", pero lo cierto es que no queda muy claro que el segundo explique el primero. El versículo 43 simplemente dice que Jesús ha concluido su breve ministerio en Samaria, y que por fin llega a Galilea, lugar hacia donde se dirigía desde un principio (cf. v. 3). El dicho que recoge que el profeta no será aceptado en su propia tierra aparece en los tres Sinópticos (Mt. 13:57; Mr. 6:4; Lc. 4:24), y siempre está ubicado en la visita que Jesús hace a Nazaret[101]. Quizá el "porque" se utiliza para indicar que Jesús tenía que probar que esto era cierto[102]. Fue a los suyos, y aunque algunos le recibieron, sabía que le esperaba el rechazo. Es decir, a Jesús no le cogió por sorpresa, ya que eso formaba parte del plan divino. Así que fue a Galilea para que se cumpliese lo establecido por Dios.

Es verdad que algunos creen que "su propia tierra" se refiere a Judea, de donde acaba de marcharse. "Tanto los hechos como la interpretación que se hacen en el texto de la profecía, apuntan a que Judea es la 'tierra' a la que se está haciendo referencia» (Westcott). Hoskyns también sostiene que Jerusalén era el hogar de todo judío; ¡y más aún para el Mesías! Los que así piensan dicen que ésta es la única interpretación que concuerda con todo lo ocurrido. A Jesús le habían rechazado en Judea, su propia tierra, así que se fue a otra región, Galilea. Aunque algunos aducen en contra de esta teoría que Jesús no se fue de Judea debido al rechazo, sino al éxito que estaba teniendo (v. 1). Además, Juan no dice en ningún lado que Jesús sea "de Judea", y sí que relaciona Galilea con el lugar en el que había crecido (2:1; 7:3, 41, 52, y sobre todo 1:46; 19:19), lo cual concuerda con el testimonio de los Sinópticos. Asimismo, si se estuviera refiriendo a Judea, esas palabras aparecerían cuando se marchó de esa parte del país, y no entre los viajes a Samaria y Galilea[103]. Brown añade que «esta explicación implica que Jesús

---

[101] Este es un pasaje muy difícil. D.A. Carson menciona la posición de R.T. Fortna (y a otros que están en la misma línea); luego recoge otras ocho interpretaciones de otros eruditos (*JBL*, 97 [1978], p. 424, nota al pie núm. 50). No existe ningún tipo de consenso.

[102] «El evangelista dice que no estaba en la mente de Jesús quedarse en un sitio donde le dieran una calurosa bienvenida, donde no hubiera oposición y dificultades» (Wright). Tenía que continuar su misión, y acostumbrarse a que había lugares donde le iban a rechazar, y donde tan solo unos cuantos le iban a aceptar (...) Así que va a Galilea, donde recibe un tipo de bienvenida que, como él sabía, era hueca y no tenía ningún valor» (Loyd).

[103] Bernard cree que las dos interpretaciones son bastante rebuscadas. Según él, este versículo es una glosa, cuyo significado no está nada claro. Así que la interpretación

estaba decepcionado con la respuesta que había hallado en Judea, y que por eso vuelve a Galilea, para recibir el honor que no había encontrado en Judea. Pero, esta idea de que Jesús buscaba la alabanza humana está en total desacuerdo con los ideales del Cuarto Evangelio (2:24-25, 41-44)». R.H. Lightfoot cree que "su propia tierra" se refiere al Cielo. «¿No querrá Juan enseñarnos que, si buscamos la *patris* del Señor en la Tierra, no encontraremos ningún lugar donde le reciban con el honor que se merece, ni tan siquiera como un profeta? Porque Él no es de este mundo (8:23) y su *patris* está en los cielos»[104]. Esta interpretación es preferible a la que propone que Juan ubica a Jesús en Judea. Porque su *patris* en la Tierra es Galilea, donde pasó la mayor parte de su vida.

45 Al llegar a Galilea, los galileos le dieron la bienvenida[105]. Muchos de ellos iban a Jerusalén para las fiestas, y algunos de ellos habían estado allí cuando tuvieron lugar los sucesos narrados en 2:13-25. "La fiesta de la Pascua" (Juan solo dice la fiesta, pero lo más seguro es que se refiriera a la Pascua) es la que se menciona en aquel pasaje. Una vez más se nos recuerda que Jesús hizo muchas más cosas de las que recogen los Evangelios. Purificó el templo, pero tal y como se ve en 2:23, no se nos dan todos los detalles de cómo ocurrió, y de las muchas cosas que ocurrieron antes y después de ese suceso. El propósito de Juan no es escribir una crónica completa, sino seleccionar algunos acontecimientos y enseñanzas que servirán para defender su tesis de que Jesús es el Cristo, el hijo de Dios (20:31). Así que ahora no menciona cuáles son las cosas que impresionaron a los galileos, pero le parece suficiente destacar que la actitud que tenían hacia Jesús se debía a lo que habían visto en Jerusalén. Quizá esto no es lo que esperábamos después de las palabras sobre el hecho de que los profetas no reciben

---

de Bernard no nos soluciona nada. ¿Por qué un texto tan directo se complica luego debido a la desconcertante glosa que le acompaña? Otros sugieren que "su propia tierra" es Palestina en general, a diferencia de Samaria, o la Galilea de arriba, en vez de la Galilea de abajo. Encontrará un estudio muy completo de este tema en J. Willemse, «La Patrie de Jésus selon Saint Jean iv.44» (*NTS*, 11 [1964-65], pp. 349-64). Willemse cree que se refiere a Judea o Jerusalén.

[104] Lightfoot, p. 35.

[105] ἐδέξαντο, "recibieron" se usa con el sentido de "dar la bienvenida". Por ejemplo, es la palabra que se usa para "dar la bienvenida a los invitados". Hoskyns cita a Quesnel: «La excelencia de los samaritanos radica en que creyeron aunque no habían visto ningún milagro; los galileos creyeron después de ver milagros, lo que significa que, al menos, supieron reconocer la autoridad de Dios, y decidieron someterse a ella, cosa que la mayoría de los judíos no hicieron».

honra en su tierra (v. 44). Puede que el evangelista esté, de nuevo, jugando con la ironía. No se detiene en explicar que el entusiasmo de los galileos no estaba basado en una correcta comprensión. Estaba basado en las señales que Jesús hacía, y no en la comprensión de que Jesús era el Cristo. Así que este tipo de aceptación era, de hecho, un rechazo. Le honraban, pero lo hacían por razones equivocadas[106].

G. LA SEGUNDA SEÑAL: LA CURACIÓN DEL HIJO DE UN OFICIAL DEL REY (4:46-54)

46 Entonces vino otra vez a Caná de Galilea, donde había convertido el agua en vino. Y había [allí] cierto oficial del rey cuyo hijo estaba enfermo en Capernaum. 47 Cuando él oyó que Jesús había venido de Judea a Galilea, fue a su encuentro y [le] suplicaba que bajara y sanara a su hijo, porque estaba al borde de la muerte. 48 Jesús entonces le dijo: Si no veis señales y prodigios, no creeréis. 49 El oficial del rey le dijo: Señor, baja antes de que mi hijo muera. 50 Jesús le dijo: Vete, tu hijo vive. Y el hombre creyó la palabra que Jesús le dijo y se fue. 51 Y mientras bajaba, [sus] siervos le salieron al encuentro y le dijeron que su hijo vivía. 52 Entonces les preguntó a qué hora había empezado a mejorar. Y le respondieron: Ayer a la hora séptima se le quitó la fiebre. 53 El padre entonces se dio cuenta que [fue] a la hora en que Jesús le dijo: Tu hijo vive. Y creyó él y toda su casa. 54 Esta [fue] la segunda señal que Jesús hizo cuando fue de Judea a Galilea.

La segunda señal que Juan recoge es un milagro de curación, con algunas características interesantes: por ejemplo, que la curación se realiza a distancia. Jesús estaba en Caná cuando dijo que el chico se curaría, y el chico, que estaba en Capernaum, se curó. Típico de Juan, vemos que este suceso extraordinario hizo que alguien creyera (v. 53). Es una señal que consigue el propósito divino. Los Sinópticos recogen dos curaciones a distancia: la del criado del centurión (Mt. 8:5-13; Lc. 7:2-10) y la de la mujer sirofenicia (Mt. 15:21-28; Mr. 7:24-30). Al-

---

[106] Es importante ver que la palabra que Juan usa aquí para "honor" es τιμή, un término que no vuelve a aparecer. Cuando habla del honor que se le debe rendir a Jesús usa el término δόξα.

gunos exegetas creen que esta es una variante del relato de la curación del criado del centurión, pero las únicas cosas en común son los interesantes paralelos verbales (a los que Barrett y Hoskyns, entre otros, hacen referencia) y que la curación se hace a distancia. En el otro milagro tenemos a un centurión, es decir, a un gentil, y aquí, a alguien que está al servicio de Herodes, por lo que seguramente era judío[107]; allí se habla de un criado, y aquí de un hijo; allí Jesús pronuncia las palabras de la curación en Capernaum, y aquí, lo hace en Caná; allí el centurión le pide a Jesús que no vaya a su casa, mientras que aquí el padre le ruega que vaya. En el otro milagro la enfermedad es una parálisis, mientras que en este, se trata de una fiebre. Allí, son los ancianos los que hablan con Jesús, y aquí, es el padre en persona el que se acerca al Maestro. Esta historia tiene lugar justo después de que Jesús volviera de Judea, es decir, mucho más adelante. Quizá la diferencia más evidente es la actitud del hombre que pide la curación. En los Sinópticos, cuando Jesús propone ir a su casa, el centurión se opone e insiste en que realice la curación a distancia, mientras que aquí el padre quiere que Jesús vaya a su casa, y al ver que parece que Jesús ha decidido no ir, él insiste: "Señor, baja...". Las dos actitudes son muy diferentes[108]. A pesar de los paralelos verbales, estos dos relatos son distintos[109].

---

[107] Esto no es del todo seguro. Pero (a) en la historia no hay ningún indicativo de que hubiera un gentil, y (b) en el v. 48 parece que se incluye al hombre en el grupo de judíos que esperaba ver señales y prodigios. Cf. Brown: "En Juan está al servicio de Herodes, y no hay nada que apunte a que no sea judío". Sin embargo, Brown cree que ambos textos se refieren al mismo suceso.

[108] E. Haenchen sostiene que "la historia que Juan usó" es idéntica a la que hay en los Sinópticos, ya que «tan solo difiere en un punto, aunque se trata de un punto importante» (*SE*, I, p. 497). Pero la lista de diferencia que hemos proporcionado arriba demuestra la poca profundidad de este argumento. En su comentario del Evangelio de Juan, Haenchen modifica su posición: «Hay que admitir que las diferencias entre este relato y los paralelos que encontramos en los Sinópticos son bastante considerables» (p. 236). Pero, aún así, sigue defendiendo que se trata del mismo suceso. Edward F. Siegman ha estudiado con profundidad este problema (*CBQ*, XXX [1968], pp. 182-98). Dice así: «es posible reconciliar cada una de las diferencias que aparecen en los tres relatos. Sin embargo, hemos de admitir que el *efecto acumulativo* de diferencias hace que la tesis de que detrás de estas tres perícopas solo hay un suceso se debilite» (p. 194; la cursiva es de Siegman).

[109] Se suele hacer referencia a un relato rabínico: «Una vez el hijo de R. Gamaliel enfermó. Éste envió a dos profesores a R. Hanina b. Dosa para pedirle que orase por su hijo. Cuando los vio, subió a un aposento alto y oró por el muchacho. Cuando descendió, les dijo: Id, ya no tiene fiebre. Le preguntaron: «¿Eres un profeta?». Él contestó: «No soy profeta, ni hijo de profeta, pero la experiencia me ha enseñado lo

46 Ya en Galilea, Jesús se dirigió de nuevo a Caná (ver el comentario de 2:1). El comentario "donde había convertido el agua en vino" es otra indicación de que Juan ve el suceso del capítulo 2 como un hecho real, y que no se trata de una alegoría, escrita para transmitir verdades espirituales. "Oficial real"[110] (que es lo que aparece en el original [*N. de la T.*]) se refiere a uno de los oficiales del rey. Así pues, debía de ser uno de los oficiales al servicio de la corte de Herodes. Es evidente que había oído sobre las "señales" que aquel hombre ya había realizado en Caná, y es por eso que cuando su hijo enfermó (v. 52), fue en busca de Jesús.

47 El oficial oyó que Jesús llegaba y fue a su encuentro. "Suplicaba" es un tiempo continuo, es decir, que el hombre repetía su petición de forma insistente. El problema que exponía era de máxima urgencia. Por tanto, insistía. Juan deja bastante claro que se trataba de una situación seria, ya que dice que el chico «estaba al borde de la muerte»[111]. En vez de pedirle que venga le pide que "baje" porque Caná está en un lugar alto, y Capernaum está a orillas del lago. Tenemos aquí una indicación de exactitud histórico-geográfica.

---

siguiente: si la oración sale de mi boca de forma fluida, sé que ha sido aceptada; si no es así, sé que ha sido rechazada. Se sentaron, y escribieron con exactitud las palabras que había pronunciado. Cuando volvieron a R. Gamaliel, éste les dijo: ¡Es increíble! ¡Fue en ese preciso momento, ni antes, ni después! La fiebre desapareció y pidió de beber» (*Ber.* 34b; Soncino edn. pp. 215-16). Este es un relato típicamente rabínico, cuyo propósito era que la gente se maravillara ante el poder extraordinario que aquel hombre de Dios podía ejercer. El relato de Juan tiene un propósito muy distinto. Se trata de una "señal". Sirve para mostrarnos que Dios está obrando. En este mismo sentido, el v. 48 se opone determinantemente a que la fe esté basada en los milagros visibles. No es que en este evangelio se rechace la fe que nace de haber observado un milagro, pero tampoco se alaba.

[110] βασιλικός es el adjetivo "real"; "un hombre real" podría también querer decir alguien de sangre real, pero esta opción parece poco probable en este pasaje. Lo más seguro es que se tratara de un oficial del rey, alguien que está al servicio del rey, como traducen la mayoría de versiones. Se ha conjeturado que se refiere a Manaén, hermanastro de Herodes el tetrarca (Hechos 13:1), o Chuza, mayordomo de Herodes (Lc. 8:3). Pero no hay ninguna evidencia. De hecho, Herodes no era un rey, sino un tetrarca. Aunque sí pertenecía a la casa real, tenía el mismo poder que los reyes, y por ello muchas veces se le llamaba Rey (por ejemplo, Mr. 6:14). Así que este texto se refiere, quizá, a uno de los oficiales de Herodes.

[111] ἤμελλεν γὰρ ἀποθνῄσκειν. El auxiliar μέλλω refleja el sentido de inminencia y de certidumbre. Véase que Juan es el autor del Nuevo Testamento que más usa ἀποθνῄσκω: 28 veces (le siguen Romanos, con 23 veces, Lucas, con 10 veces).

48 La respuesta de Jesús resulta bastante dura. Pero no se trata de una respuesta dirigida solamente al oficial, sino a toda la multitud, tal y como indica el plural "veis" y "creeréis". Podríamos decir que «Jesús utiliza la respuesta para lanzar una reflexión» (Godet). Está describiendo la típica reacción entre los galileos. "Señales" (ver el comentario de 2:11 y la nota adicional G) aparece muchas veces en este evangelio para referirse a los milagros de Jesús y al hecho de que estos milagros tienen un significado. Tienen un objetivo, que es que la gente se vuelva a Dios. Sin embargo, puede que en este pasaje este propósito no sea tan evidente. Aquí, "señales" quiere decir poco más que "milagro" (la NVI añade "milagrosas" para que quede más claro), mientras que "prodigios"[1][12] se refiere a lo puramente milagroso y extraordinario. Esta palabra significa "portento", «algo que no puede explicarse, y lo único que podemos hacer es maravillarnos». Jesús está diciendo que las personas como el hombre que había venido a Él no tenían una confianza profunda, que es el elemento esencial de la fe. Solo miraban lo espectacular, y le buscaban porque les gustaba el sensacionalismo. El "no" en el original es muy enfático, porque es una doble negación[1][13]. Para aquellas gentes, las señales y prodigios son una necesidad absoluta. En este evangelio vemos que Jesús acepta a las personas que vienen a Él solo a consecuencia de los milagros (cf. 6:26; 14:11). Pero no es esa la fe que Él alaba (cf. 2:23-24).

---

[112] τέρατα. Esta palabra, siempre que aparece en el Nuevo Testamento (16 veces), aparece en plural, y siempre relacionada con σημεῖα. Los milagros de los que habla el Nuevo Testamento no son meros prodigios sin más. Tienen un propósito, y este es que la gente se vuelva a Dios.

[113] Moulton ha dado una buena explicación sobre el uso enfático de οὐ μή en el Nuevo Testamento (M, I, pp. 187-92). No está de acuerdo con eruditos como Gildersleeve, quien dice que "el énfasis" de esta construcción se ha perdido «por el mucho uso, que la convirtió en una expresión común» (p. 189). Nos dice que aparece un total de 93 veces, 12 de las cuales son citas de la Septuaginta, 60 aparecen en los Evangelios, 4 en Pablo, 1 en las epístolas universales, y 16 en Apocalipsis. Aparte de todas estas apariciones, fuera de los Evangelios se trata de una construcción muy poco común. . De esas 60 veces que aparece en los Evangelios, 54 salen de boca de Jesús, y la encontramos en todos los evangelios y en todas las fuentes que los críticos han estudiado. Está claro que los autores del Nuevo Testamento usan esta construcción en contadas ocasiones, aparte de los pasajes que vienen en el Nuevo Testamento y en las palabras del Maestro. Moulton concluye: «Dado que estos son los dos elementos que formaron 'las Escrituras' en la primera etapa del Cristianismo, uno está tentado a pensar que los dos nacen de la misma causa: la idea de que el lenguaje inspirado se tradujo correctamente con palabras que tenían un tono tajante que era pertinente en este caso, y que no era necesario ni adecuado en otros».

49 Aquí vemos la gran preocupación de aquel oficial del rey. No defiende su acción. No intenta argumentarla o explicarla. Simplemente le pide a Jesús que haga algo antes de que su hijo muera. La palabra que aquí aparece para "hijo" no es la misma que encontramos en los versículos 46 y 47, sino que es un término de afecto (Barclay: "mi niñito")[1][114]. El padre está tan preocupado por el bienestar de su hijo que no se detiene en preámbulos ni modales.

50 La respuesta de Jesús[1][115] es de lo más inesperada. Si el hombre le había estado suplicando que bajara a Capernaum era porque debía pensar que su presencia era necesaria para que se realizase la curación (a diferencia del centurión de Mt. 8:5 que le pidió a Jesús que no fuera a su casa, ya que para curarle no era necesario que estuviera cerca del criado). Las palabras de Jesús se convierten en una dura prueba. Al hombre no le da ninguna señal. Lo único que le queda al oficial es la palabra de Jesús. Pero eso es suficiente, y él responde al llamamiento implícito de fe que hay en las palabras de Jesús. Cree lo que le ha dicho, y se va.

51-53 Cuando bajaba[1][116] hacia Capernaum, sus esclavos (este es el sentido de "siervos") le salieron al encuentro para darle las buenas nuevas de que el chico estaba bien. Cuando el oficial preguntó[1][117] en

---

[114] La palabra es παιδίον. Aunque el diminutivo también se usa de forma convencional, aquí se trata, sin duda alguna, de un término afectivo. En los vv. 46, 47 y 50 se usa υἱός, y en el v. 51, παῖς (según los mejores manuscritos). Sobre este último versículo, Godet comenta: «Cuando los criados le cuentan al oficial lo que ha pasado, no usan el término afectivo (παιδίον), que sería demasiado familiar, ni el término υἱός, que sería demasiado frío, sino que usan un término intermedio, παῖς, "el niño". G.D. Kilpatrick arguye que παῖς es «una armonización con Mateo y Lucas» y que debía de ser υἱός en un principio (*JThS*, n.s. XIV [1963], p. 393). Pero las evidencias de los manuscritos niegan esta teoría y, además, como nos recuerda Edwin D. Freed, parece ser que Kilpatrick no ha tenido en cuenta uno de los elementos más característicos de Juan: la variación (*JThS*, n.s. XVI [1965], pp. 448-49).

[115] Algunas traducciones no recogen el matiz de que Jesús no solo está profetizando cómo acabará aquella enfermedad: "Tu hijo vivirá", "Tu hijo se va a curar", etc. Está pronunciando unas palabras que tienen poder, poder para curar. Juan recoge una "señal", y no un augurio o clarividencia profética.

[116] αὐτοῦ καταβαίνοντος es un uso bastante libre del genitivo absoluto, dado que luego va seguido de αὐτῷ. Pero este tipo de construcciones aparecen en algunos otros lugares del Nuevo Testamento, y también en estos escritos de la época. No se le asocia ningún significado especial.

[117] El verbo es ἐπύθετο. Normalmente el imperfecto de este verbo se usa en los casos en los que se busca una respuesta, y BDF incluso dice que el aoristo que aquí tenemos

qué momento exactamente[1][18] "había sanado"[1][19] su hijo, le dieron una respuesta concreta: "ayer, a la hora séptima". Esto nos plantea una dificultad. Si Juan está usando el sistema horario que se usaba en aquel entonces, estaríamos hablando de la una de la tarde. Pero dado que solo hay unos treinta y tres kilómetros entre Caná y Capernaum muchos creen que es muy poco probable que el oficial saliera de camino tan tarde. Sugieren que Juan usó el sistema horario romano, por lo que solo eran las siete de la tarde. Si el hombre encontró a Jesús a esa hora, lo más normal es que pasara la noche en Caná, pero, ¿por qué iba a quedarse allí si el encuentro fue a primera hora de la tarde? Esta teoría tiene su atractivo, pero hay muchos puntos que nos hacen pensar que Juan no usó el sistema horario romano (ver el comentario de 1:39). En este caso se dice explícitamente que el hombre creyó lo que Jesús dijo: como resultado, ya no tenía la ansiedad e incertidumbre iniciales, por lo que quizá pensó que ya no había tanta prisa por volver. Puede que también tuviera en cuenta algunas consideraciones prácticas, como dejar que el caballo descansara (seguro que llegó a toda prisa a Caná, con tal de encontrar a Jesús lo antes posible). Otra posibilidad es que tuviera que quedarse por razones ajenas a su voluntad. Fuese como fuese, lo cierto es que pasó una noche antes de que volviera a Capernaum, ya que no tendría sentido decir "ayer" para explicar algo que había ocurrido aquel mismo día[1][20].

En cualquier caso, la hora que le dicen sus siervos coincide con la hora en que Jesús le dijo al oficial: "Vete, tu hijo vive". Esta es la tercera vez que se nos dice que el chico "vive". Juan no pierde oportunidad de hacer hincapié en el concepto de "vida", la vida que Jesús ofrece.

---

es "incorrecto" (328). Aunque yo creo que eso es ir demasiado lejos. El aoristo le da a la pregunta un tono imperioso.

[118] Quizá lo más normal hubiera sido encontrarnos aquí un dativo (como en el v. 53) para expresar un momento concreto en el tiempo, pero en cambio, nos encontramos con una serie de acusativos: τὴν ὥραν y ὥραν ἑβδόμην. No obstante, Moulton apunta a que el acusativo se adentra, en esta sección, en la esfera del dativo (M, I, p. 63). Según BDF, la construcción con ὥρα es igual de clásica (161 [3]). Quizá deberíamos notar que en lugar de παρ' αὐτων, en p[75] ¿ y B aparece ἐκείνην.

[119] Parece ser que κομψότερον ἔχω es un coloquialismo (sería como nuestro "ponerse bueno"). MM cita la expresión de los papiros (cf. también *New Documents*, 4.69). Este es el único lugar del Nuevo Testamento donde la encontramos. El aoristo sirve para indicar la repentina mejora.

[120] MacGregor comenta: «es cierto que a Juan no le interesan lo más mínimo las cuestiones de tiempo y distancia. Para él es suficiente saber que la curación ocurrió a la vez que Jesús pronunciaba las palabras del v. 50». Plummer sopesa las diversas posibilidades y concluye que la balanza se decanta por el método horario judío.

Las palabras de los siervos son suficientes para que el oficial y toda su casa crean. En el versículo 50 se ha usado este verbo para designar que el oficial creyó en la palabra de Jesús. Aquí se usa en el sentido de "convertirse en cristiano". Anteriormente, el hombre sabía lo suficiente para reconocer que Jesús era un hacedor de milagros increíble. Pero esta "señal" le llevó más allá. Entendió que la mano de Dios estaba sobre aquel acontecimiento y, en consonancia con lo que acababa de descubrir, su actitud y forma de ver las cosas también cambiaron. Se convirtió en un creyente. La "señal" transformó su fe en una fe más elevada.

54 Esta no es, ni mucho menos, la segunda[121] señal que Jesús realizó, ya que en 2:23 Juan nos habla de otras señales. El sentido de esta frase sería, como traduce Rieu: «De nuevo, Jesús realizó un milagro cuando iba de Judea a Galilea». Juan ha recogido dos de las muchas señales que hizo, y ambas ocurrieron después de visitar Judea. Está claro que quiere relacionar esta señal con la primera. En ambos casos actúa el poder divino, pero vemos una progresión. La primera vez, el milagro se realizó estando Jesús presente; esta vez, el milagro se realiza a distancia. La primera vez se efectuó una transformación de *algo material* (el agua transformada en vino); esta vez, se le da vida a *un chico* que estaba apunto de morir. Ver la nota adicional G.

NOTA ADICIONAL D: VERDAD

Generalmente, el concepto de *verdad* que aparece en los escritos griegos es bastante parecido al nuestro. Equivale a real o realidad, y es el opuesto de falsedad o la mera apariencia[122]. Pero en el Nuevo Testamento el uso de este término es bastante complicado porque recoge algunas características del concepto veterotestamentario. Las voces hebreas אֱמֶת y אֱמוּנָה significan verdad, pero también significan fidelidad, fiabilidad, seguridad, credibilidad, y otros conceptos parecidos. Sobre todo, se usan

---

[121] Tenemos aquí una construcción poco usual: τοῦτο ... δεύτερον σημεῖον ἐποίησεν, «Esto hizo (como) segunda señal» (cf. 2:11).

[122] Cf. Bultmann: «Como en el lenguaje jurídico la ἀλήθεια es una defensa del estado real de un asunto, en contra de declaraciones que niegan este estado real, los historiadores usan este término para hablar de hechos reales y diferenciarlos así de los mitos o leyendas, y los filósofos, para referirse al ser real en un sentido absoluto» (*TDNT*, I, p. 122).

para describir a Dios, y no exageramos si decimos que parte de su significado deriva de la estrecha relación que estas palabras tienen con Dios. Por ejemplo, se le llama "el Dios de verdad" (Sal. 31:5; Is. 65:16). La verdad es un atributo o característica de Dios, y solo tenemos acceso al conocimiento de la verdad cuando conocemos a Dios. Podemos conocer la verdad porque Dios la ha revelado. Por eso, Jacob puede hablar de «toda misericordia y de toda fidelidad (o verdad) que has mostrado a tu siervo» (Gn. 32:10). Una oración como «Destrúyelos [a mis enemigos] por tu fidelidad (o verdad)» (Sal. 54:5) dejará de sorprendernos si recordamos que el concepto de verdad incluye la completa fiabilidad e integridad de Dios. Actuará de acuerdo con su moralidad.

En el Nuevo Testamento, la verdad se asocia con Dios (Ro. 3:7; 15:8). En un pasaje muy interesante, Pablo dice que la idolatría es cambiar la verdad de Dios por una mentira (Ro. 1:25), afirmación que nos habla de que la verdad es parte esencial de la naturaleza de Dios. La verdad también se asocia con Cristo (2 Co. 11:10), y de una manera muy directa: "la verdad está en Jesús" (Ef. 4:21). Algunas traducciones son menos acertadas, como "la verdad como está en Jesús", o "la verdad que está en Jesús". Pero Pablo no está diciendo que ha encontrado algo de verdad en Jesús, sino que dice que la verdad de Dios, la verdad en sí misma, reside en Jesús. Y la verdad también tiene que ver con lo que Cristo ha hecho, por lo que leemos sobre "la verdad del Evangelio" (Gá. 2:5), y vemos que "el mensaje de verdad" puede describirse como "el evangelio de vuestra salvación" (Ef. 1:13). Podríamos seguir citando muchos textos. Una vez sabemos la base de la que partimos, vemos que esa base afecta a la conducta del creyente. Tiene que «ceñirse la cintura con la verdad» (Ef. 6:14). Los cristianos tenían que «celebrar la fiesta» con el «pan de sinceridad y de verdad» (1 Co. 5:8). La verdad tiene que ser una característica de los que son salvos, en tanto que es una característica del Salvador.

El clímax de la evolución de este concepto llega con el Cuarto Evangelio. La verdad es, para Juan, un concepto de máxima importancia. Usa la voz ἀλήθεια 25 veces, mientras que Mateo la usa 1 vez, y Marcos y Lucas, 3 veces cada uno (Pablo la usa 47 veces, y aparece 20 veces en las epístolas joánicas). También encontramos una gran diferencia en la frecuencia con la que se usan los adjetivos ἀληθής (14 veces en Juan, 1 en Mateo y Marcos, ninguna en Lucas, y 4 veces en Pablo) y ἀληθινός (9 veces en Juan, ninguna en Mateo y Marcos, y una vez en Lucas y en Pablo). Está claro que Juan tiene un interés especial por el concepto de verdad.

Para Bultmann, «el significado básico de 'verdad' en Juan es la realidad de Dios, la cual, dado que Dios es el Creador, es la realidad única y verdadera»[123]. Cree que uno de los hechos más importantes es que vemos que la verdad está relacionada con Jesús. Está «lleno de gracia y de verdad» (1:14), y es fuente de gracia y de verdad (1:17). Juan el Bautista daba testimonio "de la verdad" (5:33), y puede que el hecho de que él no sea más que el que da testimonio de Jesús (ver el comentario de 1:7) consigue que esa idea de "la verdad" se relacione total y exclusivamente con Jesús. El Maestro también podía decir: «Yo soy [...] la verdad» (14:6). «Así que la verdad no es la enseñanza que Jesús daba sobre Dios, sino que es la realidad de Dios mismo revelada en Jesús»[124]. La verdad entendida en estos términos tiene una relación especial con la cruz. Cuando el Evangelio llega a su clímax, Pilatos pregunta: «¿Qué es la verdad?» (18:38). No obtenemos una respuesta con palabras, pero la respuesta la encontramos en el relato de la Pasión. A. Corell lo explica de la siguiente manera: «En el Cuarto Evangelio, ἀλήθεια solo puede tener un significado: la verdad sobre la muerte y la resurrección de Jesús, de lo que se da testimonio en 16:7 y 17:19. Y esto concuerda con toda la teología del Cuarto Evangelio, cuyo tema central es que Jesús 'ha sido levantado'»[125]. La verdad, tal y como la entendió Jesús, tuvo un precio muy elevado.

Todo esto tiene consecuencias para sus seguidores. «Si vosotros permanecéis en mi palabra, verdaderamente sois mis discípulos; y conoceréis la verdad, y la verdad os hará libres» (8:31-32). Conocer la verdad no consiste en entrar en la libertad intelectual tal y como la conocemos en términos humanos, sino entrar en la experiencia libertadora de ser discípulos del Señor, con todo lo que eso supone: ser libre del pecado y de la culpa, y poder tener comunión con Dios y conocerle. Jesús no describe la verdad como una virtud moral o un concepto filosófico[126]. Esta idea es bastante parecida a la que aparece en 17:3, donde se dice que la vida eterna consiste en conocer al único Dios "verdadero", y a Jesucristo. Quizá, aquí también deberíamos recordar que «la gracia y la verdad fueron hechas realidad por medio

---

[123] *Teología del Nuevo Testamento*, II [Salamanca, 1981], p 433
[124] Bultmann, *Teología*, p 434
[125] *Consummatum Est* (Londres, 1958), p. 161.
[126] G.E. Wright dice que «la 'gracia y la verdad' de Jesucristo (Juan 1:14) no son virtudes abstractas, sino los activos *hesed* y *emet*, enraizados en la concepción del

de Jesucristo» (1:17), ya que esto indica la estrecha relación que hay entre la Verdad y el Evangelio de la Gracia de Dios. El objetivo del ministerio de Jesús es «dar testimonio de la verdad» (18:37; cf. 8:40, 45, 46; 16:7). En cambio, el diablo «no se ha mantenido en la verdad» y ciertamente «no hay verdad en él» (8:44).

La verdad puede asociarse también con el Espíritu (que es el que continúa la obra de Cristo). Ciertamente, esta es una característica distintiva de la enseñanza de este evangelio. El Espíritu es "el Espíritu de verdad" (14:17; 15:26; 16:13; Juan incluso puede decir que "el Espíritu es la verdad", 1 Jn. 5:6). Parte de la obra o función del Espíritu es guiar a la gente "a toda la verdad" (16:13).

La verdad es tan importante para los creyentes, que se dice que son "de la verdad" (18:37; o como dice la NVI, "está de parte de la verdad"). Solo aquellos que son "de la verdad" escuchan la voz de Cristo (18:37). Son santificados "en la verdad" (17:17; NVI, "por medio de la verdad"). Sin duda alguna, la propia santificación de Cristo (la cual, según la mayoría de los exegetas implica que fue apartado voluntariamente para morir sacrificado) fue «para que ellos también sean santificados» (17:19). "Practican" la verdad (3:21; NVI, "viven según la verdad"; ver 1 Jn. 1:6). La verdad es una cualidad activa, y no tan solo un concepto abstracto. Los creyentes adoran «en espíritu y verdad» (4:23-24). Esta característica es tan importante, que el Padre busca a este tipo de adoradores (4:23). La adoración debe ser en conformidad con la realidad divina tal y como ha sido revelada en Jesús.

En este evangelio vemos que la persona de Jesús es un elemento básico para entender el concepto de verdad. Vemos también que este concepto deriva de la misma naturaleza de Dios, y que encuentra su expresión en el Evangelio, a través del cual Dios salva a las personas, y les da una vida fundada en la verdad y que sirve para transmitir la verdad[127].

---

pacto» (*God Who Acts* [Londres, 1954], p. 114). Debemos recordar que estos conceptos son dinámicos, enraizados en el Antiguo Testamento. Pero no deberíamos pasar por alto que estas ideas veterotestamentarias aparecen ahora en una nueva dimensión. Ahora estamos en un nuevo pacto, y el contenido deriva de Jesucristo. Encontrará información sobre la verdad en E. Hoskyns y N. Davey, *The Riddle of the New Testament* (Londres, 1931), pp. 35-43. Llegan a la siguiente conclusión: «La verdad es, resumiendo, el conocimiento de Dios a través de Jesús; ese conocimiento de Dios, como es a través de Jesús, convierte a los seres humanos en verdaderos Hijos de Dios».

[127] Ver también la información que aparece en Strachan, pp. 141-43, y la que ofrece S. Aalen, *SE*, II, pp. 3-24.

Juan 5

EL ORDEN DE LOS CAPÍTULOS 5 Y 6

Ya hemos visto que hay autores que creen que en este evangelio se han realizado muchos desplazamientos textuales. De entre todos ellos, el más probable puede ser la transposición de los capítulos 5 y 6. Las palabras introductorias del capítulo 6 («Después de esto, Jesús se fue al otro lado del mar de Galilea») no conectan de una forma natural con el capítulo anterior, que se desarrolla en Judea, sino que concordaría mejor después del capítulo 4 (que finaliza estando Jesús en Caná). La Pascua se acerca en 6:4, cuando puede que ya la estén celebrando en 5:1. La referencia que hay en 7:1 a que Jesús andaba por Galilea, porque en Judea los judíos querían matarle tampoco es lo que uno espera oír después de una sección situada en Galilea, sino que quedaría más natural después del capítulo 5. Muchos son los que creen que el capítulo 6 debería ir antes que el capítulo 5.

Sin embargo, MacGregor (quien, aunque lanza algunos argumentos en contra de esta teoría, acepta la transposición) escribe: «la crisis del ministerio en Galilea descrita al final del capítulo 6 quedaría demasiado temprano si se colocara antes del capítulo 5, ya que el momento propicio para que algo así ocurriera es inmediatamente antes de la salida final de Jesús de Galilea que encontramos en 7:10; todo ese conjunto conforma la conclusión lógica para esta primera sección del Evangelio». Además, debemos tener en cuenta que el objetivo de Juan no es hacer un informe histórico-cronológico.

Tampoco debemos esperar que todo esté enmarcado dentro de un cuadro geográfico y cronológico perfectamente urdido y definido. Juan va escogiendo los sucesos que quiere narrar de diferentes momentos de la vida de Jesús. Por ejemplo, por eso tenemos en 21:1 una abrupta e inexplicable transición de Judea a Galilea. Todos los manuscritos que nos han llegado presentan el mismo orden que nos presenta la tradición de los Evangelios. Por tanto, es muy difícil llegar a saber si realmente se dio una transposición, por más que algunos se empeñen en demostrar que así fue. Además, según Godet (al comentar el capítulo 6), marcharse de Galilea sí que puede seguir de forma natural y fluida al conflicto mencionado en el capítulo 5. Finalmente, centrándonos en el área teológica, en el capítulo 6 Jesús dice ser el pan de vida, el pan que descendió del cielo, el pan vivo, y deja claro que solo se puede acceder

TEXTO, EXPOSICIÓN Y NOTAS: LA CURACIÓN (5:1-9a)

a la vida eterna a través de Él. La declaración de que Jesús es el Hijo de Dios que aparece en 5:19-47 para ser una base necesaria para poder desarrollar el tema en el capítulo 6, y poder hacer tal afirmación[1]. Aquellos que creen que ha habido un cambio de orden aún no han conseguido probar su tesis y, hasta que lo logren, mejor será intentar entender el Evangelio en el orden tradicional, en el orden en el que nos ha llegado. Más sobre este tema en la Introducción, sección 6[2].

H. LA TERCERA SEÑAL: LA CURACIÓN DE UN PARALÍTICO (5:1-18)

1. La curación (5:1-9a)

1 Después de esto, se celebraba una fiesta de los judíos, y Jesús subió a Jerusalén. 2 Y hay en Jerusalén, junto a la [puerta] de las ovejas, un estanque que en hebreo se llama Betesdaᵃ y que tiene cinco pórticos. 3 En éstos yacía una multitud de enfermos, ciegos, cojos y paralíticos que esperaban el movimiento del agua; 4 porque un ángel del Señor descendía de vez en cuando al estanque y agitaba el agua; y el primero que descendía al estanque después del movimiento del agua, quedaba curado de cualquier enfermedad que tuvieraᵇ. 5 Y estaba allí un hombre que hacía treinta y ocho años que estaba enfermo. 6 Cuando Jesús lo vio acostado [allí] y supo que ya llevaba mucho tiempo [en aquella condición,] le dijo: ¿Quieres ser sano? 7 El enfermo le respondió: Señor, no tengo a nadie que me meta en el estanque cuando el agua es agitada; y

---

[1] Cf. Dodd: «Dios es el único del que se puede decir que, a través de la unión con Él (relación, comunión), el ser humano puede tener la vida eterna (6:53, 56). Así que, tanto aquí como en el v. 17, se le atribuyen a Cristo funciones y prerrogativas divinas. Vemos, por tanto, por qué es importante para el argumento de nuestro autor que el discurso del cap. 5 preceda al discurso que aparece en el cap. 6» (*IFG*, p. 340). D.M. Smith, Jr. argumenta que Bultmann no ha escrito a favor de una reordenación de estos dos capítulos (*The Composition and Order of the Fourth Gospel* [New Haven, 1965], p. 128s.).

[2] Como no hay evidencias externas sobre este tema, Wright sugiere que no podemos pronunciarnos. «Se trata de una especulación interesante, pero puede estar condicionada por el deseo de plasmar que el evangelista buscaba escribir con exactitud y precisión cronológica, aún cuando encontramos muy pocos detalles de este tipo en este evangelio».

mientras yo llego, otro baja antes que yo. 8 Jesús le dijo: Levántate, toma tu camilla y anda. 9 Y al instante el hombre quedó sano, y tomó su camilla y echó a andar.

a. 2 Algunos manuscritos dicen *Betzada*; otros, *Betsaida*
b. 3 El versículo 4 solo sale en algunos manuscritos de menor importancia

Hasta este momento, Juan se ha centrado casi exclusivamente en los encuentros de Jesús con personas diversas. En estos versículos, aún encontramos otro encuentro, pero la curación del paralítico lleva al conflicto con los fariseos, los líderes religiosos. Así que, llegado este punto, se nos introduce en un tema que marcará el resto del Evangelio. Jesús hace maravillas, sus "señales". Pero los líderes religiosos de la nación, en vez de caer rendidos a los pies del Hijo de Dios, y creer en Él, empiezan a perseguirle. Este conflicto aumenta y se intensifica, hasta que, al final, arrestan y matan a Jesús[3]. Aquí tenemos el comienzo de la hostilidad y rechazo que va a marcar la vida de Jesús en la Tierra. Juan ya nos lo había avanzado en el prólogo («A lo suyo vino, y los suyos no le recibieron» [1:11]), y lo desarrolla a lo largo de todo el Evangelio, sobre todo en los capítulos 8, 12 y 13[4].

1 Después de esto[5] llega la celebración de una fiesta, aunque no sabemos exactamente de qué fiesta se trata. Si ese capítulo viene a continuación del capítulo 6, se trataría de la fiesta de la Pascua, mencionada en 6:4. Pero si este capítulo va después del 4, no tenemos ninguna referencia concreta para saber con seguridad qué celebración representa[6].

---

[3] Cf. Morgan: «Desde el punto de vista humano, lo que Jesús hizo aquel día y las palabras que Jesús pronunció le costaron la vida. Nunca se lo perdonarían».

[4] Cullmann cree que en este incidente hay una referencia al Bautismo (*Early Christian Worship* [Londres, 1954], p. 84s.). Pero admite que «A primera vista puede parecer que estamos forzando un sistema» (p. 84). Pero a nosotros no nos lo parece, sobre todo porque la única evidencia que ofrece es: «Después de los capítulos anteriores que se refieren implícitamente al bautismo en la comunidad cristiana, la relación que encontramos aquí con el bautismo es bastante convincente», (p. 86). Pero si creemos que el Bautismo apenas aparece en los capítulos anteriores, tampoco lo veremos aquí.

[5] En cuanto a μετὰ ταῦτα, ver el comentario de 2:12.

[6] Más sobre este debate en la nota adicional de Westcott (pp. 204-7). Él cree que se trata de la Fiesta de las Trompetas, pero cuenta con pocos que respalden esta interpretación. La mayoría de los comentaristas creen que se trata de la festividad de

"De los judíos" es una explicación que Juan usa a menudo para ayudar al lector gentil. Jesús estaba cumpliendo con la práctica de los hombres piadosos de su tiempo: subía a Jerusalén para observar las fiestas judías. Quizá Juan no menciona el nombre de la fiesta para reflejar esta idea: Jesús no subía a Jerusalén solo a las fiestas importantes sino que, como buen hombre piadoso, siempre cumplía con su deber.

2 El tiempo presente de la forma verbal "hay" es, quizá, una indicación de que esto ocurrió antes de la destrucción de Jerusalén[7]. No podemos basar nuestra conclusión solo en ese verbo en presente, pero es un dato que tampoco podemos pasar por alto. "Oveja" es un calificativo que acompaña a "estanque", por lo que el significado de la frase sería el siguiente: «Junto al estanque de las ovejas, estanque llamado...». Otros comentaristas sugieren que acompaña a "puerta" (cf. Neh. 3:1; 12:39)[8], o a "mercado" (la traducción inglesa KJV). El nombre del

---

Purim o de la Pascua. El contexto teológico del tratamiento que Juan hace de este tema no aporta nada en cuanto a la idea del juicio, que es muy prominente en este capítulo, y que está asociado con no menos de cuatro de las fiestas. Así, leemos: «El mundo es juzgado cuatro veces al año: en la Pascua, mediante el grano; en Pentecostés, mediante los frutos del árbol; en el Día de Año Nuevo todos los que vienen al mundo pasan ante él como legiones de soldados, porque está escrito, *El que formó los corazones de todos ellos, que consideró todas sus obras*; y en la Fiesta (de los Tabernáculos), mediante el agua» (Misná, *Rosh. Hash.* 1:2). Algunos manuscritos presentan el artículo "la" fiesta, como K C L fl. co. Si aceptamos esta lectura, lo más seguro es que se refiera a la Fiesta de los Tabernáculos; cf. 7:2 (aunque algunos eruditos aseguran que es la Pascua). El artículo no aparece en otros manuscritos como p^{66} p^{75} A B D W Θ f13 etc. Por lo que la mayoría cree que deberíamos leer "una fiesta". Por lo que parece imposible saber con exactitud a qué fiesta se refiere.

[7] En cuanto al artículo con Ἱεροσολύμοις ver el comentario de 2:23.

[8] El problema se complica porque κολυμβήθρα puede ser tanto nominativo como dativo; los manuscritos más antiguos no hacen ninguna diferencia. Algunos manuscritos contienen «en el — de las ovejas» (ἐν τῇ προβατικῇ), pero en la mayoría de ellos leemos «junto al — de las ovejas» (p^{66} p^{75} B C K W^{supp} fl f13 28 33 565 700 sa bo). Así que aceptamos «junto al — de las ovejas». Tanto el nominativo como el dativo presentan dificultades, y en ambos casos tenemos que añadir un sustantivo. Si lo interpretamos como nominativo, tenemos que añadir un sustantivo que acompañe a προβατικῇ (traducciones como RV, LBLA, NVI, y NRSV, GNR, REB en inglés optan por "puerta", pero otras versiones han sugerido otros sustantivos). Si lo interpretamos como dativo, acompaña a προβατικῇ, con el añadido de que tenemos que buscar cuál es el sujeto del verbo, es decir, «En el estanque de las ovejas en Jerusalén hay un lugar que tiene cinco pórticos» (NEB); «En el estanque de las ovejas en Jerusalén hay un edificio» (JB). Después de esto, parece ser que deberíamos tomar el término en dativo, y opinar que la interpretación moderna de que se trata de una "puerta" con "ovejas" está equivocada. Quizá Barrett tenga razón al considerar que lo que sigue es un hecho concluyente: «toda la tradición antigua interpreta que προβατικῇ κολυμβήθρα van juntos,

estanque también presenta muchas dificultades interpretativas. Quizá se deba a que el nombre aparece "en hebreo", lengua que los escribas griegos que copiaron el Evangelio ya no comprendían, por lo que podrían haberse equivocado a la hora de copiar. "En hebreo" significa "en la lengua que hablaban los judíos", es decir, "en arameo" (como dice la NVI). Puede que esta sea la mejor interpretación, pero se trata de un tema bastante complejo[9]. Existen diferentes posibilidades, ya que tanto "Betsaida", "Betzata" y "Betesda" están documentadas, al igual que "Belzeta"[10]. Estamos ante un problema textual muy complejo, por lo que no podemos llegar a ninguna conclusión, ni descartar ninguno de los nombres mencionados. Sin embargo, en el manuscrito de cobre que se encontró en Qumram pone "Bet Eshdatain", por lo que la opción más

y ningún escritor antiguo (de hecho, desde 1283 dC.) asocia πύλῃ a προβατικῇ». Abbott no encuentra ninguna evidencia de que haya una elipsis de "puerta" (2216). Dice que, en Nehemías por ejemplo, cuando se habla de la puerta de las ovejas, la palabra "puerta" aparece de forma explícita. Moulton y Howard citan un amuleto cristiano, posiblemente del siglo V, que apela al «Dios del estanque de las ovejas» ὁ θεὸς τῆς προβατικῆς κολυμβήθρας (M, II, p. 85n). κολυμβήθρα sería un estanque bastante grande. Es una palabra similar a κολυμβάω, "nadar" (que se usa en Hechos 27:43), y en AS se traduce como "piscina".

[9] Ver J.N. Sevenster, *Do You Know Greek?* (Leiden, 1968) y artículos como "Did Jesus speak Hebrew?", de J.A. Emerton (*JThS*, n.s. XII [1961], pp. 189-202); "The Words of Jesus according to St. John", de J.B. Higgins (*BJRL*, XLIX [1966-67], pp. 363-86); «Hebrew as the Spoken and Written Language in the Last Days of the Second Temple», de Jehoshua M. Grintz (*JBL*, LXXX [1961], pp. 32-47). Estos autores muestran que no se puede llegar a una respuesta clara. Algunos sostienen que en la Palestina del primer siglo se hablaba una variante del hebreo, y puede que así fuese. Las Escrituras se leían en hebreo y, al menos la gente culta, podían entenderla. Así que no podemos descartar que en este texto se refiera al "hebreo"estrictamente, pero dadas las evidencias, lo más probable es que la lengua que se usara fuera el arameo y, por tanto, esa es la lengua a la que Juan se refería en este versículo.

[10] Quizá esta última es una variante de "Betzata". Quizá hay más manuscritos que optan por "Betsaida" (p[66] p[75] BW *pc c ff2 z* vg co Tert), pero no es lo suficientemente concluyente. "Betesda" parece ser la forma griega de בת חסדה, que significa "Casa de Misericordia". "Betzata" podría ser una deformación de "Bezeta", que, según Josefo", era el nombre de la parte de la ciudad en la que estaba el estanque, o podría provenir de בית זית, "Casa de las Olivas". Schonfield dice que quizá significa "Lugar de sal alcalina". No obstante, como Juan no le da ninguna importancia al significado de este término, no tenemos ninguna ayuda textual para interpretarlo. David J. Wieand cree que Betsaida, la lectura que aparece en el mayor número de documentos, significa "Casa del pez" o "Casa del pescador", y que en la iglesia primitiva el pez era un símbolo muy extendido ("John v.2 and the Pool of Bethesda" *NTS* XII [1965-66], pp. 392-404), lo que favoreció la aceptación de esta interpretación. Cree que originalmente era Betesda, pero que se deformó en Betsaida, y que la simbología del pez fue la causante de que esta última lectura fuese aceptada.

correcta sería "Betesda"[11]. Sí sabemos que el estanque tenía cinco "pórticos"[12] (o "galerías"), pista que ha hecho que muchos lo identifiquen con el estanque doble ahora conocido como el estanque de Santa Ana[13].

3-4 Allí siempre había muchos enfermos. De hecho, el texto original no explica por qué se reunían allí, pero una tradición muy antigua fue incorporada al texto (vv. 3b-4). Los manuscritos dejan bien claro que estas frases no forman parte del evangelio original[14]. Pero no por ello debemos pensar que la información que aporta es incorrecta (cf. v. 7). Pensaban que, cada cierto tiempo, un ángel provocaba un movimiento de agua, y el primero que entrara en el estanque después de ese

---

[11] 3Q15, col. 11,1.12. J.M. Allegro, *The Treasure of the Copper Scroll* (Londres, 1960), pp. 165-66; M Baillet, J.T. Milik y R. De Vaux, *Les "Petites Grottes" de Qumran* (Oxford, 1962), p. 297; J. Jeremias, *ExT*, LXXI (1959-1960), p. 228. Es interesante ver que Calvino optó por la etimología «un lugar de derramamiento».

[12] San Agustín interpreta este pasaje de forma alegórica. Cree que los cinco pórticos son una referencia a los cinco libros de Moisés, los cuales no tienen poder de sanar (17.2; p. 111).

[13] *The Westminster Historical Atlas to the Bible* acepta esta identificación (ver p. 99 y XVII:B). También la acepta el *Rand McNally Bible Atlas* (pp. 392-93), et al. Ver especialmente los argumentos de E.J. Vardaman (*BT*, 14 [1963], pp. 27-29). Subraya la importancia del descubrimiento de una referencia a este estanque en el manuscrito de cobre de Qumrán. Este descubrimiento no solo prueba que la palabra original es Betesda, sino que además, el hecho de que se trate de una forma dual, nos habla de la existencia de dos estanques gemelos. Wieand hace un recorrido por los seis lugares en los que se dice que estaba el estanque, y concluye que la identificación de Betesda con el estanque doble de Santa Ana es «la más acertada» (p. 397). Este lugar, debido a las reconstrucciones naturales del paso de los siglos, se encuentra ahora a algunos metros bajo tierra. Muchos comentaristas aseguran que se trata de una identificación bastante antigua, ya que una iglesia de las Cruzadas que se construyó sobre el estanque contiene un mural que representa un ángel que sale del estanque. A G. Adam Smith no le convence demasiado esta identificación, y se inclina por la fuente de la Virgen (*Jerusalem*, II [Londres, 1908], pp. 564-67). Pero creemos que lo más probable es que se trate del estanque doble de Santa Ana. J.A.T. Robinson está de acuerdo con que el estanque doble de Santa Ana coincide con lo que era la localidad de Betesda, pero no cree que ese estanque sea el mismo del que Juan está hablando. Estos eran depósitos que abastecían de agua al templo, pero que no podían servir para actividades de curación. Así que apunta a un número de pequeñas grutas, inmediatamente al este del estanque, de las que salían unas escaleras que llevaban al estanque, que era como una gran palangana de piedra que se usaba para lavar, y que se podría haber usado como un santuario de curaciones (*Priority*, pp. 54-59). Puede que el estanque doble no fuera exactamente el lugar al que el paralítico intentaba llegar, pero puede que se usara el nombre para designar, de forma general, aquel lugar donde la gente pensaba que podía curarse.

[14] No se encuentran en p^{66} p^{75} ℵ B C*D W 33 157 $f\,l\,q$ syr^c co etc. Y los textos que las incluyen difieren entre ellos (los más importantes son A C^3 K L Θ f1 f13 Tert).

movimiento, era sanado. Por tanto, pasaban el día entero allí, esperando ser lo suficientemente rápidos y, así, poder curarse. Lo más probable es que el movimiento de agua fuera provocado por la entrada intermitente de agua, procedente de la fuente natural[15].

5 De entre todos los enfermos, Juan habla de un hombre en concreto. No nos dice exactamente lo que le ocurría, pero gracias al versículo 8 sabemos que debía de tener algún tipo de parálisis de las extremidades inferiores[16]. Y era un mal que había sufrido durante un largo período de treinta y ocho años[17]. El agua que, supuestamente, curaba, no había hecho ningún efecto en todos aquellos años. Y Juan usa este contexto para contrastarlo con la palabra poderosa y sanadora de Jesús.

6 Juan no explica cómo sabía Jesús la cantidad de años que el hombre llevaba enfermo. Puede que, de nuevo, quiera que lo veamos como otro ejemplo del conocimiento sobrenatural de Jesús (ver el comentario de 4:17)[18]. Pero también es posible que se lo hubiera pregun-

---

[15] R.D. Potter dice que ya no existe tal fuente. A partir de unos fragmentos de unas cañerías de piedra dice que el agua venía del área del templo o de otro lugar. «Entonces el 'movimiento del agua' ocurría cada vez que renovaban el agua» (*SE*, I, p. 336). Pero si Robinson está en lo cierto (ver nota al pie núm. 13) el "movimiento de agua" habría tenido lugar en una gruta adyacente, y no en el estanque del que Potter habla.

[16] Quizá tenga algún significado el hecho de que en el Antiguo Testamento a veces se asocia que los cojos saltarán cuando venga el Mesías al final de los tiempos (por ejemplo, Is. 35:6). Quizá Juan seleccionara este milagro para apuntar al carácter mesiánico de Jesús.

[17] Aquellos a quienes les gusta hacer interpretaciones alegóricas nos recuerdan que este es el número de años que el pueblo de Israel pasó en el desierto (Dt. 2:14). Así que ven en este hombre un símbolo de los judíos en los tiempos de Jesús, paralizados y faltos de fe. O, con Wright, preguntan: «¿No será que el autor inserta este período de tiempo porque simboliza para él un período de impotencia espiritual anterior al pleno enriquecimiento de vida que Jesús trae ahora a aquellos que depositan su fe en Él: un período de "vagar" anterior a la revelación total del corazón del Padre que es la misión de Jesús?». Pero, aunque puede ser cierto que Juan tuviera en mente algún significado simbólico, el que mencione los treinta y ocho años parece ser tan solo una forma de enfatizar que se trataba de una enfermedad intratable. Quizá también quería que infiriéramos que lo que hizo que el Señor se compadeciera de él fue la cantidad de años que llevaba sufriendo. Crisóstomo usa la persistencia del hombre, que seguía buscando una cura después de tantos años para sacar una moraleja: «mientras que nosotros, si hemos orado diez días por una cosa, y no la hemos conseguido, ya nos cansamos y no seguimos orando con el mismo celo» (XXXV.2; p. 126). En cuanto al uso del acusativo después de ἔχω para referirse a un período de tiempo, cf. v. 6; 8:57; 9:21; 11:17.

[18] El aoristo, γνούς, no apoyaría esta interpretación, porque se traduce por "habiendo oído" o "habiéndose enterado".

tado al mismo hombre o a otra persona. Juan recoge la historia simplemente desde el momento que el Señor pregunta: "¿Quieres ser sano?". Cabe notar que Jesús es el que toma la iniciativa (como ocurre en todas las "señales" de este evangelio, excepto en el caso del hijo del oficial). Jesús no espera que el hombre le pida su intervención. Da el primer paso preguntándole si desea curarse[19].

7 El hombre no ve a Jesús como alguien que le iba sanar[20], lo cual es normal, ya que no le conocía ni sabía quién era (v. 13). En ese momento solo podía pensar en las cualidades curativas del agua del estanque. Explica que después de tantos años aún no ha conseguido curarse porque no puede llegar al estanque lo suficientemente rápido como para ser el primero en llegar al estanque cuando se produce el movimiento del agua. Necesita que alguien le ayude a llegar al estanque. Y como no encuentra a ese "alguien", siempre hay otros enfermos que llegan al agua antes que él.

8-9a Jesús inmediatamente le ordena al hombre que se levante, que tome su camilla[21], y que ande[22]. E inmediatamente[23] el hombre obedece. La curación es instantánea y completa. Es diferente al resto de las curaciones porque no se menciona que el hombre tenga fe; es más,

---

[19] Barclay tiene una nota interesante: «Un requisito básico para poder recibir el poder de Jesús es el intenso deseo de que esto ocurra. Jesús se acerca a nosotros y nos dice: '¿Estás seguro de que quieres cambiar?'. Si en lo más profundo de nuestros corazones ya estamos contentos con nuestra situación, no cambiaremos. Si queremos cambiar, debemos desearlo de forma sincera». Findlay nos recuerda que "en Oriente un mendigo pierde su mejor herramienta si sana de su enfermedad".

[20] Cf. Calvino: «Este enfermo hace lo que casi todos hacemos. Con sus ideas y manera de pensar, pone límites al poder y la ayuda de Dios, y no ve que puedan ocurrir cosas más maravillosas de las que él ya ha concebido en su mente».

[21] La palabra κράβαττος (que también se escribe κράββατος; en ℵ suele aparecer escrita de la siguiente forma: κράβακτος). Parece ser que es de origen macedonio, y significa camilla, catre (cf. en Latín: *grabatus*). Moffatt y otras versiones traducen "colchón". MM lo definen como «la cama o el colchón del pobre hombre». Es una palabra tardía. Dods comenta: «Él le ordena que tome su cama para que se dé cuenta de que era una curación permanente».

[22] Véase la importancia de los tiempos verbales, ἆρον, ἦρεν, de la acción única de ponerse en pie, περιπάτει, περιεπάτει, y que, acto seguido, se puso a caminar.

[23] El uso de εὐθέως hace hincapié en la inmediatez de la curación. Esta palabra es muy común en Mateo, y otra muy similar, εὐθύς, es muy común en Marcos. Pero tanto la una como la otra apenas se usan en este evangelio (tres veces cada una). La poca frecuencia con que se usa hace que el uso en este pasaje destaque y gane un énfasis especial.

parece que fuera imposible que el hombre depositara su fe en Jesús, ¡si ni siquiera sabía su nombre! (v. 13). Y hasta que Jesús pronunció las palabras de la curación, en lo único en lo que pensaba el hombre era en llegar al estanque para poder librarse de su mal (v. 7). Parece ser que, aunque la fe solía ser un requisito para que Jesús sanara a la gente, no era absolutamente necesaria. La flaqueza humana no puede limitar a Jesús cuando éste ha de realizar las obras de Dios.

2. Discusión acerca del Día de Reposo (5:9b-18)

Y aquel día era Día de Reposo. 10 Por eso los judíos decían al que fue sanado: Es Día de Reposo, y no te es permitido cargar tu camilla. 11 Pero Él les respondió: El mismo que me sanó, me dijo: «Toma tu camilla y anda.» 12 Le preguntaron: ¿Quién es el hombre que te dijo: «Toma [tu camilla] y anda»? 13 Pero el que había sido sanado no sabía quién era, porque Jesús, sigilosamente, se había apartado de la multitud que estaba en [aquel] lugar. 14 Después de esto Jesús lo halló en el templo y le dijo: Mira, has sido sanado; no peques más, para que no te suceda algo peor. 15 El hombre se fue, y dijo a los judíos que Jesús era el que lo había sanado. 16 A causa de esto los judíos perseguían a Jesús, porque hacía estas cosas en el Día de Reposo. 17 Pero Él les respondió: Hasta ahora mi Padre trabaja, y yo también trabajo. 18 Entonces, por esta causa, los judíos aún más procuraban matarle, porque no solo violaba el Día de Reposo, sino que también llamaba a Dios su propio Padre, haciéndose igual a Dios.

Esta es la primera vez en este evangelio que, de forma directa, Jesús encuentra oposición. Como en los Evangelios Sinópticos, la razón es la actitud de Jesús frente al Día de Reposo. Estos evangelios recogen varias discusiones entre Jesús y los religiosos judíos en torno al tema de guardar el Día de Reposo. En parte, es extraño que este tema surgiera de una forma tan viva en Galilea donde, en general, los religiosos judíos no eran tan estrictos como los de Jerusalén. Pero, a veces, vemos que los religiosos de Jerusalén iban a Galilea (Mt. 15:1; Mr. 3:22; 7:1), y puede que esto fuera lo que también ocurriera en este episodio. Un suceso como el que Juan narra en estos versículos habría causado un revuelo entre los religiosos judíos, y estos habrían enviado a sus emisarios a Galilea para que investigaran si aquel hombre seguía incumpliendo la ley de la misma forma. Para los judíos, el *Sabat* era un día de gozo[24]; sin embargo, le habían impuesto un sinfín de restricciones, que se habían convertido en una carga. No se permitía realizar ningún tipo de tarea, y era increíble la precisión con la que definían cada tarea para que quedara claro hasta qué punto llegaban las prohibiciones[25]. Jesús, por su parte, sostenía que era correcto hacer el bien en el Día de Reposo. Por tanto, poniendo esa prioridad por delante, ignoraba la cantidad de regulaciones impuestas por los escribas y es por ello por lo que se ganó la oposición de las autoridades religiosas.

9b-10 Ahora Juan nos hace saber que esta curación ha sido realizada en *Sabat*[26]. Jesús no dejó de ejercer su compasión solo porque hubiera unas reglas que prohibían cualquier tipo de curaciones en ese día. A lo mejor decidió realizarla ese día para que saliera el tema, y para dejar claro cuáles eran sus prioridades. Fuera como fuera, la reacción de los escribas no se hizo esperar. Como es característico de Juan, a los líderes de la oposición se les llama simplemente "judíos" (ver el comentario de 1:19). Como el paralítico era judío, está claro que el término no se usa en sentido étnico. Lo más probable es que ese grupo de "judíos" estuviera formado, en su mayoría, por fariseos. Pero deberíamos tener

---

[24] Cf. C.G. Montefiore: «A pesar de las muchas restricciones y regulaciones, el *Sabat* era, sobre todo, un gozo y una bendición para la mayoría de los judíos durante el período rabínico» (*The Synoptic Gospels*, I [Londres, 1909], p. 93).

[25] Algunas de las detalladas regulaciones son inverosímiles. Por ejemplo, «(en *Sabat*) un hombre no podrá tomar prestado de su amigo una jarra de vino o una jarra de aceite, a no ser que él le diga: 'Préstamelas'» (*Shab.* 23:1). Eso sería una transacción, lo que quizá requeriría escribir, y escribir era trabajo, por lo que estaba prohibido. Otra decía así: «Si un hombre enciende la lámpara (en la noche del *Sabat*) por miedo a los gentiles, a los ladrones o a un espíritu inmundo, o para aliviar a alguien que no puede dormir en la oscuridad, no es culpable; (pero si lo hace) para ahorrarse la lámpara, el aceite o la mecha, entonces es culpable» (*Shab.* 2:5). La actitud que había que tener ante una curación que tenía lugar en sábado queda ilustrada por una curiosa regulación que prohibía que un hombre se echara vinagre en la boca para aliviar el dolor de muelas, pero podía ponerse vinagre en la comida y, según concluían filosóficamente los rabíes, ¡"si se curaba, se curaba" (*Shab.* 14:4)!

[26] σάββατον no lleva artículo (tampoco en los vv. 10 ni 16, aunque sí lo lleva en el v. 18). Lo que Juan quiere destacar es que se trataba de un día en el que se debían observar ciertas reglas. ἐν ἐκείνῃ τῇ ἡμέρᾳ no era una forma normal de construir una frase. Westcott cree que toda la expresión es «muy notable. Consigue poner el énfasis, no en que era sábado (por oposición al resto de días de la semana), sino en que era el Día de Reposo».

en cuenta lo que comenta Newbegin: «'los judíos', tal y como se retratan en este evangelio, no son solo un grupo de gente ciega y testaruda. Representan la religión oficial. Nos representan a nosotros» (ver el comentario del v. 4). Estos judíos le recordaron al paralítico que había sido sanado[27] en sábado (el orden de las palabras en griego pone un énfasis especial sobre la palabra *Sabat*), y que por eso no estaba bien que hubiera tomado su camilla, y mucho menos que caminara cargando con ella. Probablemente tenían en mente pasajes como Jeremías 17:21s. y Nehemías 13:15[28]. Originalmente, estos versículos eran una protesta contra la tendencia existente a secularizar el *Sabat*. No era un día de trabajo como los demás. Era el día del Señor. Debía mantenerse libre de tareas y preocupaciones terrenales[29]. Así que las regulaciones empezaron en un loable intento de salvaguardar ese día santo. Pero con el paso del tiempo la lista de regulaciones se fue haciendo más y más extensa, llegando a extremos absurdos, por lo que había perdido el carácter inicial del Día de Reposo. La actitud de Jesús buscaba recordar a la gente cuál era el significado real del *Sabat*.

11-13 No podemos decir que el paralítico fuera un hombre valiente. En seguida le echó las culpas al hombre que le había curado[30]. No sabía cuál era su nombre (v. 13), pero se las arregló para explicar que al que tenían que juzgar era al que había pronunciado las palabras de la curación. Y, en seguida, las autoridades religiosas se dispusieron a ave-

---

[27] El perfecto τῷ τεθεραπευμένῳ hace hincapié en que la curación tenía un efecto continuo o, en otras palabras, en la permanencia de la curación, a diferencia del v. 13, donde ὁ ἰαθείς apunta tan solo al acto o momento de la curación.

[28] Misná, *Shab.* 7:2 contiene una lista de treinta y nueve clases de trabajo que estaban prohibidas en el *Sabat*, la última de las cuales era «cargar o llevar algo de un lugar a otro». Es interesante que otra de las regulaciones decía que si un hombre sacaba «a un hombre vivo en una camilla no era culpable por haber sacado una camilla, ya que la camilla era secundaria» (*Shab.* 10:5). De ahí se entiende que si solo llevara una camilla sí sería culpable. La única razón para cargar con una camilla sería poner a un hombre sobre ella; el incumplimiento de la ley estaba, pues, en que el hombre cargara con la camilla.

[29] Cf. Strachan: «Las regulaciones rabínicas estaban enfocadas a tratar el que también es un problema social hoy en día. Las autoridades religiosas sabían que la destrucción del día de descanso suponía una amenaza a los valores de la vida. Esto es algo que deberíamos recordar cuando criticamos sus métodos».

[30] "Me sanó" es la traducción de ὑγιής, un adjetivo que significa "sano". Juan usa esta palabra cinco veces en este capítulo, pero en el resto del Evangelio solo vuelve a usarla una vez. No es una palabra muy común; en el resto del Nuevo Testamento solo aparece cinco veces.

riguar quién había hecho tal cosa[31]. Esta referencia a "el hombre" es bastante significativa. De forma despectiva, lo contrasta con la ley de Dios (Plummer). Pero el paralítico no pudo complacerles. No sabía el nombre de aquel hombre[32]. Ni tampoco podía identificarlo, ya que «se había apartado de la multitud»[33]. La gente debió de agolparse alrededor del paralítico, por lo que debió de ser fácil esconderse y desaparacer[34].

14 "Después" es un término indefinido[35]. No quiere decir inmediatamente después; no concreta, no especifica. Jesús buscó al hombre y lo halló en el templo. Podríamos pensar que el hombre se encontraba allí porque había ido a darle las gracias a Dios (cf. Mr. 1:44; Lc. 17:14). Lo primero que Jesús menciona es la curación. "Has sido sanado" está en tiempo perfecto, lo que indica que la curación es permanente. Seguro que muchas de las curaciones que se suponía que habían sido resultado de las aguas del estanque no duraban demasiado. La curación que Jesús le había regalado a aquel hombre era diferente. "No peques más" supone que el hombre había pecado y que seguía pecando[36]. Jesús le exige que rompa con esa práctica y que se reconcilie con Dios. Más adelante (9:1s.) Jesús rechaza la idea de que enfermedades como la ceguera son sin duda alguna consecuencia de un pecado concreto. Pero tampoco dice que no puedan ser consecuencia del mismo. En este versículo parece apuntar a que el pecado de aquel hombre había sido la causa de su mal. Así que seguir pecando podía traerle un destino aún peor. Puede que Jesús se refiriera a un destino peor físicamente hablando, pero lo más probable es que se estuviera refiriendo a las consecuen-

---

[31] McClymont comenta: «La estructura de la pregunta mostraba lo obsesionados que estaban con el incumplimiento de su ley: ¡ni tan siquiera hacen mención del milagro! Solo hacen esa pregunta para juzgar al ofensor».

[32] Cf. Temple: «El cristianismo funda los hospitales, y los ateos van allí a sanarse, sin saber que su curación se debe a Cristo. Las cárceles son reformadas bajo la influencia que nace del Evangelio; y los prisioneros no saben – a veces ni los mismos reformadores lo saben – que Cristo es el Autor de la Reforma».

[33] El verbo es ἐκνεύω (única vez que aparece en el Nuevo Testamento); quiere decir "esconder la cabeza" (AS), o "escabullirse".

[34] El genitivo absoluto ὄχλου ὄντος es ambiguo. Puede ser que explique la razón por la cual se apartó, o la forma en la que se apartó. San Agustín comenta lo siguiente de este versículo: «Es difícil ver a Cristo en la multitud; a veces necesitamos la soledad; a través de la contemplación en la soledad podremos ver a Dios» (17.11; p. 115). Del hombre dice: «No vio a Jesús entre la multitud, le vio en el templo» (íbid.).

[35] En cuanto a μετὰ ταῦτα, ver el comentario de 2:12.

[36] En cuanto a este uso del tiempo presente ver el comentario de 2:16.

cias eternas del pecado. De hecho, éstas son mucho peor que cualquier discapacidad física o enfermedad.

15 Parece ser que el hombre que fue sanado no era una persona muy agradable. Por la actitud de "los judíos" (v. 10), es obvio que estaban furiosos debido al incumplimiento del Día de Reposo. En cuanto descubrió la identidad del que había sido su Benefactor, ¡le traicionó diciéndoselo a las autoridades que le perseguían![37] Hay una diferencia interesante entre la pregunta y la respuesta. Los judíos le preguntaron quién le había dicho que cargara con la camilla (v. 12). El hombre responde que Jesús es quien le sanó. Los judíos hacen hincapié en el incumplimiento de la ley; el hombre, en el milagro, en la curación.

16 El resultado era inevitable. Los judíos tomaron represalias contra Jesús[38], aunque no sabemos exactamente de qué forma le "perseguían". Anteriormente vimos que se subrayaba el hecho de que Jesús era el culpable (v. 11); ahora se subraya que la curación tuvo lugar en el Día de Reposo. Es esto último lo que causó la oposición. "Hacía" es un tiempo continuo, así que quizá Juan está diciendo que este incidente ya había ocurrido en alguna otra ocasión, aunque él no lo recoja en su evangelio. Pero también podría ser que los judíos pensaran que si lo había hecho una vez, podía ser su práctica habitual (cf. *REB*, «Debido a que Jesús hacía estas cosas en el Día de Reposo, los judíos decidieron perseguir a Jesús»)[39].

17 Jesús "respondió", aunque no se le hace ninguna pregunta (la NVI cambia un poco el sentido: "dijo")[40]; respondió a la persecución. En la

---

[37] Sin embargo, no debemos pasar por alto que el hombre corría cierto peligro. Aún estaba acusado de haber incumplido el *Sabat*, ofensa que podía sancionarse incluso con la pena de muerte. Su única defensa era que solo había nombrado al hombre que le había sanado. Así que, si revelaba el nombre de aquel hombre, ganaba la causa.

[38] Cf. San Agustín: «Preferían ver la oscuridad del *Sabat*, que la luz del milagro» (21.6; p. 140).

[39] Asimismo, C.B. Williams traduce: «Como seguía haciendo estas cosas,...». El imperfecto – ἐποίει – podría significar "empezó a hacer", pero, de todos modos, sugiere continuidad. Sea cual sea nuestra interpretación, el verbo apunta a más de una simple acción.

[40] Tanto aquí como en el v. 19 el verbo está en aoristo medio, los únicos ejemplos de las 78 apariciones de ἀποκρίνομαι en este evangelio (hay algunos lugares donde el presente puede ser tanto medio como pasivo). Abbott sugiere que el aoristo de este versículo tiene algo de fuerza legal, «respondió a la acusación», «se defendió» (2537).

tradición de los Sinópticos, en una situación así Jesús defendía lo que había hecho diciendo: «el Hijo del Hombre es Señor aún del Día de Reposo» (Mr. 2:28). A veces se han interpretado estas palabras como que nadie tiene el derecho a hacer lo que quiera en el *Sabat*, pero es una equivocación. Lo que Jesús quiere decir es que Él, el Hijo del Hombre, es Señor de todo, incluso de la institución divina del Día de Reposo[41]. Aquí, su defensa está basada en la relación íntima que tiene con el Padre[42]. Al final, las dos defensas tienen el mismo valor. Pero es interesante observar que Marcos hace hincapié en la posición de autoridad que el Hijo del Hombre celestial ocupa, mientras que Juan subraya la íntima relación personal que hay entre Jesús y su Padre. Véase la expresión "Mi Padre". Esta no es la forma en la que los judíos se referían a Dios. Normalmente, decían "Padre nuestro" y, aunque quizá usaban "mi Padre" en la oración, siempre lo acompañaban de "en los cielos" o de cualquier otra expresión que hacía que no sonara tan familiar. Pero la forma en la que Jesús se dirigía a Dios, o la forma en la que hablaba de Él, era diferente. Por lo general, siempre apelaba a la relación íntima que les unía. Así que esta expresión llevaba implícita una declaración muy seria, y los judíos entendieron lo que Jesús estaba diciendo de sí mismo[43]. Jesús apunta a la incesante actividad de su Padre[44]. Si Él no

---

Marsh también dice: «esta palabra significa que pronunció una defensa pública y formal» (p. 256). MM dice que los ejemplos del aoristo medio son bastante frecuentes en los papiros, «pero son, sin excepción, informes jurídicos».

[41] En Marcos 2:27-28 la palabra "hombre" aparece solo y también en la expresión "el Hijo del Hombre". Moffatt comenta: «Si el original arameo solo hubiera querido decir "hombre" en las dos frases de Marcos, se habría traducido "hombre" en los dos casos y, además, Jesús no habría dicho que el hombre es el señor del *Sabat* que Dios había instituido» (*The Theology of the Gospels* [Londres, 1928], p. 152). Cullmann está de acuerdo con que el término arameo *barnasha*, que significa "hombre", pudo haberse traducido por υἱὸς τοῦ ἀνθρώπου, "hijo del hombre", pero también deja claro que no cree posible que Marcos le diera a esta expresión un significado diferente al que le da en el resto de ocasiones: «Él mismo ha enseñado que Jesús es el Señor del *Sabat*» (pp. 88-89).

[42] Hay un relato que cuenta que cuatro rabíes eminentes que habían ido a Roma tuvieron que contestar a la pregunta de por qué Dios no guardaba el *Sabat*: ellos respondieron que se podía llevar y cargar cosas dentro de su terreno o jardín, y que el Universo era el terreno o jardín de Dios (*Midrash Rabba: Exodus*, 30.9). Sí se aceptaba que el Padre trabajara en *Sabat*.

[43] He tratado este tema con más detenimiento en *The Lord from Heaven*² (Londres y Downers Grove, 1974), pp. 31-35.

[44] Es curioso que diga "hasta ahora" (ἕως ἄρτι) y no "de forma continua" o algo por el estilo. Godet cree que esto es así porque supone que Jesús está trabajando en la carpintería de Nazaret. Si algunos le sugiriesen que dejase de trabajar, podría responder: «Mi Padre trabaja hasta ahora y (en consecuencia) yo tampoco puedo dejar de trabajar».

trabajara, el Universo dejaría de existir[45]. Si no trabajara, nadie podría sobrevivir. Y debido a su estrecha relación con el Padre, Jesús actúa o trabaja de la misma forma. El *Sabat* no puede interferir en el trabajo de alguien como Él. Y esto tiene implicaciones para el servicio cristiano. Cuando se da el cuarto mandamiento, el del Día de Reposo, la explicación que se da es que Dios descansó en aquel día. Y el pueblo de Dios debe descansar del mismo modo que Dios descansa. Pero Jesús «se niega a que la idea de que el descanso divino que nació ya en la Creación tome forma de ociosidad y pereza» (Temple). El pueblo de Dios debe reflejar la compasión de su Dios[46].

18 Los judíos entendieron el significado de las palabras de Jesús. Había llamado a Dios "mi Padre"[47], o lo que es lo mismo, «estaba diciendo ser igual a Dios» (cf. 10:33)[48]. "Mi Padre" interpreta lo que dijimos en el versículo anterior. Jesús no estaba enseñando que Dios fuera el Padre de todos. Los judíos habrían aceptado esta declaración. Lo que ocurre es que Jesús aseguraba que Dios era *su* Padre de una forma especial. Decía que Él tenía la misma naturaleza que su Padre. Esto implicaba que se hacía igual a Dios. Así que los judíos le acusaban tanto de violar el Día de Reposo[49], como de blasfemia. Creían que la violación del *Sabat* no era un fenómeno aislado. Nacía de la opinión que Jesús tenía de sí mismo, por lo que iba a continuar con aquella actitud[50]. Pero para

---

[45] Dodd cita un dicho hermético: «Dios no para nunca, ya que si lo hiciera todas las cosas pararían, porque todas las cosas están llenas de Dios» (*IFG*, p. 20).

[46] Cf. Plummer: «Cesar de hacer el bien no es guardar el *Sabat*, sino pecar».

[47] Πατέρα ἴδιον.

[48] Cf. Stauffer: «Jesús no está desbancando a Dios, sino que le representa; puede declarar que es igual a Dios (Juan 5:18; 10:30). El Verbo Encarnado es un portador completamente válido de la revelación divina en una forma de este mundo» (*NTT*, p. 122). Odeberg cree que estas palabras corresponden a una expresión rabínica «que a oídos de un rabí equivale a 'que se independiza de Dios', es decir, pretende usurpar la autoridad y el poder divinos (...) Es, desde la perspectiva rabínica, una profanación (...) que no radica en que llame "Padre"al Dios Santo, sino en que presuma tener una relación especial con Él, lo que le concede el derecho de realizar el mismo 'trabajo ininterrumpido' que su Padre» (*FG*, p. 203).

[49] "Violaba" es la traducción de ἔλυεν, un verbo que significa "destruir", por eso BAGD dice: «A Jesús no se le acusa de violar el sábado, sino de destruirlo, de intentar hacerlo desaparecer» (4). Según los judíos, la actitud de Jesús significaba que quería abolir el *Sabat*.

[50] Hoskyns comenta la importancia de la acusación de los judíos. «El evangelista reconoce que la acusación de los judíos es un ataque al centro de la misión de la Iglesia; porque su acusación echa abajo el trabajo o la obra de Jesús, convirtiéndola en algo aparte de la obra de Dios, es decir, algo que no es igual a la obra de Dios».

ellos, no era más que blasfemia. Este episodio hizo que ellos decidieran que iban a hacer todo lo posible ("procuraban"[51] está en tiempo continuo) por matarle[52]. He aquí otras referencias a intentos de matar a Jesús: 7:19, 25; 8:37, 59. "Violaba" y "llamaba" son también tiempos continuos. Los judíos le perseguían por su actitud, y no por un acto concreto o unas palabras aisladas.

I. EL TERCER DISCURSO: EL HIJO DIVINO (5:19-47)

1. El Padre y el Hijo (5:19-24)

19 Por eso Jesús, respondiendo, les decía: En verdad, en verdad os digo que el Hijo no puede hacer nada por su cuenta, sino lo que ve hacer al Padre; porque todo lo que hace el Padre, eso también hace el Hijo de igual manera. 20 Pues el Padre ama al Hijo, y le muestra todo lo que Él mismo hace; y obras mayores que éstas le mostrará, para que os admiréis. 21 Porque así como el Padre levanta a los muertos y les da vida, asimismo el Hijo también da vida a los que Él quiere. 22 Porque ni aun el Padre juzga a nadie, sino que todo juicio se lo ha confiado al Hijo, 23 para que todos honren al Hijo así como honran al Padre. El que no honra al Hijo, no honra al Padre que le envió. 24 En verdad, en verdad os digo: el que oye mi palabra y cree al que me envió, tiene vida eterna y no viene a condenación, sino que ha pasado de muerte a vida.

El tercer discurso trata ya de una forma más explícita la identidad de Cristo. Este es un pasaje de vital importancia, y a veces pasamos por alto el profundo significado que encierra. Quizá no contenga declaraciones como la del "pan de vida", o los episodios en los que Jesús

---

[51] ἐζήτουν. Este es uno de los verbos favoritos de Juan. Lo utiliza 34 veces (Mateo 14 veces, Marcos 10 veces, y Lucas 25 veces). Lo utiliza, como en este caso, 8 veces para referirse a que querían matar a Jesús, y 2 veces más para decir que querían arrestarle.

[52] μᾶλλον suele traducirse por "aún más" (NVI: "redoblaban sus esfuerzos para matarlo"), que resulta un poco extraño ya que hasta el momento no ha habido constancia de que quisieran matar a Jesús. Quizá deberíamos entenderlo con el sentido de que "ahora intentaban matarle". Hasta el momento le habían estado investigando. Ahora, ya se habían dado cuenta de las blasfemias que decía, y decidieron perseguirle para matarle.

usa la explícita expresión "Yo soy...". Pero el tema central de este pasaje es crucial. «Es el único lugar de los Evangelios en el que nuestro Señor presenta su unidad con el Padre, su comisión y autoridad divinas, y las evidencias de su identidad mesiánica de una manera tan formal, sistemática y ordenada» (Ryle)[53]. Al final, es este tipo de declaraciones el que hace que la jerarquía judía persiga a Jesús y busque su muerte[54]. Y solo porque su relación con el Padre es como Él la define, y solo porque Él es quien dice ser, Jesús puede dar el nuevo nacimiento y el agua de vida, que eran los temas de los discursos anteriores. Además, las declaraciones que hará más adelante – que es el pan vivo, el Buen Pastor, etc. – descansan en la verdad que aquí enseña. Es por eso que este discurso tiene un interés especial.

Podemos dividirlo en tres secciones (aunque no hay una división única y correcta); en la primera, Jesús habla de su relación con el Padre, en la segunda, de su función como Juez de todo el mundo, y en la tercera, del testimonio que el Padre da de Él, que prueba que sus declaraciones son verdad.

19 La introducción al discurso subraya la importancia que éste tiene. Tenemos el "respondiendo, les decía"[55] y el "en verdad, en verdad os digo" (ver el comentario de 1:51, y ver también este uso en vv. 24 y 25). El lenguaje que Jesús utiliza es totalmente rabínico[56]. Empieza con una fuerte afirmación de la unidad de acción que hay entre Él y el Padre. No es simplemente que Él no actúe de forma independiente del Padre, sino que no puede hacerlo. Solo puede hacer las cosas que ve hacer

---

[53] Ryle añade: «En mi opinión, este es uno de los textos más profundos de la Biblia». En la misma línea. Phillips, en su traducción, inserta un subtítulo: «Jesús hace la declaración colosal sobre sí mismo».

[54] Como Barclay dice: «es un acto de una valentía única y extraordinaria (...) Seguro que sabía que hablar así le iba a costar la vida. Pero Él dice ser rey; y sabe que el hombre que oye una declaración así solo tiene dos alternativas: aceptar a Jesús como el Hijo de Dios, u odiarle y tenerlo por blasfemo, y destruirlo. No hay un pasaje donde Jesús apele a una respuesta positiva y desafíe el odio humano tanto como este».

[55] En cuanto a ἀπεκρίνατο, ver la nota al pie núm. 40.

[56] Cf. Odeberg: «Esta es exactamente la forma en que alguien versado en pensamiento rabínico intentaría hacer que sus compañeros entendieran la relación entre el Padre y el Hijo. Las expresiones reflejan, como ya ha apuntado Schlatter, una mentalidad y un lenguaje característicamente rabínicos» (*FG*, p. 203).

[57] Dodd ve aquí una parábola genuina: «En Juan vv. 19-20a (hasta 'αὐτὸς ποιεῖ') tenemos una descripción realista de un hijo que aprende el negocio del padre. No actúa por iniciativa propia; observa cómo trabaja su padre, y hace exactamente la misma

al Padre[57]. El Hijo contempla de forma ininterrumpida al Padre[58]; es una comunión continua. En consecuencia, el Hijo[59] hace las cosas que el Padre hace,[60] «no por imitación, sino porque tienen la misma naturaleza» (Westcott)[61]. Este versículo recoge la idea de la subordinación, ya que el Hijo es completamente obediente al Padre. Pero también nos presenta una declaración extraordinaria: el Hijo hace «todo lo que el Padre hace»[62]. No podemos pasar por alto la obediencia de Jesús y la implicación de su carácter divino. Juan vuelve a menudo a la idea de esta estrecha relación que hay entre el Hijo y el Padre (6:57; 7:16; 8:26,

operación que él. Y el padre, cariñoso, le enseña todos los secretos del oficio» (*HTFG*, p. 386, nota al pie núm 2). Es posible que estas palabras se originen en ese tipo de situación, pero, aún si es así, encierran un significado transformado y mucho más profundo.

[58] Sobre el uso absoluto de ὁ υἱός, Westcott dice: «La idea es simplemente la de una relación absoluta entre dos personas divinas, la relación del Hijo con el Padre, y es por eso que se usa este término (19-23), y no "Yo" (que usará en vv. 30s.) – el Cristo que vosotros rechazáis – o 'el Hijo de Dios' (v. 25), o 'Hijo de David' (v. 27), que enfatizan la naturaleza divina y humana del Señor». Murray dice que los judíos reconocían que el Mesías era el Hijo de Dios, 'pero que, de algún modo, solo lo consideraban un título honorífico, bastante conocido entre los cortesanos de un déspota oriental, pero que no tenía que interpretarse de forma literal. Por eso, se sorprendieron cuando Jesús no lo interpretó como una simple metáfora, y declaró que era el hijo de Dios, y que el poder que estaba ejerciendo en la Tierra se basaba en esa identidad». Notemos que Jesús usa ὁ υἱός de forma absoluta 8 veces en los vv. 19-26, mientras que solo lo usa 5 veces en el resto del Evangelio. Él se suele llamar a sí mismo "el Hijo del Hombre". Pero aquí está haciendo hincapié en su identidad divina. Ver más en el comentario del v. 25.

[59] En cuanto al enfático ἐκεῖνος, ver el comentario de 1:8.

[60] Abbott cree que el uso de καί en este versículo es importante. Juan «descansa en el principio de correspondencia entre lo visible y lo invisible, entre el Hijo encarnado abajo en la tierra y el Padre arriba en los cielos» (2148).

[61] La traducción de Schonfield no es muy acertada en este punto: «Lo que el Padre hace, el Hijo lo imita». No se trata de una cuestión de imitación: el Hijo hace exactamente lo mismo que el Padre. Cf. Barclay: «Las cosas que Dios hace son las cosas que Jesús hace; y las cosas que Jesús hace son las cosas que Dios hace. La gran verdad sobre Jesús es que en Él vemos a Dios». R.H. Lightfoot comenta: «Por tanto, la unión es absoluta. No se trata, por ejemplo, de que el Hijo revela al Padre en unas formas concretas, o a través de unas acciones específicas; toda su vida y todas sus acciones son la expresión de la vida y la actuación del Padre».

[62] Crisóstomo cree que «no puede hacer nada por su cuenta» refleja que el Hijo no usa su autoridad como quiere, y declara que su Poder y su Voluntad tienen un parecido inmutable a los de su Padre» (38.4; p. 136). San Agustín cree que el Padre y el Hijo son inseparables de la idea de la generación eterna del Hijo. «La llama generadora es coetánea a la luz que genera: la llama generadora no precede a la luz que genera; sino que la luz se enciende en el mismo momento en que la llama se prende. Del mismo modo, la frase 'el Hijo no puede hacer nada por su cuenta, sino lo que ve hacer al Padre' implica que 'ver' y 'ser engendrado' por el Padre es la misma cosa» (20.8; p. 135).

38; 10:30; 14:9-10, etc.). La implicación es que la autoridad con la que Jesús enseña y obra no es ni más ni menos que la autoridad de Dios.

20 La revelación de la relación entre el Padre y el Hijo va aún más allá. El Padre ama[63] al Hijo (el tiempo verbal denota un amor constante, continuo; el Padre nunca cesa de amar al Hijo). Ahora bien, el amor siempre da. El amor no se guarda las cosas. Por tanto, el Padre muestra (de nuevo el verbo en presente denota una acción continua) al Hijo todo lo que hace. Esto lleva a la conclusión de que el Hijo hace las cosas que se le muestran. Las acciones de Jesús no proceden de la motivación meramente humana. Actúan de acuerdo con la revelación divina[64]. Así, espera hacer cosas grandes porque Dios le mostrará «obras mayores que éstas». En consecuencia, sus oyentes[65] se admirarán[66]. Los siguientes versículos muestran que estas "obras mayores" corresponden a dos actividades u obras del Hijo: el Hijo da vida, y el Hijo juzga.

21 A continuación surge el tema del juicio. El Padre es el único que puede levantar a los muertos, y darles vida[67]. Esto es lo que nos enseña

---

[63] En cuanto a φιλέω ver el comentario de 3:16. Este es el único lugar donde Juan usa este término para describir el amor del Padre hacia el Hijo.

[64] En 14:10 está bastante claro que las obras que Jesús hace es el Padre quien las hace. Nótese que Juan suele usar el término ἔργα para los milagros (cf. 5:36; 7:3, 21; 10:25, 32, 37-38; 14:10-11; 15:24). Esta palabra no denota algo espectacular, sino una actividad normal, cotidiana; lo que para nosotros es un milagro, para Cristo no es más que una "tarea" o "trabajo" normal y corriente. Es un término más amplio que el de "milagro", e incluye todo lo que Jesús hace. Pero el hecho de que se aplique a los milagros es importante. Ver la nota adicional G.

[65] ὑμεῖς es enfático. Para Jesús, todas esas cosas no tienen nada de sorprendente, pero su actitud contrasta con la de sus oyentes incrédulos.

[66] Jesús no suele comentar la admiración que despiertan sus obras. Pero el asombro puede llevar a la fe (14:11), por lo que tiene su lado positivo. Clemente de Alejandría recogió unas palabras que se atribuyen a Jesús: «El que causa asombro reinará; y el que reina, descansará» (*Strom.* 1.9.45; citado en M.R. James, *The Apocryphal New Testament* [Oxford, 1926], p. 2). James también cita una versión ampliada de una declaración de Clemente mismo, y algunas frases de Oxyrhynchus; esta idea también aparece en el Evangelio de Tomás, 1.

[67] El judaísmo aceptaba esta idea. SBk cita un dicho rabínico: «Dios tiene en la mano tres llaves que no deja a ningún agente: la de la lluvia (Dt. 28:12), la de la concepción (Gn. 30:22), y la de levantar a los muertos (Ez. 37:13)» (I, p. 523). Cf. También el *Shemoneh Esreh* (una de las formas judías de oración más antiguas: «Bendito eres tú, oh Señor, el refugio de Abraham. Eres Todopoderoso por siempre, oh Señor; restituyes la vida a los muertos (...), sostienes a los vivos con tus beneficios, (...) ¿quién como tú, oh Rey, que quitas la vida y la vuelves a dar (...)? Y tú eres fiel para apresurarte a dar vida a los muertos. Bendito eres, oh señor, que restauras a los muertos» (E. Schürer, A History of the Jewish People, II, ii [Edimburgo, 1885], pp. 85-86).

el Antiguo Testamento (Dt. 32:29; 1 S. 2:6; 2 R. 5:7) y, por tanto, no tendría por qué haber sorprendido a los que oyeron a Jesús. Sin embargo, ocurre algo muy diferente con la siguiente declaración: el Hijo también[68] da vida. En primer lugar, deberíamos ver una referencia al don de vida, que es el resultado de la obra de Jesús. A continuación, pasa a hablar de sí mismo como el Juez del mundo en el final de los tiempos (vv. 28-29), idea que ya puede adivinarse en este versículo. Él resucitará a los muertos. Pero en este evangelio vemos que esta idea del juicio aparece como si éste tuviera lugar incluso en el presente. Las condenación de los perdidos tiene lugar porque estos aman las tinieblas y rechazan la luz (3:19). El que cree en el Hijo tiene (tiempo presente) vida (3:36). Como el Padre levanta a los muertos y les da vida, el Hijo da vida espiritual a aquellos que, aunque están vivos físicamente, no tienen la vida inagotable que solo Dios puede dar. Véase la importancia de la expresión «*a los que quiere* da vida». Puede que la gente no pida o espere el milagro. El hijo da vida donde Él quiere, y no donde la gente quiere.

22-23 Aparece la idea del juicio. Si el Hijo da vida, de ahí se deriva la idea de que el Padre no juzga a la gente[69]. Este es un concepto nuevo para los judíos. Ellos sostenían que el Padre era el que iba a juzgar a todas las naciones[70], y que en el Día Final tendrían que presentarse delante de Él. Jesús les dice ahora que el Padre va a usar su derecho de juzgar para el propósito expreso de asegurar que la gente rinde al Hijo el mismo honor que le rinden a Él (ver el comentario de 3:35, donde aparecen las cosas que el Padre le da al Hijo. Todo este concepto está muy cerca de constituir una declaración sobre la divinidad de Jesús. Aquellos que no le honran tampoco honran al Padre que le envió (en cuanto al "envío" del Hijo ver el comentario de 3:17). Probablemente, esto significa más que al deshonrar al mensajero se deshonra a Aquel que le envía. El énfasis de este pasaje está en la unidad del Padre y el Hijo. Lo que se le hace al uno, se le hace al otro también. La dignidad

---

[68] En cuanto a este uso de καί ver la nota al pie núm. 60.

[69] Hay aquí una doble negación οὐδὲ ...κρίνει οὐδένα, que enfatiza aún más esta idea. Con el mismo propósito, hay un matiz de finalidad en el perfecto δέδωκεν.

[70] Cf. SBk: «Según el punto de vista rabínico, el único que puede juzgar al mundo es Dios (...) En la literatura rabínica no hay ningún pasaje que de forma clara y directa coloque el juicio del mundo en manos del Mesías» (II, p. 465). S. Mowinckel subraya esta idea (*He That Cometh* [Oxford, 1959], pp. 313, 319, 336, etc.).

inherente del Hijo y la estrecha relación que tiene con el Padre hacen que deshonrarle a Él sea un asunto muy serio.

24 La unidad del Padre con el Hijo se ve también en la misma forma de la salvación. Esta declaración tan importante está introducida por un enfático «De cierto, de cierto os digo» (ver el comentario de 1:51). La persona que recibe la vida eterna es aquella que oye a Cristo y cree en el Padre, que es, en sí misma, una fantástica evidencia de la unidad que hay entre los dos. "Palabra", como tantas otras veces en el Nuevo Testamento, hace referencia a todo el mensaje de Jesús. «Cree al que me envió» es una estructura poco común. Hubiera sido más normal encontrar la expresión «creer en»[71], más adecuada cuando se quiere transmitir el sentido de «dar crédito de», o «aceptar algo como verdadero». Y, normalmente, el objeto del verbo creer es Cristo, y no el Padre. Por tanto, si el evangelista decidió usar esta estructura, debemos ver si es importante o no. Todos aquellos que creen al Padre, que creen sinceramente, aceptan a Cristo. No es posible creer lo que el Padre dice y rechazar al Hijo. En consecuencia, es natural que se hable de creer al Padre, puesto que Él es el objeto último de la fe, y además, es uno con el Hijo (ver la nota adicional E). Todo aquel que crea o acepte al Hijo y al Padre tal como recoge este versículo tiene «vida eterna». Y la tiene desde ese preciso instante. Es una posesión presente. En cuanto a "vida eterna", ver el comentario de 1:4; 3:15. Las implicaciones de la posesión presente de la vida eterna están en la seguridad de que aquel que la posee «no será condenado» o, más literalmente, «no vendrá a condenación». Esta es la idea sobre el juicio que vemos en todo el pensamiento joánico. El juicio tiene lugar aquí y ahora. La gente que opta por el camino de las tinieblas y el mal ya ha sido juzgada. Ellos mismos han firmado su sentencia[72]. A los que tienen la vida eterna se les aplica el mismo sistema. La vindicación ya es válida aquí y ahora. Ya han dejado atrás la muerte, y han pasado a la vida. Y, aunque se trata de un estado presente, tiene implicaciones futuras. Los que no "han sido condenados" ahora, tampoco serán condenados el Día del Juicio Final (Moffatt lo traduce usando un tiempo futuro: «no se aplicará ninguna

---

[71] De hecho, Phillips traduce «el que cree en...». Pero esto no refleja la construcción de la frase original.

[72] Wright subraya esta idea: «Negarse a escuchar el mensaje de Jesús es declararse culpable y recibir la pena de muerte».

condena»). Estas palabras destacan, pues, la seguridad de la salvación, y su estado permanente. Tener la vida eterna en el presente nos asegura una eternidad con Dios.

Las palabras de este versículo deberían verse como algo más que una simple aseveración. Es cierto que afirma que el que oye y cree tiene vida eterna. Pero estas palabras son, a la vez, una invitación, un desafío. Son un llamamiento a, una vez se ha oído el mensaje de Cristo, dar el paso de fe[73].

2. El Hijo y el Juicio (5:25-29)

25 En verdad, en verdad os digo que viene la hora, y ahora es, cuando los muertos oirán la voz del Hijo de Dios, y los que oigan vivirán. 26 Porque así como el Padre tiene vida en sí mismo, así también le dio al Hijo el tener vida en sí mismo; 27 y le dio autoridad para ejecutar juicio, porque es [el] Hijo del Hombre. 28 No os admiréis de esto, porque viene la hora en que todos los que están en los sepulcros oirán su voz, 29 y saldrán: los que hicieron lo bueno, a resurrección de vida, y los que practicaron lo malo, a resurrección de juicio.

Llegado este punto, no es fácil decidir dónde dividir el texto. Muchos defienden que el versículo 25 está estrechamente relacionado con el versículo 24. Es cierto que, en un sentido, repite la misma idea, pero parece ser que el «de cierto, de cierto os digo» introduce un nuevo comienzo. Algunos expertos creen que esta sección no es más que una repetición de la idea anterior porque, según ellos, la resurrección de los muertos se refiere a la resurrección de los que están muertos espiritualmente[74]. Pero el lenguaje que usa en los vv 28-29 parece no corroborar

---

[73] Bultmann dice que «las palabras de Jesús no son proposiciones didácticas, sino que son una invitación y un llamamiento a tomar una decisión (*Teología del Nuevo Testamento* [Salamanca, 1981], pp. 436-437). Cree que no solo ocurre con una construcción como la de este pasaje, con participio (ver también 6:35; 8:12, etc.), sino que también ocurre con construcciones precedidas de proposiciones condicionales (por ejemplo, 6:51; 7:16-17; 8:51, etc.).

[74] Wright, por ejemplo, dice así: «Todo lector debería darse cuenta de que cuando el evangelista habla de los 'muertos', no se refiere a los que están muertos físicamente, ni a los que ya están completamente condenados (...) Típico de la mentalidad hebrea, se está expresando la *realidad* de la misión de Jesús, que consiste en dar vida; no está

esta idea. Jesús está pensando en su estrecha relación con el Padre, que culmina en la declaración que dice que todo aquel que oye sus palabras y cree al Padre tiene vida eterna. Y, a continuación, procede a desarrollar la idea que ya se había mencionado en el versículo 22: el Padre le ha conferido el derecho de juzgar[75]. El significado directo de esta palabra es que Él será nuestro Juez en el Día del Juicio Final.

25 En cuanto a «de cierto, de cierto os digo» ver el comentario de 1:51. Nos anuncia que las palabras que vienen a continuación son importantes. Si no fuera por la expresión "ahora es", podríamos pensar que se refiere a la resurrección de los muertos en el Día Final[76]. Esto muestra que lo que el evangelista tiene en mente en primer lugar es el don presente de la vida que caracteriza el ministerio del Hijo. En Él la era final se hace presente. Nuestro destino eterno está determinado por nuestra actitud presente hacia Jesús. Los que están espiritualmente muertos oyen su voz, y los que la escuchan, viven. Nótese que usamos "escuchar", ya que queremos decir "prestar atención", "obedecer"[77]. Véase también que Jesús se refiere a sí mismo como "el Hijo de Dios". Este es uno de los tres lugares en este evangelio donde usa este título (los otros son en 10:36; 11:4; cf. también 19:7). Aparte de este capítulo, donde el título de "Hijo" es tan normal (v. 19 bis, 20, 21, 22, 23 bis, 26; en el resto del Evangelio, 6:40, 8:35, 36; 14:13; 19:1), la forma que Jesús prefiere para referirse a Él mismo es "el Hijo del Hombre" (1:51; 3:13, 14; 5:27; 6:27, 53, 62; 8:28; 9:35; 12:23, 34; 13:31; ver nota

---

especulando sobre lo que ha de venir (...) Los que están 'en los sepulcros' son los que necesitan la salvación espiritual». Pero si lo interpretamos así, estamos ignorando el lenguaje que el evangelista usa. Como dice Plummer (sobre el v. 29), «pasar de la muerte espiritual al *juicio* no es una resurrección espiritual».

[75] Hoskyns enfatiza la importancia escatológica que esto tiene: «En el cuarto evangelio la historia de Jesús cuenta con la idea y estructura escatológica esperada: el Hijo del Hombre, el bien y el mal, la vida y la muerte, el juicio y la salvación. Pero esta estructura no es una invención de los evangelistas o de la tradición: es la misión que el Padre le ha dado al Hijo y que éste, el Hijo del Hombre, entendió, aceptó, obedeció y proclamó».

[76] Cuando en el v. 28 se refiere al juicio futuro la expresión que se emplea es ἔρχεται ὥρα. Aquí, se añade καὶ νῦν ἐστιν. Encontramos una expresión similar en 4:23, donde se refiere claramente al tiempo presente, mientras que en 4:21 ἔρχεται ὥρα se aplica al futuro.

[77] Por lo general, Juan sigue la norma usual de utilizar el acusativo después de ἀκούω cuando lo que se oye es una cosa, y el genitivo cuando lo que se oye es una persona. Pero en diez ocasiones en las que lo que se oye es una cosa, usa el genitivo (en este versículo; 5:28; 6:60; 7:40; 10:3, 16, 27; 12:47; 18:37; 19:13).

adicional C). En vista del objetivo principal de Juan al escribir este evangelio – «para que creáis que Jesús es el Cristo, el Hijo de Dios» (20:31) – nos sorprende la moderación con la que Jesús usa la expresión "Hijo de Dios". Juan prefiere probar la identidad de Jesús a través de la narración de los hechos que ocurrieron.

26 El Antiguo Testamento deja bien claro que la vida deriva del Padre. Él es el que da aliento de vida a las personas (Gn. 2:7), y la vida siempre está considerada como un don de Dios (Job 10:12; 33:4). Con Él está el manantial de vida (Sal. 36:9). Él es el que muestra «la senda de la vida» (Sal. 16:11) y el que «ha preservado nuestras vidas» (Sal. 66:9). Moisés puede llegar a decir: «Él es vida para ti» (Dt. 30:20) y, en la misma línea, dice el salmista: «Jehová es la fortaleza de mi vida» (Sal. 27:1), y alza su oración al «Dios de mi vida» (Sal. 42:8). Debemos entender las palabras de Jesús a la luz de este trasfondo. Los judíos aceptaban la verdad de que toda la vida tiene su origen en el Padre, toda la vida menos la suya propia. Su vida es inherente a su ser. Goodspeed traduce: «el Padre existe por sí mismo»[78]. Pero la idea es que el Hijo es partícipe de esta vida (ver el comentario de 3:35). Le ha sido dado el tener en sí mismo el mismo tipo de vida que el tipo de vida que el Padre tiene en sí mismo[79]. El interés de Juan está en la vida que está asociada con el Hijo. Una y otra vez recoge declaraciones e incidentes que sirven para transmitir esa idea (ver el comentario de 1:4). Cf. 1 Jn. 5:11: «Dios nos ha dado vida eterna; y esta vida está en su Hijo».

27 En el Antiguo Testamento el juicio es una característica tan destacable de Dios, que incluso se le llega a definir como «el Juez de toda la tierra» (Gn. 18:25) y «Jehová, el juez» (Jue. 11:27). Aunque,

---

[78] Parece ser que esta traducción refleja mejor el sentido del original en griego que otras traducciones, como por ejemplo la de Knox: «El Padre tiene en sí mismo el don de la vida» o la de Rieu: «El Padre es la fuente de la vida».

[79] San Agustín dice que «no es que Dios tome prestada la vida, ni que Dios pase a participar de la vida, de una vida que Él no es; sino que tiene vida en sí mismo, o, mejor aún, que Él mismo es vida (...) Dios vive y, por tanto, el alma también vive; pero la vida de Dios es inmutable, mientras que la vida del alma cambia» (19.11; p. 126). Usa la ilustración de la luz. Nosotros, para poder tener luz, necesitamos una fuente de luz externa; «el hecho de que solo hay oscuridad cuando alguien apaga la vela, demuestra que nosotros no tenemos luz en nosotros mismos» (Ibíd.). Concluye su argumentación diciendo que el Padre y el Hijo son iguales, y que la única diferencia está en que «el Padre tenía vida en sí mismo, que nadie se la dio, mientras que el Hijo tenía en sí mismo la vida que le había dado el Padre» (Ibíd.).

en el presente, asigna algunos aspectos de juicio a las personas para que nos exhortemos los unos a los otros, el veredicto final sobre toda la raza humana está en manos de un solo Juez. Y esto es lo que hace que este pasaje sea especialmente sorprendente. Tanto como el pasaje anterior que decía que el Padre le ha concedido al Hijo que tenga vida en sí mismo. Ambos textos reflejan los derechos divinos del Hijo. En cuanto al hecho de que se le confiere el derecho de juzgar al Hijo, cf. v. 22, y en cuanto a la autoridad, cf. 17:2. Se le da este derecho «por cuanto[80] es el Hijo del Hombre». No estamos del todo seguros de que ésta sea la traducción más adecuada, ya que en griego no encontramos ninguna partícula que equivalga al artículo "el"; normalmente, en esta expresión, tanto "Hombre" como "hijo" van acompañados de un artículo definido; en cambio en este versículo, ninguna de los dos lo lleva. Puede que la expresión quiera decir que Jesús será el que nos juzgará al final porque Él también es hombre[81]. Él tiene la misma naturaleza que nosotros. Es posible interpretar el texto de esta manera, pero uno esperaría que el que va a ser nuestro Juez final sea algo más que todo eso. Parece ser que deberíamos entender esta expresión (como hace la NVI) como un equivalente al frecuente «el Hijo del Hombre» (ver la nota adicional C). De hecho, es la expresión que Jesús utiliza con más frecuencia para referirse a Él mismo y, además, explica por qué se le confiere la función de juez. El Hijo del Hombre es una figura celestial a la que le ha sido dada «dominio, gloria y reino, para que todos los pueblos, naciones y lenguas le sirvieran; su dominio es dominio eterno, que nunca pasará, y su reino, uno que no será destruido» (Dn. 7:14)[82].

---

[80] Crisóstomo se niega a traducir ὅτι por "por cuanto" («porque entonces, ¿no podrían ser jueces todos los hombres?»). Cree que significa "que", y que toda la frase significaría lo siguiente: «que Él es el Hijo del Hombre, no os sorprendáis» (39.3; p. 140). No obstante, no ha logrado convencer a muchos, ni del significado que atribuye a ὅτι, ni de la división de las frases que hace.

[81] Dods acepta este significado. Hace una lista de algunas de las interpretaciones que se han hecho de este pasaje: los hombres harán publicidad del juicio, Cristo redime a los hombres como hombre, la gente debería ser juzgada por el más humilde y el más amoroso, el Juez debe tener la misma naturaleza que aquellos a quienes juzga, solo un ser humano podría entrar en la esfera de un juicio y tener la compasión que un juez debería tener, y el juicio es un acto de homenaje a Dios y debe nacer de dentro de la raza humana. Finalmente acepta el punto de vista de Beyschlag de que los hombres se juzgan a ellos mismos según la postura que toman ante "el hombre", Jesús.

[82] Bernard cree que el artículo definido no aparece porque «hay una tendencia a que, ante los títulos oficiales, el artículo desaparezca.» Pero no creo que esa tendencia

28-29 El clímax de esta sección llega con la explícita declaración de que es la voz del Hijo la que llamará a los muertos de sus sepulcros[83]. El hincapié que Juan hace está en el hecho de que el juicio es algo presente. Los que aman las tinieblas reciben condenación aquí y ahora. Los que creen en Cristo reciben la vida eterna aquí y ahora. No obstante, eso no quiere decir que desaparezcan los conceptos de la resurrección futura de los muertos y del Día del Juicio Final. Puede que Juan no haga mucho énfasis en ese día futuro, pero reconoce que sí tendrá lugar[84]. Este pasaje lo deja bien claro. Cuando llegue la consumación de los tiempos, la voz del Hijo traerá la resurrección[85]. Todos los muertos se levantarán. El juicio, como vemos a lo largo de todas las

---

afectara a este título. Tiene más sentido pensar que con la ausencia del artículo se busca hacer hincapié en la naturaleza del Hijo del Hombre, y no en su personalidad. Esta expresión o título tampoco lleva artículo en Hebreos 2:6, Apocalipsis 1:13 y 14:14, pero todas estas parecen ser citas de la Septuaginta (o, al menos, referencias a esta traducción). Pero tal y como dice E.C. Colwell, la razón de que estemos ante una frase como esta es que cuando un sustantivo con función de atributo precede a un verbo (como ocurre en este pasaje), aunque el sustantivo sea definido se suele omitir el artículo (ver el comentario de 1:1). Según esta opinión, el sentido de nuestro texto sería "el Hijo del Hombre". Nótese que en Daniel 7:13 de la Septuaginta tampoco aparece el artículo (texto que se considera como el que da origen al título "Hijo del Hombre") ni tampoco en el original: כְּבַר אֱנָשׁ.

[83] ὅτι es ambiguo. Si interpretamos que significa "que", τοῦτο se referirá a lo que sigue, y se traduciría así: «No os maravilléis de que el tiempo vendrá...»; pero si interpretamos que significa "porque", entonces τοῦτο se referiría a lo ya dicho: «No os maravilléis de esto; porque vendrá...». Esta segunda interpretación es la más aceptada.

[84] Cf. Bernard: «No hay duda alguna de que esta doctrina sí tiene sus raíces en la escatología judía, pero no podemos entender el cuarto evangelio a menos que nos demos cuenta de que, aunque Juan no ha abandonado esa idea original, se centra en la concepción espiritual de la vida eterna y del juicio en el presente». Del mismo modo, Barrett dice: «No hay ninguna razón que nos hagan ver los vv. 28s. como un suplemento del discurso original de Juan, a menos que alguien sostenga que para Juan era imposible pensar en la resurrección y el juicio tanto bajo la perspectiva presente como la perspectiva futura». S.D.F. Salmond habla de la enseñanza joánica sobre la vida y el juicio (*The Christian Doctrine of Immortality* [Edimburgo, 1907], pp. 387-95). Concluye que «aunque no ocupan un lugar muy importante en los escritos de Juan, y aunque aparecen en relación con otras verdades, los conceptos de la segunda venida, la resurrección, el juicio, y la vida eterna aparecen en la enseñanza de Juan del mismo modo que van apareciendo a lo largo del Nuevo Testamento» (p. 395).

[85] Mowinckel destaca que en los escritos judíos no hay muchas evidencias de que el Mesías esté relacionado con la resurrección de los muertos: «el concepto de que el Hijo del Hombre levantará a los muertos está velado por una perspectiva más teocéntrica, que consiste en que Dios mismo será el que obre el milagro; y nunca encontramos una declaración clara y explícita de que será el Hijo del Hombre el que resucitará a los muertos» (*He That Cometh*, pp. 400-401). Vemos que lo que aquí se habla es una doctrina distintivamente cristiana.

Escrituras, estará basado en las obras: «los que han hecho lo bueno» son los que «se levantarán y vivirán» (cf. 6:39-40), mientras que «los que hayan hecho lo malo»[86] solo se levantarán para «recibir la condenación» (ver el comentario de 3:17-18). Esto no quiere decir que la salvación esté basada en las obras. Porque este mismo evangelio deja claro una y otra vez que la gente tiene acceso a la vida eterna solo cuando cree en Jesucristo. Pero viene a decir que las vidas de los que han creído son un reflejo de la fe que profesan[87].

3. Testigos del Hijo (5:30-47)

30 Yo no puedo hacer nada por iniciativa mía; como oigo, juzgo, y mi juicio es justo porque no busco mi voluntad, sino la voluntad del que me envió. 31 Si yo [solo] doy testimonio de mí mismo, mi testimonio no es verdadero. 32 Otro es el que da testimonio de mí, y yo sé que el testimonio que da de mí es verdadero. 33 Vosotros habéis enviado [a preguntar] a Juan, y él ha dado testimonio de la verdad. 34 Pero el testimonio que yo recibo no es de hombre; mas digo esto para que vosotros seáis salvos. 35 Él era la lámpara que ardía y alumbraba, y vosotros quisisteis regocijaros por un tiempo en su luz. 36 Pero el testimonio que yo tengo es mayor que [el de] Juan; porque las obras que el Padre me ha dado para llevar a cabo, las mismas obras que yo hago, dan testimonio de mí, de que el Padre me ha enviado. 37 Y el Padre que me envió, ése ha dado testimonio de mí. Pero no habéis oído jamás su voz, ni habéis visto su apariencia. 38 Y su palabra no la tenéis morando en vosotros, porque no creéis en aquel que Él envió. 39 Examináis[a] *las Escrituras, porque vosotros pensáis que en ellas tenéis vida eterna; y ellas son las que dan testimonio de mí; 40 y no queréis venir a mí para que tengáis vida. 41 No recibo gloria de los hombres;*

---

[86] En cuanto a οἱ τὰ φαῦλα πράξαντες, ver el comentario de 3:20.

[87] Cf. Calvino: «Los creyentes se distinguen por sus buenas obras del mismo modo que, como dice en otro pasaje, los frutos de un árbol dan a conocer de qué tipo de árbol se trata (...) La enseñanza que los papistas sacan de estos pasajes, que la vida eterna es la recompensa por las buenas obras que hacemos, puede refutarse fácilmente. Porque Cristo aquí no está tratando cuál es la causa de la salvación, sino simplemente distingue entre la actuación de los elegidos y la de los reprobados».

42 pero os conozco, que no tenéis el amor de Dios en vosotros. 43 He venido en nombre de mi Padre y no me recibís; si otro viene en su propio nombre, a ése recibiréis. 44 ¿Cómo podéis creer, cuando recibís gloria los unos de los otros, y no buscáis la gloria que viene del Dios único? *45 No penséis que yo os acusaré delante del Padre; el que os acusa es Moisés, en quien vosotros habéis puesto vuestra esperanza. 46 Porque si creyerais a Moisés, me creeríais a mí, porque de mí escribió él. 47 Pero si no creéis sus escritos, ¿cómo creeréis mis palabras?*

a. O *examinad* (imperativo)
b. Algunos manuscritos antiguos dicen *del Único*

El concepto de "dar testimonio" es muy prominente en este evangelio (ver el comentario de 1:7). Juan insiste en que aquello sobre lo que escribe tiene una base fiable. En esta sección recoge algunas palabras de Jesús que hacen referencia a los testigos que ha tenido, en concreto, cinco: (1) el Padre (vv. 32, 37); (2) Juan el Bautista (v. 33); (3) sus obras (v. 36); (4) las Escrituras (v. 39); y (5) Moisés (v. 46). Anteriormente, el evangelista ha hecho hincapié en el testimonio de Juan el Bautista. Aquí, Jesús vuelve a mencionarlo, pero no lo trata como si fuera el único testigo importante. De hecho, vemos que no le interesa el testimonio de los seres humanos (v. 34). Quiere que sus oyentes den más importancia al testimonio de sus obras y, sobre todo, al del Padre. No espera que ellos respondan a ese testimonio ya que, aunque profesan una gran reverencia por las Escrituras, en lo más profundo de sus corazones no creen en ellas. Por esa razón no aceptan el testimonio que las Escrituras dan de Jesús.

No deberíamos pasar por alto las implicaciones que tiene el énfasis que Juan pone en el testimonio que Dios da de Jesús. Ser testigo o dar testimonio compromete. Como vimos cuando comentamos 1:7, cuando los testigos declaran ante un tribunal, se comprometen seriamente y ya no tienen la libertad de retirarse o de pasarse al otro bando. Han dado su palabra. Han perdido su libertad. Esto es, en cierta manera, lo que Dios ha hecho en Cristo. Jesús es la revelación suprema de Dios. Si queremos saber cómo es Dios, tenemos que mirar a Jesús. Usando el ejemplo del testigo que se presenta ante un tribunal, es como si Dios hubiera escrito un informe sobre sí mismo.

30 Anteriormente, Jesús casi siempre ha estado hablando de sí mismo en tercera persona como "el Hijo" o "el Hijo del Hombre", pero a partir de ahora habla en primera persona, e incluso en varias ocasiones usa el pronombre "yo" de forma enfática (vv. 30, 31, 34, 36, 43 y 45). De nuevo, Jesús destaca su dependencia del Padre. Como en el versículo 19, confiesa que no puede hacer nada por voluntad propia[88]. Allí se hablaba de "ver al Padre", y aquí, de "oír al Padre". Apenas hay diferencia entre estos dos conceptos[89]. En ambos lugares se hace uso de un lenguaje metafórico que nos recuerda que el Hijo tiene una dependencia total del Padre. En el contexto que ahora estamos tratando se está hablando de la actividad de "juzgar". Así que Jesús dice que su juicio es justo. Siempre está en contacto con el Padre. Su perfecta obediencia hace que su juicio sea divino[90]. Como en la sección anterior, vemos que se conjuga el reclamo de divinidad con la humildad. Este es el mayor argumento a favor del juicio de Jesús. Su juicio es justo porque no busca su propia voluntad, sino la voluntad del Padre (y, típicamente, describe al Padre como «el que me envió»)[91].

31-32 Jesús habla de que no se puede confiar en las palabras de alguien si él es el único que da testimonio de sí mismo. Para creer en el testimonio de alguien siempre tiene que ir acompañado del testimonio de otra persona; la ley demanda que haya dos o tres testigos (Dt. 19:15)[92]. Así que, en su caso, Jesús está de acuerdo en que si Él[93] fuera

---

[88] Tanto aquí como en el versículo 19 «el orden de las palabras hace que οὐδέν sobresalga. Si Jesús quisiera actuar de forma independiente, fuera de Dios (suponiendo que eso fuera posible), no tendría ningún poder. Todo el sentido y la energía de su obrar descansan en el hecho de que no son sus obras, sino las de Dios» (Barrett).

[89] Cf. Bultmann: «Todas estas frases que nos recuerdan que el Hijo hace o dice lo que ha visto u oído con el Padre, expresan la misma idea, es decir, que Él es *la revelación a través de la cual Dios mismo habla y actúa*» (p. 89; comentario del Evangelio de Juan del v. 20).

[90] Crisóstomo añade: «Como nadie puede objetar el juicio del Padre, nadie objetará mi juicio, ya que las sentencias vienen de la misma mente» (39.4; p. 141).

[91] Hay un dicho que se le atribuye a Rabban Gamaliel que dice: «Haz su voluntad como si fuera tu voluntad para que Él haga tu voluntad como si fuera la suya. Que tu voluntad quede anulada por la suya para que Él haga que la voluntad de los demás no esté sobre tu voluntad» ('*Ab.* 2:4). Sin embargo, en este dicho rabínico existe el peligro de usar a Dios para que a uno le vayan las cosas bien, y esta idea no aparece en el Evangelio. En cuanto al deseo de Jesús de hacer la voluntad de Dios, ver el comentario de 4:34.

[92] Cf. los dichos rabínicos de *Ket.* 2:9: «no se debe creer a alguien que predique de sí mismo (...) Nadie debería testificar de sí mismo».

el único que da testimonio de sí mismo, su testimonio no sería fiable. Cuando dice "mi testimonio no es verdadero", no está queriendo decir que sea falso. De hecho, es verdadero, y lo es porque su testimonio va acompañado del testimonio del Padre. La NVI y otras traducciones usan la palabra "válido", pero creo que este término no transmite con totalidad lo que Jesús tenía en mente. No estaba hablando de la validez legal de su testimonio. Estaba afirmando que si Él fuera el único que diera testimonio de sí mismo, su testimonio no sería verdadero[94]. Por el contrario, su testimonio es verdadero porque está respaldado por el testimonio del Padre. En 8:13-14 los judíos le recriminan que su testimonio es falso, pero Jesús lo niega. Su testimonio es verdadero aunque, en este pasaje, en vez de relacionar el testimonio que da con la unidad que tiene con el Padre (cf. vv. 19s., 30), lo defiende alegando que Él no es el único que da testimonio de sí mismo, sino que hay quien le apoya. Es necesario que exista la confirmación de otra persona[95]. Y, en este caso, la hay. Jesús no pone nombre a ese "Otro"[96] que da

---

[93] ἐγώ es enfático. Lo mismo ocurre en el versículo anterior: «Yo no puedo hacer nada por iniciativa propia»; y en el v. 34: «el testimonio que yo he recibido no es de hombre». En nuestro versículo, el énfasis es el siguiente: «Sí, yo soy el único que doy testimonio de mí mismo» (Westcott). Si Jesús estuviera intentando hacer eso, dar testimonio de sí mismo por su propia cuenta, estaría destruyendo la armonía que hay entre Él y el Padre.

[94] Cf. Odeberg: «*No es que dar testimonio de uno mismo no sea válido, sino que además, no es verdadero* (...) la misma existencia del μαρτυρία de Jesús está condicionada por la unidad absoluta que tiene con el Padre, y la dependencia del Padre. Así, el '*dar testimonio de uno mismo*' – en el sentido que tiene en 5:31 – no se refiere solo al testimonio de uno mismo, sino a un acto de ruptura y alejamiento del centro y de la cabeza del mundo espiritual, una proclamación de independencia; si alguien en el reino espiritual se atreve a hacer una declaración así, pasa a ser un 'súbdito de la mentira', 'uno de los que odian la luz' o, usando otra expresión de Juan, uno '*que busca su propia gloria*' (8:50) o 'que viene en su propio nombre' (5:43; 5:30)» (*FG*, p. 219).

[95] Cf. Temple: «si solo contáramos con su palabra, no podría considerarse como verdadera. Porque la revelación divina no empieza ni acaba en Él, aunque Él es el clímax de dicha relevación. Tiene que haber algún otro testimonio, no solo para apoyar el testimonio de Jesús, sino porque la naturaleza de la declaración que está haciendo es tal que solo puede ser verdad si toda la obra de Dios – el universo entero, en tanto en cuanto no está viciado por el pecado – da fe de ello»; cf. Carson: «si las evidencias que respaldan lo que Jesús dice ser solo se basan en sus palabras, entonces su testimonio es falso».

[96] No sabemos qué uso tiene más en cuenta: si el que se hace de ἄλλος, o el que se hace de ἕτερος. Muchos comentaristas mantienen que el primero denota "otro del mismo tipo", y el último, "otro de un tipo diferente" (ver el comentario de 14:16). Si esta distinción es cierta, tenemos aquí «'*otro del mismo tipo que yo*' (...) con lo que el evangelista apunta a la unidad única que Cristo tiene con el Padre» (Abbott, 2730).

testimonio de Él[97], pero es bastante evidente que está hablando del Padre; algunos han sugerido que se refiere a Juan el Bautista (por ejemplo, Marsh [p. 268]), lo que es imposible a la luz del versículo 34. El conocimiento que Jesús tiene de la misión y de su relación con el Padre no descansa simplemente en sus propias convicciones. El Padre da testimonio de Él. Puede que los judíos no acepten ese testimonio del Padre; puede, incluso, que no sepan verlo. Pero a Jesús le basta con ser el único que es consciente del testimonio del Padre. Él sabe que ese testimonio es "verdadero". El orden de las palabras en el original hace que el énfasis recaiga en el término "verdadero". Vemos que, para Jesús, es importante que haya alguien más que dé testimonio aparte de Él. Su ministerio no es fruto de la voluntad humana. Y, gracias a que otro da testimonio de Él, queda claro que su testimonio es verdadero. «Sé que el testimonio que da de mí es verdadero». La convicción con la que Jesús habla viene sola y exclusivamente del testimonio que el Padre da de Él.

33-35 Los judíos no recibieron el testimonio que, según Jesús, tenía un gran significado. Pero continúa diciendo que podrían haberlo recibido. Dios no se había olvidado de ellos. Les había enviado un testigo para que pudieran comprender el mensaje y aceptar al que había de venir. Y a aquel testigo lo habían aceptado. Pero, con su actitud, demostraban que no aceptaban el testimonio que aquel testigo había dado de Jesús. El pronombre "vosotros" es enfático, y parece transmitir la siguiente idea: «Vosotros mismos tuvisteis un testigo. Así que mis palabras no os deberían sonar tan extrañas». La expresión "habéis enviado" es poco usual. El tiempo perfecto en griego da más importancia al resultado continuo de la acción, que a la acción de enviar en sí. No solo enviaron a preguntar a Juan, sino que recibieron el mensaje que les trajo la comitiva que habían enviado. Y, sin embargo, no hicieron nada con ese mensaje. Del mismo modo, cuando se dice de Juan que "ha dado testimonio", el tiempo verbal también recoge la idea de

---

Pero muchos autores dicen que tal distinción no existe y, como Juan emplea ἕτερος una sola vez (en 19:37), no tenemos suficiente información para llegar a esa conclusión. Más sobre esto en el comentario del v. 43. Crisóstomo cree que ἄλλος se refiere a Juan el Bautista (40.1; p. 144), pero no hay muchas evidencias que respalden esta interpretación.

[97] ὁ μαρτυρῶν y μαρτυρεῖ indican que el testimonio es un hecho presente, y que continúa. Esta palabra aparece en un papiro (*New Documents*, 3, p. 15).

que es un mensaje continuo (Weymouth, «y daba y sigue dando testimonio de la verdad»). Las palabras de Juan no habían sido en vano ni habían caído en saco roto. Él había dado testimonio, y su testimonio continuaba (cf. 1:15 y las notas al pie). Vemos aquí la idea de permanencia. Juan daba testimonio «de la verdad»[98]. Podemos ver cómo éste es ya un primer apunte a que Cristo es la Encarnación de la Verdad (cf. 14:6).

El evangelista hace un pequeño paréntesis en el que Jesús explica por qué hace referencia al testimonio de Juan el Bautista. No habla de Él porque su identidad esté basada en lo que Juan el Bautista dice. Utiliza el pronombre "yo" de forma enfática. Así, resalta la diferencia que hay entre Él y ellos. El[99] testimonio que Él recibe no es "de hombre" o un testimonio humano (f. 2:24-25). Todo este pasaje es una afirmación de la divinidad de Jesús. Por tanto, el propósito del evangelista al referirse a Juan el Bautista no es aportar más datos que confirmen lo que Él ya sabe de parte de Dios. Su propósito es hacer que la atención de sus oyentes se centre en el camino adecuado. El testimonio de Juan, tomado en serio, podía convertirse en el inicio del camino a la salvación. De hecho, eso es lo que había ocurrido con algunos de los doce apóstoles. En un principio, habían sido seguidores de Juan, pero le dejaron para seguir a Jesús, de acuerdo con la enseñanza y el testimonio del propio Juan (cf. 1:35-37).

Jesús, a su vez, da testimonio de Juan. El tiempo verbal "era", en pasado, podría indicar que Juan ya había muerto o, al menos, que ya estaba encarcelado. En todo caso, su obra o ministerio ya era algo que pertenecía al pasado. Jesús le compara con una lámpara[100] "que ardía". Quizá podemos entender que esta palabra también esconde el sentido de "consumirse". A Juan, dar testimonio de Jesús le costó caro[101]. Pero

---

[98] Los de la secta de Qumrán se creían los "testigos de la verdad" (1QS 8:6). Como la idea de dar testimonio de la verdad en el Nuevo Testamento solo aparece en este evangelio (aquí y en 18:37; aunque cf. 3 Jn. 3, 12) este es un ejemplo más de la similitud que hay entre Juan y Qumrán.

[99] Godet explica este artículo de la siguiente manera: «'*el* testimonio' significa 'el único testimonio que necesito, el único que usaría para confirmar mi propio testimonio».

[100] Puede que el artículo ὁ λύχνος apunte a una lámpara definida: es decir, que, para los oyentes, se trataba de un referente conocido. Si esto es cierto, podría tratarse de la lámpara que el Señor había preparado para su ungido (o, "Cristo", Sal. 132:17).

[101] «Después de dar luz, la lámpara se extingue, se apaga; el poder de su luz es temporal, y acaba consumiéndose» (Westcott). Posiblemente haya aquí una referencia a Elías, cuya palabra ὡς λαμπὰς ἐκαίετο (Sir. 48:1). También podríamos referirnos a

este verbo también se usa con el sentido de "prender fuego" o "encender"[102]. La lámpara de Juan no podía actuar por sí sola (al igual que Jesús; cf. 1:4; 8:12). Tenía que ser encendida desde lo alto. "Alumbraba" apunta a que el testimonio de Juan era firme, continuo. Una lámpara sirve para que la gente vea por dónde va. El testimonio de Juan alumbraba el camino que lleva a Jesús. Y Jesús les recuerda cuál fue su reacción ante el testimonio de Juan ("vosotros" es enfático: ¡eso es lo que *vosotros* habéis hecho!). "Regocijarse" es mucho más que "alegrarse": implica una felicidad entusiasta y una emoción mucho mayor. Durante un tiempo, se habían regocijado en su luz[103]. Parece ser que se refiere a una alegría poco seria[104], sin un fundamento ni propósito claros. En el fondo, los judíos nunca llegaron a tomarse a Juan el Bautista en serio. Nunca entendieron completamente el mensaje que traía. El suyo, era un llamamiento serio que apuntaba a un propósito concreto. Y aquellos judíos que decían ser el pueblo de Dios y los que buscaban el camino a Dios, hicieron caso omiso del mensaje que recogía cómo acceder a ese camino. Trataron a Juan como bien les pareció: al principio, celebraron que Dios había enviado a un profeta en medio de su generación, pero pronto le dieron la espalda.

36 El pronombre "yo" (y el hecho de que en griego la frase comience con la conjunción adversativa "pero") enfatiza la diferencia que hay entre Él y las personas. Esta expresión encierra toda la majestad de su persona. Aunque Juan era un personaje importante, y aunque Jesús valoraba el ministerio que su antecesor había desarrollado, el testimonio

---

las palabras de nuestro Señor: «Así brille vuestra luz delante de los hombres, para que vean vuestras buenas acciones y glorifiquen a vuestro Padre que está en los cielos» (Mt. 5:16). También hay un mandamiento talmúdico: «Que vuestra luz brille como una lámpara» (*Shab.* 116b), aunque puede que esté basado en el pasaje de Mateo.

[102] El verbo es καίω. El significado de este verbo lo vemos, claramente, en Mt. 5:15: «Ni se enciende una lámpara...». Knox traduce de la siguiente manera: «Él (...) era la lámpara encendida».

[103] Josefo nos dice que «la gente se entusiasmaba grandemente con las predicaciones de Juan» (*A.* 18.118).

[104] «Como los niños, se contentaban con la alegría y el entusiasmo pasajero, en vez de considerar seriamente lo que aquello suponía y significaba. Y ese entusiasmo solo duró un breve período: pronto acabaron las peregrinaciones a las orillas del río Jordán» (Plummer). Dods comenta: «parece que con esa expresión se definía también el revoloteo de los insectos alrededor de la luz de una lámpara». Cita a Hausrath: «Como los mosquitos alrededor de la luz» y concluye: «así iban de un lado para otro las emociones de aquellos religiosos sentimentalistas».

del Bautista no podía compararse con el del Hijo[105]. Jesús dice: «Mi testimonio es mayor que el de Juan»[106]. De hecho, el testimonio de Juan tiene dos vertientes. Jesús empieza por sus "obras" (ver el comentario del v. 20, y la nota adicional G; en la NVI aparece "obra" en singular, pero el original es "obras", en plural). Hizo exactamente lo mismo cuando Juan envió a sus discípulos para que le preguntasen si Él era el Mesías (Mt. 11:4; Lc. 7:22). Estas obras no son simplemente las obras que Él cree que debe hacer. Son las obras que «el Padre le ha dado para llevar a cabo» (ver el comentario de 3:35). Y son extremadamente importantes. Jesús repite el término del que estamos hablando para darle un mayor énfasis (la NVI omite la segunda aparición de "obras"). Las obras que realiza no son normales. Son «obras que ningún otro ha hecho» (15:24). Son las obras del Padre; el Padre que mora en Él es el que hace las obras (14:10). Estas obras llevan la marca de la acción divina. Muestran que el origen de Jesús no es humano, sino que es el Padre el que le ha enviado (en cuanto a "enviado", ver el comentario de 3:17). Las palabras de Jesús tienen una fuerza increíble, dado que están ubicadas en el contexto de la curación del paralítico. Los judíos habían visto con sus propios ojos evidencias del poder de Dios, ¡y lo estaban rechazando!

37-38 Después de hablar de las obras, que vienen del Padre, Jesús se centra en el Padre, en Aquel que ha enviado al Hijo. Así, ha dado testimonio acerca del Hijo (cf. 1 Jn. 5:9). Y el hecho de que el verbo esté en pasado muestra que ese testimonio no es nada nuevo[107]. Toda la revelación del Padre desde el principio estaba preparando el camino para la venida del Hijo. Así que, bien entendida e interpretada, toda la Revelación da testimonio de Él. Y es este el testimonio del que Jesús habla. Como cuenta con el testimonio de Dios mismo, no le importa la oposición y el rechazo con los que se tiene que enfrentar. Pero aunque

---

[105] Es mejor entenderlo así, que entenderlo con el sentido siguiente: «Tengo un testimonio (de mí mismo) mayor del que Juan tenía (de sí mismo)», aunque, gramaticalmente, es posible.

[106] En griego no aparece la estructura «mayor *que el de* Juan», sino que simplemente dice «mayor que Juan». Está claro que nuestra traducción es correcta, pero Black cree que detrás de las palabras griegas hay una expresión semítica (*AA*, p. 87). Una vez más, entrevemos en las palabras de Jesús la lengua aramea.

[107] Cf. R.H. Lightfoot: «Toda vida, en el principio, y desde el principio, bien entendida, ha dado testimonio, como la actividad del Padre, del Señor (...) Pero los judíos durante toda la Historia han hecho oídos sordos a la revelación del Padre de sí mismo».

ese testimonio parece tan claro, y tiene para él tanto valor, no anuncia que los judíos vayan a creerlo. Todo lo contrario. No entienden debido a su ignorancia, que tiene un triple desdoblamiento. (1) No han oído jamás la voz de Dios. Moisés oyó esa voz (Éx. 33:11); ellos no son verdaderos seguidores de Moisés, porque si lo fueran, habrían sabido ver en Jesús la voz de Dios (3:34; 17:8). (2) Nunca han visto la apariencia de Dios[108]. Israel sí la había visto (Gn. 32:30-31)[109], pero ellos no son verdaderos israelitas. Si lo fueran, habrían sabido verla en Jesús (14:9). (3) La Palabra de Dios no mora en ellos[110]. El salmista atesoraba la Palabra de Dios en su corazón (Sal. 119:11), pero ellos no tienen la misma experiencia religiosa que Él. Si la tuvieran, habrían recibido la palabra de Jesús (17:14). Con la partícula "porque" se ve claramente cuál es la causa de que la palabra de Dios no more en ellos: no creen en Aquel que el Padre envió. Además, su incredulidad impide que puedan tener una relación con Dios. Vemos que hay un contraste entre dos pronombres enfáticos: *Él*[111] envió a su Hijo, pero *vosotros* no creéis (en cuanto a "creer", ver la nota adicional E). Queda claro que el testimonio del Padre solo podrán verlo y entenderlo aquellos que creen en el Hijo. Como dice Barrett: «el observador no puede sentarse, juzgar lo que ve, y luego decidir si quiere creer en Jesús o no. No funciona así. Tiene que creer en Jesús, y luego recibirá el testimonio de

---

[108] Knox traduce: «Siempre habéis tenido los ojos cerrados, y por eso no habéis visto su apariencia».

[109] La Septuaginta traduce tanto פְּנִיאֵל como פְּנוּאֵל como Εἶδος θεοῦ (Gn. 32:30, 31; en el segundo caso ambos nombres van acompañados del artículo; tanto en hebreo como en la Septuaginta, los versículos son los mismos: 31 y 32), «la forma o apariencia de Dios». Las dos palabras hebreas significan «la faz de Dios», y la segunda parece representar una forma de la antigua terminación del nominativo: וֹ (ver Gesenius, *Hebrew Grammar*, ed. E. Kautzsch, rev. A.E. Cowley [Oxford, 1946], pp. 251-52).

[110] En otros lugares habla de que su palabra mora en las personas (aunque usando τὰ ῥήματά μου, y no τὸν λόγον αὐτοῦ, que es la estructura que aquí aparece): «Si permanecéis en mí, y mis palabras permanecen en vosotros, pedid lo que queráis, y os será hecho» (15:7). Lo que dice 8:31 está en la misma línea: «Si vosotros permanecéis en mi palabra (ἐν τῷ λόγῳ τῷ ἐμῷ), verdaderamente sois mis discípulos». En pasajes como estos, la palabra se refiere a todo el mensaje del Evangelio. Ya sea que la persona permanece en la palabra, o la palabra en la persona, en ambos casos vemos que se recoge la idea de un compromiso continuado con la totalidad del mensaje. En nuestro pasaje quizá también haya un apunte a que Jesús es la Palabra verdadera, el Verbo. Cf. Dodd: «λόγος no es tan solo una "palabra". Se refiere a la revelación de Dios mismo, tanto en palabra como en hechos, como en el silencio de la mente de los hombres »(*IFG*, p. 330).

[111] En cuanto al enfático ἐκεῖνος, ver el comentario de 1:8.

parte de Dios (...) Lo que Juan quiere decir es que la verdad de Dios en Jesús se da a conocer dentro de la experiencia del creyente»[112].

39-40 El griego que aquí se usa es algo ambiguo. Puede querer decir «Examináis las Escrituras» o «Examinad las Escrituras»[113]. Deberíamos traducir el verbo en indicativo[114]. En esta sección Jesús se ocupa de los judíos y de su actitud. Destaca que estudian las Escrituras de forma constante (por otras fuentes sabemos que lo hacían con suma diligencia), pensando[115] que así tenían vida eterna[116]. Y, ciertamente, no van mal encaminados, porque las Escrituras, como las "obras" (v. 36) y el Padre (v. 37), dan testimonio de Él. Si hubieran interpretado las Escrituras correctamente, sin duda alguna habrían reconocido que las palabras de Jesús eran verdad[117]. Pero los judíos las leían con una reverencia supersticiosa por las palabras[118], y no profundizaban en las grandes verdades que esas palabras anunciaban. Como resultado, tra-

---

[112] Cf. Bernard: «El creyente cuenta con un testigo interno, que es en realidad el testimonio de Dios. No nos referimos a voces del cielo o a epifanías visibles (...) Nos referimos a la convicción y a la seguridad que el creyente recibe».

[113] Goodspeed, Phillips, y otras traducciones modernas creen que ἐραυνάω significa una búsqueda diligente, es decir, «Escudriñáis las Escrituras». Crisóstomo también dice que no se trata tan solo de "leer", sino que quiere decir "investigar", y lo traduce de la siguiente manera: «Profundizar con cuidado para que puedan descubrir lo que descansa en el fondo» (41.1; p. 147). Este es el único lugar en todo el Evangelio en el que aparece el plural γραφαί.

[114] «Aunque, por más que mantengamos el indicativo, sigue quedando detrás la idea de un posible imperativo, porque estas palabras animan a desarrollar una investigación seria de las Escrituras» (Hoskyns). Para adentrarse más en el debate sobre las evidencias textuales, ver Dodd, *IFG*, p. 329, nota al pie núm. I, y para analizar una argumentación convincente a favor del imperativo, ver Field, pp. 89-90.

[115] Se dice que la proposición subordinada es una evidencia de que se trata de una traducción del arameo al griego. ־ֵ puede traducirse por ὅτι, como en la mayoría de los textos, o por una relativa como en algunos textos antiguos en latín, el Siríaco Curatoniano y el Armenia. La proposición relativa también aparece en el evangelio apócrifo del Papiro Egerton, del cual se dice que, al menos en este punto, se basa en el Evangelio de Juan. Todo esto apoya la evidencia de que este evangelio se basa en una fuente aramea.

[116] Cf. las palabras que se le atribuyen a Hillel: «cuanto más estudies la Ley, más vida tendrás (...) si consigues aprender las palabras de la Ley, consigues la vida en el más allá» (*'Ab.* 2:7). Encontramos otras afirmaciones similares, como por ejemplo Baruch 4:1-2: «Este es el libro de los mandamientos de Dios, y la ley permanece para siempre; todo aquel que se aferre a ella obtendrá la vida».

[117] Cf. Morgan: «Las Escrituras no tienen vida en sí mismas, pero si las seguimos, nos llevarán a Jesús, quien nos dará vida; así que las Escrituras no son las que nos dan la vida, sino que tenemos vida en Cristo a través de las Escrituras».

[118] En los primeros siglos de nuestra era esta veneración de las palabras de las Escrituras se llevaba hasta las últimas consecuencias. Sir Frederic Kenyon dice que

taban con hostilidad a aquel de quien las Escrituras daban testimonio[1][19], a aquel que les podía dar la vida. Estas palabras constituyen una amonestación a la actitud incorrecta que los judíos tenían hacia las Escrituras y a la excesiva reverencia que le rendían a los escritos sagrados. Cf. Moffatt: «Escudriñáis las Escrituras, creyendo que poseen en sus páginas vida eterna – y ciertamente testifican de mí – pero[1][20] no queréis venir a mí para obtener la vida». «No queréis venir a mí» enfatiza la importancia de la voluntad; los judíos se oponen a Jesús de forma voluntaria. Vemos la misma idea en Lucas 13:34: «¡Jerusalén, Jerusalén, la que mata a los profetas y apedrea a los que le son enviados! ¡Cuántas veces quise juntar a tus hijos, como la gallina a sus pollitos debajo de sus alas, y no quisiste!». Vemos el tierno deseo de ofrecer salvación, y el rechazo testarudo a aceptar esa salvación.

41 En el versículo 34 Jesús ha afirmado que el testimonio que recibe no es de los seres humanos. Ahora, en la misma línea, declara que tampoco recibe "gloria" (o "alabanza") de los hombres. La palabra "gloria" tiene varias acepciones. Aquí, Jesús se refiere a la "alabanza" o el "elogio". Es decir, para Él, lo importante no es complacer a las personas, sino complacer al Padre. Por tanto, no le importa si la gente le alaba o no. A él no le interesa la gloria que los hombres le puedan ofrecer.

42 Este versículo está estrechamente relacionado con el anterior; en algunas versiones los dos versículos forman una sola frase. Sea como sea, lo cierto es que el que Jesús rechace la gloria de los judíos tiene mucho que ver con el conocimiento que tiene de ellos (ver el comen-

---

los escribas «contaban los versículos, las palabras y las letras de cada libro. Calculaban cuál era la palabra que estaba justo en la mitad, y también la letra. Hacían una lista de los versículos que contenían todas las letras del alfabeto, y los clasificaban según el número de letras diferentes que contenían» (*Our Bible and the Ancient Manuscripts* [Londres, 1939], p. 38). Cuando copiaban las Escrituras, los escribas debían mirar el original cada vez que copiaban una letra (*Meg.* 18b). No sabemos si esto ocurría también en tiempos del Nuevo Testamento, pero de todos modos, sabemos que esta era la tradición que había detrás. En estos versículos, queda claro que aún había una gran reverencia por las palabras de las Escrituras, lo que impedía muchas veces que entendieran el mensaje que éstas transmitían.

[119] El presente αἱ μαρτυροῦσαι esconde un doble significado. Ahora, las Escrituras dan testimonio de mí. Las Escrituras siempre han dado testimonio de mí.

[120] Moffatt aquí traduce καί por "pero". Para coordinar, Juan a menudo usa esta conjunción en sentido adversativo: "y sin embargo". Ver, por ejemplo, vv. 43, 44; 6:36; 7:36.

tario de 2:24). Como los conoce muy bien, sabe que en verdad no aman a Dios. Dicen que le aman, pero no conocen lo que es el amor verdadero[121]. Y esto es lo que siempre ocurre cuando la religión se basa en la voluntad propia. Los judíos habían creado una religión, y luego intentan que Dios encaje en aquella estructura creada por manos humanas. Lo normal sería que buscaran el camino de Dios, y que luego basaran la práctica religiosa en el conocimiento de Dios[122].

43-44 Jesús vuelve al tema del rechazo por parte de los judíos, aunque, en cierta forma, lo relaciona con la frase anterior, que habla de lo mucho que a los judíos les gustaba recibir la gloria de los hombres. Por eso, si alguien hubiese venido en su propio nombre[123], le habrían aceptado y alabado. Él era del mismo mundo que ellos, y les hablaba

---

[121] τὴν ἀγάπην τοῦ θεοῦ puede referirse tanto al amor que viene de Dios como al amor hacia Dios. En este pasaje parece que se refiera al segundo, pero no deberíamos olvidar que «Dios es el Autor de ese amor, a la vez que el Objeto de ese amor» (Westcott). Abbott defiende que significa «el amor *que procede de Dios*» (2032-40). Quizá valga la pena recordar que Juan usa ἀγάπη siete veces (aquí; 13:35; 15:9; 10 bis, 13; 17:26). A. Nygren en su clásico libro *Agape and Eros* (Londres, 1953) demuestra que la idea básica de ἀγάπη es la de un amor entregado por aquellos que no lo merecen. No hemos hecho justicia a la lingüística de Juan, y puede que se estuviera refiriendo a dos tipos de amor, aunque fuera de una manera muy sucinta. En fin, lo que está claro es que recoge ese amor que describe como *Ágape*, y que se trata de la comprensión cristiana del amor. El amor de Dios por nosotros emana de la propia naturaleza de Dios, y no de que nosotros lo merezcamos. Dios nos ama a pesar de que no seamos dignos de ello y tanto nos ama que, como vemos en la cruz, no le importa pagar un alto precio. Además, el amor de Dios es un amor creativo. Hace que de las personas emanen el mismo tipo de amor. C.S. Lewis escribió un libro al respecto: *Los cuatro amores* (Ediciones Rialp, Madrid, 2002). Me permito, también, hacer referencia a mi obra *Testaments of Love* (Grand Rapids, 1981). Pero, a pesar de lo maravilloso que es el amor de Dios, los judíos estaban tan centrados en el amor por lo que hacían, y en su forma de entender la religión, que no fueron capaces de reaccionar ante el amor de Dios.

[122] «En realidad no amaban a Dios; lo que amaban era el concepto que se habían hecho de Dios» (Barclay); «Creían que su valor estaba en las cosas que le presentaban a Dios y, de hecho, no le presentaban lo que más quería: ese amor entregado por el que uno se niega a sí mismo» (MiM).

[123] Los intentos para averiguar a quién podría referirse ese "otro" han sido inútiles. Algunos estudiantes creen que se refiere a Bar Koseba (aprox. 132 dC) y, a su vez, creen que esto es una evidencia de que el Evangelio fue escrito más tarde de lo que tradicionalmente se ha creído. Sin embargo, la mayoría de los comentaristas rechazan esta alusión. Las palabras de Jesús son muy generales y lo más probable es que Jesús quisiera que se entendieran de forma general. McClymont y otros recogen que los historiadores judíos enumeran no menos de sesenta y cuatro personajes que dijeron ser el Mesías. Los judíos solían aceptarles, y estas palabras no hacen más que reflejar esa realidad. Muchos creen que la figura que aquí se tiene en mente es la del Anticristo.

de ese mundo. Pero Jesús, de nuevo, usa el "yo" enfático: deja claro que hay diferencias entre Él y sus oyentes. Él viene del Padre. Viene "en el nombre" de su Padre (en cuanto a "el nombre", ver el comentario de 1:12). Eso quiere decir que está íntimamente relacionado con el Padre que, en cierto sentido, Él es la expresión de lo que el Padre representa. Es la afirmación de una comunidad de propósito, y fundamenta su misión directamente en la voluntad de Dios. Pero, a pesar de todo esto, sabe que la gente de su generación le va a rechazar. Les pregunta: «¿Cómo podéis creer [vosotros]?»[124]. Imposible con gente a quien le gusta recibir la gloria los unos de los otros[125] y que no busca la gloria del Dios único. La opción es buscar la gloria propia, o buscar la gloria de Dios[126]. Es un tema que causa división. Hay que definirse, tomar una decisión.

45-47 El discurso finaliza con un giro inesperado. Los judíos se gloriaban en su conocimiento de las Escrituras, y Jesús ya se ha pronunciado sobre ese tema (v. 39). Ahora les critica por gloriarse en Moisés. Se gloriaban de estar relacionados con el gran patriarca que había dado la Ley. Pero Moisés, y no Jesús, es el que les acusa delante de Dios. El tiempo presente significa que Moisés se ha presentado como testigo en contra de ellos: hace, en el presente, la función de fiscal. Los judíos creían que seguían a Moisés, e incluso usan este argumento a su favor cuando discuten con el ciego de 9:28. Habían «puesto su

---

Si le damos importancia al uso de ἄλλος (porque lo más normal hubiese sido quizá usar ἕτερος), el significado será, según Abbott: «Si *otro* viene (*profesando ser de la misma clase que yo*)», como el ἄλλον Ἰησοῦν paulino (2 Co. 11:4) (2677). Odeberg cree que se refiere al diablo (*FG*, p. 226).

[124] El pronombre *vosotros* es enfático en el original, por eso lo hemos añadido (*N. de la T.*). El aoristo πιστεῦσαι se refiere al acto en sí de poner la confianza en algo, y no a la fe continua (si así fuera, se usaría el presente πιστεύειν, como en 12:39).

[125] Según Strachan, eso era lo que ocurría en las escuelas rabínicas: «El estudio de las Escrituras se había convertido en un mundo en el que los hombres buscaban la fama haciendo alardes de sus habilidades intelectuales. Había competencia entre las distintas autoridades, y el resultado era estéril, ya que solo buscaban *honrarse los unos a los otros*».

[126] Cf. Calvino: «la puerta de la fe está cerrada para aquellos cuyas mentes están llenas con deseos vanos de alcanzar gloria terrenal». Ryle también dice: «Si un hombre no es completamente sincero cuando profesa el deseo de descubrir la verdad en la religión, - si secretamente adora a un ídolo y no quiere ceder en este punto – si, en su interior, hay algún deseo que esté por encima de la gloria de Dios, vivirá el resto de sus días con dudas, perplejo, insatisfecho e intranquilo, y nunca tendrá paz. Su falta de honestidad es un obstáculo infranqueable que se interpone entre ellos y la fe».

esperanza» en él[127]. Pero del mismo modo que tan a menudo malinterpretaban las Escrituras, también pervertían los documentos de Moisés. «La ley de Moisés no es una religión sobre la salvación; es un imperativo categórico de Dios por el cual declara que los hombres son culpables y pecadores» (Hoskyns). Si hubieran hecho caso a Moisés, se habrían convencido de su propio pecado y habrían reconocido al Salvador. Si de verdad hubieran creído lo que Moisés decía, creerían también lo que Jesús les refería. Los documentos de Moisés eran proféticos. Anunciaban la venida y la obra de Cristo (cf. 1:45). Así que aquellos que rechazaban a Cristo no creían en lo que Moisés había escrito[128]. Y si aquellos judíos que decían ser discípulos de Moisés, que veían sus escritos como las Sagradas Escrituras, que reverenciaban de forma supersticiosa la letra de la ley, si ellos no creían en las cosas que Moisés había escrito – aunque las estudiaban constantemente –, entonces, ¿cómo iban a creer las palabras[129] de Jesús, palabras que había pronunciado en presencia de ellos?[130].

NOTA ADICIONAL E: CREER[131]

Uno de los misterios del cuarto evangelio es que mientras el verbo πιστεύω aparece 98 veces, el sustantivo correspondiente – πίστις – apenas sale. No sabemos cuál es la razón de que esto sea así. Normalmente se dice que, como algunos de los sistemas pre-gnósticos de aquel entonces usaban mucho el sustantivo, el evangelista casi lo eliminó para evitarse la asociación con aquellos grupos. Puede que esto sea cierto, pero aún así, faltaría explicar por qué usa tanto el verbo en cuestión.

---

[127] El tiempo perfecto ἠλπίκατε hace referencia a un estado continuo. Su esperanza es una esperanza presente, y no tan solo un estado pasado.

[128] «Los discípulos verdaderos de Moisés caminan hacia Cristo; los religiosos judíos caminan hacia el rechazo del Evangelio» (Godet).

[129] ἐμοῖς es enfático (ver el comentario de 4:42). Se establece un claro contraste entre las palabras de Jesús y los escritos de Moisés.

[130] Loyd nos recuerda que el error de no discernir el cambio de dirección que hay en la enseñanza de la Biblia no ocurre solo entre los judíos: «Cuando leemos la Biblia, ¡muchas veces lo hacemos con pocas ganas de aprender y profundizar! Cuando escuchamos predicaciones, ¡la mayoría de las veces aplicamos las amonestaciones y las advertencias a los demás, en vez de aplicárnoslas a nosotros mismos! Y por tanto una predicación se convierte en eso, en una predicación más, y no en una oportunidad a través de la cual Jesús nos puede hablar directamente».

[131] Ver la forma en que Dodd trata este tema en *IFG*, pp. 179-86.

En Mateo aparece 11 veces, en Marcos 10 (y 4 veces más al final del cap. 16) y en Lucas, 9 veces; está claro que el uso que Juan hace está fuera de lo normal.

A grandes rasgos, podemos decir que usa esta palabra de cuatro maneras diferentes[132]. Lo usa para expresar "creer" hechos (12 veces), "creer" a las personas o las Escrituras (19 veces), y "creer" *en* Cristo (36 veces); usa el verbo de forma absoluta en 30 ocasiones (y el único pasaje que queda es aquel en el que Jesús no quiso confiarse a los hombres, 2:24). Las estructuras que se refieren a creer "que" algo ha ocurrido y a creer a las personas (dativo) no son inusuales. Más significativo es el uso del verbo con la preposición εἰς, creer "en"[133]. Creemos que la idea que Juan quiere transmitir al usar esta preposición es bastante similar a la que Pablo usa cuando dice que estamos "en" Cristo[134]. Para Juan, la fe es una acción[135] que hace que la gente deje de centrarse en sí misma y la convierte en uno con Cristo. Es importante recordar que esta construcción es una transliteración literal del hebreo הָאֱמִין בְ. De nuevo, esto refuerza la teoría de que el Evangelio de Juan

---

[132] L. Doohan cree que en este evangelio aparecen siete actitudes diferentes ante el Evangelio: la fe basada en las señales, la fe de discípulos secretos como Nicodemo, la fe en Jesús como un hombre que hacía milagros, la fe basada en las señales como una preparación para la fe (p. ej., el ciego, 9:35-38), una fe madura como la del oficial del rey (4:50), la fe que busca una mayor clarificación (los discípulos en la Última Cena), y la fe que no necesita de señales (*John: Gospel for a New Age* [Santa Fe, 1988], pp. 146-47).

[133] Dood no encuentra ninguna construcción paralela ni en el griego profano ni en la Septuaginta (*IFG*, p. 183).

[134] Cf. Moulton: «εἰς nos hace pensar en la entrada del alma *en* esa unión mística que Pablo solía definir como ἐν Χριστῷ » (M, I, p. 68). Para él no hay una gran diferencia entre πιστεύειν εἰς y πιστεύειν ἐπί, aunque insiste en que sí hay una diferencia significativa entre los dos términos por un lado, y πιστεύειν con el dativo por el otro. Bultmann cree que πιστεύειν εἰς Χριστὸν Ἰησοῦν y otras expresiones similares quieren decir lo mismo que πιστεύειν ὅτι Ἰησοῦν ἀπέθανεν καὶ ἀνέστη (1 Ts. 4:14). Cree que πιστεύειν εἰς es una abreviatura, tomada del vocabulario de las predicaciones misioneras, que equivale a «convertirse de (la fe judía) la fe pagana a la fe cristiana» (*TDNT*, VI, p. 134). Más adelante dice que esta expresión hay que entenderla como «la recepción del kerygma cristiano, y, por tanto, como la fe salvadora que reconoce la obra salvadora de Dios efectuada en Cristo y se la apropia. Obviamente, aquí πίστις también tiene el sentido de *dar crédito de*; y también subyacen los conceptos de la obediencia, la confianza, la esperanza y la lealtad» (p. 209). A Burney le convence la teoría de Moulton de que esta expresión griega es un reflejo de la construcción hebrea הָאֱמִין בְ y aramea הֵימִין בְ, y, por tanto, se refiere a una confianza personal (*AO*, p. 34).

[135] Cf. R. Kysar, En Juan «la fe no es algo que uno tiene. La fe es algo que uno hace. La fe no es un ser estático sino una conversión dinámica» (*John, the Maverick Gospel* [Atlanta, 1976], p. 81).

está basado en una fuente semítica. También nos hace pensar en un aspecto importante, que Dodd define de la siguiente manera: «Parece que πιστεύειν con el dativo apuntaba a una simple creencia, en el sentido de un juicio intelectual, por lo que el elemento moral de la fe personal inherente en la frase aramea o hebrea – un elemento integral del concepto cristiano primitivo de la fe en Cristo – debía expresarse de otra manera»[136]. Este «elemento moral de fe personal» tiene una importancia primordial para la comprensión del cristianismo, y tenía que haber alguna manera de expresarlo. La expresión que sirvió para ello fue πιστεύειν εἰς.

No es una coincidencia que este evangelio que tanto habla de "creer" también hable de "permanecer" o "morar" en Dios o en Cristo. Aunque en principio "creer y "permanecer" no tienen mucha relación (aunque cf. 12:46), está claro que en este evangelio tienen un significado muy parecido. De hecho, podríamos decir que el "permanecer" en Cristo que tanto se subraya en los primeros versículos del capítulo 15 es prácticamente equivalente a "creer", y que es precisamente ese parecido el que explica la ausencia del verbo "creer" de ese pasaje.

Este concepto de creer "en" Cristo es tan importante que se puede usar el verbo de forma intransitiva, sin complemento alguno. En este evangelio no hace falta explicitar a quién se refiere cuando se usa el verbo "creer". "Creer" y "Cristo" son dos conceptos que van de la mano por lo que, inevitablemente, el primero implica el segundo. Esta idea está muy bien ilustrada en la conversación que Jesús tiene con el hombre que había nacido ciego. Cuando Jesús le preguntó: «¿Crees tú en el Hijo del Hombre?», él le respondió: «¿Y quién es, Señor, para que yo crea en Él?». Cuando el hombre descubre cuál es la respuesta a su pregunta, no dice: «Creo en Él», sino que simplemente responde: «Creo» (9:35-38)[137]. Una vez más, vemos que no hay una gran diferencia entre "creer" los hechos relacionados con Cristo, y "creer", como vemos en el versículo en el que Juan explica por qué escribe este evangelio: «para que creáis que Jesús es el Cristo, el Hijo de Dios; y para que al creer, tengáis vida en su nombre» (20:31). En el mismo

---

[136] *IFG*, p. 183.

[137] En vista del tono afectuoso de este pasaje y del hecho de que "creer" aquí no se puede separar de la fe personal, debemos rechazar la sugerencia de aquellos que sostienen que para Juan "creer" significa un "asentimiento intelectual" o algo por el estilo (cf. E.F. Scott, *The Fourth Gospel* [Edimburgo, 1906], pp. 52, 267).

sentido, la simple creencia en el Padre está relacionada con el don de la vida eterna (5:24).

La conclusión a la que llegamos es que, mientras que cada una de las diversas construcciones que se emplean tiene su propio significado, no debemos verlas de forma separada, como si no tuvieran nada que ver. La idea clave que debemos recordar es que "creer" es una acción que hace que el creyente ya no se centre en sí mismo, y le hace uno con Cristo. Pero creer en el Padre de corazón o creer en los hechos relacionados con Cristo implica, de forma inevitable, esa acción que acabamos de mencionar. No importa la forma en la que se use esta terminología: apunta a esa actitud de confianza en Dios, que es básica para todo cristiano[138].

---

[138] Cf. Dodd, cuando comenta πίστις de Jn. 5:4: «El camino a la victoria no es una afirmación confiada de nuestras mejores cualidades, sino la *fe*, y esa fe implica, necesariamente, que miremos más allá de nosotros mismos. La fe victoriosa del cristiano consiste en esa confianza en Dios, que se ha revelado en Jesucristo su hijo. Implica que tenemos que comprometernos con el amor de Dios, que toma forma en todo lo que Jesucristo fue y en todo lo que hizo».

Juan 6

J. LA CUARTA SEÑAL – LA ALIMENTACIÓN DE LA MULTITUD (6:1-15)

1 Después de esto, Jesús se fue al otro lado del mar de Galilea, el de Tiberias. 2 Y le seguía una gran multitud, pues veían las señales que realizaba en los enfermos. 3 Jesús subió al monte y se sentó allí con sus discípulos. 4 Y estaba cerca la Pascua, la fiesta de los judíos. 5 Entonces Jesús, alzando los ojos y viendo que una gran multitud venía hacia Él, dijo a Felipe: ¿Dónde compraremos pan para que coman éstos? 6 Pero decía esto para probarlo, porque Él sabía lo que iba a hacer. 7 Felipe le respondió: Doscientos denarios de pan no les bastarán para que cada uno reciba un pedazo. 8 Uno de sus discípulos, Andrés, hermano de Simón Pedro, dijo a Jesús: 9 Aquí hay un muchacho que tiene cinco panes de cebada y dos pescados; pero ¿qué es esto para tantos? 10 Jesús dijo: Haced que la gente se recueste. Y había mucha hierba en aquel lugar. Así que los hombres se recostaron, en número de unos cinco mil. 11 Entonces Jesús tomó los panes, y habiendo dado gracias, [los] repartió a [los] que estaban recostados; y lo mismo [hizo] con los pescados, [dándoles] todo lo que querían. 12 Cuando se saciaron, dijo a sus discípulos: Recoged los pedazos que sobran, para que no se pierda nada. 13 [Los] recogieron, pues, y llenaron doce cestas con los pedazos de los cinco panes de cebada que sobraron a los que habían comido. 14 La gente entonces, al ver la señal que [Jesús] había hecho, decía: Verdaderamente este es el Profeta que había de venir al mundo. 15 Por lo que Jesús, dándose cuenta de que iban a venir y llevárselo por la fuerza para hacerle rey, se retiró otra vez al monte Él solo.

Este es el único milagro, aparte de la resurrección, que aparece en los cuatro evangelios. Cuando nos preguntamos cuál será la razón, toda conclusión que saquemos no son más que conjeturas. Pero lo que está claro es que se trata de un hecho que llamó mucho la atención de los cuatro evangelistas. En este relato vemos que la multitud se había agolpado porque habían visto las "señales" que Jesús hacía (la NVI traduce "señales milagrosas", que refleja que Jesús hacía milagros, pero no es fiel al hecho de que esta palabra también se usaba para referirse a señales que no eran de carácter milagroso[1]. Juan también recoge la perplejidad de Felipe ante la situación, y sus operaciones aritméticas que demostraban que era imposible solucionar aquello usando tan solo los recursos de los discípulos. También recoge que fue Andrés el que trajo al muchacho. Este evangelio es el que nos dice que la Pascua estaba cerca, que los panes eran panes de cebada, para qué debían recoger los pedazos que sobraran, cuál fue el efecto en las personas, y cómo se retiró Jesús tanto de sus discípulos como de la multitud. Está claro que Juan incluye mucha información que no está basada en los Evangelios Sinópticos. Y, típico de Juan, describe este suceso como una "señal". El efecto de esta señal sobre las personas es que algunos piensan en Jesús como en un profeta, y otros quieren hacerle rey.

Hay, principalmente, tres interpretaciones de este texto. Una es que el "milagro" ocurrió en el corazón de las personas. Cristo convenció a los egoístas para que compartieran las provisiones que tenían, y cuando así lo hicieron, hubo más que suficiente para toda la multitud. Lindars dice que esto "está muy lejos de ser una interpretación seria". Una segunda opinión es que deberíamos entender la alimentación como una ceremonia sacramental, más o menos como la Santa Cena, en la que cada uno de los presentes recibió un trozo pequeño de pan o de pescado. G.H. Boobyer[2] ha criticado duramente esta interpretación. Aunque algunos, como Alan Richardson[3], la defienden, llegamos a la conclusión de que es insostenible. Estas dos teorías que acabamos de ver están demasiado fundamentadas en presuposiciones y pasan por alto lo que los autores de estos relatos dicen. Por tanto, es mucho mejor considerar la tercera interpretación: que Jesús, el Hijo de Dios, Dios Encarnado[4],

---

[1] San Agustín se maravilla de la ceguera de aquellos que solo ven los milagros de Dios en lo poco común: "Ciertamente, el gobierno de todo el mundo es un milagro mayor que el de la alimentación de los cinco mil; y sin embargo, ningún hombre se maravilla del primero, pero se maravilla ante el segundo, no porque sea mayor, sino porque es poco común. Porque, ¿quién es el que alimenta al mundo entero sino el que crea los grandes campos de maíz a partir de unas cuantas semillas?" (24.1; p. 158).

[2] *JThS*, n.s. III (1952), pp. 161-71.

[3] *The Miracle Stories of the Gospels* (Londres, 1952), pp. 96-97.

[4] Temple explica cuáles son las implicaciones de este texto para la Cristología: "Está claro que todos los evangelistas entendían que nuestro Señor había realizado una obra creativa; y yo mismo no dudo de que eso es lo que ocurrió. Sin embargo, solo podemos creerlo si la doctrina de Juan sobre la identidad de nuestro Señor es correcta. Si el Señor en verdad era Dios encarnado, será fácil creer que esta historia que Juan nos cuenta es verdad. Lo difícil sería creer que alguien que no era Dios encarnado hiciera algo así".

hizo algo que solo podemos describir como un milagro. Sin duda alguna, este relato quiere inculcar una verdad espiritual (es una "señal"). Pero eso no quita que los evangelistas estuvieran explicando el maravilloso suceso que allí había tenido lugar.

Para ver cuál es la importancia y el significado de esta historia debemos tener en cuenta que la figura de "comer" y "beber" se usa mucho en el Antiguo Testamento. Representa la prosperidad (no hay nada bueno para el hombre bajo el sol sino comer, beber y divertirse; Ecl. 8:15; cf. también 3:13; 5:18), y normalmente se usa para describir las bendiciones que el pueblo de Dios disfrutará en la tierra prometida (Dt. 8:9; 11:15; Neh. 9:36, etc.). A su vez, no poder comer es una señal de desastre (Ecl. 6:2). La metáfora del "comer" se usa también para las bendiciones espirituales. Hay algunos pasajes interesantes en los que se dice que el pueblo comía la palabra de Dios (Jer. 15:16; Ez. 2:8; 3:1, etc.), pero quizá estas citas no tienen mucho que ver con nuestro propósito. "Comer" también se asocia a veces con la visión de Dios (quizá porque era una característica del sistema sacrificial), como cuando Moisés y sus compañeros "vieron a Dios y comieron y bebieron" (Éx. 24:11; cf. también Dt. 12:7; 15:20; 27:7; Esd. 6:21; Neh. 8:10; Esd. 44:3). Puede que también haya una relación con las experiencias de Israel en el desierto cuando Dios "hizo llover sobre ellos maná para comer, y les dio comida del cielo" (Sal. 78:24). Y, siguiendo la misma línea, el profeta anuncia ante el pueblo la promesa de Dios: "Si queréis y obedecéis, comeréis lo mejor de la tierra" (Is. 1:19; cf. Esd. 9:12). Por otro lado, la desobediencia a Dios lleva a que, aunque uno coma, quedará insatisfecho (Lv. 26:23-26). Así, la invitación misericordiosa continúa: "¡Venid, comprad y comed! (...) ¿Por qué gastáis dinero en lo que no es pan, y vuestro salario en lo que no sacia? Escuchadme atentamente, y comed lo que es bueno" (Is. 55:1-2). Por la misma razón, el salmista tiene su esperanza puesta en el día en que "los pobres comerán y se saciarán" (Sal. 22:26). Si tenemos todo esto en mente, no nos sorprende que el banquete mesiánico fuera una de las maneras en las que se explicara las delicias de las que podremos disfrutar en la Era por venir (p. ej. Enoc 62:14)[5].

Esta señal muestra que Jesús es el que suple las necesidades de las personas. Ciertamente, la mención que Juan hace de la Pascua (v. 4) no solo sirve para ubicar el suceso en el tiempo, sino que además sirve

---

[5] Cf. también los pasajes que se citan en SBk, IV, p. 1154s.

para suscitar una asociación con el desierto. Más adelante en el mismo capítulo encontramos las referencias al "pan vivo" (v. 51), "el verdadero pan del cielo" (v. 32), "el pan de Dios" (v. 33), etc., sirven, sin duda alguna, para volver a suscitar ese tipo de asociaciones. El maná en el desierto anunciaba lo que Jesús nos trae. Él es el Mesías que nos hace partícipes de sus ricos banquetes. Esta "señal" tiene que ver con el Reino de Dios. Los judíos se equivocan en su interpretación, y le ven como un profeta, como alguien de este reino terrenal (v. 15). Se equivocan en dos sentidos: el milagro apuntaba al Mesías, no a un simple profeta, y al Reino de los cielos, no a un reino terrenal. Incluso podríamos decir que hay aquí otra idea subyacente. Pablo nos dice que en el desierto los israelitas "todos comieron el mismo alimento espiritual, y todos bebieron la misma bebida espiritual, porque bebían de una roca espiritual que los seguía; y la roca era Cristo" (1 Co. 10:3-4). Puede ser que Juan quisiera expresar la misma idea. Cristo siempre ha sido el que, de forma perfecta, ha provisto para las necesidades de su pueblo. Él fue el "pan de Dios" de los israelitas cuando vagaron por el desierto, y es nuestro pan de Dios hoy.

Hay una o dos coincidencias entre el lenguaje que Juan usa en este relato y el lenguaje que se usa en la historia de Eliseo y la alimentación de los cien hombres (2 R. 4:42-44)[6]. Pero, teniendo también en cuenta los Sinópticos, nos resistiremos a aceptar cualquier teoría que diga que este suceso está basado en el Antiguo Testamento. Sin embargo, aunque no debemos ver necesariamente el Evangelio de Juan como un documento basado en los Sinópticos[7], éstos demuestran que la alimentación milagrosa era un suceso conocido en los círculos cristianos[8].

---

[6] Tanto en 2º de Reyes como en Juan, los panes eran panes de cebada (según Richardson eso es una evidencia de que Juan creía que Jesús era "el nuevo Elías-Eliseo" (*An Introduction to the Theology of the New Testament* [Londres, 1958], p. 101), mientras que los Sinópticos no especifican de qué tipo de pan se trata. La palabra equivalente a "siervo" en la Septuaginta en 2 R. 4:41 (inmediatamente antes de nuestro suceso) es παιδάριον, la misma palabra que Juan usa para referirse al muchacho que tenía los panes.

[7] Edwin D. Johnston trata la relación entre los relatos de Juan y de Marcos y encuentra cinco elementos – que tienen todo el aspecto de ser históricamente fiables – que solo aparecen en Juan. Concluye que el relato de Juan no deriva del de Marcos, sino que es un documento independiente (*NTS*, VIII [1961-62], p. 152s.).

[8] Encontrará un estudio profundo del debate sobre este milagro en H. van der Loos, *The Miracles of Jesus* (Leiden, 1965), pp. 619-37.

Texto, Exposición y Notas: La Cuarta Señal - La Alimentación... (6:1-15)

1 "Después de esto" es una marca temporal indefinida[9]. No determina el relato que le sigue. Si miramos el texto original, veremos que el nombre del mar aparece dos veces. "Galilea" podría ser el nombre que le daban los habitantes del lugar y el nombre como lo conocían los miembros de la iglesia cristiana. Pero el nombre oficial era el mar de Tiberias, por la ciudad que había a la orilla cuyo nombre había sido elegido en honor al Emperador. Esa ciudad fue fundada alrededor del año 20 dC, así que es poco probable que el mar se llamara Tiberias en tiempos del ministerio de Jesús[10]. Por tanto, Juan añade el nombre que la gente usaba en el momento en el que escribió el Evangelio. Algunos creen que después de "el mar de Galilea" debería poner "hacia la región de Tiberias"[11], y Brown, por ejemplo, cree que eso es lo que ponía en el original. Sin embargo, afirmamos que la traducción que hemos escogido cuenta con más respaldo, por lo que creemos que es preferible.

2 Tenemos aquí una sucesión de verbos en tiempo imperfecto, lo que denota una acción continua. La multitud "continuaba siguiendo" a Jesús porque "seguían viendo" las señales que "solía realizar" en los enfermos. Juan no recoge una larga lista de milagros, pero esta declaración muestra que sabía que habían tenido lugar muchos más. De nuevo, para referirse a este milagro usa la palabra "señal" (ver la Nota Adicional G).

3 Dice que este suceso ocurrió en "el monte", lo que nos hace preguntarnos si existía una montaña en particular a la que Jesús y sus seguidores inmediatos se referían como "la montaña". Pero aunque así fuera, no podemos saberlo.

---

[9] En cuanto μετὰ ταῦτα, ver el comentario de 2:12.
[10] Josefo menciona τῆς πρὸς Τιβεριάδι λίμνης (*G.*. 3.57; Loeb dice, como v.l. πρὸς Τιβεριάδα y Τιβεριάδος).
[11] εἰς τὰ μέρη aparece en D Θ, algunas cursivas, it[b.d.e.rl] geo Chry. Si lo aceptamos, este sintagma situaría la alimentación el suroeste del mar, mientras que Lucas 9:10 la sitúa cerca de Betsaida, al Noreste.

4 Estamos ante un número de características joánicas: un interés por las fiestas[12], por las referencias temporales, y el uso de "los judíos" (ver el comentario de 1:19)[13].

5-7 Juan no recoge que Jesús y los discípulos se habían retirado a un lugar desierto para estar solos, y que la multitud les buscaba. Tampoco refiere que pasara el día enseñando y sanando. Ni que fue "cuando el día comenzaba a declinar". Puede que Juan pensara que todos estos detalles ya eran bien conocidos. Sea como sea, comienza el relato en el momento en el que Jesús ve[14] una gran multitud que viene hacia Él. Es natural que la pregunta sobre dónde iban a encontrar comida para tanta gente se la hiciera a Felipe, ya que él era natural de Betsaida

---

[12] Dodd cree que la mención de la Pascua es importante: "el lector cristiano no podía olvidar que la Pascua cristiana era la Eucaristía, y es probable que el evangelista intentara al principio dar una pista sobre la importancia que iba a tomar la Eucaristía en el relato que venía a continuación" (*IFG*, p. 333). Pero la Pascua cristiana no era la Eucaristía, sino Cristo (1 Co. 5:7). No hay razón para pensar que aquí se habla de la Eucaristía más que en 2:23. Es más sencillo sostener que Juan menciona la Pascua porque, en efecto, se acercaba. Strachan se pregunta si Juan representa a la multitud "recibiendo lo que la Pascua no podía ofrecerles". Esta interpretación podría justificarse, ya que Juan parece usar las fiestas para mostrar la forma en que Jesús es la respuesta a aquello que las fiestas representan. Cf. Lucetta Mowry: "Cristo en sus señales, discursos e ideas religiosas asociadas con cada una de las fiestas judías encuentra en ellas un significado más elevado y absoluto. Así, Jesús es el pan de vida y no el mazzah o el pan sin levadura" (*The Biblical Archaeologist*, XVII [Dic. 1954], p. 88). Del mismo modo, R. Morgan señala que Juan "ubica el contenido de su mensaje en el *marco de las festividades judías*. El largo discurso sobre el maná del capítulo 6 tiene sentido dentro de la perspectiva de la Pascua judía" (*Interpretation*, XI [1957], pp. 155-56). Bertil Gärtner ha elaborado detalladamente los puntos en común de la Pascua con este capítulo (*John 6 and the Jewish Passover* [Copenhagen, 1959]. P. Borgen critica a Gärtner (y a otros) sobre la base de que no tiene en cuenta la Torá y la teofanía en el monte Sinaí como parte importante del trasfondo de este capítulo (*Bread from Heaven* [Leiden, 1965], pp. 152-53).

[13] Así que ἐγγύς es también un término joánico, que aparece 11 veces en este evangelio (en el resto del Nuevo Testamento, los lugares donde más veces sale es en Mateo, Lucas y Hechos por igual: 3 veces). Juan usa πάσχα 10 veces (7 veces en Lucas), y ἑορτή 17 veces (3 veces en Lucas).

[14] Juan lo describe de la siguiente manera: "Jesús, alzando los ojos". En el resto del Evangelio, esta expresión de "alzar los ojos" solo se utiliza en las oraciones, en la tumba de Lázaro (11:41), y al principio de su oración intercesoria (17:1).

[15] πειράζω se usa aquí (la única vez que Juan usa este verbo) en un sentido neutral, y quiere decir "hacer un test". Normalmente se usaba en un sentido negativo, es decir, "probar a alguien para ver si fallaba", así que con el tiempo, llegó a significar "tentar". Por el contrario δοκιμάζω pasó a significar "probar en un sentido positivo", "probar pensando en la condenación", por lo que se acabó usando en el sentido de "aprobar".

(1:44). Juan deja bien claro que esta pregunta buscaba probar a Felipe[15] (probar su fe, quizá: ¿creía que Jesús iba a prever?). La pregunta de Jesús no indica que no supiera qué hacer (en cuanto al conocimiento de Dios, ver el comentario de 4:18)[16]. La respuesta de Felipe subraya la impotencia ante aquella situación, ya que ellos eran pocos y no tenían recursos para enfrentarse a tan gran empresa. Doscientos denarios de pan no les bastarían para que cada uno recibiera un pedazo[17]. Felipe no cree que haya una posibilidad, sino que cree que es imposible.

8-9 En cuanto a Andrés, ver el comentario de 1:40, 42. Aquí, como en los versículos que acabo de mencionar, se le presenta como el "hermano de Simón Pedro" y como alguien que trae una persona a Jesús. Puede que solo se hubiera fijado en el muchacho después de intentar ver qué alimentos podían reunir, ya que relaciona la comida de la que dispone (que, evidentemente, era su provisión personal) con la necesidad de la multitud. O puede que el muchacho le ofreciera su comida a Jesús. Pero, al igual que Felipe, Andrés cree que eso no va a solucionar nada. La palabra que se usa para "muchacho" es un diminutivo doble, así que la traducción más correcta sería "niño pequeño"[18]. El pan de

---

[16] Juan saca a la luz el conocimiento de Jesús: αὐτός le diferencia de Felipe, ᾔδει habla de conocimiento, y no de especulación optimista, mientras que ἔμελλεν transmite un cierto sentido de falta carácter definido en el futuro simple.

[17] Westcott, basándose en el hecho de que un denario era el salario de un día (Mt. 20:2), y en el valor que tenía (con ese dinero se podían comprar ocho de trigo), concluye que con doscientos denarios se podían comprar 4.800 cuartos de cebada, o 1.600 cuartos de trigo. Los intentos de trasladar estas cantidades al sistema moderno dan unos resultados muy variados. Goodspeed, *RSV*, y *Amplified* dicen que sería el equivalente a cuarenta dólares, pero *Berkeley* habla de cincuenta dólares y *Good News for Modern Man* de doscientos. Los que hablan de libras esterlinas tampoco se ponen de acuerdo. Barclay y Weymouth hablan de 7 libras, Schonfield de 8, Rieu, Lightfoot y Phillips de 10, y *Twentieth Century* y *NEB* de 20. Las traducciones más recientes se resisten a dar un equivalente preciso. *GNB* propone "doscientas monedas de plata", *REB* "doscientos denarios" y *NRSV* "el salario de seis meses". Teniendo en cuenta los días de descanso, los doscientos días vendrías a ser 34 semanas, así que la traducción de la NVI parece más acertada: "el salario de ocho meses".

[18] παιδάριον (este es el único lugar del Nuevo Testamento en el que aparece). Pero no podemos darle demasiada importancia a este significado, ya que la Septuaginta usa la misma palabra para referirse a José cuando éste tenía diecisiete años (Gn. 37:30), y varias veces en Tobías 6 se utiliza para designar a un joven en edad de casarse. MM dice que en los papiros se usa a menudo con el significado de esclavo, y Moffatt lo traduce aquí como "sirviente". Horsley, a partir de los papiros, defiende que podría traducirse tanto por "muchacho" o "chico", como por "chica" o "criado" (*New Documents*, I, p. 87).

cebada[19] era el pan barato[20], así que puede ser que se tratara de un muchacho humilde o pobre. Los dos pescados eran como una golosina[21], que servía para que aquel pan entrara mejor.

10-11 Jesús decide actuar. Les dice a los discípulos que hagan que la gente[22] se recline o recueste. Juan nos dice que había mucha hierba (así que a la gente no le importaría reclinarse), y que había cinco mil hombres en número[23]. Luego dice que Jesús tomó los panes y dio gracias[24]. Acto seguido, lo repartió entre la gente. Juan da por sabido que fueron los discípulos los que hicieron la distribución de la comida, y no nos lo dice de una forma explícita como hacen los Sinópticos. "Todo lo que querían" deja claro que comieron hasta quedar satisfechos, así que había en abundancia.

12-13 Se empieza aquí con la misma idea con la que acaba el versículo anterior: "se saciaron" (cf. Mr. 6:42). Pero, aunque sobró comida, no la malgastaron, porque Jesús ordenó a sus discípulos que recogieran

---

[19] κρίθινος, "hecho de cebada", solo aparece en todo el Nuevo Testamento aquí y en el v. 13.

[20] Filón dice lo siguiente de los productos de la cebada: "comida sin mucho mérito, apta para animales irracionales y hombre que se encuentran en situación desfavorable" (*De Spec. Leg.* 3.57).

[21] La palabra en original es ὀψάριον, el diminutivo de ὄψον. Ambas significan "lo que se come con el pan", "algo cocinado". Por tanto, ὀψάριον hace referencia a un manjar, a una golosina (ver MM), y a veces se usaba para el pescado. Los pasajes paralelos de los Sinópticos usan ἰχθῦς, que ayudan a interpretar que en este versículo esta palabra se refiere a "pescado". En el Nuevo Testamento Juan es el único que usa esta palabra (5 veces).

[22] Aquí tenemos un cambio: antes se había usado τοὺς ἀνθρώπους (gente) y ahora se usa οἱ ἄνδρες (hombres). No tiene sentido que solo se reclinaran los hombres, y que las mujeres y los niños se quedaran de pie. Abbott sugiere que deberíamos deshacernos de οἱ (como ocurre en WH mg.) para obtener el siguiente significado: "se reclinaron, y *eran* cinco mil *hombres*" (sin incluir a las mujeres)" (2009). Esto coincidiría con Mt. 14:21. Weymouth traduce: "los hombres adultos eran 5.000".

[23] Según Moulton, este uso del acusativo, τὸν ἀριθμόν, es aún una influencia del uso clásico del acusativo de especificación, ya que en los papiros y en el Nuevo Testamento lo más normal es el uso del dativo (M, I, p. 63).

[24] Quizá el hecho de que Juan use el verbo εὐχαριστέω no tiene mayor importancia, en los textos paralelos de los Sinópticos se usa εὐλογέω. Aparte de una cita que aparece en 12:13, Juan nunca usa εὐλογέω. Mateo y Marcos usan εὐχαριστέω en sus respectivos relatos de la alimentación de los cuatro mil (Mt. 15:36; Mr. 8:6). Aunque más adelante εὐχαριστέω se asociaba especialmente con la Eucaristía, Juan, al usar esta palabra, no buscaba establecer ningún tipo de asociación, como podemos ver en 11:41.

lo que había sobrado²⁵. MiM cree que esto ocurre para "sacar a relucir la belleza de la comida que Jesús había ofrecido". Obedecieron a Jesús, y reuniendo los trozos que habían sobrado una vez la gente ya había acabo de comer²⁶, llenaron doce cestas²⁷.

14 Una vez más, Juan usa la palabra "señal" (en algunos manuscritos aparece "señales", pero el singular parece lo más acertado. En cuanto a señal, ver la Nota Adicional G). Su objetivo era que la gente mirase a Dios. Pero la gente de este relato solo le vio como un profeta, aunque tenemos que admitir que el profeta al que debían referirse era el más grande de los profetas, aquel que les había sido anunciado en Deuteronomio 18:15. Lo que es curioso es que pensaran en ese profeta, y no mencionaran al Mesías, a menos que, contrariamente a las creencias judías, vieran a ese profeta como el Mesías²⁸. Pero quizá esto sea

---

²⁵ A quienes gusta encontrar un significado simbólico por todas partes, hacen referencia a la agrupación de los creyentes en la unidad de la Iglesia tal y como lo expresa la Didakhé 9:4: "Del mismo modo que repartieron el pan partido por el monte y luego lo reunieron volviendo a ser uno, tu Iglesia vendrá de los confines de la tierra y será una en tu reino". Si Juan no quiere expresar un significado simbólico al recoger esta información, quizá lo que ocurre es que está pensando en el pan permanente o perdurable que Cristo ofrece: "los pedazos que se recogen simbolizan el pan que 'permanece', el que no 'se pierde' (Dodd, *HTGF*, p. 207).

²⁶ Sorprende un poco que se use el tiempo perfecto, τοῖς βεβρωκόσιν. Quizá se usa para reforzar la idea que ya había salido de que fue una comida en regla, que dejó a la gente satisfecha. No es muy normal que después de un sujeto neutro plural aparezca el plural ἐπερίσσευσαν. Puede que el narrador quisiera hacer hincapié en la gran cantidad de pedazos.

²⁷ La palabra es κόφινος, que aparece en los cuatro relatos de este milagro. Normalmente se ha interpretado como una pequeña cartera donde los viajeros llevaban sus provisiones. σπυρίς (o σφυρίς), que se usa en el relato de la alimentación de los cuatro mil, podría tratarse de un recipiente más grande, ya que se podía meter a un hombre (Hechos 9:25). Pero la verdadera diferencia entre esas dos palabras, como sostiene MM, "está en el material y no en el tamaño". κόφινος era más rígido y, probablemente, más frágil, mientras que σπυρίς estaba hecho de cáñamo, por lo que era más flexible. Hort hace un análisis exhaustivo de κόφινος, σπυρίς y σαργάνη (*JThS*, X [1909], pp. 567-71), y niega que la diferencia esté en el tamaño. "La distinción está en el material, la consistencia y el uso que se les daba. κόφινος es más general, aunque, de todos modos, parece designar una cesta frágil y rígida, y σπυρίς, una cesta flexible hecha de materiales como el mimbre" (p. 567). Según Juvenal, κόφινος era un utensilio típico entre los judíos (3:14; 6:542), que podría deberse a la costumbre judía de llevar comida consigo para cumplir con los ritos de la pureza.

²⁸ Lagrange explica que los fariseos eran los que distinguían entre el Cristo y el profeta de 1:21, pero aquí se habla de un grupo de galileos. Quizá aquí tengamos la explicación. Puede que los galileos tuvieran ideas diferentes a las de los de Jerusalén y puede que estuvieran influenciados por los samaritanos (ver el comentario de 1:21;

un reflejo de la confusión que reinaba en las mentes de muchos de los contemporáneos de Jesús. En aquel entonces existían diferentes ideas sobre el Mesías, y la gente esperaba a diferentes tipos de profetas (ver más en el comentario de 1:20-21), algunos relacionados con ideologías nacionalistas y militaristas[29].

15 Jesús vio el efecto que aquello había causado en la multitud, y se dio cuenta de que querían hacerle rey. En aquellos días, había un movimiento nacionalista muy violento, y seguro que muchos de los miembros de ese grupo, al ver aquel milagro, pensarían que aquel era el líder que Dios les enviaba, y que era Él el que les iba a dirigir para luchar contra los romanos. Así que iban a hacer todo lo posible para proclamarle rey. Como muchos otros, solo buscaban a Jesús para lograr sus propios fines. Pero para Jesús, la idea de un reino terrenal no era más que una tentación del diablo, y ya la había rechazado de forma rotunda (Lc. 4:5-8). En esta ocasión, se retiró[30] al monte para estar solo[31], y así frenó el entusiasmo de aquellos que querían hacerle rey[32]. Bailey nos hace ver que este pasaje está lleno "de la ironía del evangelista; Aquel que ya es Rey ha venido a abrir las puertas de su reino para que los hombres puedan entrar; pero, en su ceguera, los hombres intentan convertirle en el rey que ellos esperaban; por tanto,

---

en cuanto al carácter mesiánico de Jesús, ver el comentario de 1:41). Wayne A. Meeks sostiene que "no podemos intentar entender los elementos proféticos y reales de la cristología joánica por separado, sino que los entenderemos combinándolos, interpretándolos de forma conjunta" (*The Prophet-King* [Leiden, 1967], p. 25). Porque las funciones profética y eral de Jesús estaban íntimamente relacionadas.

[29] Ver SBk, II, pp. 479-80.

[30] Si interpretamos πάλιν como "de nuevo", queda un poco extraño. Abbott nos aclara que esta palabra, además de ser temporal, también denota lugar y quiere decir "el mismo lugar". Así que aquí tendríamos que "se *retiró* al mismo lugar en el monte". No había realizado antes la acción de 'retirarse', pero sí que había estado en aquel lugar; así que se retira y *vuelve* al monte (2649 [i]). De igual modo, BAGD traduce esta palabra por "volver" (πάλιν, 1a). Juan la usa 43 veces, más veces que cualquier otro autor del Nuevo Testamento (Marcos le sigue con 28 veces).

[31] αὐτὸς μόνος, está colocado al final del versículo para que destaque. Knox traduce "totalmente solo". μόνος es otro término joánico; aparece 9 veces en este evangelio, más veces que en ningún otro libro del Nuevo Testamento.

[32] Mateo y Marcos nos dicen que Jesús se retiró para orar. Pero, como dice Bernard, esa motivación no está en contradicción con la que Juan da. Mateo y Marcos también dicen que Jesús despidió a la multitud. Pero eso no excluye la posibilidad de que "algunos, más obstinados que el resto, no quisieran marcharse" (Bernard).

no conseguirán tener el rey que esperaban, y perderán el reino que Él les ofrece"[33].

K. LA QUINTA SEÑAL – JESÚS ANDA SOBRE EL AGUA (6:16-21)

16 Al atardecer, sus discípulos descendieron al mar, 17 y subiendo en una barca, se dirigían al otro lado del mar, hacia Capernaum. Ya había oscurecido, y Jesús todavía no había venido a ellos; 18 y el mar estaba agitado porque soplaba un fuerte viento. 19 Cuando habían remado unos veinticinco o treinta estadios[a], vieron a Jesús caminando sobre el mar y acercándose a la barca; y se asustaron. 20 Pero Él les dijo: Soy yo; no temáis. 21 Entonces ellos querían recibirle en la barca, e inmediatamente la barca llegó a la tierra adonde iban.

a. 19 O *unos 5 o 6 kilómetros*

Este suceso también aparece en Mateo 14:22-33 y en Marcos 6:45-52. En ambos casos tenemos un relato más completo que el del Evangelio de Juan (Crisóstomo cree que se trata de dos milagros diferentes, pero las evidencias le contradicen). Mateo recoge que Pedro intentó caminar sobre las aguas, detalle que no aparece en ninguno de los otros evangelios. Algunos intérpretes sostienen que Juan no está narrando un milagro, sino que lo que dice es que Jesús caminaba cerca de la orilla. Debía de haber poca luz, y por eso los discípulos, que estaban asustados a consecuencia de la tormenta, pensaron que estaba caminando sobre el agua. Pero eso no es lo que el texto dice. El terror que los discípulos sintieron cuando vieron a Jesús no se entiende si Él estaba en la orilla, ya que eso querría decir que ellos estaban a salvo. Algunos de ellos estaban muy acostumbrados al mar y a las tormentas, y no hay nada que nos haga pensar que ya tenían miedo antes de ver a Jesús. Así, queda claro que Juan recoge este suceso como una de las "señales" que

---

[33] Esta es otra indicación de que este evangelio es más antiguo de lo que algunos dicen o, al menos, que es fiel a los hechos. Al final del siglo I, cuando el cristianismo estaba en conflicto con el Estado, no era muy buena idea escribir que uno de los resultados de las "señales" de Jesús era que la gente quería proclamarle rey.

tanto le gustan[34], aunque esta vez no usa la palabra "señal". De hecho, no hace ningún comentario de este episodio. Parece ser que solo lo recoge porque es lo que siguió al episodio anterior, y no porque quiera resaltar una enseñanza edificante. Pero esto no quiere decir que estos versículos no tengan importancia. De hecho, muchos han hablado de lo apropiados que son como introducción al discurso que viene a continuación[35].

16-17 Se trata de un relato muy resumido. Por ejemplo, si no fuera por Mateo y Marcos no sabríamos que les había dicho a sus discípulos que fueran delante de Él. Está claro que quería enfrentarse con los que querían hacerle rey sin sus verdaderos seguidores. No recoge este detalle, sino que lo da por sentado. Lo mismo ocurre con la razón de tomar la barca. No nos dice el porqué. Simplemente nos habla de la travesía[36]. Menciona que había oscurecido[37], lo que es bastante comprensible. Pero resulta extraño que añada que "Jesús todavía no había venido a ellos". Obviamente, y tal como muestra el pánico que les sobrecoge, no espe-

---

[34] Cf. Barrett: "Está claro que su intención fue recoger un milagro, y no que Jesús había caminado unos metros a lo largo de la orilla" (p. 279). También dice que "pocas dudas hay de que Marcos y Juan, aunque algunos crean que no usaron expresiones griegas muy explícitas, recogieron este suceso porque fue un milagro" (p. 281).

[35] Por ejemplo, MacGregor comenta "que la idoneidad de esta historia sirve de introducción al discurso sacramental sobre 'el pan de vida'. En parte, el milagro responde a la objeción de los versículos 52 y 60, porque la corporalidad de Jesús era peculiar y trascendía los límites de la gravedad y el espacio". Wright también dice algo parecido: "Si (...) en el discurso que sigue, el autor quiere expresar el verdadero pensamiento de Jesús sobre lo que es la Eucaristía, es natural que anteponga una historia que recoge el concepto alegórico de que Jesús está en el lugar menos esperado". Incluso si uno tiene dudas de cómo aplicar el texto a la Eucaristía, este pasaje sigue siendo una introducción adecuada para la última parte del capítulo. Morgan dice que este milagro solo lo vieron los discípulos. Según él, es la forma en que Jesús responde a la decepción que debieron de sentir cuando Él se negó a ser proclamado rey. "Así que les hizo una demostración de que Él ya era Rey, y que también era Rey de la naturaleza. Es como si hubiera dicho: 'Me he negado a ser proclamado rey solo por el milagro de los panes. No os confundáis. Mi reino va mucho más allá; no solo tengo poder sobre los panes, sino sobre toda la naturaleza. Los vientos no pueden luchar contra mí, ni las tormentas pueden conmigo. Yo soy el Rey".

[36] ἤρχοντο habla de una continuidad, "estaban en el proceso de cruzar el mar", a no ser que sea conativo, "estaban intentando cruzar".

[37] La impresión que nos queda es que el viaje empezó poco antes o después de que oscureciera. Marcos dice que cuando Jesús se acercó caminando sobre el mar ya era "como la cuarta vigilia de la noche" (Mr. 6:48), es decir, cerca del amanecer (entre las 3 y las 6 de la mañana). La tormenta había dificultado tanto la travesía de casi siete Km. que tardaron prácticamente toda la noche.

raban que se les fuera a unir acercándose a ellos sobre las aguas. Westcott explica que, probablemente, deberíamos entender lo siguiente: "Jesús había ordenado a los apóstoles que le esperaran un rato en algún lugar de la costa Este de camino a Capernaum, pero que si no aparecía, que se marcharan". Lo que dice en Marcos 6:45, que Jesús "hizo que sus discípulos (...) fueran delante de Él al otro lado, a Betsaida, mientras despedía a la multitud", no es irreconciliable con esta explicación de Juan. Jesús les dijo a los discípulos que se fueran en barca, pero si se mantenían cerca de la orilla, podrían recogerle más adelante. Él se había quedado atrás para despedir a la multitud. Los discípulos lo sabían y puede que esperaran un rato a ver si acababa[38].

18 Juan expone las dificultades con las que se encuentran. Se estaba levantando una tormenta[39]. Los Sinópticos nos dicen que "el viento les era contrario". Juan simplemente dice que "soplaba un fuerte viento".

19 Remar en esas circunstancias era muy difícil[40], pero lo estaban consiguiendo. Para cruzar el mar[41], debieron recorrer entre veinticinco y treinta estadios[42]. Entonces vieron a Jesús. Al usar el tiempo presente, el lenguaje de Juan se hace muy vivo. Al ver que Jesús caminaba sobre el agua[43] y se les acercaba, se asustaron. De nuevo, tenemos que volvernos a los Sinópticos para conocer el porqué: pensaron que era un fantasma.

---

[38] Hendriksen cree que el evangelista se expresa así porque, como escribió este relato mucho después de que ocurriera, presupone que sus lectores tendrían en mente la historia en la que Jesús se acerca a sus discípulos: "ese relato en el que Jesús se acerca que habéis leído en los otros evangelios ocurrió aquella misma noche". Pero Godet, después de hacer más o menos los mismos comentarios, concluye que "ese significado no resulta nada natural".

[39] En cuanto a la forma de las tormentas en ese mar en concreto, ver W.M. Thomson, *The Land and the Book* (Londres, 1880), pp. 374-75.

[40] Puede que ἐληλακότες sugiera esa idea. Es la misma palabra que se usa para decir que un demonio impelía a un endemoniado hacia el desierto (Lc. 8:29). Conlleva el significado de compulsión. LS dice que significa "conducir, poner en movimiento".

[41] Marcos dice que "la barca estaba en medio del mar" (6:47). Pero no se está refiriendo al centro exacto. Simplemente quiere decir que ya estaban a cierta distancia de la orilla.

[42] Un στάδιον eran unos 600 pies (según LS, 606 3/4 pies [*N. de la T.* 1 pie = 30,48 cm.]). La anchura máxima del mar es de 61 στάδια, pero los discípulos no estaban cruzando por el trecho más ancho. Parece ser que iban del Noreste al Noroeste y la distancia que tenían que recorrer, dependiendo de los puntos de salida y de llegada, era mucho menor.

[43] Como hacen Bernard, Barclay y otros, es natural entender ἐπὶ τῆς θαλάσσης como "sobre el mar", y no "cerca de la orilla". Bernard describe el incidente de la siguiente

20 Inmediatamente, Jesús intenta tranquilizarles. Al oír aquella voz tan familiar, y sus palabras de ánimo, supieron de quién se trataba. Lo que estaban viendo era real. Puede ser que sus palabras quieran reflejar su divinidad[44]. Seguro que esas palabras, pronunciadas en aquellas circunstancias en el punto culminante del milagro, debieron impresionarles, y seguro que no es casualidad que los tres relatos recojan exactamente lo mismo: "Soy yo; no temáis" (aunque en los Sinópticos la frase empieza con las palabras "Tened ánimo").

21 Este relato finaliza de una forma bastante curiosa. Los discípulos querían recibir a Jesús en la barca, lo cual era lo más normal. Pero, ¿lo hicieron? En principio, las palabras de Juan dan a entender que sí. Juan debió elegir estas palabras para mostrar el cambio de actitud, puesto que hacía tan solo un momento estaban paralizados por el miedo. Bernard dice que estaban tan cerca de la orilla, que Jesús no llegó a subirse a la barca. Antes de que pudiera hacerlo, ya se había acabado la travesía. Pero deberíamos entender este relato incompleto de Juan a la luz del relato de Marcos, que recoge que subió con ellos a la barca, y el viento se calmó. Juan nos dice que inmediatamente llegaron a tierra, lo que puede deberse a que ya no había tormenta y pudieron avanzar

manera: "cuando la barca llegó a una zona de aguas poco profundas cerca de la orilla del Oeste, los discípulos vieron con la poca luz que había que Jesús caminaba por la orilla, y se asustaron porque no sabían exactamente de quién se trataba". Cree que "leer ἐπὶ τὴν θάλασσαν indicaría, sin duda alguna, que Jesús 'caminó sobre el mar". Este último punto es fácil de contradecir porque justo en el v. 16 se usa esta construcción, donde quiere decir que los discípulos "descendieron al mar". Gracias al uso que se hace en 21:1 podemos ver que la construcción con el genitivo puede querer decir "junto al mar". Pero esa no es la única traducción posible, y aquí el contexto también deja bien claro que el significado es 'sobre' y no 'junto'. Marcos emplea la misma expresión que Juan y allí, gracias al contexto, no hay duda alguna de que quiere decir "sobre" el mar. Moule interpreta este genitivo con el mismo sentido que el acusativo que aparece en Mateo 14:25 (*IBNTG*, p. 50). En una construcción parecida en Juan 17:4 – ἐπὶ τῆς γῆς– vemos que el único significado posible es "sobre" o "en" (y no "junto") la tierra.

[44] Ἐγώ εἰμι suele ser la forma que se usa para reflejar carácter divino, sobre todo en el Antiguo Testamento en griego. Sin duda alguna, podemos ver este significado en algunos lugares de este evangelio (p. ej. 8:58). Pero aquí es, más que nada, una forma de identificarse. ¿Qué otra cosa podía decir? Sin embargo, Dodd dice: "Quizá debamos verlo como el equivalente al nombre divino אני הוא: Yo Soy" (*IFG*, p. 345). Schnackenburg cree que esta historia está marcada por la magnífica expresión "Yo Soy", que adquirió una profundidad misteriosa debido a la epifanía en el mar" y que continuó resonando en "el discurso revelador" que viene a continuación (II, p. 11). Abbott no cree que la expresión sea equivalente al "Yo Soy" veterotestamentario, y cree e intenta demostrar que quiere decir "Yo soy el Salvador" (2220-22). Bultmann también comenta de forma extensa esta expresión (pp. 437-438).

con mucha más rapidez[45]. O, como sugiere Barret, quizá Juan quería transmitir que hubo aún otro milagro, en la línea del Salmo 107:22-32 (especialmente v. 30, "y Él lo guió al puerto anhelado"). Eso es lo que refleja la traducción de Moffatt: "acordaron que subiese a la barca, e instantáneamente se vieron en tierra"[46].

L. EL CUARTO DISCURSO – EL PAN DE VIDA (6:22-66)

Hay, principalmente, tres líneas interpretativas de este discurso[47]. La mayoría de los expositores de la actualidad lo aplican a la Cena del Señor. A diferencia de los Sinópticos, Juan no menciona la institución de ese sacramento. Sí dedica mucho espacio al discurso de despedida de Jesús, pero pasa por alto la institución de la Mesa del Señor, aunque eso ocupa un lugar importante en la vida de la iglesia del momento en el que el Evangelio fue escrito[48]. Sin embargo, en este capítulo Juan

---

[45] McClymont cree que el significado podría ser "que la barca fue directamente a su destino, y que a los aún sorprendidos discípulos los dos últimos dos o tres kilómetros se les pasaron volando". D.F. Hill sugiere que la barca ya estaba cerca de tierra y que el significado podría ser el siguiente: "Él quería caminar al lado de ellos, es decir, paralelamente por la orilla, a la misma velocidad que ellos remaban" (*ET*, 99 [1987-88], p. 269).

[46] Cf. Godet, "Sería extraño que después de haber realizado un acto de poder tan grande, caminar sobre las aguas, Jesús se sentara en la barca y se contentara con ver cómo remaban trabajosamente para poder continuar la travesía. Lo más normal sería que en el momento que Jesús entró en la barca, le comunicó su poder sobre la gravedad y el espacio, del mismo modo que se lo había transmitido a Pedro".

[47] Algunos estudiosos prefieren pensar que la narración tiene diferentes niveles, y que estos se contradicen. Sobre esta perspectiva Hoskyns comenta: "La reubicación del discurso basándose en la teoría de que es posible separar el texto original de las interpolaciones posteriores no es más que un método para decir que un investigador no puede penetrar en el significado que el autor quería transmitir, y prefiere sustituir dos o más fragmentos inconexos por un todo homogéneo" (Nota de la p. 305).

[48] La razón que explica esta omisión es mucho más sencilla. J. Jeremias cree que Juan "omitió conscientemente el relato de la Última Cena porque no quería revelar la fórmula sagrada a los paganos" (*The Eucharistic Words of Jesus* [Oxford, 1955], p. 73). Rechaza las demás explicaciones que se han dado, como por ejemplo que Juan escribió "antes de que se pudiera hablar de una eucaristía cristiana" (G. Kittel), o que "él rechazaba la Eucaristía o la veía como algo superfluo" (R. Bultmann), o que "no relacionó la institución de la Eucaristía con la Última Cena, sino con la alimentación de los cinco mil" (H. Windisch y E. Lohmeyer). Quizá la mejor, es la posibilidad de que Juan conocía a algunos cristianos que daban demasiada importancia a la realización y participación del sacramento, y por eso no quiso recoger su institución. Pero, de nuevo, no tenemos pruebas, y todo lo que podamos decir no son más que conjeturas.

usa un lenguaje que muchos investigadores han relacionado de forma exclusiva con el sacramento del que estamos hablando. Sostienen que Juan, por razones personales, omitió el tema del sacramento tal y como cabía esperar, pero nos ofreció esta enseñanza sacramental en forma de discurso de Jesús, y la insertó en este momento de la narración[49]. Esta teoría no cuenta con muchas pruebas. Dan por sentado que ese tipo de lenguaje (especialmente a partir del v. 53) hace referencia al sacramento[50].

Pero hay muchas razones para no estar de acuerdo con estas teorías. En primer lugar, el contexto. Jesús está hablando en la sinagoga de Capernaum a un grupo de gente en el que había tanto enemigos como discípulos poco entusiastas. Es difícil sostener que Juan quiere que pensemos que Jesús habló a aquel auditorio sobre un sacramento cuya institución aún no había tenido lugar. Sus oyentes no podrían haber entendido las referencias a dicho sacramento, y lo único que podría haber conseguido era una atmósfera acentuadamente mística. En segundo lugar, tenemos que tener en cuenta la fuerza del lenguaje que Juan usa. Veamos, por ejemplo, el versículo 53: "Si no coméis la carne del Hijo del Hombre y bebéis su sangre, no tenéis vida en vosotros". Es una declaración absoluta. No hay ninguna referencia al arrepentimiento, la conversión o la fe. Tampoco hace falta tener ninguna calificación. No hay ninguna laguna. Pero no tiene sentido pensar que Jesús (o el evangelista) enseñara que el único requisito necesario para obtener la vida eterna era recibir ese sacramento. Los que creen que este pasaje se refiere a la Santa Cena no se dan cuenta de que en este punto, su posicionamiento sí que apunta a que hay que hacer/tener algo para estar

---

[49] Tenemos que decir que esta interpretación no es de tiempos de la iglesia primitiva. Cf. M. Wiles: "La interpretación eucarística de este pasaje nos es tan familiar que nos sorprende descubrir que en la exégesis cristiana tenía un lugar subordinado, sobre todo en la exégesis que venía de Alejandría" (*The Spiritual Gospel* [Cambridge, 1960], p. 52). Brown cita a Clemente de Alejandría, a Orígenes y a Eusebio como ejemplos concretos de exegetas patrísticos que interpretaban todo el pasaje de forma espiritual, y no relacionándolo con la Eucaristía.

[50] O. Cullmann cree que este capítulo es prácticamente una demostración de que su método funciona (*Early Christian Worship*, [Londres, 1954], p. 93s.). El discurso se refiere a la Cena del Señor, y el milagro es una introducción al discurso donde ya no se menciona ese sacramento; por tanto, debemos interpretar que son otros los milagros que nos introducen en los sacramentos. Cullmann, típico de su estilo, no cita ninguna evidencia a favor o en contra. Cree que la referencia sacramental es axiomática (aunque sabe que hay quien no está de acuerdo). En particular no se da cuenta de las implicaciones de relacionar el v. 53 con el sacramento.

cualificado[51]. En tercer lugar, las consecuencias por "comer" y "beber" aparecen tanto en el mismo versículo, como en otros lugares (ver vv. 35, 40, 47) que se derivan de recibir a Cristo y de creer en Él. En cuarto lugar, estas palabras, pronunciadas por un judío del siglo primero, debían de tener un significado muy diferente. La metáfora de la comida y la bebida estaba muy extendida entre los judíos, como Odeberg, entre otros, ha demostrado. Apunta a algo que ocurre en el interior de la persona. Westcott dice que un lenguaje como el que aquí se usa "no puede ser una referencia directa a la Santa Cena; tampoco puede ser una declaración profética de la institución de lo que en el futuro será el sacramento. El significado de esta enseñanza es coherente con las circunstancias en las que se imparte, y habla básicamente de realidades espirituales que nada tienen que ver con los actos externos"[52].

Estas consideraciones han hecho que algunos comentaristas sostengan que la relación con el sacramento es insostenible[53]. Así, abogan por la segunda interpretación, es decir, la que establece que este capítulo hace referencia, sencillamente, a realidades espirituales. Comer la sangre de Cristo y beber su sangre apuntan al acontecimiento principal de la salvación que se nos describe, por ejemplo, en Juan 3:16. La muerte de Cristo nos abre la puerta a la vida, y podemos entrar en ella a través

---

[51] La iglesia de Oriente, mostrando una actitud inesperadamente lógica llegado este punto, han continuado practicando la participación de los niños en la Santa Cena. Pero yo no creo que nadie, ni siquiera esa iglesia, se atreva a decir que el que no ha recibido este sacramento, no puede ser salvo. Pero Jesús dice sin tapujos que, si uno no come y bebe lo que comenta en el v. 53, no obtendrá la salvación. Richardson es de los que estudia este capítulo diciendo que se refiere al sacramento y llega a la conclusión lógica: "la Eucaristía es el medio indispensable para obtener la salvación" (Juan 6:53; 15:4s.). Es el elemento constitutivo de la comunidad cristiana, y donde no hay Eucaristía no hay Iglesia de Cristo" (*An Introduction to the Theology of the New Testament*, p. 377); "En la Eucaristía, dice S. Juan, recibimos el Espíritu de Cristo de da la vida; es por eso por lo que la Eucaristía es un requisito indispensable para salvarse" (p. 372). Pero esto no se puede reconciliar con el testimonio del Nuevo Testamento (p. ej. Juan 3:16). Y deja fuera de la salvación a los niños y a comunidades cristianas enteras como el Ejército de Salvación y los Cuáqueros. Es una pena que no analice las consecuencias catastróficas de su posicionamiento.

[52] Nota Adicional de la p. 256. Más adelante añade: "Pero, por otro lado, no hay duda alguna de que la verdad que hay en estos discursos – que aparece en su forma absoluta – está representada en un acto específico y bajo una forma concreta: la Santa Cena. Es más, la Santa Cena es el medio instaurado por Dios mediante el cual los hombres anuncian la verdad". Cf. también W.H. Griffith Thomas, *The Principles of Theology* (Londres, 1930), pp. 389-90.

[53] Cf. Marsh: "Dudo que este discurso trate sobre la Eucaristía como la conocemos" (p. 281).

de la fe. Así que en este capítulo Cristo dice que nos da su carne (v. 51), que equivale a decir que "Dios da a su Hijo"[54]. No obstante, para poder aceptar este regalo tiene que haber fe (v.47). Lo cierto es que explicar estos conceptos usando la imagen de "comer la carne y beber la sangre de alguien" se sale de lo normal. El Hijo del hombre tiene que entrar en el organismo espiritual del creyente, y ser asimilado por éste"[55]. Si quiere obtener la vida que Cristo vino a ofrecer debe dejarle entrar en los lugares más recónditos de su mente, alma y corazón. J.D.G. Dunn dice que "el énfasis principal debe estar en Jesús mismo. El tema central es que Jesús mismo es la fuente y la sustancia de la vida eterna (...) [Juan] se asegura de enfatizar que el Jesús encarnado *fue entregado a la muerte* y por eso es el pan de vida"[56].

La tercera línea de interpretación (que parece la más aceptable) está a caballo entre las dos anteriores. En primer lugar, cree que tenemos aquí una enseñanza sobre realidades espirituales (tal y como se ha explicado en el párrafo anterior), pero no niega la posibilidad de que, de forma secundaria, haya una referencia al sacramento de la Eucaristía[57]. El origen de esta enseñanza – que Cristo es el alimento espiritual – no puede estar en una mera observancia litúrgica. La base se encuentra en apropiarse espiritualmente de Cristo, ya sea a través del sacramento o no. No obstante, el discurso podría tener un significado secundario: enseñarnos cómo recibir la Santa Cena[58]. No sería de extrañar que Cristo ya tuviera en mente el sacramento. Obviamente, ¡no lo instituyó

---

[54] Cf. C.H. Dodd: "la 'carne y sangre' de Cristo (todo lo que Él es, y ofreció en su sacrificio perfecto) nos es dado para que alimentemos nuestra vida interior. Su regalo de pan para el hambriento era una 'señal', o un símbolo, del mejor de los regalos: la vid espiritual" (*How to Read the Gospels* [Londres, 1944], p. 26).

[55] Odeberg, *FG*, p. 239. Continúa diciendo: "con esta interpretación es obvio que ninguna de las partes del discurso – y mucho menos el discurso como conjunto – se refiere *principalmente* al sacramento de la Eucaristía. De hecho, Aquel que cree que comer y beber el cuerpo y la sangre se refiere al pan y al vino de la Eucaristía, comete el mismo error que Nicodemo en el cap. 3 y que los judíos de este relato: que las expresiones realistas de Jesús se refieren a objetos del mundo terrenal en vez de a objetos del mundo celestial".

[56] *NTS*, XVII (1970-71), pp. 337-38.

[57] C.F. Nolloth dice que Jesús en este discurso "estableció el significado y la necesidad de esa unión con Cristo, y el Sacramento es el símbolo y el medio eficaz de esa unión" (*The Fourth Evangelist* [Londres, 1925], p. 120).

[58] Wright cita a F.D. Maurice: "Si alguien me pregunta si este texto habla de la Eucaristía diré que no. Pero si me pregunta dónde puede aprender el significado de la Eucaristía, le diré que éste es el texto que más le puede iluminar" (p. 180).

de la noche a la mañana! Aunque también es cierto que nos es imposible saber cuánto tiempo lo estuvo planeando[59]. Además, puede que Juan tuviera en mente a algunos que daban una importancia exagerada a lo externo y a la parte sacramental de la religión, lo que le llevó a hacer un mención explícita de la Santa Cena. Sin embargo, conociendo la importancia de la Santa Cena, incluyó un discurso del Señor Jesús que recoge los principios de una recepción digna[60]. Pero los que están de acuerdo con esta interpretación creen que la fuerza de este pasaje no está en la enseñanza sacramental[61].

Quizá deberíamos considerar que en la tradición primitiva de la iglesia cristiana el pan y el vino no eran símbolos del cuerpo y la sangre de Jesús, sino que eran gozosas indicaciones de su presencia. John M. Perry dice que "originalmente el recordatorio de la Eucaristía en la comunidad joánica se parecía a una antigua tradición judeocristiana que celebraba la resurrección de Jesús y su venida anticipada en gloria, pero que no rememoraba la pasión ni la muerte"[62]. Cree que los vv. 51b-

---

[59] "¿Pensaríamos que un año antes de la institución de la Eucaristía, el elemento más distintivo de la adoración cristiana, su fundador, no tenía ya en mente alguna idea? (...) Que sus oyentes de Capernaum no entendieran las palabras de Cristo no tiene nada que ver: "No estaba hablando tanto para ellos, sino, sobre todo, estaba hablando a los cristianos de todas las épocas" (Plummer). Sin embargo, el escritor sigue diciendo: "Pero aunque resulta increíble que en este discurso no haya una referencia a la Eucaristía, también es imposible que el tema principal o único del discurso sea la Eucaristía (...) En cambio, el texto habla de *todos* los canales de la Gracia a través de los cuales Cristo se da a sí mismo al creyente, y entra en su alma: ¿y quién se atreve a limitar estos canales o esta eficacia?". Bailey defiende la historicidad del discurso: "si creemos que Jesús solía pronunciar discursos que eran demasiado profundos para sus oyentes, o para cualquiera de ellos en el momento en que los pronunciaba (ver 16:13), y si creemos, como el apóstol Juan, que Jesús conocía desde el principio todo el plan de salvación, no podemos decir categóricamente que el discurso que nos ha llegado no es el mismo que el que Jesús pronunció".

[60] "Sin minimizar el valor del Sacramento, el evangelista rechaza una interpretación que podría acabar dando por sentado que Cristo solo está en el Sacramento, y no en la vida diaria del creyente" (Strachan).

[61] Muchas veces se dice que los Padres interpretan de forma unánime este capítulo del sacramento. Pero hace ya bastante tiempo Daniel Waterland realizó un estudio profundo de la enseñanza que los Padres hacían de Juan 6 (*A Review of the Doctrine of the Eucharist* [Oxford, 1880], cap. 6). Su conclusión es que, aunque hay bastante variedad, "la opinión más defendida era que Cristo mismo es nuestro pan de vida, visto como el Verbo hecho carne, Dios encarnado, el que murió por nosotros" (p. 123). Las referencias a "los sacramentos, o doctrinas o cualquier tipo de ceremonia" tienen una importancia secundaria, según Waterland. Ver también el debate en el cap. 2 de A.J. MacDonald (ed.), *The Evangelical Doctrine of the Holy Communnion* (Londres, 1936).

[62] *NTS*, 39 (1993), p. 22. Perry también encuentra "esta antigua práctica" en la *Didakhé* (*NTS*, 39, p. 29).

58 son de una etapa posterior en la que los líderes de la iglesia joánica "decidieron adoptar la liturgia de las iglesias paulinas y conmemorar en la Eucaristía tanto la resurrección *como la muerte* de Jesús"[63]. Pero los escritos de Pablo son muy tempranos; él ya recoge la forma en la que la Eucaristía se celebraba en los años 50 del primer siglo, o antes. Es difícil sostener que la liturgia de las iglesias paulinas, que ya la encontramos también en Mateo, Marcos y Lucas, es posterior a la que aparecía en un hipotético borrador del Evangelio de Juan .Y tampoco tiene mucho sentido que la iglesia joánica recordara la Resurrección y la Parusía, pero no recordara la Pasión.

1. La multitud busca a Jesús (6:22-25)

22 Al día siguiente, la multitud que había quedado al otro lado del mar se dio cuenta de que allí no había más que una barca, y que Jesús no había entrado en ella con sus discípulos, sino que sus discípulos se habían ido solos. 23 Vinieron otras barcas de Tiberias cerca del lugar donde habían comido el pan después de que el Señor hubiera dado gracias. 24 Por tanto, cuando la gente vio que Jesús no estaba allí, ni tampoco sus discípulos, subieron a las barcas y se fueron a Capernaum buscando a Jesús. 25 Cuando le hallaron al otro lado del mar, le dijeron: Rabí, ¿cuándo llegaste acá?

Al día siguiente, la multitud buscaba a Jesús. Se dieron cuenta de que no estaba en aquel lado del mar (aunque no entendía cómo había cruzado). Así que también cruzaron el mar para ir en su busca. Juan no nos dice en qué lugar le encontraron. Puede que en la sinagoga (v. 59), pero también cabe la posibilidad de que el discurso se desarrollara en diferentes momentos, y que lo que pronunciara en la sinagoga solo fuera la parte final[64].

22 La multitud se había empeñado en proclamarle rey, por lo que es normal que al día siguiente, los que habían quedado retomaran la

---

[63] *NTS*, 39, p. 29.
[64] Ryle cree que no tiene sentido decir que la multitud recibió a Jesús en la sinagoga. Cree que la primera parte del discurso la dio cuando desembarcaron, o en algún lugar cerca de la ciudad, paró en el versículo 40, y el resto, lo pronunció en la sinagoga. Puede que esto sea verdad, pero no hay forma de probarlo.

búsqueda de aquel hombre que les había fascinado. No está muy claro cuál es el sentido de la referencia a la barca[65]. La interpretación normal es que la multitud recordaba que la noche anterior solo había una barca y que Jesús no había entrado en ella (las barcas del v.23 las había traído la tempestad). Pero también es posible entender que "no había más que una barca" quiere decir que Jesús y sus seguidores solo tenían una barca a su disposición, y sabían que Jesús no había entrado en ella. Como Lightfoot sostiene, puede que tuvieran la barca delante mismo, por lo que Jesús ni había entrado en aquella barca (aún estaba allí), ni se había ido con sus discípulos. El hecho de que no sepamos por qué interpretación optar no debe preocuparnos. Lo importante es que veamos que la multitud no sabía cómo había cruzado Jesús el mar.

23 Puede que las barcas de Tiberias[66] vinieran antes de que ocurriera el milagro, y que aún estuvieran allí. Lo más probable es que vinieran después de que los discípulos se marcharan, arrastradas quizá por la tormenta. El milagro se nos describe de una forma poco usual. De hecho, no está descrito como si fuera un milagro; las únicas referencias que aparecen son que "habían comido pan" y "que el Señor había dado gracias"[67]. A Jesús no se le solía llamar "el Señor" (ver el comentario de 4:1). Hay que decir que en los vv. 22-23 encontramos algunas expresiones griegas bastante extrañas, y podríamos pensar que al hacerlo el autor no revisó esta larga frase cuando confeccionó el documento final.

24-25 Los de la multitud, como no veían ni a Jesús ni a los discípulos, y como veían que aún quedaban barcas, decidieron cruzar el mar e ir

---

[65] Como dice Bernard, es posible que podamos distinguir entre πλοιάριον y πλοῖον (en nuestra traducción: "barca" y "ella"). Define πλοιάριον como "el bote pequeño que pertenecía a la πλοῖον", y ésta última como "una gran barca de pesca, que podía llevar a Jesús y a los doce". Sin embargo, MM sostiene que no hay diferencia entre πλοιάριον y πλοῖον". Y la mayoría de comentaristas está de acuerdo. Rieu saca de estas dos palabras tres traducciones diferentes: "allí no había más que un bote (...) Jesús no había entrado en la barcaza (...) obras barcas de Tiberias".

[66] La palabra introductoria de este versículo podría ser ἀλλά, "pero, sin embargo" (*REB*) o ἄλλα, "otro" (*GNB*).

[67] Algunos manuscritos omiten las palabras εὐχαριστήσαντος τοῦ Κυρίου: D 69 pc *a d e* syr[s.c]. Esto ocurre sobre todo en los textos occidentales. Como la tendencia más normal de los textos occidentales es insertar y no omitir, y como no hay ninguna razón aparente para omitir estas palabras, puede que, de hecho, no formaran parte del texto original.

hacia Capernaum, y buscar allí a Jesús. Parece ser que encontrar a alguien en Capernaum no era muy complicado (era una ciudad pequeña). Le saludaron diciendo "rabí", lo que podría tener su importancia en un contexto como éste. Juan acaba de describir unos acontecimientos que demuestran que Jesús es extraordinario, fuera de lo normal. Pero la multitud no sabe de esos acontecimientos, ni de su verdadera identidad. Le ven como a un maestro (lo que resulta bastante curioso después de que intentaran proclamarle rey) y no como al Hijo de Dios. Le preguntan cuándo llegó, usando una expresión bastante inusual[68]. Teniendo en cuenta la confusión en torno a las barcas, lo más normal hubiese sido que le hubiesen preguntado *cómo* había llegado[69].

2. Alimento que permanece (6:26-27)

26 Jesús les respondió y dijo: En verdad, en verdad os digo: me buscáis, no porque hayáis visto señales, sino porque habéis comido de los panes y os habéis saciado. 27 Trabajad, no por el alimento que perece, sino por el alimento que permanece para vida eterna, el cual el Hijo del Hombre os dará, porque a éste [es a quien] el Padre, Dios, ha marcado con su sello.

El largo discurso se ve interrumpido en varias ocasiones por las intervenciones de los judíos. Al principio vemos que hay muchas de estas interrupciones, pero a medida que va avanzando la exposición, encontramos secciones de exhortación más largas. Jesús empieza a decirles a sus interrogadores que están equivocados, y les apremia a que corrijan sus costumbres.

26 Jesús hace oídos sordos a la pregunta que le hacen (tal y como ya había hecho anteriormente con Nicodemo, 3:1-3). Con un enfático "en verdad, en verdad os digo" (ver la explicación de esta expresión

---

[68] El tiempo perfecto γέγονας no suele usarse después de πότε. Lo más normal hubiera sido un aoristo. Quizá tenemos aquí la confluencia de dos ideas: "¿Cuándo llegaste?" y "¿Cuánto tiempo llevas aquí?".

[69] Murray dice: "Cuando encuentran a Jesús, como es natural, le pregunta cómo ha llegado hasta allí". Barclay hace la misma suposición. A nosotros también nos parece la pregunta más normal y lógica, pero eso no es lo que preguntan. Crisóstomo cree que el que no hagan la pregunta correcta es una indicación de que no tenían interés en "entender aquella gran señal" (43.1; p. 156).

en el comentario de 1:51) quiere poner el dedo en la llaga. Sabe cuáles son las motivaciones de aquella gente y les habla de forma tajante. Si al menos hubieran venido por las "señales" que habían visto (ver Nota Adicional G), eso hablaría de que tenían algo de fe, por pequeña que ésta fuera. Aunque Jesús no alabe la fe que nace *después de haber visto* un milagro, es mejor que la incredulidad. Pero aquella gente era extremadamente materialista. No había reflexionado sobre el significado espiritual de las señales que habían visto[70]. "En vez de ver en aquel pan una señal, lo único que vieron de la señal fue el pan"[71]. Le buscaban porque se habían saciado[72]. Lo que les movía no era el corazón, sino el estómago[73].

27 Así que Jesús les dice que trabajen por la comida correcta[74]. El alimento que estaban buscando iba a perecer. Pero hay otro tipo de alimento que permanece para siempre, que permanece para vida eterna[75].

---

[70] Barrett dice que los que escuchaban a Jesús sí que se habían dado cuenta de que se había producido un milagro. Estaban "contentos de haber podido disfrutar de pan gratis, así que querían honrar a aquel hombre que hacía milagros; pero no se dieron cuenta del significado, de la parábola: el pan que les da es una señal del alimento celestial, del pan de vida eterna (...) una señal no es un mero milagro, sino una representación simbólica de la verdad del Evangelio". Morgan también está en la misma línea: "habían visto cómo se llevaba a cabo el milagro, cómo se había desplegado el poder; pero no habían captado el sentido de todo aquello" Calvino aún dice más: "Del mismo modo, hoy muchos abrazarían el Evangelio si no incluyera la amargura de la cruz y solo recogiera deleites carnales".

[71] Lange (citado en Godet).

[72] El verbo χορτάζω que originalmente se refería a "dar de comer a los animales". Pero luego se usaba para la gente (como puede verse en los Sinópticos, en los relatos de alimentaciones de las multitudes: Mt. 14:20; Mr. 6:42; Lc. 9:17). Pero Juan anteriormente había usado ἐνεπλήσθησαν para hablar de que la multitud se había saciado (v. 12), y el cambio de término puede que sea significativo.

[73] Ryle comenta sobre esta motivación: "Quizá los únicos que podrán entender esto sean los que han podido ver y conocer a los pobres de las zonas rurales. Podrán entender la inmensa importancia que tiene para un pobre llenarse el estómago".

[74] La palabra que se usa es βρῶσις, que denota, de hecho, la acción de comer. Sin embargo, en este texto es equivalente a βρῶμα, el objeto que se come, el alimento (ver el comentario de 4:32). Crisóstomo compara toda la expresión con Mt. 6:34: "No os preocupéis por el día de mañana", y dice de forma muy pintoresca que significa lo siguiente: "no aferrarse a las cosas de esta vida" (44.1; p.158).

[75] τὴν μένουσαν εἰς ζωὴν αἰώνιον es una expresión poco usual, que parece contener dos significados: "que el alimento, al contrario del que perece, permanece para siempre, y que puede producir una vida que dura para siempre. Schnackenburg dice que en la exégesis católica la posición más extendida" ha sido "que estos versículos eran una referencia indirecta a la Eucaristía", pero él presenta una serie de objeciones. Concluye que "es imposible que el tema principal de 4:14 sea la Eucaristía, y lo mismo ocurre con 6:27".

Este evangelio suele asociar el concepto de "vida" con Cristo. Si la gente busca ese alimento, el Hijo del Hombre (ver Nota Adicional C) le dará[76] la vida eterna. La vida no es la recompensa del trabajo hecho. La vida es un don, un regalo. Pueden buscarla de forma confiada porque el Padre (en griego "Dios" no aparece justo detrás de "el Padre", sino que aparece enfatizado al final de la frase, estructura muy poco común) "le ha marcado con su sello"[77]. Antiguamente el sello servía para marcar la propiedad. En tiempos en que la mayoría de gente era analfabeta, el sello marcando la propiedad valía tanto como un contrato por escrito. Además, el sello también servía para autentificar un documento; significaba que el dueño del sello aprobaba lo que el documento contenía. Y este es el significado que vemos en este versículo. El Padre ha marcado a su Hijo con su sello de aprobación[78].

3. Las obras de Dios (6:28-29)

28 Entonces le dijeron: ¿Qué debemos hacer para poner en práctica las obras de Dios? 29 Respondió Jesús y les dijo: Esta es la obra de Dios: que creáis en el que Él ha enviado.

28 Quizá, en vista de que Jesús usa la idea de "trabajar", es normal que surja la cuestión del esfuerzo humano. Sin embargo, el hecho de que le pregunten: "¿qué debemos hacer?" pone de manifiesto que no han entendido la idea de que la vida es un regalo, el regalo que Jesús les ha hecho. Creían que podrían conseguir la salvación por sus propios esfuer-

---

[76] La vida eterna aparece en este evangelio muchas veces como una posesión presente. El tiempo futuro que aparece aquí puede que se refiera a la acción del Hijo en el día final (cf. v. 40). O, como cree Hoskyns, puede que sea una referencia a la muerte propiciatoria de Cristo, ya que aún no había acontecido. Si el verbo "dar" no acompaña a vida, sino que acompaña al alimento que permanece, y ese alimento se refiere a su carne (v. 51), esa acción de "dar" es algo futuro. Ver más sobre esta cuestión en los comentarios de 1:4 y 3:15.

[77] Si el aoristo se refiere a una acción en particular, sería, en todo caso, al bautismo de Jesús. En la iglesia primitiva, el Bautismo se describía a veces como un sello.

[78] Westcott sugiere que este texto podría estar refiriéndose a que "Cristo es un sacrificio aceptable". Lo dice "porque en los rituales judíos las víctimas eran examinadas y selladas si se creía que eran perfectas", y da como referencia Misná, *Shek.* 1:5. Hoskyns retoma esta idea, y no añade más referencias rabínicas. Esta posición es atrayente, pero el pasaje citado no dice nada sobre sellar víctimas perfectas.

zos (conclusión a la que llega todo hombre que solo hace uso de la sabiduría humana). Y simplemente preguntan cuál es la tarea que tienen que realizar. "Poner en práctica" denota una continuidad. Además, hay pasajes rabínicos en los que se ve el alimento celestial como un símbolo de la Torá, de la Ley[79]. Puede que los judíos entendieran que las palabras de Jesús sobre el alimento que permanece para vida eterna se referían a la Ley. Entonces, según Jesús, ¿qué deberían hacer a través de las obras de la ley? "Las obras de Dios" (NVI: "las obras que exige Dios") es una expresión poco usual, pero parece ser que deberíamos entenderlo en el sentido de "obras piadosas", "obras que agradan a Dios"[80].

29 Jesús sustituye la expresión "obras de Dios" por su equivalente en singular "obra de Dios". Pero hay un elemento que es indispensable, que es la fe[81]. Tienen que creer[82] en Él (en cuanto a esta construcción, ver el comentario de 1:12; el tiempo presente denota también una actitud continua, y no una decisión concreta). En vista de la controversia en torno al tema de la fe y las obras que aparece en la Epístola de Santiago, es interesante ver que Jesús describe "obra" usando el verbo "creer": Dios no exige que amontonemos méritos para obtener la entrada al cielo. Exige que creamos en Él. La "obra de Dios" quiere decir "lo que Dios exige de nosotros". "En un sentido, 'creer' es realizar una obra" (MacGregor). Se nos presenta el objeto de la fe como una misión: el que envía a Jesús es el Padre ("Él" – el Padre – es enfático[83]), y eso hace que la fe en Él sea algo razonable.

---

[79] Ver Odeberg, *FG*, pp. 242-43.

[80] Aparece en el *Manual de Disciplina* (1QS 4:4; *DSS*, p. 375), pero con el sentido de "obras realizadas por Dios".

[81] Hoskyns comenta: "Interpretar que la fe es un acto basado en la decisión individual e independiente de creer sería no saber entender lo que el evangelista dice. El acto de fe es obra de Dios (v. 44, cf. Ro. 12:3). Tanto el cuarto evangelista como San Pablo están muy lejos de la concepción pelagiana o semipelagiana de la fe". Cf. también Bernard: "La respuesta de Jesús contiene, en cierto sentido, lo esencial de la enseñanza paulina sobre la fe". Brown ve la fe como "la obra más importante de Dios" (p. 265).

[82] Cf. San Agustín: "Esto es comer su carne (...) que dura por toda la eternidad. ¿Por qué te preparas los dientes y el estómago? Cree, y ya habrás comido" (25.12; p. 164).

[83] En cuanto a ἐκεῖνος, ver el comentario de 1:8.

4. El Pan de Vida (6:30-40)

30 Le dijeron entonces: ¿Qué, pues, haces Tú como señal para que veamos y te creamos? ¿Qué obra haces? 31 Nuestros padres comieron el maná en el desierto, como está escrito: «Les dio a comer pan del cielo.»ª 32 Entonces Jesús les dijo: En verdad, en verdad os digo: no es Moisés el que os ha dado el pan del cielo, sino que es mi Padre el que os da el verdadero pan del cielo. 33 Porque el pan de Dios es el que baja del cielo, y da vida al mundo. 34 Entonces le dijeron: Señor, danos siempre este pan. 35 Jesús les dijo: Yo soy el pan de la vida; el que viene a mí no tendrá hambre, y el que cree en mí nunca tendrá sed. 36 Pero [ya] os dije que aunque me habéis visto, no creéis. 37 Todo lo que el Padre me da, vendrá a mí; y al que viene a mí, de ningún modo lo echaré fuera. 38 Porque he descendido del cielo, no para hacer mi voluntad, sino la voluntad del que me envió. 39 Y esta es la voluntad del que me envió: que de todo lo que Él me ha dado yo no pierda nada, sino que lo resucite en el día final. 40 Porque esta es la voluntad de mi Padre: que todo aquel que ve al Hijo y cree en Él, tenga vida eterna, y yo mismo lo resucitaré en el día final.

a. *31 Éxodo 16:4; Salmo 78:24*

Esta sección del discurso debe ser interpretada teniendo en cuenta la expectativa judía: que cuando el Mesías viniera, renovaría el milagro del maná. Ahora que estaban saciados gracias al pan que Jesús les había proporcionado, la multitud le desafía a que les abastezca de pan de forma permanente. Jesús hace hincapié en el "verdadero pan del cielo" (v. 32), "el pan de Dios" (v. 33), "el pan de vida" (v. 35). Los pensamientos de la multitud están limitados por lo terrenal; Jesús quiere elevarles al cielo y a esa vida eterna que Él mismo trae. A.M. Farrer cree que el pensamiento principal del capítulo se encuentra aquí mismo: "Todo el capítulo 6 es una homilía sobre el v. 31b – 'Les dio a comer pan del cielo' –. Debe verse que (a) Cristo es el pan verdadero, (b) que Él descendió del cielo divino, mientras que el maná era un pan terrenal que había descendido del cielo terrenal"[84].

---

[84] *The Parish Communion*, ed. A.G. Hebert (Londres, 1957), p. 85n.

30 Pablo escribió: "Los judíos piden señales" (1 Co. 1:22)[85]; y no podríamos encontrar un ejemplo mejor (ver el comentario de 2:18). De todos modos, es bastante curioso que hagan una petición así, puesto que acaban de ver una señal y, probablemente, habrían visto más si hubieran estado atentos espiritualmente hablando. Ciertamente, el plural del versículo 26 refleja que habían visto varias señales. Pero no habían entendido su significado espiritual[86]. En lo único en lo que se fijaban era en lo maravilloso y, por algún motivo, eso no era suficiente. Se atrevían a decirle a Dios el tipo de señal que querían ver para así decidir si creer o no[87]. "Tú" es enfático. Creen que Jesús no va a poder realizar la señal que le están pidiendo. "... vemos y te creamos" hace hincapié en la idea de "ver". No logran entender la naturaleza de la fe.

31 Explican cuál es el tipo de señal que quieren citando el maná del desierto. Por un lado, eso es bastante extraño porque la multiplicación de los panes parece ser una señal del mismo tipo. Pero solo ocurrió en una ocasión. En cambio, Moisés les dio maná durante cuarenta años. Jesús alimentó a cinco mil, y Moisés proveyó de maná a toda la nación. Jesús les dio pan normal, del que comían todos los días, y Moisés les dio "pan del cielo" (y quién sabe lo que ellos entendían cuando decían "del cielo" [en Mt. 16:1 también le pidieron una señal "del cielo"). "Parece como si el término importante no fuera *pan*, sino la frase *del cielo*" (Michaels). Si a eso le añadimos la expectativa judía de que el Mesías les iba a dar de nuevo maná[88], veremos que la

---

[85] SBk cita un dicho rabínico que dice que si un profeta da "una señal אות y maravilla מופת hay que escucharle; si no lo hace, entonces no hay que escucharle".

[86] Dodd cree que aquí hay algo de ironía joánica: "Las 'señales' que la gente espera del Mesías son meros milagros; pero, cuando son testigos de un milagro, no son capaces de ver la 'señal'; porque para el evangelista una σημεῖον no es simplemente un hecho milagroso, sino un hecho con significado, que tanto para el ojo como para la mente, es el símbolo de una realidad eterna" (*IFG*, p. 90).

[87] "No importaba cuántas señales había hecho ya; los judíos siempre pedían otra más" (MacGregor). "Siempre se engañaban a ellos mismos diciendo que necesitaban una señal más, y que una vez vista, creerían. Miles y miles de personas hacen lo mismo en todas las épocas (...) Lo cierto es que, cuando la gente no se acerca a Dios no es por falta de evidencias, sino por falta de una correcta disposición de corazón" (Ryle).

[88] "Volverá a ocurrir (...) el tesoro del maná volverá a descender de lo alto, y comerán de él en aquellos años (2 Baruc, 29:8). Del mismo modo leemos en los oráculos que se habla de los que heredarán vida en la nueva era y harán fiesta y comerán pan dulce del cielo estrellado" (Fra. 3:49). Un midrash usa la figura de Moisés para expresar esta idea: "Del mismo modo que el redentor anterior (es decir, Moisés) hizo descender el maná, como está escrito, *He aquí haré llover pan del cielo para vosotros* (Éx. 16:4),

especulación que se había levantado era bastante normal. Jesús había hecho algo maravilloso al abastecer de pan a cinco mil personas. Pero, ¿quería decir eso que también podría ofrecerles maná? Los judíos respaldaban su petición usando una cita, que podría ser del Salmo 78:24 (también podría ser Neh. 9:15, y tiene algún parecido con Éx. 16:4; 15; Sal. 105:40). Y aunque no mencionan su nombre, parece ser que le adjudican la cita a Moisés. El maná le confería a Moisés cierta autoridad.

32 Por segunda vez en este capítulo, Jesús comienza su sentencia con el solemne "En verdad, en verdad os digo". Así que lo que aparece a continuación debe ser importante. Comienza aclarando el papel limitado de Moisés. Es difícil encontrar una traducción que acierte a recoger los dos matices que aparecen en el original. En primer lugar, les dice que el maná no fue un regalo de parte de Moisés. Fue un regalo de Dios (que es el verdadero significado de las palabras que ellos mismos han citado; cf. Éx. 16:13s.). En segundo lugar, no se trataba del "verdadero pan del cielo", sino de un pan terrenal[88][89]. Hallamos un tercer contraste entre "ha dado" y "da"; el regalo de Jesús es continuo. "Mi Padre" enfatiza que Jesús tiene una relación con el dador que sus oyentes no tienen. Les asegura que lo maravilloso no es que Dios les diera el regalo del maná aquella vez, sino que lo maravilloso es que da continuamente. Aquí tendríamos una dificultad si dijéramos que lo que da continuamente es el maná, pero se trata de algo más que eso; lo que Dios da de forma continua es el pan verdadero. El orden de las palabras en el

---

así el último Redentor hará descender maná, como está escrito, *Haya abundancia de grano en la tierra* (Sal. 72:16)". (Ecl. Rab. 1.9; Soncino edn. P. 33). Peder Borgen cree que detrás de este capítulo hay muchas ideas judías, que contienen la mentalidad judía sobre la Ley, sobre los acontecimientos en el Monte Sinaí, y sobre la literatura sapiencial, que subyace detrás de mucho de lo que aquí se dice (*Bread from Heaven* [Leiden, 1965], especialmente el cap. 6). Dice: "En Juan el pan del cielo tiene la función de 'dar vida', las funciones de la Torá y la sabiduría" (p. 157). Jesús hace de forma perfecta lo que los demás ya habían anticipado. Borgen rechaza la idea de que esta referencia se puede explicar basándose en la expectativa judía de que en la era mesiánica también recibían maná, "pues pasa por alto o minimiza la distinción entre el pan externo y el pan espiritual" (p. 174). Una de las ideas principales de este discurso es que Jesús da pan espiritual.

[89] Puede que haya otros significados. Para los rabíes el pan era a menudo símbolo de la Ley (ver SBk sobre el v. 35), y podría haber alguna referencia a Jesús, que es el pan verdadero, a diferencia de la Ley tal y como la entendían los judíos. Barrett hace también referencia a la sugerencia de Torrey, que dice que estas palabras son una pregunta: "¿No os dio Moisés el pan del cielo? (Sí, ciertamente. Pero el Padre os da el verdadero pan del cielo)".

original hace que el énfasis recaiga sobre la palabra "verdadero"[90]. La multitud había seguido a Jesús simplemente porque se habían llenado los estómagos con el pan que les había dado. Pero no se habían percatado de algo más importante: que el Padre sigue dando el pan verdadero.

33 Jesús desarrolla un poco más la sentencia anterior. Ahora habla del "pan de Dios", que subraya otro aspecto del regalo. Tiene su origen en Dios, y está relacionado con Él de una manera muy especial. Es *su* pan. "El que", aunque la mayoría de traducciones interpreta que tiene un antecedente personal ("Aquel que baja del cielo"), podría entenderse como "el pan que baja del cielo"[91]. Seguro que los que escuchaban a Jesús no lo entendieron como "Aquel que baja" (ya que, inmediatamente, dicen: "Señor, danos siempre este pan"). Pero Jesús sí lo había entendido. Él sabía que era Él mismo el pan de Dios, de acuerdo con esa verdad, no dice que ese pan haya sido enviado, sino que baja. Tiene vida. Y da vida. El tiempo verbal indica que esa es una acción continua, y "el mundo" es el escenario en el que esa acción tiene lugar. No existe aquí ningún particularismo, sino una preocupación por toda la raza humana[92]. Para interpretar esto debemos tener en cuenta la influencia de la forma enormemente materialista de entender la era mesiánica[93]. Jesús no vino a traer maná o a satisfacer las expectativas materialistas de las personas. Su discurso es una protesta vigorosa en contra de las opiniones equivocadas que había sobre el Mesías y una afirmación del carácter esencialmente espiritual de la vida que Él ha venido a traer[94].

---

[90] En cuanto al uso de ἀληθινός en este evangelio ver el comentario de 1:9.

[91] Así lo hace, p. ej., la *NRSV*.

[92] Hay dichos judíos que vienen a ser, en parte, un paralelo de esta idea. Estos dichos recogen que la entrega de la Ley en el monte Sinaí fue el ofrecimiento de la vida para Israel e, incluso, para el mundo entero, p. ef. "Si la tierra tembló cuando Él dio vida al mundo..." (Éx. Rab. 29:9; Soncino edn., p. 343).

[93] La profecía sobre la era mesiánica de 2 Baruc 29:5 es una buena ilustración: "La tierra también producirá su fruto por diez mil y en cada vid habrá mil ramas, y cada rama producirá mil racimos, y cada racimo producirá mil uvas, y cada uva 444 litros de vino".

[94] J. Jeremias sostiene que "los pasajes del cuarto evangelio en lo que Jesús se llama a sí mismo el pan de vida (Jn. 6:33, 35, 41, 48, 50, 51) y llama pan a su evangelio (6:35; cf. Mr. 7;27 par.) y agua (Jn. 4:10, 14; 6:35; 7:37-8), deben entenderse del mismo modo en un sentido escatológico" (*The Eucharistic Words of Jesus*, p. 156). Apuntan a lo que será la vida en la Era por venir.

34 Del mismo modo que la mujer samaritana quería agua viva (4:15), esta gente quería el pan de Dios. Puede que también tuvieran una motivación materialista. Ella quería de aquel agua para no tener que ir al pozo cada día. La multitud había comido del pan del milagro de la multiplicación, y probablemente aquella gente quería un regalo permanente, continuo. Igual que la mujer, responden con ironía. No creían que Jesús les pudiera dar de ese pan[95]. Le llaman "Señor"; la mayoría de veces esta palabra denota el reconocimiento del señorío de la persona a quien así se le llama (ver el comentario de 4:1), pero no siempre y, obviamente, no en este caso. Le llaman 'Señor' como una fórmula de respeto, pero aquella gente no creía que Jesús fuera Señor. Le piden que les dé de ese pan "siempre"[96].

35 En una declaración majestuosa, Jesús aclara ese malentendido. El pan del que Él habla no es como el maná, algo que pueden recoger y comer directamente. El pan del que habla es Él mismo (cf. vv. 48, 51). El "Yo soy" es una declaración muy solemne y, en este contexto, tiene una connotación de divinidad[97]. Este es el primero de los siete grandes reclamos que Jesús hace de sí mismo en este evangelio[98]. Cada uno de ellos destaca un aspecto importante de la persona y del ministerio de Jesús. "El pan de vida" es otra de las formas de asociar el concepto

---

[95] Cf. Calvino: "Así, la gente que no es feliz no solo peca de rechazar las promesas de Dios, sino que le echa la culpa de su propia incredulidad a Cristo mismo".

[96] Es extraño que πάντοτε aparezca con el aoristo. El verbo implica que se trata de un regalo que se hace una vez, y ya está. Sin embargo, el adverbio pide que ese regalo ocurra "siempre" (podría ser una referencia a la lluvia de maná, que era diaria). La NVI traduce "de aquí en adelante", aunque así se pierde el matiz de permanencia que πάντοτε sí contiene.

[97] En cuanto a esta expresión ver Philip B. Harner, *The "I Am" of the Fourth Gospel* (Philadelphia, 1970). Con este pasaje Morgan dice que recuerda el "Yo soy" que Moisés escuchó de la zarza que ardía. Cree que Jesús "tomó ese nombre de la zarza que ardía, y lo relacionó con el símbolo del sustento perfecto para la vida del hombre. 'Yo soy el pan de vida'. Así, usa algo cotidiano con un significado sublime". R. Kysar dice que Juan usa esa expresión para "afirmar la divinidad del fundador de su fe (...) la usa para decir que, cuando Jesús habla, Dios es el que habla (...) Las palabras de Cristo son las palabras de Dios. Las obras de Cristo son las obras de Dios. La respuesta humana ante Cristo es la respuesta humana que se le da a Dios" (*John, The Maverick Gospel* [Atlanta, 1976], p. 44).

[98] ἐγώ εἰμι vuelve a aparecer con "el pan de vida" en el v. 48, y con declaraciones similares sobre el pan en los vv. 41 y 51, con "la luz del mundo" (8:12), con "la puerta" (10:7, 9), con "el buen pastor" (10:11, 14), con "la resurrección y la vida" (11:25), con "el camino, la verdad y la vida" (14:6), y con "la vid verdadera" (15:1, 5).

de "la vida" con Cristo. Él mismo es el alimento, el sustento que nutre nuestra vida espiritual. Este pan es el único que nos puede dar la vida[99].
Llegar a ser cristiano puede describirse de varias formas. Aquí Jesús habla de "venir a Él", que implica un alejamiento de la vida que se llevaba anteriormente: hambre, sed, y una incapacidad de satisfacerse, de llenarse, e implica también un acercamiento a todo lo que esa asociación con Cristo significa. La idea de "venir a Cristo" vuelve a aparecer (vv. 37, 44, 45, 65). La gente debe acercarse a Jesús, como dice Wright, "no como lo ha hecho esa multitud, simplemente presentándose allí, físicamente, sino *presentándole* sus cargas, sus necesidades" (cf. Mt. 11:28s.). La expresión es paralela a la última parte del versículo: "el que cree en mí" (cf. 64-64; 7:37-38), e indica otra faceta del mismo proceso esencial. "Nunca" es enfático en ambas ocasiones (cf. Weymouth, "nunca tendrá hambre", "nunca tendrá sed" [(*N. de la T.*). En la traducción castellana que estamos usando el primer "nunca" es un "no"]). Después de aceptar a Jesús no hay lugar para el hambre o la sed espiritual[100]. No obstante, eso no quiere decir que no haya un deseo por las cosas espirituales, ni mucho menos, pero se erradica para siempre la insatisfacción, porque ese deseo no se llena con las cosas que el mundo ofrece[101]. Este versículo no debería verse como una declaración abstracta. Es un llamamiento. Jesús es el pan de vida, y la gente está invitada a venir a Él, y a creer en Él.

36 "Pero"[102] introduce un fuerte contraste, ya que lo que ocurrió no es lo que a Jesús le hubiera gustado ver. Los que le escuchaban le habían visto, pero no habían sabido interpretar la importancia y el significado

---

[99] Como dice Hendriksen, el uso del artículo en τῆς ζωῆς indica que se está hablando no de la vida en general, sino de "la vida", de la vida eterna. "El pan de vida" quiere decir básicamente "el pan que da vida" (Goodspeed), aunque también incluye un significado secundario, "el pan vivo" (cf. v. 51). [100] En el original, cuando se habla de no tener hambre se usa el subjuntivo (οὐ μὴ πεινάσῃ), y cuando se habla de no tener sed se usa el indicativo (οὐ μὴ διψήσει). Pero parece ser que el hecho de que se dé este cambio no tiene ninguna importancia.

[101] En Sir. 24:21 Sabiduría dice por el contrario: "Los que comen de mí tendrán más hambre, y los que beben de mí tendrán más sed". A continuación, este pasaje identifica la sabiduría con la Ley (v. 23), y quizá respalde la opinión de que detrás de este capítulo podemos ver las ideas que los judíos tenían sobre la Ley. Jesús está por encima de la Ley y da una satisfacción que la Ley no puede dar. Pero si no vemos esta referencia a la Ley, tampoco veremos que este dicho se contradiga con el versículo de Juan. Jesús está diciendo que una vez prueben su buen regalo, no tendrán ganas de buscar nada más.

[102] Ἀλλ'.

de lo que habían visto[103]. No creyeron. Su actitud fue todo lo contrario de lo que Jesús estaba buscando (20:29). No está muy claro a qué momento se refiere con la expresión "*ya* os dije". Puede que esté haciendo referencia al v. 26, pero también podría ser que se estuviera refiriendo a una declaración pronunciada en otra ocasión[104].

37 "Todo" es neutro, así que se refiere a algo muy general aunque, obviamente, incluye a personas. Estas palabras subrayan la soberanía de Dios[105]. La gente no viene a Jesús simplemente porque les parece una buena idea. A la gente pecadora nunca le parece una buena idea. A no ser que el poder divino trabaje en las almas de las personas (cf. 16:8), éstas no ven ningún problema en las vidas de pecado que llevan. Antes de que una persona pueda venir a Cristo hace falta que el Padre se la dé[106] a Cristo. Esta es la explicación de que aquellos que le buscaron en aquella ocasión, y que al principio querían proclamarle rey, no eran verdaderamente discípulos suyos. No pertenecían al pueblo de Dios. No estaban entre los que Dios les da a Jesús. Pero aunque esto parece desconcertante, la segunda parte del discípulo recoge la bienvenida calurosa de Jesús que está abierta a todo el mundo. Él no rechaza a nadie. "De ningún modo" es enfático (otras versiones traducen "nun-

---

[103] "De nuevo, le piden pan, algo terrenal, perecedero, ¡mientras que su deseo es – por medio de esta comida representativa – ofrecerles vida, abrirles los cielos!" (Godet).

[104] Bernard aboga por los documentos que omiten με después de ἑωράκατε (א A *a b e q* syr$^{s.c}$. Así, las palabras se refieren al v. 26. Pero si leemos el texto con με, según Bernard, hay una alusión a una declaración que no fue recogida, como ocurre en 10:25; 11:40. Tasker también está a favor de la omisión y cree que "añadir esa partícula es muy poco natural; pero el objeto del verbo en ese contexto sería la 'señal' que los discípulos habían visto recientemente" (*GNT*, p. 426). Por un lado, parece que este posicionamiento tenga sentido, pero no es totalmente convincente. P. Borgen sostiene que la explicación está en las tendencias modernas de exégesis. En el v. 32 Jesús ha sustituido ὑμῖν por αὐτοῖς del pasaje citado en el v. 31. Ha reinterpretado este versículo del Antiguo Testamento. Borgen cree que por eso deberíamos traducir el v. 36 de la siguiente manera: "Pero yo dije '*vosotros*' porque *vosotros* me habéis visto y, aún así, no creéis" (*Bread from Heaven*, p. 74). Este es un posicionamiento más atractivo, y puede que más acertado.

[105] MacGregor habla de "un neutro globalizador, la idea de que la individualidad de todo creyente está subordinada a la de la Gracia del Padre". Westcott nos recuerda que "la incredulidad de aquella gente no era una prueba de que el propósito de Dios hubiera fracasado. Sino que fue una ocasión para declarar con más fuerza que ciertamente el Hijo llevaba a cabo la voluntad del Padre".

[106] Aunque el Hijo aún está esperando, se usa el tiempo presente. En el versículo 39 el tiempo perfecto – δέδωκεν – expresa que el regalo está completo en la voluntad del Padre. En cuanto a las cosas que el Padre da al Hijo ver el comentario de 3:35.

ca"). Es verdad que es difícil reconciliar las dos partes de este versículo. Pero, aunque no podamos, no nos atreveríamos a olvidarnos de la verdad que ambas encierran.

38 En esta misión de la salvación, Jesús está en perfecta armonía con el Padre. Bajó del cielo específicamente para hacer la voluntad del Padre (ver el comentario de 4:34). La idea de que descendió del Cielo se repite en este capítulo siete veces (vv. 33, 38, 41, 42, 50, 51 y 58). En este versículo tenemos algo típico de Juan: una proposición negativa seguida de una afirmativa. La perfecta unidad con el Padre garantiza que Cristo aceptará todo lo que el Padre le dé. Subraya la certeza del proceso del versículo anterior. En cuanto a "envió", ver el comentario de 3:17.

39 La voluntad de Dios no es vaga, poco definida; el aspecto concreto de la voluntad de Dios que Jesús vino a realizar tiene que ver con lo que el Padre le da. Tenemos de nuevo una idea presentada en términos negativos y afirmativos. Jesús no pierde nada de lo que[107] Dios le da (y en el final de sus días pudo afirmar que no había perdido a los que Dios le había dado: 17:12). Pero la idea de "guardarlos" no tiene que ver únicamente con la vida. Aquellos que le pertenecen, los resucitará[108] en el día final (cf. 5:25s.). Y este estribillo se va repitiendo a lo largo de este capítulo (vv. 40, 44, 54). La salvación que Jesús ofrece no es algo efímero. Es definitivo, final. Esta idea es un gran consuelo para los creyentes. La seguridad de los creyentes no se basa en que ellos se aferran a Cristo, ya que lo hacen de forma débil, sino en que Cristo les tiene cogidos fuertemente (cf. 10:28s.). El Evangelio de Juan es el único libro del Nuevo Testamento en el que aparece la expresión "el día final". Está claro que Juan, como los demás autores neotestamentarios, tenían una escatología futurista y esperaban que Jesús les introdujera en la etapa final.

---

[107] El neutro πᾶν ὅ (como en el v. 37), donde habría sido más normal el masculino.

[108] Puede que ἀναστήσω sea un aoristo subjuntivo que depende de ἵνα (así, dándonos parte de la voluntad del Padre: cf. Schonfield, "... debe resucitarle"), o puede que sea un futuro de indicativo en una proposición independiente ("Yo le resucitaré"). En cuanto a esta acción de resucitar, Stauffer dice: "La venida de Cristo no es para Juan un acontecimiento aislado, sino un hecho histórico que va más allá de sí mismo y constituye una explicación en el final de la Historia" (*NTT*, p. 43).

40 Este es el tercer versículo consecutivo que habla de la voluntad de Dios. Al estilo joánico, tenemos aquí una pequeña modificación si comparamos este versículo con la forma en la que se ha expresado esta idea anteriormente. Jesús ha hablado de venir a Él y creer en Él; ahora habla de mirarle y creer en Él (contrastar con la actitud de sus oyentes en el v. 36). Normalmente, la expresión "mirar al Hijo" no se usa para hablar de la salvación. Pero nos recuerda la necesidad de ver la visión celestial, y fijar la mirada en ella[109]. Una vez más Jesús insiste en que la vida que Él trae es eterna. Nadie más que Él (el "yo" es enfático) resucitará al creyente en el día final. No deberíamos pasar por alto la estrecha relación que esto tiene con la vida eterna. Juan, lejos de creer que la posesión de la vida eterna en el presente excluye la idea de la resurrección futura, cree que la primera implica la segunda. No tiene sentido que la muerte acabe con la vida que Cristo da. Porque Él es quien es, tenemos la seguridad de que resucitará a aquellos a los que les da vida[110].

5. Cristo y el Pan (6:41-51)

41 Por eso los judíos murmuraban de Él, porque había dicho: Yo soy el pan que descendió del cielo. 42 Y decían: ¿No es éste Jesús, el hijo de José, cuyo padre y madre nosotros conocemos? ¿Cómo es que ahora dice: «Yo he descendido del cielo»? 43 Respondió Jesús y les dijo: No murmuréis entre vosotros. 44 Nadie puede venir a mí si no lo trae el Padre que me envió, y yo lo resucitaré en el día final. 45 Escrito está en los profetas: «Y todos serán enseñados por Dios.»ᵘ Todo el que ha oído y aprendido del Padre, viene a mí. 46 No es que alguien haya visto al Padre; sino aquel que viene de

---

[109] Bailey traduce "contemplar", y dice que así "no se trata de una mera visión, sino de captar el significado de algo, y ver que es el precursor de la fe".

[110] Cf. Westcott: "La doctrina de la resurrección, lejos de ser, como se ha dicho muchas veces, poco coherente con la enseñanza de Juan de la realidad presente de la vida eterna, la doctrina de Juan hace evidente la necesidad de la resurrección. El que cree que la vida está en el ahora, tiene que creer que después de la muerte todo lo que pertenece a la perfección presente tiene que ser restaurado, aunque bajo unas nuevas condiciones de manifestación mucho más nobles". Otra idea, aunque no tan central, es que en el v. 39 todos los creyentes están incluidos de forma colectiva, mientras que en los vv. 40, 44 y 54 la referencia es más individual.

Dios, éste ha visto al Padre. 47 En verdad, en verdad os digo: el que cree, tiene vida eterna. 48 Yo soy el pan de la vida. 49 Vuestros padres comieron el maná en el desierto, y murieron. 50 Este es el pan que desciende del cielo, para que el que coma de él, no muera. 51 Yo soy el pan vivo que descendió del cielo; si alguno come de este pan, vivirá para siempre; y el pan que yo también daré por la vida del mundo es mi carne.

a. *45 Isaías 54:13*

Las palabras de Jesús no fueron lo que la multitud esperaba o quería oír. La gente se rebela al entender los reclamos que se derivan de sus palabras, y cree que ya sabe muy bien quién es Jesús. Al ver esta reacción, Jesús repite firmemente lo que había dicho y lo desarrolla un poco más: el pan que Él dará es su propia carne.

41 "Los judíos" implica un cambio de tema, y quizá indica también un cambio de escena. Sería bastante probable que el discurso pronunciado hasta ahora hubiera tenido lugar cerca del mar, y que la escena ahora se hubiera trasladado a la sinagoga. Sin embargo, a medida que avanza la discusión parece ser que los que discuten con Jesús son los mismos de la primera sección. Es bastante inusual que se use la palabra "judíos" para referirse a galileos. Normalmente se refiere a los judíos de Jerusalén (ver el comentario de 1:19). Pero la idea principal detrás de esta expresión es denominar a los judíos que estaban en contra de Jesús, sobre todo los líderes judíos, por lo que, aunque el que aquí tenemos es un uso poco habitual, utilizar esta expresión para referirse a los judíos galileos no está fuera de lugar. "Murmurar" habla de descontento[111]. Es fácil de identificar: un confuso sonido de voces que se propaga y acrecienta rápidamente cuando hay mucha gente, y ésta está enfadada, contrariada. Sus palabras no son una cita exacta de lo que Jesús dijo[112], pero, al menos, sí recogen el significado que Él quiso transmitir.

---

[111] Esto nos recuerda a la murmuración del pueblo de Israel en el desierto (Éx. 15:24; Núm. 14:.2, etc.). Esta gente "ha heredado y mantiene aquella incredulidad" (Hoskyns). El imperfecto ἐγόγγυζον indica que "continuaron murmurando.".

[112] Cuando Jesús usó el perfecto de indicativo καταβέβηκα, ellos lo sustituyeron por el participio aoristo ὁ καταβάς, y unen directamente "Yo soy el pan" con la referencia a que "descendió del cielo", aunque Él no lo había hecho de una forma tan directa (v.

42 La primera pregunta es otro ejemplo de la ironía de nuestro evangelista. Si los judíos hubieran conocido la verdad sobre el parentesco[1][13] de Jesús – ellos creen que la conocen – se habrían dado cuenta de la verdad que Jesús está intentando explicar. "Nosotros" es enfático. Creen que *ellos* pueden probar, gracias al conocimiento que tienen, que la declaración de Jesús es falsa. No se paran a cuestionar sus propias presuposiciones: como Jesús era de trasfondo humilde, y porque le conocían bien, no podía ser del Cielo[1][14]. Centran su atención en que Jesús ha dicho que viene del Cielo[1][15], y no mencionan en absoluto que también ha dicho que da vida. "Ahora" significa "Después de todos estos años en los que ha vivido como cualquier otra persona". En cuanto al patrón de cómo los judíos malinterpretaban a Jesús, ver el comentario de 2:20.

43-44 Jesús les dice que no murmuren más; así no es como se aprenden las verdades divinas. Luego, vuelve a repetir la declaración del versículo 37, pero de una forma un poco más directa. Dice que nadie "puede" venir a Él a no ser que el Padre le lleve a Jesús. El concepto de la iniciativa de Dios en la salvación es una de las grandes doctrinas

---

35); aunque cf. v. 33. Estas diferencias no tienen demasiada importancia. Ver más en *SFG*, cap. 5. Vale la pena fijarse en los tiempos verbales que se usan para hablar del descenso de Jesús. El aoristo (3:13; 6:41, 51, 58) apunta a la Encarnación como acto definitivo, el presente (6:33, 50) al carácter de Jesús como el que viene del cielo, el perfecto (6:38, 42) al efecto continuo de la acción pasada de la Encarnación.

[113] La expresión es Ἰησοῦς ὁ υἱὸς Ἰωσήφ. En 1:45 aparece una expresión similar y no lleva artículo. El significado que tiene aquí podría ser, como sugiere Abbott, "el (por todos conocido) hijo de José" (1970).

[114] Odeberg nos recuerda que existe el concepto judío del *n^esama* divino que desciende del cielo y se une a la raza humana. Él explica con precisión las objeción de los judíos: "(1) Los judíos no rechazan la idea de que un hombre podía aparecer en la tierra como un ser humano y haber descendido del cielo; sostienen que Elías y otras figuras celestiales aparecieron en la tierra y habitaron entre los hombres como seres humanos; (2) tampoco rechazan la idea de que un hombre, nacido de padres conocidos, de 'mujer', de 'semen terrenal', podía recibir un llamamiento divino, ser un mensajero de Dios, recibir revelaciones del mundo divino; (3) pero rechazaban la idea de que un hombre nacido de semen terrenal pudiera ser a la vez un ser divino de origen celestial, que 'hubiera descendido del cielo'" (*FG*, p. 264, n. 3).

[115] El orden de las palabras de los judíos pone un cierto énfasis en ἐκ τοῦ οὐρανοῦ , lo que difiere del orden de las palabras que ha usado Jesús en los versículos anteriores (33, 38; la preposición que él usa en ese último versículo es ἀπό, y no ἐκ, aunque la diferencia no es muy significativa). Pero la repite en los versículos que siguen (50, 51 y 58).

de este evangelio[116] y, de hecho, de la fe cristiana. A la gente le gusta saberse independiente. Cree que se acerca o que puede acercarse a Jesús si quiere, basándose en el poder de su propia voluntad. Pero Jesús nos dice que eso es absolutamente imposible. Nadie puede acercarse si no es el Padre el que le trae. "Esto es así porque es imposible que mi percepción, distorsionada como está porque los seres humanos nos hemos puesto a nosotros mismos como centro del mundo, sea capaz de llegar a reconocer la presencia de Dios en ese hombre" (Newbigin). Esta imposibilidad ya quedó recogida en la declaración anterior, pero aquí se hace más explícita. Incluso al hablar de este tema, Jesús dice que Él ha sido enviado por el Padre[117]. En ningún momento pierde el sentido de que Él forma parte de una misión. Por tercera vez menciona la acción futura en la que resucitará a los suyos en el Día Final.

45 Jesús vuelve a plasmar la misma verdad, pero ahora lo hace de otra manera. Para mostrar que lo que ha dicho es parte del plan de Dios,

---

[116] "Aquí tenemos una doctrina fundamental del Cuarto evangelio, es decir, que el acercamiento del alma a Dios o a Cristo no la inicia el ser humano mismo, sino la acción de la Gracia divina" (Bernard). Barclay da un serie de ejemplos del uso que se hace del verbo ἑλκύω en el Nuevo Testamento para mostrar que "siempre aparece la idea de la resistencia". Así que Dios es el que trae la gente hacia sí aunque, por naturaleza, los seres humanos prefiramos el pecado. Pero, curiosamente, Barclay añade: "Dios puede atraer a los hombres, y lo hace, pero la resistencia del hombre puede vencer esa acción de Dios". Aunque en ninguno de los ejemplos que pone se ve que la resistencia humana venza a Dios. Es cierto que aún podría decirse mucho más. Calvino habla de un "movimiento eficaz del Espíritu Santo, que vuelve la voluntad de los hombres hacia Dios". Lutero tiene unas ideas interesantes sobre este versículo: *The Bondage of the Will* (Londres, 1957), pp. 310-11. Este verbo se usa en los Papiros Oxyrhyncus en una de las declaraciones de Jesús, pero no tenemos el texto completo. Por eso es imposible estar seguros de que se usó en el mismo sentido que aquí tiene. Ver *LAE*, pp. 426-28. Borgen cree que este verbo es un término legal, jurídico, y que equivale al término hebreo משׁ (el término hebreo que había cuando la Setpuaginta traduce el verbo griego del que estamos hablando), y que quiere decir "tomar posesión de" (es decir, acercándose el objeto a uno mismo). Borgen cree que Jesús es el agente del Padre e interpreta este versículo de la siguiente manera: "el agente solo recibe a aquellos de los que el Padre (a través de su agente) toma posesión" (p. 161). En el Nuevo Testamento, aparte de un ejemplo en el libro de los Hechos, este verbo solo aparece en el Evangelio de Juan (5 veces).

[117] Cf. Godet: "El mismo Dios que envía a Jesús a por las almas, también lleva las almas hacia Jesús. Estas dos acciones divinas, la externa y la interna, se complementan la una a la otra. En el momento en que ambas se encuentran en el corazón y ganan la voluntad de una persona, se da el *don* por parte de Dios, y la *fe* por parte de la persona". Bultmann comenta: "la fe es posible cuando uno deja de aferrarse a su propia seguridad, y dejar de aferrarse a esa seguridad no es más que dejar que el Padre nos lleve a Jesús" (p 494).

Jesús cita Isaías 54:13 (o, quizá, Jer. 31:34)[118]. Dios enseñará a los que pertenezcan a su pueblo, es decir, les enseñará en el corazón[119]. Y solo los que reciben esa enseñanza vienen a Jesús. Pero deja bien claro que todos los que reciben esa enseñanza, que oyen a Dios, y aprenden lo que oyen, todos, sin excepción ninguna, vienen a Jesús. Haenchen cita la interpretación que Bultmann hace de este pasaje: "todo hombre es libre de estar entre los que el Padre lleva a Jesús", lo cual rechaza de forma determinante: "La interpretación que deja todo a la libre decisión del hombre hace que el texto tenga el sentido totalmente opuesto" (p. 292). Y tiene toda la razón.

46 Aquí podría haber un malentendido: llegar a la conclusión de que los que han oído a Dios, también le han visto[120]. Esto se verá más claro si recordamos las palabras de 5:37: "No habéis oído jamás su voz, ni habéis visto su apariencia". Quizá lo que se haya sacado de esta declaración es que "oír" y "ver" están estrechamente relacionados. Por tanto, oírle sería una garantía de que se le iba a ver. Pero esa no es la realidad. Como ocurre en 1:18, se nos dice que nadie ha visto a Dios jamás. Allí se nos dice que el único que le ha visto es "el unigénito Dios", y aquí, "aquel que viene de Dios". Las dos expresiones hablan de una relación íntima entre el Padre y el Hijo, relación que no tiene

---

[118] Parece que lo más probable es que esté citando el pasaje de Isaías. Aunque quizá tuviera en mente los dos pasajes, ya que "los profetas" no es una forma muy común de citar pasajes (aunque cf. Mt. 2:23; 26:56; Mr. 1:2; Hechos 13:40). Puede significar el tenor general de lo que está escrito en más de un profeta, sin que pretenda destacar un único pasaje. O puede que use el plural para que pensemos en "los profetas" como en una división del Antiguo Testamento. En mi opinión, la referencia es Isaías 54:13, aunque no sabría si de la versión hebrea de la Septuaginta.

[119] Cf. las palabras de Pablo de 1 Ts. 4:9: los cristianos tesalonicenses eran θεοδίδακτοι. Odeberg sostiene que este término "apunta a que, de hecho, no podemos tener ningún conocimiento del mundo divino, a no ser que sea Dios el que nos da ese conocimiento; apunta a la internalidad vs. La externalidad; διδακτοὶ θεοῦ está incluido en γεννηθέντες ἐκ θεοῦ, que es más general" (*FG*, p. 258).

[120] El versículo anterior "no debe interpretarse como cualquier persona puede disfrutar de una experiencia mística y directa con Dios y luego, ya iluminado, acercarse a Jesús. Jesús es el único que tiene un conocimiento inmediato de Dios (τὸν πατέρα ἑώρακεν), y Él es el mediador para los demás, ya que es el único que ha estado en la presencia de Dios (ὢν παρὰ τοῦ θεοῦ)" (Barrett). Temple habla de "un error que debemos evitar, el peligro del misticismo, según el cual el hombre puede tener una experiencia directa de comunión con el Dios eterno e infinito. Y esto no es así; y cualquier experiencia que se interprete de ese modo es una interpretación errónea. El Hijo de Dios es el único que tiene comunión directa con el Padre".

nadie más. Ningún ser humano ha visto a Dios, nadie excepto el Hijo. La veracidad de esta relación íntima está acentuada por la expresión final: "éste ha visto al Padre".

47 Es la tercera vez que en este discurso aparece el solemne: "En verdad, en verdad os digo" (anteriormente: vv. 26 y 32; ver el comentario de 1:51). La principal preocupación de Jesús no es Él mismo, sino la vida, y la forma en que la gente puede obtenerla. Llegado este punto, vuelve a repetir de forma solemne cuál es el camino a la vida. En cuanto a "creer" ver la Nota Adicional E, y en cuanto a "vida eterna", ver el comentario de 3:15.

48 En cuanto al "pan de vida" ver el comentario del v. 35. Aquí, se nos presenta esta sentencia de forma aislada y sencilla, por lo que destaca aún más. Jesús quiere que este reclamo reluzca con toda su grandeza.

49 La multitud había sacado antes el tema del maná, y la gente decía que querían que Jesús les ofreciera un regalo por el estilo. Eso fue lo que hizo que finalmente Jesús dijera: "Yo soy el pan de vida". Ahora que Jesús ha repetido su majestuoso reclamo, aprovecha para dejar claro que el maná tenía sus limitaciones. Era comida para el cuerpo, pero nada más. Los que comieron de él, murieron[121].

50 Sin embargo, Jesús ofrece el pan que da la vida eterna. Es un pan que no es de origen terrenal, sino de origen celestial. Y si alguien lo toma ("coma" es un aoristo, es decir, que recibir a Cristo es una acción que sirve para siempre), no morirá. "Murieron" en el versículo anterior se refería a la muerte física; aquí se usa el mismo verbo para referirse a la muerte espiritual. El que cree en Cristo tiene la vida eterna.

51 Una vez más, Jesús dice que Él es el pan, esta vez, "el pan vivo" (cf. 1:4; 5:26). "Descendió del cielo" está en aoristo, que se corresponde con el acto irrepetible de la Encarnación. Como en el versículo anterior,

---

[121] J. Painter comenta: "Así, 'del cielo' no solo indica cuál es el origen del pan. Sino que no indica cuál es la calidad de esa vida. Jesús nos está ofreciendo en el presente la vida de la Era por venir" (*NTS*, 35 [1989], p. 440).

"coma" (aoristo) habla del acto de apropiarse de Cristo[122]. El que dé ese paso decisivo vivirá para siempre, y esta declaración afirmativa contrasta con la declaración negativa del versículo anterior. Al estilo del versículo 35, aquí volvemos a encontrar una invitación a comer de ese pan. De una forma sorprendente, Jesús define el pan que dará como su carne. El futuro "daré" no se refiere a algo general, sino al regalo que nos ofrecerá en el Calvario[123]. Los que entienden que este versículo se refiere a la Encarnación, normalmente, ignoran el tiempo del verbo; para entender cómo usan este versículo en sus teorías hay que hacer malabares. "Carne" es una palabra que nos sorprende. Al decir "carne" en vez de "mi cuerpo" o "a mí mismo", consigue hacer mayor énfasis en el aspecto físico de la vida. Es una palabra fuerte, inesperada, cuya crudeza hace que enseguida pensemos en el hecho histórico de que nuestra atención se centre en el hecho histórico de que Jesús se dio a sí mismo por todo el mundo. No está hablando solamente de una "mudanza". Muchos comentaristas dan por sentado que la palabra "carne" es, obligatoriamente, una referencia a la Santa Cena[124]. Pero

---

[122] Este aoristo hace casi imposible la interpretación de los que creen que hay una referencia a la Santa Cena.

[123] "Por" es ὑπέρ. Barrett examina el uso de esta preposición en otros pasajes de Juan: "ὑπὲρ τῶν προβάτων (10:11, 15), ὑπὲρ τοῦ λαοῦ (11:50), ὑπὲρ τοῦ ἔθνους (11:51-52), ὑπὲρ τῶν φιλῶν αὐτοῦ (15:13) y ὑπὲρ αὐτῶν ἐγὼ ἁγιάζω ἐμαυτόν (17:19). Concluye: "Estos pasajes muestran de una manera clara que Jesús está haciendo una referencia a su muerte – su carne la dará al morir – lo que supone que será una muerte sacrificial". En cuanto a la fuerza sustitutoria de ὑπέρ en estos pasajes ver mi obra *The Apostolic Preaching of the Cross*³ (Londres y Grand Rapids, 1965), pp. 62-64. R.H. Lightfoot apunta a otro aspecto importante de esta declaración, que "dejará claro que el lenguaje del Señor en 6:32-35 no debe entenderse como si el pan verdadero, el pan de vida que Él da, no le cuesta nada al Dador. Al contrario, ese gran regalo implica la muerte del Hijo". Juan usa ὑπέρ más que los otros evangelistas: Mateo lo usa 5 veces, Marcos 2 veces, Lucas 5 veces, y Juan 13 veces. El hecho de que Jesús murió ὑπὲρ ἡμῶν es de vital importancia para Juan. Si consideramos el amplio abanico de significado de ὑπέρ es interesante ver la cantidad de veces que Juan lo usa en relación con la muerte; ver 10:11, 15; 11:50, 51, 52; 13:37, 38; 15:13; 17:19; 18:14 (los únicos otros lugares donde aparece son 1:30 y 11:4). Así que el hecho de que Juan use tanto esta palabra se debe a las referencias que hace a la muerte de Jesús (9 veces).

[124] P. ef., MacGregor: "toda explicación que no reconozca que el principal propósito de Juan al identificar el pan que da vida con la *carne* de Cristo es al fin sacar a la luz el mensaje sacramental de este discurso, es una explicación incompleta". Sin embargo, Plummer cree que el mismo uso del término "carne" es una evidencia de que este texto no es – al menos directamente – sacramental: "Como se usa σάρξ y no σῶμα, no hay una referencia exclusiva ni directa a la Eucaristía". Más adelante dice: "La referencia principal es la muerte propiciatoria de Cristo; una referencia secundaria sería *todos* los medios por los que nos apropiamos de la muerte de Cristo, sobre todo la Eucaristía".

esta teoría no es nada acertada. Esta palabra no aparece en los relatos de la institución de la Santa Cena, ni en los pasajes de 1ª Corintios 10 u 11 que tienen relación con este sacramento. Tampoco los Padres de la Iglesia[125] usaron esta palabra en ese sentido. La palabra que se suele usar en el sacramento es "cuerpo". Las últimas palabras del versículo ponen de manifiesto una vez más que la misión de Jesús es universal. No solo vino a ministrar entre los judíos. Cuando dio su carne la dio "por la vida del mundo"[126].

[125] Se ha dicho que Ignacio usaba σάρξ con este sentido, pero deberíamos analizar sus palabras con mucho detenimiento. En Rom. 7:3 dice: "Deseo el pan de Dios, que es la carne de Cristo que era de la semilla de David". Esto podría entenderse como una referencia al sacramento, si no fuera por las palabras que añade a continuación: "y también deseo su sangre, que es amor incorruptible" (también se define la sangre como amor en Trall. 8:1). Además, estas palabras aparecen en un pasaje en el que Ignacio está buscando el martirio ("Os escribo desde la vida, pero anhelo la muerte"). Y habla de la muerte de una forma muy expresiva, después de la cual entraría en la bendición celestial. Decir, pues, que está hablando del sacramento es, además de ignorar el contexto, quitarle a las palabras de Ignacio todo su significado y rebajar el sacramento. ¿Qué cristiano no desea recibir el sacramento? Philad. 4:1 es suficientemente claro: "Ten cuidado pues de observar una eucaristía (porque solo hay una carne de nuestro Señor Jesucristo...)", pero Philad. 11:2 (que Hoskyns cita) no tiene nada que ver con el sacramento: "Jesucristo, en quien ellos ponen su esperanza en carne, alma y espíritu". Smyrn. 6:2 habla de otorgar que "la Eucaristía es la carne de nuestro Salvador Jesucristo", pero inmediatamente añade: "carne que sufrió por nuestros pecados, y que el Poder, en su bondad, resucitó". Además, Ignacio define el Evangelio como "la carne de Jesús" (Philad. 5:1) y la fe, como "la carne del Señor" (Trall. 8:1). Queda claro, pues, que el término "carne" no es, para él, un término técnico para referirse al sacramento. De todos modos, debemos tener en cuenta el veredicto de eruditos como Helmut Koester, "Σάρξ no quiere decir lo mismo para Ignacio que para Juan" ("The Bultmann School of Biblical Interpretation: New Directions" *Journal for Theology and the Church*, I [1965], p. 114). Justino el Mártir dice de Cristo que "fue hecho carne por el Verbo de Dios (...) el alimento que es bendecido por la oración de su palabra, y del que se nutren por medio de la transmutación nuestra sangre y nuestra carne" (*Apol.* 1.66). Pero autores como Ireneo cuando se refieren al sacramento, usan "cuerpo", y no "carne"; lo mismo ocurre con antiguas liturgias como la de Hipólito, Serapión, Santiago, etc. J. Jeremias sugiere que la palabra aramea que hay detrás de la institución en los evangelios es בִּשְׂרִי, que se ha venido traduciendo al griego por σάρξ. Considera de Juan 6:51c es "la tradición joánica de la interpretación de la palabra pan" (*The Eucharistic Words*, p. 141 y nota al pie núm. 13). No hay duda de que Jesús usó la palabra aramea בִּשְׂרָא, que se tradujo al griego por σάρξ. Lo que quiero decir es que, de hecho, para referirse a la Eucaristía, la costumbre era usar σῶμα (fuera cual fuera la palabra aramea original), así que el simple hecho de encontrar la palabra σάρξ no es, en sí mismo, argumento suficiente para decir que se trata de una referencia al sacramento.

[126] Esta es otra expresión que difícilmente se puede reconciliar con la teoría del sacramento. En el Calvario Cristo se dio a sí mismo "por la vida del mundo", pero en el sacramento el regalo es para los que están presentes, y no para el mundo entero. Quizá haciendo un esfuerzo podría encontrarse algún tipo de relación entre estas palabras y el sacramento, pero está claro que se refieren, de forma natural, a la cruz.

6. Comer la carne y beber la sangre (6:52-59)

52 Los judíos entonces contendían entre sí, diciendo: ¿Cómo puede éste darnos a comer [su] carne? 53 Entonces Jesús les dijo: En verdad, en verdad os digo: si no coméis la carne del Hijo del Hombre y bebéis su sangre, no tenéis vida en vosotros. 54 El que come mi carne y bebe mi sangre, tiene vida eterna, y yo lo resucitaré en el día final. 55 Porque mi carne es verdadera comida, y mi sangre es verdadera bebida. 56 El que come mi carne y bebe mi sangre, permanece en mí y yo en él. 57 Como el Padre que vive me envió, y yo vivo por el Padre, asimismo el que me come, Él también vivirá por mí. 58 Este es el pan que descendió del cielo; no como [el que] vuestros padres comieron, y murieron; el que come este pan vivirá para siempre. 59 Esto dijo [Jesús] en la sinagoga, cuando enseñaba en Capernaum.

Esta es la parte del discurso que más se ha relacionado con la Santa Cena. Muchos dicen que las expresiones de "comer la carne" y "beber la sangre" solo tiene sentido en el contexto del sacramento. ¿Es esto cierto? ¡Claro que no! Ha habido muchas críticas y objeciones a esta teoría, pero la objeción principal es la fuerza del lenguaje del mismo texto. El "comer" y el "beber" son medios que traen la salvación (v. 54). ¿Quién defendería que la Santa Cena es un requisito indispensable para recibir la vida eterna? No se dice nada sobre la fe; ¿no es necesaria la fe para obtener la vida? Recordemos de nuevo que la palabra "carne"[1][127] no es la que se suele usar para referirse al sacramento. En el resto de pasajes del Nuevo Testamento se usa la palabra "cuerpo". Ryle dice además que si optamos por la teoría que estamos criticando "interponemos un acto físico entre el alma del hombre y la salvación. Esto no está de acuerdo con las Escrituras. Los únicos requisitos para ser salvos son el arrepentimiento y la fe". Obviamente, no dirá que no se pueda aplicar este pasaje al sacramento. Pero estoy

---

[127] Ver la nota al pie núm. 125. En un Apéndice a los vv. 51b-58, Godet sugiere que el partimiento del pan en la institución de la Cena del Señor equivale a decir que "el *cuerpo* de Cristo es un *organismo* (σῶμα) roto. En el discurso en Capernaum donde el tema gira en torno a la *alimentación*, Jesús se ve obligado a presentar su cuerpo como una *sustancia* (σάρξ) en vez de como un organismo. La perfecta adecuación de estos términos muestra la originalidad, autenticidad y validez de ambas formas" (II, p. 41).

convencido de que no es el tema principal de estos versículos. Creo que es mejor entender que hablan, ante todo, de la apropiación de Cristo[128].

52 Es normal que los judíos estén perplejos, ya que las palabras de Jesús no son fáciles de entender. "Contendían entre sí"[129] no es, quizá, la reacción que esperábamos. Eso quiere decir que algunos estaban a favor de Jesús, aunque por lo que veremos a continuación, debían de ser los menos. La pregunta que hacen nos muestra que no comprendían lo que significaba que Jesús les diera a comer su carne. Se preguntan cómo puede eso llevarse a la práctica[130]. En cuanto al patrón de las malinterpretaciones de los judíos, ver el comentario de 2:20.

53 Jesús no cambia ni un ápice su declaración anterior. De nuevo, empieza su respuesta con el solemne "En verdad, en verdad os digo"

---

[128] Cf. Strachan: "Aunque el evangelista en los vv. 52-57 usa un lenguaje sacramental, el hincapié y la intención de su argumentación es reafirmar el tema central de este evangelio, que solo se obtiene la vida a través de la fe en el Cristo resucitado, que fue un personaje histórico". También dice: "La *carne* y la *sangre* no son referencia, primeramente, al sacramento, sino que son un llamamiento a creer en Cristo, que se hizo 'carne y sangre', es decir, que se humanó". McClymont ve que se trata de una referencia a la muerte sacrificial de Jesús, y añade: "No obstante, ir más allá, y aplicar el pasaje exclusivamente al Sacramento de la Cena del Señor es salirse de lo que aparecen en el discurso o de las circunstancias en las que éste se inscribe, aunque también es verdad que en la Cena el Señor tenemos una representación simbólica del 'comer' y del 'beber' que aquí se describe". San Agustín sostiene que el Señor, "cuando habló de la carne y de la bebida, se refería a la comunión entre su propio cuerpo y miembros, que es la santa Iglesia, que está formada por los santos y creyentes predestinados, llamados, justificados y glorificados". También: "Comer de esa carne y beber de esa bebida significa que la persona mora en Cristo, y Cristo mora en la persona" (26.15, 18; p. 173). Jonson dice que la teoría que ve aquí la Eucaristía, en vez de en 13:1s. es "extremadamente rara" (p. 28). Los que aplican estas palabras a la Eucaristía a veces dicen que esta sección no es parte del discurso, sino que se trata de una interpolación. Ver J. Jeremias, *The Eucharistic Words*, p. 73.

[129] ἐμάχοντο. El verbo se ha usado también para una pelea (Hechos 7:26), y en 2 Ti. 2:24 se traduce como "rencilla". *Berkeley* y Moffatt traducen "disputa", Weymouth, "Estas palabras suscitaron un debate encendido", y Bruce, "suscitaron una discusión acalorada".

[130] También les preocupa la persona. οὗτος suele usarse en un sentido bastante despectivo. Todo lo contrario. Hay un fuerte contraste entre esa palabra y ἡμῖν. Bailey no cree que entendieran las palabras de Jesús de forma literal; "En nuestro lenguaje, quieren decir '¿cómo puede un ser humano pasar a formar parte de otro ser humano?'". Es algo muy difícil de aceptar. Lo más probable es que pensaran que debían interpretar aquellas palabras literalmente, y entonces no entendían cómo podían llevarse a cabo en la práctica.

(esta es la cuarta vez que aparece en este capítulo; ver los vv. 26, 32, 47 y la nota del comentario de 1:51). Por tanto, lo que va a decir es importante y deliberado; quiere que no quede ni una duda al respecto. Así, repite lo que ya ha dicho, y añade algo. Ya ha hablado de comer el pan que es Él mismo, y de dar su carne. Ahora habla de forma explícita de comer su carne, y añade la idea de beber su sangre,[131] lo que resultaría extremadamente repugnante, ya que los judíos tenían prohibido comer carne con su sangre (Gn. 9:4, etc.)[132]. Tanto "coméis" como "bebéis" son aoristos, reflejando que se trata de una acción única e irrepetible, lo que no encajaría con el sacramento. Y estas acciones irrepetibles de "comer" y "beber" son imprescindibles para alcanzar la vida eterna. Los que no comen ni beben de la manera que Jesús ha descrito no tienen vida. Parece ser, pues, que comer la carne y beber la sangre de Cristo es la forma gráfica de decir que la gente debe llevar a Cristo en lo más profundo de su ser. Además, vemos que hay una referencia a la muerte de Cristo, como ocurría en el v. 51. Separar la carne de la sangre lleva a la muerte[133]. Estas palabras son, pues, una

---

[131] Temple cree que "La sangre es la vida; especialmente la vida liberada por la muerte que puede ser ofrecida a Dios (...) Sangre (...) cuando se derrama, es la vida liberada por la muerte y dada a Dios". Algunos intentan defender este posicionamiento, pero no aportan ninguna evidencia. Es verdad que algunos pasajes asocian la sangre con la vida, por ejemplo, Gn. 9:4-5; Lev. 17:11, 14; Dt. 12:23 (aunque no es verdad, como Temple pretende, que hay "muchos pasajes similares", al menos en el Antiguo Testamento). También es verdad que muchos pueblos primitivos tienen un respeto supersticioso por la sangre. Pero este es un fundamento poco sólido sobre el que construir una teoría, como hacen autores como S.C. Gayford, *Sacrifice and Priesthood* (London, 1924), o F.C.N. Hicks, *the Fullness of Sacrifice* (Londres, 1930). Un análisis detallado de las evidencias bíblicas muestra claramente que "la sangre" apunta a una muerte violenta, y no a una liberación de la vida. Ver A.M. Stibbs, *The Meaning of the Word 'Blood' in Scripture* (Londres y Grand Rapids, n.d.), cap. 3 (que recoge material que aparece en mi artículo "The Biblical Use of the Term 'Blood'", en *JThS*, n.s. III [1952], pp. 216-27; VI [1955], pp. 77-82). Es interesante ver que, mientras Temple cree que la sangre es una referencia a la vida, y la carne, una referencia a la muerte, McClymont revierte esos significados.

[132] No es muy normal en la literatura judía encontrar referencias a la acción de beber sangre. Josefo dice en una ocasión: "aún era posible alimentarse de las miserias públicas y de beber de la sangre viva de la ciudad" (*G.*. 5.344). Pero esto no aporta nada al pasaje que estamos tratando.

[133] Cf. Dodd: "la expresión δοῦναι τὴν σάρκα, aunque se tome de una manera muy figurada, siempre apuntará a la idea de la muerte. Y la expresión πίνειν τὸ αἷμα, de nuevo, siempre apuntará a la idea de sangre derramada, es decir, muerte violenta. Con estos términos tan velados y opacos, el evangelista nos dice que Cristo se convierte en el pan de vida para el mundo a través de su muerte" (*IFG*, p. 339). Cita a Wettstein, *Ubi sanguinis a carne separati fit mentio, violenta morte mortuus intelligitur.*

críptica alusión a la muerte propiciatoria de Jesús, junto con un desafío a entrar en una relación íntima con Él[134]. Tienen que interpretarse a la luz del versículo 47.

54 Lo que se ha dicho de forma negativa aparece ahora de forma afirmativa, como ya hemos visto tantas veces en versículos anteriores. Todo aquel que coma la carne de Cristo y beba su sangre tiene vida eterna,[135] y Cristo le resucitará en el día final. La palabra original que aquí traducimos como "come" es diferente[136] a la que se ha venido usando, y este nuevo término vuelve a aparecer en los vv. 56, 57, 58; en el resto del Nuevo Testamento solo aparecen en Jn. 13:18, y en Mt. 24:38. Equivaldría a "masticar" o "crujir", comer haciendo ruido. A veces también recoge la idea de alegría, disfrute (como en Mt. 24:38). Es extraño que en este contexto se use esta palabra, y subraya la idea de que "comer de Cristo" es algo real. Algunos creen que se refiere a comer de forma literal y, por tanto, al sacramento. Pero tal conclusión no tiene mucha lógica. No pueden decir: "El verbo se usa en el sentido literal. Por lo que comer la carne de Cristo quiere decir comer el pan de la Santa Cena"[137]. "Comer" siempre lleva consigo un significado simbólico, y lo mejor es entenderlo, como vimos en la referencia anterior, en el sentido de "recibir a Cristo". Es interesante ver lo mucho que se menciona que Cristo resucitará al creyente en el Día Final. Puede que la vida eterna signifique mucho más que entrar en la Era por

---

[134] Cf. Westcott: "'Comer' y 'beber' es tomar para sí mismo una acción voluntaria que es exterior a uno mismo, y asimilarla y hacerla propia. Es lo mismo que la fe vista al revés. La fe acerca al creyente al objeto en el que cree; esta comida y bebida espiritual acerca el objeto al creyente". El midrash de Ecl. 2:24, "Nada hay mejor para el hombre que comer y beber", dice "Todas las referencias a la comida y a la bebida de este Libro son la Torá y las buenas obras" (Soncino edn., p. 71; también de Ecl. 8:15).

[135] Cf. las declaraciones de San Agustín, citadas en la nota al pie núm. 128 más arriba.

[136] El tiempo verbal también es diferente. El presente ὁ τρώγων habla de una apropiación continuada. Ciertamente, Ryle cree que esa es concretamente la función del verbo. Cita a Leigh, quien dice que la palabra "denota una continuidad en el comer, del mismo modo que las bestias del campo se pasan todo el día y parte de la noche comiendo" y añade, "nuestro Señor quería decir que teníamos que acostumbrarnos a alimentarnos de Él todo el día mediante la fe. No se refería a comer de forma ocasional algo material en el marco de una ordenanza".

[137] Vemos que τρώγω no difiere mucho de ἐσθίω porque, al hablar de la generación de Noé Mateo usa el primer término (Mt. 24:38) y Lucas, el segundo (Lc. 17:27). De igual modo, cuando Juan 13:18 cita el Salmo 41:9 encontramos τρώγω, pero en la Septuaginta leemos ἐσθίω.

venir, pero lo que está claro es que la vida será un elemento prominente de esa era.

55 Otras cosas de las que se ha estado hablando no son comida verdadera. Jesús ya ha dicho que los padres comieron maná en el desierto y, llegado su momento, murieron (v. 49). Aquellos judíos no sabían lo que era el pan verdadero. Aunque habían visto las señales que Cristo hacía, aún buscaban su sustento fuera de Él. Esta declaración es única: la verdadera comida y la verdadera bebida para nuestras necesidades más profundas las hallamos en Cristo; y una declaración así implica que Él es el *único* en quien podemos hallarlas.

56 Aquí se subraya la estrecha relación que hay entre la comunión con Cristo y comer su carne y beber su sangre, ya que Jesús da lo que casi constituye una definición de comer su carne y beber su sangre. El que así hace, "permanece" (el tiempo verbal es continuo; denota más que una relación pasajera) en Cristo. Jesús está hablando de una relación lo más íntima posible: el que come permanece en Cristo y Cristo permanece en el que come. El concepto "permanecer" es muy importante en este evangelio de Juan. Nos recuerda que el creyente no entra en un estado temporal, sino en estado permanente, cuya característica principal es la relación con el Señor.

57 Jesús vuelve a sacar el tema de su misión: ha sido enviado por el "Padre que vive", este sintagma subraya la cualidad activa de la vida, que es inherente al Padre. "Por" tiene dos significados[138], y probablemente Juan tenía ambos en mente. En primer lugar, la vida del Hijo depende de la del Padre (viene a decir lo mismo que 5:26): el Hijo, fuera del Padre, no tiene vida. Y, en segundo lugar, el Hijo vive para el Padre. Para hacer, en su propia carne, la voluntad del Padre (4:34). Tenemos aquí una analogía que nos sirve para medir el efecto de "comer a Cristo". Nótese que ya no habla de comer la carne ni beber la sangre, sino que ya solo habla de "comer". El tiempo verbal que usa es continuo. Con estas últimas palabras vemos de forma clara que la metáfora de "comer" y "beber" hace referencia a dejar que Cristo entre en

---

[138] En griego es διὰ τὸν πατέρα. Muchos mencionan las palabras de Alejandro cuando dijo que le debía la vida a su padre, y la buena vida a Aristóteles. δι' ἐκεῖνον μὲν ζῶν, διὰ τοῦτον δὲ καλῶς ζῶν (Plut. *Vit. Alex.* 8).

nosotros[139]. Cualquier persona[140] que reciba a Cristo de esta forma tendrá la vida que viene única y exclusivamente de Cristo. Y esa persona vivirá única y exclusivamente para Cristo; ese será el sentido de su vida. Nótese que Cristo es el único que tiene acceso directo al Padre. Los creyentes reciben la vida solo a través de Cristo.

58 Repite la idea de los versículos 49-50. Los judíos habían expresado el respeto que tenían por el maná, y le habían pedido a Jesús que les diera maná. Ahora, Jesús les recuerda que, aunque el maná fue algo maravilloso, no tenía el poder de dar vida. Los que lo comieron, murieron cuando llegó su hora. Pero el pan del que ha estado hablando, el pan que verdaderamente descendió del Cielo[141], es diferente. El que come de este pan, no morirá. Esa persona pasará por la puerta de la muerte, pero vivirá eternamente. Puede que el singular "el que come", en contraste con el plural "nuestros padres" sea significativo. Durante todo el discurso, para hablar de la persona que tiene una relación con Jesús, se suele usar el singular. La fe tiene que ser personal. En este caso, ser miembro de un grupo no significa nada.

59 Juan añade una nota, situando el discurso que ha recogido; tuvo lugar "en la sinagoga" (cf. nuestro "en la iglesia"), cuando Jesús enseñaba en Capernaum. En griego, "sinagoga" no va precedida de ningún artículo, por lo que entendemos que no solo se refiere al edificio, sino a una asamblea que se reunía para adorar.

---

[139] "El que come mi carne y bebe mi sangre" aparece tanto en el v. 54, como en el 56. Pero ahora tenemos "el que me come". De nuevo nos encontramos con el recurso de la repetición, pero Juan se toma la licencia [y a la vez recurso] de introducir una pequeña variación, aunque parezca que el significado no cambia mucho (ver el comentario de 3:5). Cuando leemos "comer la carne y beber la sangre", parece que no hay muchas más posibilidades de interpretación: solo puede entenderse en el sentido de "el que me come". En cuanto al sentido, Strachan cita del Talmud (*Sanh.* 99a) un dicho que habla de "comer" al Mesías. La traducción de Soncino (p. 699) opta por el verbo "disfrutar", que debe ser el verdadero sentido del pasaje.

[140] κακεῖνος es enfático.

[141] Esta es la décima referencia que aparece en este capítulo a "bajar del cielo". En las otras nueve ocasiones, οὐρανοῦ va precedido del mismo artículo. Aquí no hay ningún artículo, pero parece ser que el significado es el mismo.

7. Palabras que son Espíritu y Vida (6:60-66)

60 Por eso muchos de sus discípulos, cuando oyeron [esto,] dijeron: Dura es esta declaración; ¿quién puede escucharla? 61 Pero Jesús, sabiendo en su interior que sus discípulos murmuraban por esto, les dijo: ¿Esto os escandaliza? 62 ¿Pues [qué] si vierais al Hijo del Hombre ascender adonde antes estaba? 63 El Espíritu es el que da vida; la carne para nada aprovecha; las palabras que yo os he hablado son espíritu^a y son vida. 64 Pero hay algunos de vosotros que no creéis. Porque Jesús sabía desde el principio quiénes eran los que no creían, y quién era el que le iba a traicionar. 65 Y decía: Por eso os he dicho que nadie puede venir a mí si no se lo ha concedido el Padre. 66 Como resultado de esto muchos de sus discípulos se apartaron y ya no andaban con Él.

a. *63 O Espíritu*

Durante la primera parte del ministerio de Jesús, las multitudes se agolpaban a su alrededor. Muchos decían seguirle, y algunos lo hacían de forma comprometida, y otros de forma interesada. Pero llegó el tiempo en el que Jesús probó la lealtad de la gente. Jesús habló claramente sobre su identidad. Y poco a poco se fue viendo quiénes eran sus verdaderos seguidores. En esta sección vemos parte de este proceso. Hasta ahora uno de los temas principales ha sido el testimonio. Se ha dado testimonio de Cristo de diversas maneras, y muchos se han acercado para escucharle. Pero este último discurso, de forma poco agradable, ha puesto de manifiesto que Jesús no es simplemente un rabí más. Según lo que ha dicho de sí mismo y de sus seguidores, ya no es posible seguirle de forma irreflexiva y sin comprometerse. Así que Juan nos cuenta la reacción, no de sus enemigos, sino de los que decían ser sus seguidores, sus discípulos (v. 60), y los doce (v. 67).

60 En cuanto a la expresión "sus discípulos", ver el comentario de 2:2; se refiere a un círculo más amplio que el de los doce. Describe a muchos que seguían a Jesús de una forma menos comprometida, pero tampoco se detiene demasiado en las implicaciones de su acción. "Dura" quiere decir que costaba aceptar aquellas palabras, y no tanto que costaba entenderlas.[1] [42]

---

[142] σκληρός deriva de σκέλλω, "secar". Significa "duro al tacto", "áspero". En la Biblia este término se usa metafóricamente para describir la angustia de Abraham

"Escucharla" quiere decir "escucharla y aceptarla", "hacerla suya" (ver el comentario de 5:25)[143]. Seguro que los discípulos pensaron que aquellas eran unas palabras muy extrañas. Pero lo que les molestaba era lo que habían entendido, y no la parte más misteriosa[144].

61 Aquí tenemos otra demostración del conocimiento sobrenatural de Jesús (ver el comentario de 2:24 y 4:18). Jesús sabía lo que estaban pensando sus discípulos. Antes, los que murmuraban eran los enemigos de Jesús, los judíos (v. 41); pero ahora son sus propios seguidores. No les ha gustado lo que Jesús ha dicho. Por tanto, Él les pregunta: "¿Esto os escandaliza?"[145]. Con estas palabras Jesús demuestra que de verdad sabía lo que estaba pasando por las mentes de aquellos hombres.

62 Esta frase está inacabada, y no es nada fácil averiguar cómo debía seguir. Una posibilidad sería: "Si veis al Hijo del hombre ascender a donde antes estaba, ¿no os convenceréis?", o ¿no estaríais entonces más ofendidos?". En la primera posibilidad, ver la ascensión les convencería. Al ver ascender a Cristo, sabrían que el "comer" y el "beber" eran fenómenos espirituales, que debían ser interpretados a la luz del carácter celestial de Jesús. Pero ante esta explicación, algunos se oponen porque Juan no recoge el relato de la ascensión (aunque sí la menciona, 20:17). Además, en Lucas vemos que cuando Jesús ascendió a los cielos hubo muy pocos testigos presenciales. Es decir, que el objetivo de la ascensión no era que muchos pudieran verla y así, llegar a entender quién

---

cuando tuvo que expulsar a Agar (Gn. 21:11), a gente (Mt. 25:24), y cosas, incluso los "fuertes vientos" de Santiago 3:4, y que "dura cosa le era a Saulo de Tarso dar coces contra el aguijón" (Hch. 26:14). Aquí, (como en Judas 15), el significado viene a ser "algo ofensivo". Calvino comenta: "la dureza estaba en sus corazones, y no en las palabras de Jesús".

[143] αὐτοῦ, yo he interpretado que se refiere a las palabras de Jesús. Pero podría referirse a Jesús mismo: "¿quién puede escucharle?".

[144] Barclay comenta: "Esta es una verdad que se repite en todas las épocas. Otra vez, lo que frena a la gente a no aceptar el cristianismo no es la dificultad intelectual del mensaje cristiano, sino las altas exigencias morales de Cristo. Sí que es verdad que la religión tiene parte de misterio. Pero "la mayoría de rechazos vienen, no porque la gente no pueda con su intelecto comprender a Cristo, sino porque Cristo la desafía y condena su estilo de vida".

[145] σκανδαλίζει. El σκάνδαλον era el palo con un cebo que hacía que la trampa preparada para cazar se cerrara cuando un animal o pájaro lo tocaba. Se usaba también de forma metafórica, como aquí, donde quiere decir "encontrarse en una dificultad". Mateo y Marcos lo usan bastante, pero en este evangelio solo aparece aquí y en 16:1.

era Jesús, y ser consolados. La otra teoría dice que la "ascensión" no se puede separar del acontecimiento de la cruz. La anterior referencia a la ascensión de Cristo (3:13), acabó con otra referencia a "ser levantado en la cruz". Según los que defienden esta teoría, la ascensión es la culminación de una serie de acontecimientos que comenzó con la crucifixión. Si a la gente ya le costaba aceptar aquel discurso, ¡mucho más les iba a costar aceptar la cruz! La cruz significaba derrota, como descender al Seol. Pero, en realidad, la cruz significa victoria, el primero de una serie de acontecimientos que iban a llevar a Cristo de vuelta con el Padre. Otra de las dificultades interpretativas está en la palabra "ascender"[146], y la referencia que habrá más adelante (20:17) a la ascensión, como algo que seguía inmediatamente después de la cruz. Ninguna de las dos teorías son convincentes, y puede que nos convenga tener las dos en mente. El hecho de que Jesús utilice una pregunta nos lleva a pensar que les está probando[147], refiriéndose a la cruz. Pero es imposible que solo se esté refiriendo a la cruz. La crucifixión, la resurrección y la ascensión forman una secuencia indivisible. Una lleva necesariamente a la otra. Y lo que para aquellas mentes obtusas era un obstáculo, para el creyente es el más profundo consuelo y la mayor seguridad[148]. "Donde antes estaba" apunta a la preexistencia de Cristo. Es la misma persona que estaba con el Padre, que se encarnó, y que, en breve, iba a volver al lugar de donde había venido.

---

[146] En el resto de Nuevo Testamento ἀναβαίνω nunca se usa para la crucifixión. Bernard rechaza esta teoría. Dice que el uso de este verbo "es una buena ilustración de la forma en la que Juan escribía: tanto aquí como en 20:17 introduce una alusión a la ascensión de Cristo, aunque en ningún momento dice explícitamente que ésta tuvo lugar".

[147] Algunos dicen que otro elemento que apoya esta teoría es el uso de οὖν, "pues". Si Jesús estuviera hablando de algo que les iba a consolar, y no de algo que les iba a ofender, lo más normal es que hubiera usado "pero". οὖν aparece en este evangelio con bastante frecuencia, pero raramente en palabras de Jesús. Abbott recoge que de 195 veces que aparece οὖν en este evangelio, en boca de Jesús solo lo encontramos 8 veces (2191). Podríamos pensar que el hecho de que aparezca tan pocas veces en boca de Jesús es significativo. El significado sería: "¿Estáis escandalizados? La consecuencia lógica e inevitable es...".

[148] Cf. Westcott: "Parece que el Señor les está diciendo que se preocupan por palabras que no se pueden interpretar según las leyes de la materia. Entonces, ¿cómo se enfrentarán a la última revelación de la Ascensión, cuándo verán cómo la parte humana es transfigurada y elevada traspasando las condiciones de la vida física y terrenal? Esta será la prueba más severa y la recompensa más grande de la fe".

63 Este versículo es bastante complejo. Nos presenta un contraste entre "el Espíritu" que "da vida"[149], y la "carne" que "para nada aprovecha"[150]. La antítesis entre la carne y el espíritu hace que pensemos que se está refiriendo al espíritu del ser humano. Sin embargo, sabemos que el espíritu del ser humano no da vida. Eso es lo que habíamos encontrado en el contraste que Juan que ya había establecido entre la carne y el espíritu en 3:6 (cf. también la referencia al Espíritu en el discurso sobre el agua viva del cap. 4 y de 7:38-39). Probablemente también hay un contraste entre la letra y el Espíritu (como en 2 Co. 3:6). Analizar las palabras de Jesús de forma literal[151], con la mentalidad de la carne, no les iba a llevar a una interpretación correcta. Ese privilegio solo lo alcanza la gente que se acerca a las palabras de Jesús con una comprensión espiritual. "La carne" no puede discernir las misteriosas declaraciones de Jesús ("la carne"; ver el comentario de 3:6). En este evangelio, esta palabra también se usa en sentido positivo; después de todo, el Verbo se hizo carne (1:14), y en este capítulo, tenemos varias referencias a la carne de Jesús. Pero, en este versículo lo que se destaca son las limitaciones de la vida en la carne. Aquellos que solo se preocupan por las cosas materiales y del presente no pueden comprender la enseñanza de Jesús. Aquellos cuyo horizonte acaba con las cosas de esta tierra, se privan de las enseñanzas de Jesús y la vida que llevan que "para nada les aprovecha". La única forma de entender esas palabras es dejando que el Espíritu que da vida nos guíe e ilumine. Y eso no solo vale para poder entender este discurso. Durante toda su enseñanza Jesús le da mucha importancia al Espíritu, aunque la mención específica y explícita del Espíritu no sea muy frecuente. A Jesús no le interesa el bien que la gente pueda hacer a través de sus esfuerzos en la carne, a través de su naturaleza terrenal. Toda su enseñanza presu-

---

[149] ζωοποιέω aparece en 5:21, siete veces en Pablo, y una en 1ª Pedro. Los textos más interesantes son 1 Co. 15:45, ἐγένετο ... ὁ ἔσχατος Ἀδὰμ εἰς πνεῦμα ζωοποιοῦν, y 2 Co. 3:6, τὸ γὰρ γράμμα ἀποκτείνει τὸ δὲ Πνεῦμα ζωοποιεῖ. Deberíamos contrastar esta insistencia neotestamentaria en que la vida viene del Padre o del Hijo (Jn. 5:21) o del Espíritu (este versículo) con la perspectiva rabínica: "Grande es la Ley, ya que da vida a todos los que la cumplen tanto en esta vida como en el mundo venidero" ('Ab. 6:7). Pero no hay ley que pueda dar vida. El único que puede hacerlo es el Espíritu.
[150] "De nada aprovecha" es una doble negación enfática: οὐκ ὠφελεῖ οὐδέν
[151] ῥῆμα siempre se usa en este evangelio en la forma plural, y siempre se refiere a las palabras de Dios o de Cristo. λόγος (que se usa en el v. 60) aparecen, normalmente, en singular (plural en 7:40; 10:19; 14:24; 19:13); en cuanto a este término ver Nota Adicional A.

pone que es necesario que el Espíritu de Dios actúe en nosotros. Jesús relaciona sus palabras con el espíritu y con la vida[152]. Eso no quiere decir que deberíamos caer en una interpretación totalmente alegórica. Sin embargo, quiere decir que las palabras de Jesús son sentencias creadoras (cf. las palabras de Dios en Gn. 1). No solo hablan de vida, sino que dan vida (cf. 5:24). Aquí vemos que hay una relación entre la vida y las palabras de Cristo, mientras que anteriormente en este mismo capítulo habíamos visto que la vida venía por el "comer la carne" y "beber la sangre". No estamos ante una contradicción, ya que no podemos separar las palabras de Cristo de las obras de Cristo[153]. Sus palabras apuntan a su obra en el Calvario, a través de la cual puede dar vida a los creyentes. Así que aquellas palabras y la obra suprema que acabamos de mencionar son unas.

64 A pesar de que las palabras de Jesús poseen la capacidad de dar vida, algunas personas no las aceptan (ni tampoco le aceptan a Él). Al contrario de lo que se esperaba (la palabra original equivalente a "pero" es una conjunción fuertemente adversativa)[154], algunos de sus oyentes – aunque eran, en cierto sentido, discípulos suyos – no creen (ver la Nota Adicional E); en los versículos 64 y 65, igual que en el versículo 35, "creer en Jesús" y "venir a Jesús" son expresiones paralelas. Las verdades de las que Jesús ha estado hablando solo están al alcance del que tiene fe. Alguien como Judas no puede comprenderlas. La sabiduría humana no puede llevar a comprenderlas, porque solo aquellos en quien Dios obra viven a Cristo. Juan usa este momento como una oportunidad para decirnos que Jesús sabía quiénes iban a creer y quiénes no iban a creer. Y no solo lo sabía por ser un buen observador, sino que lo sabía desde el principio[155]. Curiosamente, Juan menciona que Jesús también

---

[152] La repetición de ἐστιν en la expresión πνεῦμά ἐστιν καὶ ζωή ἐστιν significa que πνεῦμα y ζωή son dos cosas diferentes. También se hace cierto énfasis en el verbo: "*son* espíritu, y *son* vida".

[153] Cf. Lightfoot, "La obra del Señor y la palabra del Señor son una misma cosa; y el discípulo creyente debe aceptar y asimilar ambas por igual".

[154] ἀλλ' (NVI traduce "Con todo"). Ver el comentario de 1:8.

[155] En el resto del Nuevo Testamento ἐξ ἀρχῆς solo aparece un vez más: 16:4. Pero no parece que Juan haga mucha diferencia entre ἐκ y ἀπό, por lo que deberíamos fijarnos en que ἀπ' ἀρχῆς aparece en 8:44; 15:27 y con mucha frecuencia en 1ª Juan. Puede que la expresión de este versículo signifique "desde el primer momento en el que profesaron ser discípulos", aunque teniendo en cuenta la marcada tendencia predestinadora de este evangelio, sería posible que esto fuera un reflejo de la idea de

sabía que Judas era el que le iba[156] a traicionar[157]. Quizá esto se deba a la combinación del conocimiento sobrenatural de Jesús y la referencia a la Pasión que se desvela en el discurso anterior (v. 51). Coincide con el retrato joánico de Jesús, que iba avanzando en su camino completamente consciente de lo que le iba a ocurrir, y que Dios había predestinado que muriera en la cruz.

65 Vuelve a aparecer la idea de la predestinación. Juan conoce tanto la acción divina (v. 44) como la respuesta humana (que se ve reflejada en el verbo "creer"); aquí subraya el elemento divino. Jesús ya les ha dicho a sus oyentes que la única forma de acercarse a Él es que sea el Padre mismo el que les traiga (v. 44). Ahora[158] les explica que les dijo aquellas palabras para que cuando alguien no crea, no se sorprendan. Aparte del milagro divino, habrá algunos que respondan con incredulidad. Es imposible que alguien se acerque a Cristo a no ser que el Padre le dé la Gracia necesaria. Cuando se les da a escoger, los pecadores siempre optan por el pecado. La conversión siempre es obra de la Gracia.

66 "Como resultado de esto"[159] se puede traducir también como "A partir de ese momento", o probablemente Juan tuviera en mente los dos

---

que el conocimiento se remonta al propósito eterno de Dios (cf. 1:1). El cuanto al conocimiento de Jesús, ver el comentario de 4:18, y en cuanto al uso de οἶδα y γινώσκω, ver el de 2:24.

[156] τίς ἐστιν aparece en la mayoría de manuscritos, pero G.D. Kilpatrick señala en un comunicado privado que en p⁶⁶ ℵ *a e q* aparece τίς ἦν, y sugiere que éste se trata de una construcción poco frecuente (que también recoge Goodwin y ocasionalmente se encuentra en los clásicos y en algunos otros autores) en la que el imperfecto sustituye al presente del estilo directo. Así, τίς ἐστιν es una corrección de la construcción más habitual.

[157] Al hablar de la traición de Jesús, παραδίδωμι se usa de diversas formas. Aquí se menciona como responsable a Judas, pero también fue entregado por la nación judía y sus sacerdotes (18:35), Pilato (19:16), nuestros pecados (Ro. 4:25), y por el Padre (Ro. 8:32). En el más conmovedor de los pasajes, se dice que Cristo se entregó a sí mismo (Gá. 2:20). ὁ παραδώσων es el único ejemplo en Juan en el que vemos un participio futuro acompañado de un artículo (Abbott, 2510, citando a Bruder).

[158] Si el hecho de que use el tiempo imperfecto (ἔλεγεν) es significativo, el significado será que Jesús repetía una y otra vez. Barclay traduce: "Por eso os he dicho una y otra vez...".

[159] ἐκ τούτου. "Como resultado de esto" es bastante ambiguo. Puede referirse a las palabras del versículo anterior (se apartaron porque el Padre no les había llevado a Cristo), o a todo el discurso (se apartaron en consecuencia de las "duras" palabras de Jesús).

significados. Muchos de "sus discípulos" se apartaron, no solo de la sinagoga donde Jesús había estado predicando, sino de todo lo que suponía el discipulado[160]. Los acontecimientos de este capítulo habían dejado muy claro que seguir a Jesús era muy diferente al concepto de seguimiento que ellos se habían formado. No hay nada que nos dé una idea clara de las opiniones de aquellos "discípulos", pero lo más probable es que estuvieran interesados en un reino mesiánico que coincidía con las expectativas de la mayoría de los judíos. En cambio, se les invitaba a creer, a recibir a Cristo, a comer su carne y a beber su sangre, a entrar en la vida eterna que Él proclamaba. Era demasiado para ellos. Rechazaron estas palabras de vida. Se apartaron. "Andaban" refleja, en cierto sentido, el carácter itinerante del ministerio de Jesús.

M. LA CONFESIÓN DE PEDRO (6:67-71)

67 Entonces Jesús dijo a los doce: ¿Acaso queréis vosotros iros también? 68 Simón Pedro le respondió: Señor, ¿a quién iremos? Tú tienes palabras de vida eterna. 69 Y nosotros hemos creído y conocido que Tú eres el Santo de Dios. 70 Jesús les respondió: ¿No os escogí yo a vosotros, los doce, y [sin embargo] uno de vosotros es un diablo? 71 Y Él se refería a Judas, [hijo] de Simón Iscariote, porque éste, uno de los doce, le iba a entregar.

Con esta sección, Juan finalizará el relato del ministerio de Jesús en Galilea; a partir de ahora su actuación se centrará en Judea. Este pasaje es de enorme importancia. Llegado este punto, este evangelio ya se ha hecho eco de los reclamos de Jesús, los cuales dejan bastante claro que no se trata de un profeta cualquiera. El evangelista ha ido perfilando tanto la identidad de Jesús como la de sus seguidores, y el dibujo es ahora bastante claro. Al principio la gente se agolpaba alrededor de Él (2:23). Pero Él eligió marcharse de Judea porque mucha gente se quería unir a Él y a su pequeño séquito (4:1-3). La gente había pensado que se iba a convertir en la cabeza de un movimiento popular. Pero poco a poco la multitud se fue dando cuenta de que Jesús

---

[160] ἀπῆλθον εἰς τὰ ὀπίσω, "se apartaron y volvieron a lo que habían dejado atrás". Godet cree que en estas palabras "hay más que una simple deserción; hablan de que aquella gente volvió a sus ocupaciones, las cuales habían abandonado para seguir al Señor".

representaba algo que no era tan atractivo, que no coincidía con sus expectativas. Las secciones que preceden a este capítulo muestran cómo muchos se apartaron de Jesús, primero las multitudes, y luego, algunos de sus discípulos. Ahora llega la gran prueba. ¿Qué iban a hacer los doce? Pedro se convierte en el portavoz del grupo, alzando una magnífica declaración de lealtad y aceptación. Este pasaje es paralelo al episodio sinóptico de Cesarea de Filipos que encontramos en Mt. 16:13s[161]. Pero Juan añade algo más: Jesús sabía lo que Judas iba a

---

[161] Suele decirse que la narrativa de Juan no es más que una variante del episodio sinóptico, por ejemplo: "La confesión de Pedro en los vv. 68 y 69 es la forma en la que el cuarto evangelista relata la confesión del Apóstol en Cesarea de Filipos que aparece en los Sinópticos (...) El evangelista cree que este es un punto climático, así que decide sacar el episodio de la confesión de su contexto histórico y lo sitúa aquí para contrastarlo con la negación que está creciendo en el corazón de Judas" (Wright). Las dos razones principales que nos llevan a pensar así (aparte de las suposiciones sobre el propio método del evangelista) son las siguientes: el contexto y la naturaleza de la confesión. En Mateo y Marcos el incidente ocurre poco después de la alimentación de los cinco mil, y en Lucas aparece inmediatamente después de dicho milagro. La misma naturaleza de la confesión apuntaría a que solo fue pronunciada en una ocasión. Pero hay algunos elementos que nos impiden hacer esa asociación. (i) En primer lugar, ocurren en lugares diferentes. En los Sinópticos se hace referencia a la vecindad de Cesarea de Filipos, y Juan, a una localidad en Capernaum. (ii) En segundo, el acercamiento de Jesús también es diferente. En los Sinópticos, Jesús le pregunta a Pedro sobre qué opina de la identidad de su maestro, y en Juan, Jesús les pregunta a sus discípulos si ellos también quieren abandonarlo. (iii) Las circunstancias también son diferentes. En los Sinópticos vemos que los de fuera veneran a Jesús, aunque no acaben que entender quién es. Pero en Juan, los de fuera se oponen a Jesús, y también le han abandonado muchos de sus discípulos. En los Sinópticos parece que hay una comprensión más completa de la identidad de Jesús. En Juan no se plantea tanto la identidad de Jesús, sino más bien el seguimiento o la deserción. (iv) La confesión es diferente. En los Sinópticos, el orden de las palabras es diferente, pero, de una forma o de otra, éstas siempre están relacionadas con "Cristo": "Tú eres el Cristo" (Mr. 8:29), "El Cristo de Dios" (Lc. 9:20), "Tú eres el Cristo, el Hijo del Dios viviente" (Mt. 16:16). En Juan, Pedro dice: "Señor, ¿a quién iremos? Tú tienes palabras de vida eterna. Y nosotros hemos creído y conocido que Tú eres el Santo de Dios". Hay bastantes diferencias. Aunque ambas proceden del mismo período, las evidencias parecen sugerir que se trata de confesiones distintas. Murray cree que el relato de Juan "aunque es bastante similar a la confesión sinóptica, no puede ser la misma ya que es mucho más desafiante y ocurrió más adelante en el tiempo y en otro lugar diferente al que se menciona en Juan. En el Cuarto evangelio, Jesús apela a la lealtad personal de sus discípulos, la confesión es una confesión de un reconocimiento de deuda personal. El desafío aquí tiene que ver con el lugar que los discípulos están dispuestos a otorgarle a su Maestro en la búsqueda de cumplir los propósitos de Dios para la nación y para el mundo". Temple no trata esta cuestión de forma directa, pero asume que hay una diferencia. Según él, "el epíteto que Pedro usa, 'el Santo de Dios', apunta más al carácter espiritual que al estatus oficial del Mesías. Es este estatus oficial lo que más adelante se tratará en la confesión de Cesarea de Filipos". P. Gardner-Smith dice: "El único parecido es que Pedro apuesta por el Señor" (*Saint John and the Synoptic Gospels* [Cambridge, 1938], p. 36.

hacer. Jesús sabía lo que había dentro de él (2:25), incluso en el momento en el que Pedro, representando la opinión de todos los discípulos, hizo aquella increíble confesión.

67 Estamos ante un acontecimiento muy importante. La forma en la que Jesús desafía a los doce no tiene precedentes[162]. Han oído el discurso de Jesús. Han visto que muchos le han abandonado. Han visto la reacción de "los judíos". Y ahora, Jesús les pregunta a ellos: "*Vosotros* no os queréis marchar, ¿no es cierto?". Por la forma en que está hecha la pregunta, vemos que Jesús espera una repuesta negativa. Jesús espera que aquellos doce hombres vayan a serle fieles.

68-69 La pregunta está dirigida a todos los discípulos, pero no nos sorprende que Pedro haga de portavoz. En otras ocasiones también adquiere ese papel. Es impetuoso, rápido de palabra y, por lo tanto, capaz de mostrar una ineptitud increíble (por ejemplo, cuando Jesús le amonesta en Mt. 16:22). Pero también es capaz de alcanzar una lucidez brillante. Y éste es uno de esos momentos. "Señor" podría significar mucho o poco (ver el comentario de 4:1). Quizá no fuera más que una forma respetuosa de dirigirse a un maestro, pero también podría tratarse de una forma de reconocer la divinidad de Jesús. De hecho, teniendo en cuenta el contexto, diremos que lo más probable es que se tratara del segundo caso. Pedro, al preguntar a quién más van a ir[163], deja claro que no le van a abandonar. Vemos también que ha comprendido correctamente lo que Jesús dijo en el versículo 63, que "él tiene palabras[164] de vida eterna". El que ha conocido la palabra de vida de Jesús no le abandona. Cuando alguien conoce a Jesús, ya no hay nadie más que

---

[162] Juan asume que sus lectores están familiarizados con los doce, ya que, aunque esta es la primera vez que se menciona al grupo (en v. 13 de forma implícita), no explica el término. Mateo adopta el mismo procedimiento; la primera vez que menciona a los doce, lo hace sin ningún tipo de explicación (10:1). Aparte de 20:24, este es el único pasaje en el que Juan habla de los doce.

[163] La palabra "ir" que aquí se usa (ἀπέρχομαι) es la misma que aparece cuando Judas va a los sacerdotes para traicionar a Jesús en Mr. 14:10.

[164] Aunque en nuestra versión tenemos "las palabras", los mejores manuscritos no contienen el artículo. Barrett señala que "τὰ ῥήματα implique quizá una fórmula". Moulton dice: "En la exégesis, pocas cuestiones de la lengua griega requieren tanta atención como la omisión del artículo cuando el autor enfatiza la calidad o el carácter del objeto. Incluso a RV se le escapa este matiz en algunas ocasiones, como en Jn. 6:68" (M, I, p. 83).

pueda satisfacerle. Pedro continúa usando un pronombre enfático: "Y *nosotros*". No importa lo que hagan los demás. Nosotros, los doce, hemos tomado nuestra propia decisión. Los verbos, "hemos creído" y "hemos conocido" están en tiempo perfecto, y deberíamos comprender todo lo que ello supone: "hemos dado un paso de fe, y continuamos caminando por esa fe. Hemos entrado en el conocimiento, queremos retenerlo y seguir avanzando en él"[165]. "Tú" también es enfático; Pedro subraya el lugar y la identidad de Cristo. "El Santo de Dios" es una expresión poco usada para describir a Jesús; de hecho, solo se usa de esta forma en el Nuevo Testamento en una ocasión más, cuando se encuentra con el hombre con el espíritu inmundo en la sinagoga de Capernaum (Mr. 1:24; Lc. 4:34). En el Antiguo Testamento también aparece muy pocas veces (Aarón lo usa en el Salmo 106:16, y cf. "tu Santo", Sal. 16:10), pero nos recuerda al tan recurrido "el Santo de Israel". Está claro que con este título Pedro eleva a Jesús al lugar más alto. Lo asocia con Dios, y no con los hombres[166].

70-71 Jesús no se dejó llevar por el entusiasmo de Pedro. Conocía el interior del hombre. Sabía que, aunque Pedro pronunció aquellas palabras con la mejor de las intenciones, estaba exagerando sus argumentos. Jesús mismo había elegido a los doce, y de entre ellos, había uno que no solo le iba a abandonar como lo habían hecho los otros discípulos en los versículos anteriores: era "un diablo", y con el espíritu de Satanás, iba a oponerse de forma activa a todo lo que Jesús representaba. Juan añade una nota aclaratoria. Jesús se está refiriendo a Judas y, por si acaso y de forma solemne, nos facilita el nombre entero[167]. En cuanto al tér-

---

[165] Richardson dice que "uno no puede saber si va a creer o no (...) 'Saber o conocer' en el uso joánico – como en el uso bíblico en general – quiere decir entrar en una relación con alguien y tener una experiencia personal con esa persona, diferente a un mero conocimiento descriptivo; se trata de un conocimiento personal y no un conocimiento objetivo y científico" (*An Introduction to the Theology of the New Testament*, pp. 45-46). Ver más en el comentario de 2:24.

[166] Vincent Taylor cree que "aunque parece ser que esta expresión no ha sido aceptada como título mesiánico", Pedro la usa como una "designación mesiánica" (*The Names of Jesus* [Londres, 1953], p. 80). Schnackenburg comenta: "'Santo' es una expresión de la relación más íntima que se puede tener con Dios, de la participación del ser de Dios. La confesión de Pedro es, pues, la respuesta adecuada (σὺ εἶ) a la fórmula reveladora ἐγώ-εἰμι" (II, p. 77).

[167] En este versículo se nos da el nombre del padre, Simón Iscariote. Ἰσκαριώτης, que también se usa para describir a Judas en 12:4, suele aceptarse como un topónimo, que significa קְרִיּוֹת אִישׁ, "hombre de Queriot". Designaría tanto al padre como al

mino "entregar", ver el comentario del versículo 64. Aquí este verbo aparece acompañado de un auxiliar que le da un toque de veracidad[1 68]. La expresión "uno de los doce" aún subraya más el patetismo de la situación ("sin embargo" sirve para hacer más hincapié en esa idea). Vemos que ninguno de los evangelistas aprovecha la ocasión para hablar mal de Judas. Simplemente recogen la información, y dejan que ella hable por sí sola. Como mucho, como ocurre aquí, mencionan que él formaba parte del círculo de los doce, pero, de nuevo, no dicen nada y dejan que sean los lectores los que saquen sus conclusiones sobre la dimensión del crimen de Judas. Ahora bien, los cuatro evangelistas describen a Judas como el traidor desde el primer momento en que lo mencionan (Mt. 10:4; Mr. 3:19; Lc. 6:16).

---

hijo. Puede que se trate de Queriot-hezrón, que aparecen en Jos. 15:25 (en Judá) o Queriot en Moab (Jer. 48:24). Si esto es cierto, Judas sería el único de los doce que no era galileo. Schonfield y otros – citando a Josefo, *G.*. 2.3.3. – creen que probablemente el título quiere decir "uno de los sicarios" (o "asesinos"; así se llamaba a un grupo de rebeldes que odiaban a Roma y a todo aquel que simpatizara con aquel imperio que les había invadido). Pero esta teoría no cuenta con mucho apoyo. Goguel rechaza las dos teorías y dice que es imposible descubrir el verdadero significado (*The Life of Jesus* [Londres, 1958], p. 495, nota al pie núm. 1). Otras sugerencias incluyen "mentiroso", "hombre de Sicar" y "hombre que llevaba una bolsa de piel". Pero si el nombre tiene que poder aplicarse tanto al padre como al hijo, la propuesta más lógica es que el término en cuestión sea un topónimo y signifique "hombre de Queriot".

[168] ἔμελλεν. Este verbo puede denotar la realización futura de una acción, pero también recoge la idea de que algo no se puede evitar, como cuando en Mt. 17:22 se usa para reflejar la realidad y certeza de que la Pasión iba a tener lugar. Lo más probable es que aquí también tenga ese sentido.

Juan 7

N. *EL QUINTO DISCURSO – EL ESPÍRITU QUE DA VIDA (7:1-52)*

Jesús se encuentra cada vez con más oposición. Al principio, incluso parecía que, con el paso del tiempo, la gente iba a conseguir hacerle su líder. Pero los acontecimientos de los capítulos anteriores demuestran que eso no va a ocurrir. Desde este momento y hasta el final de su ministerio público, vemos que la hostilidad hacia Jesús aumenta y acaba siendo una de las características principales de esta etapa. En este capítulo y en el siguiente vemos muchos de los argumentos que los enemigos de Jesús usaban en su contra. Probablemente Juan decidió construir así la narración para probar que todas las objeciones que surgían en contra de los reclamos mesiánicos de Jesús tenían una respuesta[1].

Llegado este punto, era peligroso que Jesús fuera a Judea (v. 1), por lo cual la visita a Jerusalén durante la fiesta de los Tabernáculos debía ser planeada cuidadosamente. Se trataba de un acto de valentía y, de hecho, hubo un intento de arresto. Pero, aunque era peligroso, Jesús continuó con la misión que le había sido encomendada. Fue a Jerusalén para la fiesta, y dio una enseñanza apropiada para aquella ocasión. Desarrolla un poco más la enseñanza sobre el Espíritu. Anteriormente ya habíamos visto algunos aspectos, pero en esta ocasión Jesús deja claro que cuando el Espíritu entra en una persona, ésta recibe vida abundante. Las personas que están llenas del Espíritu solo pueden ser una bendición para la gente que les rodea.

La Fiesta de los Tabernáculos era, primeramente, una fiesta de acción de gracias por la bendición de Dios en la siega, pero también era una conmemoración de las bendiciones que el pueblo había recibido cuando vagó por el desierto, época en que Dios se había manifestado a sí mismo en el tabernáculo. Puede que sea esto exactamente lo que

---

[1] Dodd dice que en los caps. 7 y 8 encontramos un tono fuertemente polémico, en el que los enemigos de Jesús toman la palabra mucho más que en ningún otro lugar de los cuatro evangelios. Sin duda alguna, Juan utiliza este recurso para destacar la constante presión y hostilidad que Jesús tuvo que enfrentar (véase las muchas veces que se dice que la vida de Jesús estaba en peligro: 7:1, 13, 19, 25, 30, 32, 44; 8:37, 40, 59). Véase también que "El evangelista ha agrupado en esta sección la mayoría de las discusiones en torno a los reclamos mesiánicos de Jesús" (*IFG*, p. 346). El carácter mesiánico de Jesús es uno de los temas centrales de este evangelio. Esta sección demuestra que se puede responder a las objeciones que hacían los enemigos de Jesús.

le da un significado especial al hecho de que Juan recoja los incidentes que encontramos en este capítulo. Dios nunca se llegó a manifestar de forma completa, ni en el tabernáculo del desierto, ni en el templo. Dios se manifestó de forma final y perfecta en Jesús, cuyo ministerio acababa, no en el momento en el que Dios pasaba a morar en una tienda o en un templo, sino en los corazones de las personas, mediante su Espíritu.

1. Jesús y sus hermanos (7:1-9)

1 Después de esto, Jesús andaba por Galilea, pues no quería andar por Judea porque los judíos procuraban matarle. 2 Y la fiesta de los judíos, la de los Tabernáculos, estaba cerca. 3 Por eso sus hermanos le dijeron: Sal de aquí, y vete a Judea para que también tus discípulos vean las obras que tú haces. 4 Porque nadie hace nada en secreto cuando procura ser [conocido] en público. Si haces estas cosas, muéstrate al mundo. 5 Porque ni aun sus hermanos creían en Él. 6 Entonces Jesús les dijo: Mi tiempo aún no ha llegado, pero vuestro tiempo es siempre oportuno. 7 El mundo no puede odiaros a vosotros, pero a mí me odia, porque yo doy testimonio de él, que sus acciones son malas. 8 Subid vosotros a la fiesta; yo no subo a esta fiesta porque aún[a] mi tiempo no se ha cumplido. 9 Y habiéndoles dicho esto, se quedó en Galilea.

a. 8 Algunos manuscritos antiguos no contienen el adverbio *aún*

Debido al odio de sus enemigos, Jesús ya no podía moverse libremente. Tenía que tener cuidado para no correr un riesgo que entorpeciera su misión. Por eso rechazó la invitación que sus hermanos incrédulos le hacen de ir a Jerusalén para la fiesta de los Tabernáculos. Eso hubiera sido atraer los problemas. Jesús estaba dispuesto a morir cuando llegase su hora[2], pero lo que no iba a hacer era precipitar lo que estaba establecido. Siempre esperaba para actuar en el momento adecuado.

[2] Calvino nos recuerda que "su misión no era correr hacia el peligro", pero que sin embargo, "tampoco escapó de él si su misión así lo demandaba". De aquí, saca una enseñanza: "Nosotros también debemos tener cuidado y no perder el norte de nuestra vida por querer salvar la vida".

1 "Después de esto" es una marca temporal indefinida[3]. Lo cierto es que no nos informa de cuánto tiempo ha transcurrido desde el final del capítulo anterior. Sin embargo, sabemos que entre la Pascua (6:4) y la fiesta de los Tabernáculos, había un intervalo de unos seis meses. De nuevo, volvemos a ver el método joánico. No recoge ningún tipo de información de lo que ocurrió en ese período de tiempo. Su objetivo no es escribir una historia completa, sino hacer una selección para conseguir su doble propósito: demostrar que Jesús es el Mesías, y llevar a muchos a la fe. A pesar de que habían pasado varios meses, los enemigos de Jesús seguían persiguiéndole. Tanto se empeñaban en su persecución (nuestra traducción dice que "procuraban matarle"; sin embargo, el verbo aquí tiene un significado más apremiante: "buscaban en todo momento la oportunidad de matarle") que Jesús tuvo que marcharse de Judea. Es por eso por lo que *andaba* por Galilea. Este verbo indica el ministerio itinerante de un rabí que iba de un lado a otro con sus discípulos. La NVI dice que se mantenía alejado de Judea "intencionalmente", lo que indica que Él mismo decidió marcharse de Judea[4]. En cuanto al término "los judíos", ver el comentario de 1:19.

2 En Juan siempre encontramos muchas referencias a marcas temporales y a festividades; aquí tenemos ambas. La fiesta que aquí se menciona es la fiesta de los Tabernáculos, uso que también encontramos en la Misná y en otros textos[5]. El nombre "tabernáculos" viene de la

---

[3] En cuanto a μετὰ ταῦτα, ver el comentario de 2:12.

[4] Abbott indica que θέλω, junto con el infinitivo presente tanto aquí como en el v. 17 subraya la idea de continuidad: "no quería *continuar predicando* (περιπατεῖν)..."; "si alguien quiere continuar haciendo (ποιεῖν) su voluntad", mientras que el aoristo πιάσαι del v. 44 se refiere a un hecho concreto (2498).

[5] Ver *Ma'as.* 3:7; *Bikk.* 1:6, 10; *Shek.* 3:1; 6:3, etc. En la misma línea, Josefo también dice que la Fiesta de los Tabernáculos era "para los hebreos especialmente sagrada e importante" (*A.* 8.100), y también que "nosotros observamos esta festividad con mucho esmero" (15.50). La importancia de esta festividad la vemos en que se escoge como prueba en Zac. 14:16-19. La Fiesta de los Tabernáculos se celebraba cuando se había recogido toda la cosecha, no solo los cereales sino también las uvas y las olivas (Éx. 23:16 la llama la fiesta de la Cosecha al fin de año cuando recojas del campo el fruto de tu trabajo"; ver también Lev. 23:33s., 39s.; Dt. 16:13s.). También encontramos que la fiesta duraba siete días (p. ej. Lv. 23:34), y alguna referencia al octavo día (como en Lv. 23:36), de lo que concluimos que originalmente duraba siete días, y acabó añadiéndose un días más. Junto con la acción de gracias por la siega, esta fiesta conmemoraba la bondad de Dios hacia su pueblo durante los años que vagaron por el desierto. En los patios de las casas o en los tejados se construían las tiendas, o frondosas enramadas, que daban nombre a la fiesta. Plummer deja claro que esta costumbre

costumbre de construir los refugios con ramas en los que vivían durante la festividad; por eso, Goodspeed la llama "la fiesta judía del camping" (aunque esta traducción tan contemporánea no recoge el matiz de que se trataba de una festividad con un profundo significado religioso).

3-5 En cuanto a la expresión "los hermanos" de Jesús ver el comentario de 2:12; estos no creían en Él (v. 5; el tiempo imperfecto habla de una actitud, no puntual, sino continua). Pero le desafían a aparecer públicamente en la fiesta. "Para que también tus discípulos vean[6] las obras que tú haces" logra sorprendernos. Parece ser que los hermanos de Jesús le habían visto hacer milagros, y ahora querían que sus discípulos también vieran las mismas cosas. Pero no hay nada en la narración anterior que nos indique que sus hermanos hubieran visto señales que los discípulos (o algunos de ellos) no hubieran visto. Puede ser que sus hermanos estuvieran dándoselas de conocerle mejor. Puede que simplemente estuvieran siendo irónicos. Puede que se estuvieran refiriendo a discípulos en otros lugares fuera de Galilea, o a sus discípulos en general. Muchos iban a estar en Jerusalén para la fiesta, y si Jesús iba les podía demostrar lo que podía hacer. Puede que tuvieran en mente las deserciones de 6:66, y que pensaran que si Jesús iba a Jerusalén podía volver a persuadirles. Pero lo más seguro es que quisieran decir que las señales de alguien que decía ser el Mesías debían realizarse en la ciudad santa[7], y no solo en lugares remotos. Para ellos, Él era el Mesías si realizaba de forma pública señales mesiánicas[8]. Decía ser una figura pública[9] (*Berkeley*, "ser el centro de atención"),

---

"suponía tanto la incomodidad como la diversión de un picnic". Según él, en estas fiestas se olvidaban casi por completo las diferencias entre los ricos y los pobres.

[6] La construcción es la siguiente: ἵνα con un indicativo futuro. Con ella se logra que haya un cierto énfasis en la veracidad de la acción de "ver", es decir, que "vean de verdad". Abbott cree que aquí se intenta relacionar el propósito con un resultado asegurado (2690).

[7] Cf. el comentario de Jesús: "porque no puede ser que un profeta muera fuera de Jerusalén" (Lc. 13:33). Los hermanos tenían razón al pensar que Jerusalén era el lugar adecuado para Jesús para realizar una manifestación de la obra del Mesías. Pero estaban equivocados en que tenían un concepto erróneo de la obra del Mesías, y de la forma en que debía manifestarse.

[8] En cuanto a esta idea judía cf. S. Mowinckel, "lo que quieren decir es que venga, que abiertamente realice las obras y los milagros mesiánicos (...) según el pensamiento judío, solo entonces sería considerado como el Mesías. Antes de eso solo es *Messias designatus*, alguien que decía ser el Mesías" (*He That Cometh* [Oxford, 1959], p. 303).

[9] ἐν παρρησίᾳ. Este sustantivo se usa mucho en el Nuevo Testamento con el sentido de "valentía", y puede que aquí quiera indicar que Jesús se estaba comportando de una

pero, ¿cómo no iba a darse a conocer si solo actuaba a escondidas? Es cierto que no dice que Jesús hubiera planeado permanecer escondido. Pero Galilea estaba muy lejos de la capital, y todo lo que allí se realizaba no iba a llegar a oídos de los habitantes de la metrópolis. Y algo tan importante como decir que era el Mesías tenía que hacerse en la capital, ante los líderes religiosos[10]. Así, en esta línea, que Jesús actuara en Galilea era actuar "en secreto". Los hermanos de Jesús le desafían a que haga milagros en el corazón de la nación. Su acción se parece a la de María en el capítulo 2, y mucho más a la de la multitud que intentó hacerle rey (6:15)[11]. Vemos que creían que podía hacer milagros[12], pero que no era una fe como la que Jesús demandaba[13], y que no habían

forma cobarde. En Juan este término se usa más para definir el tipo de discurso (7:13, 26; 10:24; 11:14; 16:25, 29; 18:20), y significa "abierto", "no oscuro". Pero Juan también usa esta palabra con el sentido de "público", como aquí (11:54; es posible que algunas de las referencias al discurso tengan este significado). La idea básica que se esconde detrás de esta palabra (πᾶν con ῥῆσις) es la libertad de expresión, poder decir libremente lo que se quiera. Esto nos lleva al concepto de valentía, de seguridad en uno mismo, de franqueza. En total, Juan usa la palabra 9 veces en el Evangelio, y 4 veces más en 1ª Juan. Si tenemos en cuenta que en todo el Nuevo Testamento solo aparece 31 veces, queda bastante claro que se trata de una palabra muy joánica. Le sigue el libro de Hechos, donde aparece 5 veces.

[10] "En un sentido, tenían razón: el debate mesiánico no podía solucionarse en Galilea" (Godet).

[11] Brown asegura que en esta sección del Evangelio encontramos paralelos de la narración sinóptica de las tentaciones. En 6:15 le intentan hacer rey, lo que equivaldría al momento en que Satanás le ofrece todos los reinos del mundo. En 6:31 le piden el pan milagroso, que se parece a la sugerencia que Satanás le hace al decirle que convierta las piedras en pan. Ahora sus hermanos quieren que vaya a Jerusalén a demostrar su poder, lo que estaría en la línea de la sugerencia de saltar desde lo alto del templo. Podemos pensar que las tentaciones narradas de forma tan gráfica en Mateo y Lucas se fueron repitiendo a lo largo del ministerio de Jesús.

[12] Bernard cree que este pasaje es irónico, lo que es, a mi juicio, una interpretación bastante extraña. Según él, los hermanos de Jesús no creían en el poder de Jesús. Pero MacGregor comenta: las palabras de los hermanos de Jesús no sugieren que fueran escépticos, sino más bien que creían que Jesús debía cambiar de método.

[13] "Ellos lo entendían todo en términos de 'lo privado' y 'lo público', que no concuerda con la distinción entre 'glorioso' y 'no glorioso' (vv. 41-44), entre valiente y cobarde. Sí habrá un ministerio público de Jesús en Jerusalén (...) pero será la exposición pública del pecado del mundo y la provocación de su odio (...) También habrá una demostración gloriosa de poder, pero consistirá en la obediencia secreta a la voluntad del Padre y en la transmisión de la verdad en privado a sus discípulos (...) y la demostración completa será la muerte de Cristo" (Hoskyns). Bultmann comenta siempre que hay una ambigüedad en la revelación, y las obras que el mundo considera insuficientes son, de hecho, el cumplimiento de lo que el mundo demanda. Hoy en día ocurre lo mismo: el mundo no logra discernir la mano de Dios en lo que ocurre a su alrededor.

entendido cuál era la misión de aquel hombre que hacía milagros. No sabían que la misión de Jesús estaba predestinada a ser impopular[14]. No deberíamos pasar por alto la importancia que esto tiene para comprender las dificultades con las que Jesús se encontraba. Muchos hombres que se han encontrado con una oposición cruel en la vida pública han podido enfrentarse a ella gracias a la fe y la fidelidad de sus parientes y amigos. Pero a Jesús le fue negado ese consuelo.

No se nos explica lo que "estas cosas" quiere decir. Pero esta expresión hace referencia a las obras a través de las cuales Jesús mostraba su gloria, de lo que se deriva que tenía derecho a decir de sí mismo lo que decía. Decía ser el Mesías; por lo tanto, los hermanos respondían: entonces, ¡díselo al mundo! Aquí podríamos tener de nuevo otro ejemplo de la ironía de Juan. Jesús ciertamente era el Mesías, y en breve lo iba a manifestar al mundo, de un modo que iba más allá de la comprensión que sus hermanos tenían. Pero lo que está claro es que las palabras de sus hermanos nacen de la incredulidad. "Ni aún sus hermanos creían en él" nos habla de una actitud continuada. No tenían fe, y debemos interpretar sus palabras a la luz de esta realidad.

6 En griego existen dos palabras equivalentes a nuestra palabra "tiempo". La que aquí[15] tenemos suele usarse para referirse, no solo a una secuencia cronológica, sino a los acontecimientos que tienen lugar

---

[14] "Su destino no era ser popular, sino ser odiado por el mundo, con un odio que nadie más podía experimentar, ya que Él solo llevó el mundo a juicio" (Barrett, p. 309).

[15] La palabra es καιρός, que en todo el Evangelio solo aparece en este pasaje (aquí y en el v. 8) y en el espurio 5:4. La otra palabra es χρόνος. Se han hecho muchos intentos de demostrar que son dos términos muy diferentes, como en J.A.T. Robinson, *In the End God* (Londres, 1950), o J. Marsh, *The Fullness of Time* (Londres, 1962). J. Barr ha hecho un estudio crítico y profundo de este tema, en *The Semantics of Biblical Language* (Oxford, 1961) y en *Biblical Words for Time* (Londres, 1962). Dice claramente que siempre se ha exagerado al hablar de lo diferentes que son estas dos palabras, aunque no niega que sean diferentes. Esta es la conclusión a la que llega en su último libro: "En muchos contextos estas palabras podrían ser sinónimos, aparte de la preferencia estilística por el término καιρός. Normalmente, para referirse a un período de tiempo, con un adjetivo cuantitativo, se usa χρόνος; en casos como 'el tiempo de los higos', y cuando equivale a 'oportunidad', se usa καιρός. La gran expectación escatológica, y el concepto del cumplimiento de las promesas escatológicas del pasado, hace que en muchas ocasiones aparezcan expresiones como 'el tiempo se acerca' o 'la hora llega', casos en los que se suele usar ὁ καιρός. El concepto de 'época' o éstación', tanto los períodos marcados por la naturaleza como los períodos sagrados, aparece unas cuantas veces como καιρός. Hay dos pasajes en los que χρόνος y καιρός aparecen juntos y, probablemente, en ese caso, no haya ninguna diferencia de significado" (p. 121). Queda claro que καιρός es el término adecuado para nuestro pasaje.

dentro de esa secuencia. Es decir, no al aspecto cuantitativo del tiempo, sino al aspecto cualitativo. Se refiere al tiempo oportuno, a saber aprovechar las oportunidades. En este contexto seguro que tiene que ver con el momento de ir a la fiesta. No era el momento adecuado para que Jesús fuera a Jerusalén. Si subía con sus hermanos al principio de la fiesta no iba a encontrar la oportunidad que buscaba. Era mejor esperar a que ya se hubieran reunido las multitudes, y así poder mezclarse entre la gente (en la línea de Mal. 3:1). Cf. Barclay: "llegar cuando ya estaban allí las multitudes, expectantes, le iba a dar una mejor oportunidad, que si iba al principio de la fiesta. Esto nos enseña que Jesús escogía los momentos en los que actuar con mucho cuidado y prudencia, pensando siempre en conseguir los resultados más eficaces". También es posible que Juan viera en estas palabras de Jesús mucho más de lo que se ve a simple vista. Juan ve a Jesús como alguien que busca llegar al destino que Dios le había asignado. Si Juan tenía esto en mente al recoger estas palabras, éstas querrían decir que el tiempo de Jesús, el tiempo establecido por Dios, aún no había llegado (ver el comentario de 2:4). Sin embargo, no deberíamos pasar por alto que, para expresar esta última idea, Juan suele usar la palabra "hora", y no la palabra "tiempo". Además, la mayor parte del contexto no favorece esta interpretación[16]. Sin embargo, hay un elemento que sí la favorece: el versículo siguiente,

---

[16] Wright diferencia de forma expresa este versículo de los que hablan de la "hora", los que se refieren "al final del ministerio de Jesús en la Cruz". Cree que en este versículo καιρός quiere decir "que a Jesús le parecía que aquel no era momento aún de *manifestarse al mundo* (v. 4)". De forma similar, Bernard piensa que καιρός se refiere a "una buena oportunidad", a "un buen momento o una buena ocasión", y no a la "hora predestinada" (ὥρα), en la que tanto insiste este Cuarto evangelio (...) El momento adecuado aún no había llegado (...) y esto no quiere decir el momento de la Pasión, sino el mejor momento para manifestar de forma pública que era el Mesías, que es lo que iba a hacer cuando subiera a la fiesta de los Tabernáculos. A. Guilding también diferencia entre el concepto que aquí tenemos, y ὥρα. Esta comentarista cree que las palabras de este versículo "nos hacen recordar el resumen que Marcos nos hace de la predicación del Señor: Πεπλήρωται ὁ καιρός, καὶ ἤγγικεν ἡ βασιλεία τοῦ θεοῦ (Mr. 1:15). (...) En ese contexto, "el tiempo" se refiere al tiempo de la venida del Mesías que los profetas habían anunciado" (*The Fourth Gospel and Jewish Worship* [Oxford, 1960], p. 99). Pero καιρός no es tan específico ni concreto. Aparece muchas veces en el Nuevo Testamento, y no hay ninguna razón para pensar que en este versículo de Juan se esconda la idea de Marcos 1:15. Además, esa interpretación pasa por alto que el καιρός de Mr. 1:15 ya se ha cumplido, mientras que el tiempo de nuestro texto no. Cf. Schnackenburg: "El καιρός es el momento del reto, el momento en el que Jesús está llamado a tomar su propia decisión a la luz de lo que el Padre le ha pedido. Jesús sabe que el Padre aún no le está llamando para que vaya a Jerusalén. También sabe que cuando acepte, estará aceptando la muerte.

que habla de que el mundo odia a Jesús, pero no odia a sus hermanos. Odeberg dice que "Los judíos creían que cada hombre tenía su tiempo, su hora"[17]. Entonces, enseñar que ellos tenían un "tiempo" concreto, sino que su "tiempo" era siempre oportuno, era algo novedoso y difícil de entender. Lo que le da veracidad a estas palabras es el hecho de que el mundo no reconoció a Jesús. No tenía ningún tipo de interés en el "tiempo" de Jesús. En este sentido, los hermanos eran igual que el mundo. Como el mundo (y los hermanos de Jesús) se han apartado del "tiempo" designado por Dios, todos los tiempos les parecen oportunos. Así que se establece un fuerte contraste entre Jesús y sus hermanos[18]. Ellos no tenían ninguna comisión divina que realizar. La única tarea que se les había dado era ser judíos fieles. Es por eso por lo que no importaba si hacían o no una elección cuidadosa del tiempo. Un tiempo o momento era tan oportuno como cualquier otro. El "tiempo" de los hermanos consistía en subir a la fiesta para demostrar que eran judíos fieles. El consejo que le estaban dando a Jesús nacía de su propia situación, por lo que era completamente irrelevante para Jesús[19].

7 Se acentúa aún más el contraste que hay entre Jesús y sus hermanos[20]. Jesús retoma la palabra "mundo" que ellos han usado, pero la usa en un sentido totalmente diferente. El mundo, no solo no los odia, sino que además, no podría odiarlos aunque quisiera, ya que ellos son parte del mundo. El mundo odia a otro tipo de personas (cf. 15:19). El mundo odia a Jesús, porque éste siempre testifica en contra del mundo ("testificar" está en tiempo continuo, al igual que el verbo "odiar"; no son acciones puntuales, sino continuadas). Jesús se desmarca del mundo dando testimonio continuamente de que las obras del mundo son malas. El mundo se queda indiferente ante la amonestación que recibe por todo su pecado, y el resultado inevitable de eso es el odio del que Jesús habla.

---

[17] *FG*, p. 279.

[18] "Mi" es ὁ ἐμός, y "vuestro" es ὁ ὑμέτερος. Es muy significativo que use el adjetivo posesivo y no el genitivo de los pronombres. Ver el comentario de 3:29 en cuanto al uso joánico de los posesivos.

[19] Cf. Bultmann, que dice que las palabras de Jesús "constituyen un claro rechazo de la perspectiva con la que el mundo ve este tema. No quiere decir, 'aún no/ahora no, sino que más adelante', sino que lo que hace es decir que el tiempo (el 'ahora') de la Revelación no está determinado por lo que los hombres crean o entiendan" (p 19).

[20] Aparecen ὑμᾶς y el enfático ἐμέ. Así, se establece una contraposición que no puede pasar desapercibida.

8 La diferencia que hay entre los "tiempos" de Jesús y los de sus hermanos, y la diferencia que hay entre la actitud que el mundo tiene hacia Jesús y la que tiene hacia sus hermanos, llevan a una diferencia de conducta. Jesús les dice a sus hermanos que suban a la fiesta. En su situación, eso es lo que les toca hacer. Pero Él no está en la situación de ellos. Por lo tanto, no[21] va a subir. Esta afirmación nos plantea alguna dificultad, ya que más adelante Jesús sí sube a Jerusalén. Pero nos ayuda recordar que el uso del tiempo presente no excluye que más adelante se actúe de forma diferente. Jesús dice simplemente que sus hermanos deberían subir (es decir: "Id ahora")[22], y se separa de ellos. Además, ellos están insistiendo en que suba para guardar la fiesta. Esta es la parte que Jesús nunca hizo. No asistió a gran parte de las ceremonias; quizá no asistió a ninguna. Subió a Jerusalén para enseñar, y no para cumplir con la observancia de la fiesta como hacían los peregrinos. Así lo que Jesús rechaza es ir a la fiesta en el momento que sus hermanos le dicen, y con el propósito que le plantean, pero no se niega a subir a Jerusalén[23]. Él es el que establece cuáles son las implicaciones de su

---

[21] οὐκ aparece en ℵ D K Lat syr$^{s.c}$ tanto arm eth geo etc., y οὔπω (aún no) en p^{66} p^{75} BLTWΓΔΘ f1 f13 etc. Porfirio, el filósofo neo-platónico del tercer siglo, dijo que en este punto había una contradicción, y que eso es lo que hizo que apareciese la variante οὔπω (también en *IB*). Hendricksen arguye que el contexto favorece tanto el significado de "aún no" que deberíamos aceptar la expresión οὔπω (aunque aparece muchas menos veces). Pero entonces hay que dudar de que le dé la importancia necesaria a la máxima *difficilior lectio potior*. Si el original hubiese sido οὔπω, ¿por qué alguien lo iba a cambiar por οὐκ? Como no puedo encontrar una respuesta convincente, así que prefiero leer οὐκ. Cf. también *GNT*, p. 426, Metzger, p. 216. La NVI opta por "todavía no", pero hay muchas otras traducciones (como p. ej. la que nosotros estamos usando [LBLA]) que optan por "no" (también *NRSV*, *GNB* y *REB*).
[22] Cf. Crisóstomo: "Alguien dijo: 'Entonces, ¿cómo es que después de haber dicho que no subiría, subió?'. No dijo 'nunca (καθάπαξ) iré', sino que dijo 'no irá ahora con vosotros'" (48.2; p. 174).
[23] Varios comentaristas dicen que hay ciertos paralelos con 2:4, cuando Jesús no acepta que le obliguen a hacer un milagro, pero luego, de todos modos, acaba haciéndolo; también, en 11:6, cuando le dicen que Lázaro está enfermo, también va aunque la gente piense que no es momento de ir. Barrett dice sobre el pasaje que ahora estamos tratando: "La expresión joánica οὐκ ἀναβαίνω rechaza la petición de sus hermanos solo en parte, pero, sobre todo, no significa que Jesús no tuviera intención de subir a Jerusalén, ya que sí que pensaba hacerlo cuando fuera el momento adecuado". Cf. Godet: "Jesús, en primer lugar, se niega a ir a Jerusalén de la forma que ellos querían imponerle (que se manifestara al mundo), aunque luego acaba yendo, pero con una motivación y un objetivo totalmente diferentes". Temple dice: "Cuando aparece en la fiesta lo hace no como un peregrino más que va a la fiesta a adorar, sino como un Profeta". Está claro que las palabras de Jesús se refieren específicamente a la sugerencia que le habían hecho sus hermanos, y a todo lo que había detrás de aquella sugerencia.

carácter mesiánico, y no los demás. Les dice a sus hermanos que "su tiempo [el de Jesús] no se ha cumplido"[24]. Esto quiere decir que los acontecimiento de los que está hablando aún no se han consumado. Hasta entonces, él no piensa actuar[25]. Sus hermanos le exigen que se manifieste públicamente. Pero aún tienen que pasar muchas cosas antes de que eso ocurra.

9 Jesús ha dejado bien claro cuál es su posición, y actúa de acuerdo a sus palabras. Cuando sus hermanos suben a la fiesta, Él se queda donde está, en Galilea.

2. La reacción de las multitudes (7:10-13)

10 Pero cuando sus hermanos subieron a la fiesta, entonces Él también subió; no abiertamente, sino en secreto. 11 Por eso los judíos le buscaban en la fiesta y decían: ¿Dónde está ése? 12 Y había mucha murmuración entre la gente acerca de Él. Unos decían: Él es bueno. Otros decían: No, al contrario, extravía a la gente. 13 Sin embargo, nadie hablaba abiertamente de Él por miedo a los judíos.

Así, se negaba a ir a Jerusalén para hacer lo que ellos le decían, es decir, manifestarse de forma abierta. Eso no había de ocurrir hasta la Pascua siguiente. Hasta entonces, Jesús se niega a acceder a los deseos de sus hermanos. Hoskyns cree que aquí hay un sutil juego de palabras. ἀναβαίνω no solo se usa para "subir a Jerusalén para las fiestas", sino que también se usa para explicar que "Jesús subió al Padre" (3:13; 6:62; 20:17), y Hoskyns lo relaciona con el uso de ὑψόω cuando se habla de que Jesús será levantado en la cruz (3:14, etc.). "En la mentalidad del evangelista, la muerte y la resurrección son parte de un acto de ascensión al Padre (...) Jesús no sube a Jerusalén a la fiesta de los Tabernáculos, pero su llegada a Jerusalén para salvar al mundo es pospuesta por la voluntad de Dios hasta la fiesta de la Pascua, que es un tiempo más significativo". Pero, personalmente, creo que esto sería demasiado sutil. Si eso era lo que Jesús quería transmitir, ciertamente despistó o engañó a sus hermanos.

[24] Harold Blair encuentra una referencia al hecho de que la gente rechazara a Jesús: "Jesús tenía algo que decir, algo que, por su naturaleza, iba a levantar odio y el antagonismo de los que le escucharan; y su mensaje, no solo tenía que ser proclamado, sino que además lo tenía que ir haciendo escena tras escena, antes de que la gente pudiera ver toda la obra. Y al final, la reacción era inevitable: la gente le iba a rechazar. Pero si le rechazaban, que fuera después de haber entendido todo el mensaje, y no cuando solo lo entendían a medias. 'Mi tiempo aún no ha llegado'" (*The Ladder of Temptations* [Londres, 1960], p. 96).

[25] Véase la repetición del v. 6: "Mi tiempo aún no ha llegado (...) Aún mi tiempo no se ha cumplido", y encontrará más repeticiones de este tipo de negación en 5:19, 30; 5:30 y 6:38; 5:34, 41; 13:33, 36. Siguiendo esta construcción los judíos repiten una frase negativa que Cristo ha dicho tan solo unos versículos antes: 7:34-36; 8:21-22.

Parece ser que los hermanos de Jesús no eran los únicos que pensaban que lo normal era que Jesús fuera a Jerusalén con motivo de la fiesta. Algunos hablaban de su ausencia, o más bien del hecho de que no estaba presente, ya que Juan incluye esta sección en la que nos habla de la discusión que había, informándonos de que Jesús no había subido a Jerusalén. Es evidente que su ministerio estaba consiguiendo tener un efecto. La gente estaba dividida. No sabía lo que decir. Se reprime, no habla abiertamente, porque la hostilidad de la jerarquía religiosa les infundía temor.

10 Jesús se diferencia de sus hermanos. Ellos subieron a la fiesta, pero Él no fue con ellos. Sin embargo, se dirigió a Jerusalén un poco más tarde. No fue porque se sintió presionado por sus hermanos y al final accedió a sus peticiones. Juan deja bien claro que nadie puede decirle a Jesús cómo debe actuar. Él es el Señor supremo de toda situación. Así que subió a Jerusalén cuando ya era el momento de hacerlo, y de la forma en que debía hacerlo. "No abiertamente" demuestra que está rechazando la sugerencia de sus hermanos que aparece en el versículo 4: "muéstrate al mundo"[26]. La visita que Jesús hace a Jerusalén no es el tipo de visita de la que sus hermanos habían hablado. "En secreto"[27] es demasiado terminante. Quizá una mejor traducción sería "como si fuera en secreto", indicando que Jesús, aunque intentó ser discreto, tampoco llegó a escondidas, para que nadie, absolutamente nadie, se percatara de su presencia (Kleist y Lilly: "llegó de incógnito, para no llamar la atención"). Marcos también nos informa de que el último viaje de Jesús a Jerusalén fue del mismo modo, intentando que la gente no lo supiera (Mr. 9:30). Lo que Juan está diciendo es que Jesús no subió a Jerusalén con la caravana de peregrinos. Para hacernos una idea de lo grande que podían ser aquellos grupos de gente contamos con el incidente de Lucas 2, cuando José y María se pasaron todo el

---

[26] "No abiertamente" es οὐ φανερῶς, lo que nos recuerda a φανέρωσον σεαυτόν del v. 4. No significa "furtivamente", sino que quiere decir "sin ser miembro de una procesión de peregrinos". La primera vez que Juan cuenta que Jesús subió a una fiesta, subió para purificar el Templo (2:13s.), luego subió como uno más de los peregrinos (5:1s.), aquí, su único propósito al ir a Jerusalén es dar un mensaje profético y, la última vez que sube, lo hace como Rey (12:12s.).

[27] ὡς aparece en p[66] p[75] B L W Θ etc. No obstante, aunque aparece en tantos manuscritos, el copista podría haber insertado esta partícula. El comité de Metzger recomienda que aparezca entre paréntesis para que sepamos que hay ciertas dudas en torno a su originalidad (p. 217).

viaje buscando a Jesús entre familiares y conocidos. La forma más pública de viajar era esa. Pero Jesús evitó ir a Jerusalén de forma visible; prefirió la discreción.

11 En cuanto a la expresión "los judíos", ver el comentario de 1:19. Aquí significa los enemigos de Jesús; los verbos "buscaban (...) y decían" están en tiempo continuo. Le buscaban y le preguntaban cosas de forma continua. Juan no nos dice por qué estaban tan seguros de que Jesús estaba en Jerusalén. Quizá pensaban que Jesús iba a aprovechar la oportunidad para proclamar su mensaje; o que como no había venido para la celebración de otras fiestas, era obligatorio que estuviese en esta.

12-13 "Murmurar" es un equivalente del verbo "quejarse" (6:41, 43, 61, donde la gente se quejaba de Jesús), e indica que la gente estaba descontenta. Según Dods, probablemente signifique "una conversación contenida, en voz baja, que tenía lugar en las esquinas y entre los amigos". La gente[28] estaba dividida, pero no era muy seguro hablar de Jesús de una forma abierta, así que por eso hablaban de Él discretamente[29]. "Es un hombre bueno" señala que sí eran conscientes de su carácter, pero que no habían comprendido cuál era su identidad (cf. Mr. 10:17). Los que decían que extraviaba a la gente no explican en qué consistía eso exactamente[30]. Supuestamente decían que aunque sus señales y enseñanzas tenían, en apariencia, origen divino, escondían designios siniestros. Así que los que aceptaban aquellas enseñanzas se extraviaban, iban por mal camino. No deberíamos pasar por alto la función que tiene la gente o la multitud a lo largo de todo este capítulo. A excepción del capítulo 12, no encontramos nada igual en el resto del Evangelio. El término representa a una mayoría falta de información, que quería hacer lo correcto, pero no sabía cómo. Se trata de un grupo distinto al

---

[28] Este es el único lugar en Juan en el que encontramos el plural ὄχλοι (si esta es la interpretación correcta). Podría referirse a que había distintos grupos de peregrinos, procedentes de lugares diferentes.

[29] *Amplified* traduce: "Se discutía en voz baja *y* de forma acalorada". Pero en la versión griega no aparece la última parte de la frase, así que esta interpretación apenas ha tenido aceptación. Sí es cierto que había varias opiniones, pero la gente hablaba del tema con mucha discreción.

[30] La acusación persistía entre los judíos. En el Talmud leemos "En la víspera de la Pascua Jesús fue sentenciado" bajo dos acusaciones diferentes: por brujería y "por llevar a Israel a la apostasía" (*Sanh.* 43a).

de "los judíos" (que se refiere solo a los líderes religiosos) y al de los discípulos de Jesús (ver el comentario del v. 25). Algunas personas de entre la multitud no estaban totalmente[31] en contra de aquellos que decían que Jesús era un hombre bueno. Juan acaba esta sección informándonos de que "el miedo a los judíos" impedía que la gente hablara libre y abiertamente[32]. Hasta el momento, esta es la mayor muestra de hostilidad. La oposición en contra de Jesús iba en aumento. El hecho de que los que tenían miedo eran también judíos demuestra que cuando Juan dice "los judíos" no se está refiriendo a toda la nación; se refiere solo a los líderes, que odiaban a Jesús.

3. Juicio justo (7:14-24)

14 Pero ya a mitad de la fiesta, Jesús subió al templo y se puso a enseñar. 15 Entonces los judíos se maravillaban, diciendo: ¿Cómo puede éste saber de letras sin haber estudiado? 16 Jesús entonces les respondió, y dijo: Mi enseñanza no es mía, sino del que me envió. 17 Si alguien quiere hacer la voluntad de Dios, sabrá si mi enseñanza es de Dios o [si] hablo de mí mismo. 18 El que habla de sí mismo busca su propia gloria; pero el que busca la gloria del que le envió, éste es verdadero y no hay injusticia en Él. 19 ¿No os dio Moisés la ley, y [sin embargo] ninguno de vosotros la cumple? ¿Por qué procuráis matarme? 20 La multitud contestó: ¡Tienes un demonio! ¿Quién procura matarte? 21 Respondió Jesús y les dijo: Una sola obra hice y todos os admiráis. 22 Por eso Moisés os ha dado la circuncisión (no porque sea de Moisés, sino de los padres); y en el Día de Reposo circuncidáis al hombre. 23 [Y] si para no violar la ley de Moisés un hombre recibe la circuncisión en el Día de Reposo, ¿[por qué] estáis enojados conmigo porque sané por completo a un hombre en el Día de Reposo? 24 No juzguéis por la apariencia, sino juzgad con juicio justo.

---

[31] οὐ, ἀλλά representa una oposición radical: "al contrario"; "nada de eso, sino que". En cuanto a οὐ, ver el comentario de 1:21.

[32] παρρησία, que la multitud no tiene en este momento, es la palabra que se usa en el v. 26 para describir la forma en que Jesús hablaba.

Ya a mitad de la fiesta, Jesús salió del anonimato y se puso a enseñar en el templo[33]. Ahora enseña de forma abierta. Esto constituye un llamamiento a que la gente haga un juicio serio, en vez de sacar rápidas conclusiones, basándose en las apariencias. Dice que aquel que se tome el asunto en serio sabrá si su enseñanza es de origen divino o no. Pero en esta ocasión la gente está intentando matarle, por lo que están quebrantando esa ley que dicen guardar[34]. La forma en que observan la letra de la Ley, lo exterior (como muestra la rigurosidad en el cumplimiento de la circuncisión) contrasta enormemente con la indiferencia que muestran ante las razones primeras por las cuales la Ley fue hecha (como muestra su descontento cuando Jesús realiza curaciones en día de descanso). Su escala de valores no es correcta. Está basada en lo superficial. No entienden el significado de la ley que, según ellos, honran, y por lo tanto no saben reconocer que la autoridad de Jesús es la autoridad de Dios mismo.

14 Jesús no subió a Jerusalén hasta la mitad de la fiesta[35]. No se nos da la razón por la cual decidió subir en aquel momento concreto.

---

[33] Cf. Dodd: "Cuando Él consideró que ya era el momento, subió μεσούσης τῆς ἑορτῆς. ¿No es esto el cumplimiento de la profecía 'Vendrá de repente a su templo el Señor a quien vosotros buscáis?' (Mal. 3:1). Es el Día del Señor, el cual, según Zac. 14, la Fiesta de los Tabernáculos anuncia o anticipa. Tenemos aquí un buen ejemplo de la ironía característica de Juan. A simple vista, vemos a un profeta rural que abandona la oscuridad de las provincias para apelar a las grandes multitudes de la metrópolis. Pero las palabras φανέρωσεν σεατὸν τῷ κόσμῳ tienen una importancia crucial: en su sentido más profundo, constituyen un llamamiento a que el Mesías se manifieste a Israel. Pero, si profundizamos aún más, hablan de la manifestación a la Humanidad del Logos eterno como la vida y la luz." (*IFG*, p. 351). Dodd continúa describiendo que aquí tenemos al Logos, que ha venido a los suyos y estos le han rechazado. Lightfoot también cree que podemos referirnos a Mal. 3:1. Según él, es por eso por lo que Jesús no subió con la caravana de peregrinos. En cuanto a este capítulo, cf. J.R. Michaels, "The Temple Discourse in John", en R.N. Longenecker y M.C. Tenney, *New Dimensions in New Testament Study* (Grand Rapids, 1974), pp. 200-213.

[34] Wayne A. Meeks cree que lo que aquí se está tratando es la naturaleza de la actividad profética de Jesús: "En 7:15-24 se está cuestionando si Jesús es el verdadero profeta, como Moisés, o si es un falso profeta (...) Los que escuchan a Jesús tienen que tomar una decisión drástica porque, aunque se les ordena que sigan al profeta verdadero – porque si no tendrán que dar cuentas a Dios – (Dt. 18:19), también se les ordena que maten al falso profeta (Dt. 18:20; 13:6). Así que la multitud está dividida" (*The Prophet-King* [Leiden, 1967], p. 56).

[35] τῆς ἑορτῆς μεσούσης no es una marca temporal exacta. Podría referirse a la mitad exacta, el cuarto día, o podría ser una referencia más vaga, es decir, que Jesús subió en cualquier momento entre el principio (cuando sus hermanos querían que subiera) y el final de la fiesta, cuando hizo su gran proclamación (vv. 37s.).

Podemos conjeturar que quizá quería enseñar durante el punto álgido de las festividades, pero no quería tomar parte en todas las celebraciones. Una vez se decidió a subir, ya no actuaba en secreto. Enseñaba[36] en el templo: uno de los lugares más públicos y donde más iba a llamar la atención. No se nos dice nada sobre el discurso o la enseñanza que impartió en esta ocasión.

15 Los que escuchaban a Jesús estaban sorprendidos, lo que parece indicar que muchos de ellos escuchaban aquella enseñanza por primera vez; de hecho, Juan no recoge ningún discurso de Jesús en Jerusalén antes de este episodio. El evangelista dice que ya había estado en la capital, y que allí había hecho "señales" y se había defendido cuando le acusaron de hacerse "igual" a Dios. Pero en este caso, muchos de los que le escuchaban debían de ser peregrinos que provenían de lugares que Jesús no había visitado jamás. Se maravillaban del "saber" de Jesús (que tenía conocimiento de las Escrituras)[37] siendo que nunca[38] había estudiado, es decir, que no había sido discípulo de ningún rabí (ver la referencia a Pedro y Juan como "hombres sin letras y sin preparación", Hechos 4:13). "Según el sistema, no era un hombre formado" (Guthrie). No les hubiera sorprendido ver que tenía un conocimiento básico de las Escrituras. La Biblia se leía con regularidad en las sinagogas, y todo el mundo debía aprenderse de memoria la Shemá (Dt. 6:4-5). Es muy probable que la mayoría de la gente pudiera citar partes de las Escrituras. Lo que debió de sorprenderles es el hecho de que Jesús pudiera pronunciar un discurso tal y como lo hacían los rabíes y, quizá, la gran cantidad de textos de las Escrituras que lograba citar. "Éste" es peyorativo (Moffatt traduce "este individuo inculto"). MacGregor supone que "al evangelista le debió de chocar mucho esta escena: el mismo

---

[36] Es probable que el imperfecto ἐδίδασκεν sea ingresivo: "Empezó a enseñar".

[37] En la expresión "saber de letras", γράμματα significa principalmente "letras sagradas", es decir, las Escrituras. El término se puede usar para referirse a las letras en general, por lo que el artículo es necesario para determinar una referencia contra las Sagradas Escrituras; cf. τὰ ἱερὰ γράμματα en 2 Ti. 3:15 o αἱ γραφαί, Jn 5:39. Pero en este texto no hay razón para pensar que se está hablando de las letras en general, pues el contexto claramente apunta a que se está debatiendo sobre la comprensión de las Escrituras. *Berkeley* traduce "literatura", y Ferrar Fenton, "teología", que tampoco son soluciones demasiado acertadas.

[38] No permitamos que el hecho de que μή aparezca con el participio nos despiste. μή realmente es equivalente de οὐ. En el griego helenista, μή invade el territorio de οὐ, y en Juan encontramos varios ejemplos en los que οὐ aparece con el participio (BDF 430 [1]).

Logos Encarnado confronta a los judíos, y éstos, ¡aún se atreven a llamarle 'individuo inculto'!". Se trata de una situación sumamente irónica.

16-17 Jesús les asegura que este mensaje viene de parte de Dios. Si hubiera dicho que Él era un autodidacta, o que no necesitaba maestro, o algo por el estilo, se habría desacreditado a sí mismo. En aquella época no se valoraba la originalidad. A la hora de tener que hacer declaraciones importantes, el método rabínico consistía en citar a las autoridades. Del mismo modo, Jesús dejó claro que Él no era el creador de su[39] mensaje. Su origen no es terrenal. Viene de parte del que le envió (de nuevo, esa idea que Juan repite una vez tras otra; Jesús ha sido enviado por Dios; ver el comentario y las notas al pie de 3:17). Jesús continúa diciendo que las personas sinceras y honestas pueden llegar a saber que lo que está diciendo es cierto. No solo está al alcance de los expertos y los especialitas en Teología. Cualquier persona que quiera hacer la voluntad de Dios (es decir, los que se vuelvan a Él, los que le sigan; a lo que aquí se refiere es a la dirección en la que encaminamos nuestra vida) tendrá el discernimiento espiritual necesario. Y estamos hablando de algo más que una simple determinación o decisión ética. Estamos hablando de la fe (como en 6:29)[40]. La persona con fe sabrá si esta enseñanza es de Dios, o si tan solo es de un humano como otro cualquiera, procedente de Nazaret[41]. Sus oyentes estaban cuestionando su competencia como maestro. Él cuestiona la competencia de ellos como oyentes.

18 Los judíos pueden ver que lo que Jesús dice es verdad, simplemente a través de sus observaciones. El que predica un mensaje que

---

[39] ἐμή es enfático (ver el comentario de 4:32), con lo que desmiente que Él sea el responsable de aquel mensaje.

[40] San Agustín enfatiza el lugar de la fe para poder comprender esta declaración: "la comprensión es la recompensa de la fe. Así que no quieras entender para poder creer, sino cree para que puedas entender (...) ¿Qué quiere decir 'si alguien quiere hacer la voluntad de Dios'? Es lo mismo que creer" (29.6; pp.184-85).

[41] Cf. C.J. Wright: "No quiere decir que si alguien centra toda su personalidad en hacer la voluntad de Dios como él o ella entiende, llegará a tener una posición doctrinal perfectamente articulada, unas declaraciones dogmáticas que contestará a todas las perplejidades del intelecto y la lógica. Quiere decir que el espíritu verdadero y sincero se acerca a esas verdades de eternidad por las que Jesús vivió y murió. En otras palabras, la persona de corazón sincero es la que reconoce al que es la Verdad.

él mismo ha creado siempre quiere promocionarse, buscar su propio beneficio. Pero aquel cuya preocupación es el interés del que le envió, es diferente (ver el comentario de 4:34 en cuanto al deseo de Jesús de hacer la voluntad del Padre). El que busca la gloria de Dios es verdadero[42]. Jesús no dice que Él dice la verdad, sino que dice que Él *es* la verdad (cf. 14:6). Y de aquel que es verdadero dice que no hay injusticia en Él. Podríamos hacer una aplicación negativa y pensar que se está estableciendo un fuerte contraste entre Jesús y los judíos en quienes, ciertamente, hay injusticia.

19 Jesús desarrolla más esta idea. Los judíos se jactaban de que ellos eran los que habían recibido la ley (cf. Ro. 2:17). Pero Jesús deja bien claro que hay una diferencia entre recibir la ley y cumplir la ley. Moisés les dio la ley, pero ninguno de ellos la cumple (Pablo apunta a que la circuncisión solo sirve si cumplen la ley; ser judío no consiste solamente en estar orgulloso de la raza propia, Ro. 2:25-29). Lejos de cumplir la ley, están maquinando cómo matar a Jesús (cf. v. 1). O quizá Jesús quiera decir que en algún momento todos ellos incumplen la ley debido a las regulaciones conflictivas como las que va a citar a continuación (v. 22). Él no ha hecho menos que ellos y, sin embargo, quieren matarle. Aunque el hecho de que esta idea no aparezca hasta el versículo 22, nos hace pensar que la primera interpretación es más probable.

20 La "multitud" estaría formada, sobre todo, por los peregrinos que habían venido de lugares diferentes con motivo de la fiesta, y no gente de Jerusalén. La multitud dice que no sabe nada sobre el complot que hay para matarle[43], y dicen que Jesús expresa esas palabras porque está poseído por un demonio. En los Evangelios Sinópticos encontramos muchos casos de posesiones demoníacas, pero en Juan no aparece ni una[44]. Sin embargo, Juan menciona un número de acusaciones en

---

[42] ἀληθής se usa para referirse a Dios en 3:33; 8:26, y este pasaje es el único lugar de este evangelio en el que se dice que una persona es verdadera. Esta es otra clara indicación de la alta posición de honor que Juan le asigna a Jesús. Jesús es el único que tiene esa cualidad divina.

[43] "Estas palabras le dan mucho realismo al relato. Los que habían comenzado el complot no eran las personas de la calle, sino 'los judíos', los líderes religiosos; la gente no sabía nada" (Bernard).

[44] Puede ser que esto se deba a que en la Antigüedad era normal la presencia de los "exorcistas". Juan, que se centra en su tema principal – Jesús es el Cristo – quizá prefirió no recoger ningún episodio en los que Jesús expulsa a demonios porque como

las que la gente cree que Jesús dice lo que dice porque está endemoniado (el presente pasaje; 8:48-52; 10:20-21)[45]. Estas acusaciones también aparecen en los Sinópticos (Mr. 3:22, etc.).

21 Jesús responde refiriéndoles a "un milagro" ("una obra", más bien; ver la Nota Adicional G) que Él ha hecho. Por supuesto, eso no quiere decir que solo hiciera un milagro, pero sí que hace que fijemos nuestra atención sobre uno en concreto. No hace más especificaciones, pero como a continuación menciona el Día de Reposo, no hay duda de que se refiere a la curación del paralítico de Betesda que causó una gran discusión en torno a la actitud de Jesús frente al Día de Reposo (5:1-9). Es el único milagro en Jerusalén que Juan recoge (aunque cf. 2:23). Recuerda el asombro que mostraron al ver aquel milagro.

22-23 "Por eso"[46] indica que en la acción de Jesús se ve el verdadero significado por el cual se instituyeron el Día de Reposo y la circun-

---

había muchos exorcistas, tampoco era ningún gran argumento para probar su caso. También había el peligro de que lo identificaran como un milagrero más que conseguía, como tantos otros, dominar a los demonios. Una razón similar sería la que impidió que Juan recogiera según qué milagros, para que no se confundiera a Jesús con un dramaturgo. Pero Juan no habla de "milagros" o "maravillas". Él habla de "señales". No le interesan los milagros *per se*, sino el significado espiritual que hay detrás de las señales que recoge. Recoge eventos que hacen que la gente se vuelva a Dios, eventos llenos de significado espiritual. Y quizá las expulsiones de demonios no servían demasiado para alcanzar este objetivo.

[45] δαιμόνιον es la palabra que se usa en estos pasajes (δαιμονίζομαι en 10:21). Juan usa διάβολος para referirse a Satanás (8:44), a Judas (6:70), y para describir que Satanás pone en el corazón de Judas la idea de traicionar a Jesús (13:2).

[46] Gramaticalmente, διὰ τοῦτο podría ser parte del v. 21, pero la mayoría de comentaristas creen que pertenece al v. 22. "Quedaría muy lejos del estilo joánico relacionar διὰ τοῦτο (v. 22) con θαυμάζετε, igualando τοῦτο a ἐν ἔργον; y la teoría que dice que hay una confusión en arameo (Torrey, 5) no es nada convincente" (Barrett). Juan muchas veces usa διὰ τοῦτο para comenzar una nueva sección (cf. 5:16, 18; 6:65; 8:47; 10:17; 13:11; 16:15), pero nunca usa esta partícula al final de una sección. Bernard entiende que va con el versículo anterior, y para respaldar su argumento cita 9:23; 13:11; 15:19; 16:15; 19:11. Pero en todas estas ocasiones διὰ τοῦτο está a la cabeza de una proposición o de una frase. En toda la obra de Juan no encontramos ningún caso en el que Juan use esta partícula al final de una frase (Bernard lo acaba admitiendo). Lenski defiende a capa y espada que esta expresión va con el versículo 21, pero pasa completamente por alto que Juan no usa διὰ τοῦτο de esa manera en ningún otro lugar. Además, no la traduce de la forma por la cual optan la mayoría de intérpretes. Si entendemos que va con el v. 22, él cree que el significado es "*Por esta razón* Moisés os ha dado la circuncisión, no porque sea de Moisés, sino de los padres; y vosotros circuncidáis". Pero este no puede ser el verdadero significado. Creo que Jesús está diciendo que

cisión. Él no está trasgrediendo la ley de Moisés, sino cumpliendo su sentido más profundo. Ha dicho que Moisés fue el que les dio la ley (v. 19), y ahora sigue hablando de él en relación con la circuncisión. Lo primero que dice es que la circuncisión no viene de Moisés, sino de los patriarcas. Lo que ocurre es que se incluyó en la ley de Moisés, y los judíos seguían la práctica de la circuncisión siguiendo los preceptos de esa ley. Observaban el cumplimiento de la ley en este punto de una forma tan estricta – debía circuncidarse al niño a los ocho días de haber nacido (Lev. 12:3) – que si hacía falta, ignoraban la ley sobre el Día de Reposo (cf. Misná, *Shab.* 18:3; 19:1, 2; *Ned.* 3:11). Así, aunque aplicaban la ley del Día de Reposo de manera escrupulosa, y no podían realizar nada que supusiera algún tipo de esfuerzo para no profanar el *Sabat*, no dudaban en realizar el rito de la circuncisión en ese día. Si hubieran entendido el significado de lo que estaban haciendo, se habrían dado cuenta de que del mismo modo que ignoraban el Día de Reposo para cumplir con los requisitos ceremoniales del nacimiento de un bebé, Jesús podía ignorarlo para sanar a un hombre.

Este es un punto muy importante para comprender bien la controversia sobre el sábado que había entre Jesús y sus enemigos legalistas. Él no estaba abogando por la liberalización de una ley represiva. Tampoco estaba atentando en contra de la institución del Día de Reposo. Lo que quería que entendieran es que su acción cumplía el propósito por el cual originalmente se había creado la institución[47]. Si sus enemigos hubieran entendido las implicaciones de que la circuncisión podía realizarse en el Día de Reposo, habrían entendido que las acciones de misericordia como las que Él acaba de hacer no solo estaban permitidas ¡sino que eran una obligación! Moisés entendió que algunas cosas podían realizarse en el Día de Reposo. Los judíos habían heredado sus palabras, pero no habían sabido interpretarlas. Habían malinterpretado el significado del sábado. Y Jesús les recuerda la razón por la cual fue

---

Moisés prescribió que la circuncisión se hiciera en Día de Reposo para que las acciones que él había estado haciendo en el Día de Reposo tuvieran un precedente. Otra alternativa sería pensar que estas palabras quieren decir que la circuncisión que Moisés impuso anuncia el "perfeccionamiento" del hombre en su totalidad que Jesús ha venido a traer. Godet cree que aquí tenemos "una fuerte ironía: 'Moisés ya ha defendido mi causa ante vosotros, haciéndoos a todos responsables del crimen del que me acusáis'".

[47] J.D.M. Derrett argumenta que los judíos creían que la circuncisión era el "perfeccionamiento del varón", y concluye el estudio de este pasaje de la siguiente forma: "La circuncisión teóricamente comienza el perfeccionamiento del hombre supino" (*EQ*, LXIII [1991], p. 211-24).

instaurado. Les pregunta por qué se enojan con Él cuando realiza un acto de misericordia si su ley recoge que en ese día también deben realizar sus rituales. "Sanar por completo a un hombre" enfatiza la totalidad de la curación. Aquel hombre estaba necesitado, y lo que Jesús hace es cubrir sus necesidades de forma plena. Algunos exegetas creen que "por completo" incluiría la purificación moral que vemos en 5:14 en contraste con el requisito puramente ritual de la circuncisión. Puede que tengan algo de razón, pero debemos tener cuidado con la última parte de esa declaración. Para los judíos, la circuncisión no era un simple rito, sino que tenía un profundo significado. El texto en griego parece querer decir "ser hecho un hombre completo, por lo que a la salud se refiere", es decir, la circuncisión tiene que ver principalmente con una parte del cuerpo, mientras que Jesús ha sanado a un hombre de forma completa[48].

24 A la luz de lo que solían hacer, Jesús les dice que no juzguen según la apariencia externa (C.B. Williams: "Dejad de juzgar de forma superficial"), sino según lo que es justo. "Dejad de juzgar", en imperativo, sugiere que sí eran culpables de juzgar erróneamente, y se les hace un llamamiento a que corrijan. De nuevo, el imperativo "juzgad" es un llamamiento a aplicar ese principio en la situación concreta en la que se encuentran[49]. Jesús no está, en ese momento, pronunciando un prin-

---

[48] Cf. Ryle: "¿Es justo que estéis enojados conmigo solo porque le he hecho a un hombre en el Día de Reposo algo mayor a la circuncisión? No he herido su cuerpo mediante la circuncisión, sino que lo he sanado de forma completa, perfecta. No le he hecho un rito purificador solo a una parte de su cuerpo, sino que he restaurado todo su cuerpo, dándole salud y fuerza. No he cubierto la necesidad de un solo miembro de ese hombre, sino que he cubierto todas sus necesidades". Field cree que quiere decir "'por completo', que contrasta con 'un solo miembro'" (p. 93). Quizá Jesús esté contrastando la curación de la totalidad de aquel hombre, con una acción que solo afectaba a un miembro del cuerpo (los judíos creían que el cuerpo humano tenía 248 miembros). Cf. el dicho rabínico (para justificar la curación en Día de Reposo cuando la vida de alguien corría peligro) "Si la circuncisión, que tiene que ver con uno solo de los doscientos cuarenta y ocho miembros del cuerpo humano, anula el Día de Reposo, ¡cuánto más lo suspenderá salvar el cuerpo entero!" (*Yoma* 85b, Soncino edn., p. 421). También es posible que se tenga en mente la idea de que el prepucio era la representación de la corrupción de acuerdo con el refrán *praeputium est vitium in corpore*. Cuando Jesús curó "por completo" a aquel hombre estaba haciendo mucho más de lo que significaba la eliminación del prepucio.

I. Abrahams cree que la defensa que Jesús hace de su posicionamiento es "otro ejemplo del conocimiento que hay en el Cuarto Evangelio de las tradiciones hebraicas" (*Studies in Pharisaism and the Gospels*, serie primera [Cambridge, 1917], p. 135). Dice lo siguiente: "Mi impresión general, sin afirmar nada sobre la antigüedad del Cuarto Evangelio, es que este evangelio encierra una genuina tradición de un aspecto de la

cipio general (aunque sí es cierto que esas palabras se pueden aplicar de forma general). Les está diciendo a sus oyentes cuál debe ser su reacción en ese preciso instante, ahora que se encuentran ante Él.

4. ¿Es éste el Cristo? (7:25-31)

25 Entonces algunos de Jerusalén decían: ¿No es éste al que procuran matar? 26 Y ved, habla en público y no le dicen nada. ¿No será que en verdad los gobernantes reconocen que este es el Cristo^a*? 27 Sin embargo, nosotros sabemos de dónde es éste; pero cuando venga el Cristo, nadie sabrá de dónde es. 28 Jesús entonces, mientras enseñaba en el templo, exclamó en alta voz, diciendo: Vosotros me conocéis y sabéis de dónde soy. Yo no he venido por mi propia cuenta, pero el que me envió es verdadero, a quien vosotros no conocéis. 29 Yo le conozco, porque procedo de Él, y Él me envió. 30 Procuraban, pues, prenderle; pero nadie le echó mano porque todavía no había llegado su hora. 31 Pero muchos de la multitud creyeron en Él, y decían: Cuando el Cristo venga, ¿hará más señales que las que éste ha hecho?*

a. 26 O *Mesías*; también en v. 27, 31, 41 y 42

La enseñanza de Jesús tuvo una buena acogida, tanto, que algunos de los oyentes se preguntaban si la razón por la que las autoridades no habían logrado arrestarlo era que aquel Jesús realmente era el Cristo, el Mesías. Esto lleva a una conversación sobre el origen de Cristo. Está claro que había mucha confusión en cuanto a la persona de Jesús, y que su mensaje despertaba reacciones diversas.

25-26 En este capítulo aparecen diferentes grupos de personas. "Los judíos" (vv. 1, 11, etc.; ver el comentario de 1:19) hace referencia a

---

enseñanza de Jesús que no aparecía en los Sinópticos" (p. 12). Dodd también está de acuerdo en que este pasaje tiene cierta familiaridad con los métodos y el razonamiento rabínicos (*IFG*, p. 79).

[49] Moule deja abierta la posibilidad de que los dos imperativos que aparecen en este versículo no tiene un significado estrictamente imperativo (*IBNTG*, p. 135), aunque en una nota al pie tolera la interpretación que yo he propuesto. Por cierto que algunos manuscritos contienen κρίνετε en ambos lugares.

los líderes religiosos de la nación, y eran enemigos de Jesús. Estaban intentando deshacerse de él, cosa que no escondían. También tenemos a "la multitud" (vv. 20, 31, etc.), el tropel de peregrinos que no tenía mucho conocimiento ni de los planes de las autoridades, ni de las enseñanzas de Jesús. Este grupo de gente estaba dispuesta a escucharle e, incluso, a creer en Él (v. 31). "Algunos de Jerusalén" (o "la gente de Jerusalén", término que, en el Nuevo Testamento, solo lo encontramos aquí y en Mr. 1:5) sería un tercer grupo que, aunque no tenía nada que ver con los instigadores del complot para arrestar a Jesús, conocían el plan de las autoridades, como bien muestran sus palabras. La estructura de la pregunta: "¿No es éste...?" parece esperar una respuesta afirmativa: "Sí, lo es". Sabían que Jesús era el hombre que las autoridades estaban buscando. Entonces, ¿por qué no actúan? Las palabras y la actitud de Jesús les dejaron impresionados. Aunque le buscaban para matarle, Él hablaba abiertamente[50]. Parece ser que Jesús era inmune al arresto, ya que nadie le contestó, ni mucho menos intentó capturarle (cf. Phillips: "Es increíble – Él habla abiertamente y ellos no son capaces de decirle nada"). La gente de Jerusalén empezó a preguntarse si eso significaba que sus líderes sabían que Jesús realmente[51] era el Cristo (ver el comentario de 1:20, 41). Al contrario que en la vez anterior, la estructura de esta pregunta rige una respuesta negativa: "No"; comentan la posibilidad para descartarla.

27 Vemos aquí que la gente intenta discurrir sobre el tema. Dicen: "Sin embargo[52], nosotros sabemos de dónde es éste" y que está establecido que el origen del Cristo es un misterio[53]. No todos los judíos tenían esta creencia. Los escribas de Mateo 2 no parecen sorprenderse cuando Herodes les pregunta dónde había de nacer el Cristo. De hecho, le dijeron, basándose en las profecías, que iba a nacer en Belén. Aunque

---

[50] En cuanto a παρρησία, ver la nota al pie núm. 9. Aquí la idea es que Jesús no tiene miedo, no le preocupa que esté corriendo un riesgo.

[51] "Realmente" equivale a ἀληθῶς: "¿Están seguros los líderes?" "¿están convencidos de ello?".

[52] ἀλλά es una conjunción con un fuerte significado adversativo (es muy frecuente en este evangelio; ver comentario de 1:8). Abbott cree que "en la mayoría de los casos, el contexto en el que aparece el ἀλλά joánico tiene una connotación negativa" (2055). Dice que en nuestro pasaje, "ἀλλά aporta algo muy diferente a lo que se ha sugerido en el contexto anterior" (2057).

[53] La fuerza del tiempo presente – ὅταν ἔρχεται – significaría que cuando el Cristo ya haya venido, la gente aún no sabrá de dónde viene.

también debemos darnos cuenta de que no pueden contarle mucho más. No conocían el resto de detalles – familia, circunstancias – para que su conocimiento no les llevara demasiado lejos. Más adelante en este capítulo algunos de entre la multitud demuestran que tienen un conocimiento similar al de la profecía sobre Belén (vv. 41-42; el hecho de que Jesús venga de Galilea les desconcierta). Pero, en cuanto a este tema, había opiniones de todos los colores. Mientras unos apelaban a profecías como la citada por los escribas de Herodes, otros habían interpretado los mismos pasajes de las Escrituras de forma diferente, ya que creían que el Cristo tenía un origen sobrenatural y misterioso, y que aparecería en la historia de forma imprevista. Es cierto que algunos pasajes apuntan a una aparición repentina (p. ej. Dn. 9:25; Mal. 3:1), y esta línea es la que toman algunos de los libros apócrifos[54]. Jesús no ofrece respuesta ni comentario alguno, lo cual es propio del estilo irónico de Juan. Aquellos que conocen la verdad sobre el origen de Jesús, saben que toda esa argumentación no tiene una base sólida[55].

---

[54] Por ejemplo, 4° Esdras 7:28; 13:32; 2° Baruc 29:3 hablan del Mesías como "revelado", y 4° Esdras 13:1s. lo describe saliendo del mar (lo que obviamente implica una aparición repentina). Esta idea la encontramos entre los rabíes, ya que R. Zera enseñaba que "hay tres seres que aparecen de forma inesperada: el Mesías, un objeto que se consideraba perdido, y el escorpión" (*Sanh*. 97ª; Soncino edn. p. 659). Justino en su *Diálogo* recoge que Trifón dice: "Pero a Cristo – si es que ha nacido y existe en algún lugar – nadie le conoce como tal, ni siquiera Él mismo, y no tiene poder hasta que Elías venga a ungirle, y darle a conocer a todo el mundo (*Dial*. VIII; ANF, I, p. 199; esta parece ser la única referencia a una unción del Mesías por parte de Elías). R.H. Charles analiza los textos apócrifos en *A Critical History of the Doctrine of a Future Life* (Londres, 1899), y V.H. Stanton hace otro tanto de lo mismo en *The Jewish and the Christian Messiah* (Edimburgo, 1886). Mientras que la aparición repentina del Mesías es la interpretación más lógica que se deriva de los textos apócrifos citados, tampoco podemos decir que digan de una forma explícita que el origen del Mesías es completamente desconocido. Pero los judíos creían que el ministerio del Mesías iba a empezar de forma repentina cuando Dios así lo dispusiera. Siendo que pensaban que el Mesías iba a ser un hombre, eso implica que antes de conocerlo como Mesías, Él ya estaría en el mundo y sería un hombre preparado para desempeñar su labor. Plummer cree que nuestro pasaje solo significa que lo que no se conocería sería la parentela "inmediata" del Mesías.

[55] Lightfoot cree que la declaración de la multitud tenía unas implicaciones a las que ellos mismos no podían hacer frente. "Admitir la doctrina del origen secreto del Mesías es, o tendría que ser, equivalente a decir que toda opinión humana sobre el origen del Mesías es incorrecta, afirmación que los oponentes de Jesús no están dispuestos a aceptar". Lenski también comenta el posicionamiento de la multitud: "Este tipo de razonamiento es el que caracteriza a hombres que se creen superiores a los demás. Eligen una ideología, se aferran a ella, y se niegan a considerar los hechos reales y determinantes, por convincentes que sean".

28 Jesús aprovecha el comentario de la gente para enseñarles algo más acerca de su misión. Lo más probable es que interpretemos que el "entonces" se refiere a la frase que lo precede "nadie sabrá de dónde es" y no a "habla en público", teniendo en cuenta el deseo de matarle que tenían sus enemigos. "Exclamó en alta voz" indica que la intención de Jesús era que esta enseñanza que viene a continuación alcanzara al mayor número posible de gente. Este verbo, tal y como Juan lo usa, siempre parece introducir de forma enfática una declaración importante (1:15; 7:37; 12:44). Aquí también podría indicar que Jesús habló algo de forma expresiva. Les da la razón, que le conocen y que saben de dónde es, pero seguro que lo hace con cierto matiz irónico: "Así que me conocéis y sabéis cuál es mi origen, ¿eh?". Aunque en cierto sentido eso es verdad (sabían que venía de Nazaret), en otro sentido, no están en lo cierto (no sabían que venía de Dios, que es el aspecto más importante de su origen)[56]. Jesús procede a aclarar el asunto. En el versículo 16, reconoce que su enseñanza no es original, no es su propia enseñanza. Del mismo modo, aquí dice que Él no es el que ha planeado su misión. La tarea que le ha sido encomendada no la ha elegido Él. Al contrario, alguien le ha enviado (ver el comentario de 3:17), y ese alguien es Aquel que es verdadero. No deberíamos pasar por alto las palabras del final. La gente de Jerusalén no aceptaba que Jesús tuviera una misión divina. Creían que estaba actuando por iniciativa propia, que nadie le había enviado. Pero Jesús insiste en que ha sido enviado, y enviado por alguien muy real (cf. Goodspeed, "alguien que es muy real, que vosotros no conocéis, me ha enviado"; C.B. Williams, "el que me ha enviado existe como Aquel que es real"). Como tantas otras veces en este evangelio, tenemos aquí una palabra que tiene un significado mucho más profundo de lo que parece a simple vista. Dios es "verdadero", con todo lo que eso implica (ver el comentario del v. 18)[57]. Pero no podemos esperar que la gente de Jerusalén sepa todo eso, ya que

---

[56] Podemos saber que esta es la interpretación correcta ya que en otros lugares, Jesús niega de forma explícita que le conocen (8:19) y, aparentemente, que conocen su origen (8:41s.). Algunos comentaristas creen que esta afirmación no es irónica, sino que Jesús simplemente está reconociendo que aquella gente sabe que es de Nazaret. Podría ser, pero no es muy lógico. Otros (p. ej. Moffatt) entienden las palabras de Jesús como si fueran preguntas: "¿Me conocéis? ¿Sabéis de dónde vengo? (Phillips: "¿Así que me conocéis y sabéis de dónde vengo?" (también Torrey, *RSV*, etc.; sin embargo, en *NRSV* aparece como una afirmación).

[57] Ver el comentario de 1:9 en cuanto a ἀληθινός. Este es uno de los lugares en lo que Kilpatrick cree que debería aparecer ἀληθής (como p^{66} א 544).

no conocen a Dios. Si le conocieran, habrían reconocido a Jesús, aquel a quien Dios había enviado. La idea de que no conocían a Dios aparece en otros lugares (8:19, 55). Y la implicación que de ahí se deriva es simple: si no conocen al Padre que le envió, ¿cómo van a conocer al Cristo que el Padre ha enviado?

29 El "yo" que Jesús pronuncia es enfático, y presenta un fuerte contraste con el "vosotros" de la frase anterior. Él no presenta la misma ignorancia que la de la gente de Jerusalén. Él conoce al Padre (ver el comentario de 4:18). Y desarrolla esta idea de forma doble: relacionando esa realidad con su origen, y con su misión. Su existencia procede del Padre, y fue enviado[58] por el Padre para cumplir el propósito del Padre, una más de las ideas principales de este evangelio.

30 Estas palabras suscitaron diferentes reacciones[59]. Como consecuencia de estas palabras (en algunas traducciones, como en la NVI, aparece "entonces"; "por ello" sería más acertado) sus enemigos buscaban la oportunidad de arrestarle[60]. Pero Dios está por encima de todo. Y actúa para que se cumpla su propósito. Nada puede detenerlo. El momento de la muerte de Jesús aún no había llegado, y[61] sus enemigos no iban a modificar los planes de Dios, por más que lo intentaran[62]. En cuanto a la "hora" de Jesús (o, en algunas versiones, "tiempo"), ver el comentario de 2:4[63].

---

[58] El cambio que hay – ahora se usa πέμψας, mientras que en el versículo anterior se ha usado ἀπέστειλεν – no es significativo. Ver el comentario de 3:17.

[59] Barclay nos recuerda que hoy en día ocurre lo mismo: "O lo que Jesús dijo sobre sí mismo es falso, lo que significa que fue culpable de la peor blasfemia que un hombre puede pronunciar; o, lo que dijo sobre sí mismo es cierto, lo que significa que realmente es lo que dijo ser: Hijo de Dios. Jesús pone ante nosotros una elección bien clara y definida: o le aceptamos de forma plena, o le rechazamos de forma también radical. Es por esto por lo que todo ser humano debe tomar una decisión concreta: por Cristo, o contra Cristo".

[60] El verbo πιάζω no aparece en otros evangelios, pero Juan lo usa 8 veces.

[61] "Pero" es la traducción de καί, que equivale aquí a καίτοι, "sin embargo".

[62] Calvino deriva de esta declaración sobre la muerte de Cristo un principio sobre nuestra propia muerte: "De aquí podemos sacar una doctrina general; aunque hoy vivimos, la hora de la muerte de todo hombre ya ha sido establecida por Dios (...) estamos a salvo de todo peligro hasta el momento en que Dios nos llame a su presencia".

[63] Goodspeed enfatiza el control que Jesús tenía sobre aquella situación haciendo la traducción siguiente: "y sin embargo nadie le echó mano, porque aún no estaba preparado para ello". Cf. el comentario de San Agustín: "esto es, porque Él no quería (...) Así que no se refiere a la hora en que le iba a matar a la fuerza, sino a la hora en la que Él iba a dejarse matar" (31.5; p. 190).

31 Pero (hay un contraste con lo anterior) el efecto que todo esto tuvo entre la multitud poco comprometida es totalmente opuesto al efecto que tuvo en los enemigos de Jesús. Mucha gente creyó en Él (ver el comentario de 1:12, 41). La razón que les movió a tener fe no era muy profunda: no podían concebir que cuando el Cristo viniera hiciera más milagros de los que Jesús hacía (la forma en que le hacen la pregunta "¿hará más señales...?", denota que esperaban una respuesta negativa: "No"). Pero a lo largo de todo este evangelio vemos que es preferible esa fe basada en los milagros visibles, que la ausencia total de la fe; por lo tanto, no se condena la fe de las personas de este episodio.

5. Intento de arresto (7:32)

32 Es muy interesante ver que estas cosas llegaron a oídos de los fariseos, pero que fueron los "principales sacerdotes y fariseos" los que tomaron cartas en el asunto. Los fariseos eran la primera línea visible de la autoridad, los que actuaban en la vida pública; los principales sacerdotes eran una autoridad más lejana al pueblo. Además, los Evangelios nos informan de que el grupo más activo en la persecución de Jesús era el de los fariseos, por lo que también era el grupo que solía estar más atento a lo que el nazareno decía y hacía. No obstante, los principales sacerdotes eran los que verdaderamente tenían el poder. Los fariseos tendrían más posibilidades en sus empresas si las realizaban con el apoyo de los principales sacerdotes. Así que los alguaciles que recibieron la orden de arrestar a Jesús formaban una comisión enviada tanto por los principales sacerdotes como por los fariseos[64]. Esa combinación, como tantas veces en los escritos joánicos, nos hace pensar en el Sanedrín (cf. v. 45; 11:47, 57; 18:3). En vista de las experiencias anteriores, lo más probable es que la orden no consistiera

---

[64] sobre esa combinación, Strachan comenta: "Se trata de una combinación importante y significativa. Los *principales sacerdotes* pertenecen a la secta de los saduceos y sus tareas tienen que ver con la adoración en el templo y los ingresos del templo. (...) No tenían un trato directo con el pueblo. Los fariseos eran los líderes religiosos que el pueblo conocía, que estaban al cargo de la sinagoga que, de hecho, era el verdadero centro de reunión. Eran los que tenían una relación más cercana con el pueblo. Fueron ellos los que oyeron la 'murmuración popular' acerca de Jesús. Y estos dos grupos, viendo que sus intereses religiosos y eclesiales están amenazados, se unen para arrestar a Jesús".

en el arresto inmediato, sino en una vigilancia intensa, en espera del momento adecuado para efectuar el arresto. Ciertamente las autoridades no querían provocar un disturbio entre los peregrinos que habían quedado encantados con Jesús. Normalmente, solo había un "sumo sacerdote". Lo que ocurría en este caso era que, como ahora eran los romanos los que destituían y nombraban a las autoridades eclesiásticas, había algunos "ex-sumos sacerdotes" que, aparentemente, seguían ejerciendo un cierto poder. Además, parece ser que el título se extendía a familiares de dichos sumos sacerdotes, por lo que al final, este término venía a designar a un grupo bastante grande[65]. Esta es la primera vez que Juan usa este término. MacGregor sostiene que para Juan "los 'sumo sacerdotes' corresponden prácticamente a los saduceos de los Sinópticos". En cuanto a "murmurando", ver el comentario de 6:41; detrás de este verbo suele haber la idea de queja, pero aquí, como en el v. 12, solo se refiere a hablar en voz baja. No era muy prudente hablar de Jesús de forma abierta, sobre todo si era para hablar a favor de Él. Así que aquellos que habían creído en Él, mantenían un tono de voz discreto, disimulado. Juan habla de los "alguaciles o guardas del templo" mucho más que los Sinópticos[66]. No se vuelve a decir nada de ellos hasta el versículo 45, y Juan en concreto no dice si tuvieron o no un contacto directo con Jesús.

6. El retorno de Jesús al Padre (7:33-36)

33 Entonces Jesús dijo: Por un poco más de tiempo estoy con vosotros; después voy al que me envió. 34 Me buscaréis y no me hallaréis; y donde yo esté, vosotros no podéis ir. 35 Decían entonces los judíos entre sí: ¿Adónde piensa irse éste que no le hallemos? ¿Será acaso que quiere irse a la dispersión entre los griegos y enseñar a los griegos? 36 ¿Qué quiere decir esto que ha dicho: «Me buscaréis y no me hallaréis, y donde yo esté, vosotros no podéis ir»?

---

[65] Ver J. Jeremias, *Jerusalem in the Time of Jesus* (Londres, 1969), p. 160s.

[66] Juan usa ὑπηρέτης, una palabra que significa "siervo", y no "guarda del templo", aunque es evidente que aquí se refiere a los siervos que formaban la guardia. Juan usa este término 9 veces, mientras que los Sinópticos solo lo usan 2 veces. En el resto del Nuevo Testamento solo aparece 4 veces en Hechos, y una en 1ª Corintios, así que el uso joánico es bastante inusual.

La idea que hay detrás de todos estos versículos es que Jesús un día marchará de este mundo. Además, Juan incluye alguna enseñanza de Jesús sobre el tema en cuestión, enseñanza que, como ya va siendo normal, es malinterpretada por la multitud.

33 No está claro a qué se refiere el "Entonces" inicial (de hecho, algunas versiones optan por obviarlo). Podría referirse al hecho de que estaba amenazado: Jesús estaba siendo amenazado; "por tanto", habló de su marcha en breve a un lugar fuera del alcance de sus perseguidores. O podría ser que el versículo 32 no fuera más que un paréntesis. La multitud estaba hablando sobre los milagros de Jesús (v. 31); entonces Jesús saca el tema de su muerte, que es el asunto más importante de la fe. O, de nuevo, podría ser que estas palabras hicieran referencia a la última declaración de Jesús que Juan ha recogido (en el v. 29). Aquella declaración decía que el Padre era el que le había enviado; "por tanto", lo lógico es que Él vuelva al Padre[67]. Ocurra lo que ocurra, Jesús expresa que no le preocupa la acción de sus perseguidores. Su vida y su muerte están determinadas por el Padre, y no por los fariseos. Es verdad que en breve volverá a aquel que le envió; dos ideas se esconden detrás de la afirmación: si vuelve, es porque ha cumplido la misión que se le había encomendado, y tiene que volver porque la tierra no es su morada. Sea como sea, queda totalmente excluida la posibilidad de que sus enemigos estén al control.

34 Jesús se refiere a su muerte de forma enigmática. Cuando esté[68] con el Padre, le buscarán, pero Él estará a salvo de sus ataques. Lenski cita Amós 8:11s. y Proverbios 1:24s.; y añade: "Esta terrible búsqueda

---

[67] Juan usa la palabra ὑπάγω que simplemente significa "ir" o "marchar". Pero Juan la usa mucho para referirse al momento en que Jesús volverá o "irá" al Padre (17 veces). Además usa este verbo muchos más que cualquier otro libro neotestamentario (32 veces; Mateo, 19 veces; Marcos, 15 veces; y Lucas, 5 veces). Aquí Jesús habla de ir al que le envió (de nuevo en 16:5). Otras veces habla de ir al Padre (16:10), o a Dios (13:3). O usa el término de forma intransitiva, simplemente diciendo que se va (8:21). Dice que sabe adónde va (8:14) y que nadie le puede seguir hasta allí (8:21). De nuevo, une la idea de su partida con la de su regreso (14:28).

[68] Podría acentuarse εἶμι y entender el sentido de "ir", tanto aquí, como en otros pasajes como v. 36; 14:3; 17:24, pero, en mi opinión, lo cierto es que en ninguno de estos casos parece probable. εἶμι es una forma obsoleta (en el Nuevo Testamento no encontramos ningún ejemplo claro de su uso), y son muy pocos los que respaldan esta interpretación. Así que la traducción más aceptable será "donde yo esté". Temple hace hincapié en el tiempo presente: "No solo no podrán ir al lugar donde estará, sino que

sviene cuando el día de gracia ha pasado". Vemos que hay un claro contraste entre el "yo" y el "vosotros". Jesús y sus oponentes están hechos de una pasta muy distinta. Ellos no le pueden alcanzar cuando está en el lugar al que pertenece. Así que estas palabras apuntan a la derrota final de los enemigos de Jesús. Tal y como lo explica Bultmann, "Al deshacerse de Jesús, no le están destruyendo a Él, sino que se están destruyendo *ellos mismos*" (p. 307).

35 Los judíos muestran gran sorpresa. Las palabras de Jesús les han dejado perplejos. El pronombre personal "nosotros" es enfático ([*N. de la T.*]. Aunque en la versión castellana que estamos usando no lo refleja así): "¿Adónde piensa irse para que *nosotros* no le hallemos?". Sus palabras podrían sugerir la hipotética posibilidad de que Jesús pensara hacer un viaje a la Dispersión, término que designa a un elevado número de judíos que en aquel tiempo estaban dispersos por todo el Imperio Romano e incluso más allá de sus fronteras[69]. Desde el exilio a Babilonia ha habido judíos viviendo fuera de Palestina. Cuando se les dio permiso para dejar Babilonia para regresar a su tierra, no todos volvieron. Evidentemente, esto sentó un precedente, ya que mucho más adelante había muchos judíos en todas las ciudades del Imperio. El grupo más grande de los judíos de la Dispersión se hallaba en Alejandría[70]. Hablan

---

tampoco podrán ir al lugar donde ahora está, es decir, *al seno del Padre* (1:18). Cuando *descendió del cielo* (6:38), no dejó el cielo, sino que ha estado todo el tiempo *en el cielo* (3:13). Ya que el cielo es la comunión con el Padre; él vino al mundo de esa comunión; y sin embargo, nunca le faltó dicha comunión". Del mismo modo, dice San Agustín: "Vino a la tierra de una forma increíblemente sabia, sin marchar del cielo; y volvió al cielo, sin abandonarnos" (36:9; p. 192). Lightfoot nos recuerda que esta expresión se vuelve a repetir en 12:26; 14:3; 17:24, y que "adónde voy" lo encontramos en 8:14, 21; 13:33. Cree que es probable que "esté expresando una verdad espiritual tanto en términos de movimiento ('adónde voy') como en términos estáticos ('donde estoy'). Incluso en este momento, en el que Jesús está ante sus enemigos, éstos no se le pueden acercar, porque no tienen la misma manera de pensar. Ya que, a pesar de lo que ha dicho en 7:33, también es verdad que la separación entre Jesús y sus enemigos está causada no solo por la distancia espacial, sino porque son abismalmente diferentes en el corazón, la mente y el espíritu". Pero esta interpretación no debería esconder la referencia que Jesús hace a su propia muerte.

[69] Διασπορά se usa en algún lugar para designar a los cristianos (Stg. 1:1; 1 P. 1:1). Pero es muy poco común y no hay nada que indique este texto que nos haga pensar que deberíamos entender este término como "cristianos".

[70] Como había judíos en diferentes países, es curioso que destaque la dispersión entre "los griegos". Puede que, como dice W.C. van Unnik, esto dé una pista sobre los lectores que el evangelista tenía en mente cuando escribió este evangelio: "La Diáspora judía estaba repartida, esparcida por todo el mundo: podría haber hablado de

de ir a la Dispersión, pero no hablan de enseñar a la Dispersión, sino a los griegos. Parece ser que esto significaba ir a las sinagogas judías y usarlas de trampolín para alcanzar a los griegos del lugar. Ese es, de hecho, el método que usaron los primeros predicadores cristianos (como vemos en el libro de los Hechos). Sin embargo, los judíos de este episodio consideran que este método no es apropiado para el Mesías, lo que constituye otro ejemplo de la ironía joánica[71]. El hecho de que Juan haya recogido la confusión que existía entre algunos sobre el origen del Mesías tiene su interés (vv. 26-27). Ahora lo une a la confusión que hay referente a su marcha.

36 Los judíos repiten las palabras de Jesús que aparecen en el versículo 34, detalle a destacar pues es una de las pocas veces en este evangelio en las que se repite algo de forma exacta (ver el comentario de 3:5, donde se habla de la tendencia joánica a la variación). Está claro que aquella declaración les había sorprendido grandemente. Y no solo les sorprendió, sino que parece ser que les incomodó. ¿Había algo más detrás de las palabras de Jesús? ¿Se estaba riendo de ellos aquel nazareno? ¿Había algo más que debían comprender y que se les había escapado?[72]

---

la dispersión en general; ¿por qué menciona a los griegos, y no menciona Babilonia, Egipto o Roma? Solo cabe una explicación: el autor estaba especialmente interesado en esa parte del mundo" (*SE*, I, p. 408). Si este evangelio fue escrito especialmente para una sinagoga en medio de un ambiente heleno, debió de haber un interés natural por preservar cualquier referencia que se hiciera a los griegos.

[71] "Es como si dijera: el Jesús que, en sus días en la tierra trascendió las divisiones entre Judea, Samaria y Galilea, acabó en presencia espiritual la misión que tenían entre su Iglesia e incluso trajo una liberación que iba más allá de su Iglesia, y rompió las barreras raciales. Lo que les parecía tan absurdo a 'los judíos' tuvo lugar cuando Jesús volvió al Padre" (Wright). Cf. también N.A. Dahl: "Como ya es normal en el cuarto evangelio, los malentendidos o malinterpretaciones acaban sacando a la luz la verdad: ciertamente Jesús iba a ir al Padre, y así, también iba a ir a los griegos, a través de la palabra de sus testigos misioneros" (*Current Issues in New Testament Interpretation*, ed. W. Klassen y G.F. Snyder [Londres, 1952], p. 126).

[72] Como dice Westcott: "A pesar de todo, las palabras de Cristo no se pueden pasar por alto. Tampoco tenemos por qué justificarlas. Parece ser que hay en ellas un cierto aire de o un cierto significado no revelado, misterioso". Cf. también Strachan: "El sarcasmo muchas veces esconde una profunda perplejidad o confusión. Los judíos aún están bajo el encantamiento de las palabras de Jesús".

7. Una profecía del Espíritu (7:37-39)

37 Y en el último día, el gran [día] de la fiesta, Jesús puesto en pie, exclamó en alta voz, diciendo: Si alguno tiene sed, que venga a mí y beba. 38 El que cree en mí^a, como ha dicho la Escritura: «De lo más profundo de su ser brotarán ríos de agua viva.» 39 Pero Él decía esto del Espíritu, que los que habían creído en Él habían de recibir; porque el Espíritu no había [sido dado] todavía, pues Jesús aún no había sido glorificado.

a. 37, 38 O *Si alguno tiene sed, que venga a mí. / Y que beba,* ^{38} *el que cree en mí. / Como...*

Jesús se guardó lo mejor para cuando la fiesta estaba en su momento álgido. Crisóstomo cree que para entonces mucha más gente se había reunido alrededor de Jesús, lo cual es bastante probable. La Fiesta de los Tabernáculos contenía mucho simbolismo y contaba con un gran seguimiento popular; ese simbolismo es lo que da forma al contexto en el que Jesús pronuncia su gran declaración. Parece ser que ese contexto estaba formado por las principales características de la observancia, junto con la construcción de las enramadas (en las que la gente habitaba durante los días que duraba la fiesta) y las ofrendas de sacrificios[73]. La gente llevaba consigo ramas y hojas llamadas *lulabs*[74]. Aparentemente, había un desacuerdo entre los saduceos y los fariseos en torno a la interpretación de Levítico 23:40: "En el primer día tomaréis para vosotros frutos de árboles hermosos, hojas de palmeras y ramas de árboles frondosos, y sauces de río". Según los saduceos, aquel era el material con el que debían construirse las tiendas para la observancia de la fiesta, mientras que los fariseos creían que la gente que iba a adorar al templo debía llevar ramas de los árboles mencionados en ese texto. La interpretación que mayor acogida tenía en el pueblo

---

[73] En cuanto a las ceremonias de la Fiesta de los Tabernáculos, cf. *TDNT*, IV, pp. 277-78.

[74] A. Edersheim describe el *lulab* de la siguiente manera: "el *lulab*, o palma, que llevaba una rama de arrayán y una rama de sauce a cada uno de los lados, atado con la rama misma por fuera, aunque por dentro podía ir atado con una cuerda dorada" (*The Temple* [Londres, n.d.], p. 238; el cap. 14 ofrece una descripción de la forma en que se guardaba la fiesta). R. Ishmael lo explica en estos términos: "(Son necesarias) tres ramas de arrayán y dos ramas de sauce y una palma y un limón" (*Sukk.* 3:4).

era la de los fariseos, y por eso en las procesiones todos llevaban un *lulab* en la mano derecha y un limón en la mano izquierda. El *lulab* simbolizaba las diferentes etapas de la peregrinación por el desierto (donde encontraban diferentes clases de vegetación), y el limón, la fruta de la tierra que Dios le había dado a su pueblo. Mientras se recitaban algunos salmos, la gente ondeaba los *lulabs*[75]. La celebración iba acompañada de la música y danza que duraba casi toda la fiesta, y se iban trayendo ramas frescas de sauce para colocarlas alrededor del altar (*Sukk*. 4:5). La parte de arriba de las ramas se doblaba hacia el altar, formando como un techo. Las palabras del Salmo 118:25, "Te rogamos, oh Señor, sálvanos ahora; Te rogamos, oh Señor, prospéranos" podrían tratarse de una oración pidiendo lluvia y una buena cosecha. Cada día de los siete que duraba la fiesta, un sacerdote llenaba un recipiente de oro del agua del estanque de Siloé y lo llevaba en procesión al Templo, al sonido de las trompetas. Allí el agua se vertía en un cuenco al lado del altar, del que salía un tubo que la llevaba a la base del altar. Estas ceremonias simbólicas constituían una acción de gracias al Dios de las misericordias que les había dado agua en el pasado (quizá haya aquí una referencia al agua de la roca en el desierto, además de una referencia a las lluvias más recientes de las que ellos mismos se habían beneficiado). También constituían una oración pidiendo lluvia para el año siguiente[76]. También es significativo que las palabras de Isaías se asocian con esta ceremonia: "Con gozo sacarás agua de los manantiales de salvación" (Is. 12:3)[77]. La Misná dice: "El que nunca ha visto el gozo de sacar agua no ha visto gozo alguno" (*Sukk*. 5:1). El Talmud en Jerusalén relaciona esta ceremonia e Isaías 12:3 con el Espíritu Santo: "¿Por qué se dice 'sacar agua'? Por el derramamiento del Espíritu Santo, según el cual se dice 'Con gozo sacarás agua de los manantiales de salvación'"[78].

---

[75] *Sukk*. 3:9 recoge una división de opiniones; la escuela de Hillel abogaba por ondear las ramas al principio del Salmo 118 y en el Salmo 18:25, mientras que la escuela de Shammai decía que debían ondearse en el Salmo 118:25.

[76] Bernard cita unas palabras del Rabí Akiba: "Trae la libación del agua a la fiesta de los Tabernáculos, para que seas bendecido con muchas lluvias. Y por esta razón se dice que quien no venga a la fiesta de los Tabernáculos no tendrá lluvias".

[77] También R. Ena (*Sukk*. 48b). Algunos dicen que estas palabras se iban cantando en la procesión.

[78] J *Sukk*. 5:1 (citado en A. Guilding, *The Fourth Gospel and Jewish Worship* [Oxford, 1960], p. 2).

Texto, Exposición y Notas: Una Profecía del Espíritu (7:37-39)

Las palabras de Jesús deben entenderse teniendo este contexto que acabamos de ver. Hasta ahora no se ha recogido nada de la enseñanza que dio en esta fiesta, ya que todas las palabras de este capítulo solo eran las respuestas a las acusaciones de sus enemigos. Pero ahora, cuando la fiesta está en su punto culminante, explica la importancia que tiene haber venido a traer vida. Toma el simbolismo del agua y lo usa para hablar del agua viva que Él les va a conceder. La gente cree que Jesús está hablando de la lluvia, y de las necesidades materiales y físicas. Pero Él subraya la profunda necesidad del alma y la forma de cubrir esa necesidad. En el capítulo 4 ya se había mencionado el agua viva, pero aquí la única explicación que se nos da es en relación con el Espíritu Santo.

37 Parece ser que hubo un tiempo en que la fiesta duraba siete días (Dt. 16:13), pero que pasó a haber un octavo día, aunque se podía separar de los siete primeros días (Lev. 23:36). No sabemos exactamente si el punto culminante de la celebración era el séptimo día, o ese octavo día del que Juan dice que era "el gran día de la fiesta"[79]. Otra vez se nos dice que Jesús "exclamó en alta voz" (ver el comentario del v. 28). Esta expresión indica que esta declaración era importante. Jesús la proclama a los cuatro vientos y de forma enfática, quizá con cierta emoción y una gran expresión, para que todos la oigan y todos presten atención. También se dice que Jesús estaba de pie (el verbo significa más bien que "estaba de pie", y no que "se puso de pie"). Normalmente los maestros permanecían sentados, y sus discípulos se sentaban alre-

---

[79] Puede ser que el octavo día no estuviese reconocido como parte de la fiesta; en este caso, "el gran día" se estaría refiriendo al séptimo. Parece ser que las ceremonias con agua y luces acababan el día séptimo (*Sukk.* 4:1); sin embargo, el Talmud cita a R. Judá diciendo que las ceremonias de la libación de agua duraban ocho días (*Sukk.* 48b). Pero es difícil entender que dijeran "último día" refiriéndose al séptimo si el octavo día también se observaba. Además, el octavo día parece ser un día especial como un *Sabat* (Lev. 23:36), y *Sukkah* 5:6 menciona que este día se hacían unos sacrificios especiales, lo que es una prueba de que en tiempos neotestamentarios ese octavo día era diferente a los otros. Josefo también dice que esta fiesta duraba ocho días (*A.* 3.245; y también 2º Macabeos 10:6). Las palabras de Jesús se entienden más si pensamos en que en el octavo día no había libación o derramamiento de agua. Resumiendo, parece ser que lo más probable es que en este versículo se esté refiriendo al octavo día (aunque Edersheim no está de acuerdo). Por cierto que en el calendario judío el día octavo era el último día de la fiesta y se le llamaba "el último día santo" (*Sukk.* 4:8). Del mismo modo, Filón lo describe de la siguiente manera: "un tipo de complemento (πλήρωμα) y conclusión de todas las fiestas del año" (*De Spec. Leg.* 2.213).

dedor, para poder oír bien las importantes palabras que su Señor quería comunicarles. Además, así estaba en una posición para que le pudieran ver y oír el máximo número de personas. Con unas palabras que nos recuerdan a las de 4:10, Jesús invita a los sedientos a que se acerquen a Él y beban. Detrás de estas palabras está la idea de que el alma sedienta descubrirá que Jesús cubre aquellas necesidades que nada ni nadie pueden suplir. El momento de pronunciar esta enseñanza era muy adecuado ya que, durante los siete días, se realizaban en el templo libaciones de agua traída del estanque de Siloé (*Sukk.* 4:9). Pero en el octavo día no se vertía agua, por lo que las palabras de Jesús debieron de ser aún más sorprendentes. También, puede que no se estuviera refiriendo en primer lugar al rito que se realizaba en el templo, sino al abastecimiento de agua en el desierto que había salido de la roca hacía ya muchos años. Aquel agua suplió las necesidades físicas e inmediatas de los israelitas mientras que nadie bebía del agua que se llevaba al templo en el recipiente de oro[80]. Lo entendamos como lo entendamos, lo cierto es que la observancia de la fiesta incluía una oración pidiendo lluvia, y Jesús proclama la respuesta a esa oración de una forma que nunca hubieran imaginado.

38 En este punto no hay acuerdo sobre la división de la frase, lo cual afecta al significado. Si nos deshacemos del punto final del versículo 37, el pasaje querrá decir: "Si alguno tiene sed, que venga a mí, y dejad que el que cree en mí beba"[81]. Los que defienden esta teoría sostienen que la siguiente sección – "como ha dicho la Escritura: 'De lo más profundo de su ser brotarán ríos de agua viva'" – se refiere

---

[80] Godet aboga por esta teoría, y dice que concuerda con el simbolismo de este evangelio por lo que a figuras veterotestamentarias se refiere: "Cap. 2: se presentó como el templo verdadero; Cap. 3: como una verdadera serpiente que ardía; Cap. 6: como el pan del cielo, el verdadero maná; Cap. 7: la roca verdadera; Cap. 8: será la verdadera nube luminosa, y así hasta el cap. 19, donde finalmente se presentará como Cordero Pascual".

[81] *IB* indica que esta puntuación "de forma aislada, tiene sentido", pero esta es una opinión demasiado sesgada. Hoskyns dice que parte de la dificultad de ver cuál sería la división correcta es que ambas entran dentro del llamado estilo joánico. Cree que la referencia principal sería la de que Jesús es la fuente del agua de vida, aunque también ve que el creyente podría llegar a ser "una fuente de agua que brota para vida eterna" (4:14; estrictamente aquí se describe a Jesús y no al creyente). "La explicación de la posibilidad de una doble puntuación y de la consiguiente ambigüedad tanto de la gramática como de la aplicación de la cita es que el significado secundario es un obstáculo que nos impide ver bien el significado primero que el autor tenía en mente, y una barrera que crea es un impedimento para la construcción de las palabras de Jesús".

no solo al creyente, sino también a Cristo. Ciertamente, parte de la razón que les lleva a optar por esta puntuación es su deseo de que estas palabras puedan aplicarse al Señor. Existen dos razones principales por las que algunos optan por este posicionamiento: (a) es difícil encontrar un pasaje de las Escrituras que diga que la fuente de agua viva es el creyente, y (b) Cristo, y no el creyente, es la fuente de agua viva. No podemos desestimar radicalmente esta posición, pero lo cierto es que es preferible la puntuación de la versión que hemos escogido (que es también la puntuación por la que optan tantas otras versiones como NVI, RVA, etc.)[82]. Es normal que como se ha hablado de "sed" se hable de "beber"; lo que no es tan normal o predecible es que surja el tema de la "fe". Las palabras sobre la fe van mejor con lo que viene a continuación[83]. Parece ser que no se ha dado ninguna explicación satisfactoria de por qué separar "y beba" de las palabras anteriores. Los que necesitan beber no son los fieles, sino los sedientos. De hecho, acercarse a Jesús y beber es creer. No hay ninguna diferencia de significado. Invitar al creyente a beber es una tautología. Nótese también que la construcción "El que cree" es muy común en Juan y siempre parece indicar la posesión de vida en el presente (3:18, 36; 6:35, 47; 11:25; 12:44; 14:12).

Pero la mayor dificultad está en aceptar el cambio de sujeto que hay si interpretamos que las palabras "de su ser brotarán ríos de agua viva"

---

[82] Esta puntuación cuenta con el peso y el apoyo de p^{66}. Los textos patrísticos están divididos, pero las ediciones críticas modernas del texto griego parecen apoyar esta división de la frase, como muchas otras traducciones, entre ellas *NRSV, REB, GNB*. G.D. Fee ha estudiado el problema y concluye que deberíamos "aceptar la tradición de las traducciones al inglés" (*ExT*, LXXXIX [1977-78], p. 117). Ver también Juan B. Cortés, *CBQ*, XXIX (1967), pp. 75-86, donde aparece una buena argumentación a favor de la misma idea.

[83] En un comunicado privado el Profesor G.D. Kilpatrick dice que la tendencia más normal es que proposiciones con καθώς sigan a la proposición principal, aunque esto se ve de una forma menos clara en los textos joánicos. Pero en Mateo y Marcos esta regla es inamovible; en Lucas ocurre así 13 veces de las 17 veces en las que aparece este tipo de proposición, y en Hechos, 13 de 15; en Juan, sin embargo, ocurre así 19 veces(incluyendo 1:1), pero la regla se transgrede en 13 ocasiones (aunque en varias de ellas aparece una palabra que indica continuación o reanudación). Cuando καθώς introduce una cita no nos sirve de ejemplo de transgresión de la regla, y nunca aparece insertada en medio de una cita. Por todas estas razones él argumenta que la proposición principal aquí acaba en εἰς ἐμέ, y que la cita empieza en ποταμοί. El último punto puede aceptarse sin contraponer ὁ πιστεύων εἰς ἐμέ. Es cierto que eso supone que καθώς aparecerá en primer lugar, pero el uso que Juan hace de esta expresión no es tan regular como para que esa posibilidad quede excluida.

se refieren a Cristo. Sea cual sea la puntuación que prefiramos, parece muy poco probable que la persona de cuyo ser se habla sea la misma que "el que cree". De nuevo, aunque es verdad que el agua viva mana en última instancia de Cristo, el creyente es una fuente para los demás[84]. Y, aunque es verdad que es difícil encontrar en el Antiguo Testamento que profeticen sin ambigüedad alguna que del creyente brotarán ríos de agua viva, también es verdad que es aún más difícil encontrar un texto que diga lo mismo sobre Cristo. Podríamos pensar en algunos (Éx. 17:6; Sal. 105:41; Ez. 47:1; Jl. 3:18), pero hace falta mucha imaginación para encontrar una profecía de que Cristo iba a convertirse en la fuente (algunos creen que la referencia al agua tiene que ver con el agua que, junto con sangre, salió del costado del Salvador, 19:34, pero esto resulta del todo inverosímil). Y, si el Antiguo Testamento no habla explícitamente de que el agua viva viene del creyente, al menos hay pasajes que hablan de las bendiciones espirituales para el pueblo de Dios usando el simbolismo del agua. Algunos hablan del agua como algo continuo, que estaría de acuerdo con la idea de que la bendición se va transmitiendo. Quizá el más relevante es "Serás como huerto regado y como manantial cuyas aguas nunca faltan" (Is. 58:11; ver también Pr. 4:23; 5:15; Is. 44:3[85]; 55:1; Ez. 47:1s.; Jl. 3:18; Zac. 13:1; 14:8)[86]. Entonces, el significado de nuestro pasaje, según tales profecías del Antiguo Testamento, parece ser el siguiente: cuando alguien cree en Jesús, se cumplen las Escrituras que hablan de la actividad del Espíritu Santo[87]. En el día de Pentecostés Pedro decía que la profecía de Joel se había cumplido (Hechos 2:16s.); aquí deberíamos ver algo similar. El versículo 38 continúa la idea del versículo 37. La acción de beber de la que Jesús

---

[84] Brown cita a R. Akiba del *Midrash Sifre* sobre Dt. 11:22 para comparar con un paralelo contemporáneo: "El discípulo que está empezando es como una fuente que solo puede dar el agua que ha recibido; el discípulo más avanzado es una fuente que da agua viva". Cf. también "Eleazar b. Arak es una fuente que mana continuamente" (*'Ab*. 2:8).

[85] El paralelismo de este versículo relaciona el agua con el Espíritu: "Porque yo derramaré agua sobre la tierra sedienta, y torrentes sobre la tierra seca; derramaré mi Espíritu sobre tu posteridad, y mi bendición sobre tus descendientes".

[86] Ver también el debate en Juan B. Cortés, *CBQ*, XXIX (1967), pp. 75-86.

[87] Aquí volvemos a encontrar otra ambigüedad. ¿"Como ha dicho la Escritura" va con lo que le antecede, o con lo que aparece a continuación? Crisóstomo adoptó la primera opción, pero la mayoría de los comentaristas adoptan la segunda. Y creo que estos últimos tienen razón. No parece haber un pasaje veterotestamentario que explícitamente hable de la fe en Jesús y, de todos modos, el énfasis está en el hecho de que brotarán ríos de agua viva. Lo más natural es que estas palabras se refieran a lo que aparece a continuación, por lo que no deberíamos desestimar la otra alternativa.

habla es posible solo para el que tiene fe. Y la fe tiene unas consecuencias. Cuando el creyente[88] va a Cristo y bebe, no solo calma su sed, sino que recibe un abastecimiento tan abundante que de él van a brotar verdaderos ríos[89]. Todo esto subraya que la vida llena del Espíritu tiene

[88] ὁ πιστεύων es un nominativo absoluto.
[89] El griego es ἐκ τῆς κοιλίας αὐτοῦ, "de su tripa u ombligo", es decir, "de sus entrañas, de su interior". Algunos eruditos, que no creen que esa profecía aparezca en las Escrituras, opinan que "tripa u ombligo" se refiere a Jerusalén. Así, I. Abrahams dice que Zac. 14:8 se lee en las sinagogas en relación con la Fiesta de los Tabernáculos (el primer día). Habla de que de Jerusalén saldrán aguas: "Pero como en la tradición rabínica (T.B. Sanedrín 37ª, Ez. 38:8, Jub. 8) Jerusalén estaba situada en el *ombligo* de la tierra, así que quizá Juan esté usando tripa u ombligo como sinónimo de Jerusalén" (*Studies in Pharisaism*, serie primera, p. 11). C.F. Burney cree que no se ha traducido bien el arameo original. Él cree que מְעִין, 'fuente', y מְעִין, 'ombligo' son idénticos sin la vocalización hebrea y cree que el significado es:
"Dejad que el que tiene sed venga a mí;
y dejad que beba el que cree en mí.
Como ha dicho la Escritura,
brotarán ríos de la fuente de agua viva" (*AO*, p. 110).
C.C. Torrey niega que las dos palabras arameas se confundiesen, como afirma Burney, y dice que la reconstrucción de Burney "ni demuestra un buen conocimiento del arameo ni da una explicación del original griego" (*Our Translated Gospels* [New York y Londres, 1936], p. 110). Cree que la confusión ha surgido de la palabra aramea *gawwah* ('el medio de ella'), y el masculino *gawweh* (que resultaría en la siguiente traducción: 'del interior de él') (p. 111;... estas palabras serían idénticas). He aquí su traducción: "Como dice la Escritura, de en medio de ella brotarán ríos de agua viva", y añade una nota explicando que "ella" es Jerusalén, y que la cita a la que hace referencia es Salmos 46:4-5). Pero en contra de esta idea estaría el hecho de que el Nuevo Testamento ve a Cristo, y no a Jerusalén, como la fuente de la bendición. Los lingüistas no son lo suficientemente convincentes como para compensar este problema. Ver más en la crítica que Hendriksen hace de la teoría de Torrey, y en la nota de W.F. Howard (M, II, p. 475). SBk cita evidencias rabínicas en cuanto al uso de גוף, "cuerpo" (que dicen es equivalente a κοιλία), para referirse a "persona". Puede que esto sea significativo, aunque muchos objetan que debería traducirse por σῶμα y no por κοιλία. "Tripa u ombligo" se usan en el Antiguo Testamento para definir los sentimientos más internos de una persona; cf. Pr. 20:27. En Sal. 40:8 (LXX 39:9) Rahlfs acepta la traducción κοιλίας (la ley está "en medio de mi ombligo"), aunque fijémonos que B opta por καρδίας; cf. v. 10. Crisóstomo dice del presente pasaje: "Cuando dice 'ombligo' quiere decir 'corazón'" (51.1; p. 183; y procede a citar Sal. 40:10). Igual hace San Agustín: "El ombligo o el interior del hombre es la conciencia del corazón. Después de beber ese agua, la conciencia es purgada y empieza a vivir; y al continuar bebiendo tendrá una fuente, él mismo será una fuente" (32.4; p. 194). *NRSV, GNB*, Goodspeed y otros optan por "corazón"; Phillips, por "lo más recóndito del corazón"; Knox, por "seno". J. Behm también prefiere "corazón" (*TDNT*, III, p. 788). Barclay cree que lo que Jesús quiere decir es lo siguiente: "Venid a mí; aceptadme; confiad en mí; y yo pondré en vosotros a través de mi Espíritu una vida nueva que os dará pureza y satisfacción, y que pondrá fin a todas vuestras frustraciones y aspiraciones malogradas y os dará el tipo de vida que siempre habéis deseado y que no habíais logrado obtener". Esto es cierto, pero también es verdad que estas palabras apuntan al carácter continuo

una naturaleza continua. A diferencia de lo que creían los hombres de Qumrán, en el Cristianismo no valía la piedad egoísta. Los seguidores de aquella secta (de aquella época) se habían retirado al desierto para llegar a ser el pueblo de Dios. Se encerraron en ellos mismos. No hacían nada por influir en los demás ni para ser de bendición a los demás. El Mar Muerto recibe las aguas del Jordán, pero no da nada a cambio: es árido, sin vida; del mismo modo, los de la secta del Mar Muerto querían recibir la bendición de la ley de Dios y reservársela para ellos mismos[90]. Y en ese proceso, acabaron siendo estériles. No ocurre así con el verdadero cristiano[91]. Los creyentes no son egoístas, no miran por sí mismos. Cuando reciben el regalo de Dios, lo pasan o transmiten a los demás. O, dicho con otras palabras, cuando alguien cree se convierte en siervo de Dios y Dios le usa para llevar bendición a los demás[92].

---

de este tipo de vida. Los creyentes no solo reciben bendición, sino que se convierten en una fuente de bendición para los demás. Cf. K.H. Rengstorf, "Si tenemos en cuenta ποταμός, esto quiere decir que Jesús capacita a sus discípulos de tal forma que las fuerzas y la plenitud de la vida continúan trabajando sin ninguna restricción o límite, ya que los ríos de agua viva brotan a través de ellos hacia el mundo y están disponibles para los sedientos, siempre y cuando estos crean" (*TDNT*, VI, p. 607). Es así como la mayoría de eruditos, tanto antiguos como modernos, entienden el "interior" o la "vida". Y parece ser la mejor conclusión, haciendo justicia al texto, de todas las que se han dado.

[90] Wright cita a Bunyan:
"Había una vez un hombre, que todo el mundo lo tenía por loco,
Cuánto más daba, más tenía".
Pero contrasta esto con la "regla del estanque estancado"
"... la antigua regla
le servía para su sencillo plan,
que los que ya tenían poder, tomaran,
que los que tenían medios, guardaran".
Añade: "Este 'plan' va en contra de sí mimo. El estanque que solo recibe, con el tiempo, se seca. El agua viva que brota para la curación de los demás no se seca, ya que su fuente está en la vida de Dios, en la 'Roca Espiritual' que es Cristo".

[91] Ni tampoco con el buen judaísmo. Hay un dicho de R. Meir: "El que se ocupa en el estudio de la ley por amor a ésta merece mucho (...) Eso le dará un reino, un dominio, y discernimiento a la hora de juzgar; le serán revelados los secretos de la ley y será como una fuente inagotable y como un río que brota de forma majestuosa" ('*Ab*. 6:1). Pero es significativo que, mientras que el rabí habla de la ley, Jesús habla de una vida llena del Espíritu.

[92] Cf. . Behm: "la idea básica es que el que es tocado por Jesús en lo más íntimo de su ser, de él emanarán poderes de salvación en sobreabundancia (cf. v. 39; también Mt. 5:13s.)" (*TDNT*, III, p. 789). En una nota al pie dice que aquellos que creen que αὐτοῦ se refiere a Jesús y a que la bendición procede de Él "¡tienen en contra de su teoría al texto mismo!" (nota núm. 17).

El "agua viva" es el don de Cristo (4:14). Aquí hemos de ver que ese don es de origen divino, pero que Dios lo canaliza a través de los creyentes.

39 Juan explica la críptica declaración de Jesús. Tiene que ver con el Espíritu, que le es dado a aquel que pone su confianza en Cristo. Se trata de una explicación muy importante. La expresión "el agua viva" no aparece explicada en ningún otro lugar, y no es muy común (a excepción de cuando se usa para referirse al agua corriente, por oposición al agua estancada de, por ejemplo, un embalse)[93]. Esta explicación nos ayuda a interpretar pasajes como el del capítulo 4. El griego original que hay detrás de "El Espíritu no había sido dado" es muy difícil de traducir. En griego no existe un equivalente de "dado" y la traducción más literal sería "porque aún no era Espíritu"[94]. Probablemente esto apunte al período después de Pentecostés. El don del Espíritu Santo que aquel día le fue dado a la iglesia primitiva lo transformó todo, para que a todo lo que había de suceder a continuación se le llamara la Era del Espíritu. La Biblia no dice que el Espíritu estuviera totalmente inactivo hasta ese momento; de hecho, tanto en el Antiguo Testamento como en los Evangelios se habla mucho de Él. Pero no hay nada que pueda compararse con el papel del Espíritu en la Era Apostólica. Entonces "fue Espíritu" de una forma que no lo había sido anteriormente. Juan nos dice que es la obra de Jesús la que hizo que las cosas cambiaran. El Espíritu aún no había sido dado porque Jesús aún no había sido glorificado[95]. El Calvario es el preludio necesario para llegar a Pentecostés. Una vez más, Juan se refiere a la cruz como algo glorioso, y no como algo ignominioso. Y ve la obra propiciato-

---

[93] Quizá deberíamos recordar que el "agua" y el "espíritu" aparecen juntos en varias ocasiones en los Rollos del Mar Muerto, p. ej. 1QS 4:20-21.

[94] Para un estudio más detallado de estas palabras cf. S.H. Hooke, *NTS*, IX (1962-63), pp. 372-80. Su conclusión es la siguiente: "hasta que el Hijo del Hombre no ascendió al lugar de donde vino, y el último Adán no se convirtió en un espíritu que da vida, no le fue posible al Espíritu entrar en un creyente y ser la vida de un creyente, y producir en él la vida de Cristo, como Pablo dice 'para que también la vida de Jesús se manifieste en nuestro cuerpo mortal (2 Co. 4:11)" (p. 380).

[95] En cuanto al concepto joánico de 'gloria' ver el comentario de 1:14. Esta es la primera vez que usa δοξάζω, un verbo que usa 23 veces. En ningún otro libro aparece más de 9 veces (Lucas), así que claramente se trata de un concepto joánico. Lo usa tanto para la glorificación del Hijo como para la del Padre, y sobre todo ve esa glorificación en la cruz.

ria de Cristo como el preludio necesario para que pueda empezar la obra del Espíritu. Aunque no debemos intentar diseccionar la experiencia del creyente en momentos aislados, está claro que se tiene que hacer algo con el pecado antes de poder entrar en la vida en el Espíritu. En este evangelio se repite varias veces que el Espíritu no podía venir mientras Jesús estaba realizando su ministerio en la tierra (16:7). Pero cuando esa obra se consumó, el Espíritu fue dado (20:22; Hechos 2)[96].

8. División (7:40-44)

40 Entonces [algunos] de la multitud, cuando oyeron estas palabras, decían: Verdaderamente este es el Profeta. 41 Otros decían: Este es el Cristo. Pero otros decían: ¿Acaso el Cristo ha de venir de Galilea? 42 ¿No ha dicho la Escritura que el Cristo viene de la descendencia de David, y de Belén, la aldea de donde era David? 43 Así que se suscitó una división entre la multitud por causa de Él. 44 Y algunos de ellos querían prenderle, pero nadie le echó mano.

Como en el resto del capítulo, las palabras de Jesús causan división. Aquí Juan recoge una tendencia a aceptarle en función de lo que dice, y una tendencia a rechazarle en función del hecho de que viene de Galilea.

40 Juan vuelve a las opiniones de la gente. Algunos[97] estaban tan maravillados con las palabras de Jesús (en cuanto a "palabras", ver el comentario de 14:24) que afirmaban que era "el profeta" (es decir, el profeta de Dt. 18:15). Hay que destacar la persistencia con la que en este evangelio se hace referencia a ese profeta (cf. 1:21, ver nota; 1:25; 6:14). Evidentemente había una parte considerable de judíos que esperaban la aparición de aquel Mesías. La actitud que vemos aquí es más lógica que la que vimos en 6:14. Entonces, la gente creía que Jesús era un profeta porque habían visto las "señales" que hacía; pero ahora lo que les deja impresionados son sus palabras. Las palabras de un profeta son más características que los milagros.

---

[96] Aunque en los Sinópticos no aparece ninguna afirmación así, G.W.H. Lampe nos recuerda que "está implícito en todos los Evangelios" (*SJT*, V [1952], p. 168).

[97] ἐκ τοῦ ὄχλου es un genitivo partitivo: "algunos de los que había en la multitud".

41 Otra gente de la que había en la multitud dio un paso más: decían que Jesús era ni más ni menos que el Cristo (ver el comentario de 1:41). Pero el primer grupo (o quizá un tercero) se preguntaba sobre el origen del Cristo. La estructura que tiene la pregunta que hacen espera una respuesta negativa: "No". Así que todos estaban de acuerdo en que el Cristo no podía venir de Galilea (en el v. 52 si ni siquiera un profeta podía venir de Galilea, ¿cómo iba a venir de allí el Cristo?). La seguridad que muestran contrasta con la actitud que vemos en Mateo 2:23, que habla de que la Escritura se está cumpliendo en que "será llamado nazareno". Es cierto que ese pasaje de Mateo tiene muchos problemas de interpretación, pero eso no anula la posibilidad de que el Cristo sea galileo.

42 Los que están en contra defienden su postura con las Escrituras. Cuando encontramos la expresión "la Escritura", normalmente se está haciendo referencia a un pasaje específico, pero lo cierto es que no hay ningún pasaje en el Antiguo Testamento que diga exactamente estas palabras. Parece ser que tenían en mente varios pasajes veterotestamentarios (p. ej. 1 S. 20:6; 2 S. 7:12s.; Sal. 89:3-4; Mi. 5:2, etc.). La expectación muerta que no se creía que el Exilio había puesto fin a las posibilidades de la línea de David. En breve, cuando Dios enviara a su Mesías, pertenecería a esa línea y, ciertamente, vendría de la ciudad de Belén. Por cierto que la descripción de Belén como "la ciudad en la que David vivía", en cierta medida, es una exageración de los argumentos. Allí es donde David nació y creció, pero después de que Saúl lo llevara consigo (1 S. 18:2) no tenemos ningún dato de que David volviera a su ciudad natal. Casi todos los acontecimientos importantes de su vida le ocurrieron en otros lugares. Además es interesante ver que la gente que citó las Escrituras lo hizo de forma espontánea. Debía de haber una gran expectación mesiánica que hacía que la gente conociera muy bien las predicciones mesiánicas. Tenemos aquí otro ejemplo de ironía joánica[98]. Para pronunciarse en contra de Jesús, aquella gente estaba citando algo que afirmaba el carácter mesiánico de Jesús. Si hubieran conocido todos los hechos, se hubieran dado cuenta de lo que estaban diciendo[99].

---

[98] "A Juan a veces le gusta recoger objeciones que, para los lectores que conocen la historia del Evangelio, ¡son pruebas a favor de lo que se está cuestionando!" (Godet).

[99] "Pero la ironía de Juan va mucho más allá. La ciudad natal de Jesús es un elemento trivial en comparación con la cuestión sobre si Él es ἐκ τῶν ἄνω o ἐκ τῶν κάτω(8:23),

43-44 Así que había "división"[100]. Entre la multitud de peregrinos no había consenso por lo que a Jesús se refiere. Algunos pensaban que era un profeta, otros que era el Cristo, y otros querían arrestarle (v. 44; parece ser que aquí se habla de un grupo de la multitud, y no de los alguaciles de los que se habla en los vv. 32, 45-46). No leemos que hubiera un intento de arresto; solo que eso es lo que les hubiera gustado[101] hacer. Así que no nos queda duda alguna de las intenciones de este último grupo de gente. Sin embargo, no materializaron sus deseos. Aunque no explica el porqué (en el versículo 30 sí da una razón para explicar por qué el intento de arresto quedó frustrado), debemos entender que se debe exactamente a lo mismo: su "hora" aún no había llegado.

9. No pueden arrestar a Jesús (7:45-52)

45 Entonces los alguaciles vinieron a los principales sacerdotes y fariseos, y éstos les dijeron: ¿Por qué no le trajisteis? 46 Los alguaciles respondieron: ¡Jamás hombre alguno ha hablado como este hombre habla! 47 Entonces los fariseos les contestaron: ¿Es que también vosotros os habéis dejado engañar? 48 ¿Acaso ha creído en Él alguno de los gobernantes, o de los fariseos? 49 Pero esta multitud que no conoce de la ley, maldita es. 50 Nicodemo, el que había venido a Jesús antes, y que era uno de ellos, les dijo: 51 ¿Acaso juzga nuestra ley a un hombre a menos que le oiga primero y sepa lo que hace? 52 Respondieron y le dijeron: ¿Es que tú también eres de Galilea? Investiga, y verás que ningún profeta[a] surge de Galilea. 53 Y cada uno se fue a su casa.

a. Dos manuscritos antiguos dicen: *el Profeta*

---

o si es o no es de Dios. Cf. 7:28 donde, aunque Jesús admite que sus oyentes saben de dónde es, subraya que su origen terrenal es irrelevante (ἀπ' ἐμαυτοῦ οὐκ ἐλήλυθα), y 8:14, donde Jesús dice que los judíos no saben de dónde viene – ellos juzgan κατὰ τὴν σάρκα. Ver también 3:8 – nadie sabe de dónde viene ni a dónde va uno que ha nacido del Espíritu. Esto se refiere principalmente a los cristianos, pero *a fortiori*, a Jesús mismo. De ahí que todas las discusiones sobre la ciudad natal del Mesías, el Hombre celestial, están muy lejos de la realidad" (Barrett).

[100] σχίσμα no denota algo tan fuerte como lo que para nosotros sería ahora un cisma. Hace referencia a una sección o facción de entre los allí presentes, y se usa en plural, por ejemplo, para hablar de los diferentes grupos que había en la iglesia de Corinto (1 Co. 1:10).

[101] En griego, ἤθελον.

Texto, Exposición y Notas: No pueden arrestar a Jesús (7:45-52)

El intento fallido de la policía del templo de arrestar a Jesús hace que Nicodemo vuelva a salir en escena, esta vez, discutiendo con el Sanedrín. Aunque la defensa que hace de Jesús no es precisamente enérgica, es, de todos modos, una defensa. E induce a sus colegas a usar como objeción contra el carácter mesiánico de Jesús el hecho de que proviene de Galilea (¡es la tercera vez que se menciona en este capítulo!). Parece ser que por todos lados se rumoreaba esta objeción y Juan, siempre buscando la oportunidad para probar que Jesús era el Mesías, deja claro que esta objeción no era nueva, y presenta evidencias para refutarla.

45 Los "guardas del templo" (que aparecen en el v. 32) vuelven al Sanedrín[102] sin haber cumplido su misión. Parece ser que las órdenes no solo consistían en arrestarle (si así hubiera sido, se habrían abierto paso entre la multitud a la fuerza), sino en buscar el momento oportuno de acercarse a Jesús y de prenderle. Las autoridades querían arrestarle, pero no querían causar disturbios. Estuvieron aguardando ese momento (el v. 37 apunta a un tiempo posterior al que apunta el v. 14, la marca temporal anterior, que parece ser que es la válida en el v. 32). Pero ese momento no llega, por lo que vuelven al Sanedrín. Juan no recoge el informe que podrían haber hecho al Sanedrín, pero lo que está claro es que no llevaban ningún prisionero, y tienen que justificar su fracaso.

46 La respuesta de los alguaciles enfatiza el efecto que la enseñanza de Jesús había tenido en ellos. Jamás hombre alguno había hablado como ese[103]. Es curioso ver que no mencionan a la multitud, ni la hostilidad de parte de ella que, probablemente, fue la causante de que no lograran llevar a cabo su cometido. Lo único que explican es el efecto que las palabras de Jesús ha causado en ellos. Tuvieron que ser muy valientes, ya que debían saber que al decir algo así lo único que iban a recibir era una buena amonestación del Sanedrín (con el añadido de que quizá les pusieran en disciplina). Mencionar la hostilidad de la multitud, o de parte de la multitud, les hubiera servido de excusa, y así rebajarían el grado de su ofensa. Pero aquel Jesús les había dejado tan

---

[102] En la expresión τοὺς ἀρχιερεῖς καὶ Φαρισαίους solo hay un artículo, ya que se refiere al cuerpo oficial al que todos pertenecían.

[103] οὕτως hace hincapié en la forma más que en el contenido de esa enseñanza. Cf. Lenski: "La autoridad, majestad y poder de aquel maestro frenó a aquellos alguaciles".

impresionados, que no podían callárselo[104]. Esa era la sola y única razón que les llevó a no cumplir las órdenes que habían recibido. Si consideramos que la versión breve de este versículo es la válida,[105] tenemos de nuevo un doble sentido, típico del estilo joánico. Los alguaciles estarían diciendo "Jamás hombre alguno habló así", mientras que Juan interpretó sus palabras como "Jamás alguien que no era más que un hombre habló así"[106].

47-49 A los fariseos no les gustó aquella respuesta, y fueron los primeros en contestar (lo normal hubiera sido que los sumos sacerdotes tomaran la iniciativa a la hora de amonestar a sus siervos). De nuevo, la pregunta está hecha de tal forma que la respuesta ha de ser "No": el sentido sería "Vosotros no os habéis dejado engañar, ¿verdad?". El "también" indica que algunos habían sido engañados, y están intentando distanciar a sus alguaciles de aquellos que se habían apartado del buen camino (*RSV*, "¿Vosotros también habéis sido llevados por mal camino?"). La perífrasis verbal "ser llevado por mal camino" aparece en tiempo perfecto (NVI, "os habéis dejado engañar") apunta a un estado que aún continúa. *GNB* traduce: "¿También os ha tomado el pelo?", que saca a relucir, según la opinión de los fariseos, la ineptitud de los alguaciles. Otra idea que se deriva de este tipo de pregunta es la siguiente: era impensable que alguien que ocupaba una posición importante creyera en Jesús[107] ("alguno" es singular). Aquí se distingue entre los "gobernantes" y los fariseos y en general se refiere a los saduceos o,

---

[104] Dods destaca dos elementos importantes: "El testimonio es bastante notable, porque los alguaciles de un tribunal podrían haber actuado de forma mecánica y haber dejado toda responsabilidad de sus actos a sus superiores. Cabe destacar también el hecho de que las palabras de Jesús afectaron a todos por igual; y en vista de la división de la opinión pública que se había detectado, habrían enviado a unos cinco o seis como mínimo".

[105] En p^{66c} p^{75} $\aleph^c$ B L T W boh Or Chrys Cyr leemos "Jamás hombre alguno habló así". Otros manuscritos presentan una frase más larga: "Jamás hombre alguno habló como este hombre habla". No obstante, la versión preferida es la primera, la más corta.

[106] Cf. Barrett: "Parece que el énfasis está en la última palabra (es decir, ἄνθρωπος). El discurso de Jesús no es el discurso de un *hombre*. La autoridad sobrehumana de Jesús intimidó a los alguaciles".

[107] Cf. Barclay: "Su manera de pensar era la siguiente: 'Jamás alguien con un nivel académico y espiritual aceptable ha creído a este Jesús. Solo le aceptan los ignorantes'. Es horrible cuando las personas se consideran demasiado buenas o demasiado inteligentes como para necesitar a Jesucristo: aún ocurre hoy en día". Además, vale la pena notar que a la luz de 12:42 esta declaración es prematura.

en particular, al grupo de sumo sacerdotes. Todo esto explicaría por qué Nicodemo eligió visitar a Jesús por la noche. Estaba claro que los fariseos se habían declarado en contra de Jesús, por lo que Nicodemo habría actuado a escondidas por miedo y timidez. También se establece una diferencia entre la multitud y los gobernantes y fariseos. La multitud no[108] conocía la ley. Eso no quiere decir que la gente no estuviera interesada en el Pentateuco, o que no conociera nada de las Escrituras (en el v. 42 vimos que al menos algunos conocían algunos pasajes de las Escrituras). Lo que quiere decir es que no conocían la ley de la forma en que la conocían los fariseos. Estos estudiosos decían que había 613 mandamientos en la ley, y se habían propuesto ganarse la salvación cumpliendo cada uno de ellos[109]. Pero eso no era suficiente. Además, añadían todo el corpus de tradición oral (que dirigía la interpretación de los pasajes bíblicos). Así, no es de extrañar que la gente sencilla y piadosa, como los peregrinos que había entre la multitud, hubiera abandonado hacía tiempo. El conocimiento que tenían de las Escrituras no podía compararse con el de los fariseos. De ahí que la práctica de aquellas gentes tampoco podía compararse con la de los celosos guardianes de la tradición. Era inevitable que la gente no lograra cumplir todas las reglas que los fariseos les imponían; así, habían pasado a estar bajo condenación. Eran "malditos"[110] (Dt. 27:26 habla de aquel "que no confirma las palabras de esta ley, poniéndolas por obra" como un "maldito")[111].

[108] Según Abbott, es significativo que escoja μή como negación: "Si Juan hubiese usado οὐ, no podría haber evitado limitar la afirmación que estaba haciendo a un grupo de gente en particular, mientras que así el significado es 'Esta multitud (los de aquí y los de allí, este gentío) que no conoce la ley es maldita" (2253). J. Louis Martyn comenta: "No es casualidad que Billerbeck recogiera la enseñanza rabínica referente al Am ha-Aretz en su comentario de Juan 7:49. Ese versículo (cf. 9:34) es la referencia más exacta al Am ha-Aretz de todo el Nuevo Testamento" (*History and Theology in the Fourth Gospel* [Nashville, 1979], p. 103, nota al pie núm. 150). El gran Hillel expresa de forma muy sucinta el desprecio que sentía esa gente; según él, un Am ha-Aretz "no podía ser santo" ('*Ab*. 2:6).

[109] E.P. Sanders defiende que los judíos veían la ley como un gran regalo que Dios les había dado, y que no creían que se salvaban por obras (*Paul and Palestinian Judaism* [Londres, 1977]). Este es un debate muy valioso, pero dudamos que Sanders haya tenido en cuenta la preocupación de los judíos por las cuestiones legales, si habían cumplido o no sus obligaciones, etc. La actitud de Jesús era muy diferente.

[110] Aunque el participio γινώσκων está en singular para concordar con ὄχλος, el verbo y el predicado están en plural, ἐπάρατοί εἰσιν Esto quiere decir que toda persona, de forma particular e individualizada, es maldita.

[111] En cuanto al desprecio con el que los expertos de la ley veían a "la gente de la tierra", ver los pasajes citados en SBk, II, pp. 494-519.

50-51 Parece ser que no había una voz disidente, y esto hizo que Nicodemo tomara la palabra. La forma en que Juan introduce esta sección es bastante impresionante. Los líderes acababan de afirmar que las personas importantes no podían creer en Jesús; aún así, Nicodemo se dispone a hablar. Habían condenado a la multitud por no conocer la ley; y lo que Nicodemo hace es mencionar la injusticia con la que ellos aplican esa ley (por tanto, posiblemente volvamos a tener aquí una ironía joánica: ¡los guardianes de la ley no cumplen la ley!). Juan nos presenta dos descripciones diferentes de Nicodemo: anteriormente, había ido a visitar a Jesús, y es uno de los fariseos. Es este doble carácter el que le hace alzar la voz en esta situación. No obstante, aunque habla en defensa de Jesús, lo hace de una forma muy precavida, sin comprometerse. No da testimonio de Él, como hacen tantos otros en este evangelio[1 12]. Deberíamos, no obstante, tener en cuenta el tipo de reunión en la que estaba. Si hubiera dado un claro testimonio de Jesús, lo único que hubiera conseguido habría sido enfurecer más a la mayoría de los que allí estaban. Quizá Nicodemo pensó que lo mejor que él podía aportar a la causa de Cristo era que aquellos hombres vieran la debilidad legal de su posicionamiento. De nuevo, la manera en la que formula la pregunta rige una respuesta negativa. Está seguro de su postura. Les recuerda que según su ley, deben dejar que el acusado se exprese, comparezca antes ellos y hable[1 13]. Los jueces tienen que "saber" (NVI, "averiguar") lo que el acusado hace. Eso significa que aquellos jueces no sabían realmente lo que Jesús hacía. Y Nicodemo les dice que no pueden pronunciarse hasta que consigan averiguar más detalles.

52 Pero el Sanedrín no está de humor para sermones legales. Le preguntan: "¿Es que tú también eres de Galilea?" (Ese sentido vendría a ser "No serás tú también de Galilea, ¿verdad?"). Le proponen que investigue, y se percatará de que ningún profeta viene de Galilea. Estaban

---

[112] Ryle está entre los defienden a Nicodemo, y no entre los que le condenan: "Muchas veces abrirse camino de una manera lenta asegura un resultado más duradero. Nicodemo se mostró firme, mientras que Judas Iscariote cometió traición. Claro que sería maravilloso si toda la gente que se convierte se alzara valientemente, tomara su cruz, y confesara a Cristo el mismo día de su conversión. Pero eso no siempre les es dado a los hijos de Dios...".

[113] Así explica R. Eleazar b. Pedath esta regla: "Un mortal no podrá pronunciar juicio a menos que escuche la defensa que el hombre acusado pueda presentar de sí mismo" (Éx. Rab. 21:3).

enfadados, ya que no habían conseguido capturar a su presa; así que no se preocuparon de dar una respuesta prudente. Pasaron por alto a Jonás[1][14], que era galileo (2 R. 14:25; y puede que también hubiera otros profetas que surgieron de Galilea, ya que no sabemos el origen de algunos de ellos). Y también pasan por alto el poder de Dios, que puede levantar profetas de donde quiera[1][15].

El comentario de 7:53-8:11 lo encontrará en el Apéndice.

[114] Es posible hacer hincapié en el tiempo presente "no surge". Seguro que los fariseos sabían de dónde era Jonás, así que quizá solo estaban despreciando a los galileos de sus tiempos: "Fíjate en ellos. Creen que un profeta nunca viene de gente como esos galileos". Sabemos que en general los galileos no estaban muy bien vistos. Por ejemplo, existe una serie de historias en '*Erub*. 53b que se mofan de la forma incorrecta en la que se expresaban. Sin embargo, algunos rabíes se mostraban más tolerantes. R. Eliecer dijo en una ocasión: "No hay tribu de Israel de la que no vengan profetas" (*Sukk*. 27b,; Soncino edn. p. 121).

[115] p[66] opta por una lectura en singular ya que inserta ὁ antes de προφήτης. Si aceptáramos este texto, no habría ninguna dificultad, ya que los gobernantes estarían diciendo que el profeta, el Mesías, no viene de Galilea. Mucho antes del descubrimiento de estos manuscritos, Owen conjeturó que esta era la interpretación correcta (ver Metzger, p. 219). Bultmann también opinaba así antes de que p[66] saliera a la luz, teoría seguida también en parte por C.K. Barrett (*ExT*, LXVIII [1956-57], pp. 176, 177). J.R. Michaels cree que "este es el texto correcto o, al menos, una interpretación correcta de lo que Juan quiso decir" (*BT*, 8 [1957], p. 154). G.D. Fee no está de acuerdo con esta lectura y cree que el escriba intentó borrar el artículo (*JBL*, LXXXIV [1965], p. 68). p[75] tiene una laguna, así que no aclara nada. Los editores creen que el artículo ya estaba originalmente, pero B.M. Metzger no está convencido (*ExT*, LXXIII [1961-62], p. 202). Esta lectura en singular es atractiva, pero en vista de las claras evidencias del resto de manuscritos, no podemos aceptarla.

Bibliografía en castellano

Libros acerca de Juan

Brown, R. E. *El Evangelio según Juan*. 2 vols. Madrid, 1980.
_____. *La comunidad del discípulo amado*. Salamanca, 1983.
Carson, Donald A. *Jesús y sus amigos. Juan 14-17*. Andamio.
Concordia Publishing Staff, *Juan, un Comentario Pastoral y Teológico*, Concordia Publishing House, May 2000.
Erdman, Carlos. *El Evangelio de Juan*. Grand Rapids: TELL, 1974.
Flanagan, Neal M. *El Evangelio y las Cartas de San Juan, Vol. 4*. Liturgical Press, 1989.
Grau, José. *El amor y la verdad*. Barcelona: Ediciones Evangélicas Europeas, 1973.
Guthrie, D. ed. *Nuevo Comentario Bíblico*. Buenos Aires: Casa Bautista de Publicaciones, 1970.
Harrison, Everett F. *Juan: El Evangelio de la Fe*. Terrassa: Portavóz Evangélico, 1981.
Hendriksen, Guillermo. *El Evangelio según San Juan*. Grand Rapids: SLC, 1981.
Hovey, Alvah. *El Evangelio según Juan*. El Paso: Casa Bautista de Publicaciones, 1973.
Jaubert, Annie. *El Evangelio según Juan*. Estella, Navarra: Editorial Verbo Divino, 1987.
Käsemann, Ernst. *El Testamento de Jesús*. Salamanca: Ediciones Sígueme, 1983.
Klaiber, "Tareas de una interpretación teológica del cuarto evangelio." *Selecciones de Teología*, 104, 243ss.
Kurichianil, "La glorificación de Jesús en el Evangelio de Juan." *Selecciones de Teología*, 108, 303ss.
Le Fort, P. *Escritos de Juan y Carta a los Hebreos*. Madrid, 1985.
Leon-Dufour, Xavier. *Lectura del Evangelio según Juan*. 4 vols. Salamanca: Ediciones Sígueme, 1990-1998.
Loader, "La estructura central de la cristología joánica." *Selecciones de Teología*, 100, 323ss.
Locher, "La comunidad joánica y los judíos." *Selecciones de Teología*, 100, 334ss.
Luzarraga, J. "La función docente del Mesías en el Cuarto Evangelio." *Estudios Bíblicos* 32 (1973): 119-36.
Manson, T.W. *Cristo en la Teología de Pablo y Juan*. Madrid: Ediciones Cristiandad, 1975.

Marshall, I. Howard. *Las Cartas de Juan*. Buenos Aires-Grand Rapids: Nueva Creación, 1991.
Mateos, J. Y Barreto, J. *El Evangelio de Juan. Análisis lingüístico y comentario exegético*. Madrid, 1979.
Palau, Luis. *Comentario Bíblico del Continente Nuevo: Juan*. Editorial Unilit, 1991.
Rodríguez-Ruiz, Miguel, «Estructura del Evangelio de San Juan desde el punto de vista cristológico y eclesiológico.» *Estudios Bíblicos* 56 (1998): 75-96.
Ryle, J.C. *Juan. Los Evangelios explicados*. Terrassa: Clie, 1977.
Schnackenburg, R. *El Evangelio según San Juan*. 4 vols. Barcelona,1980-1986.
_____. *Las cartas de San Juan*. Barcelona: Herder, 1980.
Schroeder, L. Bonnet. *Juan y Hechos*. Casa Bautista de Publicaciones, 1971.
Simpson, A.B. *Comentario al Evangelio de Juan*, TSELF.
Stott, John R. W. *Las cartas de Juan*. Buenos Aires: Certeza, 1974.
Thüsing, W. *Las cartas de San Juan*. Barcelona, 1973.
Trenchard, Ernesto y Solé, Juan. *Temas del Evangelio de Juan*. Madrid: Literatura Biblica,1980.
Tuñi Vancells, José O. *El testimonio del Evangelio de Juan*. Salamanca: Sígueme, 1983.
_____. *Las comunidades joánicas. Particularidades y evolución de una tradición cristiana muy especial*. Bilbao, 1988.
_____. *Jesús y el Evangelio en la comunidad joánica*. Salamanca, 1987.
_____, y Alegre, Xavier. *Escritos joánicos y cartas católicas*. Estella: Verbo Divino, 1995.
Wikenhauser, Alfred. *El Evangelio según San Juan*. Barcelona: Herder, 1978.

Libros acerca de Teología y Teología joánica

Segalla, Giuseppe. *Panoramas del Nuevo Testamento*. Estella: Editorial Verbo Divino, 1994, páginas 359-419.
Bultmann, Rudolf. *Teología del Nuevo Testamento*. Salamanca, 1981.
Cordero, M. G. *Teología de la Biblia II y III: Nuevo Testamento*. Madrid, 1972.
García-Viana, L. F. *El Cuarto Evangelio: Historia, Teología y Relato*. Madrid: San Pablo, 1997.
Jeremias, Joachim. *Teología del Nuevo Testamento, Vol. I: La Predicación de Jesús*. Salamanca: Ediciones Sígueme, 1993.
Ladd, George Eldon. *Teología del Nuevo Testamento*. Colección Teológica Contemporánea, Vol 2. Terrassa: Clie, 2003.
Lohse, Eduard. *Teología del Nuevo Testamento*. Madrid: Ediciones Cristiandad, 1978.
Meinertz, M. *Teología del Nuevo Testamento*. Madrid: 1966.
Morris, Leon. *Jesús es el Cristo. Estudios sobre la Teología de Juan*. Colección Teológica Contemporánea. Terrassa: Clie, 2004.
Ramos, Felipe F. *El Nuevo Testamento: Presentación y contenido*. 2 tomos. Madrid: Sociedad de Educación Atenas, 1988, 1989.
Segalla, Giuseppe. *Panoramas del Nuevo Testamento*. Estella: Editorial Verbo Divino, 1994.

Schelkle, K. H. *Teología del Nuevo Testamento*. 4 vols. Barcelona, 1975-1978.
Stagg, Frank. *Teología del Nuevo Testamento*. Casa Bautista de Publicaciones, 1987.
Tuñí, Josep-Oriol y Xavier Alegre. *Escritos joánicos y cartas católicas*. Introducción al Estudio de la Biblia, Tomo 8, 2ª ed. Estella: Editorial Verbo Divino, 1997.
Wright, N. T. *El verdadero pensamiento de Pablo*, Colección Teológica Contemporánea, Vol. 1. Terrassa: Clie, 2003.

www.ingramcontent.com/pod-product-compliance
Lightning Source LLC
Chambersburg PA
CBHW071620230426

43669CB00012B/2013